JEAN-CHRISTIAN JURY

COCINA VEGANA

GASTRONOMÍA

INTRODUCCIÓN

La cocina vegana es, en esencia, vibrante, sabrosa y fresca y nos hace sentirnos bien por dentro y por fuera. Las recetas de este libro suponen una celebración de la vitalidad y la variedad que estos productos de origen vegetal nos ofrecen. Sus posibilidades son deliciosas y casi infinitas.

Mi primera experiencia profesional en cocina ocurrió cuando tenía catorce años y pasé las vacaciones de verano de aprendiz en la cocina de un hotel de cinco estrellas. Mi madre era jefa de enfermería y cubría el turno de noche, así que yo me encargaba de cocinar en casa. Mi repertorio consistía en pasta y patatas, sus platos favoritos.

A pesar de mi pasión por la cocina, decidí estudiar ingeniería y me gradué en Electromecánica. Tras viajar por el norte de África, España, las islas Canarias, Ibiza e Italia trabajando principalmente de cocinero, decidí probar fortuna en el sector hotelero y fui contratado por una empresa suiza. Dediqué los siguientes doce años de mi vida al desarrollo de una cocina de fusión entre la gastronomía del sudoeste asiático y la de la India, combinadas con los maravillosos sabores de la cocina japonesa que siguen presentes en mis creaciones actuales.

En 2001 me trasladé a Londres. Siempre me había seducido la efervescencia de esta ciudad y ahora que dirigía restaurantes y cocinas, tenía claro mi objetivo: desarrollar nuevos conceptos. Mis hábitos alimenticios, como los de muchos otros chefs, eran bastante irregulares. Lo que comía, normalmente, era de todo menos saludable.

Tras varios años trabajando dieciséis horas al día, sin vacaciones, con una dieta pobre y falta de sueño, sufrí un infarto. Cuando me recuperé y recobré las fuerzas, desarrollé un nuevo concepto basado en el crudivorismo, que contaba ya con bases en Londres, Múnich, Estocolmo, Dubái y París. Seducido por esta filosofía, decidí cambiar por completo mi dieta y mi estilo de vida. Dediqué mi tiempo a estudiar ideas y técnicas para elaborar comida cruda y decidí abrir un restaurante en Berlín cuya base fuera la comida vegana orgánica, los ingredientes sin cocinar y el vino.

Inauguré La Mano Verde el 1 de noviembre de 2007, el Día Mundial del Veganismo. Diseñé una nueva generación de platos elaborados únicamente con ingredientes de origen vegetal que atrajo a una amplia clientela. Quería que mi comida fuera visualmente impactante, por lo que empleaba las mismas técnicas que mis colegas que cocinaban recetas no veganas: menús de tres y cuatro platos meticulosamente planificados, con productos de excelente calidad, un servicio impecable y una selecta carta de vinos. Utilicé boletos, trufas, algas y quesos veganos caseros. Exploré nuevas guarniciones, incorporé arroz salvaje y negro, además de basmati o jazmín y, enseguida, mi nuevo menú era tan fascinante como el de cualquier restaurante de alta cocina que sirviera carne. Creé un destino vegano al que muchas personas se desplazaban con la única intención de comer en mi restaurante.

Durante estos años, mi objetivo ha sido sorprender a los no veganos con deliciosas recetas veganas y demostrarles que la carne no es imprescindible para que una comida sea deliciosa y nos deje satisfechos. Si los productos son frescos y llenos de sabor, nos saciarán de igual manera.

Los productos de origen vegetal son esenciales para nuestro bienestar. Sin embargo, recomiendo a quienes deseen pasarse al veganismo que lo hagan con cuidado y pensando bien cómo equilibrar la ingesta de nutrientes, tal como harían en cualquier otra dieta. Puede utilizar este libro como un complemento a sus hábitos alimenticios o para introducir más verduras y hortalizas en sus comidas. Si decide que su dieta sea completamente vegana, le sugiero utilizar solo ingredientes de calidad. Si dispone de un mercado de productores cercano, acérquese a conocer a los agricultores, aprenda cómo cultivan los alimentos y consuma productos de temporada todo el año.

En *Cocina vegana: Gastronomía*, comparto la idea de que comer alimentos vegetales es accesible y atractivo para todos y demuestro que este tipo de dieta, desde los entrantes hasta los postres, no solo es nutritiva sino placentera. La mayoría de las recetas son mías, otras provienen de cocineros con los que he tenido el placer de viajar o a los que he conocido en mis viajes a más de cien países. Mientras recorro el mundo, continúo descubriendo nuevas técnicas e ingredientes, como el hongo huitlacoche de México, el maíz morado de Perú, la cajá de Brasil o la guayaba de Cuba. Estas recetas sorprenderán y satisfarán tanto a los veganos como a los vegetarianos y los omnívoros y aumentarán su recetario. Espero que disfrute de este increíble viaje gastronómico.

Jean-Christian Jury

LA DESPENSA VEGANA ESENCIAL

FRUTAS Y VERDURAS FRESCAS

- AGUACATE
- AJO
- BONIATO
- BRÓCOLI
- CALABAZA DE INVIERNO
- CALABAZA DE VERANO
- CEBOLLA
- COL KALE Y OTRAS VERDURAS DE HOJA
- COLIFLOR
- HIERBAS
- LIMA
- LIMÓN
- PATATA
- REPOLLO
- SETAS
- ZANAHORIA

CEREALES

- ARROZ: BASMATI, BLANCO, INTEGRAL, JAZMÍN, NEGRO, ROJO, SALVAJE
- AVENA
- BULGUR
- CEBADA
- CUSCÚS
- ESPELTA
- FARRO
- GERMEN DE TRIGO
- KAMUT
- MIJO
- QUINOA
- TRIGO SARRACENO

PASTA Y NOODLES

- FIDEOS CELOFÁN
- NOODLES DE ARROZ
- FIDEOS SOBA
- FIDEOS UDON
- OTROS TIPOS DE PASTA SECA

HARINAS

- HARINA DE ALMENDRA O ALMENDRA MOLIDA
- HARINA COMÚN
- HARINA DE ARROZ INTEGRAL
- HARINA DE AVENA
- HARINA DE ESPELTA
- HARINA DE GARBANZOS
- HARINA DE KAMUT
- HARINA DE MAÍZ
- HARINA DE TRIGO SARRACENO
- HARINA INTEGRAL DE TRIGO

LEGUMBRES

- ALUBIAS: BLANCAS, DE CARETA, EDAMAME, NEGRAS, ROJAS
- GARBANZOS: EN CONSERVA, SECOS
- GUISANTES SECOS PARTIDOS
- LENTEJAS: BELUGA, ROJAS, RUBIAS, VERDES
- TEMPEH
- TOFU

FRUTOS SECOS Y SEMILLAS

- ALMENDRAS
- ANACARDOS
- NUECES
- NUECES DE MACADAMIA
- PACANAS
- SEMILLAS: CALABAZA, CÁÑAMO, CHÍA, GIRASOL, LINAZA

FRUTAS Y VERDURAS DESHIDRATADAS

- ALBARICOQUES
- ARÁNDANOS
- CEREZAS
- CIRUELAS PASAS
- DÁTILES
- MANGOS
- PASAS
- SETAS

VINAGRES

- VINAGRE BALSÁMICO
- VINAGRE DE ARROZ
- VINAGRE DE SIDRA DE MANZANA
- VINAGRE DE VINO TINTO

EDULCORANTES

- AZÚCAR DE CAÑA INTEGRAL SUCANAT
- AZÚCAR DE CAÑA SIN REFINAR
- AZÚCAR DE COCO
- AZÚCAR MASCABADO
- DÁTILES MEDJOOL
- MELAZA
- SIROPE DE AGAVE
- SIROPE DE ARCE

CHOCOLATE

- CHOCOLATE NEGRO: CON AZÚCAR, SIN AZÚCAR

ACOMPAÑAMIENTOS Y CONDIMENTOS

- ACEITUNAS
- ALCAPARRAS
- ALUBIAS EN CONSERVA
- CALDO DE VERDURAS
- COMPOTA DE MANZANA SIN AZÚCAR
- HARISSA
- KÉTCHUP
- LECHE DE ALMENDRAS
- LECHE DE COCO: ENTERA, LIGERA
- LECHE DE SOJA
- LEVADURA NUTRICIONAL
- LIMONES EN CONSERVA
- MANTECA DE CACAO
- MANTEQUILLAS O CREMAS DE FRUTOS SECOS: CREMA DE CACAHUETES TOSTADOS, MANTEQUILLA DE ALMENDRAS CRUDAS
- MAYONESA VEGANA
- MOSTAZA
- PAN COMÚN, NAAN, PAN DE PITA, TORTILLAS
- PASTA DE TOMATE
- PEPINILLOS
- SALSA DE SOJA
- SALSA SRIRACHA
- SALSA TAMARI
- SAMBAL OELEK
- TAHINI
- TOMATES EN CONSERVA

ESPECIAS

- AJO EN POLVO
- ALCARAVEA
- ANÍS ESTRELLADO
- CANELA
- CARDAMOMO MOLIDO
- CILANTRO MOLIDO
- CINCO ESPECIAS CHINAS
- CLAVO MOLIDO
- COMINO
- COPOS DE GUINDILLA SECA
- CRÉMOR TÁRTARO
- CÚRCUMA MOLIDA
- CURRY
- GARAM MASALA
- GUINDILLA MOLIDA
- HOJAS DE LAUREL
- JENGIBRE MOLIDO
- MOSTAZA EN POLVO
- NUEZ MOSCADA
- ORÉGANO
- PIMENTÓN: AHUMADO, DULCE, PICANTE
- PIMIENTA: BLANCA, NEGRA, ROSA
- PIMIENTA DE CAYENA
- PIMIENTA DE JAMAICA
- SAL: MARINA FINA, MARINA GRUESA, EN ESCAMAS, KOSHER
- SEMILLAS DE ANÍS
- SEMILLAS DE APIO
- SEMILLAS DE MOSTAZA: AMARILLA, NEGRA

ENTRANTES

ARMENIA

HUMMUS

Preparación: 15 minutos, más 1 hora para refrigerar
Sin cocción

Para 4 personas

- 350 g de garbanzos en conserva
- 1 cdta. de bicarbonato de sodio
- el zumo de 1 limón
- el zumo de 1 naranja
- 4 cdas. de tahini
- 2 dientes de ajo picados
- 2 cdtas. de comino molido
- sal y pimienta negra recién molida
- 1 cda. de aceite de oliva
- pan naan templado, para servir

Ponga en un bol los garbanzos con el líquido de gobierno, añada el bicarbonato de sodio y remueva bien. Déjelos reposar toda la noche cubiertos con un paño de cocina limpio. Al día siguiente, escúrralos y reserve el líquido de remojo.

Triture los garbanzos en un robot de cocina o una batidora hasta obtener una pasta homogénea. Vierta los dos tipos de zumo, añada el tahini y tritúrela 2 minutos más hasta que quede muy fina.

Pase el hummus a un bol, agregue el ajo y el comino, remueva bien y salpimiente al gusto. Vierta el aceite de oliva por encima y refrigérelo durante 1 hora antes de servirlo con pan naan templado.

BAHRÉIN

HUMMUS DE REMOLACHA

Preparación: 15 minutos, más 1 hora para refrigerar
Sin cocción

Para 4 personas

- 450 g de garbanzos en conserva
- 1 cdta. de bicarbonato de sodio
- 4 remolachas peladas, cocidas hasta que estén tiernas y picadas gruesas
- 4 dientes de ajo picados
- el zumo de 1 limón
- 6 cdas. de aceite de oliva
- 2 cdas. de tahini
- 1 cdta. de comino molido
- sal y pimienta negra recién molida

Ponga en un bol los garbanzos con el líquido de gobierno e incorpore el bicarbonato de sodio. Remueva bien y déjelos reposar toda la noche cubiertos con un paño de cocina limpio. Al día siguiente, escúrralos.

Triture los garbanzos con la remolacha cocida, el ajo, el zumo de limón, 5 cucharadas de aceite de oliva, el tahini y el comino en un robot de cocina o una batidora hasta obtener una pasta homogénea. Añada agua, si fuera necesario, para conseguir la textura deseada.

Salpimiente al gusto. Pase el hummus a un bol y vierta el aceite de oliva restante por encima. Refrigérelo durante 1 hora antes de servirlo.

HUMMUS HORNEADO CON SETAS

ISRAEL

Precaliente el horno a 180 °C.

Ponga el hummus en una fuente refractaria. Añada el comino, los dos tipos de pimentón, la mitad del aceite de oliva y los piñones y remueva bien. Vierta 2 cucharadas de aceite de oliva por encima y cúbralo con papel de aluminio. Hornéelo 15 minutos hasta que se empiece a dorar. Apague el horno y déjelo en su interior hasta que lo vaya a utilizar.

Caliente el aceite restante en una sartén a fuego medio y sofría la cebolla 4 o 5 minutos hasta que se dore. Agregue el ajo y las setas y sofríalos unos 15 minutos hasta que las setas estén tiernas.

Retire el hummus del horno. Eche las setas y salpimiente al gusto. Adórnelo con el perejil y sírvalo con pan de pita o naan templado.

Preparación: 20 minutos
Cocción: 35 minutos

Para 4 personas

- 450 g de hummus casero (véase pág. 20) o comprado
- 1 cdta. de comino molido
- 1 cdta. de pimentón picante
- 1 cdta. de pimentón dulce
- 5 cdas. de aceite de oliva
- 1 cda. de piñones tostados
- 1 cebolla en rodajas
- 1 diente de ajo picado fino
- 450 g de setas shiitake limpias y cortadas por la mitad
- sal y pimienta negra recién molida
- 1 cda. de perejil picado, para adornar
- pan de pita o naan templado, para servir

HUMMUS DE JALAPEÑO

MÉXICO

Ponga los garbanzos, el jalapeño, el tahini, 2 cucharadas de aceite de oliva, el zumo de limón, el ajo, el bicarbonato de sodio y la pasta de tomate en un robot de cocina o una batidora. Tritúrelos a velocidad alta 3 o 4 minutos hasta que la mezcla quede muy fina. Salpimiente al gusto.

Para servir el hummus, colóquelo en un bol, haga un hueco en el centro y rellénelo con el aceite de oliva restante. Esparza el pimentón dulce por encima y adórnelo con el cilantro picado. Sírvalo a temperatura ambiente con las galletitas saladas o el pan de pita.

Preparación: 10 minutos
Sin cocción

Para 4 personas

- 350 g de garbanzos en conserva escurridos
- 1 chile jalapeño grande despepitado y picado fino
- 2 cdas. de tahini
- 4 cdas. de aceite de oliva
- 1 cda. de zumo de limón recién exprimido
- 2 dientes de ajo
- 1 cdta. de bicarbonato de sodio
- 2 cdas. de pasta de tomate
- sal y pimienta negra recién molida
- 1 cdta. de pimentón dulce, para adornar
- 1 cda. de cilantro picado, para adornar
- galletitas saladas o pan de pita, para servir

ISRAEL

HUMMUS CREMOSO CON ZANAHORIAS Y JENGIBRE

Preparación: 20 minutos,
más toda la noche en remojo
Cocción: 45 minutos

Para 4 personas

- 450 g de garbanzos secos
- 2 cdtas. de bicarbonato de sodio
- 4 dientes de ajo sin pelar
- 5 cdas. de zumo de limón recién exprimido
- 1 cda. de jengibre fresco rallado
- 65 g de zanahorias en rodajas y cocidas
- 125 g de tahini
- 1 cda. de levadura nutricional
- 1 cdta. de comino molido
- sal y pimienta negra recién molida
- 2 cdas. de aceite de oliva, para adornar
- pan de pita o naan templado, para servir

Ponga en un bol los garbanzos con 1 cucharadita de bicarbonato de sodio y cúbralos con agua fría. Déjelos en remojo toda la noche a temperatura ambiente. Al día siguiente, lávelos y escúrralos.

Mezcle en una olla los garbanzos con el bicarbonato de sodio restante y cúbralos con agua fría. Llévelos a ebullición, baje el fuego y cuézalos 45 minutos. Escúrralos y déjelos enfriar.

Triture el ajo con el zumo de limón en un robot de cocina o una batidora hasta obtener una mezcla homogénea. Añada el jengibre y las zanahorias y tritúrelos hasta obtener una pasta muy fina. Eche el tahini y triture hasta que se mezcle bien. Agregue los garbanzos junto con la levadura nutricional y el comino y tritúrelo todo hasta obtener una pasta homogénea. Añada agua, si fuera necesario, para alcanzar la consistencia deseada.

Salpimiente al gusto. Pase el hummus a un bol, rocíelo con el aceite de oliva y refrigérelo durante 1 hora antes de servirlo con pan de pita o naan.

LÍBANO

HUMMUS DE PIMIENTOS ROJOS

Preparación: 20 minutos,
más toda la noche en remojo
Cocción: 30 minutos,
más 1 hora para refrigerar

Para 4 personas

- 265 g de garbanzos en conserva escurridos (con el líquido de gobierno reservado)
- 1 cdta. de bicarbonato de sodio
- 2 pimientos rojos
- 2 dientes de ajo
- 150 g de tahini
- 120 ml de zumo de limón recién exprimido
- 1 cda. de levadura nutricional
- 2 cdas. de cilantro picado
- sal y pimienta negra recién molida
- 1 cda. de aceite de oliva
- pan naan o chapati, para servir

Eche en un bol el líquido de gobierno de los garbanzos, incorpore el bicarbonato de sodio y remueva hasta que se disuelva por completo. Añada los garbanzos. Cubra el bol y refrigérelos toda la noche.

Al día siguiente, precaliente el horno a 200 °C.

Disponga los pimientos sobre una bandeja de horno y áselos 20 minutos hasta que se tuesten. Con unas pinzas, deles la vuelta y áselos 10 minutos más. Páselos a un bol, cúbralos con film transparente y déjelos enfriar 20 minutos. Retire y deseche la piel y las semillas.

Escurra los garbanzos y reserve el líquido de gobierno. En un robot de cocina o una batidora, triture todos los ingredientes, excepto el aceite de oliva, hasta obtener una pasta muy fina. Si quedara demasiado espesa, vierta un poco del líquido de gobierno reservado.

Pase el hummus a un bol, rocíelo con el aceite de oliva y refrigérelo durante 1 hora antes de servirlo con pan naan o chapati.

DIP DE BERENJENAS

SUDÁFRICA

Chamusque las berenjenas sobre la llama de la cocina de gas o en el gratinador. Cuando estén blandas y quemadas, déjelas reposar hasta que se enfríen lo suficiente como para poder manipularlas y pélelas.

Ponga la crema de cacahuetes en un bol, vierta el zumo de limón y bátalos. Añada las berenjenas y cháfelas con un tenedor hasta obtener una mezcla homogénea. Agregue el pimiento, la cebolla, las guindillas, el ajo, el comino y el vinagre y remueva bien para que se mezcle todo. Salpimiente y sírvalo a temperatura ambiente con arroz o pan.

Preparación: 10 minutos
Cocción: 15 minutos

Para 4 personas

- 4 berenjenas
- 3 cdas. de crema de cacahuetes suave o crujiente
- el zumo de 5 limones
- 1 pimiento verde despepitado y picado
- 1 cebolla picada
- 2 guindillas picadas finas
- 3 dientes de ajo picados
- 1 cdta. de comino molido
- 1 cdta. de vinagre balsámico
- sal y pimienta negra recién molida
- arroz de grano largo cocido o pan, para servir

DIP DE BERENJENAS Y YOGUR

ARMENIA

Precaliente el horno a 200 °C.

Disponga las berenjenas sobre una bandeja de horno y áselas de 40 a 45 minutos hasta que estén blandas. Déjelas enfriar 20 minutos.

Retire y deseche la piel de las berenjenas. Póngalas en un bol y cháfelas con un tenedor. Añada el pepino, el yogur, el ajo, la menta y el aceite de oliva y mézclelo todo. Salpimiente al gusto, páselo a una fuente y adórnelo con las nueces y el perejil. Sírvalo con galletitas saladas o pan naan templado.

Preparación: 30 minutos
Cocción: 45 minutos, más 20 minutos para enfriar

Para 4 personas

- 4 berenjenas en trozos grandes
- 1 pepino pelado y en juliana
- 225 g de yogur vegano sin azúcar
- 4 dientes de ajo picados
- 2 cdas. de menta picada
- 1 cda. de aceite de oliva
- sal y pimienta negra recién molida
- 2 cdas. de nueces picadas, para adornar
- 2 cdas. de perejil picado, para adornar
- galletitas saladas o pan naan de ajo templado, para servir

CROACIA

DIP DE BERENJENAS Y PIMIENTOS ROJOS

Preparación: 20 minutos
Cocción: 30 minutos

Para 4 personas

- 1 kg de pimientos rojos
- 3 berenjenas
- el zumo de 1 limón
- 2 dientes de ajo picados
- 1 cdta. de pimentón ahumado
- 1 cdta. de pimienta de Cayena
- 4 cdas. de aceite de oliva virgen extra
- sal y pimienta negra recién molida
- pan común o naan templado, para servir

Precaliente el horno a 220 °C. Forre una bandeja de horno con papel vegetal.

Disponga los pimientos rojos y las berenjenas en la bandeja. Áselos 30 minutos hasta que estén tiernos y las pieles tostadas.

Páselos a un bol, cúbralos con film transparente y déjelos enfriar. Retire y deseche las pieles de las berenjenas y las pieles y semillas de los pimientos.

En un robot de cocina o una batidora, triture las berenjenas y los pimientos hasta obtener una mezcla homogénea. Vierta despacio el zumo de limón y añada el ajo, el pimentón ahumado, la pimienta de Cayena y el aceite de oliva. Tritúrelo todo hasta que se mezclen bien. Salpimiente al gusto, páselo a un bol y sírvalo con pan común o naan templado.

DIP DE BERENJENAS Y PIMIENTOS ROJOS

MEZE DE BERENJENAS Y TAHINI

Preparación: 25 minutos
Cocción: 20 minutos

Para 4 personas

- 2 berenjenas en rodajas gruesas
- 75 g de tahini
- 3 cdas. de zumo de limón recién exprimido
- 2 cdas. de aceite de oliva, y un poco más para servir
- 2 dientes de ajo picados
- sal y pimienta negra recién molida
- 2 cdas. de perejil picado, para adornar
- pan naan o galletitas saladas, para servir

Precaliente el horno a 200 °C.

Coloque las berenjenas en una bandeja de horno y áselas durante 1 hora hasta que estén muy blandas. Déjelas enfriar 20 minutos y retíreles la piel.

Ponga las berenjenas en un bol y cháfelas con un tenedor. Agregue el tahini, el zumo de limón, el aceite de oliva y el ajo. Salpimiente al gusto y cháfelo todo con un tenedor (si lo prefiere, tritúrelo en un robot de cocina).

Páselo a un bol y adórnelo con el perejil picado. Vierta un poco de aceite de oliva por encima y sírvalo con pan naan o galletitas saladas.

MEZE DE BERENJENAS Y TAHINI

LÍBANO

VASITOS DE HUMMUS EN CINCO CAPAS

Preparación: 20 minutos
Cocción: 5 minutos,
más 30 minutos para refrigerar

Para 4 personas

- 1 diente de ajo rallado fino
- 3 cdas. de zumo de limón recién exprimido
- 3 cdas. de aceite de oliva
- 2 cdas. de eneldo picado fino
- 25 g de menta picada fina
- 120 g de yogur griego vegano sin azúcar
- sal y pimienta negra recién molida
- 150 g de bulgur o cuscús
- 120 ml de caldo de verduras caliente
- 1 tomate pera en daditos
- 1 pepino pelado y en daditos
- 25 g de perejil picado
- 4 rabanitos cortados en rodajas finas con una mandolina
- 80 g de granos de granada
- 225 g de hummus (véase pág. 20)
- 1 cda. de harissa
- 2 cdas. de zumo de zanahoria
- 1 cda. de jengibre fresco rallado fino
- pan de pita o naan de ajo templado, para servir

Mezcle en un bol el ajo con 1 cucharada de zumo de limón, 1 cucharada de aceite de oliva, 1 cucharada de eneldo, la mitad de la menta y el yogur. Sale al gusto, cúbralo y refrigérelo.

Ponga el bulgur o cuscús en un bol y vierta el caldo de verduras. Cúbralo con un paño de cocina limpio y déjelo reposar 15 minutos. Separe los granos con un tenedor. Páselo a un bol limpio y añada el tomate, el pepino, el perejil, el zumo de limón, el aceite de oliva y la menta restantes. Remueva bien y salpimiente al gusto. Cubra el bol y refrigérelo.

Coloque los rabanitos en un bol con los granos de granada.

Mezcle la mitad del hummus con la harissa en un bol hasta que se integren y salpimiente al gusto. Resérvelo. Mezcle el hummus restante en otro bol con el zumo de zanahoria y el jengibre rallado. Resérvelo también.

En unos vasitos, disponga capas de la mezcla de hummus con harissa, el tabulé de bulgur o cuscús, la mezcla de hummus con zanahoria y jengibre y la mezcla de yogur. Cúbralos con la mezcla de rábanos y granada. Refrigérelos durante 30 minutos y adórnelos con el eneldo restante antes de servir. Sírvalos con el pan de pita o naan de ajo templado.

DIP DE PIMIENTOS ROJOS Y NUECES

TURQUÍA

Precaliente el horno a 220 °C.

Disponga los pimientos rojos en una bandeja de horno grande y áselos 30 minutos.

Páselos a un bol, cúbralos con film transparente y déjelos enfriar 30 minutos. Retire y deseche la piel y las semillas. En un robot de cocina o una batidora, tritúrelos con el aceite de oliva y el ajo hasta obtener una pasta homogénea y cremosa. Resérvela.

Eche el caldo de verduras en un bol y ponga las rebanadas de pan en remojo 20 minutos. Estrújelas con las manos para eliminar todo el caldo. Agregue el pan junto con el resto de ingredientes a la pasta de pimientos en el robot de cocina y tritúrelo todo hasta obtener un puré. Salpimiente al gusto y sírvalo con pan naan o chapati templado.

Preparación: 1 hora y 10 minutos
Cocción: 30 minutos

Para 4 personas

- 1 kg de pimientos rojos
- 2 cdas. de aceite de oliva
- 1 diente de ajo picado fino
- 3 rebanadas de pan
- 240 ml de caldo de verduras
- 80 g de nueces picadas
- 3 cdas. de gochujang (pasta de guindilla y soja fermentada coreana)
- 2 cdas. de pasta de tomate
- 1 cda. de melaza de granada
- 2 cdas. de menta picada
- 1 cdta. de comino molido
- 1 cdta. de cilantro molido
- 1 cdta. de copos de guindilla roja
- sal y pimienta negra recién molida
- pan naan o chapati templado, para servir

TOSTADAS DE ESPÁRRAGOS Y AGUACATE

ESTADOS UNIDOS

Corte los espárragos cocidos en rodajas de 4 cm. En un bol, mézclelos con la salsa tamari o de soja, el jalapeño, la cebolla y la cebolleta, y refrigérelos.

Precaliente el gratinador.

Ponga las tortillas en una bandeja de horno, dejando un espacio libre entre ellas. Úntelas con la margarina y cúbralas con una capa de rodajas de tomate. Extienda la mezcla de espárragos sobre ellas y añada una capa de rodajas de aguacate. Esparza un poco de sal y coloque el queso por encima. Ponga la bandeja en el gratinador y ase las tortillas hasta que el queso se funda y se empiece a dorar. Páselas a 4 fuentes.

Mezcle en un bol la veganesa con el aceite de sésamo, la mostaza y la sriracha y extienda la mezcla sobre las tortillas. Adórnelas con el cilantro y sirva las tostadas de inmediato.

Preparación: 20 minutos
Cocción: 10 minutos

Para 4 personas

- 500 g de espárragos blancos limpios y cocidos
- 3 cdas. de salsa tamari o de soja
- ½ chile jalapeño despepitado y picado
- ½ cebolla en rodajas
- 4 cebolletas en rodajas
- 4 tortillas de maíz
- margarina vegetal, para untar
- 2 tomates pera en rodajas
- 1 aguacate en rodajas
- sal
- 4 lonchas de queso cheddar vegano
- 2 cdas. de veganesa (véase pág. 52) o comprada
- 2 cdtas. de aceite de sésamo tostado
- 1 cdta. de mostaza de Dijon
- 1 cdta. de sriracha
- 3 cdas. de cilantro picado grueso

ESPAÑA

TERRINA DE PIMIENTOS ROJOS, BERENJENAS Y PIÑONES

Preparación: 25 minutos,
más toda la noche para refrigerar
Cocción: 40 minutos

Para 4 personas

- 8 pimientos rojos
- la piel rallada y el zumo de 1 limón
- 500 g de berenjenas en rodajas de 1 cm de grosor
- 2 cdas. de aceite de oliva
- 1 cda. de orégano seco
- sal
- 250 g de mozzarella ahumada vegana en lonchas finas
- 2 cdas. de piñones
- ensalada, para servir

Precaliente el horno a 200 °C.

Coloque los pimientos en una bandeja de horno y áselos durante 10 minutos hasta que se tuesten. Páselos a un bol, cúbralos con film transparente y déjelos enfriar. Retire y deseche las pieles y las semillas y córtelos en tiras largas. Póngalos de nuevo en el bol, cúbralos con el zumo y la ralladura de limón y resérvelos.

Disponga las berenjenas en la bandeja y áselas de 10 a 20 minutos hasta que estén blandas. Retírelas del horno, vierta por encima el aceite de oliva, el orégano y un poco de sal y resérvelas.

Forre una terrina de 500 ml de capacidad con film transparente, asegurándose de que sobresale un poco por los bordes. Coloque la mitad de las tiras de pimiento formando una capa que cubra el fondo, seguida de una capa de lonchas de mozzarella y una de rodajas de berenjena. Ponga una última capa de pimiento con las tiras restantes. Esparza los piñones y cubra firmemente la terrina con el film transparente que sobresale. Refrigérela toda la noche.

Cuando la vaya a servir, precaliente el horno a 110 °C. Retírela del molde y pásela a una bandeja de horno. Deseche el film y hornéela de 10 a 12 minutos hasta que la mozzarella se empiece a fundir. Sírvala de inmediato con ensalada.

SUDÁFRICA

QUESO CREMA VEGANO

Preparación: 15 minutos,
más 1 hora para refrigerar
Sin cocción

Para 4 personas

- 125 g de anacardos remojados toda la noche y escurridos
- 2 cdas. de zumo de limón recién exprimido
- 1 cda. de levadura nutricional
- 1 cda. de sirope de agave
- 240 g de tofu sedoso desmenuzado
- 1 cda. de ajo en polvo
- sal y pimienta negra recién molida
- 1 cda. de cebollino picado, para adornar
- galletitas saladas, para servir

En un robot de cocina o una batidora, triture los anacardos, el zumo de limón, la levadura nutricional y el sirope de agave con 3 cucharadas de agua 3 o 4 minutos hasta obtener una mezcla homogénea. Añada el tofu sedoso y el ajo en polvo y triture de nuevo hasta que la mezcla quede muy fina. Salpimiente al gusto.

Pase el queso a un bol y refrigérelo durante 1 hora. Adórnelo con el cebollino y sírvalo con las galletitas saladas.

PATÉ DE SETAS SHIITAKE Y AVELLANAS TOSTADAS

REUNIÓN

Precaliente el horno a 110 °C. Unte una fuente de horno cuadrada de 13 a 15 cm con margarina vegetal.

Retire los tallos de las setas shiitake, píquelos finos y resérvelos. Corte los sombrerillos en rodajas.

Funda a fuego medio la margarina vegetal en una sartén, agregue el ajo y sofríalo 2 minutos. Añada los tallos y sombrerillos de las setas, y saltéelos 5 o 6 minutos. Agregue el tomillo y salpimiente al gusto.

En un robot de cocina, triture el perejil y las avellanas hasta obtener una mezcla arenosa. Pásela a un bol y resérvela.

Ponga la mozzarella vegana en el robot de cocina y tritúrela brevemente 2 o 3 veces. Añada la mezcla de avellanas, el jerez o el oporto, la levadura nutricional y las setas y tritúrelo todo un par de veces hasta que se mezcle bien.

Pase el paté a la fuente preparada y hornéelo 20 minutos hasta que la mozzarella se funda por completo. Déjelo enfriar 20 minutos y refrigérelo durante 1 hora antes de servirlo con pan o galletitas saladas.

Preparación: 15 minutos
Cocción: 30 minutos,
más 1 hora para refrigerar

Para 4 personas

- 225 g de setas shiitake
- 3 cdas. de margarina vegetal, y un poco más para untar
- 1 diente de ajo picado
- 1 cda. de tomillo picado
- sal y pimienta negra recién molida
- 1 cda. de perejil fresco picado
- 60 g de avellanas tostadas machacadas
- 120 g de mozzarella vegana
- 1 cda. de jerez blanco seco u oporto blanco
- 1 cda. de levadura nutricional
- pan o galletitas saladas, para servir

PATÉ DE LENTEJAS VERDES

FRANCIA

Cueza las lentejas en el caldo según las indicaciones del envase hasta que estén blandas. Escúrralas y déjelas enfriar 20 minutos.

En un robot de cocina o una batidora, triture el ajo con la mitad de las lentejas hasta obtener una masa homogénea. Añada la remolacha, el jerez, el coñac o brandy, el aceite de coco y la salvia, y tritúrelo todo hasta obtener una mezcla fina.

Pásela a un bol, agregue las lentejas restantes, remueva bien y resérvela.

Caliente el aceite de oliva en una cazuela a fuego medio y sofría los boletos 5 o 6 minutos, removiéndolos con frecuencia. Salpimiente al gusto. Déjelos reposar 20 minutos para que se enfríen.

Añada los boletos fríos a la mezcla de lentejas y remueva bien. Pase el paté a un molde cuadrado de cristal o de metal, alise la superficie y esparza por encima las avellanas machacadas, ejerciendo presión para que se peguen al paté. Cúbralo y refrigérelo toda la noche. Sírvalo con pan.

Preparación: 20 minutos
Cocción: 5 minutos,
más 40 minutos para enfriar

Para 4 personas

- 240 g de lentejas verdes de Puy
- 720 ml de caldo de verduras caliente
- 3 dientes de ajo picados finos
- 1 remolacha cocida y en dados
- 2 cdas. de jerez seco
- 1 cda. de coñac o brandy
- 2 cdas. de aceite de coco
- 1 pizca de salvia seca molida
- 2 cdas. de aceite de oliva
- 250 g de boletos picados
- sal y pimienta negra recién molida
- 60 g de avellanas tostadas machacadas
- baguette, para servir

ARMENIA

PATÉ DE GARBANZOS Y PASAS DE CORINTO

Preparación: 20 minutos
Cocción: unos 55 minutos, más toda la noche para refrigerar

Para 4 personas

- 150 g de pasas de Corinto
- 4 cdas. de aceite de oliva
- 6 cebollas en dados
- 1 cdta. de canela molida, y un poco más para espolvorear
- 1 cdta. de pimienta de Jamaica molida
- 60 g de piñones tostados
- 400 g de garbanzos en conserva escurridos (con el líquido de gobierno reservado)
- 3 cdas. de tahini
- 2 cdas. de zumo de limón recién exprimido
- 2 boniatos pelados y en dados
- sal y pimienta negra recién molida
- pan, para servir

Ponga las pasas de Corinto en un bol, cúbralas con agua caliente y déjelas reposar 30 minutos. Escúrralas y reserve el agua de remojo.

Caliente el aceite en una sartén a fuego medio-bajo y dore las cebollas 7 minutos. Baje el fuego y siga rehogándolas unos 20 minutos más hasta que se caramelicen. De vez en cuando, vierta un poco del agua de remojo reservada, de cucharada en cucharada.

Eche las pasas y otras 2 o 3 cucharadas del agua de remojo y cuézalas 5 minutos, removiendo con frecuencia. Agregue la canela y la pimienta de Jamaica, remueva bien y cueza todo 2 minutos más. Retire la sartén del fuego y deje enfriar la mezcla a temperatura ambiente. Añada los piñones tostados.

En un robot de cocina o una batidora, triture los garbanzos en dos tandas junto con el tahini, el zumo de limón y 4 o 5 cucharadas del líquido de gobierno reservado hasta obtener una mezcla homogénea. Pásela a un bol.

Ponga a hervir una olla con agua y cueza los boniatos hasta que estén blandos, de 15 a 20 minutos. Cháfelos con un tenedor o páselos por un pasapurés hasta obtener un puré fino. Viértalo en la sartén y mézclelo con la cebolla y las pasas. Salpimiente al gusto.

Forre un molde cuadrado de 20 cm con film transparente, dejando que sobresalga unos 10 cm por cada lado. Disponga la mitad de la mezcla de garbanzos uniformemente en el fondo, extienda la mezcla de cebolla por encima y coloque una última capa de la mezcla de garbanzos restante. Cubra el paté con el film que sobresale. Coloque un peso encima, por ejemplo una lata de alubias y refrigérelo toda la noche.

Para servirlo, espere a que esté a temperatura ambiente. Dele la vuelta sobre una fuente y retire el film. Espolvoree la canela por encima y sírvalo con pan.

CAZUELA DE CALABAZA Y MAÍZ

TIMOR

Ponga la soja verde en un bol y cúbrala con agua fría. Déjela en remojo toda la noche. Al día siguiente, escúrrala.

Lleve a ebullición una olla con 2 litros de agua. Añada la soja y cuézala 15 minutos hasta que esté blanda. Escúrrala y resérvela.

Caliente el aceite de oliva en una sartén grande a fuego medio. Agregue la cebolla y el ajo y saltéelos 8 minutos, sin dejar de remover, hasta que se doren.

Ponga el caldo, la calabaza y el maíz en la olla. Suba el fuego y llévelo a ebullición. Baje el fuego y cuézalo, removiendo de vez en cuando, 20 minutos hasta que la calabaza esté tierna y el caldo se haya reducido a la mitad.

Agregue la soja, remueva bien y salpimiente al gusto. Retírelo del fuego y sírvalo con arroz.

Preparación: 15 minutos
Cocción: 35 minutos

Para 4 personas

- 250 g de soja verde seca
- 3 cdas. de aceite de oliva
- 2 cebollas en dados
- 4 dientes de ajo picados finos
- 960 ml de caldo de verduras
- 1 kg de calabaza de invierno o verano pelada y en dados
- 500 g de maíz fresco o congelado
- sal y pimienta negra recién molida
- arroz de grano largo cocido, para servir

NIDOS DE PATATA AL HORNO

PAKISTÁN

Cueza las patatas enteras en una olla con agua hirviendo durante 15 minutos hasta que estén blandas pero firmes. Escúrralas, déjelas enfriar 15 minutos y refrigérelas.

Mezcle en un bol el pepino, el tomate, el aceite de oliva, la sriracha, el orégano y la mozzarella y salpimiente al gusto. Refrigérelo hasta el momento de servir.

Precaliente el horno a 200 °C. Unte un molde para magdalenas de 6 unidades con margarina vegetal.

Pele las patatas y rállelas gruesas sobre un bol. Salpimiente al gusto. Ponga 2 cucharadas de esta mezcla en cada hueco del molde y presiónela sobre el fondo y hacia los lados para darle forma de nido. Hornéelos 20 minutos o hasta que estén dorados y crujientes. Déjelos enfriar por completo en el molde.

Sáquelos con cuidado y páselos a una fuente. Reparta la mezcla de pepino y tomate entre los nidos y adórnelos con el cilantro picado. Sírvalos enseguida.

Preparación: 15 minutos,
más 30 minutos para refrigerar
Cocción: 35 minutos

Para 4 personas

- 3 patatas grandes
- 2 pepinos en dados
- 3 tomates pera en dados
- 1 cda. de aceite de oliva
- 1 cda. de sriracha
- 1 cdta. de orégano molido
- 250 g de mozzarella vegana en dados
- sal y pimienta negra recién molida
- 1 cda. de margarina vegetal
- 2 cdas. de cilantro picado, para adornar

IRLANDA

COLCANNON

Preparación: 20 minutos
Cocción: unos 50 minutos

Para 4 personas

- 800 g de patatas russet o similares en trozos medianos
- 60 g de margarina vegetal, y un poco más para untar
- 120 ml de nata de soja
- sal y pimienta negra recién molida
- 240 g de col kale en tiras
- 1 diente de ajo picado fino
- ensalada verde, para servir
- aliño francés, para servir

Precaliente el horno a 180 °C. Unte una fuente refractaria honda con margarina vegetal.

Mientras, ponga las patatas troceadas en una cazuela de agua con sal y llévelas a ebullición. Cuézalas unos 15 minutos hasta que estén muy tiernas. Escúrralas, échelas de nuevo en la cazuela y añada la mitad de la margarina por encima. Deje que se derrita y mezcle bien. Chafe las patatas con un tenedor y agregue la nata de soja. Salpimiente al gusto y resérvelas.

Ponga a hervir una cazuela con agua, agregue la col kale y escáldela a fuego vivo 3 minutos. Escúrrala en un colador.

Caliente la margarina restante en una sartén a fuego medio, agregue el ajo y sofríalo 2 o 3 minutos hasta que se empiece a dorar. Añada la col y remueva con cuidado.

Disponga capas alternas de puré de patatas y col en la fuente preparada, comenzando por la col y acabando con el puré de patatas. Páselo al horno y áselo 30 minutos hasta que la superficie se dore ligeramente. Adórnelo con una pizca de sal y pimienta. Sírvalo con ensalada ligeramente aliñada.

COLCANNON

INDONESIA

BERENJENAS CON PASTA DE TOMATE PICANTE

Preparación: 20 minutos
Cocción: 35 minutos

Para 4 personas

- 1 kg de berenjenas cortadas por la mitad a lo largo
- 350 g de tomates pera picados
- 2 cebollas picadas
- 3 dientes de ajo picados finos
- 1 cdta. de azúcar extrafino
- 1 cdta. de sal
- 2 cdtas. de guindilla roja molida
- pimienta negra recién molida
- 2 cdas. de aceite de oliva
- 1 cda. de albahaca picada, para adornar

Precaliente el horno a 200 °C.

Corte las medias berenjenas en rodajas con forma de media luna y colóquelas en una fuente de horno. Hornéelas 25 minutos hasta que estén tiernas pero no pastosas.

En un robot de cocina o una batidora, triture el tomate, la cebolla, el ajo, el azúcar, la sal y la guindilla molida con 60 ml de agua hasta obtener una pasta. Sazone al gusto con pimienta negra.

Caliente el aceite de oliva en una sartén a fuego medio y cueza la pasta de tomate 8 o 10 minutos hasta que espese.

Coloque las berenjenas en el centro de una fuente y cúbralas con la pasta de tomate. Adórnelas con las hojas de albahaca picadas y sírvalas de inmediato.

SUDÁFRICA

GRATÍN DE BERENJENAS

Preparación: 20 minutos
Cocción: 50 minutos

Para 4 personas

- 2 cdas. de aceite vegetal, y un poco más para untar
- 2 cebollas picadas
- 8 almohadillas de cereales de desayuno molidas
- sal
- 1 kg de berenjenas cortadas por la mitad a lo largo
- 240 g de tomates pera
- 2 cdas. de pasta de tomate
- 10 g de albahaca fresca
- arroz basmati u otro arroz de grano largo cocido, para servir

Precaliente el horno a 200 °C.

Caliente 2 cucharadas de aceite en una sartén a fuego medio y sofría las cebollas unos 3 o 4 minutos hasta que se doren. Añada los cereales molidos y sofríalos unos 3 o 4 minutos hasta que se doren. Sale.

Corte las medias berenjenas en rodajas con forma de media luna. Cubra la base de una bandeja de horno untada con aceite con una capa de rodajas de berenjena y esparza por encima un poco de la mezcla de cebolla y cereales. Agregue una segunda capa de berenjena y esparza un poco más de la mezcla de cebolla y cereales. Repita la operación hasta terminar todos los ingredientes.

En un robot de cocina o una batidora, triture los tomates pera, el puré de tomate y las hojas de albahaca. Extienda la mezcla sobre el contenido de la bandeja de horno.

Hornéelo durante 45 minutos hasta que las berenjenas estén tiernas. Sírvalas con arroz.

WONTONS DE EDAMAME

CHINA

Ponga el edamame en un bol y cháfelo con un tenedor. Añada el pan rallado, la salsa tamari, la sriracha, el aceite de sésamo y las cebolletas, y remueva bien. Salpimiente al gusto.

Coloque una lámina de wonton sobre una superficie de trabajo limpia y ponga 1 cucharadita del relleno en el centro. Humedézcase el dedo índice en agua y páselo por el borde del relleno. Doble la lámina por la mitad en diagonal para formar un triángulo. Presione bien los bordes. Doble las esquinas del triángulo hacia el centro y presiónelas al cuerpo del wonton para que se sellen. Repita la operación con las láminas y el relleno restantes.

Caliente la margarina en una sartén a fuego medio. Fría los wontons unos 4 minutos hasta que se doren. Deles la vuelta, añada más margarina si fuera necesario y fríalos otros 4 minutos. Páselos a una fuente y sírvalos de inmediato con su salsa favorita o tamari.

Preparación: 15 minutos
Cocción: 15 minutos

Para 4 personas

- 240 g de edamame cocido y escurrido
- 1 cda. de pan rallado
- 1 cda. de salsa tamari o de soja
- 1 cdta. de sriracha
- 1 cdta. de aceite de sésamo tostado
- 2 cebolletas picadas
- sal y pimienta negra recién molida
- 16-20 láminas cuadradas o redondas de wonton
- 2 cdas. de margarina vegetal, y un poco más para freír
- su salsa favorita o tamari, para servir

YAKITORI DE BERENJENAS Y PIÑA

JAPÓN

Precaliente el gratinador. Ponga en remojo 8 brochetas de bambú.

Ponga los trozos de piña en un bol y añada las berenjenas y la salsa yakitori. Remueva bien para que la piña y la berenjena se empapen de la salsa. Déjelas macerar a temperatura ambiente unos 20 minutos.

Inserte 2 trozos de piña y 2 rodajas de berenjena en una brocheta de bambú y continúe alternando ambos ingredientes hasta llenar la brocheta. Repita la operación con las brochetas restantes. Rocíelas con el aceite y páselas a una bandeja de horno. Gratínelas a altura media 4 o 5 minutos por cada lado hasta que la piña se caramelice.

Pase las brochetas a una fuente. Esparza las semillas de sésamo y la cebolleta por encima y sírvalas enseguida.

Preparación: 15 minutos, más 20 minutos para macerar
Cocción: unos 10 minutos

Para 4 personas

- 1 piña dulce pelada, descorazonada y en trozos de 2,5 cm
- 4 berenjenas en rodajas de 2,5 cm
- 4 cdas. de salsa yakitori o teriyaki
- aceite en espray
- 2 cdas. de semillas de sésamo tostadas blancas y negras, para adornar
- 2 cdas. de cebolleta picada, para adornar

CHIPRE

DOLMAS DE REPOLLO

Preparación: 40 minutos
Cocción: unos 50 minutos

Para 4 personas

- 500 g de arroz basmati u otro arroz de grano largo
- 2 cebollas picadas finas
- 480 g de tomates pera en rodajas finas
- 2 cdas. de menta picada
- 5 cdas. de aceite de oliva virgen extra
- 2 cdas. de vinagre balsámico
- el zumo de 3 limones
- sal y pimienta negra recién molida
- 2 repollos

Para preparar el relleno, mezcle en un bol el arroz con las cebollas, el tomate, la menta, el aceite de oliva, el vinagre balsámico y el zumo de limón y salpimiente al gusto. Resérvelo.

Ponga a hervir una olla con agua. Separe las hojas de repollo y retire los nervios dejando las hojas intactas. Seleccione las hojas más grandes (reserve las más pequeñas para utilizarlas en otros platos). Cuando el agua rompa a hervir, escáldelas 1 minuto, escúrralas y déjelas enfriar.

Para montar las dolmas, extienda una hoja de repollo sobre una superficie de trabajo. Disponga 1 cucharada del relleno en una hilera a un lado y enróllela firmemente cubriendo el relleno como si fuese un cigarro. Repita la operación con las hojas de repollo y el relleno de arroz restantes.

Introduzca las dolmas en una olla ancha con tapa. Colóquelas unas encima de otras en 2 o 3 capas, según el tamaño de la olla. Cúbralas con agua y llévelas a ebullición. Baje el fuego y cuézalas a fuego medio-bajo 45 minutos hasta que el agua se haya evaporado casi por completo. Retire la olla del fuego. Cubra las dolmas con 2 o 3 capas de papel de cocina y tape la olla. Déjelas reposar durante 20 minutos antes de servirlas a temperatura ambiente.

CHINA

CHOW MEIN

Preparación: 10 minutos
Cocción: unos 10 minutos

Para 4 personas

- 1 cda. de aceite de oliva
- ½ cebolla en rodajas
- 2 dientes de ajo picados finos
- 1 guindilla roja despepitada y picada fina
- 75 g de champiñones en rodajas
- 85 g de tirabeques cortados por la mitad
- 120 g de judías verdes limpias
- sal
- 120 g de noodles de arroz
- 1 cda. de aceite vegetal
- 2 cdas. de sirope de agave
- 4 cdas. de mirin o vinagre de arroz
- 3 cdas. de salsa tamari o de soja
- 2 cdas. de cacahuetes tostados machacados, para adornar

Caliente el aceite de oliva en un wok a fuego medio, eche la cebolla, el ajo y la guindilla y sofríalos ligeramente 3 o 4 minutos. Agregue las verduras restantes, tape el wok y saltéelas 5 minutos, removiendo con frecuencia, hasta que estén tiernas. Retírelas del fuego y resérvelas.

Ponga a hervir una olla de agua con sal y cueza los noodles según las indicaciones del envase. Escúrralos y lávelos hasta que se enfríen bajo un chorro de agua fría. Vuelva a escurrirlos, páselos a un bol y vierta el aceite vegetal. Añádalos a las verduras reservadas en el wok.

En un bol, bata el sirope de agave con el mirin o el vinagre de arroz y la salsa tamari o de soja hasta obtener una mezcla homogénea. Viértala en el wok y remueva bien para que se mezcle todo.

Páselo a una fuente, adórnelo con los cacahuetes y sírvalo de inmediato.

QUESADILLAS DE CEBOLLA CARAMELIZADA Y ESPINACAS

MÉXICO

Caliente un poco de aceite de oliva en una sartén grande a fuego medio. Añada las cebollas y sofríalas unos 3 o 4 minutos hasta que se doren. Agregue la sal, baje el fuego y rehóguelas 20 minutos, removiendo con frecuencia, hasta que se caramelicen. Añada un poco más de aceite si fuera necesario. Páselas a un bol y resérvelas.

Caliente un poco más de aceite en la misma sartén a fuego medio, agregue las espinacas y saltéelas 3 o 4 minutos hasta que reduzcan su volumen. Páselas a un bol y resérvelas.

Limpie la sartén y póngala de nuevo en el fuego. Caliente un poco de aceite a fuego lento y añada 1 tortilla. Extienda un cuarto del queso por encima de manera uniforme y un cuarto de las cebollas. Eche un cuarto de las espinacas sobre la capa de cebolla, suba el fuego y fría la tortilla hasta que esté crujiente y el queso se funda. Añada un cuarto de las rodajas de aguacate, sale al gusto y doble la tortilla por la mitad. Pásela a un plato y cúbrala con un paño de cocina para mantenerla caliente. Repita la operación con los ingredientes restantes. Sirva las quesadillas con su salsa favorita.

Preparación: 15 minutos
Cocción: unos 30 minutos

Para 4 personas

- aceite de oliva
- 2 cebollas en rodajas
- 1 pizca de sal, y un poco más
- 225 g de espinacas tiernas
- 4 tortillas de harina grandes
- 450 g de queso cheddar vegano rallado
- 2 aguacates maduros en rodajas
- su salsa favorita, para servir

BUÑUELOS DE COLIFLOR

IRAK

En un robot de cocina o una batidora, triture la coliflor y las cebolletas hasta que estén bien picadas. Pase la mezcla a un bol. Añada la harina, las especias y el bicarbonato de sodio y remueva bien. Déjela reposar 30 minutos.

Empiece a calentar aceite suficiente para freír los buñuelos en una cazuela honda o una freidora. Ponga un poco de harina en un plato y forre otro con papel de cocina.

Mientras, tome 1 cucharada de la mezcla de coliflor, forme un buñuelo pequeño y presiónelo bien con las manos. Rebócelo con la harina y repita la operación con el resto de la mezcla. Cuando el aceite esté caliente, introduzca los buñuelos y fríalos 4 o 5 minutos hasta que se empiecen a dorar. Deles la vuelta y fríalos otros 3 o 4 minutos hasta que se doren. Sáquelos con una espumadera y déjelos escurrir en el plato forrado con papel de cocina. Sírvalos calientes con salsa picante de tomate y ajo o su salsa favorita.

Preparación: 20 minutos
Cocción: unos 15 minutos

Para 4 personas

- 1 coliflor en trozos pequeños, sin los tallos
- 4 cebolletas picadas
- 125 g de harina común, y un poco más para rebozar
- 1 cdta. de comino molido
- 1 cdta. de curry en polvo
- 1 cdta. de bicarbonato de sodio
- aceite vegetal, para freír
- salsa picante de tomate y ajo, o su salsa favorita, para servir

HAMBURGUESAS DE GARBANZOS

Preparación: 30 minutos,
más 1 hora para refrigerar
Cocción: 15 minutos

Para 4 personas

- 350 g de garbanzos cocidos escurridos
- 1 cebolla picada fina
- 2 cdas. de perejil picado
- 2 cdas. de menta picada
- 1 cda. de pan rallado
- 1 rebanada de pan remojada en leche de soja
- 60 g de harina común, y un poco más para rebozar
- sal y pimienta negra recién molida
- aceite vegetal, para freír
- su salsa favorita, para servir

En un robot de cocina o una batidora, triture los garbanzos, la cebolla, el perejil, la menta, el pan rallado, la rebanada de pan, la harina, la sal y la pimienta negra recién molida al gusto hasta que se mezclen bien. Pase la masa a un bol y refrigérela durante 1 hora.

Empiece a calentar aceite suficiente para freír las hamburguesas en una cazuela honda o una freidora. Ponga un poco de harina en un plato y forre otro con papel de cocina.

Forme hamburguesas con las manos y rebócelas con la harina. Cuando el aceite esté caliente, introdúzcalas con cuidado y fríalas 7 u 8 minutos hasta que estén doradas por ambos lados. Sáquelas con una espumadera y déjelas escurrir en el plato forrado con papel de cocina. Sírvalas con su salsa favorita.

HAMBURGUESAS DE GARBANZOS

JAPÓN

ROLLITOS DE DAIKON CON AGUACATE Y GERMINADOS

Preparación: 35 minutos
Sin cocción

Para 4 personas

- 1 cda. de salsa tamari o de soja
- 1 cda. de vinagre de arroz
- 1 cda. de galanga rallada
- el zumo de 1 limón
- 1 daikon grande en 12 láminas finas y largas
- 12 hojas de shiso
- 1 aguacate maduro en daditos
- 1 pepino en daditos
- 1 cda. de brotes de tirabeques picados
- 1 cda. de hojas de menta picadas
- 1 cda. de brotes de rábano
- 2 cdas. de zumo de yuzu
- semillas de sésamo negro, para adornar

En un bol, bata la salsa tamari o de soja con el vinagre de arroz, la galanga y el zumo de limón y resérvelo.

Disponga las láminas de daikon sobre una bandeja o una superficie de trabajo. Coloque 1 hoja de shiso sobre cada lámina.

Mezcle en un bol el aguacate, el pepino, los brotes de tirabeques y la menta y agregue el aliño de limón. Extienda la mezcla sobre un extremo de cada lámina de daikon y enróllelas con firmeza. Pase los rollitos a una fuente y adórnelos con los brotes de rábano. Vierta el zumo de yuzu con una cuchara y adórnelos con las semillas de sésamo.

ROLLITOS DE DAIKON CON AGUACATE Y GERMINADOS

AFGANISTÁN

EMPANADILLAS DE PUERROS

Preparación: 45 minutos
Cocción: unos 30 minutos

Para 4 personas

- 250 g de harina común, y un poco más para rebozar
- 1 cdta. de sal, y un poco más para sazonar
- 1 cda. de aceite de oliva
- 2 puerros grandes
- 120 g de tofu sedoso
- ¼ de cdta. de guindilla molida
- pimienta negra recién molida
- 1 cda. de aceite vegetal, y un poco más para freír
- su salsa favorita, para servir

Tamice la harina y la sal en un bol. Haga un hueco en el centro y vierta 150 ml de agua fría. Mézclelo todo para formar una masa firme. Agregue el aceite de oliva y trabájela 5 minutos hasta obtener una masa fina y elástica. Añada más harina si fuera necesario. Envuélvala en film transparente y déjela reposar 30 minutos en un lugar cálido.

Retire casi toda la parte verde de los puerros, córtelos por la mitad a lo largo y en rodajas de 5 mm de grosor. Páselos a un bol, agregue el tofu y la guindilla molida y salpimiente al gusto. Vierta el aceite vegetal.

Extienda la masa hasta obtener un rectángulo grande y córtela en círculos con un cortapastas redondo de metal de 8 a 10 cm.

Ponga 2 cucharaditas del relleno de puerro en el centro de un círculo de masa. Humedézcase los dedos en agua y páselos por el borde. Doble la masa sobre el relleno, presione los bordes y séllelos con un tenedor. Repita la operación con la masa y el relleno restantes.

Caliente el aceite para freír en una olla grande a fuego lento. Forre un plato con papel de cocina.

Introduzca con cuidado las empanadillas en el aceite caliente en 4 o 5 tandas y fríalas 4 o 5 minutos hasta que se doren. Sáquelas con una espumadera y déjelas escurrir en el plato forrado con papel de cocina. Sírvalas calientes con su salsa favorita.

INDONESIA

SUSHI VEGANO CON SALSA DE CACAHUETES

Preparación: 40 minutos
Sin cocción

Para 4 personas

- 1 cda. de crema de cacahuetes suave
- 1 cda. de salsa de soja, y un poco más para servir
- 1 cda. de tahini
- 1 diente de ajo picado
- 8 láminas de algas nori
- 2 aguacates en dados
- 225 g de espinacas tiernas
- 225 g de brotes o germinados
- wasabi, para servir

En un robot de cocina o una batidora, triture la crema de cacahuetes, la salsa de soja, el tahini, el ajo y 2 cucharadas de agua hasta obtener una salsa homogénea. Pásela a un bol y resérvela.

Extienda las láminas de nori y disponga sobre un extremo 1 cucharadita de aguacate, 1 cucharadita de espinacas y 1 cucharadita de brotes o germinados. Vierta la salsa de cacahuete y enrolle las láminas firmemente cubriendo el relleno. Sirva los rollitos con la salsa de soja y el wasabi.

VERDURAS AL VAPOR CON COCO

BRUNÉI

Ponga a hervir una cazuela con agua.

Lave los brotes de soja y retire los extremos marrones. Colóquelos en un bol refractario y vierta el agua hirviendo encima. Lávelos bajo un chorro de agua fría, escúrralos y resérvelos.

Ponga a hervir una cazuela de agua con sal, agregue las judías verdes y cuézalas unos 4 o 5 minutos hasta que estén tiernas pero al dente. Escúrralas y resérvelas.

Ponga a hervir otra cazuela de agua con sal, añada las zanahorias y cuézalas hasta que estén tiernas. Escúrralas y resérvelas.

Ponga a hervir agua con sal en una tercera cazuela. Agregue la col china y escáldela 2 minutos. Escúrrala en un colador. Lávela para que se enfríe bajo un chorro de agua fría y vuelva a escurrirla.

Mezcle en un bol el coco con las cebolletas, la sriracha, el zumo de lima y la salsa tamari o de soja y remueva bien.

Mezcle en la cesta de una vaporera los brotes de soja con las judías verdes, las zanahorias, la col china y los brotes de bambú y esparza la mezcla de coco por encima, reservando un poco para adornar. Pase las verduras a una vaporera y cuézalas 8 minutos. Salpimiente al gusto.

Dispóngalas en una fuente, adórnelas con la mezcla de coco restante y sírvalas con pan o arroz.

Preparación: 20 minutos
Cocción: unos 15 minutos

Para 4 personas

- 220 g de brotes de soja
- sal
- 180 g de judías verdes cortadas por la mitad
- 4 zanahorias en rodajas
- ½ col china limpia y en juliana
- 240 g de pulpa de coco picada
- 1 cebolleta picada
- 1 cdta. de sriracha
- 2 cdas. de zumo de lima recién exprimido
- 1 cda. de salsa tamari o de soja
- 35 g de brotes de bambú escurridos y cortados del mismo tamaño que las judías verdes
- pimienta negra recién molida
- pan o arroz blanco cocido, para servir

ROLLITOS DE PRIMAVERA

Preparación: unos 45 minutos
Sin cocción

Para 4 personas

- 225 g de fideos de arroz
- 125 g de brotes de soja verde
- 120 g de zanahorias ralladas
- 120 g de daikon rallado
- 1 diente de ajo picado
- 1 cda. de salsa tamari o de soja
- 4 cdas. de cacahuetes sin sal tostados y machacados
- 30 g de menta picada
- 30 g de cilantro picado, y unas ramitas para adornar
- 1 cda. de zumo de lima recién exprimido
- 12 obleas de papel de arroz
- 1 cda. de sriracha

Ponga los fideos de arroz en remojo en un bol con agua caliente 5 minutos hasta que estén blandos. Escúrralos, sumérjalos en agua fría y vuelva a escurrirlos. Córtelos en trozos de 5 cm y resérvelos.

Mezcle en un bol los brotes de soja, la zanahoria, el daikon, el ajo y la salsa tamari o de soja y remueva bien. Agregue los fideos, la mitad de los cacahuetes, la menta, el cilantro y el zumo de lima. Remueva hasta que se mezcle todo.

Vierta un poco de agua templada en un plato hondo. Sumerja 1 oblea de papel de arroz, retírela rápidamente y colóquela en un plato llano. Ponga 2 cucharadas de la mezcla de fideos en un extremo de la oblea. Dóblelo sobre el relleno y enrolle la oblea con firmeza hasta obtener un cilindro. Coloque el rollito en una bandeja y cúbralo con un paño de cocina húmedo. Repita la operación con las obleas y el relleno restantes.

Mezcle la sriracha con los cacahuetes restantes y sírvala con los rollitos.

ROLLITOS DE PRIMAVERA

POLONIA

HAMBURGUESAS DE GUISANTES

Preparación: 20 minutos
Cocción: unos 30 minutos

Para 4 personas

- sal
- 250 g de guisantes frescos o congelados
- 125 g de harina común
- 2 cdas. de nata de soja
- 100 g de queso parmesano vegano
- sustituto vegano de 1 huevo
- 1 cdta. de levadura en polvo
- pimienta negra recién molida
- 2 cdas. de aceite de oliva
- su salsa favorita, para servir

Ponga a hervir agua con un poco de sal en una olla. Cueza los guisantes 5 minutos, removiendo de vez en cuando, hasta que estén tiernos. Escúrralos y páselos a un bol. Cháfelos con un tenedor.

Coloque unos dos tercios de harina y la nata de soja en un bol. Añada el queso, el sustituto de huevo, la levadura, la sal, la pimienta negra recién molida al gusto y los guisantes chafados y remueva bien. Agregue más nata de soja o harina, si fuera necesario, para que la mezcla tenga una textura firme. Con las manos, forme hamburguesas de 4 o 5 cm de grosor.

Caliente el aceite de oliva en una sartén a fuego medio. Fría las hamburguesas unos 4 o 5 minutos por cada lado hasta que se doren.

Sírvalas con su salsa favorita o en pan de hamburguesas.

ESPAÑA

BOCADILLOS DE CHAMPIÑONES PORTOBELLO GRATINADOS

Preparación: 30 minutos
Cocción: unos 10 minutos

Para 4 personas

Para el pesto de albahaca:
- 100 g de albahaca
- 1 cda. de zumo de limón recién exprimido
- 2 dientes de ajo picados finos
- 2 cdas. de aceite de oliva
- 30 g de nueces
- sal y pimienta negra recién molida

Para los bocadillos:
- 4 champiñones portobello grandes
- 2 cdtas. de aceite de oliva virgen extra
- sal y pimienta negra recién molida
- panes de hamburguesas abiertos por la mitad o pan de molde, para servir
- 1 puñado de espinacas tiernas
- su salsa de hamburguesas favorita, para servir

Precaliente el gratinador.

Para preparar el pesto de albahaca, triture la albahaca, el zumo de limón, el ajo, el aceite de oliva y las nueces en un robot de cocina o una batidora hasta obtener una mezcla homogénea. Pásela a un bol y salpimiente al gusto. Resérvela.

Para preparar los bocadillos, unte los champiñones con el aceite de oliva, salpimiente al gusto y colóquelos en una bandeja de horno. Gratínelos a altura media 3 o 4 minutos, deles la vuelta y gratínelos 3 o 4 minutos más hasta que se empiecen a dorar.

Coloque 1 champiñón sobre cada parte inferior del pan y ponga 1 cucharada de pesto en el centro. Añada unas hojas de espinacas y cúbralos con la parte superior del pan. Sírvalos con su salsa favorita.

ESPINACAS CHINAS SOFRITAS

TIMOR

Caliente el aceite en un wok o una sartén grande a fuego medio. Eche la cebolla, el ajo y el jengibre y sofríalos 3 o 4 minutos hasta que la cebolla y el ajo se empiecen a dorar. Agregue las espinacas chinas, la guindilla, 2 cucharadas de agua y la salsa de soja y sofríalas durante 2 minutos. Adórnelas con las semillas de sésamo blanco y la albahaca picada y sírvalas de inmediato con arroz.

Preparación: 20 minutos
Cocción: 5 minutos

Para 4 personas

- 1 cda. de aceite de sésamo
- 1 cebolla picada
- 4 dientes de ajo picados
- 1 cda. de jengibre fresco rallado
- 1 kg de espinacas chinas limpias
- 1 guindilla roja despepitada y picada fina
- 1 cda. de salsa de soja
- 1 cda. de semillas de sésamo blanco, para adornar
- 1 cda. de albahaca picada, para adornar
- arroz cocido, para servir

ROLLITOS DE MANGO Y AGUACATE

VIETNAM

Mezcle los dados de aguacate con el zumo y la ralladura de lima en un bol. Agregue el pimiento, el queso crema, las cebolletas, el cilantro y la sriracha y remueva bien. Añada el mango, los brotes de alfalfa y de soja y resérvelo.

Llene un bol grande con agua templada. Ponga 1 oblea de papel de arroz en remojo 10 segundos. Escúrrala, dispóngala sobre una superficie de trabajo y déjela reposar 30 segundos. Ponga 4 cucharadas de la mezcla de aguacate y mango a lo ancho de la oblea justo debajo del centro, dejando libre 2,5 cm a cada lado. Cubra el relleno con uno de los extremos de la oblea, pase el otro por encima y enróllela por completo. Reserve el rollito en una fuente. Repita la operación con las obleas y el relleno restantes. Sirva los rollitos con salsa agridulce o salsa de soja.

Preparación: 30 minutos
Sin cocción

Para 4 personas

- 225 g de aguacate en dados
- 2 cdas. de zumo de lima recién exprimido
- 2 cdtas. de ralladura fina de lima
- 75 g de pimiento rojo en dados
- 120 g de queso crema vegano (véase pág. 30) o comprado ablandado
- 4 cebolletas picadas finas
- 30 g de cilantro picado
- 1 cda. de sriracha
- 360 g de mango en dados
- 30 g de brotes de alfalfa
- 120 g de brotes de soja verde
- 8 obleas de papel de arroz
- salsa agridulce o de soja, para servir

KIMCHI CON ARROZ FRITO

Preparación: 20 minutos
Cocción: unos 10 minutos

Para 4 personas

- 300 g de kimchi vegano
- 1 cda. de aceite vegetal
- 1 cda. de aceite de sésamo tostado
- 1 cda. de gochujang (pasta de guindilla y soja fermentada coreana)
- 4 cdas. de crema de coco
- 920 g de arroz jazmín o de grano corto cocido
- 3 cebolletas en rodajas finas
- 1 cda. de salsa tamari o de soja
- 1 cda. de semillas de sésamo tostadas, para adornar
- 4 láminas de algas nori tostadas y desmenuzadas, para adornar

Ponga el kimchi vegano en un escurridor colocado sobre un bol y presiónelo para extraer tanto jugo como sea posible. Reserve el jugo y pique el kimchi.

Caliente los dos tipos de aceite en un wok o una sartén a fuego medio, agregue el kimchi y sofríalo 4 o 5 minutos hasta que desprenda su aroma. Añada el gochujang y la crema de coco y remueva 1 minuto hasta obtener una mezcla homogénea. Agregue el arroz, el jugo de kimchi, las cebolletas y la salsa tamari o de soja y remueva bien. Sofríalo todo 3 o 4 minutos a fuego medio hasta que el arroz se tueste ligeramente. Páselo a una fuente y esparza las semillas de sésamo y las algas nori desmenuzadas. Sírvalo de inmediato.

KIMCHI CON ARROZ FRITO

REPÚBLICA DOMINICANA

BARQUITOS DE CITRONELA Y YACA

Preparación: 15 minutos
Cocción: 20 minutos

Para 4 personas

Para los barquitos:

- 1 zanahoria grande en bastoncitos de 5 cm
- 120 ml de vinagre blanco
- 65 g de azúcar extrafino
- 1 tallo de citronela
- 1 cda. de aceite de oliva
- 1 cdta. de ajo picado
- 450 g de yaca tierna en conserva en trozos pequeños
- 2 pepinos
- 1 guindilla roja grande despepitada y en rodajas
- 2 cebolletas en rodajas
- 30 g de cilantro
- 1 pizca de sal
- 4 cdas. de salsa tamari o de soja
- 1 baguette crujiente, para servir

Para la veganesa:

- 180 g de tofu sedoso
- 4 cdas. de aceite vegetal
- el zumo de 1 limón
- 1 cdta. de cebolla en polvo
- 1 cda. de vinagre blanco
- 1 cdta. de mostaza de Dijon

Ponga los bastoncitos de zanahoria en un tarro de cristal con tapa.

Vierta el vinagre blanco en una cazuela, caliéntelo a fuego medio y disuelva el azúcar. Deje macerar la mezcla hasta que se enfríe y échela en el tarro que contiene la zanahoria. Tápelo, agítelo y refrigérelo.

Retire las primeras 2 o 3 hojas del tallo de citronela y pique el resto.

Caliente el aceite de oliva en un wok o una sartén grande a fuego medio y añada el ajo, la citronela y la yaca. Saltéelo todo 4 o 5 minutos y agregue la mitad de la salsa tamari o de soja. Saltéelo, removiendo de vez en cuando, 10 minutos más hasta que los trozos de yaca se empiecen a dorar. Déjelo enfriar.

Para preparar la veganesa, mezcle todos los ingredientes en un robot de cocina o una batidora y tritúrelos 2 o 3 minutos. Refrigérela.

Corte los pepinos por la mitad a lo largo y retire las semillas y la pulpa con una cuchara para hacer los 4 «barquitos». Reserve las semillas y la pulpa.

Escurra los bastoncitos de zanahoria. Mezcle la veganesa con la yaca, la zanahoria, la guindilla, la cebolleta, la pulpa y las semillas de pepino, el cilantro, la sal y la salsa tamari o de soja restante. Divida la mezcla en 4 porciones iguales y rellene con ellas los barquitos de pepino. Sírvalos con la baguette crujiente.

TORTITAS JAPONESAS

JAPÓN

Para preparar la salsa, bata en un bol el kétchup con la salsa Worcestershire, la mostaza, el ajo y la pimienta. Cúbrala y refrigérela hasta que la vaya a utilizar.

Para preparar las tortitas, ponga en un bol la harina, la leche de almendras, el vinagre de sidra de manzana y el bicarbonato de sodio, y mézclelos hasta obtener una masa muy fina. Sale al gusto.

Caliente un poco de aceite en una sartén a fuego medio. Añada la mitad de la masa, la mitad de las espinacas o de col china y la mitad de las cebolletas y fría la tortita 3 o 4 minutos hasta que se dore. Dele la vuelta y fríala por el otro lado hasta que se dore. Si la prefiere más crujiente, dele la vuelta de nuevo y fríala hasta que esté a su gusto. Repita la operación con el resto de los ingredientes.

Pase las tortitas a una fuente, vierta la salsa por encima y sírvalas de inmediato.

Preparación: 30 minutos
Cocción: 30 minutos

Para 4 personas

Para la salsa:
- 4 cdas. de kétchup
- 3 cdtas. de salsa Worcestershire
- 2 cdtas. de mostaza en polvo
- 2 cdtas. de ajo en polvo
- 1 cdta. de pimienta negra

Para las tortitas:
- 125 g de harina común
- 180 ml de leche de almendras
- 1 cda. de vinagre de sidra de manzana
- 1 cdta. de bicarbonato de sodio
- sal
- aceite vegetal
- 30 g de espinacas o col china en juliana
- 50 g de cebolletas picadas

PATATAS CON CREMA DE RÁBANO PICANTE

FINLANDIA

Reboce los aros de chalota con la harina y páselos a un escurridor para eliminar el exceso. Forre un plato con papel de cocina.

Caliente 2 cucharadas de aceite en un cazo a fuego vivo. Baje el fuego y fría los aros de chalota 4 o 5 minutos hasta que se doren. Sáquelos con una espumadera y déjelos escurrir en el plato forrado con papel de cocina. Sale y resérvelos.

Mezcle en un bol el yogur de soja con el rábano picante, el pan, la cebolla roja, el pepinillo y el cebollino y salpimiente al gusto. Resérvelo.

Caliente el aceite restante en una sartén a fuego medio y fría las rodajas de patata 5 o 6 minutos por cada lado hasta que se doren. Páselas a una fuente, vierta por encima la mezcla de rábano picante y adórnelas con los aros de chalota. Sírvalas de inmediato.

Preparación: 25 minutos
Cocción: 20 minutos

Para 4 personas

- 3 chalotas en aros
- 30 g de harina común
- 3 cdas. de aceite de oliva
- sal y pimienta negra recién molida
- 60 ml de yogur de soja sin azúcar
- 2 cdtas. de rábano picante rallado
- 2 rebanadas de pan de centeno integral en trozos pequeños
- 1 cebolla roja en rodajas
- 1 pepinillo en vinagre al eneldo grande en daditos
- 2 cdas. de cebollino picado fino
- 4 patatas russet cocidas hasta que estén tiernas, peladas y en rodajas finas

JAPÓN

SETAS MACERADAS

Preparación: 20 minutos
Cocción: 10 minutos, más 1 hora para refrigerar

Para 4 personas

- 2 cdas. de aceite de oliva
- 625 g de setas shiitake sin los tallos y con los sombrerillos en rodajas
- 2 cdas. de vinagre de arroz
- 2 cdas. de salsa tamari o de soja
- 1 cda. de guindilla molida
- 1 cda. de nata de soja
- 30 g de shiso verde picado
- 1 daikon rallado
- 2 zanahorias ralladas
- sal
- 2 cdas. de hojas de shiso rojo, para adornar
- fideos soba o arroz glutinoso, para servir

Caliente el aceite de oliva en un wok o una sartén a fuego vivo y agregue las setas. Saltéelas unos 5 o 6 minutos hasta que estén hechas y se haya evaporado su jugo.

Retire el wok del fuego y añada el vinagre de arroz, la salsa tamari o de soja, la guindilla molida, la nata de soja, el shiso verde picado, el daikon y las zanahorias. Remueva bien y sale al gusto. Ponga el wok de nuevo en el fuego y saltéelo todo 2 minutos. Retírelo del fuego y déjelo enfriar. Páselo a un bol y refrigérelo durante 1 hora.

Adórnelo con las hojas de shiso rojo y sírvalo con los fideos soba o el arroz glutinoso.

GRECIA

CHAMPIÑONES A LA GRIEGA

Preparación: 15 minutos
Cocción: 15 minutos, más 30 minutos para enfriar

Para 4 personas

- 3 cdas. de aceite de oliva
- 3 dientes de ajo picados
- 500 g de champiñones en rodajas
- 2 cdas. de aceitunas Kalamata deshuesadas y en rodajas
- 4 cdas. de vinagre de vino tinto
- 2 cdas. de hierbas provenzales
- 3 cdas. de pasta de tomate
- 2 cdas. de zumo de limón recién exprimido
- 2 cdas. de perejil picado, para adornar

Caliente el aceite de oliva en una sartén a fuego medio, agregue el ajo picado y los champiñones y sofríalos 5 o 6 minutos. Añada las aceitunas, 5 cucharadas de agua, el vinagre, las hierbas provenzales y la pasta de tomate y llévelos a ebullición. Cuézalos 10 minutos a fuego medio.

Retire la sartén del fuego, vierta el zumo de limón, remueva bien y déjelos enfriar unos 30 minutos.

Adórnelos con perejil y sírvalos a temperatura ambiente.

CHAMPIÑONES RELLENOS DE HIERBAS FRESCAS

ESPAÑA

Precaliente el horno a 180 °C.

Retire los tallos de los champiñones y píquelos finos. Disponga los sombrerillos en una bandeja de horno.

Caliente la margarina vegetal en una cazuela a fuego medio, eche la cebolleta y sofríala 3 o 4 minutos. Añada los tallos de los champiñones y sofríalos otros 3 o 4 minutos. Agregue el perejil, el ajo y las hierbas provenzales y salpimiente al gusto. Añada el pan rallado y el aceite de oliva y remueva bien.

Rellene los sombrerillos con la mezcla y hornéelos 15 minutos o hasta que el pan rallado esté dorado y crujiente. Sírvalos de inmediato.

Preparación: 30 minutos
Cocción: 25 minutos

Para 4 personas

- 500 g de champiñones grandes
- 1 cda. de margarina vegetal
- 2 cdas. de cebolleta picada fina
- 2 cdas. de perejil picado
- 1 diente de ajo picado fino
- 1 cda. de hierbas provenzales
- sal y pimienta negra recién molida
- 3 cdas. de pan rallado
- 1 cda. de aceite de oliva

CHAMPIÑONES REBOZADOS

ESPAÑA

Precaliente el horno a 200 °C. Unte una fuente refractaria con la margarina vegetal.

Mezcle en un bol la harina con la levadura nutricional, la sal, el pimentón, el ajo en polvo, la pimienta negra y el curry en polvo y remueva bien.

En un robot de cocina o una batidora, triture el tofu y la nata de soja hasta obtener una mezcla fina. Agregue poco a poco los ingredientes secos hasta que la mezcla esté homogénea y sin grumos.

Añada los champiñones y remueva hasta que se impregnen. Póngalos en la fuente en una única capa y hornéelos de 12 a 15 minutos hasta que se doren.

Sírvalos de inmediato con sriracha o la salsa picante que desee.

Preparación: 20 minutos
Cocción: 15 minutos

Para 4 personas

- 2 cdas. de margarina vegetal
- 63 g de harina común
- 1 cda. de levadura nutricional
- 3 cdtas. de sal
- 2½ cdtas. de pimentón dulce
- 2 cdtas. de ajo en polvo
- 1 cdta. de pimienta negra recién molida
- ½ cdta. de curry en polvo
- 240 g de tofu sedoso
- 4 cdas. de nata de soja
- 500 g de champiñones pequeños
- sriracha u otra salsa picante, para servir

DUMPLINGS DE SETAS

Preparación: 30 minutos,
más 2 horas para reposar
Cocción: unos 30 minutos

Para 4 personas

- 500 g de harina común, y un poco más para rebozar
- 1 cdta. de sal, y un poco más para sazonar
- 460 g de arroz glutinoso
- 1 cda. de aceite vegetal, y un poco más para untar
- 500 g de setas shiitake sin los tallos y con los sombrerillos cortados en cuartos
- 2 chalotas picadas
- 2 cebolletas picadas
- 1 cda. de vino de arroz o jerez seco
- 2 cdtas. de salsa tamari o de soja
- 1 cdta. de salsa de soja con setas o salsa de soja
- 1 cdta. de polvo de cinco especias
- 1 cdta. de aceite de sésamo tostado
- 150 g de guisantes congelados
- pimienta negra recién molida
- su salsa favorita, para servir

Mezcle la harina y la sal con 175 ml de agua en un bol y trabájela hasta obtener una masa fina. (Si lo prefiere, utilice una batidora de varillas eléctrica equipada con un gancho para amasar.) Cubra el bol con un paño de cocina húmedo y déjela reposar 2 horas.

Cueza el arroz glutinoso según las indicaciones del envase. (Si lo prefiere, utilice una arrocera.)

Caliente el aceite en un wok a fuego medio, añada las setas y las chalotas y saltéelas 3 o 4 minutos hasta que las chalotas estén translúcidas. Agregue las cebolletas, el vino de arroz o el jerez, los dos tipos de salsa de soja, el polvo de cinco especias, el aceite de sésamo y 60 ml de agua templada. Remueva bien y cuézalo 2 minutos. Añada el arroz cocido y los guisantes y retire el wok del fuego. Salpimiente al gusto.

Divida la masa en 4 porciones iguales. Extienda 1 porción con las manos para formar una cuerda larga y córtela en trozos del tamaño de una nuez pequeña. Repita la operación con las porciones restantes.

Prepare una vaporera. Fórrela con una capa de muselina humedecida o úntela con aceite para evitar que el contenido se pegue.

Espolvoree una superficie de trabajo limpia con harina y extienda cada trozo de masa hasta obtener círculos de 10 cm de diámetro. Ponga 1 cucharadita de la mezcla de arroz glutinoso en el centro de cada círculo, cierre los bordes sobre el relleno y presiónelos bien para sellarlos, formando dumplings.

Coloque los dumplings en la vaporera dejando un espacio libre de 2,5 cm entre cada uno de ellos. Cuézalos al vapor unos 5 minutos y sírvalos de inmediato con su salsa favorita.

HINOJO Y MELOCOTONES BLANCOS ASADOS

FRANCIA

Precaliente el horno a 180 °C.

Retire los tallos y las hojas de los bulbos de hinojo y corte cada uno en 6 trozos. Colóquelos en una fuente refractaria.

Pele y deshuese los melocotones. Corte cada uno de ellos en 6 rodajas. Colóquelos en la fuente junto con el hinojo y los dientes de ajo. Vierta el aceite de oliva por encima y hornéelos unos 20 minutos. Pele los dientes de ajo y póngalos en un mortero. Pase los melocotones y el hinojo a una fuente y déjelos enfriar.

Machaque los dientes de ajo y añada el zumo de limón. Cháfelos con un tenedor hasta obtener una mezcla fina.

Viértala sobre el hinojo y las rodajas de melocotón. Salpimiente al gusto y esparza las alcaparras por encima. Sírvalo a temperatura ambiente.

Preparación: 30 minutos
Cocción: 20 minutos

Para 4 personas

- 2 bulbos de hinojo
- 3 melocotones blancos maduros pero firmes
- 1 cabeza de ajos con los dientes separados y sin pelar
- 6 cdas. de aceite de oliva
- 4 cdas. de zumo de limón recién exprimido
- sal y pimienta negra recién molida
- 1 cda. de alcaparras, para adornar

BERENJENAS, TOMATES Y PIMIENTOS ROJOS ASADOS

TURQUÍA

Precaliente el horno a 200 °C. Forre con papel de aluminio dos bandejas de horno con borde.

Ponga las berenjenas en un bol y mézclelas con 2 cucharadas de aceite de oliva.

Ponga los pimientos rojos y el chile jalapeño en una de las bandejas y las berenjenas en la otra. Ase las verduras 12 minutos. Deles la vuelta con unas pinzas y hornéelas 4 minutos más hasta que las berenjenas estén tiernas.

Coloque las berenjenas y el jalapeño en un bol. Ponga los pimientos en otro, cúbralo con film transparente y déjelo enfriar 15 minutos.

Retire y deseche la piel y las semillas de los pimientos. Páselos a una cazuela, agregue el tomate, el ajo, la pasta de tomate y los copos de guindilla roja machacados y sale al gusto. Cuézalos a fuego lento 35 minutos. Añada los dados de berenjena y el jalapeño y cuézalo todo 10 minutos más hasta que la mezcla espese. Retire la cazuela del fuego y agregue el azúcar. Remueva bien y salpimiente al gusto. Si lo prefiere más picante, añada más copos de guindilla.

Para servir, mezcle el aceite de oliva restante con los dos tipos de pimentón en un tarro pequeño. Viértalo sobre las verduras.

Preparación: 30 minutos
Cocción: 1 hora, más 15 minutos para enfriar

Para 4 personas

- 1 kg de berenjenas en dados de 4 cm
- 5 cdas. de aceite de oliva
- 2 pimientos rojos
- 1 chile jalapeño despepitado y troceado
- 750 g de tomates pera en dados
- 1 diente de ajo picado fino
- 2 cdas. de pasta de tomate
- 1 cdta. de copos de guindilla roja machacados, y un poco más al gusto
- sal y pimienta negra recién molida
- 1 cda. de azúcar extrafino
- 2½ cdtas. de pimentón dulce
- 1 cdta. de pimentón ahumado

PAKISTÁN

OCRAS RELLENAS DE COCO

Preparación: 25 minutos
Cocción: 30 minutos

Para 4 personas

- 500 g de ocras (quingombó)
- 1 cda. de semillas de sésamo
- 1 cda. de aceite de coco
- 240 ml de tiras de coco picadas
- 3 cdas. de cacahuetes crudos
- 1 cdta. de cúrcuma molida
- 1 cdta. de cilantro molido
- 1 cdta. de comino molido
- 1 cdta. de pimienta de Jamaica molida
- ½ cdta. de sal
- 2 cdas. de aceite de oliva, y un poco más
- 8 hojas de curry
- 1 guindilla verde despepitada y picada
- 1 cdta. de semillas de mostaza
- 1 cdta. de asafétida
- 2 cdas. de zumo de limón recién exprimido
- arroz salvaje o basmati cocido, para servir

Lave las ocras, escúrralas y déjelas secar sobre papel de cocina.

Tueste las semillas de sésamo en una sartén sin aceite a fuego lento 2 o 3 minutos. Macháquelas en un mortero y resérvelas.

Caliente el aceite de coco en la misma sartén a fuego medio. Agregue las tiras de coco y tuéstelas 3 o 4 minutos hasta que se doren. Resérvelas.

Tueste los cacahuetes en una sartén sin aceite 5 o 6 minutos, sin dejar de remover. Déjelos enfriar.

Triture los cacahuetes en un robot de cocina o una batidora. Añada las semillas de sésamo machacadas, la cúrcuma, el cilantro, el comino, la pimienta de Jamaica, las tiras de coco tostadas y la sal y tritúrelo todo. Resérvelo.

Recorte los extremos de las ocras y córtelas por la mitad a lo largo con un cuchillo pequeño. Rellénelas con la mezcla de coco, cacahuetes y especias. Reserve el relleno que sobre.

Caliente 1 cucharada de aceite de oliva en una sartén a fuego medio. Agregue las hojas de curry, la guindilla verde, las semillas de mostaza y la asafétida y fríalas ligeramente unos 2 minutos hasta que las semillas de mostaza empiecen a saltar. Añada una tanda de ocras rellenas y esparza la mitad del relleno que haya sobrado por encima. Fríalas a fuego lento de 10 a 12 minutos. Si la mezcla quedara demasiado seca, añada 1 cucharada más de aceite de oliva. Páselas a una fuente. Fría la segunda tanda de ocras rellenas del mismo modo. Páselas a la fuente y vierta el zumo de limón por encima. Sírvalas calientes con arroz.

OCRAS RELLENAS DE COCO

ROLLITOS DE PALAWAN

Preparación: 30 minutos
Cocción: unos 50 minutos

Para 4 personas

Para la salsa:
- 1 cebolla roja pequeña picada fina
- 3 dientes de ajo picados
- 240 ml de vinagre de vino blanco
- 4 cdas. de salsa de soja
- 120 ml de kétchup
- 1 pizca de copos de guindilla roja machacados
- sal

Para los rollitos de primavera:
- 2 cdas. de aceite de oliva
- 1 cebolla picada
- 4 dientes de ajo picados finos
- 500 g de boniatos pelados y en dados
- 500 g de zanahorias en dados
- 120 ml de caldo de verduras
- 250 g de apio picado
- 125 g de cacahuetes tostados
- 1 cda. de salsa de soja
- 250 g de judías verdes limpias
- 100 g de repollo verde en juliana
- 20 obleas de arroz para rollitos o de papel de arroz
- aceite vegetal, para freír
- hojas de lechuga, para servir

Para preparar la salsa, mezcle la cebolla roja con el ajo, el vinagre de vino blanco, la salsa de soja, el kétchup y los copos de guindilla roja machacados en un robot de cocina o una batidora. Tritúrelos hasta obtener una mezcla fina y cremosa. Sale y resérvela.

Para preparar los rollitos de primavera, caliente el aceite de oliva en una sartén o un wok a fuego medio. Añada la cebolla y el ajo y saltéelos unos 4 o 5 minutos hasta que estén tiernos y translúcidos. Agregue el boniato, la zanahoria y el caldo y cuézalos 6 o 7 minutos. Añada el apio y los cacahuetes y prosiga con la cocción unos 10 minutos más hasta que el boniato y la zanahoria estén tiernos. Baje el fuego, agregue la salsa de soja, las judías verdes y el repollo en juliana y cuézalo todo 5 minutos. Escurra las verduras en un colador, reservando el caldo y déjelas enfriar un poco.

Coloque una oblea de rollitos de primavera o de papel de arroz sobre una superficie de trabajo y ponga 2 cucharaditas de la mezcla de verduras en el centro, dejando libre un espacio a cada lado. Doble los extremos de la oblea sobre el relleno, envuélvalo con uno de los lados y enrolle la oblea con firmeza hasta obtener un rollito. Repita la operación con las obleas y el relleno restantes.

Caliente el aceite vegetal en una freidora o una cazuela honda a fuego vivo. Forre un plato con papel de cocina.

Cuando el aceite esté caliente, fría los rollitos en tandas de 5 durante 4 o 5 minutos, dándoles la vuelta con frecuencia, hasta que se doren y estén crujientes. Retírelos con una espumadera y páselos al plato forrado con papel de cocina para eliminar todo el aceite.

Sírvalos de inmediato con las hojas de lechuga y la salsa preparada.

ZANAHORIAS DULCES

ARABIA SAUDÍ

Mezcle en una cazuela la leche de almendras con el cardamomo, la ralladura de limón y el azúcar. Llévelos a ebullición sin dejar de remover y baje el fuego. Ponga las zanahorias en un colador y colóquelo sobre la cazuela, asegurándose de que no toquen el líquido. Tape la cazuela y cuézalas al vapor 15 minutos, removiendo con frecuencia. Cuando estén tiernas, presiónelas para eliminar el exceso de líquido. Reserve la leche de almendras.

Funda la margarina vegetal en una cazuela a fuego medio. Agregue la harina despacio, removiendo constantemente con una cuchara de madera hasta obtener una mezcla homogénea y sin grumos. Añada las zanahorias y remueva bien. Retire la cazuela del fuego y déjela reposar 5 minutos. Vierta la leche de almendras reservada y ponga de nuevo la cazuela al fuego. Vuelva a remover y cuézalo todo a fuego lento unos 5 minutos, removiendo de vez en cuando. Vierta la mezcla en 4 ramequines y adórnela con los pistachos y las pasas.

Preparación: 20 minutos
Cocción: unos 20 minutos, más 5 minutos para reposar

Para 4 personas

- 475 ml de leche de almendras
- 1 cdta. de cardamomo molido
- 1 cda. de ralladura de limón
- 200 g de azúcar extrafino
- 500 g de zanahorias ralladas
- 2 cdas. de margarina vegetal
- 2 cdas. de harina común
- 1 cda. de pistachos molidos, para adornar
- 1 cda. de pasas, para adornar

ROLLITOS DE SUKHOTHAI

TAILANDIA

Para preparar la salsa, triture la crema de cacahuetes, 3 cucharadas de agua caliente, el zumo de lima, la salsa de soja, el azúcar moreno, el jengibre y el ajo en un robot de cocina o una batidora hasta obtener una mezcla fina y cremosa. Pásela a un bol y resérvela en el frigorífico.

Para preparar los rollitos, corte las remolachas cocidas en rodajas y estas en bastoncitos. Resérvelas en un bol.

Coloque las zanahorias en un bol, el pepino en otro y el pimiento en un tercero.

Mezcle la menta, el cilantro y la albahaca y resérvelos en un plato o un bol.

Llene un bol con agua caliente. Ponga 1 oblea de papel de arroz en remojo 10 segundos, retírela de inmediato y colóquela sobre una superficie de trabajo limpia. En el centro de la oblea, disponga 1 cucharadita de hierbas, 1 cucharada de remolacha, 1 cucharada de zanahoria, 1 cucharada de pepino y 1 cucharada de pimiento amarillo. Doble los lados de la oblea hacia el centro, cubriendo el relleno. Enrolle la oblea sobre el relleno formando un rollito. Repita la operación con los ingredientes restantes. Sírvalos con la salsa.

Preparación: 35 minutos
Sin cocción

Para 4 personas

Para la salsa:
- 120 g de crema de cacahuetes suave o crujiente
- 3 cdas. de zumo de lima recién exprimido
- 2 cdas. de salsa de soja
- 2 cdtas. de azúcar moreno
- 1 cda. de jengibre fresco rallado
- 1 diente de ajo picado

Para los rollitos:
- 2 remolachas al vapor
- 2 zanahorias ralladas
- 1 pepino pelado, despepitado y en bastoncitos
- 1 pimiento amarillo despepitado y en rodajas finas
- 30 g de menta picada
- 30 g de cilantro picado
- 30 g de albahaca tailandesa picada
- 12 obleas redondas de papel de arroz

CARPACCIO DE CHAMPIÑONES CON TARTAR DE NARANJA

Preparación: 20 minutos
Cocción: unos 5 minutos

Para 4 personas

- 4 champiñones portobello sin los tallos ni las laminillas
- 2 cdas. de aceite de oliva, y un poco más para untar
- sal y pimienta negra recién molida
- 2 naranjas
- 120 g de aceitunas Kalamata negras deshuesadas y en rodajas
- 2 cdtas. de alcaparras machacadas
- 1 chalota picada
- 2 cdas. de cilantro picado, para adornar

Precaliente el gratinador. Forre una bandeja de horno con papel de aluminio.

Con un pincel de repostería, unte los sombrerillos de los champiñones con aceite de oliva y salpimiente al gusto. Colóquelos en la bandeja de horno con la apertura hacia arriba. Resérvelos.

Ralle la piel de las naranjas y resérvela. Pélelas y separe los gajos. Con un cuchillo pequeño, retire y deseche toda la pulpa blanca que pueda. Pique los gajos limpios y páselos a un bol. Añada 1 cucharadita de la ralladura de naranja reservada, las aceitunas, las alcaparras, las chalotas y el aceite de oliva y remueva bien. Salpimiente al gusto. Rellene los champiñones con la mezcla.

Gratínelos 4 o 5 minutos a altura media. Páselos a una fuente, adórnelos con el cilantro picado y sírvalos de inmediato.

CARPACCIO DE CHAMPIÑONES CON TARTAR DE NARANJA

PAÍSES BAJOS

ROLLITOS DE VERDURAS CON ALGAS NORI

Preparación: 40 minutos
Sin cocción

Para 4 personas

- 150 g de semillas de girasol remojadas en agua toda la noche
- 4 cebolletas picadas
- 20 g de cilantro
- 4 cdas. de zumo de limón recién exprimido
- 2 dientes de ajo picados finos
- 1 cda. de salsa tamari o de soja
- 50 g de ramitos de coliflor
- 8 hojas de lechuga romana
- 8 láminas de algas nori crudas
- 1 zanahoria pelada y en juliana
- 1 aguacate cortado por la mitad, deshuesado y en rodajas finas
- 1 pepino pelado, despepitado y en juliana
- 1 cda. de semillas de sésamo negro, para adornar
- 40 g de germinados o brotes, para adornar
- salsa de soja, para servir
- wasabi, para servir

Lave y escurra las semillas de girasol.

En un robot de cocina o una batidora, mezcle las semillas de girasol, las cebolletas, el cilantro, el zumo de limón, el ajo, la salsa tamari o de soja y 3 cucharadas de agua. Tritúrelos hasta obtener una mezcla muy fina. Pásela a un bol y resérvela.

Ponga la coliflor en un robot de cocina o una batidora y tritúrela hasta que adquiera la consistencia del arroz. Pásela al bol que contiene la mezcla de semillas de girasol y mézclelo todo bien.

Coloque 1 hoja de lechuga sobre una lámina de nori, de modo que cubra la mitad de la lámina y extienda 2 cucharadas de la mezcla de semillas de girasol y coliflor. Divida la zanahoria, el aguacate y el pepino en 8 porciones y disponga una sobre la mezcla de semillas de girasol y coliflor. Coloque la lámina de nori sobre el relleno y enróllela tan fuerte como pueda. Pase un dedo humedecido en agua por el extremo del rollito, ciérrelo y séllelo. Repita la operación con las láminas de nori, las hojas de lechuga y el relleno restantes.

Con un cuchillo afilado, corte los rollitos en 4 o 6 trozos. Colóquelos en una fuente y esparza las semillas de sésamo negro por encima. Adórnelos con los germinados o los brotes y sírvalos con la salsa de soja y el wasabi.

ROLLITOS DE VERDURAS CON ALGAS NORI

TORTITAS DE CEBOLLETAS

Preparación: 35 minutos,
más 12 horas en remojo
Cocción: 30 minutos

Para 4 personas

Para las tortitas:
- 2 cdas. de arroz glutinoso
- 240 g de soja verde seca
- 240 g de brotes de soja verde
- 2 cebolletas en rodajas finas
- 80 g de pimiento verde picado
- 80 g de cebolla picada
- 1 cdta. de bicarbonato de sodio
- 2 cdtas. de aceite de sésamo
- 1 cda. de semillas de sésamo negro tostadas y machacadas
- 2 cdtas. de salsa tamari o de soja
- sal y pimienta negra recién molida
- 175 ml de aceite vegetal

Para la salsa:
- 4 cdas. de salsa de soja ligera
- 3 cdas. de mirin o vinagre de arroz
- 1 diente de ajo picado
- 1 cda. de kétchup

Para preparar las tortitas, lave y escurra el arroz. Ponga el arroz y la soja en boles separados y cubra cada uno con 1,2 litros de agua. Déjelos en remojo 12 horas como mínimo.

Escurra el arroz y la soja. Retire las pieles de la soja frotándola con las manos. Lávela bien bajo un chorro de agua fría y escúrrala de nuevo.

En un robot de cocina o una batidora, triture el arroz y la soja hasta obtener una pasta espesa. Con el motor en marcha, vierta poco a poco 175 ml de agua y triture hasta que la pasta quede muy fina. Pásela a un bol.

Ponga a hervir una olla con agua, agregue los brotes de soja y escáldelos 2 minutos. Escúrralos y añádalos a la pasta de soja y arroz. Agregue las cebolletas, el pimiento, la cebolla, el bicarbonato de sodio, el aceite de sésamo, las semillas de sésamo negro y la salsa tamari o de soja y remueva bien hasta que se mezclen. Salpimiente al gusto. Deje reposar la masa 30 minutos.

Para preparar la salsa, ponga en un bol la salsa de soja ligera, el mirin o el vinagre de arroz, el kétchup y el ajo y bátalos hasta que se mezclen bien. Resérvela hasta el momento de servir.

Caliente 1 cucharadita de aceite vegetal en una sartén a fuego medio. Eche 5 cucharadas de masa y extiéndala con una cuchara de madera realizando un movimiento circular hasta que mida de 15 a 18 cm. Fría la tortita 2 o 3 minutos, dele la vuelta y fríala otros 2 o 3 minutos más hasta que se dore. Pásela a un plato y repita la operación con la masa restante. Sirva las tortitas de inmediato con la salsa.

FIDEOS UDON PICANTES

MONGOLIA

Ponga a hervir una olla con agua. Añada los fideos y cuézalos de 8 a 10 minutos hasta que estén blandos. Escúrralos, páselos a un bol y añada el aceite de sésamo tostado para evitar que se peguen. Resérvelos.

Mientras, ponga en una olla 5 cucharadas de caldo de verduras, el jengibre y el ajo. Llévelo a ebullición y cuézalo a fuego medio 3 minutos. Agregue las cebolletas y las setas y cuézalas 3 minutos. Vierta el caldo restante, la salsa de soja y la pasta de guindillas. Tape la olla y llévelo a ebullición. Eche el tofu y el pak choi y cuézalo todo 4 minutos. Apague el fuego. Salpimiente al gusto o alíñelo con salsa tamari o de soja.

Sirva los fideos en 4 boles con la mezcla de tofu y pak choi y adórnelos con el cilantro picado.

Preparación: 20 minutos
Cocción: unos 20 minutos

Para 4 personas

- 500 g de fideos udon crudos
- 1 cda. de aceite de sésamo tostado
- 960 ml de caldo de verduras, más 5 cdas.
- 1 cda. de jengibre fresco rallado
- 2 dientes de ajo picados finos
- 2 cebolletas picadas finas
- 250 g de setas frescas, como champiñones o setas shiitake, en rodajas
- 4 cdas. de salsa de soja
- 1 cdta. de pasta de guindillas
- 240 g de tofu ahumado en dados
- 240 g de pak choi en rodajas y sin los tallos
- sal y pimienta negra recién molida, salsa tamari o de soja
- 1 cda. de cilantro picado

ESPINACAS CON TOMATE Y CREMA DE CACAHUETES

ZIMBABUE

Caliente el aceite de oliva en una sartén a fuego medio, eche la cebolla y sofríala ligeramente 5 o 6 minutos hasta que se dore. Añada el tomate, el ajo y las hierbas y sofríalos 5 o 6 minutos. Salpimiente al gusto. Agregue las espinacas o las acelgas y sofríalas a fuego medio 2 o 3 minutos. Eche la crema de cacahuetes y remueva bien. Añada la guindilla molida al gusto y sírvalas de inmediato.

Preparación: 15 minutos
Cocción: 15 minutos

Para 4 personas

- 2 cdas. de aceite de oliva
- 1 cebolla picada
- 6 tomates pera picados
- 2 dientes de ajo picados finos
- 2 cdtas. de hierbas aromáticas variadas
- sal y pimienta negra recién molida
- 250 g de espinacas o acelgas
- 1 cda. de crema de cacahuetes
- 1 cdta. de guindilla molida (o más, al gusto)

GUATEMALA

ENCHILADAS DE ESPINACAS CON LENTEJAS

Preparación: 20 minutos
Cocción: unos 30 minutos, más 10 minutos para refrigerar

Para 4 personas

Para la salsa:
- 125 g de tomate en conserva
- 120 ml de caldo de verduras
- 2 cebollas rojas picadas
- 2 dientes de ajo picados finos
- 1 cdta. de guindilla molida
- 1 cdta. de comino molido
- 1 cdta. de cilantro molido
- 1 cdta. de orégano seco
- 1 cdta. de pimentón ahumado
- 1 cdta. de pimienta de Cayena
- 2 cdas. de cilantro
- 2 cdas. de vinagre de sidra de manzana
- sal y pimienta negra recién molida

Para las enchiladas:
- aceite de oliva, para untar
- 60 g de espinacas tiernas
- 120 g de lentejas beluga en conserva escurridas
- 1 cebolla roja picada
- 5 cdas. de cilantro picado
- 1 cda. de zumo de lima recién exprimido
- sal y pimienta negra recién molida
- 8 tortillas de maíz suaves
- ½ cebolla picada fina, para adornar
- ½ aguacate en dados, para adornar

Precaliente el horno a 180 °C. Unte una fuente refractaria con aceite de oliva.

Para preparar la salsa, triture todos los ingredientes, excepto la sal y la pimienta, en un robot de cocina o una batidora hasta que la mezcla quede homogénea y cremosa. Pásela a una cazuela, llévela a ebullición y cuézala a fuego lento 10 minutos. Salpimiente al gusto y resérvela.

Para preparar el relleno, mezcle en un bol las espinacas con las lentejas, la cebolla, 3 cucharadas de cilantro y el zumo de lima. Salpimiente al gusto y resérvelo.

Ponga las tortillas en remojo en la salsa reservada 2 minutos para que se reblandezcan.

Vierta 120 ml de la salsa en la fuente y extiéndala de manera uniforme.

Coloque una tortilla sobre una superficie de trabajo. Ponga 1 cucharada colmada del relleno en el centro y vierta un poco de salsa por encima. Enróllela con cuidado y pásela al plato. Repita la operación con las tortillas restantes y colóquelas en la fuente en forma de abanico. Cúbralas con el relleno y la salsa que haya sobrado y hornéelas durante 20 minutos. Déjelas enfriar 5 minutos y adórnelas con la cebolla, el aguacate y el cilantro picado restante antes de servir.

WONTONS DE TOFU AL VAPOR

CHINA

Caliente el aceite vegetal en una sartén a fuego medio. Agregue el ajo y el jengibre y sofríalos 2 o 3 minutos. Añada el tofu en dados y sofríalo unos 5 minutos o hasta que se dore por todos los lados. Déjelos enfriar 10 minutos.

En un robot de cocina, triture la mezcla de tofu un par de veces hasta obtener una pasta espesa. Agregue la cebolleta picada y la salsa tamari o de soja y tritúrelo una vez más. Salpimiente al gusto.

Disponga una lámina de wonton sobre una superficie de trabajo y coloque 1 cucharadita de la mezcla de tofu en el centro. Pase los dedos humedecidos en agua por el borde de la lámina, dóblela para formar un «saquito» y presione bien los bordes para sellarlos. Páselo a una vaporera de bambú y repita la operación con las láminas y el relleno restantes.

Ponga a hervir una cazuela con agua. Coloque la vaporera encima y cueza los wontons, por tandas, unos 5 minutos hasta que estén hechos. Sírvalos con salsa de soja o su salsa favorita.

Preparación: 30 minutos
Cocción: unos 30 minutos, más 10 minutos para refrigerar

Para 4 personas

- 1 cda. de aceite vegetal
- 1 diente de ajo picado fino
- 1 cda. de jengibre fresco rallado
- 520 g de tofu ahumado en dados
- 1 cebolleta picada fina
- 1 cda. de salsa tamari o de soja
- sal y pimienta negra recién molida
- 15-20 láminas cuadradas o redondas de wonton
- salsa de soja, o su salsa favorita, para servir

FLORES DE CALABACÍN RELLENAS

CHIPRE

Precaliente el horno a 120 °C. Unte con aceite vegetal una bandeja de horno con borde.

Cueza el arroz según las indicaciones del envase y déjelo enfriar. Mézclelo en un bol con la cebolla, el tomate, la levadura nutricional, el aceite de oliva y la menta. Salpimiente al gusto.

Con una cucharilla, rellene con cuidado las flores con la mezcla de arroz y cierre los pétalos sobre el relleno. Póngalas en la bandeja y hornéelas unos 20 minutos. Deles la vuelta y hornéelas durante 10 minutos más. Sírvalas de inmediato con salsa de soja o salsa de guindillas agridulce.

Preparación: 20 minutos
Cocción: 30 minutos

Para 4 personas

- 1 cda. de aceite vegetal
- 125 g de arroz de grano largo
- 1 cebolla picada fina
- 2 tomates pera en daditos
- 1 cda. de levadura nutricional
- 1 cda. de aceite de oliva
- 2 cdas. de menta picada
- sal y pimienta negra recién molida
- 20 flores de calabaza o 10 flores de calabacín sin los tallos ni los pistilos
- salsa de soja o salsa de guindillas agridulce, para servir

MOLDAVIA

CALABACINES RELLENOS CON VERDURAS Y QUESO

Preparación: 30 minutos
Cocción: 30 minutos

Para 4 personas

- 4 calabacines
- 4 cdas. de aceite de oliva
- 1 tallo de apio picado fino
- 120 g de zanahorias en rodajas
- 1 cebolla picada
- 2 tomates pera en dados
- sal y pimienta negra recién molida
- 240 g de salsa de tomate
- 250 g de queso feta vegano desmenuzado
- perejil picado, para adornar

Precaliente el horno a 200 °C.

Corte los calabacines por la mitad a lo largo y extraiga la pulpa blanca, dejando las «barquitas» de calabacín intactas. Resérvelas.

Caliente 2 cucharadas de aceite de oliva en una sartén a fuego medio, añada la pulpa de calabacín, el apio, la zanahoria, la cebolla y el tomate y fríalos 7 u 8 minutos. Salpimiente al gusto. Rellene los calabacines con las verduras.

Ponga la salsa de tomate en una fuente refractaria y coloque los calabacines rellenos encima. Esparza el queso feta desmenuzado y vierta el aceite de oliva restante. Hornéelos durante 20 minutos. Adórnelos con el perejil picado y sírvalos.

CALABACINES RELLENOS CON VERDURAS Y QUESO

BOLLITOS AGRIDULCES DE TEMPEH

Preparación: 30 minutos
Cocción: 1 hora

Para 4 personas

Para la salsa agridulce:
- 2 cdas. de kétchup
- 1 cda. de salsa tamari o de soja
- 1 cda. de vinagre de arroz
- 1 cdta. de sirope de agave

Para el relleno:
- 120 g de tempeh ahumado en dados
- 2 cdas. de salsa agridulce
- 1 cdta. de sriracha
- 1 cdta. de ajo en polvo
- sal y pimienta negra recién molida
- 55 g de apio picado

Para la masa:
- 75 g de harina de arroz, y un poco más para espolvorear
- 2 cdas. de almidón de tapioca
- 1 cdta. de sal
- 1 cdta. de aceite vegetal
- 2 cdas. de aceite de sésamo, y un poco más para untar

- su salsa favorita, para servir

Para preparar la salsa agridulce, bata en un bol el kétchup con la salsa tamari o de soja, el vinagre y el sirope de agave. Resérvela.

Para preparar el relleno, eche el tempeh en una sartén y vierta 4 cucharadas de agua. Llévelo a ebullición a fuego medio y cuézalo 2 minutos. Agregue 2 cucharadas de la salsa agridulce, la sriracha y el ajo en polvo y remueva bien. Baje el fuego y cuézalo hasta que casi todo el líquido se haya evaporado. Salpimiente al gusto. Añada el apio, mézclelo y resérvelo.

Para preparar la masa, mezcle en un bol la harina de arroz con el almidón de tapioca, la sal y el aceite vegetal. Vierta 6 cucharadas de agua caliente, de una en una, removiendo bien cada vez. Presione la masa con las manos para eliminar los grumos y añada un poco más de agua caliente, si fuera necesario, para obtener una masa elástica y esponjosa. Cúbrala con un paño de cocina húmedo y déjela reposar durante 30 minutos a temperatura ambiente.

Divida la masa en 8 bolas del mismo tamaño. Espolvoree una superficie de trabajo con un poco de harina de arroz y extienda las bolas hasta obtener círculos de 13 cm. Coloque 1 cucharada del relleno en el centro de cada uno y ciérrelos uniendo los bordes de la masa en el centro, sobre el relleno. Presiónelos para sellarlos y úntelos con aceite de sésamo.

Caliente el aceite de sésamo en una sartén a fuego medio. Eche los bollitos y fríalos 5 o 6 minutos por cada lado hasta que se doren.

Páselos a un plato y sírvalos con su salsa favorita.

PATATAS CON TAMARINDO

AFGANISTÁN

Diluya la pasta de tamarindo en 4 cucharadas de agua caliente y déjela reposar 30 minutos.

Ponga a hervir una olla de agua con sal. Añada las patatas y cuézalas unos 11 o 12 minutos hasta que estén tiernas pero firmes. Escúrralas y resérvelas hasta que se enfríen lo suficiente como para poder manipularlas. Pélelas y córtelas en rodajas.

Caliente 1 cucharada de aceite en una sartén grande de fondo grueso a fuego medio. Agregue la cebolla y sofríala 10 minutos hasta que esté crujiente y se empiece a dorar, removiéndola con frecuencia. Pásela a un bol y resérvela.

Coloque las patatas y 1 cucharada de aceite en la misma sartén y fríalas unos 5 o 6 minutos por cada lado hasta que se doren. Páselas a otro bol y resérvelas.

Caliente el aceite restante en la misma sartén a fuego medio. Eche el jengibre y el ajo y sofríalos 2 o 3 minutos. Añada los copos de guindilla y la cúrcuma y remueva bien. Agregue 2 cucharadas de caldo y la cebolla crujiente y cuézalo todo 2 minutos. Eche las patatas, la pasta de tamarindo y el caldo restante. Añada el cardamomo, el hinojo y la canela y salpimiente al gusto. Tape la sartén y cuézalo a fuego lento 15 minutos hasta que la salsa espese ligeramente.

Preparación: 20 minutos,
más 30 minutos para reposar
Cocción: 50 minutos

Para 4 personas

- 1 cda. de pasta de tamarindo
- sal
- 750 g de patatas sin pelar
- 4 cdas. de aceite vegetal
- 1 cebolla en rodajas
- 1 cda. de jengibre fresco rallado fino
- 4 dientes de ajo picados finos
- 1 cdta. de copos de guindilla roja machacados
- 1 cdta. de cúrcuma molida
- 475 ml de caldo de verduras
- 1 cdta. de cardamomo molido
- 1 cdta. de hinojo molido
- 1 cdta. de canela molida
- 1 cdta. de pimienta negra recién molida

LOMBARDA AGRIDULCE CON CHAMPIÑONES

SUECIA

Precaliente el horno a 160 °C. Unte con aceite de oliva una bandeja de horno con borde.

Vierta en una olla el vino, el caldo y el vinagre. Agregue el azúcar moreno, el clavo y las semillas de alcaravea y llévelos a ebullición. Baje el fuego enseguida y añada la lombarda y la manzana. Cuézalas, removiendo de vez en cuando, 45 minutos.

Unte la parte superior de los sombrerillos de los champiñones con la margarina vegetal fundida y esparza el ajo picado por encima. Coloque la margarina fundida restante en una sartén, agregue los champiñones y fríalos ligeramente 2 o 3 minutos por cada lado.

Pase los champiñones a la bandeja preparada y hornéelos 15 minutos hasta que se doren. Coloque 1 champiñón en cada plato, salpimiente al gusto y cúbralos con la mezcla de lombarda para servir.

Preparación: 30 minutos
Cocción: 1 hora

Para 4 personas

- 1 cda. de aceite de oliva
- 240 ml de vino tinto
- 240 ml de caldo de verduras
- 3 cdas. de vinagre balsámico
- 2 cdas. de azúcar moreno
- 1 cdta. de clavo molido
- 1 cdta. de semillas de alcaravea molidas
- ½ col lombarda descorazonada y en juliana
- 1 manzana verde grande pelada, descorazonada y en rodajas
- 4 champiñones portobello grandes sin los tallos
- 2 cdas. de margarina vegetal fundida
- 2 dientes de ajo picados finos
- sal y pimienta negra recién molida

AFGANISTÁN

VERDURAS REBOZADAS

Preparación: 20 minutos
Cocción: 30 minutos

Para 4 personas

- 90 g de harina de garbanzos
- 60 g de harina común
- 1 cda. de levadura nutricional
- 1 cdta. de bicarbonato de sodio
- 1 cdta. de pimienta de Cayena
- 1 cdta. de comino molido
- 1 cdta. de cilantro molido
- 1 cdta. de cúrcuma molida
- sal
- 2 cdas. de zumo de limón recién exprimido
- aceite vegetal, para freír
- 240 g de patatas en rodajas
- 240 g de ramitos de coliflor
- 120 g de pimiento rojo picado
- su salsa favorita, para servir

Mezcle en un tarro los dos tipos de harina, la levadura, el bicarbonato de sodio y las especias. Sale al gusto. Añada, poco a poco, 4 cucharadas de agua y el zumo de limón hasta obtener una pasta homogénea para rebozar. Resérvela.

Vierta aceite en una freidora o una olla, hasta cubrir de unos 7,5 a 10 cm de altura y caliéntelo a fuego vivo. Forre un plato con papel de cocina. Coloque una cuchara de madera en el aceite; cuando esté lo suficientemente caliente como para freír, se formarán burbujas a su alrededor.

Pase las verduras de una en una por el rebozado e introdúzcalas por tandas en el aceite caliente. No eche muchas a la vez. Fríalas unos 5 minutos hasta que se doren, dándoles la vuelta con frecuencia para que se frían de manera uniforme. Retírelas con una espumadera y páselas al plato forrado con papel de cocina. Cúbralas para que se mantengan calientes mientras fríe las verduras restantes. Sírvalas de inmediato con su salsa favorita.

TÚNEZ

PASTELITOS DE BONIATO Y ACEITUNAS

Preparación: 15 minutos
Cocción: 20 minutos

Para 4 personas

- aceite vegetal, para untar
- 500 g de boniatos pelados y en dados
- 2 chalotas picadas finas
- 60 g de aceitunas Kalamata negras deshuesadas y picadas
- 2 cdas. de alcaparras
- 2 cdas. de perejil fresco picado
- 1 cda. de aceite de oliva
- 1 cdta. de harissa
- ½ cdta. de comino molido
- 1 paquete de pasta filo
- 120 g de margarina vegetal fundida
- su salsa favorita, para servir

Precaliente el horno a 160 °C. Unte con aceite vegetal una bandeja de horno con borde y resérvela.

Ponga a hervir una cazuela con agua y cueza los boniatos 9 o 10 minutos hasta que estén tiernos. Escúrralos y páselos a un bol. Cháfelos con un tenedor hasta obtener una pasta homogénea. Añada las chalotas, las aceitunas, las alcaparras, el perejil, el aceite de oliva, la harissa y el comino y remueva bien.

Extienda una lámina de pasta filo y córtela en 3 rectángulos del mismo tamaño. Úntelos con la margarina fundida y dóblelos por la mitad para formar cuadrados. Ponga 1 cucharada del relleno en el centro y dóblelos, formando triángulos. Pase los pastelitos a la bandeja y unte la parte superior con la margarina vegetal. Repita la operación con la pasta filo y el relleno restantes.

Hornéelos 12 minutos hasta que se doren. Sírvalos de inmediato con su salsa favorita.

TEMPURA DE VERDURAS

TAILANDIA

Mezcle en un bol los dos tipos de harina con la guindilla molida y salpimiente al gusto. Añada poco a poco agua hasta obtener una pasta homogénea para rebozar.

Vierta aceite en una freidora o una olla, hasta cubrir de unos 7,5 a 10 cm de altura y caliéntelo a fuego vivo. Forre un plato con papel de cocina. Coloque una cuchara de madera en el aceite; cuando esté lo suficientemente caliente como para freír, se formarán burbujas a su alrededor.

Introduzca todas las verduras en el rebozado y remueva bien. Tome 1 cucharada de la mezcla y sumérjala con cuidado en el aceite caliente. Repita la operación con el rebozado restante. Fría los buñuelos por tandas para que no se llene la freidora. Fríalos 4 o 5 minutos, dándoles la vuelta con frecuencia hasta que se doren. Sáquelos con una espumadera y páselos a un plato forrado con papel de cocina. Cúbralos para que se mantengan calientes mientras fríe los buñuelos restantes. Sírvalos de inmediato con la salsa agridulce o el chutney verde.

Preparación: 25 minutos
Cocción: 35 minutos

Para 4 personas

- 60 g de harina común
- 45 g de harina de garbanzos
- 1 cdta. de guindilla molida
- sal y pimienta negra recién molida
- aceite vegetal, para freír
- 1 pimiento rojo despepitado y en dados
- 1 boniato pelado y en dados
- 1 cebolla picada
- 1 tomate pera en dados
- 2 cdas. de maíz fresco o congelado
- salsa agridulce (véase pág. 72) o chutney verde, para servir

FLORES DE CALABACÍN RELLENAS DE NUECES Y HIERBAS

ITALIA

Precaliente el horno a 180 °C. Unte una fuente refractaria con aceite de oliva.

Caliente el aceite en un cazo a fuego medio. Agregue la cebolla y sofríala 4 o 5 minutos hasta que se dore. Añada el eneldo y la menta y remueva bien. Eche el comino, la pimienta negra recién molida, la salsa de tomate, las nueces y 2 cucharadas de agua y llévelos a ebullición. Baje el fuego, agregue el arroz y cuézalo 5 minutos. Añada el pan rallado y la levadura nutricional y déjelo enfriar.

Con una cucharilla, rellene las flores con la mezcla de arroz y cierre los pétalos sobre el relleno. Disponga las flores en la fuente preparada, unas al lado de las otras y vierta un poco de aceite de oliva por encima. Salpimiente al gusto y hornéelas unos 20 minutos hasta que el relleno esté hecho. Sírvalas de inmediato.

Preparación: 30 minutos
Cocción: 30 minutos

Para 4 personas

- 2 cdas. de aceite de oliva, y un poco más para untar y rociar
- 1 cebolla en daditos
- 1 cda. de eneldo picado
- 1 cda. de menta picada
- 1 cdta. de comino molido
- 1 cdta. de pimienta negra recién molida, y un poco más para sazonar
- 120 ml de salsa de tomate
- 2 cdas. de nueces machacadas
- 65 g de arroz blanco cocido
- 25 g de pan rallado
- 1 cda. de levadura nutricional
- 20 flores de calabacín sin los tallos ni los pistilos
- sal

ENSALADAS

ITALIA

CARPACCIO DE AGUACATE CON RÁBANOS Y ZANAHORIA

Preparación: 25 minutos, más toda la noche para refrigerar
Sin cocción

Para 4 personas

Para la cebolla encurtida:
- 50 g de cebolla roja picada fina
- 60 ml de zumo de limón recién exprimido
- 1 pizca de sal

Para la salsa:
- 3 cdas. de perejil picado fino
- 3 cdas. de aceite de oliva
- 2 cdas. de zumo de limón recién exprimido
- 1 cda. de menta picada
- 1 cda. de estragón picado
- 1 diente de ajo picado fino
- sal y pimienta negra recién molida

Para la ensalada:
- 2 aguacates maduros en rodajas finas
- 1 zanahoria cortada en juliana con un pelador de verduras
- 1 daikon mediano cortado en rodajas finas con una mandolina
- 3 rábanos cortados en rodajas finas con una mandolina
- 1 cda. de cilantro picado

Para preparar la cebolla encurtida, mezcle todos los ingredientes en un bol y cúbralo con film transparente. Resérvelo en el frigorífico toda la noche.

Para preparar la salsa, ponga todos los ingredientes en un bol, remueva bien y salpimiente al gusto. Resérvela.

Para preparar la ensalada, disponga en una fuente el aguacate, la zanahoria, el daikon y los rábanos. Esparza la cebolla encurtida por encima y alíñela con la salsa. Adórnela con el cilantro picado y sírvala.

COREA DEL SUR

KIMCHI DE COL CHINA Y DAIKON

Preparación: 8 días para fermentar
Sin cocción

Para 4 personas

- 240 g de sal kosher
- 750 g de col china cortada en cuartos a lo largo
- 250 g de daikon en daditos
- 6 cdas. de *gochugaru* (guindilla roja en polvo coreana)
- 8 dientes de ajo picados finos
- 2 cdas. de jengibre fresco rallado
- 1 cda. de azúcar extrafino
- 2 cebolletas en juliana
- sal

En un bol, diluya la sal en agua suficiente como para cubrir por completo los trozos de col china. Ponga la col en remojo en la salmuera, asegurándose de que quede bien sumergida. Cubra el bol y refrigérela toda la noche.

Escurra la col y reserve la salmuera. Lave la col y córtela en trozos del tamaño de un bocado. Retire y deseche los tallos más duros del centro. Resérvela.

Mezcle en un bol el daikon con el *gochugaru*, el ajo, el jengibre, el azúcar y las cebolletas y sale al gusto. (Si lo hace con las manos, utilice guantes de cocina, ya que el gochugaru es fuerte.) Agregue la col y remueva bien.

Pase la mezcla a unos tarros de conserva de cristal. Las verduras deben quedar totalmente sumergidas. Si necesita más líquido, añada más salmuera. Refrigérelo 8 días antes de consumirlo. El kimchi se puede conservar en el frigorífico hasta 6 meses.

CEVICHE DE AGUACATE

ITALIA

Mezcle todos los ingredientes en un bol y remueva bien. Refrigere el ceviche 30 minutos antes de servirlo con pan o nachos.

Preparación: 30 minutos
Sin cocción, 30 minutos para refrigerar

Para 4 personas

- 2 aguacates maduros pero firmes, en dados
- 240 g de ramitos de coliflor picados
- 2 tomates pera en dados
- 50 g de cebolla roja picada
- 1 cda. de chile jalapeño picado fino
- 1 diente de ajo picado fino
- 1 cda. de cilantro picado
- 1 cda. de zumo de lima recién exprimido
- 2 cdas. de aceite de oliva
- sal y pimienta negra recién molida
- pan o nachos, para servir

ENSALADA DE PIÑA

TANZANIA

Caliente 1 cucharada de aceite en una sartén a fuego medio, añada los anacardos y saltéelos hasta que se tuesten. Resérvelos.

Vierta el aceite restante en la misma sartén y sofría a fuego medio los copos de coco 4 o 5 minutos hasta que se doren. Déjelos enfriar.

Mezcle en un bol la nata de soja con el agave y el ron y remueva bien. Añada la piña y remueva de nuevo para que se impregne. Agregue los anacardos y el coco y mézclelo todo. Refrigere la ensalada 30 minutos. Esparza la pulpa de maracuyá por encima y sírvala.

Preparación: 20 minutos
Cocción: 10 minutos,
más 30 minutos para refrigerar

Para 4 personas

- 2 cdas. de aceite vegetal
- 240 g de anacardos
- 60 g de copos de coco
- 240 ml de nata de soja
- 2 cdas. de sirope de agave
- 2 cdas. de ron blanco
- 1 piña dulce grande descorazonada y en dados
- 1 maracuyá

KURDISTÁN

ENSALADA DE GARBANZOS CON CILANTRO

Preparación: 20 minutos
Cocción: 15 minutos

Para 4 personas

- 3 cdas. de aceite de oliva
- 3 dientes de ajo picados finos
- 1 cebolla roja picada fina
- 1 cda. de comino molido
- 1 cda. de jengibre fresco rallado fino
- ½ cdta. de pimiento de Espelette picado
- 2 cdas. de zumo de lima recién exprimido
- 250 g de tomates pera en cuartos
- 250 g de garbanzos en conserva lavados y escurridos
- sal y pimienta negra recién molida
- 1 manojo de cilantro picado

Caliente el aceite en un wok o una cazuela honda a fuego medio. Eche el ajo y la cebolla y sofríalos 5 o 6 minutos hasta que se doren. Agregue el comino, remueva bien y sofríalos 2 minutos más. Añada el jengibre, el pimiento, el zumo de lima, los tomates y los garbanzos, baje el fuego y cuézalo todo 7 u 8 minutos.

Salpimiente al gusto y pase la ensalada a una fuente. Adórnela con el cilantro picado y sírvala enseguida.

ENSALADA DE GARBANZOS CON CILANTRO

COREA DEL SUR

RELISH DE PEPINO

Preparación: 20 minutos
Sin cocción, 30 minutos para refrigerar

Para 4 personas

- 3 pepinos pelados y cortados en láminas finas con una mandolina
- 4 dientes de ajo picados finos
- 5 cebolletas, solo la parte blanca, picadas finas
- 4 cdas. de salsa tamari o de soja
- 4 cdas. de vinagre blanco
- 1 cda. de aceite de sésamo
- 1 cdta. de gochugaru (guindilla roja en polvo coreana)
- arroz jazmín o basmati cocido, para servir

Ponga las láminas de pepino en un bol. Agregue el ajo y las cebolletas, y resérvelas.

Eche en un tarro la salsa tamari o de soja, el vinagre blanco y el aceite de sésamo. Añada el gochugaru y remueva bien para que se mezclen. Vierta el aliño sobre las verduras y refrigérelas 30 minutos. Sirva el relish con arroz.

RELISH DE PEPINO

AFGANISTÁN

BERENJENAS CON SALSA DE YOGUR

Preparación: 30 minutos
Cocción: 35 minutos

Para 4 personas

- 4 berenjenas peladas y en rodajas de 1 cm de grosor
- sal y pimienta negra recién molida
- unas 4 cdas. de aceite de oliva
- 2 cebollas picadas
- 4 tomates pera en rodajas
- 1 pimiento verde despepitado y en rodajas
- pan naan o de ajo, para servir

Para la salsa:

- 480 g de yogur vegano sin azúcar
- 2 dientes de ajo picados finos
- 1 cdta. de guindilla molida
- pan naan o de ajo, para servir

Disponga las rodajas de berenjena en una bandeja y esparza una cantidad generosa de sal por encima. Déjelas reposar durante 1 hora. Retire el exceso de sal y séquelas con papel de cocina.

En una sartén grande con tapa, vierta aceite de oliva hasta cubrir la base (unas 3 cucharadas). Caliéntelo a fuego medio, agregue las rodajas de berenjena por tandas y fríalas unos 5 minutos por cada lado hasta que se empiecen a dorar. Páselas a un plato y deje escurrir el exceso de aceite. Vierta de nuevo el aceite en la sartén y reserve las rodajas de berenjena.

Eche la cebolla en la sartén y sofríala a fuego medio 5 o 6 minutos hasta que se dore. Resérvela.

Ponga una capa de rodajas de berenjena en la misma sartén, cúbrala con otra de rodajas de tomate y pimiento verde y esparza un poco de cebolla sofrita por encima. Coloque una segunda capa de berenjena y repita la operación hasta terminar las rodajas de berenjena, de tomate y de pimiento. Añada 4 cucharadas de agua y baje el fuego. Tape la sartén y cuézalas 15 minutos.

Para preparar la salsa, ponga todos los ingredientes en un bol y remueva bien.

Transcurrido el tiempo de cocción, vierta la salsa sobre las berenjenas y rocíelas con 1 cucharada de aceite de oliva. Cuézalas 2 minutos más, salpimiente al gusto y sírvalas con pan naan o de ajo.

BERENJENAS CON SALSA DE AJO Y NUECES

MOLDAVIA

Disponga las rodajas de berenjena en una bandeja, esparza la sal por encima y déjelas reposar durante 1 hora. Retire el exceso de sal y séquelas con papel de cocina.

Caliente 2 cucharadas de aceite de oliva en una sartén grande con tapa a fuego medio-bajo. Eche las rodajas de berenjena, tape la sartén y rehóguelas 5 minutos hasta que estén blandas y se empiecen a dorar. Retire la tapa y deles la vuelta. Vierta la cucharada de aceite restante y tápelas de nuevo. Rehóguelas 3 o 4 minutos más hasta que se empiecen a dorar por el otro lado. Sáquelas con una espumadera y déjelas escurrir en un plato forrado con papel de cocina. Póngalas de nuevo en la sartén y resérvelas.

En un robot de cocina o una batidora, triture las nueces con el ajo. Añada el vinagre y el caldo de verduras y tritúrelo todo hasta obtener una salsa. Viértala sobre las rodajas de berenjena y déjelas reposar 15 minutos.

Páselas a un bol, salpimiente al gusto y adórnelas con el perejil picado. Sírvalas a temperatura ambiente con galletitas saladas o pan de pita.

Preparación: 30 minutos, más 1 hora para reposar
Cocción: 10 minutos, más 15 minutos para reposar

Para 4 personas

- 2 berenjenas grandes cortadas por la mitad y en rodajas de 1 cm de grosor
- 1 cda. de sal
- 3 cdas. de aceite de oliva
- 240 g de nueces machacadas
- 3 dientes de ajo picados finos
- 2 cdas. de vinagre balsámico
- 3 cdas. de caldo de verduras caliente
- sal y pimienta negra recién molida
- 1 cda. de perejil picado, para adornar
- galletitas saladas o pan de pita, para servir

ENSALADA DE YOGUR, TOMATE, PEPINO Y PAN NAAN

TAYIKISTÁN

Ponga el yogur en un bol, salpimiente al gusto y remueva. Resérvelo y remuévalo con frecuencia.

Caliente el aceite en una sartén a fuego medio, añada la cebolla y sofríala unos 8 minutos hasta que se dore.

Ponga el pan naan en un bol. Agregue el yogur y la cebolla con el aceite caliente y cúbralo con las cebolletas, el pepino, el tomate y el cilantro.

Salpimiente al gusto y sirva la ensalada de inmediato con pan.

Preparación: 15 minutos
Cocción: 10 minutos

Para 4 personas

- 700 g de yogur griego vegano sin azúcar
- sal y pimienta negra recién molida
- 2 cdas. de aceite vegetal
- 2 cebollas picadas
- 120 g de pan naan en trozos pequeños
- 2 cebolletas en rodajas finas
- 1 pepino pelado y en dados
- 3 tomates en dados
- ½ manojo de cilantro picado
- rebanadas de pan, para servir

ETIOPÍA

ENSALADA DE LENTEJAS

Preparación: 20 minutos
Cocción: 25 minutos,
más 1 hora para refrigerar

Para 4 personas

- 250 g de lentejas verdinas
- 120 g de chalotas picadas
- 60 g de guindillas verdes en conserva picadas
- 3 guindillas rojas despepitadas y picadas finas
- 3 cdas. de vinagre blanco
- 3 cdas. de aceite de oliva
- 1 cda. de albahaca picada
- sal y pimienta negra recién molida
- 1 tomate pera en daditos, para adornar

Cueza las lentejas según las indicaciones del envase, asegurándose de que queden al dente. Escúrralas y páselas a un bol.

Agregue las chalotas, los dos tipos de guindilla, el vinagre, el aceite de oliva y la albahaca. Remueva bien y salpimiente al gusto. Refrigere la ensalada durante 1 hora, removiendo de vez en cuando.

Para servir, repártala entre 4 boles y adórnela con los dados de tomate.

NÍGER

ENSALADA DE MANGO

Preparación: 20 minutos
Sin cocción

Para 4 personas

- ½ piña descorazonada y en dados
- 2 mangos maduros en dados
- 120 ml de zumo de limón recién exprimido
- 240 ml de zumo de naranja recién exprimido
- 2 cdas. de vinagre balsámico
- 2 cdas. de aceite de oliva
- 1 cda. de jengibre fresco rallado
- sal y pimienta negra recién molida
- 1 lechuga romana con las hojas separadas
- 100 g de fresas en rodajas, para adornar

Mezcle la piña con el mango en un bol.

Eche en un tarro los dos tipos de zumo, el vinagre, el aceite y el jengibre, salpimiente al gusto y remueva bien. Vierta este aliño sobre las frutas y remueva para que se impregnen.

Coloque las hojas de lechuga en los boles formando 4 cuencos. Reparta la ensalada entre los cuencos de lechuga, adórnela con las rodajas de fresa y sírvala.

ENSALADA DE CHAMPIÑONES

TAILANDIA

Caliente el aceite de oliva en una cazuela a fuego medio, eche los champiñones y sofríalos 6 o 7 minutos, removiendo con frecuencia.

Añada el zumo de lima, la salsa tamari o de soja y el azúcar. Remueva bien y sofríalo todo a fuego medio 2 minutos. Baje el fuego, eche la guindilla molida, el arroz molido y la citronela y rehóguelo 1 minuto más. Retire la cazuela del fuego y añada las chalotas. Vuelva a remover y déjelo reposar 20 minutos.

Agregue las cebolletas, el cilantro y la menta y remueva bien. Reparta la ensalada entre 4 boles y adórnela con los cacahuetes. Sírvala.

Preparación: 25 minutos
Cocción: 10 minutos,
más 20 minutos para refrigerar

Para 4 personas

- 2 cdas. de aceite de oliva
- 250 g de champiñones en rodajas
- el zumo de 1 lima
- 2 cdas. de salsa tamari o de soja
- 1 cdta. de azúcar extrafino
- 1 cdta. de guindilla molida
- 2 cdas. de arroz tostado y molido
- 1 tallo de citronela picado fino
- 2 chalotas picadas finas
- 2-3 cebolletas picadas finas
- 2 cdas. de cilantro picado
- 2 cdas. de menta picada
- 1 cda. de cacahuetes tostados machacados, para adornar

ENSALADA DE PASTA

ITALIA

Mezcle en un bol la pasta con la piña, las judías verdes, los champiñones, el maíz, el pimiento, la cebolla, la manzana y las aceitunas.

Para preparar el aliño, triture la veganesa con el kétchup y el zumo de naranja en un robot de cocina o una batidora hasta obtener una mezcla fina y cremosa. Sazone al gusto con ajo en polvo, sal y pimienta.

Vierta el aliño sobre la ensalada y remueva para que se impregne. Adórnela con las ramitas de menta y sírvala.

Preparación: 20 minutos
Sin cocción

Para 4 personas

Para la ensalada:
- 250 g de penne cocidos al dente
- 250 g de piña dulce descorazonada y en dados
- 120 g de judías verdes limpias
- 12 champiñones en rodajas
- 240 g de maíz en conserva escurrido
- 1 pimiento rojo pequeño despepitado y cortado a lo largo en tiras
- 1 cebolla roja en aros finos
- 1 manzana roja descorazonada y en daditos
- 70 g de aceitunas Kalamata deshuesadas y en rodajas
- 3-4 ramitas de menta, para adornar

Para el aliño:
- 120 g de veganesa casera (véase pág. 52) o comprada
- 2 cdas. de kétchup
- 4 cdas. de zumo de naranja recién exprimido
- ajo en polvo
- sal y pimienta negra recién molida

BOL DE CHILE Y MANGO

Preparación: 20 minutos
Sin cocción, 30 minutos para refrigerar

Para 4 personas

- 3 mangos maduros pelados y en rodajas
- 1 manzana verde pelada, descorazonada y en dados
- 1 bulbo de hinojo limpio y picado fino
- 2 cdas. de menta picada
- 1 cebolla roja picada fina
- 1 cda. de jengibre fresco rallado
- el zumo de 2 limas
- 1 cda. de sirope de agave
- 1 chile jalapeño despepitado y picado fino
- sal y pimienta negra recién molida

Mezcle en un bol el mango con la manzana, el hinojo, la menta, la cebolla y el jengibre. Vierta el zumo de lima, añada el sirope de agave y remueva bien. Esparza el jalapeño y salpimiente al gusto. Refrigérelo 30 minutos antes de servirlo.

BOL DE CHILE Y MANGO

FRANCIA

ENSALADA DE MELOCOTÓN CON TOMATES CHERRY

Preparación: 35 minutos
Cocción: 5 minutos

Para 4 personas

- 2 chalotas en rodajas finas
- 3 cdas. de vinagre de vino tinto
- sal y pimienta negra recién molida
- 1 cdta. de azúcar
- 750 g de tomates cherry cortados por la mitad
- 1 diente de ajo en láminas
- 6 cdas. de aceite de oliva
- 375 g de pan en trozos del tamaño de un bocado
- 750 g de melocotones blancos maduros cortados en 6 gajos
- 6 g de albahaca picada

Precaliente el gratinador a temperatura media.

Mezcle las chalotas con 2 cucharadas de vinagre en un bol, agregue una pizca de sal y el azúcar y remueva bien. Resérvelas.

Ponga en otro bol el tomate, el ajo y 3 cucharadas de aceite y sale al gusto. Remueva para que se mezclen y resérvelos.

Unte el pan por ambos lados con 1 cucharada de aceite, colóquelo en una rejilla y gratínelo 2 o 3 minutos por cada lado. Retírelo del horno y resérvelo.

Unte los gajos de melocotón con 1 cucharada de aceite y sale al gusto. Póngalos en la rejilla y gratínelos unos 2 minutos hasta que estén dorados pero firmes. Retírelos del horno y resérvelos.

Eche los trozos de pan en un bol, añada las chalotas con el vinagre y remueva para que se impregnen. Justo antes de servir, añada los tomates y los melocotones y salpimiente al gusto. Vierta el aceite de oliva y el vinagre de vino tinto restantes y remueva bien. Adorne la ensalada con la albahaca y sírvala.

ENSALADA DE PATATAS

SUDÁFRICA

Ponga en un tarro el cebollino, la crema agria, la veganesa, la cebolla en polvo y la cúrcuma y remueva bien hasta obtener una mezcla homogénea. Salpimiente al gusto. Cubra el aliño y refrigérelo.

Caliente el aceite de oliva en una sartén a fuego medio. Eche las patatas y fríalas 6 o 7 minutos por cada lado hasta que se doren.

Para servir la ensalada, reparta la zanahoria, los tomates y las patatas entre 4 boles, vierta el aliño y adórnela con el perejil.

Preparación: 20 minutos
Cocción: 10 minutos

Para 4 personas

- 30 g de cebollino picado
- 60 g de crema agria de tofu
- 60 g de veganesa
- 1 cdta. de cebolla en polvo
- 1 cdta. de cúrcuma molida
- sal y pimienta negra recién molida
- 2 cdas. de aceite de oliva
- 500 g de patatas en dados y cocidas
- 15 g de zanahoria rallada
- 4 tomates cherry cortados por la mitad
- 2 cdas. de perejil picado, para adornar

ENSALADA DE QUINOA CON ALIÑO DE MANGO

LIBERIA

Para preparar el aliño, triture el mango con el zumo de limón, la nata de soja y el jengibre en un robot de cocina o una batidora hasta obtener una mezcla homogénea.

Páselo a un bol, añada la ralladura de limón y salpimiente al gusto. Refrigérelo hasta el momento de servir.

Cueza la quinoa en una cazuela de agua hirviendo con sal, sin tapar, 12 minutos hasta que empiece a estar tierna. Escúrrala en un colador de acero inoxidable. Cubra unos 5 cm de la misma cazuela con agua y llévela a ebullición. Ponga el colador con la quinoa sobre la cazuela, cúbrala con un paño de cocina limpio y cuézala al vapor 4 o 5 minutos hasta que esté hecha. Pásela a un bol y separe los granos con un tenedor. Déjela enfriar.

Cuando la quinoa se haya enfriado, añada las verduras, el maíz y el aliño y remueva para que se mezclen. Adórnela con la menta picada y las cebolletas.

Preparación: 20 minutos
Cocción: 20 minutos,
más 20 minutos para refrigerar

Para 4 personas

Para el aliño:
- 1 mango maduro en rodajas
- 2 cdas. de zumo de limón recién exprimido
- 2 cdas. de nata de soja
- 1 cda. de jengibre fresco rallado fino
- 1 cda. de ralladura fina de limón
- sal y pimienta negra recién molida

Para la ensalada:
- 350 g de quinoa
- sal
- 240 g de verduras variadas en conserva o congeladas picadas
- 175 g de granos de maíz frescos o congelados
- 12 g de menta picada, para adornar
- 4 cebolletas picadas finas, para adornar

ECUADOR

ENSALADA DE ALUBIAS ROJAS

Preparación: 20 minutos,
más toda la noche para refrigerar
Sin cocción

Para 4 personas

- 60 g de pasta de tomate
- el zumo de 1 lima
- 4 cdas. de aceite de oliva
- 1 cda. de vinagre de vino blanco
- 1 cda. de veganesa casera (véase pág. 52) o comprada
- 1 cda. de mostaza de Dijon
- 1 cdta. de azúcar extrafino
- sal y pimienta negra recién molida
- 500 g de alubias rojas en conserva escurridas
- 1 pimiento verde despepitado y en daditos
- 1 pimiento rojo despepitado y en daditos
- 1 cebolla roja picada fina
- 170 g arroz basmati u otro arroz de grano largo cocido
- 1 cda. de cilantro picado, para adornar

Ponga en un bol la pasta de tomate, el zumo de lima, el aceite, el vinagre, la veganesa, la mostaza y el azúcar. Salpimiente al gusto y bata hasta obtener una consistencia cremosa. Añada las judías, los pimientos y la cebolla y remueva para que se mezclen. Refrigérelo toda la noche.

Para servir la ensalada, añada el arroz, remueva bien y adórnela con el cilantro picado.

ENSALADA DE ALUBIAS ROJAS

ISRAEL

ENSALADA DE CUSCÚS TOSTADO CON VERDURAS

Preparación: 20 minutos, más 30 minutos para reposar
Cocción: 10 minutos

Para 4 personas

Para el aliño:
- 120 ml de vinagre balsámico
- 1 cdta. de mostaza de Dijon
- 2 dientes de ajo picados finos
- 120 ml de aceite de oliva
- sal y pimienta negra recién molida

Para la ensalada:
- 1 pimiento rojo despepitado y picado
- 1 pimiento amarillo despepitado y picado
- 2 calabacines cortados en cuartos a lo largo y en rodajas
- 2 calabazas de verano cortadas en cuartos a lo largo y en rodajas
- 6 espárragos trigueros limpios y picados
- 4 cdas. de aceite de oliva
- 500 g de cuscús de grano medio
- 475 ml de caldo de verduras
- 12 tomates cherry cortados por la mitad
- 2 cdas. de hojas de albahaca picadas, para adornar

Para preparar el aliño, ponga en un tarro el vinagre, la mostaza y el ajo y remueva bien. Vierta despacio el aceite de oliva, sin parar de remover, hasta que se integre. Salpimiente al gusto y resérvelo.

Para preparar la ensalada, mezcle en un bol los pimientos con los calabacines, la calabaza y los espárragos, añada la mitad del aliño y remueva bien. Déjelos reposar durante 30 minutos.

Caliente 2 cucharadas de aceite de oliva en una sartén a fuego medio, añada las verduras maceradas y rehóguelas de 5 a 7 minutos hasta que estén tiernas. Páselas a un bol y resérvelas.

Caliente el aceite de oliva restante en una cazuela a fuego medio, agregue el cuscús y tuéstelo unos 3 o 4 minutos hasta que se empiece a dorar. Cúbralo con el caldo, llévelo a ebullición y retire la cazuela del fuego. Déjelo reposar, tapado, hasta que esté al dente y haya absorbido casi todo el caldo.

Separe los granos de cuscús con un tenedor y páselo al bol de las verduras. Añada los tomates y el aliño restante y remueva bien. Adorne la ensalada con la albahaca y sírvala a temperatura ambiente.

ENSALADA DE CUSCÚS TOSTADO CON VERDURAS

ENSALADA INDONESIA

Preparación: 30 minutos
Cocción: 20 minutos

Para 4 personas

Para el aliño:

- 2 cdas. de aceite de oliva
- 1 cebolla picada
- 1 diente de ajo picado fino
- 60 g de coco rallado
- 1 cda. de aceite de cacahuete
- 120 g de crema de cacahuetes suave
- 1 cdta. de azúcar
- 1 cdta. de guindilla molida
- 1 cdta. de jengibre molido

Para la ensalada:

- 150 g de brotes de soja
- 1 col china en juliana
- 2 cdas. de aceite vegetal
- 125 g de tofu en dados
- 120 g de patatas en rodajas cocidas
- 120 g de judías verdes cocidas
- 120 g de zanahorias en dados cocidas
- 1 pepino en dados
- 2 cdas. de cacahuetes tostados machacados, para adornar

Para preparar el aliño, caliente el aceite de oliva en una cazuela a fuego medio, agregue la cebolla y el ajo y sofríalos unos 5 o 6 minutos hasta que se doren. Añada el resto de ingredientes junto con 240 ml de agua caliente y cuézalos 2 o 3 minutos.

En un robot de cocina o una batidora, triture la mezcla 2 minutos hasta obtener un aliño fino y cremoso. Refrigérelo hasta el momento de servir.

Para preparar la ensalada, ponga a hervir una cazuela con agua. Coloque los brotes de soja y la col china en un bol y cúbralos con el agua hirviendo. Déjelos en remojo durante 3 o 4 minutos, escúrralos y resérvelos.

Caliente el aceite vegetal en una sartén a fuego medio. Eche los dados de tofu y sofríalos 5 o 6 minutos, dándoles la vuelta con cuidado, hasta que se empiecen a dorar. Retírelos con una espumadera y déjelos escurrir sobre papel de cocina.

Agregue las patatas a la sartén y fríalas 5 minutos por cada lado hasta que se empiecen a dorar. Resérvelas.

Disponga en una fuente los brotes de soja, la col china, el tofu, las patatas y el resto de ingredientes y vierta el aliño por encima. Adorne la ensalada con los cacahuetes y sírvala de inmediato.

ENSALADA DE RÁBANOS

RUSIA

Ponga en un bol el aceite, el zumo de limón y la mostaza y salpimiente al gusto. Mézclelos hasta obtener una salsa cremosa. Añada los rábanos, los tomates cherry, la menta y las cebolletas y refrigere la ensalada 30 minutos. Adórnela con las nueces y sírvala.

Preparación: 20 minutos, más 30 minutos para refrigerar
Sin cocción

Para 4 personas

- 4 cdas. de aceite de oliva
- 3 cdtas. de zumo de limón recién exprimido
- 1 cda. de mostaza de Dijon
- sal y pimienta negra recién molida
- 250 g de rábanos en rodajas
- 250 g de tomates cherry cortados por la mitad
- 125 g de menta picada
- 4 cebolletas picadas finas
- 1 cda. de nueces machacadas, para adornar

ENSALADA DE PEPINO

RUSIA

Para preparar el aliño, eche en un tarro el aceite, la nata de soja, el vinagre y la mostaza y bátalos hasta obtener una salsa cremosa. Salpimiente al gusto y resérvela.

Para preparar la ensalada, ponga en un bol los pepinos, las aceitunas, los pimientos y la menta y mézclelo todo con cuidado.

Vierta la salsa sobre la ensalada y remueva bien para que se impregne. Adórnela con el cilantro y sírvala a temperatura ambiente.

Preparación: 30 minutos
Sin cocción

Para 4 personas

Para el aliño:
- 5 cdas. de aceite de oliva
- 4 cdas. de nata de soja
- 2 cdas. de vinagre de vino tinto
- 1 cda. de mostaza de Dijon
- sal y pimienta negra recién molida

Para la ensalada:
- 5 pepinos pelados, cortados por la mitad, despepitados y en rodajas finas
- 240 g de aceitunas verdes y negras deshuesadas y en rodajas
- 4 pimientos rojos en conserva en rodajas
- 1 cda. de menta picada
- 2 cdas. de cilantro picado, para adornar

JAPÓN

ENSALADA DE ESPINACAS Y SETAS SHIITAKE

Preparación: 25 minutos
Sin cocción

Para 4 personas

Para el aliño:
- 4 cdas. de zumo de yuzu
- 1 cda. de salsa de soja
- 1 cdta. de pasta de wasabi
- 4 cdas. de aceite vegetal
- 1 cdta. de mostaza de Dijon a la antigua
- sal y pimienta negra recién molida

Para la ensalada:
- 500 g de setas shiitake frescas sin los tallos y en rodajas
- 500 g de espinacas tiernas
- 125 g de espárragos tiernos
- 4 rábanos en rodajas finas
- 120 g de tomates cherry cortados por la mitad

Para preparar el aliño, triture el zumo de yuzu, la salsa de soja, la pasta de wasabi, el aceite vegetal y la mostaza en un robot de cocina o una batidora hasta obtener una mezcla homogénea. Salpimiente al gusto.

Para preparar la ensalada, pase el aliño a un bol, añada los ingredientes de la ensalada y remueva con cuidado para que se impregnen. Sírvala de inmediato.

ETIOPÍA

ENSALADA PICANTE DE LENTEJAS

Preparación: 20 minutos
Cocción: 35 minutos, más 5 minutos para reposar

Para 4 personas

Para la ensalada:
- 600 ml de caldo de verduras
- 400 g de lentejas rubias lavadas y escurridas
- 2 cdas. de cilantro picado, para adornar

Para el aliño:
- 3 cdas. de vinagre de vino tinto
- 2 cdas. de aceite vegetal
- 1 cdta. de sal, y un poco más para sazonar
- 2 guindillas rojas picantes despepitadas y picadas
- pimienta negra recién molida

Para preparar la ensalada, vierta el caldo de verduras en una olla y llévelo a ebullición. Agregue las lentejas, baje el fuego y cuézalas de 30 a 35 minutos hasta que estén tiernas. Escúrralas y páselas a una fuente.

Para preparar el aliño, mezcle en un bol el vinagre con el aceite vegetal, 1 cucharadita de sal y las guindillas hasta que emulsione. Salpimiente al gusto.

Mezcle el aliño con las lentejas y déjelas reposar 5 minutos. Esparza el cilantro picado por encima y sírvalas.

GUACAMOLE DE MELOCOTÓN

JAPÓN

Ponga los dados de melocotón en un bol. Añada los aguacates, la menta y el jengibre y remueva para que se mezclen.

Fría a fuego medio el beicon vegano en una sartén 3 o 4 minutos hasta que se dore.

Pase el beicon al bol con el aguacate y añada la cebolla. Salpimiente al gusto y remueva bien. Sírvalo con nachos.

Preparación: 20 minutos
Cocción: 5 minutos

Para 4 personas

- 3 melocotones maduros pelados y en dados
- 2 aguacates maduros pelados y chafados
- 1 manojo de menta picada
- 1 cda. de jengibre fresco rallado fino
- 4 tiras de beicon vegano en trozos
- 1 cebolla roja picada fina
- sal y pimienta negra recién molida
- nachos, para servir

ENSALADA DE ESPINACAS

COREA DEL SUR

Ponga a hervir una olla con agua. Coloque las espinacas o la col kale en una vaporera o una cesta perforada de acero inoxidable y cuézalas al vapor unos 5 minutos hasta que adquieran un color verde brillante. Escúrralas y estrújelas para eliminar toda el agua. Píquelas y deseche los tallos duros.

Para preparar el aliño, mezcle en un bol la salsa de soja con el aceite de sésamo, las semillas de sésamo negro, el ajo, la galanga, el azúcar, el vinagre de vino blanco y el gochugaru y remueva bien. Salpimiente al gusto.

Ponga las espinacas picadas o la col kale en un bol. Añada el daikon rallado y el aliño y remueva bien. Sírvalas de inmediato.

Preparación: 30 minutos
Cocción: 5 minutos

Para 4 personas

Para la ensalada:
- 500 g de espinacas o col kale
- 1 daikon rallado

Para el aliño:
- 3 cdas. de salsa de soja
- 2 cdas. de aceite de sésamo
- 1 cda. de semillas de sésamo negro
- 2 dientes de ajo picados
- 1 cda. de galanga picada
- 1 cdta. de azúcar extrafino
- 1 cda. de vinagre de vino blanco
- 1 cdta. de gochugaru (guindilla roja molida coreana)
- sal y pimienta negra recién molida

SOPAS
Y
CREMAS

TANZANIA

SOPA DE ALUBIAS Y COCO

Preparación: 30 minutos
Cocción: 20 minutos

Para 4 personas

- 1 cda. de aceite vegetal
- 75 g de cebolla picada
- 200 g de tomates picados
- 90 g de pimiento verde picado
- 1 cda. de curry en polvo
- 3 cdas. de margarina vegetal
- sal y pimienta negra recién molida
- 480 g de alubias rojas en conserva
- 475 ml de leche de coco
- 250 g de arroz basmati o jazmín cocido
- 4 cdas. de coco fresco rallado

Caliente el aceite en una olla a fuego medio, eche la cebolla y sofríala unos 5 o 6 minutos hasta que esté blanda. Eche el tomate, el pimiento, el curry en polvo y la margarina y salpimiente al gusto. Sofríalo 3 o 4 minutos. Añada las alubias, junto con el líquido de gobierno y la leche de coco y cuézalas a fuego lento 10 minutos.

Eche el arroz y cuézalo unos 2 minutos más. Vierta la sopa en 4 boles, esparza 1 cucharada de coco por encima de cada bol y sírvala.

CANADÁ

CREMA DE CALABAZA Y MANZANA

Preparación: 20 minutos
Cocción: 35 minutos

Para 4 personas

- 475 ml de caldo de verduras
- 240 ml de leche de coco
- 720 g de calabaza de invierno pelada y picada
- 4 manzanas verdes peladas, descorazonadas y picadas
- 1 cdta. de nuez moscada molida
- 1 cdta. de pimienta de Jamaica molida
- 1 cda. de aceite de coco
- 125 g de pacanas picadas

Caliente a fuego medio el caldo y la leche de coco en una cazuela hasta que empiecen a hervir. Eche la calabaza y la manzana y suba el fuego. Llévelas a ebullición y cuézalas 2 minutos. Baje el fuego al mínimo y prosiga con la cocción 30 minutos hasta que la calabaza esté tierna.

Añada la nuez moscada y la pimienta de Jamaica. Retire la cazuela del fuego y deje enfriar la sopa.

Caliente el aceite de coco en una sartén a fuego medio, eche las pacanas y fríalas 2 o 3 minutos hasta que se doren. Resérvelas.

En un robot de cocina o una batidora, triture la sopa por tandas hasta obtener una crema fina. Ponga de nuevo la crema en la cazuela y llévela a ebullición. Retírela del fuego de inmediato y viértala en boles. Adórnela con las pacanas tostadas y sírvala.

CREMA DE BRÓCOLI CON JENGIBRE Y LIMA

COREA DEL SUR

Precaliente el horno a 200 °C.

Coloque los ramitos de brócoli en una fuente refractaria, vierta 1 cucharada de aceite de oliva y remueva para que se impregnen. Hornéelos durante 20 minutos hasta que estén tiernos. Retírelos del horno y resérvelos.

Caliente el aceite de oliva restante en una cazuela a fuego medio, eche la chalota y sofríala 4 minutos hasta que se ablande. Añada el jengibre y sofríalo 2 minutos. Agregue los tallos de brócoli, el caldo de verduras y la ralladura y el zumo de limón. Salpimiente al gusto. Llévelo a ebullición y cuézalo 10 minutos hasta que los tallos estén tiernos.

Eche los ramitos de brócoli y llévelo a ebullición de nuevo. Retire la cazuela del fuego y deje enfriar la sopa 20 minutos.

En un robot de cocina o una batidora, triture la sopa por tandas hasta obtener una crema fina. Vuelva a ponerla en la cazuela y vierta la leche de coco. Llévela a ebullición, sin dejar de remover y retírela del fuego de inmediato.

Vierta la crema en 4 boles y adórnela con las cebolletas y las semillas de sésamo. Sírvala.

Preparación: 25 minutos
Cocción: 35 minutos,
más 20 minutos para enfriar

Para 4 personas

- 2 brócolis limpios separados en ramitos y con los tallos reservados
- 2 cdas. de aceite de oliva
- 1 chalota picada fina
- 1 cda. de jengibre fresco rallado fino
- 750 ml de caldo de verduras
- 1 cdta. de ralladura fina de limón
- 2 cdas. de zumo de limón recién exprimido
- sal y pimienta negra recién molida
- 120 ml de leche de coco
- 2 cebolletas picadas finas, para adornar
- 1 cda. de semillas de sésamo blanco, para adornar

SOPA DE COL CHINA Y JENGIBRE

JAPÓN

Caliente el aceite de oliva en una olla a fuego medio. Añada las cebolletas, el jengibre y el ajo y sofríalos 3 o 4 minutos hasta que desprendan su aroma. Agregue la salsa tamari o de soja y el miso, y sofríalos 2 minutos más sin dejar de remover. Vierta el caldo de verduras y llévelo a ebullición. Baje el fuego al mínimo y añada los fideos ramen. Cuézalos 4 minutos y agregue la col china. Déjelo cocer 5 minutos más hasta que los fideos y la col estén hechos.

Vierta la sopa en 4 boles, adórnela con el tofu, el aceite de sésamo, los copos de guindilla y las semillas de sésamo y sírvala.

Preparación: 25 minutos
Cocción: 15 minutos

Para 4 personas

- 1 cda. de aceite de oliva
- 2 cebolletas picadas finas
- 2 cdas. de jengibre fresco rallado
- 1 diente de ajo picado fino
- 2 cdas. de salsa tamari o de soja
- 1 cda. de miso blanco
- 960 ml de caldo de verduras
- 500 g de fideos ramen
- 200 g de col china en juliana
- 4 cdas. de tofu sedoso, para adornar
- 4 cdtas. de aceite de sésamo tostado, para adornar
- 1 cdta. de copos de guindilla roja machacados, para adornar
- 1 cda. de semillas de sésamo blanco, para adornar

BRASIL

SOPA DE ALUBIAS NEGRAS Y MANGO

Preparación: 20 minutos
Cocción: 25 minutos

Para 4 personas

- 1 cda. de aceite vegetal
- 1 cebolla grande picada
- 2 dientes de ajo picados
- 2 boniatos medianos pelados y en dados
- 1 pimiento rojo grande despepitado y en dados
- 110 g de tomates pera en conserva
- 1 guindilla verde picante pequeña picada
- 350 ml de caldo de verduras
- 220 g de alubias negras en conserva escurridas
- sal y pimienta negra recién molida
- 1 mango maduro en dados
- 12 g de cilantro picado, para adornar

Caliente el aceite en una olla a fuego medio. Eche la cebolla y sofríala, removiendo con frecuencia, unos 5 minutos hasta que esté blanda. Añada el ajo y sofríalo, sin dejar de remover, 3 o 4 minutos hasta que la cebolla y el ajo se doren. Agregue el boniato, el pimiento, el tomate con su líquido de gobierno, la guindilla y el caldo de verduras y llévelo a ebullición. Baje el fuego, tape la olla y cuézalo todo unos 15 minutos hasta que el boniato esté tierno.

Eche las alubias y cuézalas despacio, sin tapar, hasta que estén bien calientes. Salpimiente al gusto. Añada el mango y cuézalo hasta que esté caliente, alrededor de 1 minuto.

Vierta la sopa en boles, adórnela con el cilantro y sírvala.

SOPA DE ALUBIAS NEGRAS Y MANGO

PORTUGAL

SOPA DE CILANTRO

Preparación: 20 minutos
Cocción: 40 minutos,
más 15 minutos para enfriar

Para 4 personas

- 2 cdas. de aceite de oliva
- 2 cebollas picadas finas
- 2 dientes de ajo picados finos
- 2 tomates picados finos
- 3 patatas peladas y en dados
- 1 cdta. de pimentón dulce
- 750 ml de caldo de verduras
- 1 pimiento verde cortado por la mitad y despepitado
- 1 manojo de cilantro, los tallos atados con bramante
- 225 g de arroz de grano largo
- sal y pimienta negra recién molida

Caliente 1 cucharada de aceite de oliva en una olla a fuego medio. Eche la cebolla y sofríala 5 o 6 minutos hasta que esté translúcida. Añada el ajo, los tomates y las patatas y sofríalo todo 4 o 5 minutos hasta que las patatas estén tiernas pero firmes.

Espolvoree el pimentón y remueva bien. Agregue el caldo, el pimiento verde y el cilantro y llévelo a ebullición. Baje el fuego de inmediato y cuézalo 15 minutos. Añada el arroz y cuézalo otros 15 minutos hasta que esté hecho. Retire la olla del fuego. Saque el cilantro y el pimiento verde y resérvelos. Tape la olla y deje enfriar la sopa 15 minutos.

Mientras, separe los tallos de las hojas del cilantro y deséchelos.
En un robot de cocina o una batidora, triture el pimiento verde con las hojas de cilantro hasta obtener una mezcla homogénea. Agregue la cucharada de aceite de oliva restante y salpimiente al gusto. Tritúrelo de nuevo 1 minuto para que se mezclen bien.

Reparta la sopa entre 4 boles, vierta el *coulis* de cilantro y pimiento verde por encima y sírvala.

SOPA DE CILANTRO

JAPÓN

SOPA FRÍA DE PEPINO Y SEMILLAS DE SÉSAMO

Preparación: 20 minutos,
más 30 minutos para reposar
y 1 hora para refrigerar
Sin cocción

Para 4 personas

- 750 g de pepinos cortados en rodajas finas con una mandolina
- 2 cdtas. de sal
- 2 cdas. de semillas de sésamo blanco tostadas
- 3 cdas. de miso blanco
- 2 cdtas. de sirope de agave o arce
- 550 ml de caldo de verduras
- 750 g de arroz de grano corto cocido y caliente
- 2 cdtas. de *shichimi togarashi* (mezcla de especias japonesa)
- 60 g de shiso o menta picada fina, para adornar
- salsa tamari o de soja

Ponga el pepino en un bol y esparza la sal por encima. Remueva bien y déjelo reposar 30 minutos.

Estrújelo con las manos para eliminar toda el agua y resérvelo.

En un mortero o una batidora, muela las semillas de sésamo hasta obtener una pasta. Eche el miso y el sirope de agave o de arce y mézclelos hasta conseguir una salsa fina. Viértala sobre el pepino y agregue el caldo. Remueva bien para que se mezcle todo y refrigere la sopa durante 1 hora.

Para servir, llene un bol con arroz, vierta la sopa fría y esparza el *shichimi togarashi* por encima. Adórnela con el shiso o la menta y sazone al gusto con salsa tamari o de soja.

SUDÁFRICA

CREMA DE CALABAZA

Preparación: 25 minutos
Cocción: 1 hora y 10 minutos,
más 20 minutos para enfriar

Para 4 personas

- 2 cdas. de margarina vegetal
- 1 cebolla picada
- 1 diente de ajo picado
- 440 g de calabaza de verano pelada y picada
- 120 ml de zumo de naranja recién exprimido
- 2 cdas. de ralladura fina de naranja
- 1 cdta. de nuez moscada molida
- 750 ml de caldo de verduras
- sal y pimienta negra recién molida
- 4 cdtas. de semillas de sésamo negro, para adornar

Caliente la margarina en una olla a fuego medio. Eche la cebolla y el ajo y sofríalos 5 o 6 minutos hasta que estén blandos. Añada la calabaza y cuézala a fuego lento, removiendo con frecuencia, unos 12 minutos hasta que esté tierna. Agregue el zumo y la ralladura de naranja, la nuez moscada y el caldo y llévelo a ebullición. Baje el fuego y cuézalo todo 30 minutos.

Transcurrido el tiempo de cocción, salpimiente al gusto. Retire la olla del fuego y deje reposar la sopa 20 minutos para que se enfríe. Pásela a un robot de cocina o una batidora y tritúrela por tandas hasta obtener una crema fina. Póngala de nuevo en la olla y llévela a ebullición. Baje el fuego y cuézala unos 20 minutos hasta que se reduzca a la mitad.

Vierta la crema en boles y esparza 1 cucharadita de semillas de sésamo negro por encima de cada bol.

CREMA DE VERDURAS

SUDÁFRICA

Preparación: 25 minutos
Cocción: 1 hora y 10 minutos, más 20 minutos para enfriar

Para 4 personas

- 2 cdas. de margarina vegetal
- 3 zanahorias grandes picadas
- 1 patata picada
- 1 cebolla picada
- 1 cdta. de azúcar
- 6 tomates picados
- 750 ml de caldo de verduras
- 2 cdas. de jerez seco
- sal y pimienta negra recién molida
- 2 cdtas. de semillas de sésamo negro, para adornar

Caliente la margarina vegetal en una olla a fuego lento. Eche la zanahoria, la patata y la cebolla y rehóguelas unos 15 minutos hasta que estén blandas. Añada el azúcar y el tomate y rehóguelo otros 5 minutos. Agregue el caldo y llévelo a ebullición. Suba el fuego y cuézalo todo 30 minutos hasta que las verduras estén hechas.

Retire la olla del fuego y deje reposar la sopa 20 minutos para que se enfríe. Pásela a un robot de cocina o una batidora y tritúrela por tandas hasta obtener una crema fina. Échela de nuevo en la olla, caliéntela a fuego medio y añada el jerez. Llévela a ebullición, baje el fuego y prosiga con la cocción unos 20 minutos más hasta que se reduzca a la mitad. Retírela del fuego y salpimiente al gusto.

Vierta la crema en boles y esparza las semillas de sésamo negro por encima.

SOPA DE HORTALIZAS DE RAÍZ, LOMBARDA Y KALE

NORUEGA

Preparación: 25 minutos
Cocción: 40 minutos

Para 4 personas

- aceite de oliva
- 1 cebolla picada
- 3 dientes de ajo picados finos
- 1 tallo de apio en dados
- 1 puerro, solo la parte blanca, en rodajas finas
- sal y pimienta negra recién molida
- 200 g de cebada remojada toda la noche en agua fría y escurrida
- 1,5 litros de caldo de verduras
- 2 hojas de laurel
- 1 puñado de ramitas de tomillo
- 2 zanahorias en dados
- 2 chirivías en dados
- 1 apionabo pequeño en dados
- ½ colinabo pequeño en dados
- 1 nabo en dados
- 1 remolacha en dados
- ½ col lombarda pequeña en juliana
- 225 g de col kale o acelgas picadas
- 1 pizca de nuez moscada molida
- 1 cda. de perejil picado, para adornar
- 4 rodajas de limón, para adornar
- rebanadas de pan, para servir

Caliente un poco de aceite de oliva en una olla a fuego medio. Eche la cebolla, el ajo, el apio, el puerro y una pizca de sal y sofríalos unos 5 minutos hasta que estén translúcidos. Añada la cebada, el caldo, las hojas de laurel y el tomillo, remueva bien y llévelo a ebullición. Agregue las hortalizas y la lombarda y vuelva a llevarlo a ebullición. Baje el fuego de inmediato y cuézalo 30 minutos hasta que las hortalizas estén tiernas.

Añada la col kale o las acelgas y la nuez moscada y salpimiente al gusto. Cuézalo 5 o 6 minutos más.

Vierta la sopa en boles y adórnela con el perejil picado y las rodajas de limón. Sírvala con pan.

ISRAEL

SOPA CON KNEIDALAJ

Preparación: 25 minutos
Cocción: 45 minutos

Para 4 personas

Para el *kneidalaj* (bolas de matzá):
- 500 g de tofu sedoso
- 4 cdas. de aceite de oliva
- 250 g de harina de matzá
- 2 cdas. de levadura nutricional
- 1 cdta. de levadura en polvo
- 1 cdta. de cebolla en polvo
- 1 cdta. de ajo en polvo
- 1 cdta. de semillas de apio
- sal y pimienta negra recién molida

Para la sopa:
- 2 cdas. de aceite de oliva
- 1 cebolla picada
- 2 zanahorias en rodajas
- 2 tallos de apio picados
- 2 cdas. de eneldo picado
- 1,5 litros de caldo de verduras
- sal y pimienta negra recién molida
- 2 cdas. de zumo de limón recién exprimido
- 2 cdas. de perejil picado, para adornar

Para preparar el *kneidalaj,* triture el tofu con el aceite de oliva en un robot de cocina o una batidora. Pase la mezcla a un bol y añada la harina de matzá, la levadura nutricional, la levadura en polvo, la cebolla y el ajo en polvo y las semillas de apio. Salpimiente al gusto y remueva. Ponga la masa en un recipiente hermético y refrigérela toda la noche.

Caliente el aceite de oliva en una olla a fuego medio. Eche la cebolla, las zanahorias y el apio y sofríalos 5 o 6 minutos hasta que la cebolla esté tierna. Añada el eneldo y el caldo y llévelo a ebullición. Baje el fuego de inmediato y deje cocer la sopa a fuego lento.

Forme bolas de masa de 5 cm con las manos o con una cuchara sopera y échelas en la sopa con cuidado de no romperlas. Tape la olla y prosiga con la cocción a fuego lento 40 minutos. Retire la olla del fuego. Salpimiente al gusto y vierta el zumo de limón. Adorne la sopa con el perejil picado y sírvala de inmediato.

SOPA CON KNEIDALAJ

SUIZA

SOPA DE BAYAS DE ENEBRO

Preparación: 30 minutos
Cocción: 35 minutos

Para 4 personas

- 1 kg de bayas de enebro sin los tallos
- la piel de 1 limón en tiras
- 1 manzana verde descorazonada y en rodajas finas
- 220 g de ciruelas pasas de Agen sin hueso y picadas
- 2 cdas. de tapioca
- 4 cdas. de zumo de limón recién exprimido
- 175 ml de sirope de agave o arce

Vierta 710 ml de agua en una cazuela. Añada las bayas de enebro y las tiras de piel de limón y llévelas a ebullición. Baje el fuego y cuézalas unos 20 minutos.

Pase las bayas cocidas por un colador sobre un bol y deséchelas. Vuelva a poner el líquido en la cazuela y llévelo a ebullición. Agregue la manzana y las ciruelas pasas y remueva bien.

Ponga la tapioca en un bol, vierta 2 cucharadas de la sopa y bátala hasta que se disuelva por completo. Eche poco a poco esta mezcla a la sopa hirviendo, baje el fuego y cuézala unos 15 minutos hasta que espese.

Retire la cazuela del fuego y añada el zumo de limón y el sirope de agave o arce. Vierta la sopa en boles y sírvala.

JAPÓN

CREMA DE MISO, LENTEJAS Y CALABAZA

Preparación: 15 minutos
Cocción: 10 minutos, más 20 minutos para enfriar

Para 4 personas

- 3 cdas. de aceite de oliva
- 1 cebolla picada
- 1 diente de ajo picado fino
- 1½ cdtas. de semillas de comino
- 1 cda. de jengibre fresco rallado
- 1 guindilla picada fina
- 2 zanahorias picadas gruesas
- 1,5 kg de calabaza de verano picada
- 100 g de lentejas rubias
- 475 ml de caldo de verduras
- 1 ramita de canela de 7½ cm
- 3 cdas. de *shiro miso* (pasta de miso blanco)
- 2 cdas. de germinados, para adornar

Caliente el aceite en una olla a fuego lento, eche la cebolla y el ajo y rehóguelos 3 o 4 minutos hasta que se doren. Añada el comino, el jengibre y la guindilla y rehóguelos otros 3 o 4 minutos hasta que desprendan su aroma. Agregue la zanahoria, la calabaza y las lentejas, y remueva bien para que se impregnen. Vierta el caldo y añada la canela. Llévelo a ebullición, baje el fuego y cuézalo de 30 a 35 minutos hasta que las lentejas estén hechas.

Retire la sopa del fuego y deseche la ramita de canela. Déjela reposar 20 minutos para que se enfríe.

Pase la sopa a un robot de cocina o una batidora, eche 240 ml de agua y tritúrela hasta que quede homogénea. Póngala de nuevo en la olla y caliéntela a fuego medio hasta que empiece a hervir. Retírela del fuego y añada el *shiro miso*, removiendo despacio para que ligue. Vierta la crema en boles y adórnela con los germinados. Sírvala.

GAZPACHO DE VERDURAS

PORTUGAL

En un robot de cocina o una batidora, triture el tomate, el apio, el pimiento verde, el pepino, la cebolla roja y el vinagre balsámico unos 3 minutos hasta obtener una mezcla homogénea. Pase el gazpacho a un bol y salpimiente al gusto. Cúbralo y refrigérelo.

Caliente 2 cucharadas de aceite en una olla a fuego medio, eche la cebolla y el ajo y sofríalos 4 o 5 minutos hasta que se doren. Añada la zanahoria y sofríala 3 minutos, removiendo con frecuencia. Agregue los guisantes y sofríalos otros 3 minutos. Vierta el caldo de verduras, llévelo a ebullición y cuézalo todo a fuego lento 8 minutos hasta que las verduras estén tiernas. Retírelo del fuego y déjelo enfriar 20 minutos.

Añada la mezcla de zanahoria y guisantes junto con el pan rallado al bol que contiene el gazpacho. Remueva para que se mezclen bien y refrigérelo durante 1 hora.

Salpimiente al gusto. Pase el gazpacho a 4 boles y rocíelo con el aceite de oliva restante. Adórnelo con las hojas de espinacas, la albahaca y el orégano y sírvalo.

Preparación: 20 minutos
Cocción: 20 minutos,
más 20 minutos para enfriar

Para 4 personas

- 3 tomates picados
- 2 tallos de apio picados finos
- 1 pimiento verde despepitado y picado
- 2 pepinos en dados
- 40 g de cebolla roja picada fina
- 4 cdas. de vinagre balsámico
- sal y pimienta negra recién molida
- 5 cdas. de aceite de oliva
- 2 cebollas picadas
- 3 dientes de ajo picados finos
- 75 g de zanahorias en rodajas
- 75 g de guisantes
- 710 ml de caldo de verduras
- 45 g de pan rallado
- 30 g de hojas de espinacas tiernas, para adornar
- 1 cda. de albahaca fresca picada, para adornar
- 1 cda. de orégano fresco picado, para adornar

SOPA PICANTE DE SETAS

CAMBOYA

Vierta el caldo en una olla y llévelo a ebullición. Eche la sriracha, baje el fuego y añada la citronela, las hojas de lima kaffir, el azúcar, el zumo de limón, los dos tipos de setas y las guindillas verdes. Cuézalo todo a fuego lento de 10 a 12 minutos, removiendo con frecuencia, hasta que las setas estén hechas. Agregue salsa tamari o de soja al gusto.

Reparta la sopa entre 4 boles, adórnela con el cilantro y sírvala.

Preparación: 20 minutos
Cocción: 15 minutos

Para 4 personas

- 710 ml de caldo de verduras
- 2 cdtas. de sriracha o una salsa similar
- 2 tallos de citronela en aros finos
- 4 hojas de lima kaffir
- 1 cdta. de azúcar de palma
- 2 cdas. de zumo de limón recién exprimido
- 500 g de setas de ostra picadas
- 250 g de setas shiitake sin los tallos y en cuartos
- 2 guindillas verdes despepitadas y picadas finas
- salsa o de soja
- 15 g de cilantro, para adornar

SUDÁFRICA

SOPA DE CREMA DE CACAHUETES Y APIO

Preparación: 25 minutos
Cocción: 30 minutos

Para 4 personas

- 475 ml de caldo de verduras
- 2 apionabos picados
- 2 cdas. de margarina vegetal
- 1 cebolla picada fina
- 4 tallos de apio picados finos
- 2 cdas. de harina común
- 3 cdas. de crema de cacahuetes crujiente
- 475 ml de nata de soja
- sal y pimienta negra recién molida
- 1 cdta. de pimentón dulce

Vierta el caldo en una olla y llévelo a ebullición. Eche el apionabo y cuézalo 20 minutos hasta que esté tierno. Cuélelo sobre un bol, deseche el apionabo y reserve el caldo.

Caliente la margarina vegetal en una olla a fuego medio, eche la cebolla y sofríala 3 o 4 minutos hasta que se dore. Añada el apio y sofríalo a fuego medio otros 3 minutos. Agregue la harina y remueva hasta que ligue. Eche la crema de cacahuetes, remueva bien y añada la nata de soja y el caldo reservado. Lleve a ebullición la mezcla, baje el fuego de inmediato y cuézala 3 o 4 minutos. Salpimiente al gusto.

Vierta la sopa en 4 boles, espolvoree el pimentón por encima y sírvala.

FINLANDIA

CREMA DE VERDURAS CON RÁBANO PICANTE

Preparación: 20 minutos
Cocción: 35 minutos

Para 4 personas

- 2 cdas. de aceite de oliva
- 250 g de tofu ahumado en dados
- 2 cdas. de margarina vegetal
- 250 g de apionabo picado
- 450 g de patatas en dados
- 3 puerros, solo la parte blanca y verde claro, picados
- 2 cebollas picadas
- 2 hojas de laurel
- 1 cdta. de tomillo picado fino
- 1,5 litros de caldo de verduras
- 120 ml de nata de soja para montar
- 30 g de rábano picante rallado
- sal y pimienta negra recién molida
- 2 cebolletas en rodajas, para adornar

Caliente el aceite de oliva en una olla a fuego medio. Eche los dados de tofu y sofríalos 4 o 5 minutos hasta que se doren por todos los lados. Retírelos, déjelos escurrir sobre papel de cocina y resérvelos.

Funda la margarina en el aceite de oliva que queda en la olla, añada el apionabo, las patatas, el puerro, la cebolla, las hojas de laurel y el tomillo y sofríalos a fuego medio unos 5 minutos hasta que estén tiernos. Vierta el caldo de verduras, remueva y llévelo a ebullición. Baje el fuego, tape la olla y cuézalo todo 25 minutos, removiendo de vez en cuando, hasta que las patatas estén tiernas. Retire la olla del fuego y deje enfriar la sopa 20 minutos.

Deseche las hojas de laurel. Pase la sopa a un robot de cocina o una batidora y tritúrela hasta que quede homogénea. Póngala de nuevo en la olla y añada la nata de soja, el rábano picante y el tofu. Lleve a ebullición la crema, baje el fuego de inmediato y cuézala 4 minutos hasta que espese ligeramente.

Salpimiente la crema al gusto y viértala en boles. Adórnela con las rodajas de cebolleta y sírvala.

CREMA DE CALABAZA CON ALBAHACA DULCE

BIRMANIA

Caliente el aceite en una olla a fuego medio, eche el ajo y sofríalo 4 o 5 minutos hasta que se dore. Añada la calabaza y el caldo y llévelo a ebullición. Baje el fuego, tape la olla y cuézalo 25 minutos hasta que la calabaza esté tierna.

Agregue salsa tamari o de soja al gusto, retire la olla del fuego y deje enfriar la sopa 15 minutos. Pásela a un robot de cocina o una batidora y tritúrela hasta que quede homogénea.

Sirva la crema en boles y adórnela con el aceite de sésamo y la albahaca dulce picada.

Preparación: 20 minutos
Cocción: 30 minutos,
más 15 minutos para enfriar

Para 4 personas

- 2 cdas. de aceite de cacahuete
- 3 dientes de ajo picados finos
- 1,4 kg de calabaza kabocha u otra calabaza de invierno pelada y en dados
- 960 ml de caldo de verduras
- salsa tamari o de soja
- 1 cda. de aceite de sésamo tostado, para adornar
- 12 g de albahaca dulce picada fina, para adornar

CREMA DE COLIFLOR ASADA CON PICATOSTES

LUXEMBURGO

Precaliente el horno a 220 °C.

Ponga los ramitos de coliflor en una única capa sobre una bandeja de horno. Vierta 2 cucharadas de aceite de oliva y remueva para que la coliflor se impregne bien. Ásela 30 minutos, removiendo a mitad del tiempo de horneado, hasta que se caramelice.

Mientras, caliente a fuego medio el aceite de oliva restante en una cazuela. Añada la cebolla y sofríala 5 minutos hasta que desprenda su aroma y esté translúcida. Eche los dientes de ajo y el tomillo y sofríalos 2 minutos más. Vierta el caldo de verduras y llévelo a ebullición. Baje el fuego y cuézalo todo a fuego lento hasta que la coliflor se haya terminado de asar.

Reserve algunos ramitos pequeños de coliflor para adornar y pase el resto junto con el caldo preparado a un robot de cocina o una batidora. Tritúrelo hasta obtener una mezcla homogénea. Échela en la cazuela y llévela a ebullición a fuego medio-alto. Baje el fuego, agregue la nata de soja, si utiliza y cueza la crema 5 minutos más. Salpimiente al gusto.

Mientras, tueste las rebanadas de pan hasta que se doren y frótelas con el ajo. Póngalas de nuevo en la tostadora y tuéstelas 1 minuto más. Córtelas en dados.

Sirva la crema en boles y adórnela con los picatostes.

Preparación: 25 minutos
Cocción: 45 minutos

Para 4 personas

- 240 g de ramitos de coliflor
- 3 cdas. de aceite de oliva
- 1 cebolla amarilla picada fina
- 2 dientes de ajo picados finos, más 1 diente cortado por la mitad a lo largo para el pan tostado
- 1 cdta. de hojas de tomillo
- 710 ml de caldo de verduras
- 120 ml de nata de soja (opcional)
- sal y pimienta negra recién molida
- 4 rebanadas de pan

TURQUÍA

CREMA DE CALABAZA ASADA Y LENTEJAS ROJAS

Preparación: 35 minutos
Cocción: 1 hora

Para 4 personas

- 710 ml de caldo de verduras
- 240 g de lentejas rojas remojadas toda la noche y escurridas
- 2 cdtas. de cúrcuma molida
- 1 ¼ cdtas. de comino molido
- 1 cda. de jengibre fresco rallado
- 1 cdta. de pimienta negra recién molida, y un poco más
- 1 cdta. de sal, y un poco más
- 6 cdas. de aceite de oliva
- 1 kg de calabaza Hokkaido (potimarron) pelada y en dados
- 1 cebolla en cuartos
- 1 cabeza de ajos sin pelar
- 1 limón en 6 rodajas
- 3 ramitas de salvia cortadas por la mitad
- 6 g de perejil picado fino
- 1 cdta. de pimentón dulce, para adornar

Precaliente el horno a 230 °C. Forre con papel vegetal una bandeja de horno con borde.

Vierta el caldo en una olla, eche las lentejas y llévelas a ebullición. Baje el fuego y cuézalas 30 minutos hasta que estén tiernas.

Mezcle en un bol la cúrcuma con 1 cucharadita de comino molido, el jengibre, 1 cucharadita de pimienta negra recién molida, la sal y 2 cucharadas de aceite de oliva. Añada la calabaza y la cebolla y remueva para que se impregnen bien. Páselas a la bandeja de horno y coloque los dientes de ajo y las rodajas de limón entre los trozos de verdura. Ponga las ramitas de salvia alrededor de los dados de calabaza. Hornéelo todo unos 15 minutos, retire los dientes de ajo y resérvelos. Ponga de nuevo las verduras en el horno y áselas otros 15 minutos.

Deseche la salvia y pele los ajos asados. Extraiga la pulpa de las rodajas de limón, retire las semillas y reserve la piel. En un robot de cocina o una batidora, triture los ajos, la pulpa de limón, la calabaza, la cebolla y las lentejas por tandas hasta obtener una mezcla homogénea. Salpimiente al gusto.

Pique fina la piel de limón. Caliente el aceite de oliva restante en un cazo a fuego medio. Eche el perejil, la piel de limón, el pimentón y el comino restante. Cuando empiecen a desprender su aroma, retire el cazo del fuego.

Vierta la crema en boles y adórnela con la piel de limón y el perejil aromatizados. Sírvala.

CREMA DE CALABAZA ASADA Y LENTEJAS ROJAS

LETONIA

SOPA DE SETAS SILVESTRES Y PATATAS

Preparación: 30 minutos
Cocción: 35 minutos

Para 4 personas

- 2 cdas. de aceite de oliva
- 2 cdas. de margarina vegetal
- 750 g de setas silvestres picadas gruesas
- 4 cdas. de vino blanco seco
- 6 patatas russet en dados
- 960 ml de caldo de verduras
- 2 cdas. de aceite vegetal
- 1 cebolla picada fina
- 240 g de tofu ahumado en dados
- 240 ml de nata de soja
- 1 cdta. de pimentón dulce húngaro
- sal y pimienta negra recién molida
- 4 cdas. de yogur griego vegano sin azúcar, para adornar
- 2-3 ramitas de eneldo, con las hojas picadas, para adornar

Caliente a fuego medio el aceite de oliva y la margarina en una olla. Eche las setas y sofríalas 5 o 6 minutos, removiéndolas con frecuencia. Vierta el vino blanco y remueva para que se mezcle bien. Añada las patatas y el caldo y llévelo a ebullición. Baje el fuego de inmediato y cuézalo a fuego medio de 15 a 20 minutos hasta que las patatas estén hechas. Con una espumadera, pase tres cuartos de las patatas a un robot de cocina o una batidora y tritúrelas hasta obtener un puré homogéneo. Ponga de nuevo el puré de patata en la olla.

Mientras, caliente el aceite vegetal en una cazuela a fuego medio. Eche la cebolla y el tofu y sofríalos 7 u 8 minutos hasta que el tofu se dore por todos los lados. Añada la mezcla de cebolla y tofu, la nata de soja y el pimentón a la sopa y remueva bien. Salpimiente al gusto. Vierta la sopa en boles, adórnela con el yogur y el eneldo y sírvala.

SOPA DE SETAS SILVESTRES Y PATATAS

HONG KONG

SOPA DE PAK CHOI Y TOFU

Preparación: 20 minutos
Cocción: 10 minutos

Para 4 personas

- 500 g de noodles de arroz
- 710 ml de caldo de verduras
- 1 cda. de jengibre fresco rallado
- 2 cdas. de aceite de oliva
- 3 dientes de ajo picados finos
- 250 g de tofu ahumado en dados
- 500 g de pak choi tierno limpio
- 2 cdtas. de aceite de sésamo tostado, para adornar
- 35 g de brotes de soja, para adornar

Cueza los noodles de arroz según las indicaciones del envase. Lávelos bajo un chorro de agua fría, escúrralos y resérvelos.

Vierta el caldo en una olla, añada el jengibre y llévelo a ebullición. Baje el fuego y cuézalo 5 minutos. Resérvelo.

Caliente el aceite en una sartén a fuego medio, agregue el ajo y sofríalo 2 minutos hasta que se dore. Retire la sartén del fuego y resérvelo.

Lleve a ebullición el caldo de nuevo. Añada el tofu ahumado y el pak choi y cuézalos a fuego medio 2 o 3 minutos. Agregue los noodles de arroz y llévelos a ebullición.

Vierta la sopa en boles, adórnela con el aceite de sésamo, el ajo frito y los brotes de soja y sírvala.

SOPA DE PAK CHOI Y TOFU

ESPAÑA

GAZPACHO DE TOMATE

Preparación: 25 minutos,
más 1 hora para refrigerar
Sin cocción

Para 4 personas

- 1 kg de tomates pera picados gruesos
- 120 ml de aceite de oliva, y un poco más para adornar
- 1 cdta. de azúcar sin refinar
- ½ baguette sin corteza y en trozos pequeños
- sal
- 2 pepinos picados gruesos
- 1 pimiento rojo despepitado y picado fino
- 4 dientes de ajo picados gruesos
- 4 cdas. de vinagre balsámico blanco
- 1 puñado de hojas de albahaca, para adornar

Triture los tomates en un robot de cocina o una batidora hasta obtener un puré homogéneo. Páselo a un bol, agregue 120 ml de aceite de oliva, el azúcar y el pan y sale al gusto. Déjelo reposar durante 1 hora a temperatura ambiente.

Échelo en un robot de cocina o una batidora, añada el pepino, el pimiento rojo, el ajo y el vinagre y tritúrelo todo 2 o 3 minutos hasta obtener una mezcla homogénea. Ponga el gazpacho en un bol, tápelo y refrigérelo durante 1 hora como mínimo o hasta que se enfríe por completo.

Páselo a 4 boles. Adórnelo con la albahaca, vierta el aceite de oliva por encima y sírvalo.

ALEMANIA

SOPA DE TOMATE

Preparación: 20 minutos
Cocción: 30 minutos

Para 4 personas

- 1 kg de tomates pera San Marzano cortados en octavos
- 710 ml de caldo de verduras
- 1 cebolla picada
- 1 tallo de apio picado
- 1 cda. de levadura nutricional
- 1 cda. de pasta de tomate
- 1 cdta. de albahaca seca
- sal y pimienta negra recién molida
- 2 cdas. de nata de soja o yogur de soja sin azúcar, para adornar
- 2 cdas. de perejil picado, para adornar

Mezcle los tomates con el caldo en una olla a fuego medio-alto y llévelos a ebullición. Añada la cebolla, el apio, la levadura nutricional, la pasta de tomate y la albahaca y remueva bien. Baje el fuego y cuézalo todo 30 minutos hasta que las verduras estén tiernas.

Eche la sopa en un robot de cocina o una batidora y tritúrela hasta obtener una mezcla homogénea. Cuélela para desechar las pieles y semillas de los tomates.

Salpimiente al gusto y viértala en 4 boles. Adórnela con la nata o el yogur de soja y el perejil picado y sírvala.

SOPA DE NOODLES DE ARROZ

VIETNAM

Vierta el caldo de verduras en una olla y llévelo a ebullición. Agregue los noodles de arroz y remueva bien. Retire la olla del fuego y déjelos reposar 15 minutos. Escúrralos, reservando el caldo de cocción y repártalos entre 4 boles.

Ponga de nuevo el caldo en la olla y llévelo a ebullición. Añada el tempeh, baje el fuego y cuézalo 10 minutos hasta que esté hecho. Retírelo con una espumadera y repártalo entre los 4 boles.

Mezcle en un bol los brotes de soja con la col china, las cebolletas y el cilantro y distribúyalos también entre los boles.

Lleve a ebullición el caldo de nuevo, añada salsa tamari o de soja al gusto y viértalo en los boles.

Adorne la sopa con los cacahuetes y las guindillas y sírvala con las rodajas de lima.

Preparación: 25 minutos
Cocción: 30 minutos

Para 4 personas

- 1,4 litros de caldo de verduras
- 500 g de noodles de arroz
- 360 g de tempeh ahumado en dados
- 100 g de brotes de soja
- 120 g de col china en juliana
- 12 g de cebolletas picadas
- 12 g de cilantro picado grueso
- salsa tamari o de soja
- 3 cdas. de cacahuetes tostados machacados, para adornar
- 3 guindillas rojas o verdes despepitadas y en rodajas finas, para adornar
- 1 lima en 4 rodajas, para servir

GAZPACHO DE CALABACÍN, MANGO, NUECES Y ALBAHACA

POLONIA

Caliente a fuego medio-alto el aceite en una olla. Eche las chalotas y sofríalas, removiendo de vez en cuando, unos 5 o 6 minutos hasta que se doren. Añada el tomillo y sofríalo 2 o 3 minutos hasta que desprenda su aroma. Agregue los calabacines, baje el fuego y cuézalos 10 minutos, removiendo de vez en cuando, hasta que estén tiernos. Vierta el caldo de verduras y cuézalo todo unos 20 minutos más.

Ponga la mezcla de calabacines y 100 g de nueces en un robot de cocina o una batidora y tritúrelo por tandas 2 minutos hasta obtener una mezcla homogénea. Pase el gazpacho a un bol y déjelo reposar unos 30 minutos hasta que esté a temperatura ambiente. Cúbralo y refrigérelo durante 1 hora hasta que esté muy frío.

Triture el mango y el zumo de limón y naranja en un robot de cocina o una batidora hasta obtener una mezcla homogénea. Resérvela hasta el momento de servir.

Vierta el gazpacho en boles y rocíelo con la salsa de mango y cítricos. Sírvalo adornado con las nueces restantes y la albahaca picada.

Preparación: 25 minutos
Cocción: 35 minutos, más 30 minutos para enfriar

Para 4 personas

- 2 cdas. de aceite de oliva
- 4 chalotas en rodajas finas
- 1 cdta. de hojas de tomillo picadas finas
- 500 g de calabacines en rodajas
- 960 ml de caldo de verduras
- 100 g de nueces tostadas machacadas, más 1 cda.
- 1 mango maduro pelado y en rodajas
- 1 cda. de zumo de limón recién exprimido
- 120 ml de zumo de naranja recién exprimido
- 1 cda. de hojas de albahaca picadas, para adornar

PLATOS PRINCIPALES

CURRY INDIO DE ZANAHORIAS

Preparación: 20 minutos
Cocción: 25 minutos

Para 4 personas

- 2 cdas. de aceite de oliva
- 4 hojas de curry
- 1 cda. de copos de guindilla roja machacados
- 1 cdta. de semillas de mostaza
- 1 cda. de jengibre fresco rallado fino
- 240 g de zanahorias en rodajas
- 280 g de guisantes congelados
- 2 cdtas. de curry amarillo en polvo
- 1 cdta. de cúrcuma molida
- sal y pimienta negra recién molida
- 275 ml de caldo de verduras
- cilantro picado, para adornar
- guindillas verdes picadas, para adornar
- pan chapati o naan de ajo, para servir

Caliente el aceite en una sartén a fuego medio. Añada las hojas de curry, los copos de guindilla roja machacados, las semillas de mostaza y el jengibre y sofríalos 2 minutos. Agregue las zanahorias, los guisantes, el curry en polvo y la cúrcuma molida y sofríalo todo 3 o 4 minutos. Salpimiente al gusto.

Añada el caldo de verduras y cueza a fuego medio el curry unos 15 minutos hasta que la salsa se reduzca a la mitad. Adórnelo con el cilantro y las guindillas verdes y sírvalo con pan chapati o naan de ajo.

CURRY INDIO DE ZANAHORIAS

MALI

CURRY AFRICANO DE COLIFLOR

Preparación: 30 minutos
Cocción: 45 minutos

Para 4 personas

- 1 cda. de aceite de oliva
- 240 g de cebolla roja en dados
- 200 g de pimientos rojos en dados
- 320 g de ramitos de coliflor
- 2 dientes de ajo picados finos
- 1 cda. de curry en polvo
- 2 cdtas. de semillas de comino
- 2 cdtas. de semillas de cilantro
- 2 cdtas. de cúrcuma molida
- 1 cdta. de canela molida
- 1 cdta. de pimentón ahumado
- ¼ de cdta. de clavo molido
- 960 ml de caldo de verduras, y un poco más
- 300 g de garbanzos en conserva
- 80 g de pasas sultanas
- sal
- arroz integral, quinoa o lentejas rojas cocidas, para servir

Caliente el aceite de oliva en una sartén grande a fuego medio, eche la cebolla y los pimientos rojos y sofríalos, sin dejar de remover, 5 minutos hasta que las cebollas estén tiernas. Añada la coliflor y sofríala durante 4 o 5 minutos hasta que se empiece a dorar. Agregue el ajo y sofríalo, sin dejar de remover, 1 minuto más.

Mezcle en un mortero el curry en polvo con el comino, el cilantro, la cúrcuma, la canela, el pimentón y el clavo y machákuelos hasta obtener un polvo fino. Añada las especias a las verduras y sofríalas 2 o 3 minutos, sin dejar de remover con una cuchara de madera.

Agregue el caldo, los garbanzos y las pasas y llévelo a ebullición. Baje el fuego y cuézalo todo de 25 a 30 minutos, removiendo y probando de vez en cuando, hasta que espese. Añada más caldo si fuera necesario.

Sale al gusto. Sirva el curry con arroz integral, quinoa o lentejas rojas.

MALASIA

CURRY DE YACA

Preparación: 20 minutos, más 4 horas en remojo
Cocción: 25 minutos

Para 4 personas

- 1 kg de yaca tierna pelada y en rodajas de 5 × 5 × 4 cm
- 2 cdas. de aceite vegetal
- 1 cda. de semillas de cilantro
- 4 dientes de ajo picados
- 10 chalotas pequeñas en rodajas
- 2 cdas. de anacardos crudos
- 960 ml de leche de coco
- 10 hojas de curry
- 10 hojas de lima
- 4 hojas de laurel
- 240 ml de crema de coco
- 1 cdta. de azúcar extrafino
- 2 cdas. de cilantro picado
- arroz basmati cocido, para servir

Ponga las rodajas de yaca en remojo en un bol con agua fría y refrigérelas durante 4 horas.

Caliente el aceite vegetal en una olla a fuego medio. Eche las semillas de cilantro, el ajo y las chalotas y sofríalos durante 3 minutos hasta que desprendan su aroma. Añada los anacardos y sofríalos otros 3 minutos. Vierta la leche de coco y llévela a ebullición.

Escurra las rodajas de yaca y añádalas a la olla junto con las hojas de curry, lima y laurel. Mézclelo todo bien y cuézalo a fuego lento unos 15 minutos hasta que la yaca esté tierna. Agregue la crema de coco y el azúcar, remueva bien y cuézalo a fuego lento 5 minutos más. Adorne el curry con el cilantro picado y sírvalo de inmediato con arroz.

CURRY DE QUESO Y PATATAS

INDIA

Para preparar el curry, ponga las patatas cocidas en un bol y cháfelas. Agregue los guisantes, las zanahorias, el queso vegano, la cúrcuma, la guindilla y el comino molidos y las guindillas verdes. Sale al gusto y remueva bien. Forme albóndigas con esta mezcla.

En un plato, mezcle la harina con la maicena. Añada las albóndigas de patata y rebócelas.

Mientras, caliente aceite suficiente para freír las albóndigas en un wok, una cazuela honda o una freidora. Forre un plato con papel de cocina. Cuando el aceite esté caliente, introduzca las albóndigas y fríalas durante 6 o 7 minutos hasta que se doren ligeramente. Sáquelas con una espumadera y déjelas escurrir en el plato forrado con papel de cocina. Resérvelas cubiertas con un paño de cocina para que se mantengan calientes.

Para preparar la salsa, vierta el caldo de verduras en una cazuela y llévelo a ebullición. Añada las cebollas y el tomate picado y cuézalos 5 minutos. Páselos a un bol y refrigérelos 15 minutos. Tritúrelos en un robot de cocina o una batidora hasta obtener una pasta homogénea. Sale al gusto.

Caliente el aceite en una cazuela a fuego medio, eche el ajo y sofríalo durante 4 o 5 minutos hasta que se dore ligeramente. Agregue la cúrcuma, el polvo de cinco especias, la guindilla y el cilantro molidos, y salpimiente al gusto. Sofríalo todo 3 o 4 minutos hasta que el aceite se separe de la salsa y se acumule en los bordes de la cazuela. Añada la pasta de tomate y cebolla y sofríala 3 o 4 minutos. Agregue las albóndigas de patata reservadas y la nata de soja y cuézalas a fuego lento 2 o 3 minutos. Remuévalas con cuidado.

Retire la cazuela del fuego. Adorne el curry con el cilantro o el perejil picado y sírvalo con brotes de soja.

Preparación: 25 minutos
Cocción: 50 minutos,
más 15 minutos para refrigerar

Para 4 personas

Para el curry:
- 500 g de patatas cocidas
- 140 g de guisantes descongelados
- 140 g de zanahorias en dados cocidas
- 100 g de queso vegano rallado
- 1 cdta. de cúrcuma molida
- 1 cdta. de guindilla molida
- 1 cdta. de comino molido
- 2 cdtas. de guindillas verdes despepitadas y picadas
- sal
- 65 g de maicena
- 65 g de harina común
- aceite vegetal, para freír
- cilantro o perejil picado, para adornar
- 250 g de brotes de soja, para servir

Para la salsa:
- 120 ml de caldo de verduras
- 2 cebollas picadas
- 4 tomates picados
- 3 cdas. de aceite vegetal
- 1 cda. de ajo rallado
- 1 cdta. de cúrcuma molida
- 1 cdta. de polvo de cinco especias
- 1 cdta. de guindilla molida
- 1 cda. de cilantro molido
- sal y pimienta blanca recién molida
- 240 ml de nata de soja

SURINAM

PATATAS MASALA

Preparación: 20 minutos
Cocción: 25 minutos

Para 4 personas

- 2 cdas. de aceite de girasol o de maíz
- 1 cebolla en dados
- 2 dientes de ajo picados finos
- 1 cda. de garam masala
- 500 g de patatas en cuartos
- 870 ml de leche de coco
- 450 g de garbanzos en conserva escurridos
- sal y pimienta negra recién molida
- arroz basmati o jazmín cocido, para servir

Caliente el aceite en una sartén a fuego medio. Eche la cebolla y el ajo y sofríalos, sin dejar de remover, 4 o 5 minutos hasta que se doren.

Añada el garam masala y remueva para que la cebolla y el ajo se impregnen bien. Agregue las patatas de inmediato y cúbralas con la leche de coco. Cuézalas a fuego medio unos 15 minutos hasta que estén tiernas. Eche los garbanzos, baje el fuego y cuézalo 3 o 4 minutos más.

Salpimiente al gusto y sírvalo con arroz basmati o jazmín.

PATATAS MASALA

YIBUTI

CURRY DE COCO Y TOFU

Preparación: 20 minutos
Cocción: 30 minutos

Para 4 personas

- 4 cdas. de aceite de oliva
- 4 dientes de ajo picados
- 1 cebolla picada fina
- 500 g de tofu firme en dados
- 475 ml de leche de coco
- 1 cda. de comino molido
- 1 cda. de curry amarillo en polvo
- 1½ cdtas. de jengibre fresco rallado
- 1 cdta. de guindilla verde despepitada y picada
- 1 cda. de pasta de pimiento rojo o pimentón
- sal y pimienta negra recién molida
- 1,4 litros de pasta de tomate
- 240 g de guisantes descongelados
- 3 zanahorias ralladas finas
- arroz basmati u otro arroz de grano largo cocido o pan naan de ajo, para servir

Caliente el aceite de oliva en una olla a fuego medio. Eche el ajo, la cebolla y el tofu. Tape la olla y sofríalos, removiendo de vez en cuando, unos 8 minutos hasta que el tofu y la cebolla se doren.

Añada la leche de coco, el comino, el curry, el jengibre, la guindilla y la pasta de pimiento rojo o pimentón y salpimiente al gusto. Llévelo a ebullición. Agregue la pasta de tomate, los guisantes y la zanahoria. Cuézalo todo, tapado, unos 30 minutos, removiendo de vez en cuando, hasta que la salsa se reduzca a un cuarto.

Sirva el curry con arroz o pan naan de ajo.

NÍGER

ESPINACAS AL CURRY CON CREMA DE CACAHUETES

Preparación: 30 minutos
Cocción: 25 minutos

Para 4 personas

- 240 ml de leche de coco
- 1 cda. de crema de cacahuetes
- 4 cdas. de margarina vegetal
- 1 cebolla picada
- 1 tomate grande en dados
- 2 cdtas. de curry en polvo
- 1 kg de hojas de espinaca picadas
- sal y pimienta negra recién molida
- arroz de grano largo cocido, para servir

Caliente la leche de coco en una cazuela a fuego lento y llévela a ebullición. Agregue la crema de cacahuetes y remueva hasta obtener una pasta compacta. Resérvela.

Caliente la margarina vegetal en una olla a fuego medio. Eche la cebolla, el tomate y el curry en polvo y sofríalos unos 5 minutos hasta que la cebolla esté tierna. Añada las espinacas y rehóguelas unos 10 minutos a fuego lento.

Agregue la mezcla de crema de cacahuetes y leche de coco. Cuézalo todo a fuego lento de 5 a 8 minutos, sin dejar de remover, con cuidado de que no se pegue al fondo. Salpimiente al gusto y sírvalo con arroz.

CURRY DE BERENJENAS Y YOGUR

PAKISTÁN

Precaliente el horno a 190 °C.

Envuelva las berenjenas en papel de aluminio y hornéelas 10 minutos hasta que estén tiernas. Déjelas enfriar, pélelas y cháfelas. Resérvelas.

Caliente el aceite en una sartén a fuego medio. Eche la cebolla y sofríala durante 5 o 6 minutos. Añada el ajo y sofríalo 4 minutos hasta que se empiece a dorar. Agregue las berenjenas chafadas, los copos de guindilla roja machacados y el comino molido y salpimiente al gusto. Mezcle todo bien y sofríalo a fuego medio 5 minutos.

Eche el zumo de limón, las guindillas verdes y el cilantro. Añada el yogur y remueva bien. Sírvalo de inmediato con pan naan de ajo.

Preparación: 20 minutos
Cocción: 25 minutos

Para 4 personas

- 2 berenjenas grandes
- 2 cdas. de aceite de oliva o vegetal
- 1 cebolla picada
- 1 cda. de ajo picado fino
- 1 cdta. de copos de guindilla roja machacados
- 1 cdta. de comino molido
- sal y pimienta negra recién molida
- 2 cdas. de zumo de limón recién exprimido
- 2 guindillas verdes despepitadas y picadas
- 30 g de cilantro picado
- 240 g de yogur vegano sin azúcar
- pan naan de ajo, para servir

CURRY DE BERENJENAS Y TOMATES

PAKISTÁN

Cubra el fondo de una olla con aceite y caliéntelo a fuego medio. Eche la cebolla, las guindillas y las semillas de comino y sofríalos, sin dejar de remover, unos 4 o 5 minutos hasta que la cebolla se dore.

Añada el tomate, el ajo, el jengibre, el curry en polvo, la guindilla o pimienta de Cayena en polvo, la cúrcuma y el cilantro y salpimiente al gusto. Agregue las berenjenas y sofríalo todo 2 minutos, sin dejar de remover. Tape la cazuela y cuézalo unos 8 minutos hasta que las berenjenas estén tiernas.

Adorne el curry con las hojas de cilantro y sírvalo con arroz basmati o jazmín.

Preparación: 20 minutos
Cocción: 15 minutos

Para 4 personas

- aceite vegetal, para freír
- 280 g de cebolla picada
- 2 guindillas verdes despepitadas y picadas finas
- 1 cdta. de semillas de comino
- 400 g de tomates picados
- 2 dientes de ajo picados finos
- 1 cda. de jengibre fresco rallado
- 1 cda. de curry amarillo en polvo
- 1 cdta. de guindilla o pimienta de Cayena molida
- 1 cdta. de cúrcuma molida
- ¼ de cdta. de cilantro molido
- sal y pimienta negra recién molida
- 500 g de berenjenas en dados
- 30 g de hojas de cilantro
- arroz basmati o jazmín cocido, para servir

RUANDA

CURRY DE FRUTAS

Preparación: 30 minutos
Cocción: 20 minutos

Para 4 personas

- 2 cdas. de aceite vegetal
- 350 g de manzanas ácidas como Granny Smith peladas, descorazonadas y picadas
- 140 g de cebolla amarilla picada
- 2 cdtas. de curry en polvo
- 120 g de pasas
- 120 g de orejones de albaricoque picados
- 60 g de cacahuetes tostados
- sal y pimienta negra recién molida
- arroz glutinoso, arborio o carnaroli cocido en leche de coco, para servir

Caliente el aceite en una sartén a fuego medio. Añada las manzanas y la cebolla y sofríalas, removiendo con frecuencia, 6 o 7 minutos hasta que la cebolla esté translúcida. Añada el curry en polvo, 2 cucharadas de agua, las pasas, los orejones y los cacahuetes y salpimiente al gusto. Remueva para que se mezcle todo y rehóguelo a fuego lento 12 minutos.

Sírvalo templado o frío con arroz glutinoso, arborio o carnaroli cocido en leche de coco.

CURRY DE FRUTAS

COL KALE AL CURRY PANANG

Preparación: 45 minutos
Cocción: 1 hora y 30 minutos

Para 4 personas

Para la pasta de curry Panang:

- 12 guindillas rojas thai pequeñas, secas, limpias y despepitadas
- 1 cda. de semillas de cilantro
- 1 cdta. de semillas de comino
- 1 cdta. de pimienta negra recién molida
- 3 tallos de citronela picados finos
- 30 g de tallos y hojas de cilantro picados gruesos
- 40 g de chalotas picadas
- 2 dientes de ajo picados gruesos
- 1 cda. de galanga picada gruesa
- 1 cdta. de ralladura fina de lima
- 1 cdta. de sal

Para el curry:

- 240 ml de leche o crema de coco sin azúcar
- 1 cdta. de salsa tamari o de soja ligera
- 1 cda. de azúcar moreno
- 1 cdta. de jengibre fresco rallado fino
- 240 ml de caldo de verduras
- 65 g de brotes de bambú en rodajas
- 75 g de castañas de agua
- 60 g de setas shiitake limpias y en cuartos
- 2 guindillas rojas thai frescas pequeñas y picadas
- 70 g de guisantes congelados
- 2 cebolletas limpias y en rodajas
- 210 g de col kale en juliana
- 250 g de tofu firme en dados
- 60 g de cacahuetes salados tostados y picados gruesos
- 30 g de hojas de cilantro en juliana, para adornar
- el zumo de ½ lima
- arroz jazmín o basmati cocido, para servir

Para preparar la pasta de curry Panang, machaque las guindillas en trozos grandes y póngalas en un bol. Cúbralas con agua templada y déjelas reposar 30 minutos para que se reblandezcan.

Caliente una sartén pequeña a fuego medio, eche las semillas de cilantro y tuéstelas, sin dejar de remover, 2 o 3 minutos hasta que adquieran un color oscuro. Resérvelas en un bol. Tueste las semillas de comino en la misma sartén durante 1 o 2 minutos. Mezcle los dos tipos de semillas en un mortero y macháquelas (o tritúrelas en un robot de cocina). Agregue la pimienta negra y remueva bien.

Escurra las guindillas remojadas. En un robot de cocina o una batidora, tritúrelas junto con la mezcla de cilantro, comino y pimienta, la citronela, los tallos y las hojas de cilantro, la chalota, el ajo, la galanga, la ralladura de lima y la sal hasta obtener una pasta. Vierta un poco de agua, si fuera necesario, para lograr una consistencia fina. Resérvela.

Para preparar el curry, remueva la leche o la crema de coco. Pase la mitad a un wok o una cazuela. Llévela a ebullición a fuego medio, baje el fuego y cuézala unos 10 minutos, removiendo de vez en cuando, hasta que espese. Añada pasta de curry al gusto (unas 2 cucharadas) y llévelo a ebullición a fuego medio 3 o 4 minutos, removiendo para que la pasta se mezcle.

Vierta la leche o la crema de coco restante y llévelo a ebullición de nuevo. Cuézalo a fuego medio 10 minutos hasta que empiece a espesar. Eche la salsa tamari o de soja, el azúcar y el jengibre, y remueva bien para que se mezclen. Vierta el caldo de verduras y cuézalo unos 7 minutos. Añada los brotes de bambú y las castañas de agua y cuézalo otros 10 minutos. Agregue las setas shiitake, las guindillas y los guisantes y cuézalo 5 minutos. Añada las cebolletas y la col kale, cuézalo 2 o 3 minutos y baje el fuego. Eche el tofu y los cacahuetes tostados y prosiga con la cocción 2 o 3 minutos más.

Retire la cazuela del fuego y añada las hojas de cilantro y el zumo de lima. Remueva bien y sirva el curry de inmediato con arroz jazmín o basmati.

CURRY DE ALUBIAS ROJAS Y COCO

CHAD

Lave y escurra las alubias. Llene una olla con agua suficiente como para cubrirlas y llévela a ebullición. Agregue las alubias y cuézalas a fuego lento durante 1 hora hasta que estén tiernas. Escúrralas y resérvelas.

Caliente el aceite vegetal en una olla a fuego medio. Eche la cebolla y sofríala 3 o 4 minutos hasta que se dore. Añada el tomate y sofríalo unos 4 o 5 minutos. Agregue la leche de coco, el cardamomo, el ajo, el curry en polvo y la guindilla y sale al gusto. Remueva bien para que se mezclen todos los ingredientes y llévelo a ebullición. Cuézalo durante 20 minutos a fuego lento.

Pase el curry a una fuente, adórnelo con el cilantro y sírvalo con arroz basmati o jazmín.

Preparación: 25 minutos
Cocción: 1 hora y 30 minutos

Para 4 personas

- 400 g de alubias rojas secas remojadas en agua toda la noche
- 2 cdas. de aceite vegetal
- 2 cebollas rojas picadas
- 2 tomates picados
- 475 ml de leche de coco
- 1 cdta. de cardamomo molido
- 2 dientes de ajo picados
- 1 cda. de curry amarillo en polvo
- 1 guindilla verde despepitada y picada fina
- sal
- 2 cdas. de cilantro picado, para adornar
- arroz basmati o jazmín cocido, para servir

SETAS Y ANACARDOS MASALA

INDIA

Caliente el aceite en una olla a fuego medio, eche la cebolla y sofríala 4 o 5 minutos hasta que se doren. Agregue los anacardos y sofríalos unos 3 o 4 minutos hasta que adquieran color. Añada el garam masala, remueva bien y sofríalo otros 2 minutos. Eche las patatas, el jengibre, el ajo y los copos de guindilla roja machacados y sofríalos 5 minutos a fuego medio. Añada las setas, el tomate, las guindillas verdes, la sal al gusto y la pimienta negra y sofríalos durante 3 minutos, removiendo con frecuencia.

Vierta el caldo de verduras, tape la olla y baje el fuego. Cuézalo todo 15 minutos hasta que las patatas estén tiernas.

Páselo a una fuente, adórnelo con el cilantro picado y sírvalo con arroz o pan naan templado.

Preparación: 30 minutos
Cocción: 35 minutos

Para 4 personas

- 120 ml de aceite de oliva
- 3 cebollas picadas
- 240 g de anacardos crudos
- 1 cda. de garam masala
- 2 patatas picadas
- 2 cdtas. de jengibre fresco rallado fino
- 2 dientes de ajo picados finos
- 1 cdta. de copos de guindilla roja machacados
- 150 g de champiñones o setas shiitake en rodajas
- 3 tomates picados
- 2 guindillas verdes despepitadas y picadas
- sal
- 1 cdta. de pimienta negra recién molida
- 120 ml de caldo de verduras
- 2 cdas. de cilantro picado, para adornar
- arroz blanco cocido o pan naan templado, para servir

YEMEN

CURRY DE REPOLLO, PATATAS Y ZANAHORIAS

Preparación: 25 minutos
Cocción: 30 minutos

Para 4 personas

- 4 cdas. de aceite de oliva
- 1 repollo blanco sin el tallo y picado
- 2 patatas en rodajas
- 2 zanahorias grandes en rodajas
- 1 cebolla picada
- 3 dientes de ajo picados finos
- 1 cdta. de cúrcuma molida
- 1 cdta. de curry en polvo
- 240 ml de caldo de verduras
- sal
- arroz de grano largo cocido o pan naan templado, para servir

Precaliente el horno a 180 °C.

Caliente 2 cucharadas de aceite en una sartén grande a fuego medio. Agregue el repollo y sofríalo 4 o 5 minutos hasta que reduzca su volumen. Páselo a un bol y resérvelo.

Ponga de nuevo la sartén al fuego y eche las patatas en el aceite caliente que quede. Fríalas a fuego medio de 10 a 12 minutos, removiendo de vez en cuando, hasta que estén medio hechas pero doradas. Páselas a un bol y resérvelas. Repita la operación con las rodajas de zanahoria.

Caliente el aceite restante en la misma sartén a fuego medio. Agregue la cebolla y el ajo y sofríalos 4 o 5 minutos hasta que se doren. Añada la cúrcuma, el curry en polvo y 4 cucharadas del caldo para evitar que las especias se quemen. Llévelo a ebullición a fuego lento, eche el repollo, las patatas y las zanahorias y rehóguelo unos 6 o 7 minutos hasta que las verduras estén tiernas.

Pase el curry a una fuente refractaria. Vierta el caldo restante, sale al gusto y hornéelo hasta que la salsa se reduzca a la mitad y las verduras estén hechas. Sírvalo con arroz de grano largo o pan naan templado.

NUEVA CALEDONIA

CURRY DE PLÁTANOS MACHO

Preparación: 30 minutos
Cocción: 40 minutos

Para 4 personas

- 2 cdas. de margarina vegetal
- 1 cebolla picada
- 2 dientes de ajo picados
- 1 cda. de jengibre fresco rallado
- 2 guindillas verdes despepitadas y picadas finas
- 1 cda. de curry en polvo
- 240 ml de crema de coco
- 240 ml de caldo de verduras
- 2 plátanos macho
- 120 ml de zumo de limón o lima recién exprimido
- sal y pimienta negra recién molida
- arroz basmati cocido, para servir

Funda la margarina vegetal en una olla a fuego lento. Eche la cebolla, el ajo y el jengibre y rehóguelos 4 o 5 minutos hasta que empiecen a dorarse. Agregue las guindillas y el curry en polvo, suba el fuego y sofríalos unos 5 minutos hasta que la mezcla empiece a dorarse. Añada la crema de coco y el caldo de verduras, llévelo a ebullición y baje el fuego.

Pele los plátanos, córtelos en rodajas y échelos en la olla. Prosiga con la cocción a fuego lento unos 30 minutos, removiendo de vez en cuando. Agregue el zumo de limón o de lima y salpimiente al gusto. Sirva el curry con arroz basmati.

CURRY DE SETAS

PAKISTÁN

Caliente el aceite en una sartén grande a fuego medio. Eche la cebolla, el tomate, el ajo, el jengibre, el curry en polvo, el cilantro y la cúrcuma y remueva bien. Sofríalos 8 minutos hasta que la cebolla esté translúcida. Añada las setas y sofríalas unos 4 o 5 minutos hasta que estén blandas.

Vierta el caldo de verduras y cuézalo todo 5 minutos. Agregue la guindilla molida, los copos de guindilla roja machacados y las guindillas verdes. Remueva bien. Añada el yogur de soja y remueva hasta que se mezcle ligeramente. Vierta el zumo de limón y cuézalo 4 minutos más. Pase el curry a una fuente y adórnelo con el cilantro. Sírvalo con pan chapati, roti, de pita o naan de ajo.

Preparación: 30 minutos
Cocción: 25 minutos

Para 4 personas

- 3 cdas. de aceite de oliva
- 5 cebollas picadas
- 3 tomates picados
- 3 dientes de ajo picados finos
- 1 cda. de jengibre fresco rallado fino
- 1 cdta. de curry amarillo en polvo
- 1 cdta. de cilantro molido
- 1 cdta. de cúrcuma molida
- 1 kg de champiñones o setas shiitake limpias y en rodajas
- 120 ml de caldo de verduras
- 1 cdta. de guindilla molida
- 1 cdta. de copos de guindilla roja machacados
- 2 guindillas verdes despepitadas y picadas
- 240 g de yogur de soja sin azúcar
- el zumo de 2 limones
- 15 g de cilantro picado
- pan chapati, roti, de pita o naan de ajo, para servir

CURRY DE JALAPEÑOS

PAKISTÁN

Caliente 2 cucharadas de aceite en un wok o una cazuela honda a fuego medio. Añada los jalapeños y sofríalos 3 o 4 minutos hasta que empiecen a ablandarse. Resérvelos.

En un robot de cocina o una batidora, triture la cebolla, el ajo y el jengibre hasta obtener una pasta fina. Resérvela en un bol.

Triture también las semillas de sésamo, los cacahuetes tostados, la guindilla roja y el coco rallado en un robot de cocina o una batidora hasta obtener una pasta homogénea.

Caliente el aceite restante en una cazuela a fuego medio. Eche el polvo de cinco especias y sofríalo 1 minuto. Añada las hojas de curry y la pasta de cebolla, ajo y jengibre y sofríalo todo 4 o 5 minutos hasta que la pasta se dore. Agregue la cúrcuma y el cilantro y remueva bien. Añada la pasta de sésamo, cacahuetes, guindilla y coco, vuelva a remover y sofríalo 2 o 3 minutos más.

Vierta el caldo de verduras y llévelo a ebullición. Baje el fuego y cuézalo durante 10 minutos hasta que la salsa empiece a espesar. Añada la pulpa de tamarindo y los jalapeños y sale al gusto. Baje el fuego y cuézalos unos 10 minutos hasta que estén hechos.

Sirva el curry con arroz salvaje o pan naan templado.

Preparación: 20 minutos
Cocción: 25 minutos

Para 4 personas

- 4 cdas. de aceite vegetal
- 4 chiles jalapeños verdes grandes limpios y cortados por la mitad a lo largo
- 1 cebolla grande picada
- 4 dientes de ajo picados
- 2 cdas. de jengibre fresco rallado
- 2 cdas. de semillas de sésamo
- 120 g de cacahuetes tostados
- 1 guindilla roja despepitada y picada fina
- 1 cda. de coco rallado
- 1 cdta. de polvo de cinco especias
- 8 hojas de curry
- 1 cdta. de cúrcuma molida
- 1 cdta. de cilantro molido
- 350 ml de caldo de verduras
- 2 cdas. de pulpa de tamarindo
- sal
- arroz salvaje cocido o pan naan templado, para servir

INDIA

CURRY DE BERENJENAS AL ESTILO DEL NORTE DE LA INDIA

Preparación: 30 minutos
Cocción: 1 hora y 5 minutos

Para 4 personas

- 4 cdas. de aceite de oliva
- 500 g de berenjenas en dados grandes
- 2 cebollas picadas
- 1 cdta. de jengibre fresco rallado fino
- 2 dientes de ajo picados finos
- 1 cdta. de canela molida
- 250 g de tomates en dados
- 6 cdas. de caldo de verduras
- 250 g de garbanzos en conserva escurridos
- sal y pimienta negra recién molida
- arroz basmati u otro arroz de grano largo cocido, para servir

Caliente 2 cucharadas de aceite en una olla antiadherente a fuego medio. Eche la berenjena y saltéela de 10 a 12 minutos hasta que se dore ligeramente y esté crujiente pero tierna. Retírela de la olla y resérvela.

Caliente el aceite restante en la misma olla a fuego medio-alto. Eche la cebolla y saltéela de 6 a 8 minutos hasta que se dore ligeramente. Añada el jengibre, el ajo y la canela, baje el fuego y sofríalos 4 o 5 minutos.

Agregue la berenjena salteada junto con el tomate, el caldo y los garbanzos y llévelo a ebullición. Baje el fuego, tape la olla y cuézalo todo 30 minutos. Retire la tapa y prosiga con la cocción 10 minutos más. Si la mezcla quedara demasiado espesa, añada un poco de agua. Salpimiente al gusto.

Sirva el curry con arroz basmati u otro arroz de grano largo.

PAKISTÁN

CURRY DE OCRAS

Preparación: 1 hora y 5 minutos
Cocción: 20 minutos

Para 4 personas

- 480 g de ocras (quingombó o dedos de dama)
- 2 cdtas. de cúrcuma molida
- 2 cdtas. de guindilla molida
- 2 cdtas. de sal, y un poco más para sazonar
- 3 cdas. de aceite vegetal
- 3 cebollas en rodajas
- 1 cda. de curry amarillo en polvo
- 1 cdta. de ajo picado fino
- 1 cdta. de jengibre fresco rallado
- pimienta negra recién molida
- el zumo de 1 limón
- 1 puñado de hojas de cilantro picadas, para adornar

Corte las ocras a lo ancho en rodajas finas y páselas a un bol. Agregue la cúrcuma, la guindilla molida y la sal y remueva para que se impregnen. Refrigérelas durante 1 hora.

Caliente el aceite en una sartén a fuego medio. Eche las cebollas y sofríalas 4 o 5 minutos hasta que se doren. Añada las rodajas de ocra y sofríalas otros 6 o 7 minutos hasta que se doren y esté crujientes. Agregue el curry en polvo y remueva para que se impregnen bien. Añada el ajo y el jengibre y sofríalo todo 5 minutos más, removiendo con frecuencia, hasta que la salsa empiece a espesar. Salpimiente al gusto. Pase el curry a una fuente, vierta el zumo de limón por encima y adórnelo con el cilantro antes de servirlo.

CURRY DE PATATAS Y COLIFLOR

BANGLADÉS

Caliente el aceite vegetal en una sartén grande a fuego lento. Eche la cebolla y el ajo y rehóguelos 4 o 5 minutos hasta que se doren. Añada las patatas, suba el fuego y sofríalas 7 u 8 minutos hasta que se empiecen a dorar. Vierta la leche de coco y llévela a ebullición. Baje el fuego y agregue las semillas de mostaza, la cúrcuma, el curry en polvo, los tomates y la guindilla. Remueva para que se mezclen y cuézalos 3 o 4 minutos. Añada la coliflor y cuézalo todo a fuego muy lento 20 minutos, hasta que las patatas estén hechas.

Salpimiente al gusto. Adorne el curry con los copos de coco y sírvalo con arroz salvaje o integral.

Preparación: 30 minutos
Cocción: 35 minutos

Para 4 personas

- 2 cdas. de aceite vegetal
- 1 cebolla picada
- 2 dientes de ajo picados finos
- 500 g de patatas en rodajas
- 240 ml de leche de coco
- 2 cdtas. de semillas de mostaza molidas
- 1 cdta. de cúrcuma molida
- 1 cda. de curry amarillo en polvo
- 2 tomates en cuartos
- 1 guindilla verde despepitada y picada fina
- 500 g de ramitos de coliflor sin los tallos
- sal y pimienta blanca recién molida
- 125 g de copos de coco secados al sol, para adornar
- arroz salvaje o integral cocido, para servir

CURRY DE TOFU

JAPÓN

Caliente el aceite vegetal en una sartén de fondo grueso a fuego medio-alto. Eche los dados de tofu y saltéelos 6 o 7 minutos hasta que se doren por todos los lados. Resérvelos en un bol y deje el aceite en la sartén.

Añada el ajo y el jengibre y saltéelos 7 u 8 minutos hasta que crepiten y se doren. Agregue las cebollas y remueva para que se impregnen bien. Tape la sartén y rehóguelas a fuego lento 8 minutos hasta que estén translúcidas. Eche el curry en polvo y rehóguelo 5 o 6 minutos hasta que desprenda su aroma. Añada el caldo, las zanahorias, las patatas, la manzana rallada, la salsa chuno o chutney, la pasta de tomate, el cacao en polvo y las hojas de laurel. Llévelo a ebullición y baje el fuego de inmediato. Tape la sartén y cuézalo todo 30 minutos hasta que las zanahorias y las patatas estén tiernas. Retire la sartén del fuego.

Funda a fuego medio-bajo la margarina vegetal en una cazuela. Espolvoree la harina despacio, sin dejar de remover con una cuchara de madera y cuézala 5 o 6 minutos. Añada esta mezcla a la sartén con las verduras y vuelva a ponerla al fuego. Cueza el curry a fuego lento 5 minutos hasta que la salsa espese.

Salpimiente al gusto y sírvalo con los fideos udon o soba y los guisantes.

Preparación: 25 minutos
Cocción: 1 hora

Para 4 personas

- 1 cda. de aceite vegetal
- 500 g de tofu en dados
- 3 dientes de ajo rallados
- 2 cdas. de jengibre fresco rallado
- 500 g de cebollas en rodajas
- 2 cdas. de curry en polvo
- 710 ml de caldo de verduras
- 500 g de zanahorias en rodajas
- 500 g de patatas en trozos grandes
- 1 manzana pequeña pelada, descorazonada y rallada
- 2 cdas. de salsa chuno o chutney agridulce
- 1 cda. de pasta de tomate
- 1 cdta. de cacao en polvo
- 2 hojas de laurel
- 1 cda. de margarina vegetal
- 1 cda. de harina común
- fideos udon o soba cocidos, para servir
- 140 g de guisantes desgranados cocidos, para servir
- sal y pimienta negra recién molida

INDIA

TOFU Y PANEER TIKKA MASALA

Preparación: 20 minutos
Cocción: 10 minutos

Para 4 personas

- 2 guindillas verdes despepitadas y picadas
- 250 g de tomates en dados
- 2 cdas. de jengibre fresco rallado
- 2 chalotas picadas
- 4 dientes de ajo picados
- 4 cdas. de zumo de lima recién exprimido
- 1 cdta. de pimentón dulce
- 250 g de yogur griego vegano sin azúcar
- 2 cdtas. de comino molido
- 1 cdta. de pimienta de Jamaica molida
- 1 cdta. de guindilla molida
- 3 cdas. de margarina vegetal
- 225 g de tofu firme en dados
- 1 cda. de pasta de tomate
- 500 g de tofu sedoso batido
- sal y pimienta negra recién molida
- 30 g de cilantro picado
- arroz basmati cocido o pan naan templado, para servir

En un robot de cocina o una batidora, triture las guindillas con el tomate, el jengibre, las chalotas, el ajo, el zumo de lima y el pimentón dulce hasta obtener una mezcla homogénea y cremosa. Pásela a un bol, agregue el yogur, el comino, la pimienta de Jamaica y la guindilla molida y remueva bien hasta que se mezclen. Reserve la mezcla.

Caliente la margarina vegetal en una cazuela a fuego medio-bajo. Eche los dados de tofu firme y rehóguelos 4 o 5 minutos hasta que se doren. Agregue la pasta de tomate y llévelo a ebullición. Añada el tofu sedoso y sofríalo todo a fuego medio 3 o 4 minutos. Salpimiente al gusto.

Pase la mezcla de tofu a un bol y cúbrala con la mezcla de yogur. Adórnela con el cilantro y sírvala con arroz basmati o pan naan templado.

PAKISTÁN

ESTOFADO DE VERDURAS EN CURRY DE CÚRCUMA

Preparación: 30 minutos
Cocción: 35 minutos

Para 4 personas

- 5 cdas. de aceite vegetal
- 2 cebollas picadas
- 2 cdtas. de jengibre fresco rallado
- 1 diente de ajo picado fino
- 2 tomates picados
- 1 kg de calabaza de invierno pelada y en dados
- 1 cdta. de cilantro molido
- 1 cdta. de copos de guindilla roja machacados
- 1 cda. de cúrcuma fresca rallada
- 1 cdta. de semillas de fenogreco
- 125 g de cilantro picado
- arroz basmati u otro arroz de grano largo cocido, para servir

Caliente el aceite vegetal en una cazuela a fuego medio. Eche la cebolla y sofríala 5 o 6 minutos hasta que se dore. Añada el jengibre y el ajo y sofríalos a fuego medio 3 o 4 minutos hasta que se doren ligeramente. Agregue el tomate y llévelo a ebullición. Añada la calabaza y el cilantro molido y sofríalo todo a fuego medio 10 minutos hasta que la calabaza esté tierna pero firme.

Agregue los copos de guindilla roja machacados, la cúrcuma y las semillas de fenogreco y remueva bien. Cueza el curry a fuego lento durante 15 minutos.

Páselo a un bol, adórnelo con el cilantro y sírvalo con arroz basmati u otro arroz de grano largo.

CURRY DE TOFU, NARANJA Y MANDARINA

BUTÁN

Funda a fuego medio la margarina vegetal en una sartén grande. Eche las cebollas y sofríalas 5 o 6 minutos hasta que se doren. Baje el fuego, añada el ajo y el jengibre y rehóguelos 5 minutos, sin dejar de remover, hasta que el ajo se empiece a dorar. Agregue las guindillas y el tomate, tape la sartén y rehóguelos unos 5 minutos a fuego lento hasta que el tomate esté tierno. Vierta el zumo de naranja y remueva bien. Llévelo a ebullición y añada el caldo. Cuézalo todo a fuego lento 3 o 4 minutos. Añada los gajos de mandarina, vuelva a tapar la sartén y cuézalo otros 3 o 4 minutos más. Sale al gusto y añada la pimienta de Sichuan. Reserve la salsa.

Caliente el aceite vegetal en una cazuela a fuego medio-alto. Agregue los dados de tofu y sofríalos unos 5 o 6 minutos hasta que se doren por todos los lados.

Pase el tofu a una fuente, nápelo con la salsa y adórnelo con el cilantro. Sírvalo con arroz basmati.

Preparación: 25 minutos
Cocción: 30 minutos

Para 4 personas

- 4 cdas. de margarina vegetal
- 2 cebollas amarillas en rodajas
- 6 dientes de ajo picados finos
- 2 cdas. de jengibre fresco rallado
- 2 guindillas rojas despepitadas y picadas finas
- 1 tomate grande en dados
- 120 ml de zumo de naranja recién exprimido
- 240 ml de caldo de verduras
- 2 mandarinas peladas y separadas en gajos
- sal
- 1 cdta. de pimienta de Sichuan molida
- 2 cdas. de aceite vegetal
- 1 kg de tofu firme en dados
- 1 cda. de cilantro picado, para adornar
- arroz basmati cocido, para servir

CURRY AMARILLO AGRIDULCE

SUDÁFRICA

Precaliente el horno a 200 °C.

Caliente el aceite en una olla a fuego medio, eche la cebolla y sofríala 5 o 6 minutos hasta que esté translúcida. Agregue el curry en polvo y el jengibre, sazone al gusto con sal, pimienta negra recién molida y guindilla molida y sofríalos 2 o 3 minutos. Añada el zumo de limón, la mermelada o los orejones, las pasas, el chutney y la levadura nutricional y cuézalos a fuego lento 4 o 5 minutos hasta que se mezclen. Agregue el pan y las verduras.

Pase la mezcla a una fuente refractaria y vierta la leche de coco por encima. Cúbrala con papel de aluminio y hornéela 30 minutos hasta que las verduras estén tiernas. Sirva el curry con arroz blanco o integral.

Preparación: 25 minutos
Cocción: 40 minutos

Para 4 personas

- 1 cda. de aceite vegetal
- 1 cebolla picada
- 2 cdas. de curry amarillo en polvo
- 1 cda. de jengibre fresco rallado
- sal y pimienta negra recién molida
- guindilla molida
- 2 cdas. de zumo de limón recién exprimido
- 1 cda. de mermelada de albaricoque u orejones picados
- 2 cdas. de pasas
- 2 cdas. de chutney de piña
- 1 cda. de levadura nutricional
- 4 rebanadas de pan remojadas en caldo de verduras o agua y chafadas
- 225 g de patatas en rodajas
- 150 g de nabos pelados y en rodajas
- 75 g de zanahorias en rodajas
- 70 g de col kale picada
- 140 g de guisantes
- 475 ml de leche de coco
- arroz blanco o integral cocido, para servir

ARGELIA

CAZUELA DE VERDURAS

Preparación: 25 minutos
Cocción: 45 minutos

Para 4 personas

- 2 cdas. de aceite de oliva
- 1 cebolla pequeña en daditos
- 60 g de perejil picado fino
- 6 dientes de ajo picados finos
- 2½ cdtas. de pimentón dulce o ahumado
- 475 ml de caldo de verduras
- 3 zanahorias en dados
- 200 g de patatas en dados
- 190 g de calabacín pelado y en dados
- 300 g de berenjenas en dados
- 200 g de judías verdes en trozos de 2,5 cm
- 240 g de habas frescas con la vaina, sin hebras y en trozos de 2,5 cm
- sal y pimienta negra recién molida
- pimienta de Cayena
- cuscús de grano medio cocido, para servir
- harissa, para servir

Caliente el aceite de oliva en una olla antiadherente a fuego medio. Eche la cebolla y sofríala, sin dejar de remover, 5 o 6 minutos hasta que se dore. Añada tres cuartos del perejil, tres cuartos del ajo, el pimentón y 1 cucharada de agua y remueva para que se mezclen. Agregue el caldo, la zanahoria y las patatas. Tape la olla y cuézalas unos 10 minutos hasta que las zanahorias estén tiernas.

Añada el calabacín, la berenjena, las judías verdes y las habas frescas. Tape de nuevo la olla y cuézalo todo de 25 a 30 minutos hasta que las verduras estén tiernas.

Sazone al gusto con sal, pimienta negra recién molida y pimienta de Cayena y esparza el perejil y el ajo picados restantes por encima. Sirva las verduras con cuscús y harissa.

INDONESIA

ESTOFADO DE BERENJENAS

Preparación: 20 minutos
Cocción: 15 minutos

Para 4 personas

- 4 cdas. de aceite vegetal
- 450 g de berenjenas cortadas por la mitad y en rodajas de 2,5 cm de grosor
- 1 cda. de chalotas picadas finas
- 1 diente de ajo picado fino
- 1 cda. de salsa tamari o de soja dulce
- 1 cdta. de vinagre blanco
- 1 cdta. de azúcar
- ½ cdta. de nuez moscada molida
- ½ cdta. de sal
- ½ cdta. de pimienta negra recién molida
- arroz basmati o jazmín cocido, para servir

Caliente el aceite en una sartén a fuego medio hasta que empiece a burbujear. Añada la berenjena y sofríala unos 2 minutos hasta que se dore por ambos lados y esté tierna. Retírela con una espumadera y déjela escurrir en un plato forrado con papel de cocina. Resérvela.

Eche la chalota y el ajo y sofríalos a fuego medio en el aceite que haya quedado, sin dejar de remover, unos 5 o 6 minutos hasta que se doren. Agregue la salsa tamari o de soja, el vinagre, el azúcar, la nuez moscada, la sal, la pimienta negra y 120 ml de agua y cuézalo todo, removiendo con cuidado, 3 o 4 minutos.

Añada las berenjenas reservadas y cuézalas unos 2 minutos, agitando la sartén un par de veces para que se mezclen. Para no chafar las berenjenas, no las remueva con una cuchara.

Sírvalas calientes o templadas con arroz basmati o jazmín.

ASADO RELLENO DE NUECES

CANADÁ

Para preparar el relleno, funda a fuego medio-bajo la margarina vegetal en una cazuela. Eche la cebolla, el ajo, las nueces, el perejil, el tomillo, el romero y la sal de apio. Rehóguelos, sin dejar de remover, unos 5 minutos hasta que la cebolla esté tierna. Ponga las rebanadas de pan y la manzana en un bol y añada las verduras y las hierbas rehogadas. Agregue el caldo y remueva bien. Resérvelo.

Para preparar la masa, llene una olla con agua, coloque una vaporera dentro y llévela a ebullición a fuego medio.

Triture las judías y el caldo en un robot de cocina o una batidora. Pase la mezcla a un bol y añada la salsa de tomate, la salsa Worcestershire, el sirope de arce, las hierbas aromáticas, el ajo y la sal. Agregue la harina y mézclela con un tenedor hasta que la masa empiece a ligar. Remueva bien con las manos hasta que esté elástica.

Forme una bola con la masa y realice un hueco grande en el centro. Disponga el relleno en el hueco y cúbralo con la masa hasta formar un cilindro. Pellizque con firmeza los bordes para evitar que el relleno se salga durante el horneado. Coloque el cilindro sobre una lámina de papel de aluminio, enróllelo firmemente y doble los extremos del papel como si envolviera un caramelo. Póngalo en la vaporera, tape la olla y cuézalo alrededor de 1 hora y 10 minutos hasta que esté firme pero recupere la forma al presionarlo. Refrigérelo envuelto en el papel de aluminio hasta el momento de hornearlo.

Precaliente el horno a 200 °C. Unte una bandeja de horno con borde con margarina vegetal.

Para preparar el glaseado, ponga en un bol el ajo, el caldo, las hierbas, el sirope de arce, la salsa tamari o de soja y el zumo de limón recién exprimido y bata para que se mezclen.

Retire el papel de aluminio del cilindro de masa y colóquelo en la bandeja. Úntelo con la mitad del glaseado y hornéelo 20 minutos. Retírelo del horno, úntelo con el glaseado restante y hornéelo otros 20 minutos hasta que se dore.

Sírvalo con verduras asadas y salsa de verduras o de cebolla.

Preparación: 50 minutos
Cocción: 1 hora y 50 minutos

Para 4 personas

Para el relleno:
- 1 cda. de margarina vegetal, y un poco más para untar
- 1 cebolla pequeña picada fina
- 1 diente de ajo picado fino
- 100 g de nueces picadas finas
- 1 cda. de perejil picado
- 1 cdta. de hojas de tomillo
- 1 cdta. de romero picado
- 1 cdta. de sal de apio
- 3 rebanadas de pan tostado y picado fino
- 1 manzana pelada, descorazonada y picada fina
- 5 cdas. de caldo de verduras

Para la masa:
- 120 g de judías de Lima (garrofón) cocidas
- 2 cdas. de caldo de verduras
- 60 ml de salsa de tomate
- 1 cda. de salsa Worcestershire
- 1 cda. de sirope de arce
- 1 cda. de hierbas aromáticas secas variadas
- 1 diente de ajo picado fino
- 1 pizca de sal
- 315 g de harina común

Para el glaseado:
- 1 diente de ajo picado fino
- 4 cdas. de caldo de verduras
- 1 cdta. de hierbas aromáticas secas variadas
- 120 ml de sirope de arce
- 1 cda. de salsa tamari o de soja
- 1 cdta. de zumo de limón recién exprimido

Para servir:
- verduras asadas
- salsa de verduras o de cebolla

ESPAÑA

ALCACHOFAS CON ALMENDRAS Y HABAS FRESCAS

Preparación: 45 minutos
Cocción: 35 minutos

Para 4 personas

- 2 cdas. de zumo de limón recién exprimido, y el zumo de 1 limón
- 4 alcachofas grandes
- 2 cdas. de aceite de oliva
- 480 g de habas frescas peladas y cocidas
- 140 g de almendras tostadas
- 30 g de eneldo picado
- sal y pimienta negra recién molida
- 400 g de tomate triturado en conserva

Llene un bol con agua fría y añada 2 cucharadas de zumo de limón. Recorte los tallos de las alcachofas y pélelos con un cuchillo. Deseche las hojas exteriores y reserve las más tiernas. Elimine las partes duras entre el tallo y las hojas. Retire la pelusilla con una cucharilla y corte la parte superior de las hojas. Póngalas en el agua acidulada hasta que las vaya a utilizar.

Escurra las alcachofas y páselas a una sartén.

Mezcle el aceite con el zumo de limón restante y 4 cucharadas de agua en un bol y vierta esta mezcla sobre las alcachofas. Caliéntelas a fuego medio, tape la sartén y cuézalas 20 minutos hasta que estén tiernas pero firmes.

Añada las habas y las almendras, tape la sartén de nuevo y cuézalas 10 minutos más. Agregue la mitad del eneldo y salpimiente al gusto. Pase la mezcla a una fuente.

Ponga el tomate triturado en la sartén y llévelo a ebullición a fuego medio. Eche de nuevo las alcachofas, las habas y las almendras, baje el fuego y cuézalo todo 10 minutos. Rectifique de sal y pimienta si fuera necesario.

Mientras, ponga a hervir una olla con agua con sal. Cueza las hojas de alcachofa reservadas unos 12 minutos hasta que estén tiernas y escúrralas.

Pase la mezcla de alcachofas a una fuente y adórnela con las hojas a modo de flor. Esparza el eneldo restante y sírvalas.

ALCACHOFAS CON ALMENDRAS Y HABAS FRESCAS

ITALIA

POLENTA AL HORNO CON SETAS SHIITAKE

Preparación: 45 minutos
Cocción: 45 minutos

Para 4 personas

- 3 cdas. de margarina vegetal, y un poco más para untar
- 960 ml de caldo de verduras
- 240 g de harina de maíz amarilla
- 240 g de queso vegano rallado, preferiblemente cheddar
- 4 cdas. de aceite de oliva
- 3 dientes de ajo picados finos
- 500 g de setas shiitake frescas

Unte un molde para tartas de 20 cm con margarina vegetal.

Vierta el caldo en una cazuela y llévelo a ebullición a fuego medio. Eche la margarina, deje que se diluya y baje el fuego. Añada la harina de maíz en forma de lluvia y cuézala, sin dejar de remover, durante unos 15 minutos hasta que la polenta espese bien. Agregue despacio la mitad del queso vegano y remueva hasta que se mezcle. Eche la polenta en el molde y déjela enfriar 20 minutos.

Precaliente el horno a 190 °C. Forre una bandeja de horno con papel vegetal.

Corte la polenta en 8 trozos. Colóquelos en la bandeja preparada y esparza el queso restante por encima. Hornéela 20 minutos hasta que el queso se funda y se dore. Resérvela.

Caliente el aceite de oliva en una sartén de fondo grueso a fuego medio hasta que empiece a burbujear. Eche el ajo y sofríalo, sin dejar de remover, unos 2 minutos hasta que se dore ligeramente. Añada las setas y sofríalas, removiendo constantemente, unos 8 o 9 minutos hasta que se doren ligeramente. Sírvalas sobre la polenta horneada en una fuente.

BURUNDI

ALUBIAS ROJAS CON PLÁTANO

Preparación: 30 minutos
Cocción: 1 hora

Para 4 personas

- 480 g de alubias rojas secas
- 2 cdas. de aceite de palma
- 1 cebolla en rodajas
- 4 plátanos verdes o macho
- sal y pimienta negra recién molida
- 960 ml de caldo de verduras
- 1-2 guindillas rojas o verdes, para servir

Ponga las alubias en un bol, cúbralas con agua y déjelas en remojo toda la noche. A la mañana siguiente, escúrralas y páselas a una cazuela. Añada agua hasta cubrir las alubias 1 cm por encima y llévelas a ebullición. Baje el fuego y cuézalas 45 minutos o hasta que estén tiernas. Escúrralas y resérvelas.

Caliente el aceite de palma en una sartén grande a fuego medio. Eche la cebolla y sofríala, sin dejar de remover, unos 5 o 6 minutos hasta que se dore. Mientras, pele los plátanos y córtelos en rodajas. Añada las alubias y el plátano a la sartén y salpimiente al gusto.

Eche el caldo y llévelo a ebullición. Cueza las alubias unos 10 minutos hasta que la salsa se haya reducido a 240 ml. Sírvalas en boles con las guindillas rojas o verdes.

TARTAR DE BERENJENAS Y NUECES TOSTADAS

FRANCIA

Preparación: 35 minutos
Cocción: 30 minutos

Para 4 personas

- 2 berenjenas medianas
- sal y pimienta negra recién molida
- 2 cdas. de aceite de oliva
- 2 dientes de ajo picados finos
- 3 ramitas de tomillo limón
- 2 cdas. de azúcar
- 60 g de pacanas o nueces
- 60 g de almendras blanqueadas
- 2 cdtas. de curry amarillo en polvo
- 3 cdas. de vinagre de jerez
- 3 gotas de salsa picante, como tabasco
- 4 cdas. de nata de soja para montar o queso de anacardos
- pan tostado o nachos, para servir

Corte las berenjenas por la mitad. Corte una de las mitades en rodajas de 2,5 cm y resérvela. Corte la berenjena restante en dados y póngalos en remojo en un bol de agua con sal unos 10 minutos.

Caliente el aceite de oliva en una cazuela antiadherente a fuego medio. Eche el ajo y el tomillo y sofríalos, sin dejar de remover, 4 o 5 minutos hasta que el ajo se empiece a dorar. Escurra bien los dados de berenjena con un paño de cocina y agréguelos a la cazuela junto con el azúcar. Tape la cazuela y sofríalos unos 10 minutos hasta que tomen color.

Mientras, precaliente el horno a 190 °C.

Ponga las pacanas o las nueces y las almendras en una fuente refractaria, vierta 2 cucharadas de agua y sazone al gusto con sal, pimienta negra y curry. Hornéelas unos 5 minutos hasta que el agua se evapore, asegurándose de que no se quemen. Páselas a un plato y resérvelas hasta el momento de servir.

Salpimiente los dados de berenjena al gusto y añada el vinagre y la salsa picante. Páselos a un bol y resérvelos, dejando el aceite que sobre en la sartén.

Eche las rodajas de berenjena reservadas y rehóguelas a fuego medio-bajo unos 6 o 7 minutos hasta que se reblandezcan y se empiecen a dorar. Resérvelas para adornar.

Reparta los dados de berenjena entre 4 platos. En una batidora, bata la nata de soja o el queso de anacardos con una pizca de sal durante 2 o 3 minutos hasta obtener una consistencia cremosa. Distribuya los frutos secos tostados entre los platos y vierta un poco de nata de soja o queso de anacardos por encima. Adorne el tartar con las rodajas de berenjena y sírvalo con pan tostado o nachos.

BAHAMAS

TOFU AL HORNO CON SALSA DE TOMATE

Preparación: 1 hora
Cocción: 45 minutos

Para 4 personas

- 500 g de tofu firme en rodajas de 2,5 cm de grosor
- 500 ml de salsa de tomate
- 2 cdas. de zumo de lima recién exprimido
- 1 cda. de cebolla picada fina
- 1 cdta. de orégano seco
- ½ cdta. de ajo en polvo
- sal y pimienta negra recién molida
- aceite vegetal o aceite en espray, para untar
- 2 cdas. de coco rallado
- albahaca fresca, para adornar
- arroz basmati u otro arroz de grano largo cocido, para servir

Coloque el tofu en un colador sobre un fregadero limpio y ponga un peso encima, como una cazuela de hierro fundido. Déjelo escurrir durante 1 o 2 horas para eliminar toda el agua y prensar el tofu.

Mientras, mezcle en un bol la salsa de tomate con el zumo de lima, la cebolla, el orégano y el ajo en polvo y salpimiente al gusto. Resérvela.

Precaliente el horno a 180 °C. Unte ligeramente un molde refractario de 18 × 28 cm con el aceite vegetal o el aceite en espray.

Vierta un tercio de la salsa en el molde. Ponga las rodajas de tofu encima, añada la salsa restante y esparza el coco rallado por encima. Hornéelo 45 minutos.

Adórnelo con la albahaca y sírvalo con arroz basmati u otro arroz de grano largo.

TOFU AL HORNO CON SALSA DE TOMATE

FILIPINAS

FLORES DE PLÁTANO EN LECHE DE COCO

Preparación: 30 minutos
Cocción: 15 minutos

Para 4 personas

- 2 flores de plátano (frescas o en conserva)
- 2 cdas. de sal, y un poco más para sazonar
- 2 cdas. de aceite vegetal
- 2 dientes de ajo picados finos
- 2 cebollas amarillas en rodajas
- 200 g de tomates en rodajas
- 2 guindillas rojas secas machacadas
- 2 cdas. de vinagre blanco diluidas en 4 cdas. de agua
- pimienta negra recién molida
- 240 ml de leche de coco
- arroz de grano largo o salvaje cocido, para servir

Si utiliza flores de plátano frescas, retire las dos primeras hojas. Corte las flores en rodajas a lo ancho y póngalas en un bol. Eche 2 cucharadas de sal, remueva bien y refrigérelas durante 1 hora. Lávelas bajo un chorro de agua fría y estrújelas para eliminar toda el agua. Resérvelas.

Caliente el aceite en una sartén grande a fuego medio. Eche el ajo y sofríalo, sin dejar de remover, unos 2 minutos hasta que se dore. Añada las cebollas y sofríalas, removiéndolas constantemente, unos 5 o 6 minutos hasta que estén translúcidas. Agregue las rodajas de tomate y la guindilla y sofríalas 3 minutos hasta que estén blandas.

Eche las flores de plátano y el agua diluida en el vinagre y llévelas a ebullición sin remover. Cuézalas unos 3 minutos, salpimiente al gusto y remueva. Prosiga con la cocción 5 o 6 minutos más hasta que estén tiernas. Añada la leche de coco y retire la sartén del fuego. Déjelas reposar unos minutos para que se infusionen.

Sírvalas con arroz de grano largo o salvaje.

FLORES DE PLÁTANO EN LECHE DE COCO

KOSOVO

ALUBIAS BLANCAS CON SETAS Y SEITÁN

Preparación: 20 minutos
Cocción: 15 minutos

Para 4 personas

- 2 cdas. de margarina o aceite vegetal
- 1 cebolla picada
- 2 dientes de ajo picados finos
- 2 cdtas. de pimentón dulce, y un poco más para adornar
- sal y pimienta negra recién molida
- 240 g de champiñones o setas shiitake picadas
- 240 g de seitán o tofu ahumado en dados
- 2 hojas de laurel
- 400 g de alubias blancas cocidas
- 240 ml de caldo de verduras
- 1 cda. de maicena
- 2 cdas. de levadura nutricional
- perejil o cilantro fresco picado, para adornar
- pan, para servir

Caliente la margarina o el aceite en una olla a fuego medio. Eche la cebolla, el ajo y el pimentón y salpimiente al gusto. Sofríalos, sin dejar de remover, 3 o 4 minutos hasta que se doren ligeramente. Añada las setas, el seitán y las hojas de laurel, remueva bien y sofríalos unos 5 minutos, removiendo constantemente, hasta que el seitán se dore.

Agregue las alubias blancas, remueva para que se mezclen y sofríalas 2 o 3 minutos. Vierta tres cuartos del caldo y llévelas a ebullición. Baje el fuego, mantenga el hervor y cuézalas unos 5 minutos, removiendo con frecuencia, hasta que estén calientes.

En un bol, diluya la maicena en el caldo restante e incorpore esta mezcla a la olla junto con la levadura nutricional. Salpimiente al gusto. Cueza las alubias unos 5 minutos, removiendo de vez en cuando.

Adórnelas con perejil o cilantro picado, esparza el pimentón por encima y sírvalas con pan.

RUSIA

REMOLACHA CON CEREZAS

Preparación: 30 minutos
Cocción: 1 hora y 30 minutos

Para 4 personas

- 1 kg de remolacha (unas 8 remolachas) con las hojas cortadas en tiras de 2,5 cm de largo
- 3 cdas. de aceite de oliva
- 270 g de cerezas o arándanos deshidratados
- 300 ml de caldo de verduras
- 2 cdas. de aceite vegetal
- 2 cebollas picadas
- 15 g de cilantro o eneldo picado
- 15 g de perejil picado
- ¼ de cdta. de sal
- pan naan, para servir

Precaliente el horno a 190 °C.

Ponga las remolachas en una fuente refractaria en una sola capa y rocíelas con el aceite de oliva. Hornéelas alrededor de 1 hora hasta que estén tiernas. Déjelas enfriar ligeramente. Límpielas, pélelas y córtelas en rodajas.

Mezcle las cerezas o los arándanos con el caldo en un cazo y llévelas a ebullición. Baje el fuego y cuézalas, sin tapar, unos 20 minutos hasta que estén muy tiernas. Tritúrelas en un robot de cocina o una batidora hasta obtener un puré fino. Resérvelo.

Caliente el aceite vegetal en una sartén grande a fuego medio. Eche las cebollas y sofríalas de 5 a 10 minutos hasta que estén tiernas y translúcidas. Añádalas al puré de cerezas junto con las hojas de remolacha, el cilantro o eneldo, el perejil y la sal. Remueva bien.

Disponga las rodajas de remolacha en una fuente de servir y vierta la salsa de cerezas por encima. Sírvalas templadas o a temperatura ambiente con pan naan.

PASTEL DE TOFU Y CHAMPIÑONES

SUDÁFRICA

Precaliente el horno a 180 °C.

Triture el tofu en un robot de cocina o una batidora hasta que quede cremoso. Páselo a un bol, eche la nata de soja y resérvelo.

Ponga el pan en un bol con la leche de soja y déjelo en remojo.

Caliente el aceite de coco en una sartén grande a fuego medio. Eche la cebolla, el ajo y el curry en polvo y sofríalos 5 o 6 minutos hasta que la cebolla esté translúcida. Añada los champiñones y sofríalos otros 2 minutos. Agregue los guisantes y las lentejas y sofríalos 2 minutos más. Eche la mezcla de pan y leche de soja junto con la guindilla, el vinagre, el zumo de limón, el azúcar moreno y las hierbas aromáticas. Remueva bien y cuézalo todo 2 minutos.

Pase la mezcla de champiñones a un molde refractario. Añada la mezcla de tofu, los orejones y las pasas, remueva bien y disponga las hojas de laurel por encima. Coloque el molde en una bandeja de horno y hornéelo unos 30 minutos hasta que se dore.

Sirva el pastel con arroz salvaje, salsa sambal y su chutney favorito.

Preparación: 35 minutos
Cocción: 45 minutos

Para 4 personas

- 500 g de tofu firme (unos 2 bloques) en dados
- 2 cdas. de nata de soja
- 1 rebanada gruesa de pan blanco sin corteza
- 120 ml de leche de soja
- 1 cda. de aceite de coco
- 1 cebolla picada
- 1 diente de ajo machacado
- 1 cda. de curry amarillo en polvo
- 480 g de champiñones en dados
- 240 g de guisantes frescos o congelados
- 120 g de lentejas rubias o verdinas cocidas
- 1 cda. de guindilla molida
- 4 cdas. de vinagre blanco
- 1 cda. de zumo de limón recién exprimido
- 1 cdta. de azúcar moreno
- 2 cdas. de hierbas aromáticas secas variadas
- 60 g de orejones de albaricoque en rodajas
- 60 g de pasas
- 4 hojas de laurel

Para servir:
- arroz salvaje cocido
- salsa sambal
- 2 cdas. de su chutney favorito

AZERBAIYÁN

BORANI DE REMOLACHA

Preparación: 1 hora,
más 3 horas para refrigerar
Cocción: 40 minutos

Para 4 personas

- sal kosher
- 750 g de remolachas peladas y con las hojas reservadas
- 720 g de yogur griego vegano sin azúcar
- ½ manojo de eneldo picado fino
- 5 ramitas de orégano con las hojas picadas
- 2 dientes de ajo picados
- pimienta negra recién molida
- 240 g de pacanas tostadas
- pan naan, para servir

Llene una cazuela de agua con sal y llévela a ebullición. Agregue las remolachas, baje el fuego y cuézalas, sin tapar, de 30 a 35 minutos hasta que estén tiernas.

Mientras, pique las hojas y lávelas pero no las seque. Póngalas en una sartén a fuego vivo, tápelas y sofríalas 2 o 3 minutos hasta que reduzcan su volumen. Escurra las hojas y las remolachas cocidas, y déjelas enfriar 20 minutos.

En un bol grande, mezcle el yogur con el eneldo, el orégano y el ajo, y salpimiente al gusto.

Corte las remolachas en rodajas medianas, añádalas al bol junto con las hojas y salpimiente al gusto. Cubra el bol con film transparente y refrigere el borani 3 horas como mínimo. Esparza las pacanas por encima y sírvalo con pan naan.

BORANI DE REMOLACHA

UCRANIA

CEBADA Y VERDURAS ESTOFADAS

Preparación: 30 minutos,
más toda la noche en remojo
Cocción: 40 minutos

Para 4 personas

- 240 g de cebada perlada
- 2 cdas. de aceite de oliva
- 1 cebolla grande picada
- 2 tallos de apio en rodajas
- 2 zanahorias cortadas por la mitad a lo largo y en rodajas
- 250 g de colinabo pelado y picado
- 250 g de nabos pelados y picados
- 475 ml de caldo de verduras
- sal y pimienta negra recién molida
- pan, para servir

Ponga en remojo la cebada en un bol con abundante agua durante toda la noche. A la mañana siguiente, retire parte del agua, dejando solo la suficiente para cubrir la cebada y resérvela.

Caliente el aceite de oliva en una olla a fuego medio. Eche la cebolla y sofríala 5 minutos hasta que esté translúcida y se dore. Añada el apio y las zanahorias y sofríalos otros 5 minutos hasta que estén blandos.

Agregue la cebada con el agua de remojo, el colinabo, los nabos y el caldo y llévelo a ebullición. Baje el fuego, tape la olla y cuézalo todo de 30 a 35 minutos hasta que las verduras estén tiernas.

Salpimiente al gusto. Reparta el estofado entre 4 boles y sírvalo con pan.

FRANCIA

ALUBIAS CON TOMATE A LA PROVENZAL

Preparación: 15 minutos
Cocción: 10 minutos

Para 4 personas

- 3 cdas. de aceite de oliva
- 2 cebollas en rodajas
- 3 dientes de ajo picados
- 300 g de tomate entero pelado en conserva con su jugo
- 300 g de alubias negras o rojas en conserva escurridas
- 1 cda. de pasta de tomate
- 1 cda. de hierbas provenzales
- 1 ramita de mejorana
- 1 pimiento rojo picado
- sal y pimienta negra recién molida
- 1 cdta. de pimienta de Cayena (opcional)
- arroz de grano largo cocido, para servir

Caliente el aceite de oliva en una cazuela a fuego medio. Eche las cebollas y el ajo y sofríalos unos 5 minutos hasta que estén tiernos. Añada los tomates con su jugo y remueva bien. Llévelos a ebullición, baje el fuego y déjelos que den un hervor. Agregue las alubias negras o rojas, la pasta de tomate, las hierbas provenzales, las hojas de mejorana y el pimiento rojo y llévelo a ebullición. Tape parcialmente la cazuela, baje el fuego y cuézalo todo 8 minutos.

Salpimiente al gusto y agregue pimienta de Cayena si lo prefiere más picante. Sirva el estofado con arroz de grano largo.

JUDÍAS VERDES Y PATATAS CON MENTA

GRECIA

Caliente el aceite de oliva en una sartén a fuego medio. Eche las judías verdes y el perejil y cúbralas con agua. Añada las patatas, tape la sartén parcialmente y cuézalas 20 minutos hasta que estén tiernas. Salpimiente al gusto, añada tres cuartos de la menta y remueva bien.

Retire la tapa y cuézalas a fuego lento unos 2 minutos. Vierta el zumo o la salsa de tomate y llévelo a ebullición. Retire la sartén del fuego, remueva bien y pase las judías verdes y las patatas a un bol. Eche el yogur y esparza la menta restante por encima.

Preparación: 20 minutos
Cocción: 25 minutos

Para 4 personas

- 3 cdas. de aceite de oliva
- 500 g de judías verdes limpias y cortadas por la mitad
- 1 cda. de perejil picado
- 2 patatas en rodajas
- sal y pimienta negra recién molida
- 3 cdas. de menta picada
- 240 ml de zumo o salsa de tomate
- 2 cdas. de yogur griego vegano sin azúcar, para adornar

BRÓCOLI Y TOFU EN SALSA DE CACAHUETES

VIETNAM

Para preparar la salsa de cacahuetes, ponga la crema de cacahuetes en un cazo con 120 ml de agua hirviendo y remueva hasta que se mezclen bien. Añada el vinagre, la salsa tamari y la pasta de tamarindo y sazone con pimienta de Cayena, sal y pimienta blanca recién molida. Remueva bien y pase la salsa a un bol refractario. Resérvela.

Para preparar el brócoli y el tofu, caliente 2 cucharadas de aceite en una cazuela honda o un wok a fuego medio. Eche la mitad del jengibre y del ajo y sofríalos 4 o 5 minutos hasta que el ajo se dore ligeramente. Añada el tofu y sofríalo 6 o 7 minutos. Pase la mezcla al bol con la salsa de cacahuetes, remueva bien y resérvela.

Limpie la cazuela o el wok, vierta el aceite restante y caliéntelo a fuego medio. Eche el jengibre y el ajo restantes y sofríalos 4 o 5 minutos. Añada las cebollas y sofríalas 5 minutos hasta que estén translúcidas. Agregue el brócoli, los anacardos y la salsa tamari y sofríalos unos 15 minutos hasta que el brócoli esté tierno.

Eche la salsa de cacahuetes y la mezcla de tofu en la cazuela o el wok y remueva para que el brócoli quede bien cubierto. Salpimiente al gusto.

Páselo todo a una fuente y adórnelo con las cebolletas picadas. Sírvalo con arroz jazmín o basmati.

Preparación: 25 minutos
Cocción: 40 minutos

Para 4 personas

Para la salsa de cacahuetes:

- 120 g de crema de cacahuetes suave o crujiente
- 4 cdas. de vinagre de sidra de manzana
- 2 cdas. de salsa tamari
- 2 cdas. de pasta de tamarindo sin semillas
- pimienta de Cayena
- sal y pimienta blanca recién molida

Para el brócoli y el tofu:

- 4 cdas. de aceite vegetal
- 2 cdtas. de jengibre fresco rallado
- 4 dientes de ajo picados
- 500 g de tofu en dados
- 2 cebollas en rodajas finas
- 500 g de brócoli picado
- 120 g de anacardos crudos picados
- 2 cdas. de salsa tamari
- sal y pimienta blanca recién molida
- 2 cebolletas picadas finas, para adornar
- arroz jazmín o basmati cocido, para servir

LOMBARDA Y REMOLACHA ESTOFADAS AL HORNO

Preparación: 45 minutos
Cocción: 1 hora y 35 minutos

Para 4 personas

- 1 col lombarda en juliana fina
- 2 cdas. de aceite de oliva
- 1 cebolla en rodajas finas
- 2 dientes de ajo picados
- 3 membrillos pelados, descorazonados y en rodajas grandes
- 4 cdas. de vinagre de vino tinto
- 300 ml de caldo de verduras, y un poco más
- sal y pimienta negra recién molida
- 3 remolachas peladas y ralladas
- patatas cocidas o asadas, para servir

Ponga la lombarda en una cazuela de hierro fundido.

Caliente el aceite en una sartén a fuego medio. Eche la cebolla y el ajo y sofríalos 5 o 6 minutos hasta que se doren. Añada el membrillo, el vinagre y el caldo y salpimiente al gusto. Cuézalo 5 minutos a fuego medio hasta que el membrillo esté tierno.

Pase la mezcla a la cazuela de hierro fundido y remueva para que se mezcle con la lombarda. Tape la cazuela, colóquela en el horno a 190 °C y hornéela alrededor de 1 hora.

Añada la remolacha y un poco más de caldo si fuera necesario. Tape la cazuela y hornéelo todo otros 25 minutos.

Sirva el estofado caliente con patatas.

LOMBARDA Y REMOLACHA ESTOFADAS AL HORNO

TAIWÁN

SETAS SHIITAKE CON TOFU Y NOODLES DE ARROZ

Preparación: 20 minutos
Cocción: 25 minutos

Para 4 personas

- 2 cdas. de aceite vegetal
- 2½ cdas. de chalotas picadas finas
- 500 g de setas shiitake frescas limpias y picadas
- 120 g de tofu ahumado en dados
- 4 cdas. de vino tinto o jerez seco
- 2 estrellas de anís
- 2 cdas. de azúcar moreno o de caña
- 1 cdta. de pimienta blanca recién molida
- 1 cdta. de polvo de cinco especias
- 2 cdas. de salsa de soja ligera
- 1 cda. de salsa de soja oscura
- 120 ml de caldo de verduras
- 350 g de noodles de arroz
- 1 cda. de aceite de sésamo
- 2 cebolletas, solo la parte verde, picadas, para adornar

Caliente el aceite vegetal en una cazuela honda o un wok a fuego medio. Eche la chalota y sofríala 5 o 6 minutos hasta que se dore. Añada las setas y sofríalas 3 o 4 minutos. Agregue el tofu y el vino tinto o el jerez y cuézalo, sin dejar de remover, 3 o 4 minutos. Eche el anís estrellado, el azúcar, la pimienta blanca, el polvo de cinco especias, los dos tipos de salsa de soja y el caldo. Llévelo a ebullición a fuego lento y cuézalo todo 15 minutos hasta que el caldo se reduzca a la mitad.

Mientras, cueza los noodles de arroz según las indicaciones del envase. Escúrralos y páselos a un bol. Añada el aceite de sésamo y remueva para que se impregnen.

Pase los noodles a una fuente y cúbralos con las setas guisadas. Esparza las cebolletas picadas y sírvalas de inmediato.

ESPAÑA

BRÓCOLI CON CREMA DE TOFU Y LIMÓN

Preparación: 30 minutos, más 2 horas para escurrir
Cocción: 15 minutos

Para 4 personas

- 250 g de tofu sedoso
- 1 kg de ramitos de brócoli limpios
- 4 cdas. de semillas de sésamo blanco
- 4 cdas. de miso, preferiblemente blanco
- 4 cdas. de vino de arroz
- la ralladura fina y el zumo de 1 limón
- sal y pimienta negra recién molida
- pan blanco o naan tostado, para servir

Ponga el tofu en un colador sobre un fregadero limpio y coloque un peso encima, como una cazuela de hierro fundido. Déjelo escurrir durante 2 horas para eliminar el agua y que el tofu se prense.

Ponga a hervir una olla con agua. Coloque un bol con agua fría en el fregadero. Eche el brócoli en el agua hirviendo y cuézalo 4 minutos. Póngalo en un colador e introdúzcalo de inmediato en el bol con agua fría para que se enfríe. Escúrralo y resérvelo.

Eche las semillas de sésamo en una sartén sin aceite y tuéstelas a fuego medio-alto unos 2 minutos hasta que desprendan su aroma y empiecen a saltar. Páselas a un mortero y macháquelas hasta obtener un polvo fino.

Triture el miso con el vinagre en una batidora. Presione el tofu con las manos para eliminar toda el agua que pudiera quedar y páselo a la batidora. Añada las semillas de sésamo machacadas y tritúrelo todo hasta obtener una mezcla cremosa.

Pase el brócoli a una fuente y vierta la crema de tofu por encima. Añada el zumo y la ralladura de limón, salpimiente al gusto y remueva para que se mezclen. Sírvalo con pan blanco o naan tostado.

PURÉ DE BONIATO CON SALSA DE CEBOLLAS

UGANDA

Para preparar el puré, ponga en una olla las alubias rojas, la soja verde y los cacahuetes y cúbralos con agua. Llévelos a ebullición a fuego medio y cuézalos unos 15 minutos hasta que estén medio hechos. Añada los boniatos, salpimiente al gusto y cuézalo todo 20 minutos más hasta que los boniatos y las alubias estén hechos. Escúrralo y póngalo de nuevo en la olla. Agregue la margarina vegetal, remueva bien y chafe el puré con un tenedor. Resérvelo.

Para preparar la salsa, caliente el aceite en una cazuela a fuego medio. Eche las cebollas, los tomates y guindilla molida al gusto y sofríalos unos 5 o 6 minutos hasta que las cebollas se doren. Añada el caldo y cuézalo todo 15 minutos hasta que empiece a espesar. Agregue la harina, remueva para que se mezcle y vierta la leche de soja, sin dejar de remover, hasta que se mezcle. Cueza la salsa 10 minutos hasta que empiece a espesar. Salpimiente al gusto.

Pase el puré a una fuente y nápelo con la salsa. Sírvalo con arroz de grano largo.

Preparación: 45 minutos
Cocción: 1 hora y 10 minutos

Para 4 personas

Para el puré:
- 100 g de alubias rojas secas remojadas en agua toda la noche
- 100 g de soja verde
- 240 g de cacahuetes crudos
- 4 boniatos pelados y en dados
- sal y pimienta negra recién molida
- 1 cda. de margarina vegetal
- arroz de grano largo cocido, para servir

Para la salsa:
- 2 cdas. de aceite vegetal
- 3 cebollas en rodajas
- 6 tomates pelados y en rodajas
- guindilla molida
- 240 ml de caldo de verduras
- 1 cdta. de harina común
- 240 ml de leche de soja
- sal y pimienta negra recién molida

LENTEJAS BELUGA CON CURRY

PAKISTÁN

Para preparar la salsa, bata los ingredientes en un bol hasta que el comino y el aceite se mezclen. Resérvela en un cazo.

Para preparar las lentejas, caliente el aceite de oliva en una cazuela a fuego medio. Eche el ajo y el jengibre y sofríalos 2 minutos hasta que se doren. Añada las lentejas y el tomate picado y sofríalos unos 5 o 6 minutos hasta que el tomate esté hecho. Agregue la cúrcuma y la guindilla molida. Salpimiente al gusto y remueva. Vierta 200 ml de agua o de caldo de verduras y cuézalo todo 6 o 7 minutos. Eche la pulpa de coco o el coco rallado, remueva bien y cuézalo 4 minutos más. Añada las guindillas verdes y cuézalo otros 2 minutos.

Pase el guiso de lentejas a una fuente y esparza el garam masala por encima. Lleve a ebullición la salsa reservada y viértala sobre el arroz cocido. Sírvalo de inmediato con las lentejas.

Preparación: 25 minutos
Cocción: 20 minutos

Para 4 personas

Para la salsa:
- 1 cdta. de comino molido
- 3-4 hojas de curry
- 120 ml de aceite vegetal

Para las lentejas:
- 2 cdas. de aceite de oliva
- 1 diente de ajo machacado
- 1 cdta. de jengibre fresco rallado
- 500 g de lentejas beluga en conserva escurridas
- 3-4 tomates picados
- 1 cdta. de cúrcuma molida
- 1 cdta. de guindilla molida
- sal y pimienta negra recién molida
- 120 g de pulpa de coco fresco o coco rallado
- 2 guindillas verdes despepitadas y picadas
- 1 cdta. de garam masala
- arroz basmati o salvaje cocido, para servir

ARROZ CON PIMIENTOS

Preparación: 30 minutos
Cocción: 30 minutos

Para 4 personas

- 2 cdas. de aceite vegetal
- 1 cebolla amarilla grande picada
- 500 g de arroz basmati u otro arroz de grano largo
- 1 pizca de sal, y un poco más para sazonar
- 3 cdas. de pimentón húngaro dulce o picante
- pimienta negra recién molida
- 3 pimientos amarillos picados
- 3 pimientos italianos rojos dulces picados
- 3 tomates frescos en dados o 115 g de pasta de tomate
- cilantro o perejil picado, para adornar

Caliente el aceite en una cazuela a fuego medio. Eche la cebolla y sofríala 5 o 6 minutos hasta que se dore. Retire un tercio de la cebolla, pásela a una olla y mézclela con el arroz. Reserve la cazuela con la cebolla restante.

Ponga la olla con el arroz a fuego medio y sofríalo 2 minutos, sin dejar de remover. Cúbralo con agua, agregue una pizca de sal y llévelo a ebullición. Baje el fuego, tape la olla y cuézalo de 12 a 14 minutos hasta que el arroz esté tierno pero al dente.

Coloque la cazuela reservada con la cebolla en el fuego. Eche el pimentón y remueva hasta que ligue. Vierta 120 ml de agua fría, salpimiente al gusto y llévelo a ebullición. Añada los pimientos y el tomate fresco o la pasta de tomate. Cúbralos con agua y llévelos a ebullición. Baje el fuego y cuézalos 5 minutos.

Pase el arroz cocido a una fuente y cúbralo con los pimientos y tomates guisados. Adórnelo con cilantro o perejil picado y sírvalo.

ARROZ CON PIMIENTOS

PIÑA Y TOFU CARAMELIZADOS

Preparación: 25 minutos
Cocción: 30 minutos

Para 4 personas

- 270 g de piña picada
- 500 g de tofu en dados frito
- 1 diente de ajo picado fino
- 2 cdas. de salsa tamari o de soja
- 1 cda. de azúcar extrafino
- 2 cebolletas en rodajas
- sal y pimienta negra recién molida
- 2 cdas. de cilantro picado, para adornar
- arroz basmati u otro arroz de grano largo cocido, para servir

En una cazuela de hierro fundido, mezcle la piña con el tofu, el ajo, la salsa tamari o de soja y 120 ml de agua. Añada el azúcar y las cebolletas, salpimiente al gusto y remueva bien. Cuézalo todo a fuego medio unos 30 minutos hasta que el líquido se reduzca a la mitad.

Ponga la piña y el tofu caramelizados en una fuente, adórnelos con el cilantro y sírvalos con arroz basmati u otro arroz de grano largo.

PIÑA Y TOFU CARAMELIZADOS

CHILE CARIBEÑO

Preparación: 20 minutos
Cocción: 30 minutos

Para 4 personas

- 2 cdas. de aceite de oliva
- 3 dientes de ajo picados finos
- 2 tallos de apio en dados
- 1 cebolla en dados
- 1 pimiento rojo en dados
- 2 cdas. de mezcla de especias *jerk* o salsa de guindillas
- 240 ml de leche de coco
- 3 cdas. de pasta de tomate
- 240 g de alubias rojas en conserva escurridas
- 2 cdas. de zumo de lima recién exprimido
- 1 mango en dados
- 30 g de cilantro picado
- arroz basmati cocido, para servir

Caliente el aceite de oliva en una olla a fuego medio. Eche el ajo, el apio, la cebolla y el pimiento y sofríalos 5 o 6 minutos hasta que la cebolla esté translúcida. Añada la mezcla de especias *jerk* o la salsa de guindillas y sofríalas 2 o 3 minutos. Agregue la leche de coco, la pasta de tomate, las alubias rojas y el zumo de lima y salpimiente al gusto si fuera necesario. Tape la olla, baje el fuego y cuézalo todo unos 20 minutos, removiendo de vez en cuando.

Eche la mitad del mango y del cilantro, tape la olla de nuevo y cuézalo 10 minutos más. Sirva el chile sobre arroz basmati y adórnelo con el mango y el cilantro restantes.

CHILE CARIBEÑO

GRANADA

SETAS SHIITAKE AL ESTILO CARIBEÑO

Preparación: 25 minutos
Cocción: 35 minutos

Para 4 personas

- 2 cdas. de salsa de soja
- 1 cdta. de azúcar moreno
- 2 cdtas. de vinagre de vino blanco
- 2 cdtas. de pimienta de Cayena
- 2 cdtas. de maicena
- 2 cdas. de aceite de oliva
- 100 g de cebolletas, solo la parte blanca, cortadas por la mitad y en rodajas
- 4 dientes de ajo en láminas finas
- 500 g de setas shiitake frescas sin los tallos
- 90 g de piña en dados
- 1 pimiento rojo en rodajas
- 1 plátano verde o macho en rodajas
- 2 cdas. de cilantro picado
- sal y pimienta negra recién molida
- arroz salvaje o de grano largo cocido, para servir

Mezcle en un bol la salsa de soja con el azúcar moreno, el vinagre, la pimienta de Cayena, 120 ml de agua fría y la maicena. Remueva bien y reserve la mezcla.

Caliente el aceite de oliva en una cazuela honda o un wok a fuego medio. Eche las cebolletas y el ajo y sofríalos 3 o 4 minutos hasta que se doren. Añada las setas shiitake y sofríalas 2 minutos. Agregue 2 cucharadas de agua y la piña, el pimiento y el plátano. Tape la cazuela o el wok y cuézalo todo 5 minutos. Eche poco a poco el cilantro y la mezcla de salsa de soja, sin dejar de remover y cuézalo 15 minutos más hasta que el plátano esté tierno. Baje el fuego y prosiga con la cocción unos 10 minutos más hasta que el líquido se reduzca a la mitad. Salpimiente al gusto y sirva las setas guisadas con arroz salvaje o de grano largo.

MADAGASCAR

ZANAHORIAS GLASEADAS

Preparación: 25 minutos
Cocción: 30 minutos

Para 4 personas

- 6 cdas. de margarina vegetal
- 1,5 kg de zanahorias en rodajas finas
- 4 chalotas grandes picadas finas
- 50 g de jengibre fresco rallado
- 2 dientes de ajo picados
- 1 cda. de cilantro molido
- 240 ml de zumo de naranja recién exprimido
- 3 cdas. de salsa tamari o de soja
- sal y pimienta negra recién molida
- cebollino picado, para adornar
- arroz basmati u otro arroz de grano largo cocido, para servir

Caliente la margarina vegetal en una olla a fuego medio-bajo hasta que se funda. Eche las zanahorias y las chalotas y sofríalas 5 minutos hasta que se doren ligeramente. Añada el jengibre, el ajo y el cilantro y baje el fuego. Rehóguelos 2 minutos, removiendo con frecuencia para evitar que se quemen.

Agregue el zumo de naranja y la salsa tamari o de soja. Cueza las zanahorias unos 20 minutos hasta que la salsa se reduzca a un glaseado. Salpimiente al gusto.

Pase las zanahorias a un bol, adórnelas con el cebollino y sírvalas con arroz basmati u otro arroz de grano largo.

CAZUELITA DE CHAMPIÑONES MARINADOS CON PATATAS

ESPAÑA

Para preparar la marinada, ponga todos los ingredientes en un bol y bátalos para que se mezclen. Eche los champiñones y remueva bien para que se impregnen. Cubra el bol con film transparente y refrigere los champiñones toda la noche.

Para preparar los champiñones y las patatas, caliente el aceite en una cazuela a fuego medio. Retire los champiñones de la marinada y páselos a la cazuela. Sofríalos 1 o 2 minutos por cada lado. Eche las patatas, el caldo, el pimentón y el comino y sale al gusto. Cuézalo, sin tapar, 20 minutos hasta que las patatas estén tiernas.

Reparta los champiñones y las patatas entre 4 cazuelitas de barro. Suba el fuego y deje reducir la salsa 4 o 5 minutos. Viértala sobre los champiñones y las patatas, adórnelos con el perejil y sírvalos de inmediato.

Preparación: 20 minutos
Cocción: 25 minutos

Para 4 personas

Para la marinada:

- 2 cdas. de pimentón ahumado
- 4 dientes de ajo picados
- 1 cebolla picada
- 3 cdas. de perejil picado fino
- 4 cdas. de aceite de oliva
- 2 cdtas. de comino molido
- 1 cdta. de orégano seco
- 2 hojas de laurel
- sal y pimienta negra recién molida

Para los champiñones y las patatas:

- 6 champiñones portobello grandes
- 2 cdas. de aceite de oliva
- 1,5 kg de patatas nuevas chascadas en cuartos
- 960 ml de caldo de verduras
- 1 cdta. de pimentón ahumado
- 1 cdta. de comino molido
- sal
- 2 cdas. de perejil picado, para adornar

GARBANZOS CON CEBOLLA

TAYIKISTÁN

Caliente el aceite en una cazuela de hierro fundido o una sartén a fuego medio. Eche las cebollas y sofríalas 5 o 6 minutos hasta que se doren.

Mientras, mezcle los garbanzos con el caldo de verduras en otra cazuela y llévelos a ebullición. Cuando las cebollas estén hechas, vierta el caldo con los garbanzos en la cazuela de hierro fundido y añada los ingredientes restantes. Llévelo a ebullición, baje el fuego y cuézalo todo 20 minutos hasta que los garbanzos estén tiernos.

Retire la cazuela del fuego, reparta el guiso entre 4 boles y sírvalo con pan.

Preparación: 20 minutos
Cocción: 30 minutos

Para 4 personas

- 5 cdas. de aceite vegetal
- 2 cebollas grandes picadas
- 500 g de garbanzos cocidos
- 600 ml de caldo de verduras
- 2 tomates grandes picados
- 1 cdta. de copos de guindilla roja machacados
- 1 cdta. de cilantro molido
- 1 cdta. de azafrán molido mezclado con 1 cda. de agua templada
- ½ cdta. de comino molido
- ½ cdta. de pimentón ahumado
- ¼ de cdta. de canela molida
- sal y pimienta negra recién molida
- pan, para servir

FRANCIA

COLIFLOR A LA NIZARDA

Preparación: 25 minutos
Cocción: 35 minutos

Para 4 personas

- 3 cdas. de aceite de oliva
- 1 cebolla amarilla picada
- 1 pimiento rojo en dados
- 1 pimiento verde en dados
- 300 g de tomate entero en conserva con su jugo
- 6 dientes de ajo picados
- 1 manojo de mejorana picado
- 4 cdas. de vino blanco seco
- sal y pimienta negra recién molida
- 1 coliflor limpia y separada en ramitos
- 225 g de aceitunas Kalamata rellenas de ajo, para adornar

Caliente el aceite en una cazuela a fuego medio. Eche la cebolla y sofríala 5 o 6 minutos hasta que se dore. Añada los dos tipos de pimientos, remueva para que se cubran del aceite y sofríalos unos 4 o 5 minutos hasta que se empiecen a dorar. Agregue los tomates con su jugo, el ajo, las hojas de mejorana y el vino blanco y llévelo a ebullición. Baje el fuego y cuézalo todo de 10 a 12 minutos.

Salpimiente al gusto y añada la coliflor. Cuézala a fuego medio de 8 a 10 minutos hasta que esté tierna pero al dente.

Retire la cazuela del fuego y pase la mezcla a una fuente. Adórnela con las aceitunas y sírvala de inmediato.

SUDÁFRICA

CHAMPIÑONES EN SALSA DE TOMATE

Preparación: 30 minutos
Cocción: 25 minutos

Para 4 personas

- 120 ml de aceite vegetal
- 3 cebollas picadas
- 4 patatas en rodajas
- 2 cdtas. de jengibre fresco rallado
- 3 dientes de ajo picados finos
- 1 cdta. de copos de guindilla roja machacados
- 480 g de champiñones en rodajas
- sal y pimienta negra recién molida
- 3 tomates grandes picados
- 4 guindillas verdes despepitadas y picadas finas
- 1 cda. de cilantro picado
- pan naan templado o arroz de grano largo cocido, para servir

Caliente el aceite en una cazuela a fuego medio. Eche las cebollas y sofríalas 5 o 6 minutos hasta que se doren ligeramente. Añada las patatas, el jengibre, el ajo y los copos de guindilla roja machacados y sofríalos 4 o 5 minutos. Agregue los champiñones y salpimiente al gusto. Tape la cazuela y sofríalos a fuego lento 3 minutos. Eche el tomate, las guindillas verdes y el cilantro, remueva bien y cuézalos unos 10 minutos hasta que la salsa de tomate se reduzca a la mitad. Sírvalos con pan naan templado o arroz de grano largo.

COLIFLOR EN SALSA DE LIMÓN Y ESTRAGÓN

INGLATERRA

Para preparar la salsa, ponga el caldo en una olla y llévelo a ebullición. Baje el fuego y cuézalo a fuego lento.

Mientras, funda la margarina vegetal en una cazuela a fuego lento. Añada la harina y cuézala a fuego medio 5 o 6 minutos, sin dejar de remover con una cuchara de madera. Retire la cazuela del fuego e incorpore poco a poco el caldo caliente, removiendo constantemente.

Ponga de nuevo la cazuela en el fuego y lleve a ebullición la salsa, removiéndola. Cuézala a fuego medio-bajo, sin dejar de remover, unos 5 minutos hasta que espese. Baje el fuego y cuézala, removiendo de vez en cuando, durante 5 minutos hasta que la salsa haya reducido tres cuartas partes de su volumen. Espume la superficie de vez en cuando. Retire de nuevo la cazuela del fuego y añada la nata. Remueva bien y resérvela.

Caliente la mitad del zumo de limón en una cazuela a fuego medio. Eche la chalota, el vino y la mitad del estragón y llévelos a ebullición. Cuele el líquido sobre una olla limpia y póngala al fuego. Añada la salsa base preparada, remueva para que se mezclen y agregue la nata de soja espesa, el zumo de limón restante, la ralladura de limón, el brandy o el coñac y el estragón restante. Llévela a ebullición y salpimiente al gusto, si fuera necesario.

Para preparar la coliflor, cueza los ramitos al vapor 4 o 5 minutos hasta que estén tiernos.

Pase la coliflor a una fuente y nápela con la salsa. Adórnela con el cilantro picado y sírvala.

Preparación: 30 minutos
Cocción: 30 minutos

Para 4 personas

Para la salsa de limón y estragón:

- 600 ml de caldo de verduras
- 2 cdas. de margarina vegetal
- 30 g de harina común
- 2 cdas. de nata de soja
- el zumo y la ralladura de 1 limón
- 1 chalota picada fina
- 4 cdas. de vino blanco seco
- 1 manojo de estragón picado
- 3 cdas. de nata de soja espesa
- 2 cdas. de brandy o coñac
- sal y pimienta negra recién molida

Para la coliflor:

- 1 coliflor limpia y separada en ramitos
- 1 cda. de cilantro picado, para adornar

SUDÁFRICA

POTAJE DE ALUBIAS ROJAS

Preparación: 30 minutos
Cocción: 25 minutos

Para 4 personas

- 2 cdas. de aceite vegetal
- 2 dientes de ajo picados finos
- 1 cebolla grande picada
- 1 cda. de curry amarillo en polvo
- 2 guindillas rojas despepitadas y picadas
- 1 cda. de jengibre fresco rallado
- 5 tomates en rama picados gruesos
- 1 pimiento verde picado grueso
- 1 pimiento rojo picado grueso
- 2 zanahorias grandes ralladas
- 360 g de alubias rojas en conserva escurridas
- sal y pimienta negra recién molida
- 1 manojo pequeño de cilantro picado, para adornar
- patatas asadas o arroz de grano largo cocido, para servir

Caliente el aceite en una cazuela a fuego medio. Añada el ajo y la cebolla y sofríalos 5 o 6 minutos hasta que se doren. Agregue el curry amarillo en polvo y sofríalos 3 o 4 minutos más, sin dejar de remover, hasta que la cebolla se impregne bien. Eche las guindillas, el jengibre y el tomate y sofríalos a fuego medio 10 minutos hasta que el tomate se empiece a deshacer. Añada los dos tipos de pimientos y las zanahorias y sofríalos otros 10 minutos hasta que las zanahorias estén tiernas.

Agregue las alubias y cuézalas hasta que se calienten. Salpimiente al gusto.

Pase el potaje a un bol y adórnelo con el cilantro. Sírvalo con patatas asadas o arroz de grano largo.

REPÚBLICA DOMINICANA

POTAJE DE VERDURAS Y ARROZ

Preparación: 30 minutos
Cocción: 30 minutos

Para 4 personas

- 360 g de arroz integral
- 1,4 litros de caldo de verduras
- 1 cebolla mediana en dados
- 4 dientes de ajo picados finos
- 30 g de cilantro fresco picado
- 1 pimiento verde en rodajas
- 2 zanahorias grandes en rodajas
- 450 g de repollo blanco en juliana
- 480 g de calabaza de invierno en dados
- 4 cdas. de pasta de tomate
- 100 g de judías pintas o blancas en conserva
- sal y pimienta negra recién molida
- 1 aguacate en dados, para adornar

Cueza el arroz integral según las indicaciones del envase. Resérvelo.

Ponga en una olla los ingredientes restantes, excepto la sal, la pimienta y el aguacate y llévelos a ebullición. Tape la olla, baje el fuego y cuézalos 30 minutos hasta que la calabaza y las zanahorias estén tiernas. Retire la olla del fuego. Añada el arroz integral cocido y remueva bien para que se mezcle.

Salpimiente al gusto. Vierta el potaje en boles, adórnelo con los dados de aguacate y sírvalo.

BONIATO CON COCO Y ESPECIAS

BIRMANIA

Ponga todos los ingredientes, salvo el boniato, en una olla. Llévelos a ebullición, sin dejar de remover, baje el fuego y cuézalos 5 minutos. Añada el boniato, remueva bien y cuézalo a fuego lento 20 minutos hasta que esté tierno y el caldo se reduzca a la mitad. Salpimiente al gusto y sírvalo caliente.

Preparación: 30 minutos
Cocción: 25 minutos

Para 4 personas

- 2 cebollas picadas
- 3 dientes de ajo picados
- 2 guindillas rojas grandes despepitadas y picadas finas
- 2 cdtas. de cúrcuma molida
- 2 cdtas. de jengibre fresco rallado
- 2 cdas. de salsa tamari o de soja
- 350 ml de leche o crema de coco
- 475 ml de caldo de verduras
- 2 cdas. de zumo de limón o lima recién exprimido
- 1 kg de boniatos pelados y en dados
- sal y pimienta negra recién molida

BERZA EN POLVO DE CACAHUETES

ZAMBIA

Ponga 240 ml de caldo de verduras en una olla. Agregue el bicarbonato de sodio y remueva hasta que se disuelva por completo. Llévelo a ebullición a fuego medio y añada la berza y el tomate. Cuézalos 8 minutos. Añada los cacahuetes, salpimiente al gusto y vierta el caldo restante. Remueva bien y baje el fuego. Tape la olla y cuézalo todo 20 minutos, removiendo a menudo para evitar que se pegue al fondo.

Sirva la berza de inmediato con arroz salvaje y sriracha.

Preparación: 25 minutos
Cocción: 30 minutos

Para 4 personas

- 475 ml de caldo de verduras
- 1 cdta. de bicarbonato de sodio
- 750 g de berza picada
- 1 tomate grande picado
- 360 g de cacahuetes tostados machacados
- sal y pimienta blanca recién molida
- arroz salvaje cocido, para servir
- sriracha, para servir

MARRUECOS

TAJINE DE GARBANZOS

Preparación: 30 minutos
Cocción: 25 minutos

Para 4 personas

- 4 cdas. de aceite de oliva
- 1 cdta. de comino molido
- 2 cdtas. de jengibre molido
- 1 cdta. de guindilla molida
- 1 cdta. de cilantro molido
- 1 cdta. de canela molida
- 240 g de garbanzos en conserva escurridos
- 240 ml de caldo de verduras
- 8 tomates picados
- 1 manojo de cilantro picado fino
- ½ manojo de perejil picado fino
- sal y pimienta negra recién molida
- cuscús, para servir
- harissa, para servir

Caliente el aceite en una cazuela a fuego medio. Eche el comino, el jengibre, la guindilla, el cilantro y la canela y sofríalos 1 minuto hasta que desprendan su aroma. Añada los garbanzos y el caldo y remueva bien. Agregue el tomate, el cilantro y el perejil y llévelos a ebullición. Baje el fuego y cuézalos a fuego medio-bajo unos 20 minutos hasta que los garbanzos estén tiernos.

Salpimiente al gusto. Sirva los garbanzos acompañados de un bol grande de cuscús y uno pequeño de harissa.

ETIOPÍA

WAT DE GARBANZOS

Preparación: 30 minutos
Cocción: 45 minutos

Para 4 personas

- 2 cdas. de aceite vegetal
- 1 cebolla roja grande picada fina
- 2 zanahorias en rodajas
- 2 patatas en dados
- 1 cdta. de pimienta de Cayena
- 1 cdta. de pimentón
- 1 cdta. de jengibre molido
- 1 cdta. de pimienta negra recién molida
- 1 cdta. de comino molido
- ½ cdta. de cardamomo molido
- 1 cda. de pasta de tomate
- sal
- 200 g de garbanzos en conserva escurridos
- 350 ml de caldo de verduras
- 280 g de guisantes descongelados
- pan naan o arroz de grano largo cocido, para servir

Caliente el aceite en una olla a fuego medio. Eche la cebolla y sofríala durante 5 o 6 minutos hasta que esté blanda. Añada las zanahorias y las patatas, tape la olla y sofríalas 10 minutos. Agregue la pimienta de Cayena, el pimentón, el jengibre, la pimienta negra, el comino, el cardamomo y la pasta de tomate y sale al gusto. Eche los garbanzos y el caldo y llévelos a ebullición. Baje el fuego y cuézalos, tapados, unos 20 minutos hasta que las verduras estén tiernas y los sabores se potencien.

Añada los guisantes y cuézalos 10 minutos más a fuego lento, agregando un poco más de agua si el guiso quedara demasiado seco.

Rectifique la sazón al gusto y sírvalo con pan naan o arroz de grano largo.

PASTEL DE QUESO PICANTE

PAKISTÁN

Mezcle en un bol la maicena con la harina, el ajo y la salsa tamari o de soja y salpimiente al gusto. Vierta la cantidad de agua necesaria para obtener una masa fina pero no demasiado líquida. Añada el queso y remueva bien.

Caliente el aceite en una sartén grande a fuego medio. Vierta la masa y sofríala 7 u 8 minutos hasta que se dore. Pásela a un plato forrado con papel de cocina y déjela escurrir, reservando el aceite que haya sobrado en la misma sartén.

Para preparar la salsa, ponga en un bol la salsa tamari o de soja, los dos tipos de salsas de guindillas y la levadura nutricional y remueva bien para que se mezclen. Resérvela.

Para preparar el relleno, caliente de nuevo el aceite de la sartén a fuego medio, eche el ajo y las guindillas verdes y sofríalos 2 o 3 minutos hasta que desprendan su aroma. Añada el pimiento verde y la cebolla, salpimiente al gusto y sofríalos 3 o 4 minutos. Agregue el azúcar, la guindilla molida, el vinagre y el kétchup y remueva hasta que se mezclen.

Pase la masa a una fuente, disponga el relleno encima y nápela con la salsa. Adorne el pastel con las cebolletas y sírvalo con arroz de grano largo.

Preparación: 40 minutos
Cocción: 20 minutos

Para 4 personas

Para la masa:

- 95 g de maicena
- 80 g de harina común
- 2 dientes de ajo picados finos
- 2 cdas. de salsa tamari o de soja
- sal y pimienta negra recién molida
- 500 g de queso vegano rallado
- 120 ml de aceite vegetal, para freír

Para la salsa:

- 2 cdas. de salsa tamari o de soja
- 2 cdas. de salsa de guindillas verdes
- 2 cdas. de salsa de guindillas rojas
- 1 cda. de levadura nutricional

Para la el relleno:

- 3 dientes de ajo picados
- 2 guindillas verdes despepitadas y picadas finas
- 1 pimiento verde en dados
- 1 cebolla en dados
- sal y pimienta negra recién molida
- 2 cdas. de azúcar extrafino
- 1 cda. de guindilla molida
- 1 cda. de vinagre de sidra de manzana
- 85 g de kétchup
- 50 g de cebolletas picadas finas, para adornar
- arroz de grano largo cocido, para servir

PAPÚA NUEVA GUINEA

BONIATOS RELLENOS DE CREMA DE COCO

Preparación: 30 minutos
Cocción: 1 hora y 25 minutos

Para 4 personas

- 4 boniatos
- 120 g de margarina vegetal en trozos
- sal y pimienta negra recién molida
- 240 ml de crema de coco
- 1 cebolla picada fina
- 2 dientes de ajo picados
- 2 cdas. de jengibre fresco rallado
- 4 cdas. de zumo de naranja recién exprimido
- 125 g de queso vegano rallado
- ensalada verde, para servir

Precaliente el horno a 200 °C.

Envuelva los boniatos en papel de aluminio y póngalos en una bandeja de horno. Áselos durante 1 hora, dándoles la vuelta cuando lleven la mitad del tiempo de horneado. Introduzca la punta de un cuchillo para comprobar que estén tiernos. Si no es así, siga horneándolos hasta que estén bien hechos. Déjelos enfriar 15 minutos.

Precaliente el gratinador y forre una bandeja de horno con papel vegetal.

Disponga los boniatos en la bandeja. Vacíelos con una cuchara y pase el contenido a un bol. Reserve la piel de los boniatos en la bandeja. Chafe la margarina vegetal con el boniato hasta que se mezclen por completo. Salpimiente al gusto. Con un tenedor, remueva la mezcla hasta obtener un puré. Añada la crema de coco, la cebolla, el ajo, el jengibre y el zumo de naranja y remueva bien.

Rellene las pieles de boniato con la mezcla y cubra cada uno con unos 30 g de queso rallado. Gratínelos de 8 a 10 minutos hasta que el queso se funda por completo. Sírvalos de inmediato con ensalada verde.

NEPAL

CALABAZA AL CURRY

Preparación: 20 minutos
Cocción: 20 minutos

Para 4 personas

- 3 cdas. de margarina vegetal
- 1 cdta. de semillas de fenogreco
- 1 cdta. de semillas de mostaza
- 1 cdta. de semillas de comino
- 3 guindillas rojas secas machacadas
- 1 cda. de ajo picado fino
- 1 cda. de jengibre fresco rallado fino
- 1 cdta. de comino molido
- 1 cdta. de cúrcuma molida
- 750 g de calabaza de verano en dados
- 475 ml de caldo de verduras
- sal y pimienta negra recién molida
- 1 cdta. de pimienta de Sichuan recién molida, para adornar
- arroz basmati u otro arroz de grano largo cocido, para servir

Funda la margarina vegetal en una sartén grande a fuego lento y añada las semillas de fenogreco, mostaza y comino. Suba el fuego y sofríalas 1 minuto hasta que desprendan su aroma. Agregue las guindillas machacadas y sofríalas 1 minuto. Eche el ajo, el jengibre, el comino y la cúrcuma, baje el fuego y rehóguelos otro minuto. Añada la calabaza y rehóguela 2 minutos.

Vierta el caldo en la sartén y llévelo a ebullición. Baje el fuego de inmediato y cuézalo todo a fuego medio-bajo 15 minutos hasta que la calabaza esté tierna pero no demasiado hecha y el líquido se haya reducido a una salsa espesa.

Sazone al gusto con sal, pimienta negra y pimienta de Sichuan. Sirva la calabaza con arroz basmati u otro arroz de grano largo.

LENTEJAS ROJAS CON TOMATE Y COL KALE

ISLAS BERMUDAS

Caliente el aceite en una cazuela a fuego medio. Eche la cebolla y el ajo y sofríalos 5 o 6 minutos hasta que estén translúcidos. Añada las zanahorias y el apio y sofríalos de 10 a 12 minutos a fuego medio hasta que las zanahorias estén tiernas pero firmes. Agregue las hojas de laurel, la cúrcuma, el comino, el cilantro, la guindilla molida y la pimienta de Cayena y sofríalos 2 o 3 minutos hasta que desprendan su aroma. Eche el tomate triturado, el caldo, las lentejas y la pasta de tomate, y llévelo a ebullición. Baje el fuego y cuézalo todo a fuego medio-bajo 3 o 4 minutos hasta que las lentejas estén calientes. Agregue la col kale y cuézalo 3 o 4 minutos más hasta que la col esté hecha. Vierta más caldo si fuera necesario y salpimiente al gusto.

Deseche las hojas de laurel y sirva el guiso con arroz basmati u otro arroz de grano largo.

Preparación: 25 minutos
Cocción: 30 minutos

Para 4 personas

- 2 cdas. de aceite de oliva
- 1 cebolla en dados
- 2 dientes de ajo picados finos
- 2 zanahorias en dados
- 2 tallos de apio en dados
- 2 hojas de laurel
- 1 cda. de cúrcuma molida
- 2 cdtas. de comino molido
- 1 cdta. de cilantro molido
- 1 cdta. de guindilla molida
- 1 cdta. de pimienta de Cayena
- 360 g de tomate triturado en conserva
- 960 ml de caldo de verduras, y un poco más
- 200 g de lentejas rojas en conserva escurridas
- 2 cdas. de pasta de tomate
- 750 g de col kale limpia y picada gruesa
- sal y pimienta negra recién molida
- arroz basmati u otro arroz de grano largo cocido, para servir

ESTOFADO DE BERENJENAS, CALABACINES Y PIMIENTOS

ARGELIA

Caliente el aceite de oliva en una sartén grande a fuego medio. Añada los calabacines, la berenjena, los dos tipos de pimientos, la zanahoria, la cebolla, el ajo y el caldo. Tape la sartén y cuézalo durante 45 minutos. Agregue el tomate con su jugo y cuézalo todo 25 minutos hasta que la salsa se reduzca a un tercio.

Añada la albahaca y salpimiente al gusto. Sirva el estofado en boles con cuscús o arroz basmati.

Preparación: 25 minutos
Cocción: 1 hora y 10 minutos

Para 4 personas

- 4 cdas. de aceite de oliva
- 2 calabacines medianos en rodajas grandes
- 2 berenjenas peladas y en dados
- 2 pimientos verdes picados
- 1 pimiento rojo picado
- 1 zanahoria mediana picada
- 3 cebollas picadas
- 1 diente de ajo machacado
- 600 ml de caldo de verduras
- 800 g de tomate en conserva con su jugo
- 1 cda. de albahaca seca
- sal y pimienta negra recién molida
- cuscús o arroz basmati cocido, para servir

ESTADOS UNIDOS

ESTOFADO DE BERENJENAS Y CEBOLLA

Preparación: 30 minutos, más 30 minutos en remojo
Cocción: 1 hora y 5 minutos

Para 4 personas

- 3 berenjenas peladas y en rodajas de 2,5 cm de grosor
- sal
- 1,4 litros de caldo de verduras
- 6 cebollas en cuartos
- 3 ramitas de canela
- 3 cdtas. de cardamomo molido
- 2 cdtas. de cilantro molido
- 3 cdtas. de hojas de cilantro secas machacadas
- 1 cdta. de clavos machacados
- arroz basmati u otro arroz de grano largo cocido, para servir

Coloque las berenjenas en un bol de agua con sal y déjelas en remojo 30 minutos, poniendo un peso encima si no quedaran completamente sumergidas. Lávelas en agua fría y córtelas en dados.

Eche las berenjenas en una olla con el caldo y las cebollas y llévelas a ebullición. Baje el fuego, tape la olla y cuézalas durante 25 minutos, removiendo de vez en cuando.

Añada la canela, el cardamomo y el cilantro molidos, las hojas de cilantro y el clavo y prosiga con la cocción, sin tapar, 40 minutos.

Sirva el estofado con arroz basmati u otro arroz de grano largo.

MACEDONIA

BERENJENAS Y SETAS CON SALVIA

Preparación: 25 minutos
Cocción: 30 minutos

Para 4 personas

- 3 cdas. de margarina vegetal
- 3 berenjenas peladas y en bastoncitos de 7,5 cm × 5 mm de grosor
- 750 g de setas shiitake o champiñones portobello en rodajas
- 120 ml de caldo de verduras
- 4 cdas. de salvia picada
- sal y pimienta negra recién molida
- 240 g de yogur griego vegano sin azúcar
- noodles o arroz cocido, para servir

Funda a fuego medio la margarina vegetal en una sartén. Añada las berenjenas y las setas y sofríalas 10 minutos. Vierta el caldo, llévelo a ebullición, baje el fuego y cuézalo todo 15 minutos.

Agregue la salvia, salpimiente al gusto y cuézalo 2 minutos más hasta que la salvia desprenda su aroma. Retire la sartén del fuego y déjelo enfriar 5 minutos.

Añada el yogur, remueva bien y sirva el estofado con noodles o arroz.

BERENJENAS Y TOFU EN SALSA DE CIRUELAS

GROENLANDIA

Para preparar las berenjenas, caliente el aceite de oliva en una sartén grande a fuego medio-alto. Añada los dados de tofu y sofríalos de 8 a 10 minutos hasta que se doren por todos los lados. Páselos a un plato forrado con papel de cocina, dejando el aceite que sobre en la sartén y resérvelos.

Eche el ajo y la cebolla en la misma sartén y sofríalos, sin dejar de remover, a fuego medio hasta que estén blandos. Agregue el apio, remueva bien y sofríalo 7 u 8 minutos hasta que esté tierno. Añada las berenjenas y sofríalas 6 o 7 minutos, removiendo de vez en cuando para que no se peguen al fondo, hasta que estén tiernas y ligeramente translúcidas. Reserve la mezcla.

Para preparar la salsa de ciruelas, mezcle en una cazuela las ciruelas pasas con la margarina vegetal, el jengibre, la pimienta de Cayena, el vinagre y 240 ml de agua. Llévelo a ebullición, baje el fuego y cuézalo todo, removiendo con frecuencia, 10 minutos. Añada salsa tamari o de soja al gusto. Cueza la salsa unos 10 minutos más hasta que se reduzca a un tercio.

Pase el tofu y las verduras a una fuente y vierta la salsa de ciruelas por encima. Adórnelo con el perejil o el cilantro y sírvalo con arroz.

Preparación: 25 minutos
Cocción: 45 minutos

Para 4 personas

Para las berenjenas:
- 2 cdas. de aceite vegetal
- 500 g de tofu extrafirme en dados de 1 cm
- 3 dientes de ajo picados finos
- 1 cebolla picada
- 3 tallos de apio picados finos
- 2 berenjenas grandes en rodajas
- perejil o cilantro picado, para adornar
- arroz cocido, para servir

Para la salsa de ciruelas:
- 160 g ciruelas pasas sin hueso y picadas
- 2 cdas. de margarina vegetal
- 1 cdta. de jengibre fresco rallado
- ½ cdta. de pimienta de Cayena
- 2 cdas. de vinagre de sidra de manzana
- salsa tamari o de soja

VERDURAS AL ESTILO DE JAIPUR

INDIA

Ponga en una olla las zanahorias, la coliflor y los garbanzos con el caldo y el azúcar y sale al gusto. Llévelo a ebullición y cuézalo todo de 12 a 14 minutos a fuego medio hasta que las zanahorias estén tiernas pero firmes. Escúrralo, reservando el caldo y resérvelo.

Para preparar la salsa, caliente el aceite en una cazuela a fuego medio. Eche las semillas de comino y la cebolla y sofríalas 5 o 6 minutos hasta que la cebolla se dore y esté tierna. Añada la pasta de tomate, el cardamomo, las semillas de amapola, la cúrcuma, la pasta de guindillas, los copos de guindilla roja, la ramita de canela, el anís estrellado y 2 cucharadas del caldo reservado. Tape la cazuela y cuézalo todo a fuego medio-bajo unos 15 minutos. Agregue otras 2 cucharadas de caldo y la pasta de tamarindo, remueva bien y cuézalo 10 minutos más hasta que los ingredientes estén bien integrados. Añada las zanahorias, la coliflor y los garbanzos reservados y prosiga con la cocción a fuego lento otros 5 minutos.

Pase el guiso a una fuente y sírvalo de inmediato con arroz basmati.

Preparación: 30 minutos
Cocción: 50 minutos

Para 4 personas

- 250 g de zanahorias en rodajas
- 250 g de coliflor separada en ramitos
- 250 g de garbanzos en conserva
- 240 ml de caldo de verduras
- 1 cdta. de azúcar
- sal
- 120 ml de aceite vegetal
- 1 cdta. de semillas de comino
- 1 cebolla picada
- 250 g de pasta de tomate
- 1 cdta. de cardamomo molido
- 4 cdas. de semillas de amapola
- 1 cdta. de cúrcuma molida
- 1 cda. de pasta de guindilla verde o similar
- 1 cdta. de copos de guindilla roja machacados
- 1 ramita de canela
- 2 estrellas de anís
- 120 g de pasta de tamarindo
- arroz basmati cocido, para servir

MÉXICO

FAJITAS CON ARROZ Y SETAS VARIADAS

Preparación: 45 minutos
Cocción: 25 minutos

Para 4 personas

- 120 g de arroz blanco o integral
- 2 cdas. de zumo de lima recién exprimido
- 3 cdas. de aceite de oliva
- 2 dientes de ajo picados finos
- 1 cdta. de comino molido
- 1 cdta. de orégano seco
- sal
- 240 g de champiñones portobello limpios y laminados
- 240 g de setas shiitake limpias y laminadas
- 240 g de rebozuelos o setas de ostra limpios y laminados
- 1 pimiento verde o rojo picado
- 4 cebolletas en rodajas
- 8 tortillas de harina
- 55 g de almendras laminadas tostadas
- su salsa favorita, guacamole o crema agria vegana, para servir
- cilantro picado, para adornar

Cueza el arroz según las indicaciones del envase. Resérvelo.

Ponga en un bol el zumo de lima recién exprimido, 1 cucharada de aceite de oliva, el ajo, el comino, el orégano y 4 cucharadas de agua y sale al gusto. Añada las setas, el pimiento y las cebolletas y remuévalo bien con cuidado para cubrir las setas y las verduras. Déjelas macerar 20 minutos.

Mientras, precaliente el horno a 180 °C.

Envuelva las tortillas con papel de aluminio y caliéntelas en el horno 10 minutos para que se ablanden.

Escurra las setas y las verduras. Caliente el aceite restante en una cazuela a fuego medio y sofríalas 8 minutos o hasta que estén tiernas y se haya evaporado casi todo el líquido. Añada el arroz y las almendras y rehóguelas hasta que estén calientes.

Para servir, disponga la mezcla de setas y arroz en las tortillas, añada su salsa favorita, guacamole o crema agria vegana y enrolle las fajitas. Adórnelas con el cilantro picado y sírvalas de inmediato.

JAPÓN

RATATOUILLE JAPONESA

Preparación: 30 minutos
Cocción: 30 minutos

Para 4 personas

- 4 cdas. de aceite de oliva virgen extra
- 3 berenjenas en rodajas de 1 cm
- 240 g de tomates cherry
- 120 g de calabaza de verano pelada y en rodajas
- 1 pimiento rojo en rodajas
- 1 cebolla en rodajas
- sal y pimienta negra recién molida
- 4 cdas. de sake
- 3 cdas. de miso
- 1 cda. de pasta de tomate
- 1 cda. de azúcar
- 1 cdta. de jengibre fresco rallado
- 1 cdta. de aceite de sésamo tostado
- arroz o pasta cocida, para servir

Precaliente el horno a 230 °C.

Ponga el aceite de oliva en un bol. Añada las rodajas de berenjena y remueva bien para que se impregnen. Agregue los tomates cherry, la calabaza, el pimiento y las cebollas y vuelva a remover. Salpimiente al gusto y remueva de nuevo. Pase las verduras a una fuente refractaria y hornéelas 15 minutos.

Retire la fuente del horno y remueva otra vez las verduras. Hornéelas de 10 a 12 minutos más hasta que estén medio hechas y se empiecen a caramelizar.

Mezcle en un bol el sake con el miso, la pasta de tomate, el azúcar, el jengibre, el aceite de sésamo y 4 cucharadas de agua y remueva bien. Pase la mezcla a una olla y llévela a ebullición. Añada las verduras y remueva para que se impregnen. Tape la olla y cuézalas a fuego lento 5 minutos hasta que estén al dente.

Salpimiente al gusto. Sírvalas con arroz o pasta.

FAJITAS DE FILETES DE TOFU

MÉXICO

Precaliente el horno a 200 °C.

Para preparar el tofu marinado, mezcle en un bol la salsa tamari con el sirope de agave, el zumo de lima y 4 cucharadas de agua y bata bien.

Introduzca los trozos de tofu en la marinada, imprégnelos bien y páselos a una fuente refractaria. Reserve la marinada restante en el bol.

Hornee el tofu durante 15 minutos, dele la vuelta con cuidado, úntelo con la marinada restante y hornéelo otros 15 minutos hasta que se dore. Resérvelo.

Para preparar los pimientos rojos, caliente el aceite de oliva en una sartén a fuego medio. Eche la cebolla y los pimientos rojos y sofríalos 5 o 6 minutos hasta que se doren ligeramente. Desgláselos con un poco de caldo. Llévelos a ebullición y cuézalos 5 minutos. Añada el caldo restante y cuézalos de 10 a 12 minutos más hasta que la salsa se reduzca a la mitad. Agregue las alubias negras y cuézalas durante 4 o 5 minutos hasta que estén tiernas. Salpimiente al gusto.

Pase la mezcla de pimientos a una fuente y ponga los trozos de tofu encima. Sírvalos con las tortillas de maíz templadas, el guacamole, la crema agria vegana y la salsa.

Preparación: 30 minutos
Cocción: 1 hora y 5 minutos

Para 4 personas

Para el tofu marinado:
- 4 cdas. de salsa tamari
- 4 cdas. de sirope de agave
- el zumo de ½ lima
- 500 g de tofu clásico o ahumado en 8 rectángulos

Para los pimientos rojos:
- 2 cdas. de aceite de oliva
- 1 cebolla grande en rodajas
- 4 pimientos rojos en juliana
- 240 ml de caldo de verduras
- 800 g de alubias negras en conserva escurridas
- sal y pimienta negra recién molida

- tortillas de maíz templadas, para servir
- guacamole, para servir
- crema agria vegana, para servir
- salsa, para servir

ESTOFADO DE LANCASHIRE

INGLATERRA

Precaliente el horno a 160 °C.

Caliente 1 cucharada de aceite vegetal en una cazuela a fuego medio. Eche la cebolla y sofríala 5 o 6 minutos hasta que se dore ligeramente. Añada las lentejas, la zanahoria, el boniato, el nabo y la margarina y sofríalo 5 o 6 minutos a fuego medio. Esparza la maicena por encima y remueva bien. Baje el fuego y sofríalo todo 3 o 4 minutos hasta que la zanahoria esté tierna. Vierta la salsa Worcestershire y el caldo y llévelo a ebullición. Baje el fuego de inmediato, añada el tomate, la soja texturizada y las hojas de laurel y salpimiente al gusto. Remueva bien y retire la cazuela del fuego. Añada la levadura nutricional y vuelva a remover para que se incorpore.

Pase la mezcla a una fuente refractaria, ponga las rodajas de patata encima y rocíelas con el aceite restante. Hornee el estofado 1½ horas hasta que las patatas estén hechas.

Adórnelo con perejil y sírvalo de inmediato.

Preparación: 30 minutos
Cocción: 1 hora y 40 minutos

Para 4 personas

- 2 cdas. de aceite vegetal
- 1 cebolla picada
- 240 g de lentejas verdinas
- 1 zanahoria grande en rodajas
- 1 boniato pelado y en rodajas
- 1 nabo pelado y en rodajas
- 2 cdas. de margarina vegetal
- 1 cda. de maicena
- 2 cdtas. de salsa Worcestershire
- 120 ml de caldo de verduras
- 4 tomates grandes picados
- 120 g de soja texturizada
- 2 hojas de laurel
- sal y pimienta negra recién molida
- 2 cdas. de levadura nutricional
- 2-3 patatas en rodajas
- perejil picado, para adornar

PERÚ

ESTOFADO INCA

Preparación: 30 minutos
Cocción: 2 horas y 10 minutos

Para 4 personas

- 2 cdas. de aceite de oliva
- 1 cebolla picada
- 4 dientes de ajo picados finos
- 1 pimiento verde en rodajas
- 250 g de repollo verde picado
- 250 g de patatas russet en rodajas
- 125 g de pasta de tomate
- 2 cdtas. de azúcar extrafino
- 1 cda. de guindilla molida
- 1 cdta. de comino molido
- 225 g de arroz integral o salvaje
- 1,2 litros de caldo de verduras
- 500 g de alubias rojas en conserva escurridas
- cilantro picado, para adornar

Caliente el aceite de oliva en una olla a fuego medio. Eche la cebolla y el ajo y sofríalos 5 o 6 minutos hasta que se doren. Añada el pimiento verde, el repollo, las patatas, la pasta de tomate, el azúcar, la guindilla y el comino molidos. Remueva bien para que se mezclen y sofríalos, sin dejar de remover, 4 o 5 minutos. Agregue el arroz, el caldo y las alubias. Llévelo a ebullición, baje el fuego de inmediato y cuézalo todo 2 horas hasta que el arroz esté hecho y las alubias estén tiernas.

Reparta el estofado entre 4 boles, adórnelo con el cilantro picado y sírvalo.

IRLANDA

ESTOFADO DE INVIERNO

Preparación: 30 minutos
Cocción: 50 minutos

Para 4 personas

- 1 cda. de aceite de oliva
- 10 cebollas perla en rodajas
- 1 zanahoria grande pelada y en rodajas medianas o gruesas
- 1 cda. de harina común
- 120 g de seitán en rodajas de 2,5 cm de grosor
- 2 lonchas de beicon ahumado de tempeh de 1 cm de grosor
- 1 diente de ajo picado fino
- 1 cdta. de tomillo picado
- 240 ml de cerveza negra
- 325 ml de caldo de verduras
- 240 g de calabaza de invierno en dados de 1 cm
- 120 g de patatas russet en dados
- sal y pimienta negra recién molida
- 2 cdas. de perejil picado, para adornar

Caliente el aceite en una cazuela a fuego medio. Eche las cebollas perla y las zanahorias y sofríalas 5 minutos hasta que se doren ligeramente. Añada la harina y sofríala 2 minutos. Agregue el seitán, el beicon de tempeh, el ajo y el tomillo y sofríalos otros 4 minutos hasta que el seitán se empiece a dorar.

Vierta la cerveza y llévelo a ebullición. Cuézalo todo unos 3 minutos, removiendo y rascando los trozos que se peguen en el fondo de la cazuela. Agregue el caldo y la calabaza y llévelo a ebullición de nuevo. Baje el fuego y cuézalo 15 minutos hasta que el caldo se empiece a reducir. Eche las patatas y prosiga con la cocción 20 minutos más hasta que las patatas estén tiernas. Salpimiente al gusto.

Pase el estofado a una fuente, adórnelo con el perejil picado y sírvalo de inmediato.

ESTOFADO DE ALUBIAS NEGRAS

BRASIL

Lave las alubias y póngalas en un bol. Cúbralas con abundante agua y déjelas en remojo toda la noche en el frigorífico. A la mañana siguiente, escúrralas.

Caliente 2 cucharadas de aceite vegetal en una cazuela a fuego medio. Añada las setas y el tofu o tempeh ahumado y sofríalos 6 o 7 minutos hasta que se doren ligeramente. Resérvelos.

Ponga en una olla las alubias con el cilantro, la cebolleta, las hojas de laurel, la cachaza, la naranja en cuartos, el caldo de verduras y 475 ml de agua y llévelo a ebullición a fuego medio. Baje el fuego y cuézalo todo durante 1 hora y 45 minutos hasta que las alubias estén tiernas y pueda chafarlas con facilidad. Resérvelas.

Caliente las 2 cucharadas de aceite restante en un cazo a fuego medio. Eche la cebolla y el ajo y sofríalos durante 5 o 6 minutos hasta que desprendan su aroma. Añada 2 cucharadas generosas de las alubias cocidas, salpimiente al gusto y cháfelo todo hasta obtener una pasta espesa. Pase la pasta de alubias a la olla y agregue las setas y el tofu o tempeh ahumado. Cuézalo a fuego lento durante 20 minutos. Tape la olla para que se mantenga caliente y resérvelo.

Para preparar la salsa de col kale, apile las hojas, enróllelas y córtelas en juliana. Caliente el aceite en un cazo a fuego medio. Eche el ajo y sofríalo 4 o 5 minutos hasta que desprenda su aroma. Añada la col kale y sofríala unos 2 minutos hasta que reduzca su volumen. Salpimiente al gusto y remueva bien. Resérvela.

Para preparar las migas de harina de yuca, funda la margarina vegetal en una sartén a fuego medio. Eche la cebolla y sofríala 5 o 6 minutos hasta que desprenda su aroma. Añada la harina de yuca y remueva bien para que absorba la margarina. Tuéstela 1 o 2 minutos y salpimiente al gusto. Pase las migas a un bol y adórnelas con la cebolleta picada.

Sirva el estofado, llamado *feijoada* en Brasil, con el arroz blanco, las rodajas de naranja, la salsa de col kale y las migas de yuca.

Preparación: 35 minutos
Cocción: 2 horas y 45 minutos

Para 4 personas

Para las alubias:
- 200 g de alubias negras o judías pintas secas
- 4 cdas. de aceite vegetal
- 240 g de setas shiitake limpias y en rodajas
- 120 g de setas de ostra picadas gruesas
- 120 g de tofu o tempeh ahumado en daditos
- 15 g de cilantro fresco picado
- 3 cebolletas limpias y picadas
- 5 hojas de laurel
- 120 ml de cachaza
- 1 naranja sin pelar y en cuartos, y naranjas peladas y en rodajas, para servir
- 475 ml de caldo de verduras
- 1 cebolla picada gruesa
- 4 dientes de ajo picados gruesos
- sal y pimienta negra recién molida
- arroz blanco al vapor, para servir

Para la salsa de col kale:
- 35 g de col kale o espinacas tiernas limpias
- 2 cdas. de aceite vegetal
- 4 dientes de ajo picados finos
- sal

Para las migas de harina de yuca:
- 4 cdas. de margarina vegetal
- 1 cebolla picada fina
- 65 g de harina de yuca
- sal y pimienta negra recién molida
- 50 g de cebolletas picadas, para adornar

CUBA

PATATAS FLAMEADAS CON SETAS DE OSTRA

Preparación: 35 minutos
Cocción: 1 hora y 10 minutos

Para 4 personas

- 500 g de patatas ratte cortadas por la mitad
- 2 cdas. de aceite de oliva
- 2 cdtas. de hierbas aromáticas secas variadas
- sal y pimienta negra recién molida
- 1 cebolla picada
- 2 dientes de ajo picados finos
- 2 hojas de laurel
- 250 g de setas de ostra en rodajas
- 240 ml de caldo de verduras
- 2 cdas. de ron ligero
- cilantro picado, para adornar

Precaliente el horno a 200 °C.

Ponga las patatas en una bandeja de horno con borde, úntelas con 1 cucharada de aceite de oliva, esparza las hierbas aromáticas por encima y salpimiente al gusto. Áselas de 35 a 40 minutos hasta que estén blandas. Páselas a una sartén y resérvelas.

Caliente el aceite restante en una sartén grande a fuego medio. Eche la cebolla y sofríala 5 o 6 minutos hasta que esté tierna y translúcida. Añada el ajo y las hojas de laurel y sofríalo 3 o 4 minutos hasta que se dore ligeramente. Agregue las setas y sofríalas otros 2 o 3 minutos. Vierta el caldo de verduras y llévelo a ebullición. Baje el fuego y cuézalo todo 15 minutos hasta que se reduzca a la mitad. Páselo a una fuente.

Lleve a ebullición el ron en un cazo a fuego medio y viértalo sobre las patatas. Flamee las patatas con un mechero durante 2 o 3 minutos hasta que las llamas hayan consumido el alcohol.

Disponga las patatas flameadas sobre las setas, adórnelas con el cilantro picado y sírvalas de inmediato.

PATATAS FLAMEADAS CON SETAS DE OSTRA

BERENJENAS RELLENAS CON SALSA DE TAMARINDO

Preparación: 35 minutos,
más 30 minutos en remojo
Cocción: 40 minutos

Para 4 personas

Para la salsa de tamarindo:
- 1 cda. de pasta de tamarindo
- 1 cdta. de maicena
- 1 cda. de jengibre fresco rallado
- sal y pimienta negra recién molida

Para las berenjenas:
- 750 g de berenjenas
- 3 cdas. de aceite vegetal
- 2 dientes de ajo picados finos
- 2 cdtas. de cilantro molido
- 1 cdta. de canela molida
- 1 cdta. de clavo molido
- 100 g de coco rallado
- 2 cdtas. de pimienta de Cayena
- 1 cda. de pasta de tamarindo
- 2 cdas. de azúcar moreno
- sal
- ½ cdta. de semillas de mostaza negra

Para preparar la salsa de tamarindo, coloque la pasta en un cazo, vierta 4 cucharadas de agua hirviendo y déjela en remojo 30 minutos. Cháfela con un tenedor para extraer tanto líquido como sea posible. Añada la maicena y el jengibre, salpimiente al gusto y remueva bien. Resérvela.

Corte las berenjenas por la mitad a lo largo, retire 2 o 3 cucharadas de la carne del centro de cada una de ellas y póngala en un bol. Cubra las mitades de berenjena con un paño de cocina limpio y húmedo, y resérvelas.

Caliente 2 cucharadas de aceite en una sartén grande a fuego medio 2 minutos. Eche el ajo y sofríalo 1 minuto. Añada el cilantro, la canela y el clavo y sofríalos otro minuto hasta que desprendan su aroma. Agregue el coco rallado, la pimienta de Cayena y la carne de las berenjenas y sofríalo todo unos 4 minutos hasta que la berenjena se dore ligeramente. Apague el fuego, eche la pasta de tamarindo y el azúcar por encima, remueva bien y sale al gusto. Rellene las mitades de berenjena con la mezcla de coco picante y dispóngalas en una bandeja de horno con borde. Resérvelas.

Precaliente el horno a 200 °C.

Vierta el aceite restante en la misma sartén y caliéntelo a fuego medio. Cuando esté caliente, eche las semillas de mostaza y sofríalas 2 minutos hasta que empiecen a saltar. Vierta el aceite con las semillas sobre las berenjenas rellenas y hornéelas 20 minutos hasta que se doren.

Mientras, lleve a ebullición la salsa de tamarindo a fuego medio, sin dejar de remover, hasta que la maicena se integre por completo en la salsa. Cuézala unos 10 minutos hasta que se reduzca a la mitad. Salpimiente al gusto.

Ponga las berenjenas en 4 platos hondos, rocíelas con la salsa de tamarindo y sírvalas.

SETAS SHIITAKE CON VERDURAS GRATINADAS

INDONESIA

Precaliente el gratinador.

Caliente a fuego medio la margarina vegetal y el tomillo en un cazo 2 o 3 minutos hasta que la margarina se funda.

Mezcle en una fuente refractaria los dos tipos de pimientos, el calabacín y las setas. Vierta la margarina con tomillo por encima y gratine las verduras unos 14 o 15 minutos hasta que estén tiernas y se doren.

Salpimiente al gusto y sírvalas con arroz integral o basmati.

Preparación: 30 minutos
Cocción: 20 minutos

Para 4 personas

- 60 g de margarina vegetal
- 4 cdtas. de tomillo picado
- 250 g de pimientos rojos en rodajas
- 250 g de pimientos amarillos en rodajas
- 250 g de calabacín en rodajas
- 500 g de setas shiitake limpias y en cuartos
- sal y pimienta negra recién molida
- arroz integral o basmati cocido, para servir

VERDURAS CON CACAHUETES

ZAMBIA

Lleve a ebullición 475 ml de agua en una olla. Eche la crema de cacahuetes, el tomate y la cebolla. Cuézalos a fuego medio 5 o 6 minutos, removiendo con frecuencia. Añada la calabaza y baje el fuego. Agregue las verduras de hojas y los champiñones y salpimiente al gusto. Tape la olla y cuézalo todo 30 minutos hasta que las verduras y la crema de cacahuetes se mezclen y formen una salsa espesa.

Añada el repollo y los ramitos de brócoli y cuézalos 5 minutos hasta que estén tiernos.

Pase las verduras a una fuente, adórnelas con los cacahuetes y sírvalas de inmediato con arroz basmati o salvaje.

Preparación: 30 minutos
Cocción: 40 minutos

Para 4 personas

- 260 g de crema de cacahuetes suave o crujiente
- 2 tomates picados
- 1 cebolla picada
- 240 g de calabaza de verano en dados
- 210 g de verduras de hoja variadas (berza, col kale y espinacas o espinacas tiernas)
- 240 g de champiñones en rodajas
- sal y pimienta negra recién molida
- 120 g de repollo en juliana
- 150 g de ramitos de brócoli
- 120 g de cacahuetes machacados, para adornar
- arroz basmati o salvaje cocido, para servir

IRLANDA

PUERROS EN VINAGRETA

Preparación: 20 minutos
Cocción: 30 minutos

Para 4 personas

Para la vinagreta:
- 4 cdas. de aceite de oliva
- 3 cdas. de vinagre de vino tinto
- 2 cdas. de mostaza a la antigua
- 2 chalotas picadas finas

Para los puerros:
- sal
- 6 puerros, solo la parte blanca y verde claro
- 2 cdas. de perejil picado, para adornar
- 3 cdas. de nueces tostadas picadas, para adornar
- pimienta negra recién molida
- patatas asadas o cocidas, para servir

Para preparar la vinagreta, ponga en un bol el aceite de oliva con el vinagre, la mostaza y las chalotas y bata para que se mezclen.

Para preparar los puerros, ponga a hervir una olla de agua con sal. Eche los puerros y cuézalos 15 minutos a fuego medio hasta que estén tiernos y pueda pincharlos con la punta de un cuchillo. Escúrralos y séquelos con papel de cocina. Córtelos por la mitad a lo largo.

Dispóngalos en una fuente y rocíelos con la vinagreta. Adórnelos con el perejil y las nueces y salpimiente al gusto. Sírvalos con patatas asadas o cocidas.

PUERROS EN VINAGRETA

ALBANIA

PUERROS CON LENTEJAS

Preparación: 25 minutos
Cocción: 1 hora y 15 minutos

Para 4 personas

- 200 g de lentejas de Puy o verdes secas
- 2 cdas. de aceite de oliva
- 2 puerros grandes en trozos de 4 cm
- 1 cebolla en dados
- 120 g de setas en dados
- 240 ml de caldo de verduras
- 2 cdas. de pasta de tomate
- 1 cdta. de pimentón dulce o ahumado
- 1 cdta. de orégano seco
- 1 cdta. de romero seco
- sal y pimienta negra recién molida
- arroz de grano largo o salvaje cocido, para servir

Precaliente el horno a 200 °C.

Lave y escurra las lentejas un par de veces bajo un chorro de agua fría. Vierta 720 ml de agua en una olla, agregue las lentejas y llévelas a ebullición. Cuézalas a fuego medio de 20 a 25 minutos, hasta que estén tiernas. Escúrralas y resérvelas.

Caliente 1 cucharada de aceite de oliva en una cazuela honda a fuego medio-alto. Añada los puerros y saltéelos de 5 a 10 minutos hasta que estén tiernos y se empiecen a dorar. Páselos a una fuente refractaria.

Caliente el aceite de oliva restante en una cazuela a fuego medio, eche las cebollas y sofríalas 5 o 6 minutos hasta que estén tiernas. Agregue las setas y sofríalas 7 u 8 minutos hasta que estén blandas y empiecen a soltar líquido. Añada el caldo, las lentejas, la pasta de tomate, el pimentón, el orégano y el romero y remueva bien. Salpimiente al gusto y cuézalo todo a fuego lento 3 o 4 minutos.

Vierta la mezcla sobre los puerros en la fuente. Hornéelos 30 minutos hasta que se evapore casi todo el líquido y la parte superior de los puerros se dore. Sírvalos con arroz de grano largo o salvaje.

ETIOPÍA

ESTOFADO DE LENTEJAS

Preparación: 30 minutos
Cocción: 35 minutos

Para 4 personas

Para la mezcla de especias:

- 1 cdta. de cardamomo molido
- 1 cdta. de cilantro molido
- 1 cdta. de fenogreco molido
- 1 cdta. de nuez moscada molida
- 1 cdta. de clavo molido
- 1 cdta. de pimienta de Jamaica molida
- 1 cdta. de canela molida
- 1 cdta. de pimentón dulce
- 1 cdta. de cúrcuma molida
- 1 cdta. de pimienta de Cayena
- 1 cdta. de pimienta negra recién molida
- 1 cdta. de sal

Para el estofado:

- 360 g de lentejas verdinas o rubias
- 1 diente de ajo machacado
- 1 cebolla picada
- 200 g de tomate triturado en conserva
- arroz salvaje cocido, para servir

Para preparar la mezcla de especias, mezcle todos los ingredientes en un bol y remueva bien. Resérvela.

Para preparar el estofado, ponga una cazuela con 550 ml de agua y llévela a ebullición. Añada las lentejas junto con el ajo, la cebolla y 2 cucharadas de la mezcla de especias y cuézalas 20 minutos a fuego medio-bajo hasta que estén tiernas. Agregue la cantidad de agua necesaria durante la cocción para que el estofado no se seque.

Eche el tomate triturado y prosiga con la cocción a fuego medio unos 15 minutos hasta que esté hecho.

Salpimiente al gusto y sirva el estofado con arroz.

ESTOFADO AFRICANO

MALI

Caliente el aceite en una olla a fuego vivo y saltee el tofu y las cebollas hasta que se doren ligeramente. Baje el fuego y rehóguelos durante 6 o 7 minutos hasta que el tofu se dore. Añada el resto de ingredientes, excepto la crema de cacahuetes y llévelos a ebullición. Baje el fuego de inmediato y cuézalo todo unos 30 minutos hasta que las verduras estén tiernas.

Pase las verduras a un bol y resérvelas. Eche la crema de cacahuetes en la cazuela con la salsa y remueva bien hasta obtener una mezcla homogénea. Salpimiente al gusto. Vierta la salsa por encima de las verduras y sírvalas sobre el arroz.

Preparación: 20 minutos
Cocción: 45 minutos

Para 4 personas

- 4 cdas. de aceite vegetal
- 500 g de tofu ahumado en dados
- 2 cebollas picadas finas
- 2 cdas. de pasta de tomate
- 4 tomates picados
- 1 guindilla roja picada fina
- 1 kg de verduras variadas como repollo, zanahoria, berenjena, boniato, calabaza de invierno o nabo
- 710 ml de caldo de verduras
- 130 g de crema de cacahuetes suave o crujiente
- sal y pimienta negra recién molida
- arroz cocido, para servir

HABAS CON VERDURAS

MADAGASCAR

Ponga a hervir 2 cazuelas con agua. Eche las patatas, las zanahorias y la coliflor en una de ellas y las remolachas en la otra. Cueza las verduras 5 minutos. Escúrralas y resérvelas por separado.

Funda a fuego medio la margarina vegetal en una sartén. Eche la cebolla y el ajo y sofríalos unos 5 minutos hasta que la cebolla esté translúcida. Añada el jengibre, el azafrán y el cilantro molidos, remueva y sofríalos 2 o 3 minutos hasta que desprendan su aroma. Agregue las verduras y cuézalas 20 minutos hasta que estén tiernas. Añada las habas frescas, las cebolletas y el cilantro picado. Remueva bien para que se mezclen y cuézalo todo unos 10 minutos hasta que las habas estén calientes. Salpimiente al gusto y retire la olla del fuego.

Añada el perejil y el zumo de limón, pase el guiso a un bol y sírvalo con arroz de grano largo.

Preparación: 20 minutos
Cocción: 40 minutos

Para 4 personas

- 3 patatas grandes y firmes en rodajas
- 2 zanahorias en rodajas
- ½ coliflor limpia y separada en ramitos
- 2 remolachas peladas y en rodajas
- 2 cdas. de margarina vegetal
- 1 cebolla picada
- 8 dientes de ajo picados
- 1 cdta. de jengibre molido
- 1 cdta. de azafrán molido
- 1 cdta. de cilantro molido
- 500 g de habas frescas en conserva
- 6 cebolletas limpias y picadas
- 1 cda. de cilantro picado
- sal y pimienta negra recién molida
- 1 cda. de perejil picado
- el zumo de 2 limones
- arroz de grano largo cocido, para servir

MÉXICO

PASTEL DE TORTILLAS

Preparación: 30 minutos
Cocción: 35 minutos

Para 4 personas

- 1 cda. de aceite vegetal
- 270 g de cebolla picada
- 2 dientes de ajo picados finos
- 1 cdta. de comino molido
- 2 cdtas. de guindilla molida
- 200 g de tomates picados
- 240 ml de caldo de verduras
- 4 cdas. de pasta de tomate
- 90 g de maíz
- 200 g de alubias rojas cocidas
- sal y pimienta negra recién molida
- 4 tortillas de harina
- 240 g de queso cheddar vegano rallado
- ensalada, para servir
- salsa picante, para servir

Caliente el aceite en una sartén grande a fuego medio. Eche la cebolla, el ajo, el comino y la guindilla y sofríalos unos 4 minutos hasta que la cebolla se empiece a dorar. Añada el tomate, el caldo, la pasta de tomate, el maíz y las alubias rojas y cuézalo todo a fuego medio unos 10 minutos. Salpimiente al gusto.

Coloque 1 tortilla en una fuente refractaria, disponga un cuarto de la mezcla de alubias por encima de manera uniforme y esparza un cuarto del queso. Repita la operación con las tortillas, la mezcla de alubias y el queso restantes hasta obtener otras 3 capas. Termine con una capa de la mezcla de alubias y queso. Hornee el pastel de tortillas unos 20 minutos hasta que el queso se dore. Sírvalo caliente con ensalada y salsa picante.

CHINA

SETAS CON ARROZ DE LA DINASTÍA MING

Preparación: 20 minutos
Cocción: 20 minutos

Para 4 personas

- 2 cdas. de margarina vegetal
- 500 g de setas variadas como champiñones, setas shiitake y setas de ostra
- sal y pimienta negra recién molida
- 2 cdas. de harina común
- 2 cdas. de salsa de soja
- 1 cdta. de pimienta de Sichuan molida
- arroz basmati u otro arroz de grano largo cocido, para servir

Funda la margarina vegetal en una cazuela a fuego medio. Añada las setas y sofríalas 8 o 9 minutos hasta que empiecen a soltar su jugo. Salpimiente al gusto, tape la cazuela y rehóguelas a fuego lento unos 4 o 5 minutos. Espolvoree la harina por encima y remueva bien. Agregue la salsa de soja y vuelva a remover. Tape la cazuela de nuevo y rehóguelas otros 4 o 5 minutos. Añada la pimienta de Sichuan, remueva bien y sírvalas de inmediato con arroz.

SETAS Y ESPÁRRAGOS BLANCOS

FRANCIA

Caliente 2 cucharadas de aceite en una olla a fuego medio, eche la cebolla, la chalota y el ajo y sofríalos hasta que se doren. Añada los espárragos y sofríalos 5 minutos, dándoles la vuelta a mitad de cocción, hasta que estén tiernos. Vierta el caldo y llévelo a ebullición. Baje el fuego y cuézalo todo 15 minutos hasta que los espárragos estén tiernos. Sáquelos con una espumadera y resérvelos en una fuente. Cuele el caldo de cocción sobre un bol.

Caliente el aceite restante en una sartén a fuego medio y sofría las setas y los champiñones 4 minutos hasta que se empiecen a dorar. Retírelos y resérvelos. Vierta el vino en la sartén y llévelo a ebullición. Baje el fuego y cuézalo durante 12 minutos hasta que se reduzca a la mitad. Añada el líquido de cocción de los espárragos y el zumo de naranja y salpimiente al gusto. Remueva bien y cueza la salsa durante 20 minutos hasta que empiece a espesar. Agregue los espárragos y las setas y champiñones y cuézalos 2 minutos. Sírvalos de inmediato con una ensalada ligeramente aliñada.

Preparación: 20 minutos
Cocción: 1 hora

Para 4 personas

- 4 cdas. de aceite de oliva
- 1 cebolla picada
- 1 chalota picada
- 3 dientes de ajo picados
- 750 g de espárragos blancos limpios
- 240 ml de caldo de verduras
- 500 g de setas de ostra picadas
- 2 champiñones portobello limpios y picados
- 120 ml de vino blanco
- el zumo de 1 naranja
- sal y pimienta negra recién molida
- ensalada, para servir
- aliño francés o italiano, para servir

ESTOFADO DE PENNE

EL TÍBET

Ponga a hervir una cazuela de agua con sal, eche los penne y cuézalos según las indicaciones del envase hasta que estén al dente. Escúrralos en un colador, lávelos bajo un chorro de agua fría hasta que se enfríen y escúrralos de nuevo. Resérvelos.

Caliente el aceite en un wok o una olla a fuego medio, eche la cebolla, el ajo y el jengibre y sofríalos 5 o 6 minutos hasta que se doren. Añada el tomate y la soja texturizada y sofríalo unos 5 minutos. Agregue el caldo, la salsa tamari o de soja y el pimentón y llévelo a ebullición. Baje el fuego y cuézalo 10 minutos hasta que el tomate estén bien hecho.

Eche los penne en el wok o la olla y cuézalos 2 minutos. Añada las espinacas y cuézalas 1 minuto hasta que reduzcan su volumen.

Rectifique la sazón añadiendo salsa tamari o de soja al gusto y sirva los penne de inmediato.

Preparación: 20 minutos
Cocción: 25 minutos

Para 4 personas

- sal
- 480 g de penne
- 2 cdas. de aceite de oliva
- 2 cebollas en rodajas finas
- 4 dientes de ajo en láminas finas
- 1 cda. de jengibre fresco rallado fino
- 2 tomates en dados
- 240 g de soja texturizada
- 960 ml de caldo de verduras
- 4 cdas. de salsa tamari o de soja
- 2 cdtas. de pimentón picante
- 150 g de espinacas tiernas

BERENJENAS GLASEADAS

Preparación: 20 minutos
Cocción: 30 minutos

Para 4 personas

Para el glaseado:
- 4 cdas. de miso amarillo
- 4 cdas. de mirin
- 4 cdas. de sake
- 2 cdas. de azúcar extrafino

Para las berenjenas:
- 2 berenjenas grandes
- 2 cdas. de aceite vegetal
- 120 ml de sake
- 120 ml de caldo de verduras
- 2 cebolletas picadas finas, para adornar
- 2 cdtas. de jengibre fresco rallado, para adornar

Para preparar el glaseado, mezcle todos los ingredientes en una cazuela con unas varillas, asegurándose de que no quedan grumos de miso. Llévelo a ebullición a fuego medio y baje el fuego de inmediato. Cuézalo, sin dejar de remover, 8 o 9 minutos hasta que espese. Retire la cazuela del fuego, tápelo para que se mantenga caliente y resérvelo.

Para preparar las berenjenas, córtelas por la mitad a lo largo y realice unos cortes en forma de cruz en la superficie, asegurándose de que tienen una profundidad de tres cuartos del grosor de la berenjena pero que no atraviesan la piel. (Los cortes ayudarán a que los jugos penetren durante la cocción.)

Caliente el aceite en una sartén grande a fuego medio. Fría las berenjenas con la superficie cortada hacia abajo unos 6 o 7 minutos hasta que se doren. Deles la vuelta, vierta el sake y tape la sartén de inmediato para contener el vapor. Cuézalas, tapadas, unos 10 minutos hasta que el sake se reduzca por completo. Deles la vuelta de nuevo y vierta el caldo. Vuelva a tapar la sartén y cuézalas otros 15 minutos hasta que pueda pincharlas con facilidad con la punta de un cuchillo. Si estuvieran demasiado duras, vierta un poco de agua y prosiga con la cocción hasta que estén tiernas. Retire la tapa para que se evapore toda el agua.

Pase las berenjenas a una fuente y úntelas con el glaseado. Adórnelas con las cebolletas y el jengibre y sírvalas de inmediato.

BERENJENAS GLASEADAS

TIMOR

ESTOFADO DE SETAS

Preparación: 30 minutos
Cocción: 10 minutos

Para 4 personas

Para la mezcla de especias:
- 2 dientes de ajo picados finos
- 4 chalotas picadas finas
- 2 cdtas. de jengibre fresco rallado fino
- 1 cdta. de cúrcuma fresca picada fina
- 1 guindilla roja despepitada y picada
- 1 cdta. de pasta de tamarindo
- 4 cdas. de caldo de verduras
- sal y pimienta negra recién molida

Para el estofado:
- 3 cdas. de salsa de tamarindo
- 2 cdas. de zumo de lima recién exprimido
- 1 kg de setas como setas shiitake, champiñones o champiñones portobello, en rodajas
- 1 tallo de citronela picado fino
- 4 hojas de laurel
- 2 cdas. de aceite vegetal
- 2 tomates picados
- 4 cebolletas, solo la parte blanca, en rodajas
- 1 cdta. de azúcar
- sal y pimienta negra recién molida
- 4 cdas. de albahaca dulce picada, para adornar
- arroz cocido, para servir

Para preparar la mezcla de especias, triture todos los ingredientes en una batidora hasta obtener una mezcla homogénea. Pásela a un bol y resérvela.

Para preparar el estofado, mezcle la salsa de tamarindo con el zumo de lima en un bol. Añada las setas y remueva bien para que se impregnen. Agregue la mezcla de especias, la citronela y las hojas de laurel y remueva de nuevo para que se mezclen.

Caliente el aceite en una olla a fuego medio. Añada la mezcla de setas, el tomate, la cebolleta y el azúcar y sofríalos 7 u 8 minutos hasta que estén bien hechos. Salpimiente al gusto, páselo todo a una fuente y adórnelo con la albahaca picada. Sírvalo con arroz.

PAKISTÁN

ESTOFADO DE SETAS CON ESPINACAS TIERNAS

Preparación: 20 minutos
Cocción: 10 minutos

Para 4 personas

- 180 g de setas de ostra picadas
- 180 g de setas shiitake limpias y picadas
- 180 g de champiñones
- 2 cdas. de salsa tamari o de soja
- 2 dientes de ajo picados finos
- 1 cda. de zumo de limón recién exprimido
- 2 cdas. de aceite de oliva
- 300 g de espinacas tiernas
- 2 guindillas rojas pequeñas picadas finas
- 1 cda. de semillas de sésamo blanco
- 1 cda. de margarina vegetal
- sal y pimienta negra recién molida
- patatas salteadas o arroz cocido, para servir

Mezcle las setas en un bol. Agregue la salsa tamari o de soja, el ajo y el zumo de limón y remueva bien para que las setas se impregnen.

Caliente el aceite de oliva en una sartén grande a fuego medio. Eche las setas y sofríalas 4 o 5 minutos hasta que se doren ligeramente. Añada las espinacas, las guindillas, las semillas de sésamo y la margarina y sofríalo todo 3 o 4 minutos hasta que las espinacas reduzcan su volumen.

Salpimiente al gusto. Sirva el estofado de inmediato con patatas o arroz.

ESTOFADO DE SETAS Y APIO

SUDÁFRICA

Ponga a hervir agua con sal en una olla. Añada el apio y cuézalo a fuego medio-bajo de 35 a 40 minutos hasta que esté tierno. Escúrralo y resérvelo.

Funda la margarina en una olla a fuego lento . Agregue las setas y suba el fuego. Sofríalas 4 minutos, removiendo con frecuencia, hasta que se doren ligeramente. Espolvoréelas con la harina y remueva bien. Corte el apio cocido en dados de 1 cm y añádalos a la olla junto con la leche de soja y la levadura nutricional. Remueva y salpimiente al gusto. Cuézalos a fuego lento 5 minutos hasta que la salsa espese. Sirva el estofado de inmediato con patatas o arroz.

Preparación: 30 minutos
Cocción: 45 minutos

Para 4 personas

- 2 manojos de apio medianos (o 1 grande) pelados y en trozos de 5 cm
- 4 cdas. de margarina vegetal
- 240 g de champiñones o setas shiitake en rodajas
- 1 cdta. de harina común
- 150 ml de leche de soja
- 1 cda. de levadura nutricional
- sal y pimienta negra recién molida
- patatas fritas o arroz cocido, para servir

OCRAS CON TOMATE

KUWAIT

Con un cuchillo pequeño, corte y deseche los extremos de las vainas de ocra.

Mezcle en un bol el vinagre con la salsa tamari o de soja y el zumo de lima o yuzu. Añada las ocras y remueva bien para que se impregnen. Resérvelas en el frigorífico durante 1 hora.

Caliente el aceite en una cazuela de fondo grueso o de hierro fundido a fuego medio. Eche la cebolla y el ajo y sofríalos 5 o 6 minutos hasta que se doren. Añada la pasta de tomate y sofríala 2 minutos. Agregue el tomate triturado, el comino, la canela, la pimienta de Jamaica y los copos de guindilla roja machacados y remueva para que se mezclen. Cuézalo todo a fuego lento, sin tapar, 20 minutos, removiendo con frecuencia.

Escurra las ocras en un colador y séquelas con papel de cocina. Córtelas a lo ancho en 3 rodajas y páselas a la cazuela. Añada el caldo de verduras, tape la cazuela y cuézalas a fuego lento 20 minutos hasta que estén tiernas.

Salpimiente al gusto. Añada el perejil y el zumo de limón y sírvalas de inmediato con arroz.

Preparación: 30 minutos,
más 1 hora para refrigerar
Cocción: 50 minutos

Para 4 personas

- 750 g de ocras (quingombó o dedos de dama)
- 120 ml de vinagre blanco
- 1 cda. de salsa tamari o de soja
- 1 cda. de zumo de lima o yuzu recién exprimido
- 4 cdas. de aceite de oliva
- 1 cebolla amarilla picada
- 3 dientes de ajo picados finos
- 2 cdas. de pasta de tomate
- 200 g de tomate triturado en conserva con su jugo
- 1 cdta. de comino molido
- 1 cdta. de canela molida
- 1 cdta. de pimienta de Jamaica molida
- 1 cdta. de copos de guindilla roja machacados
- 5 cdas. de caldo de verduras
- sal y pimienta negra recién molida
- ½ manojo de perejil picado
- 1 cda. de zumo de limón recién exprimido
- arroz cocido, para servir

UGANDA

PLÁTANOS MACHO CON TOFU

Preparación: 35 minutos
Cocción: 1 hora y 5 minutos

Para 4 personas

- 8 plátanos macho
- el zumo de 2 limones
- 4 cdas. de aceite vegetal
- 1 cebolla picada
- 4 tomates picados
- 1 pimiento verde despepitado y picado
- 1 guindilla verde despepitada y picada
- 4 dientes de ajo picados
- 500 g de tofu ahumado en dados
- 475 ml de caldo de verduras
- sal y pimienta negra recién molida
- 1 manojo de cilantro picado, para adornar
- arroz cocido, para servir

Pele los plátanos, córtelos en dados y colóquelos en un bol. Rocíelos con el zumo de limón y resérvelos.

Caliente el aceite en una olla a fuego medio. Eche la cebolla, el tomate, el pimiento, la guindilla y el ajo y sofríalos 6 o 7 minutos hasta que se doren ligeramente. Añada los dados de tofu ahumado y sofríalos 9 o 10 minutos hasta que se doren por todos los lados. Vierta el caldo de verduras y llévelo a ebullición. Baje el fuego, agregue los plátanos y tape la cazuela. Cuézalos a fuego lento unos 45 minutos hasta que estén tiernos.

Salpimiente al gusto, páselos a una fuente y adórnelos con el cilantro. Sírvalos calientes con arroz.

FILIPINAS

PLÁTANOS A LA CREMA

Preparación: 25 minutos
Cocción: 30 minutos

Para 4 personas

- 3 plátanos macho grandes
- sal y pimienta negra recién molida
- 4 cdas. de aceite vegetal
- 4 dientes de ajo picados finos
- 1 cebolla picada fina
- 2 guindillas rojas picadas finas
- 475 ml de leche de coco sin azúcar
- 2 cdas. de salsa tamari o de soja
- 300 g de espinacas tiernas
- arroz blanco cocido o boniatos fritos, para servir

Pele los plátanos, córtelos por la mitad a lo largo y, a continuación, en rodajas. Frótelos con sal.

Caliente 3 cucharadas de aceite en una sartén a fuego medio. Fría las rodajas de plátano, por tandas, 6 o 7 minutos hasta que se doren. Déjelas escurrir sobre papel de cocina y resérvelas.

Caliente el aceite restante en la misma sartén a fuego medio. Eche el ajo, la cebolla y las guindillas y sofríalos 5 o 6 minutos hasta que se doren. Agregue la leche de coco y la salsa tamari o de soja y llévelos a ebullición a fuego medio. Añada el plátano frito y las espinacas, y cuézalo todo 15 minutos hasta que la salsa espese.

Salpimiente al gusto. Sírvalo con arroz o boniatos.

TOFU Y PAPAYA CON LECHE DE COCO

ISLAS SALOMÓN

Caliente el aceite de oliva en una sartén a fuego vivo. Eche los dados de tofu y sofríalos 7 u 8 minutos hasta que se doren. Añada la cebolla y sofríala 5 o 6 minutos hasta que se dore. Agregue la papaya y sofríala 5 minutos. Retire la sartén del fuego y añada la leche de coco.

Salpimiente al gusto y sírvalo con puré de boniato o plátanos fritos.

Preparación: 20 minutos
Cocción: 20 minutos

Para 4 personas

- 2 cdas. de aceite de oliva
- 500 g de tofu firme en dados
- 1 cebolla picada
- 1 papaya firme pelada, despepitada y en rodajas finas
- 350 ml de leche de coco
- sal y pimienta negra recién molida
- puré de boniato o plátanos macho fritos, para servir

COL KALE CON CACAHUETES

MAURITANIA

Caliente el aceite en una sartén grande a fuego medio. Eche la cebolla, el ajo y el jengibre y sofríalos unos 5 o 6 minutos hasta que se doren ligeramente y desprendan su aroma. Añada el comino, remueva bien y vierta el caldo de verduras. Agregue la crema de cacahuetes y remueva hasta que se integre por completo. Añada el tomate triturado y la col kale y tape la cazuela. Baje el fuego y cuézalo todo 45 minutos, removiendo de vez en cuando, hasta que la salsa espese.

Salpimiente al gusto y páselo a una fuente. Adórnelo con los cacahuetes tostados y sírvalo con arroz de grano largo y sriracha.

Preparación: 20 minutos
Cocción: 50 minutos

Para 4 personas

- 2 cdtas. de aceite vegetal
- 1 cebolla roja picada gruesa
- 4 dientes de ajo picados finos
- 2 cdas. de jengibre fresco rallado fino
- 1 cdta. de comino molido
- 1,4 litros de caldo de verduras
- 240 g de crema de cacahuetes suave o crujiente
- 200 g de tomate triturado en conserva
- 450 g de col kale limpia y picada
- sal y pimienta negra recién molida
- 60 g de cacahuetes tostados, para adornar
- arroz de grano largo cocido, para servir
- 2 cdas. de sriracha, para servir

KENIA

ESTOFADO DE VERDURAS CON SALSA DE PEPINO

Preparación: 30 minutos
Cocción: 45 minutos

Para 4 personas

Para la salsa de pepino:
- 120 g de cacahuetes tostados machacados
- ½ pepino pelado, despepitado y en daditos
- 30 g de cilantro picado
- 1 chile jalapeño limpio, despepitado y picado fino
- 2 cdas. de zumo de lima recién exprimido
- 1 cda. de jengibre fresco rallado
- sal y pimienta negra recién molida

Para el estofado de cacahuetes:
- 2 cdas. de aceite de oliva
- 2 cebollas picadas
- 1 tallo de apio picado
- 1 cda. de jengibre fresco rallado
- 2 guindillas verdes despepitadas y picadas finas
- 2 dientes de ajo picados finos
- 2 boniatos pelados y en rodajas
- 400 g de tomates en dados
- 475 ml de caldo de verduras
- sal y pimienta negra recién molida
- 500 g de calabaza de invierno pelada y en dados
- 250 g de ramitos de coliflor
- 60 g de crema de cacahuetes
- arroz integral cocido, para servir
- 60 g de berros limpios, para adornar

Para preparar la salsa de pepino, mezcle todos los ingredientes en un bol. Refrigérela hasta el momento de servir.

Para preparar el estofado de cacahuetes, caliente el aceite en una olla a fuego medio. Eche la cebolla y el apio y sofríalos 5 o 6 minutos, removiendo de vez en cuando, hasta que estén translúcidos. Añada el jengibre, las guindillas verdes y el ajo y sofríalos 5 minutos hasta que se doren ligeramente. Agregue el boniato y el tomate y sofríalos 5 minutos, removiendo de vez en cuando, hasta que la salsa espese.

Añada el caldo y salpimiente al gusto. Llévelo a ebullición, tape parcialmente la olla y cuézalo todo 10 minutos. Agregue la calabaza y la coliflor y prosiga con la cocción a fuego medio-bajo 15 minutos hasta que las verduras estén tiernas.

Bata la crema de cacahuetes con 120 ml de agua caliente en un bol. Añada la mezcla a la olla y cuézala 5 minutos, removiendo con frecuencia, hasta que ligue.

Vierta el estofado sobre el arroz y adórnelo con los berros. Sírvalo con la salsa de pepino.

PIÑA GUISADA CON ALUBIAS ROJAS

TRINIDAD

Mezcle en una sartén grande la piña con la cebolla, el ajo y el sirope de agave o de arce. Sofríalos 15 minutos a fuego medio, removiendo a menudo, hasta que la mezcla se seque y la cebolla se empiece a dorar. Añada los ingredientes restantes y remueva bien. Baje el fuego, tape la sartén y cuézalo todo 30 minutos, removiendo con frecuencia.

Sirva el estofado sobre arroz basmati u otro arroz de grano largo.

Preparación: 25 minutos
Cocción: 45 minutos

Para 4 personas

- 540 g de piña fresca madura descorazonada y picada fina
- 240 g de cebolla picada
- 4 dientes de ajo picados finos
- 1 cda. de sirope de agave o de arce
- 4 tomates pelados y picados
- 2 cdas. de zumo de lima recién exprimido
- 2 cdtas. de orégano seco
- 1 cdta. de ralladura de lima
- 1 cdta. de pimienta de Cayena
- 400 g de alubias rojas en conserva escurridas
- arroz basmati u otro arroz de grano largo cocido, para servir

TOFU PIRI-PIRI CON COL CHINA

MADAGASCAR

Caliente el aceite de oliva en un wok o una cazuela honda a fuego medio y saltee el ajo 2 minutos hasta que se dore ligeramente. Añada la pimienta de Cayena, la guindilla, el comino y el jengibre y sofríalos unos 2 o 3 minutos. Agregue los dados de tofu y sofríalos de 8 a 10 minutos hasta que se doren por todos los lados. Añada la col china, baje el fuego y cuézala unos 20 minutos hasta que esté tierna.

Salpimiente al gusto. Sirva el tofu y la col calientes con salsa sriracha a un lado.

Preparación: 20 minutos
Cocción: 50 minutos

Para 4 personas

- 2 cdas. de aceite de oliva
- 5 dientes de ajo picados
- 1 cdta. de pimienta de Cayena
- 1 guindilla roja picada fina
- 1 cdta. de comino molido
- 1 cdta. de jengibre molido
- 500 g de tofu firme en dados
- 1 col china (de unos 750 g) limpia y en juliana
- sal y pimienta negra recién molida
- sriracha, para servir

ESTADOS UNIDOS

CHAMPIÑONES PORTOBELLO CON VERDURAS

Preparación: 25 minutos
Cocción: 40 minutos

Para 4 personas

- 350 ml de caldo de verduras
- 300 g de col kale limpia y picada
- 2 cdas. de margarina vegetal
- 1 cda. de maicena
- 1 cebolla picada
- 250 g de ocras (quingombó o dedos de dama) cortadas en tercios
- 1 pimiento verde despepitado y picado
- 4 tallos de apio picados
- 500 g de champiñones portobello en rodajas
- sal y pimienta negra recién molida
- arroz cocido, para servir
- sriracha, para servir

Vierta el caldo en una olla y llévelo a ebullición. Baje el fuego, añada la col kale y cuézala a fuego lento 5 o 6 minutos hasta que esté tierna. Retire la olla del fuego y resérvela.

Caliente la margarina en una sartén grande a fuego medio-bajo hasta que se funda y empiece a burbujear. Añada la maicena y dórela, sin dejar de remover con una cuchara de madera, unos 5 o 6 minutos hasta que desprenda olor a tostado. Eche la cebolla, la ocra, el pimiento, el apio y los champiñones y sofríalos 6 o 7 minutos hasta que la cebolla se dore. Añada la col kale y el caldo, llévelos a ebullición y cuézalo todo a fuego lento 20 minutos.

Salpimiente al gusto. Sirva el guiso con arroz y salsa sriracha a un lado.

MOZAMBIQUE

CALABAZA GUISADA

Preparación: 25 minutos
Cocción: 35 minutos

Para 4 personas

- 3 cdas. de aceite de coco
- 1 cebolla picada fina
- 2 dientes de ajo picados
- 1 patata russet grande en dados
- 240 g de calabaza de verano en dados
- 240 ml de oporto ruby
- 475 ml de caldo de verduras
- 130 g de calabacín en dados
- 120 g de cacahuetes sin sal picados gruesos
- 2 tomates picados gruesos
- 2 cdtas. de copos de guindilla roja machacados
- sal
- 250 g de espinacas picadas
- 2 cdas. de maicena diluidas en 2 cdas. de agua
- 1 manojo de cilantro picado, para adornar
- arroz basmati cocido, para servir

Caliente el aceite de coco en una olla a fuego medio. Eche la cebolla y sofríala 5 o 6 minutos hasta que se dore. Añada la patata, la calabaza, el oporto y el caldo y llévelos a ebullición. Baje el fuego y agregue el calabacín, los cacahuetes, el tomate y los copos de guindilla roja machacados. Sale al gusto y cuézalo todo 25 minutos hasta que las patatas y la calabaza estén tiernas.

Añada las espinacas y la maicena diluida, tape la cazuela y cuézalo 4 o 5 minutos más hasta que las espinacas reduzcan su volumen.

Pase el guiso a una fuente, adórnelo con el cilantro y sírvalo con arroz.

PATATAS CON GUISANTES

ESTADOS UNIDOS

Caliente el aceite de oliva en una sartén grande a fuego medio. Eche la cebolla, el ajo y el jalapeño y sofríalos 5 o 6 minutos hasta que estén blandos y se empiecen a dorar. Agregue el comino y remueva bien. Añada las patatas, remueva para que se impregnen y sofríalas durante 6 minutos, removiendo con frecuencia.

Vierta el caldo y llévelo a ebullición. Baje el fuego, tape la sartén y cuézalo todo 20 minutos. Añada los guisantes, el perejil y el estragón picados y cuézalo, sin tapar, otros 5 minutos. Salpimiente al gusto. Sírvalo con pan.

Preparación: 20 minutos
Cocción: 35 minutos

Para 4 personas

- 4 cdas. de aceite de oliva
- 1 cebolla picada fina
- 4 dientes de ajo picados
- 1 chile jalapeño picado fino
- 1 cdta. de comino molido
- 1 kg de patatas en rodajas
- 1,4 litros de caldo de verduras
- 500 g de guisantes congelados
- 2 cdas. de perejil picado
- 1 cda. de estragón picado
- sal y pimienta negra recién molida
- pan, para servir

PATATAS CON BERENJENAS

PERÚ

Caliente el aceite en una cazuela a fuego medio. Eche la pimienta verde y las hojas de laurel y sofríalas 5 o 6 minutos hasta que empiecen a desprender su aroma. Añada el ajo y la cebolla y sofríalos durante unos 5 o 6 minutos hasta que estén translúcidos. Agregue el azúcar y salpimiente al gusto. Remueva ligeramente para que se mezclen y añada la salsa tamari o de soja y el vinagre. Baje el fuego, agregue las patatas y la berenjena y remueva un poco. Tape la cazuela y cuézalas unos 40 minutos hasta que estén tiernas pero no pastosas. Si el guiso se seca, vierta un poco más de agua. Sírvalo con arroz.

Preparación: 30 minutos
Cocción: 50 minutos

Para 4 personas

- 2 cdas. de aceite vegetal
- 1 cda. de granos de pimienta verde fresca
- 2 hojas de laurel
- 3 dientes de ajo picados finos
- 1 cebolla picada
- 1 cdta. de azúcar
- sal y pimienta negra recién molida
- 4 cdas. de salsa tamari o de soja
- 4 cdas. de vinagre de sidra de manzana
- 500 g de patatas en dados
- 500 g de berenjenas en dados
- arroz blanco cocido, para servir

GRECIA

PATATAS GUISADAS CON ACEITUNAS KALAMATA

Preparación: 30 minutos
Cocción: 45 minutos

Para 4 personas

- 4 cdas. de aceite de oliva
- 680 g de patatas en cuñas
- 8 dientes de ajo picados finos
- 280 g de aceitunas Kalamata deshuesadas y en rodajas
- 250 g de tomates secos, rehidratados y picados
- 120 ml de vino blanco seco
- 120 ml de caldo de verduras
- 1 cda. de orégano seco
- 1 cda. de albahaca seca
- 1 cda. de tomillo seco
- sal y pimienta negra recién molida
- ensalada verde, para servir

Caliente el aceite en una cazuela a fuego medio. Eche las patatas y remueva para que se impregnen. Añada el ajo y sofríalo 3 o 4 minutos hasta que se empiece a dorar. Agregue las aceitunas y el tomate seco y remueva bien. Vierta el vino blanco y el caldo de verduras y tape la cazuela. Baje el fuego y cuézalo todo 30 minutos hasta que las patatas estén tiernas. Añada el orégano, la albahaca y el tomillo y salpimiente al gusto. Remueva bien y prosiga con la cocción 10 minutos más. Sirva el estofado con ensalada.

PATATAS GUISADAS CON ACEITUNAS KALAMATA

NUEVA ZELANDA

ESPAGUETIS CON SETAS

Preparación: 30 minutos
Cocción: 30 minutos

Para 4 personas

- 500 g de espaguetis
- 4 cdas. de aceite de oliva
- 2 dientes de ajo picados finos
- 2 chalotas picadas finas
- 450 g de setas shiitake limpias y en rodajas finas
- 1 cdta. de tomillo seco
- 120 ml de vino blanco
- 260 g de corazones de alcachofa en conserva picados
- 75 g de alcaparras en salmuera
- queso parmesano vegano, para adornar
- albahaca, para adornar

Cueza los espaguetis según las indicaciones del envase hasta que solo falten 2 minutos para que estén al dente. Escúrralos y mézclelos con 1 cucharada de aceite hasta que se impregnen bien. Resérvelos.

Caliente el aceite restante en una sartén grande a fuego medio. Eche el ajo y la chalota y sofríalos 5 o 6 minutos hasta que se empiecen a dorar. Suba el fuego, agregue las setas y el tomillo y saltéelas unos 4 o 5 minutos hasta que se empiecen a dorar. Vierta el vino y cuézalas a fuego medio 3 minutos. Añada los corazones de alcachofa y las alcaparras y cuézalo todo 4 minutos más. Agregue los espaguetis, remueva bien y cuézalos a fuego muy lento 2 o 3 minutos hasta que estén calientes.

Páselos a una fuente, adórnelos con el queso y la albahaca y sírvalos.

MONGOLIA

COL CHINA PICANTE

Preparación: 25 minutos, más 45 minutos para reposar
Cocción: 30 minutos

Para 4 personas

- 2 coles chinas limpias y en juliana
- 1 cda. de sal, y un poco más para sazonar
- 2 cdas. de aceite de oliva
- 3 cebollas picadas
- 2 chiles jalapeños despepitados y en rodajas
- 500 g de champiñones en rodajas
- 1 pimiento amarillo en rodajas
- 1 pimiento naranja en rodajas
- 1 cdta. de polvo de cinco especias
- 1 cdta. de comino molido
- 1 cda. de pimienta de Cayena
- 240 ml de caldo de verduras
- 1 cda. de maicena
- 1 cda. de salsa tamari o de soja con setas
- patatas cocidas o arroz blanco cocido, para servir

Ponga la col en un bol, añada 1 cucharada de sal y déjela reposar 45 minutos para eliminar el amargor.

Caliente el aceite en un wok a fuego medio. Eche la cebolla y los jalapeños y saltéelos 5 o 6 minutos hasta que las cebollas estén translúcidas y se empiecen a dorar. Agregue los champiñones y los dos tipos de pimientos. Esparza el polvo de cinco especias, el comino molido y la pimienta de Cayena por encima y remueva bien. Saltéelos 10 minutos hasta que los pimientos estén tiernos. Añada la col china y saltéela a fuego medio 4 o 5 minutos hasta que reduzca su volumen.

En un bol, diluya la maicena en el caldo y la salsa tamari o de soja con setas e incorpore esta mezcla al wok. Cuézalo todo 10 minutos hasta que la salsa espese.

Sale al gusto y sírvalo con patatas o arroz blanco.

ARROZ AL PESTO

JAPÓN

Funda a fuego medio la margarina vegetal en una sartén grande. Agregue los nabos y los daikon y sofríalos 10 minutos hasta que estén translúcidos. Añada el arroz y remueva bien para que se impregne. Vierta el sake junto con 240 ml de caldo de verduras y empiece a remover. Cuézalo a fuego lento, sin dejar de remover, hasta que el arroz esté espeso y absorba todo el caldo. Continúe vertiendo el caldo, 120 ml cada vez, removiendo continuamente y dejando que el arroz lo absorba por completo en cada tanda. Cuando el arroz adquiera la consistencia deseada, no añada más caldo. Sale al gusto.

Para preparar el pesto, triture las espinacas o la col kale con las nueces o los piñones y el aceite de oliva.

Sirva el arroz con el pesto a un lado.

Preparación: 30 minutos
Cocción: 25 minutos

Para 4 personas

Para el arroz:
- 1 cda. de margarina vegetal
- 2 nabos tiernos pelados y en cuartos
- 2 daikon medianos pelados y en dados
- 200 g de arroz de grano corto, como arroz para sushi, arborio o carnaroli
- 1 cda. de sake
- 710 ml de caldo de verduras
- sal

Para el pesto:
- 300 g de espinacas tiernas o col kale
- 135 g de nueces o piñones
- 4 cdas. de aceite de oliva

BOLETOS A LA CREMA

FRANCIA

Ponga los boletos en un bol y frótelos con los dientes de ajo. Salpimiente al gusto.

Caliente a fuego medio el aceite de oliva y la margarina vegetal en una sartén grande. Eche los boletos, por tandas y sofríalos 5 o 6 minutos, dándoles la vuelta a mitad de cocción, hasta que se doren por ambos lados. Páselos a un bol y resérvelos.

Caliente el aceite vegetal en la misma sartén a fuego medio. Agregue la cebolla roja y la chalota y sofríalas 5 o 6 minutos hasta que se doren. Añada el brandy o el coñac y cuézalo a fuego medio de 8 a 10 minutos hasta que se evapore por completo. Eche la nata de soja y la levadura nutricional y cuézalas, sin dejar de remover, 3 o 4 minutos. Salpimiente al gusto. Añada los boletos.

Páselos a una fuente. Sírvalos con fideos o arroz y con una ensalada ligeramente aliñada.

Preparación: 30 minutos
Cocción: 35 minutos

Para 4 personas

- 330 g de boletos frescos en rodajas de 1,5-2,5 cm de grosor
- 3 dientes de ajo pelados
- sal y pimienta negra recién molida
- 2 cdas. de aceite de oliva
- 2 cdas. de margarina vegetal
- 2 cdas. de aceite vegetal
- 1 cebolla roja picada fina
- 1 chalota picada fina
- 3 cdas. de brandy o coñac
- 240 ml de nata de soja
- 1 cda. de levadura nutricional
- fideos o arroz blanco cocido, para servir
- ensalada verde con aliño francés, para servir

VIETNAM

COLIFLOR PICANTE

Preparación: 15 minutos
Cocción: 25 minutos

Para 4 personas

- 2 cdas. de aceite de oliva
- 3 dientes de ajo picados finos
- 2 guindillas verdes picadas
- 2 chalotas picadas finas
- 3 tomates pelados y en dados
- 2 cdas. de salsa tamari o de soja
- 1 coliflor grande limpia y separada en ramitos
- 1 cebolla en rodajas
- 240 ml de caldo de verduras
- 1 cda. de zumo de limón recién exprimido
- 1 cdta. de polvo de cinco especias
- 2 cebolletas, solo la parte blanca, en rodajas
- 2 cdas. de cilantro picado, para adornar
- arroz al vapor, para servir

Caliente el aceite de oliva en una sartén grande a fuego medio. Eche el ajo, las guindillas y las chalotas y sofríalas 5 o 6 minutos hasta que se doren. Agregue el tomate y la salsa tamari o de soja y sofríalos a fuego medio 3 o 4 minutos. Añada la coliflor, la cebolla, el caldo de verduras, el zumo de limón, el polvo de cinco especias y las cebolletas. Llévelo a ebullición, baje el fuego y cuézalo todo de 12 a 15 minutos hasta que la coliflor esté tierna.

Pásela a una fuente, adórnela con el cilantro y sírvala con arroz.

CHINA

RATATOUILLE PICANTE ASIÁTICA

Preparación: 25 minutos
Cocción: 30 minutos

Para 4 personas

- 2 cdtas. de aceite vegetal
- 1 cdta. de aceite de sésamo tostado
- 1 cebolla en dados
- 6 dientes de ajo picados finos
- 1 cda. de jengibre fresco rallado
- 260 g de calabacín en rodajas
- 240 g de setas shiitake limpias y en rodajas
- 200 g de berenjenas en dados
- 240 ml de caldo de verduras
- 120 ml de salsa de tomate
- 4 cdas. de mirin
- 2 cdas. de salsa de soja oscura
- 2 cdas. de salsa hoisin
- 2 cdas. de salsa tamari
- 1 cda. de vinagre de arroz
- 1 cda. de sriracha
- 500 g de noodles de arroz cocidos según las indicaciones del envase
- 15 g de cilantro picado fino, para adornar

Caliente los dos tipos de aceite en una olla a fuego medio, eche la cebolla, el ajo y el jengibre y sofríalos 5 o 6 minutos hasta que se doren ligeramente. Agregue el calabacín, las setas shiitake y los dados de berenjena y sofríalos de 8 a 10 minutos hasta que las verduras se empiecen a ablandar. Añada el caldo, la salsa de tomate, el mirin, la salsa de soja, la salsa hoisin, la salsa tamari, el vinagre de arroz y la sriracha y llévelo a ebullición. Baje el fuego de inmediato y cuézalo unos 15 minutos hasta que empiece a espesar.

Añada los noodles de arroz y retire la olla del fuego. Pase la mezcla a una fuente, adórnela con el cilantro y sírvala.

PASTEL DE PIÑA Y BONIATOS

NUEVA CALEDONIA

Preparación: 40 minutos
Cocción: 30 minutos

Para 4 personas

- 2 cdas. de margarina vegetal
- 240 ml de nata de soja
- 240 g de tofu sedoso
- 65 g de levadura nutricional
- sal y pimienta negra recién molida
- 1 piña pelada, descorazonada y en rodajas
- 4 boniatos pelados y en rodajas
- 2 cdas. de coco rallado sin azúcar
- 2 cdas. de cebolleta picada
- 2 tomates pera en rodajas
- ensalada verde o de repollo, para servir

Precaliente el horno a 200 °C. Unte una fuente refractaria con la margarina.

Ponga la nata de soja, el tofu sedoso y la levadura nutricional en un bol. Salpimiente al gusto y remueva bien. Resérvelo.

Para preparar el pastel, disponga los ingredientes por capas en la fuente, con 1 o 2 cucharadas de la mezcla de tofu y nata de soja entre cada capa. Ponga primero una capa de piña y, a continuación, una de boniato, coco y cebolletas. Repita la operación hasta terminar el boniato y la piña. Adórnelo con las rodajas de tomate y hornéelo unos 30 minutos hasta que el tomate esté hecho y se dore. Sírvalo con ensalada verde o de repollo.

TEMPEH A LA PAPRIKA

HUNGRÍA

Preparación: 35 minutos
Cocción: 1 hora y 15 minutos

Para 4 personas

- 960 ml de caldo de verduras
- 4 cdas. de aceite de oliva
- 2 cdas. de vinagre de sidra de manzana
- 240 ml de sidra seca de manzana
- 1 cda. de pimentón ahumado
- 1 cdta. de sal, y un poco más
- 1 cda. de semillas de alcaravea
- 1 cdta. de tomillo seco
- 1½ cdtas. de guindilla molida
- 6 dientes de ajo picados finos
- 500 g de tempeh en dados de 2,5 cm
- 3 cebollas amarillas picadas
- 3 cdas. de pasta de tomate
- 1 cdta. de azúcar
- sal y pimienta negra recién molida
- 2 cdas. de maicena diluidas en 4 cdas. de caldo de verduras caliente
- arroz blanco o salvaje cocido, para servir

Precaliente el horno a 200 °C.

Eche el caldo de verduras en una olla y llévelo a ebullición. Retire la olla del fuego y tápela para que se mantenga caliente.

Ponga en un bol la mitad del aceite de oliva, el vinagre, la sidra, el pimentón, la sal, las semillas de alcaravea, el tomillo, la guindilla molida y el ajo y mézclelos. Agregue los dados de tempeh y remueva para que se impregnen. Pase la mezcla a una fuente refractaria y hornéela 30 minutos hasta que la salsa se reduzca a la mitad. Resérvela.

Caliente el aceite de oliva restante en una sartén grande a fuego medio. Eche las cebollas y sofríalas 5 o 6 minutos hasta que se doren. Añada el caldo de verduras caliente, la pasta de tomate y el azúcar y salpimiente al gusto. Tape la sartén, baje el fuego y cuézalo durante 10 minutos hasta que empiece a espesar. Añada la maicena diluida y lleve a ebullición la mezcla. Cuézala a fuego medio 4 minutos, removiendo con frecuencia, hasta que la salsa se reduzca a la mitad.

Nape el tempeh con la salsa, cubra la fuente con papel de aluminio y hornéelo 30 minutos. Sírvalo con arroz blanco o salvaje.

FIYI

PASTEL DE ESPINACAS, SETAS Y LECHE DE COCO

Preparación: 30 minutos
Cocción: 50 minutos

Para 4 personas

- 2 cdas. de aceite de oliva, y un poco más para untar
- 1 cebolla en rodajas finas
- 2 dientes de ajo picados
- 4 tomates en daditos
- 2 guindillas rojas en rodajas
- sal y pimienta negra recién molida
- 480 g de setas shiitake limpias y en cuartos
- 450 g de espinacas tiernas
- 710 ml de leche de coco entera
- arroz de grano largo o salvaje cocido, para servir

Precaliente el horno a 200 °C. Unte una fuente refractaria de 24 × 18 cm con aceite de oliva.

Mezcle en un bol la cebolla, el ajo, el tomate y las guindillas, remueva bien y salpimiente al gusto. Resérvelos.

Caliente 2 cucharadas de aceite de oliva en una cazuela a fuego medio. Eche las setas shiitake y sofríalas 10 minutos hasta que se doren. Mézclelas con el tomate.

Disponga un tercio de las espinacas sobre la base de la fuente, eche la mitad de la mezcla de setas por encima y cúbrala con un tercio de la leche de coco. Ponga otra capa de un tercio de espinacas, cúbrala con la mezcla de setas restante y vierta otro tercio de leche de coco. Coloque una última capa de espinacas y vierta la leche de coco restante por encima. Cubra el pastel con papel de aluminio y hornéelo 30 minutos. Retire el papel de aluminio y hornéelo 10 minutos más hasta que la superficie se dore. Sírvalo con arroz de grano.

JAPÓN

ESPINACAS CON SÉSAMO

Preparación: 20 minutos
Cocción: 15 minutos

Para 4 personas

- 1 kg de espinacas picadas
- 2 cdas. de dashi
- 1 cdta. de azúcar común o extrafino
- salsa tamari o de soja
- 2 cdas. de semillas de sésamo
- arroz basmati o jazmín cocido, para servir

Ponga a hervir una olla con agua y prepare un bol de agua con hielo. Eche las espinacas en la olla y cuézalas a fuego medio durante 3 minutos hasta que reduzcan su volumen. Escúrralas y déjelas enfriar en el bol de agua con hielo 10 minutos. Escúrralas de nuevo en un colador y estrújelas con las manos para eliminar toda el agua. Retire los nervios duros de las hojas de espinaca y páselas a un bol.

Bata en un bol el azúcar con el dashi hasta que se disuelva por completo. Viértalo sobre las espinacas y remueva para que se impregnen. Añada la salsa tamari o de soja al gusto.

Caliente una sartén sin aceite, eche las semillas de sésamo y tuéstelas durante 2 minutos, sin dejar de remover, hasta que desprendan su aroma. Tritúrelas con una batidora hasta obtener un polvo y espolvoréelo sobre las espinacas. Remueva para que se impregnen y sírvalas de inmediato con arroz basmati o jazmín.

TEMPEH, TOFU Y SETAS CON SALSA PICANTE

RUMANÍA

Caliente el aceite en una cazuela a fuego medio. Eche el tempeh y el tofu y sofríalos unos 8 minutos hasta que se doren. Añada las setas y sofríalas 5 minutos hasta que se empiecen a dorar. Páselos a un bol, dejando el aceite en la cazuela.

Eche la cebolla y el ajo en la misma cazuela y sofríalos 2 minutos hasta que desprendan su aroma. Agregue el tomate y sofríalo unos 6 o 7 minutos hasta que estén tiernos. Añada la pasta de tomate, el vino tinto y el pimentón dulce y salpimiente al gusto. Ponga de nuevo el tempeh, el tofu y las setas en la cazuela y agregue el sambal o la pasta de guindillas y ajo. Remueva bien y cuézalo todo 5 minutos.

Pase la mezcla a una fuente, adórnela con el cilantro y sírvala con polenta o cuscús.

Preparación: 35 minutos
Cocción: 25 minutos

Para 4 personas

- 4 cdas. de aceite de coco
- 500 g de tempeh en dados
- 250 g de tofu firme en dados
- 225 g de setas shiitake limpias y en rodajas
- 1 cebolla picada
- 2 dientes de ajo machacados
- 100 g de tomates en dados
- 4 cdas. de pasta de tomate
- 120 ml de vino tinto
- 1 cda. de pimentón dulce
- sal y pimienta negra recién molida
- 2 cdas. de sambal o pasta de guindillas y ajo
- 2 cdas. de cilantro picado, para adornar
- polenta o cuscús cocido, para servir

TOFU PICANTE

GIBRALTAR

Caliente el aceite en una cazuela a fuego medio. Eche los dados de tofu y sofríalos unos 8 minutos hasta que se doren por todos los lados. Añada la cebolla y el ajo y sofríalos 5 o 6 minutos hasta que se doren ligeramente. Agregue el comino, la menta, el pimentón, los copos de guindilla roja machacados y la levadura nutricional y remueva bien hasta que el tofu se impregne. Vierta el caldo y cuézalo a fuego muy lento 4 o 5 minutos hasta que se reduzca a un tercio.

Adórnelo con el perejil y sírvalo con arroz basmati o salvaje.

Preparación: 30 minutos
Cocción: 20 minutos

Para 4 personas

- 2 cdas. de aceite de oliva
- 750 g de tofu firme en dados
- 1 cebolla en rodajas
- 3 dientes de ajo picados finos
- 1 cdta. de comino molido
- 1 cdta. de menta seca
- 1 cdta. de pimentón picante
- 1 cdta. de copos de guindilla roja machacados
- 2 cdas. de levadura nutricional
- 4 cdas. de caldo de verduras
- 2 cdas. de perejil picado, para adornar
- arroz basmati o salvaje cocido, para servir

CALABAZA CON CIRUELAS PASAS

Preparación: 30 minutos
Cocción: 30 minutos

Para 4 personas

- 3 cdas. de aceite de oliva
- 1 cdta. de cardamomo molido
- 1 cdta. de clavo molido
- 2 cebollas en rodajas
- 1 kg de calabaza de invierno pelada y en dados de 5 cm
- 3 dientes de ajo picados finos
- 2 cdas. de zumo de lima recién exprimido
- 430 g de ciruelas pasas sin hueso y picadas
- 350 ml de caldo de verduras
- 2 cdas. de almendras tostadas molidas, para adornar
- arroz salvaje cocido o pan naan templado, para servir

Caliente el aceite de oliva en una cazuela a fuego medio-alto. Eche el cardamomo y el clavo y sofríalos alrededor de 1 minuto hasta que desprendan su aroma. Agregue las cebollas y la calabaza. Sofríalas unos 15 minutos hasta que la cebolla se dore. Añada el ajo, el zumo de lima, las ciruelas pasas y el caldo y llévelo a ebullición. Baje el fuego y cuézalo todo 15 minutos hasta que la calabaza esté tierna.

Páselo a una fuente, adórnelo con las almendras molidas y sírvalo con arroz salvaje o pan naan templado.

CALABAZA CON CIRUELAS PASAS

LAOS

TOFU AGRIDULCE CON PIÑA

Preparación: 30 minutos,
más 1-2 horas para escurrir
Cocción: 25 minutos

Para 4 personas

- 500 g de tofu firme
- 240 ml de caldo de verduras
- 4 cdas. de vinagre de sidra de manzana
- 4 cdas. de sirope de agave
- 255 g de piña pelada, descorazonada y en dados
- 200 g de pimiento rojo en dados
- 1 cda. de salsa tamari o de soja
- 1 cdta. de sriracha
- 2 dientes de ajo picados finos
- 1 cda. de maicena
- 2 cdas. de aceite vegetal
- 60 g de anacardos tostados picados gruesos
- sal y pimienta negra recién molida
- 2 cebolletas picadas, para adornar

Ponga el tofu en un colador sobre un fregadero limpio y coloque un peso encima, como una cazuela de hierro fundido, por ejemplo. Déjelo escurrir durante 1 o 2 horas para eliminar el agua y que el tofu se prense. Córtelo en dados de 1 cm.

Eche en una cazuela el caldo, el vinagre de sidra, el sirope de agave, la piña, el pimiento, la salsa tamari o de soja, la sriracha y el ajo y llévelos a ebullición. Cuézalos a fuego medio 15 minutos, removiendo de vez en cuando.

Diluya la maicena en 2 cucharadas de agua fría en un bol grande. Añada la salsa de piña, remueva para que se mezcle y resérvela.

Caliente el aceite vegetal en una sartén a fuego medio. Agregue los dados de tofu y los anacardos y sofríalos unos 10 minutos hasta que el tofu se dore por todos los lados. Vierta la salsa de piña por encima y salpimiente al gusto. Remueva para que se impregne y retírelo del fuego. Adórnelo con las cebolletas picadas y sírvalo de inmediato.

PAKISTÁN

ESPINACAS CON TEMPEH

Preparación: 40 minutos
Cocción: 20 minutos

Para 4 personas

- 120 ml de aceite vegetal
- 500 g de espinacas tiernas
- 3 guindillas verdes despepitadas y picadas finas
- 2 tomates en rodajas
- 2 cdas. de cilantro picado
- 2 cebollas picadas
- 1 cda. de jengibre fresco rallado
- 3 dientes de ajo picados finos
- 1 cda. de guindilla molida
- 1 cda. de cúrcuma molida
- 2 cdtas. de cilantro molido
- 500 g de tempeh ahumado en dados
- 240 g de yogur griego vegano sin azúcar
- 120 ml de nata de soja
- sal y pimienta negra recién molida
- arroz basmati cocido o patatas fritas, para servir

Caliente 2 cucharadas de aceite en una cazuela a fuego medio. Eche las espinacas, las guindillas, los tomates y el cilantro picado y sofríalos ligeramente 3 o 4 minutos. Resérvelos.

Caliente el aceite restante en una olla a fuego lento. Agregue la cebolla, el jengibre, el ajo, la guindilla, la cúrcuma y el cilantro molidos y el tempeh y rehóguelos 10 minutos hasta que el tempeh y la cebolla se doren. Añada el yogur, remueva bien y rehóguelo todo a fuego lento 5 minutos. Agregue la mezcla de espinacas, tape la cazuela y rehóguelo otros 4 o 5 minutos más hasta que las espinacas reduzcan su volumen. Añada la nata de soja, salpimiente al gusto y sírvalo de inmediato con arroz o patatas.

CHUCRUT Y NABOS AL HORNO CON MOSTAZA

ALEMANIA

Precaliente el horno a 180 °C. Unte un molde refractario con margarina.

Ponga a hervir agua en una vaporera. Coloque las rodajas de nabo en la cesta de la vaporera y tápela. Cuézalas 20 minutos hasta que estén tiernas pero crujientes.

Caliente el aceite en una sartén grande a fuego medio. Añada la cebolla y sofríala unos 5 o 6 minutos hasta que se dore. Resérvela.

Ponga la mitad del chucrut en el molde refractario, esparza las semillas de alcaravea por encima y añada las rodajas de nabo. Úntelas con la mostaza, agregue el chucrut restante y cúbralo con la cebolla. Hornéelo 40 minutos hasta que se dore. Remuévalo y sírvalo con patatas.

Preparación: 25 minutos
Cocción: 1 hora y 5 minutos

Para 4 personas

- 1 cda. de margarina vegetal, para untar
- 6 nabos pelados y en rodajas
- 2 cdas. de aceite vegetal
- 1 cebolla picada
- 500 g de chucrut
- 1 cdta. de semillas de alcaravea
- 60 g de mostaza de Dijon
- patatas cocidas o asadas, para servir

VERDURAS CON ACEITE DE AJO

PORTUGAL

Para preparar el aceite de ajo, machaque el ajo con una pizca de sal en un mortero o una batidora. Vierta despacio el aceite de oliva y siga triturándolo hasta que se integre por completo. Agregue el zumo de limón y remueva bien. Refrigérelo hasta el momento de servir.

Para preparar las verduras, ponga el caldo de verduras en una olla y llévelo a ebullición. Añada las zanahorias, las patatas, el pimentón y el nabo y cuézalos a fuego medio 20 minutos. Agregue las judías verdes y el repollo y cuézalo todo otros 20 minutos hasta que las patatas y los nabos estén tiernos. Salpimiente al gusto. Escurra las verduras y reserve el caldo en un bol.

Pase las verduras a una fuente y adórnelas con el cilantro. Sírvalas con el caldo y el aceite de ajo.

Preparación: 25 minutos
Cocción: 40 minutos

Para 4 personas

Para el aceite de ajo:
- 4 dientes de ajo picados finos
- 1 pizca de sal
- 4 cdas. de aceite de oliva
- 1 cda. de zumo de limón recién exprimido

Para las verduras:
- 950 ml de caldo de verduras
- 500 g de zanahorias en rodajas
- 500 g de patatas en rodajas
- 1 cda. de pimentón dulce
- 500 g de nabos pequeños pelados y en dados
- 250 g de judías verdes limpias
- 1 repollo blanco pequeño descorazonado y en 8 trozos
- sal y pimienta negra recién molida
- 1 manojo de cilantro picado, para adornar

SOMALIA

PURÉ DE TOMATE CON MOLLETES

Preparación: 1 hora,
más el tiempo para leudar
Cocción: 50 minutos

Para 4 personas

Para los molletes:

- 480 g de harina de sémola o tipo 00
- 30 g de harina común
- 1 cdta. de cebolla en polvo
- 1 diente de ajo picado fino
- 1 cdta. de levadura seca activa
- sal
- aceite, para untar

Para el puré de tomate:

- 2 cdas. de aceite de oliva
- 1 cebolla picada
- 600 g de tomates cherry
- 1 chile jalapeño despepitado y picado
- 4 ocras lavadas y en rodajas
- 2 dientes de ajo picados finos
- 1 cda. de zumo de limón recién exprimido
- 5 hojas de albahaca
- sal y pimienta negra recién molida

Para preparar los molletes, mezcle en un bol los dos tipos de harina con la cebolla en polvo, el ajo y la levadura y sale al gusto. Remueva bien, vierta 300 ml de agua templada y trabaje la mezcla hasta obtener una masa. Cúbrala y déjela leudar en un lugar cálido varias horas hasta que duplique su tamaño. Amásela con las manos unos minutos, tápela de nuevo y déjela leudar hasta que alcance un tercio de su tamaño.

Precaliente el horno a 200 °C. Unte 3 bandejas de horno con aceite.

Con las manos húmedas, tome una pequeña porción de masa, como la mitad de un puñado y forme una bola. Aplástela por un lado para que tenga forma de mollete y colóquelo en la bandeja preparada. Repita la operación con la masa restante y ponga los molletes en las bandejas dejando 5 cm de separación entre cada uno de ellos. Cubra las bandejas con papel de aluminio y colóquelas en la parte inferior del horno. Hornee los molletes unos 15 minutos hasta que la base se dore pero la superficie continúe blanca. (Si desea que esta también se dore, deles la vuelta y hornéelos 3 o 4 minutos más.) Retírelos del horno y déjelos enfriar.

Mientras se hornean los molletes, prepare el puré de tomate. Caliente el aceite en una cazuela a fuego medio, eche la cebolla y sofríala unos 5 o 6 minutos hasta que se dore. Añada los tomates cherry enteros, el jalapeño y las vainas de ocra y sofríalos 20 minutos, removiendo con frecuencia, hasta que las pieles de los tomates se empiecen a romper. Agregue el ajo y el zumo de limón y cháfelo todo con una cuchara de madera. Eche las hojas de albahaca, tape la cazuela y sofríalo durante 5 minutos más.

Salpimiente al gusto. Vierta el puré de tomate en boles y sírvalo con los molletes.

VERDURAS CON SALSA

CONGO

Para preparar la salsa, caliente el aceite en una cazuela a fuego medio, eche la cebolla y sofríala 5 o 6 minutos hasta que se dore. Añada el ajo y sofríalo 2 o 3 minutos hasta que se dore ligeramente. Agregue la pasta de tomate y el caldo, remueva bien hasta que se mezclen y cuézalo todo a fuego medio 2 o 3 minutos. Retire la cazuela del fuego, añada la crema de cacahuetes y remueva hasta que se integre por completo. Añada las hojas de laurel y salpimiente al gusto. Resérvela.

Caliente la margarina en una cazuela a fuego medio. Agregue el calabacín, la zanahoria, la berenjena y los pimientos y sofríalos 4 o 5 minutos hasta que estén tiernos.

Pase las verduras a una fuente, nápelas con la salsa y sírvalas con arroz blanco o pasta.

Preparación: 25 minutos
Cocción: 10 minutos

Para 4 personas

Para la salsa:
- 2 cdas. de aceite vegetal
- 1 cebolla roja picada fina
- 5 dientes de ajo picados finos
- 2 cdas. de pasta de tomate
- 600 ml de caldo de verduras
- 240 g de crema de cacahuetes suave o crujiente
- 2 hojas de laurel
- sal y pimienta negra recién molida

Para las verduras:
- 2 cdas. de margarina vegetal
- 1 calabacín en rodajas
- 1 zanahoria pelada y picada
- 1 berenjena grande en dados
- 240 g de pimientos rojos, amarillos y verdes mezclados
- arroz blanco o pasta cocida, para servir

REPOLLO AL GRATÍN

ESPAÑA

Precaliente el horno a 180 °C. Unte una fuente refractaria de 24 × 18 cm con aceite.

Ponga a hervir una cazuela de agua con sal, añada el repollo y cuézalo unos 10 minutos hasta que esté tierno. Escúrralo y resérvelo.

Funda la margarina en una cazuela a fuego medio. Añada la harina y dórela ligeramente 3 o 4 minutos. Baje el fuego, vierta la nata de soja y llévela a ebullición, sin dejar de remover. Cuézala unos 2 o 3 minutos hasta que la harina ligue por completo y la salsa espese.

Ponga el repollo en la fuente, añada la mezcla de nata de soja y el pan rallado. Remueva bien para que se mezclen y salpimiente al gusto. Esparza el queso por encima y hornéelo de 10 a 12 minutos hasta que se dore. Sírvalo con pan.

Preparación: 30 minutos
Cocción: 30 minutos

Para 4 personas

- aceite vegetal, para untar
- sal y pimienta negra recién molida
- 1 kg de repollo limpio y en juliana
- 3 cdas. de margarina vegetal
- 1 cda. de harina común
- 240 ml de nata de soja
- 120 g de pan rallado
- 150 g de queso cheddar vegano rallado
- pan, para servir

MÉXICO

PATATAS ASADAS RELLENAS DE ALUBIAS NEGRAS Y MAÍZ

Preparación: 25 minutos
Cocción: 1 hora y 20 minutos

Para 4 personas

- aceite en espray, para untar
- 4 patatas harinosas grandes (preferiblemente russet)
- 1 pimiento rojo picado
- 200 g de alubias negras en conserva escurridas
- 240 g de maíz en conserva
- 125 g de queso vegano rallado
- 4 cdas. de nata agria vegana
- 1 cda. de cebollino picado fino
- 1 guindilla roja picada, y un poco más
- sal y pimienta negra recién molida

Precaliente el horno a 200 °C. Unte una bandeja de horno con borde con aceite en espray.

Envuelva las patatas en papel de aluminio. Dispóngalas en otra bandeja de horno con borde y hornéelas durante 1 hora hasta que estén blandas pero firmes. Sáquelas y déjelas enfriar lo suficiente como para poder manipularlas. Córtelas por la mitad a lo largo y extraiga casi toda la pulpa, dejando solo 1 cm sobre la piel, hasta hacer unas barquitas. Coloque la pulpa en un bol y reserve las barquitas.

Añada en el bol el pimiento rojo, las alubias, el maíz, el queso, la nata agria, el cebollino y la guindilla y salpimiente al gusto. Remueva hasta que se mezclen bien. Rellene las barquitas con la mezcla. Colóquelas en la bandeja de horno preparada y áselas 20 minutos o hasta que el relleno se tueste ligeramente.

Sírvalas de inmediato.

ESTADOS UNIDOS

CALABAZA ASADA CON NARANJA

Preparación: 30 minutos
Cocción: 45 minutos

Para 4 personas

- la ralladura fina y el zumo recién exprimido de 2 naranjas
- 3 cdas. de perejil fresco
- 2 dientes de ajo machacados
- 1 trozo de jengibre de 2 cm pelado y rallado fino, y un poco más
- 1 calabaza de invierno en rodajas de 1,5 cm de grosor
- 1 cda. de aceite de oliva
- sal y pimienta negra recién molida

Precaliente el horno a 200 °C.

Triture en una batidora la ralladura y el zumo de naranja con el perejil, el ajo y el jengibre rallado a velocidad alta hasta obtener una mezcla homogénea. Resérvela.

Coloque las rodajas de calabaza en una fuente refractaria y úntelas con el aceite de oliva. Salpimiente al gusto y vierta la mezcla de naranja por encima. Cubra la fuente con papel de aluminio y ase la calabaza de 40 a 45 minutos hasta que esté tierna. Sírvala de inmediato.

TAJINE DE GARBANZOS Y VERDURAS

TÚNEZ

Preparación: 30 minutos
Cocción: 1 hora

Para 4 personas

- 1 cda. de aceite de oliva
- 2 cebollas rojas picadas
- 2 zanahorias en rodajas
- 2 cdtas. de canela molida
- 2 cdtas. de cilantro molido
- 2 cdtas. de comino molido
- 1 cdta. de cúrcuma molida
- 1 cdta. de pimentón ahumado
- 3 dientes de ajo picados finos
- 750 g de verduras variadas en rodajas, como calabacines, zanahorias, boniatos, hinojo, chirivías, colinabo, nabos o maíz
- 200 g de garbanzos en conserva escurridos
- 200 g de tomate entero pelado en conserva con su jugo
- 1 limón en conserva pelado, con la piel rallada y la pulpa triturada
- 100 ml de caldo de verduras
- sal y pimienta blanca recién molida
- cuscús cocido, para servir
- menta picada, para adornar
- harissa, para servir
- hojas de lechuga romana grandes, para servir

Caliente el aceite en una olla o un wok a fuego medio-bajo. Eche la cebolla y las zanahorias, tape la olla y sofríalas ligeramente unos 10 minutos, removiendo de vez en cuando. Añada la canela, el cilantro, el comino, la cúrcuma, el pimentón y el ajo y sofríalos 2 minutos, removiendo con frecuencia. Agregue las verduras en rodajas, los garbanzos, los tomates con su jugo, la piel y la pulpa de limón y el caldo y llévelo a ebullición. Baje el fuego, tape la olla y cuézalo todo 45 minutos. Retírelo del fuego, déjelo enfriar 5 minutos y salpimiente al gusto.

Disponga el cuscús en una fuente y adórnelo con la menta. Sírvalo con el tajine y un bol de harissa. Ponga un poco de cuscús y un montoncito de las verduras en una hoja de lechuga y envuélvalos para degustarlo.

NAMIBIA

VERDURAS GUISADAS CON SETAS Y ESPECIAS

Preparación: 20 minutos
Cocción: 1 hora y 5 minutos, más 5 minutos para reposar

Para 4 personas

- 3 cdas. de aceite vegetal
- 1 cebolla picada gruesa
- 2 dientes de ajo picados gruesos
- 2 guindillas verdes despepitadas y picadas
- 250 g de patatas en rodajas de 5 mm de grosor
- 130 g de zanahorias en rodajas
- 130 g de setas shiitake frescas limpias y en cuartos
- 240 ml de caldo de verduras
- 4 calabacines pequeños en rodajas
- 6 mini mazorcas de maíz
- 100 g de tirabeques
- 150 g de guisantes frescos o congelados
- 2 cdas. de tomillo picado, y un poco más para adornar
- 1 cda. de azúcar moreno
- 2 cdas. de curry amarillo en polvo
- 1 cdta. de cúrcuma molida
- 120 ml de leche de coco, y un poco más
- sal y pimienta blanca recién molida
- arroz al vapor, polenta cocida o pan naan, para servir

Caliente el aceite vegetal en una olla a fuego medio-alto. Eche la cebolla y el ajo y sofríalos 5 o 6 minutos hasta que desprendan su aroma. Añada las guindillas y sofríalas 2 minutos hasta que estén blandas. Agregue las patatas, las zanahorias y las setas y sofríalas 4 minutos, removiendo con frecuencia, hasta que se doren ligeramente. Vierta el caldo, tape la olla y cuézalo todo a fuego lento 30 minutos hasta que las verduras estén tiernas.

Añada los calabacines y las mini mazorcas de maíz y cuézalos a fuego lento 15 minutos hasta que estén tiernos. No retire la tapa de la olla para que se cuezan al vapor, puesto que habrá poco caldo. Agregue los tirabeques y los guisantes y cuézalos 2 o 3 minutos hasta que estén calientes y sigan de un color verde intenso.

Mezcle en un bol el tomillo con el azúcar, el curry en polvo, la cúrcuma y la leche de coco. Vierta la mezcla sobre las verduras y salpimiente al gusto. Llévelo a ebullición y cuézalo de 5 a 10 minutos a fuego lento. Si quedara demasiado seco, agregue un poco más de leche de coco.

Retire la olla del fuego y déjelo reposar 5 minutos. Adórnelo con el tomillo y sírvalo con arroz, polenta o pan naan.

KIBBE AL HORNO

LÍBANO

Para preparar el *kibbe*, ponga el bulgur en una olla, cúbralo con agua y déjelo en remojo durante 1 hora.

Precaliente el horno a 230 °C. Unte la base y los lados de una fuente refractaria de 24 × 12 cm con la mitad del aceite.

Escurra bien el bulgur en un colador y estrújelo con las manos para eliminar toda el agua. Tritúrelo junto con los garbanzos, la cebolla, el pimiento, la canela, la pimienta de Cayena y el comino en un robot de cocina, hasta que los ingredientes se mezclen y la cebolla y el pimiento tengan el tamaño de granos de arroz. Sale al gusto y pase la mezcla a un bol. Añada los piñones, las pasas sultanas y el perejil y remueva bien con las manos.

Disponga la mezcla de bulgur en la fuente refractaria y presiónela con las manos para formar una capa uniforme y compacta. Vierta el aceite restante por encima y hornéela 30 minutos hasta que se empiece a dorar. Déjelo enfriar.

Mientras el *kibbe* se hornea, prepare la salsa. Mezcle en un bol el tahini con las aceitunas, el zumo de lima o limón, el aceite de oliva, el perejil y el ajo y tritúrelos hasta obtener una mezcla homogénea. Sale al gusto.

Cuando se haya enfriado, córtelo en dados de 5 cm. Dispóngalos en una única capa en una fuente y vierta la mitad de la salsa por encima. Sírvalo acompañado de la salsa restante.

Preparación: 35 minutos, más 1 hora en remojo
Cocción: 40 minutos

Para 4 personas

Para el *kibbe*:
- 6 cdas. de aceite de oliva
- 280 g de bulgur
- 350 g de garbanzos cocidos
- 1 cebolla roja picada gruesa
- 1 pimiento rojo picado
- ½ cdta. de canela molida
- ½ cdta. de pimienta de Cayena
- ¼ de cdta. de semillas de comino
- sal
- 140 g de piñones tostados
- 80 g de pasas sultanas
- 1 manojo de perejil picado

Para la salsa:
- 60 g de tahini
- 70 g de aceitunas Kalamata deshuesadas y picadas
- 3 cdas. de zumo de lima o limón recién exprimido
- 2 cdas. de aceite de oliva
- 2 cdas. de perejil picado
- 1 diente de ajo chafado hasta obtener una pasta
- sal

AFGANISTÁN

PIMIENTOS VERDES RELLENOS DE LENTEJAS

Preparación: 20 minutos,
más 1 hora en remojo
Cocción: 50 minutos

Para 4 personas

- 4 cdas. de aceite vegetal
- 4 pimientos verdes, con la parte superior cortada y reservada, despepitados
- 1 cdta. de semillas de comino
- 2 cebollas picadas
- 2 guindillas verdes despepitadas y picadas
- 1 cda. de jengibre fresco rallado
- 200 g de lentejas rojas remojadas en agua 1 hora
- 300 ml de caldo de verduras
- sal y pimienta negra recién molida
- 1 cdta. de cilantro molido
- 2 cdas. de cilantro picado
- arroz blanco de grano largo cocido, para servir

Caliente la mitad del aceite en una sartén grande a fuego medio. Agregue los pimientos y sofríalos 5 minutos hasta que se doren. Resérvelos.

Caliente el aceite restante en la sartén a fuego medio. Añada las semillas de comino y sofríalas 2 minutos hasta que empiecen a saltar. Eche las cebollas y las guindillas y sofríalas 8 minutos, removiendo con frecuencia. Añada el jengibre. Escurra las lentejas, échelas en la sartén junto con el caldo y remueva bien. Llévelas a ebullición suave y tape la olla. Cuézalas a fuego medio de 15 a 20 minutos hasta que el caldo se evapore. Salpimiente al gusto y añada el cilantro molido y el picado.

Mientras, precaliente el horno a 180 °C.

Rellene los pimientos con la mezcla de lentejas y ciérrelos con la parte superior. Póngalos en una fuente refractaria, asegurándose de que estén bien equilibrados y hornéelos de 15 a 20 minutos hasta que se doren. Sírvalos con arroz blanco de grano largo.

REPÚBLICA DOMINICANA

BARQUITOS DE PLÁTANO MACHO RELLENOS

Preparación: 20 minutos
Cocción: 55 minutos,
más 20 minutos para enfriar

Para 4 personas

Para los barquitos de plátano macho:

- 2 cdas. de aceite vegetal, para untar
- sal
- 6 plátanos macho muy maduros pelados

Para el relleno:

- 2 cdas. de aceite de oliva
- 2 cebollas en daditos
- 3 dientes de ajo picados finos
- 1 pimiento rojo en dados
- 4 tomates grandes en dados
- 2 berenjenas grandes en dados
- sal y pimienta negra recién molida
- 1 cdta. de pimienta de Cayena
- 1 cdta. de orégano seco
- 125 g de queso cheddar vegano rallado
- 1 cda. de cebollino picado, para adornar

Precaliente el horno a 180 °C. Unte una bandeja de horno con borde con aceite vegetal.

Lleve a ebullición una olla de agua con sal. Eche los plátanos con cuidado y cuézalos 4 o 5 minutos. Retírelos del agua y déjelos enfriar 20 minutos. Córtelos por la mitad a lo largo y colóquelos en la bandeja, dejando un espacio libre de 2,5 cm entre cada uno.

Para preparar el relleno, caliente el aceite de oliva en una cazuela a fuego medio. Eche las cebollas y sofríalas, sin dejar de remover, 5 o 6 minutos hasta que estén translúcidas. Agregue el ajo, el pimiento, el tomate y la berenjena y remueva bien. Tape la cazuela y cuézalo todo a fuego lento 20 minutos hasta que las verduras estén hechas y el líquido se haya evaporado. Salpimiente al gusto y añada la pimienta de Cayena y el orégano.

Distribuya el relleno de manera uniforme sobre los plátanos y esparza el queso rallado por encima. Hornéelos 20 minutos hasta que el queso se dore y burbujee. Adórnelos con el cebollino y sírvalos.

ENCHILADAS VERDES

MÉXICO

Preparación: 25 minutos
Cocción: 40 minutos

Para 4 personas

Para las enchiladas:
- 2 cdas. de aceite vegetal, y un poco más para untar
- 1 cebolla roja en dados
- 3 dientes de ajo picados finos
- 1 cdta. de comino molido
- 200 g de guindillas verdes suaves despepitadas y picadas
- 625 g de judías pintas en conserva
- 12 tortillas de maíz
- guindillas verdes y rojas picadas, para adornar

Para la salsa:
- 2 cdas. de aceite vegetal
- 3 dientes de ajo machacados
- 1 cda. de orégano seco
- 2 cdas. de pimienta de Cayena
- 2 cdas. de harina común
- 180 g de pasta de tomate
- 750 ml de caldo de verduras
- sal
- 1 cda. de vinagre de sidra de manzana

Para preparar las enchiladas, precaliente el horno a 180 °C. Unte una fuente refractaria de 24 × 18 cm con el aceite y resérvelo.

Para preparar la salsa, caliente el aceite en una cazuela a fuego medio. Eche el ajo y sofríalo durante 4 o 5 minutos hasta que se dore ligeramente. Agregue el orégano y la pimienta de Cayena y sofríalos durante 2 minutos. Añada la harina y remueva hasta que se mezcle por completo con el aceite. Agregue despacio la pasta de tomate y el caldo, removiendo constantemente. Llévelo a ebullición a fuego lento, sin dejar de remover, unos 10 minutos hasta que la salsa espese. Sale al gusto y vierta el vinagre. Resérvela.

Para preparar el relleno, caliente el aceite en una cazuela a fuego medio, eche la cebolla y el ajo y sofríalos unos 5 minutos hasta que estén blandos. Agregue el comino, las guindillas verdes y las judías pintas y sofríalo todo, sin dejar de remover, 5 minutos. Pase el relleno por un pasapurés para obtener una pasta espesa. Resérvelo.

Coloque 2 cucharadas del relleno en una tortilla, enróllela y póngala en la fuente refractaria. Repita la operación con las tortillas y el relleno restantes. Vierta 240 ml de la salsa sobre las enchiladas y hornéelas de 15 a 20 minutos hasta que empiecen a burbujear.

Adorne las enchiladas con las guindillas verdes y rojas picadas y sírvalas con la salsa restante.

CHIPRE

CROUSTADE DE PUERROS

Preparación: 30 minutos
Cocción: 50 minutos

Para 4 personas

- 3 cdas. de aceite de oliva, y un poco más para untar
- 120 g de migas de pan fresco
- 135 g de almendras molidas
- 45 g de nueces picadas finas
- 120 g de margarina vegetal
- 2 puerros grandes en rodajas
- 1 cda. de harina común
- 300 ml de nata de soja
- 1 cda. de levadura nutricional
- 300 g de queso cheddar vegano rallado
- sal y pimienta negra recién molida
- perejil o cilantro picado, para adornar

Precaliente el horno a 180 °C. Unte una fuente refractaria de tamaño medio con aceite.

Para preparar el *croustade*, mezcle en un bol las migas de pan con las almendras molidas, las nueces y la margarina y remueva con las manos. Distribuya la mezcla en la fuente, presiónela sobre el fondo y hornéela 10 minutos hasta que la superficie se dore.

Mientras, caliente 2 cucharadas de aceite de oliva en una sartén a fuego medio. Agregue los puerros y sofríalos 10 minutos hasta que estén tiernos. Dispóngalos sobre el *croustade* y resérvelos.

Caliente el aceite de oliva restante en una cazuela a fuego medio. Eche la harina, remueva bien y añada la nata de soja. Agregue la levadura nutricional y continúe removiendo hasta que la salsa espese. Salpimiente al gusto. Vierta la salsa sobre los puerros, esparza el queso rallado por encima y hornee el *croustade* 30 minutos para que la superficie se dore. Adórnelo con el perejil o el cilantro y sírvalo.

FRANCIA

SETAS DE OSTRA AL GRATÍN

Preparación: 30 minutos
Cocción: 1 hora y 35 minutos

Para 4 personas

- 4 cdas. de margarina vegetal, y un poco más para untar
- 2 dientes de ajo picados finos
- 500 g de setas de ostra cortadas por la mitad
- 4 puerros grandes, solo la parte verde y blanca, en rodajas
- 1 cda. de tomillo picado fino
- 420 ml de caldo de verduras
- 350 ml de nata de soja
- 4 cdas. de vino blanco seco
- sal y pimienta negra recién molida
- 1,5 kg de patatas russet en rodajas finas
- 250 g de queso vegano rallado
- ensalada verde, para servir
- aliño francés o italiano, para servir

Precaliente el horno a 200 °C. Unte un fuente refractaria con margarina.

Funda a fuego medio 2 cucharadas de margarina en una sartén grande de fondo grueso. Añada el ajo picado y las setas y sofríalas de 8 a 10 minutos hasta que estén tiernas y se doren. Páselas a un bol y resérvelas.

Funda la margarina restante en la misma sartén a fuego medio. Agregue los puerros y el tomillo y sofríalos de 8 a 10 minutos hasta que estén tiernos y se empiecen a tostar. Páselos al bol con las setas y remueva bien.

Eche en un tarro el caldo, la nata de soja y el vino blanco, salpimiente al gusto y agítelo bien para que se mezclen.

Disponga un tercio de las patatas sobre la fuente. Cúbralas con la mezcla de setas y puerro y la mitad del queso. Ponga una segunda capa de patatas y vierta la mitad de la mezcla de nata. Añada una capa de la mezcla de setas y puerro restante y cúbrala con el resto de las patatas. Eche la mezcla de nata y el queso restantes. Hornee las patatas 1¼ horas hasta que estén tiernas y la superficie se dore. Retírelas del horno y déjelas reposar 20 minutos. Sírvalas con una ensalada ligeramente aliñada.

PASTEL DE VERDURAS AL ESTILO DE ORIENTE PRÓXIMO

JORDANIA

Precaliente el horno a 190 °C. Unte una fuente refractaria de 24 × 18 cm con 1 cucharada de aceite de oliva.

Para preparar la salsa de tomate, caliente el aceite en una sartén grande de hierro fundido a fuego medio. Eche la cebolleta y sofríala 3 o 4 minutos hasta que se dore ligeramente. Añada el ajo y sofrílo, sin dejar de remover, 3 o 4 minutos hasta que tome color. Agregue el pimiento y la pasta de tomate y sofríalos a fuego medio 2 minutos. Añada la soja texturizada y sofríala 2 o 3 minutos hasta que se dore ligeramente. Agregue el resto de ingredientes y llévelo a ebullición. Baje el fuego de inmediato y cuézalo todo a fuego lento 20 minutos hasta que la salsa espese. Salpimiente al gusto.

Para preparar la salsa de queso, ponga todos los ingredientes en una cazuela a fuego medio y remueva bien. Lleve la salsa a ebullición, sin dejar de remover, baje el fuego y cuézala 8 minutos hasta que espese. Baje el fuego al mínimo y cuézala 2 minutos más. Resérvela.

Para preparar el pastel de verduras, coloque la mitad de las rodajas de berenjena en la base y los lados de la fuente refractaria, solapándose entre sí. Vierta la mitad de la salsa de tomate, coloque encima la mitad de las rodajas de calabacín y añada la mitad de la salsa de queso. Repita la operación hasta agotar todos los ingredientes. Espolvoree el queso rallado y el pimentón por encima y vierta el aceite de oliva restante. Hornee el pastel 35 minutos hasta que la superficie se dore. Déjelo enfriar unos 20 minutos antes de servirlo.

Preparación: 45 minutos
Cocción: 1 hora y 20 minutos

Para 4 personas

Para la salsa de tomate:

- 2 cdas. de aceite de oliva
- 3 cebolletas picadas
- 3 dientes de ajo picados
- 1 pimiento rojo picado
- 2 cdas. de pasta de tomate
- 440 g de soja texturizada
- 480 g de salsa de tomate en conserva
- 8 tomates secos, rehidratados en agua 2 horas y picados
- 1 cdta. de pimentón ahumado
- 2 cdas. de aceite de coco
- 1 cdta. de menta seca
- 1 cdta. de comino molido
- 120 ml de caldo de verduras
- sal y pimienta negra recién molida

Para la salsa de queso:

- 200 g de queso vegano rallado, y un poco más para espolvorear
- 475 ml de nata de soja
- 1 cda. de harina común
- 3 cdas. de levadura nutricional
- 2 cdas. de aceite de oliva
- 1 cdta. de ajo granulado
- 2 cdas. de margarina vegetal
- 1 cdta. de cúrcuma
- 4 cdas. de caldo de verduras
- sal y pimienta negra recién molida

Para el pastel de verduras:

- 3 cdas. de aceite de oliva
- 1 berenjena grande cortada a lo largo en rodajas finas y salteadas en una sartén grill
- 2 calabacines medianos cortados a lo largo en rodajas finas y salteadas en una sartén grill
- 1 cda. de pimentón dulce

ROLLITOS DE REPOLLO

Preparación: 45 minutos
Cocción: 1 hora

Para 4 personas

Para el relleno:
- 2 cdas. de aceite vegetal
- 3 cebollas blancas pequeñas picadas
- 1 zanahoria rallada
- 250 g de arroz basmati blanco u otro arroz de grano largo
- 240 ml de pasta de tomate
- 125 g de nueces machacadas
- 2 cdas. de salsa tamari o de soja
- sal y pimienta negra recién molida

Para los rollitos de repollo:
- 2 repollos blancos grandes
- 1,5 litros de caldo de verduras
- 3 cdas. de zumo de limón recién exprimido, y un poco más para servir
- sal y pimienta negra recién molida

Para la salsa:
- 3 cdas. de aceite vegetal
- 3 cebollas blancas pequeñas picadas
- 1 zanahoria picada
- hojas de repollo reservadas (véase la receta) picadas
- 120 ml de salsa de tomate
- 3 hojas de laurel

Para preparar el relleno, caliente el aceite en una cazuela a fuego medio. Eche la cebolla y la zanahoria, y sofríalas 10 minutos hasta que la cebolla esté translúcida y la zanahoria ligeramente dorada. Añada el arroz y sofríalo 10 minutos, sin dejar de remover y agregando un poco de agua para evitar que se pegue al fondo de la cazuela. Agregue la pasta de tomate, las nueces y la salsa tamari o de soja, y salpimiente al gusto. Cuézalo todo durante 1 o 2 minutos, removiendo con frecuencia hasta que se mezcle bien. Retire la cazuela del fuego y déjelo enfriar.

Para preparar los rollitos de repollo, corte el tallo central de los repollos y deséchelos. Ponga los repollos en un bol refractario con agua caliente y 2 cucharaditas de sal, y déjelos en remojo 10 minutos hasta que pueda desprender las hojas con facilidad. Escúrralos y déjelos enfriar.

Separe las hojas de repollo y retire los nervios duros. Reserve 20 hojas del tamaño de la palma de la mano y pique las hojas restantes para utilizarlas en la salsa.

Para preparar la salsa, caliente el aceite vegetal en una olla a fuego medio. Eche las cebollas, la zanahoria y las hojas de repollo picadas, y sofríalas de 10 a 12 minutos. Añada la salsa de tomate y llévela a ebullición suave. Retire la olla del fuego y remueva bien. Agregue las hojas de laurel a la salsa y resérvela.

Para preparar los rollitos, coloque 1 cucharada del relleno en el centro de una de las hojas de repollo reservadas. Doble un lado sobre el relleno y enrolle la hoja hasta obtener un cilindro. Presione los extremos con los dedos y dóblelos hacia dentro. Repita la operación con las hojas y el relleno restantes.

Coloque una capa de rollitos en el fondo de una olla sin apretarlos demasiado. Añada otra capa encima y repita la operación hasta que todos los rollitos estén en la olla. Vierta el caldo y el zumo de limón, y salpimiente al gusto. Llévelos a ebullición y baje el fuego. Tape la olla y cuézalos 20 minutos, sin remover, hasta que estén hechos.

Para servir, retire los rollitos de la olla con cuidado, páselos a 4 platos hondos y nápelos con la salsa y un chorrito de zumo de limón. Sirva el caldo restante en boles individuales.

POLENTA CON SALSA DE BERENJENAS

ITALIA

Caliente 1 cucharada de aceite de oliva en una sartén grande a fuego medio. Eche la chalota, el ajo y la cebolla, y sofríalos de 3 a 5 minutos hasta que estén blandos. Añada las setas y sofríalas 4 o 5 minutos hasta que se doren. Páselas a un bol y resérvelas.

Caliente el aceite de oliva restante en la misma sartén a fuego medio-alto. Agregue la berenjena y sofríala 5 minutos hasta que se dore y empiece a estar tierna. Añada el pimiento rojo y sofríalo a fuego medio 3 o 4 minutos hasta que se tueste ligeramente. Agregue el tomate triturado y el sofrito de setas, y llévelo a ebullición. Baje el fuego y cuézalo todo, removiendo de vez en cuando, 45 minutos hasta que la salsa espese.

Mientras, lleve a ebullición 1,5 litros de agua y añada poco a poco la polenta. Baje el fuego y cuézala 30 minutos, removiendo con frecuencia, hasta que esté espesa y cremosa. Salpimiente al gusto. (Si utiliza polenta instantánea, cuézala según las indicaciones del envase.)

Pase la polenta a una fuente y nápela con la salsa de berenjenas. Adórnela con el perejil y sírvala de inmediato.

Preparación: 20 minutos
Cocción: 1 hora

Para 4-6 personas

- 3 cdas. de aceite de oliva
- 1 chalota picada fina
- 2 dientes de ajo picados finos
- 1 cebolla mediana picada
- 75 g de setas shiitake limpias y en cuartos
- 2 berenjenas medianas en dados
- 1 pimiento rojo despepitado y picado
- 590 g de tomate triturado en conserva
- 250 g de polenta
- sal y pimienta negra recién molida
- 2 cdas. de perejil picado, para adornar

PASTEL DE PATATAS

FRANCIA

Precaliente el horno a 180 °C.

Mezcle en una fuente refractaria las patatas con la cebolla, el ajo, las hojas de laurel y el aceite de oliva, y remueva bien. Cubra la fuente con papel de aluminio y ase las patatas 20 minutos. Retire el papel de aluminio y áselas 15 minutos más hasta que estén hechas.

En una fuente refractaria de 24 × 18 cm untada con aceite, ponga la mitad de la mezcla de patatas y espolvoree la mitad del queso rallado. Añada la mezcla de patatas restante y esparza las hierbas provenzales, la albahaca y el queso restante por encima. Salpimiente al gusto. Cubra la fuente con papel de aluminio y hornee el pastel 15 minutos hasta que el queso se funda por completo.

Sírvalo con una ensalada ligeramente aliñada.

Preparación: 35 minutos
Cocción: 50 minutos

Para 4 personas

- 8 patatas grandes en rodajas finas
- 1 cebolla grande en rodajas finas
- 2 dientes de ajo picados finos
- 2 hojas de laurel
- 4 cdas. de aceite de oliva, y un poco más para untar
- 250 g de queso cheddar vegano rallado
- 2 cdas. de hierbas provenzales
- 30 g de albahaca picada fina
- sal y pimienta negra recién molida
- ensalada verde, para servir
- aliño italiano o francés, para servir

SINGAPUR

PASTEL DE BONIATO Y SETAS SHIITAKE

Preparación: 30 minutos
Cocción: 50 minutos

Para 4 personas

- 1 cda. de margarina vegetal, y un poco más para untar
- 6 boniatos medianos en rodajas
- 2 cebollas en rodajas
- 500 g de setas shiitake frescas
- 2 cdtas. de tomillo molido
- sal y pimienta negra recién molida
- 240 ml de nata de soja
- 1 cda. de levadura nutricional
- 3 cdas. de perejil picado

Precaliente el horno a 200 °C. Unte una fuente refractaria con margarina.

Coloque las rodajas de boniato, cebolla y setas shiitake por capas en la fuente, esparza el tomillo por encima y salpimiente al gusto.

En un bol, mezcle la nata de soja con la levadura nutricional y añádala a las verduras. Cubra la fuente con papel de aluminio y hornee el pastel 30 minutos. Retire el papel de aluminio y hornéelo 20 minutos más hasta que el boniato esté tierno y la salsa espesa y cremosa.

Adórnelo con el perejil picado y sírvalo.

TURQUÍA

VERDURAS CON MELOCOTÓN

Preparación: 30 minutos
Cocción: 40 minutos

Para 4 personas

Para la salsa de yogur:
- 250 g de yogur griego vegano sin azúcar
- 4 dientes de ajo picados finos
- 4 cdas. de zumo de limón recién exprimido
- sal

Para las verduras con melocotón asadas:
- 2 pimientos rojos o amarillos en rodajas
- 3 calabacines en rodajas
- 4 cdas. de aceite de oliva
- 8 tomates pera picados
- 1,5 kg de melocotones deshuesados y en dados
- 30 g de menta picada, para adornar

Precaliente el horno a 200 °C.

Para preparar la salsa de yogur, mezcle en un bol el yogur con el ajo y el zumo de limón, y sale al gusto. Refrigérela hasta el momento de servir.

Para preparar las verduras con melocotón asadas, ponga los pimientos y los calabacines en una fuente refractaria de 26 × 18 cm y rocíelos con la mitad del aceite de oliva. Áselos, sin tapar, 20 minutos. Añada el tomate y el melocotón, y rocíelos con el aceite restante. Cubra la fuente con papel de aluminio y hornéelo todo otros 20 minutos hasta que el melocotón esté bien hecho.

Retire la fuente del horno y pase las verduras con melocotón a un plato. Adórnelos con la menta y sírvalos con la salsa de yogur.

DUMPLINGS DE PAK CHOI

TURQUÍA

Preparación: 30 minutos
Cocción: 20 minutos

Para 4 personas

- 3 cdas. de aceite vegetal
- salsa de soja, para servir
- sriracha, para servir

Para el relleno:
- 600 g de pak choi limpio y en cuartos
- 3 cdas. de semillas de amapola
- 1 cdta. de pimienta de Sichuan en grano
- 2 dientes de ajo picados finos
- 1 trozo de jengibre fresco de 2,5 cm pelado y en rodajas
- 1 cebolla roja en cuartos
- 120 g de requesón vegano o tofu sedoso
- 1 cdta. de guindilla molida
- sal y pimienta negra recién molida
- 120 g de margarina vegetal

Para la masa:
- 250 g de harina común, y un poco más para espolvorear
- 125 g de harina de trigo sarraceno

Para preparar el relleno, ponga a hervir una cazuela con agua. Añada el pak choi y cuézalo a fuego medio 5 minutos, hasta que reduzca su volumen. Escúrralo, déjelo enfriar lo suficiente como para poder manipularlo y estrújelo para eliminar toda el agua. Resérvelo.

Triture las semillas de amapola con la pimienta de Sichuan en un robot de cocina o una batidora hasta obtener un polvo. Añada el ajo y el jengibre, y triture hasta que se mezclen bien. Agregue la cebolla y triture de nuevo. Añada el pak choi, el requesón o el tofu y la guindilla molida, y sale al gusto. Tritúrelo todo unos 10 segundos hasta que se mezcle bien.

Funda la margarina vegetal en una sartén a fuego medio hasta que empiece a burbujear. Agregue el relleno y remueva bien hasta que se impregne. Salpimiente al gusto y resérvelo.

Para preparar la masa de los dumplings, ponga los dos tipos de harina en el vaso de un robot de cocina con una cuchilla S para masa. Con el motor en marcha, vierta 240 ml de agua por el tubo de alimentación y triture hasta que se forme una bola.

Pase la masa a una superficie de trabajo ligeramente enharinada y espolvoréela con harina. Córtela en 8 porciones y enharínelas. Extiéndalas con un rodillo o una máquina de hacer pasta hasta que tengan un grosor de 2 mm y enharínelas de vez en cuando para evitar que se peguen.

Corte las porciones de masa en rectángulos de 10 × 5 cm y coloque 1 cucharadita del relleno en el centro de cada uno de ellos. Humedezca los bordes con agua y dóblelos para formar cuadrados. Presione los bordes con los dedos o con los dientes de un tenedor para sellarlos.

Ponga a hervir una olla con agua. Cueza los dumplings, por tandas, unos 7 minutos hasta que estén tiernos. Sáquelos con una espumadera y déjelos escurrir en un plato forrado con papel de cocina.

Para terminar, caliente el aceite en una cazuela o un wok a fuego medio. Eche los dumplings y sofríalos de 8 a 10 minutos hasta que se doren por ambos lados. Páselos a un plato forrado con papel de cocina para eliminar todo el aceite. Sírvalos de inmediato con salsa de soja y sriracha.

BULGARIA

MILHOJAS DE QUESO

Preparación: 30 minutos
Cocción: 45 minutos

Para 4 personas

- 1 cda. de aceite vegetal, para untar
- 120 g de tofu sedoso o ahumado
- 240 ml de leche de soja
- 65 g de anacardos crudos ligeramente tostados y molidos gruesos
- 30 g de semillas de girasol crudas ligeramente tostadas y molidas
- 1 cda. de semillas de sésamo ligeramente tostadas y molidas
- 3 cdas. de harina de garbanzos
- 3 cdas. de levadura nutricional
- ¼ de cdta. de cúrcuma molida
- 2 cdas. de zumo de limón recién exprimido
- sal y pimienta negra recién molida
- 2 cdas. de margarina vegetal
- 600 g de masa de hojaldre vegana
- yogur de soja sin azúcar o nata agria vegana, para servir

Precaliente el horno a 190 °C. Unte con aceite vegetal una fuente refractaria de 15 × 23 cm.

Triture el tofu con la leche de soja en un robot de cocina o una batidora hasta obtener una mezcla homogénea.

Pase la mezcla a un bol. Agregue los anacardos, las semillas de girasol y las de sésamo, la harina de garbanzos, la levadura nutricional, la cúrcuma y el zumo de limón, y salpimiente al gusto. Remueva bien hasta que se mezclen y resérvelos.

Funda a fuego lento la margarina vegetal en un cazo.

Con un rodillo, extienda la masa de hojaldre y corte 4 rectángulos del tamaño de la fuente. Forre la fuente con una capa de hojaldre y úntela con la margarina fundida.

Añada un tercio del relleno y distribúyalo uniformemente. Cúbralo con otra capa de hojaldre, úntela con la margarina fundida y añada otro tercio del relleno. Disponga una tercera capa de hojaldre y de relleno. Cubra el pastel con una última capa de hojaldre y úntela con margarina. Hornéelo 45 minutos hasta que la superficie se dore y la masa esté esponjosa.

Déjelo enfriar 20 minutos antes de cortarlo. Sírvalo con yogur de soja o nata agria.

MONTENEGRO

PASTEL DE CHUCRUT Y PATATAS

Preparación: 35 minutos
Cocción: 1 hora y 30 minutos

Para 4 personas

- 2 cdas. de aceite de oliva o vegetal, y un poco más para untar
- 1 cebolla en rodajas
- 2 dientes de ajo picados
- 1 cdta. de sal, y un poco más para sazonar
- 750 g de chucrut
- 600 g de patatas russet peladas y en dados
- 1 cda. de copos de guindilla roja machacados
- 1 cda. de pimentón dulce
- 4 hojas de laurel
- pimienta negra recién molida

Precaliente el horno a 200 °C. Unte con aceite una fuente refractaria de 24 × 18 cm.

Ponga la mitad de la cebolla, el ajo y 1 cucharadita de sal en la fuente. Añada una capa de un tercio del chucrut, seguida de otra capa de la mitad de las patatas. Sazone con ½ cucharada de copos de guindilla, ½ cucharada de pimentón, un poco de pimienta y 1 hoja de laurel. Repita la operación con la cebolla restante, otro tercio del chucrut y las patatas y condimentos restantes. Agregue el último tercio del chucrut y rocíelo con 2 cucharadas de aceite. Cubra el pastel con papel de aluminio y hornéelo durante 1 hora hasta que esté bien hecho. Retire el papel de aluminio, baje la temperatura a 170 °C y hornéelo durante 30 minutos más. Sírvalo de inmediato en boles.

ROLLITOS DE REPOLLO RELLENOS DE QUESO

NEPAL

Preparación: 1 hora,
más 2 horas para refrigerar
Cocción: 50 minutos

Para 4 personas

Para el relleno:
- 500 g de queso feta vegano o similar desmenuzado
- 140 g de cebolla picada fina
- ½ cebolleta picada fina
- 200 g de arroz de grano largo cocido
- 2 cdtas. de eneldo picado fino
- 2 dientes de ajo picados finos
- 1 cdta. de jengibre fresco rallado fino
- 3 guindillas rojas despepitadas y picadas finas
- 1 cdta. de cúrcuma molida
- 1 cdta. de comino molido
- 1 cdta. de pimienta negra recién molida
- 1 cdta. de maicena
- 2 cdas. de sustituto de huevo (diluido en 50 ml de agua templada)
- sal

Para el repollo:
- sal
- 1 repollo blanco descorazonado
- 2 cdas. de margarina vegetal fundida
- 2 cebolletas picadas finas, para adornar
- pan roti o naan, para servir
- 240 g de yogur griego sin azúcar vegano o nata agria, para servir

Para la salsa:
- 2 cdas. de margarina vegetal
- 1 cdta. de semillas de mostaza
- 280 g de cebolla picada
- 2 dientes de ajo picados finos
- 1 cdta. de jengibre fresco rallado
- 1 cdta. de guindilla molida
- 200 g de tomates picados
- 240 ml de caldo de verduras
- sal y pimienta negra recién molida

Para preparar el relleno, mezcle todos los ingredientes en un bol, sale al gusto y remueva bien. Cubra el bol con film transparente y refrigérelo durante 2 horas.

Para preparar el repollo, ponga a hervir una olla de agua con sal y prepare un bol de agua con hielo. Eche el repollo en el agua hirviendo y cuézalo 10 minutos hasta que esté blando. Separe las hojas, retire los nervios duros y páselas al bol de agua con hielo.

Para preparar los rollitos, extienda una hoja de repollo sobre una tabla de cortar. Coloque 2 cucharadas del relleno en el centro, doble un lado sobre el relleno y enrolle la hoja hasta obtener un cilindro. Sujete los extremos con brochetas de bambú pequeñas. Repita la operación con las hojas y el relleno restantes.

Ponga a hervir agua en una vaporera. Con los dedos, unte los rollitos con la margarina vegetal y colóquelos en la vaporera. Cuézalos, tapados, unos 10 minutos hasta que el relleno esté hecho. Páselos a una fuente, cúbralos con un paño de cocina limpio para mantenerlos calientes y resérvelos.

Para preparar la salsa, funda la margarina vegetal en una cazuela a fuego medio. Eche las semillas de mostaza y la cebolla, y sofríalas 5 o 6 minutos hasta que la cebolla se dore. Añada el ajo, el jengibre y la guindilla molida, y sofríalos a fuego medio 2 minutos hasta que se doren ligeramente. Agregue los tomates y el caldo, y salpimiente al gusto. Llévelo a ebullición y cuézalo todo a fuego medio-bajo de 10 a 12 minutos hasta que la salsa espese.

Introduzca con cuidado los rollitos en la cazuela y cuézalos a fuego lento de 8 a 10 minutos hasta que la salsa espese un poco más.

Páselos a una fuente con la salsa y adórnelos con las cebolletas. Sírvalos con pan roti o naan y yogur griego o nata agria.

BURRITOS DE GARBANZOS CON SALSA DE MENTA PICANTE

Preparación: 35 minutos
Cocción: 50 minutos

Para 4 personas

Para la salsa de menta picante:
- 2 cdtas. de azúcar
- 1 cdta. de sal
- 1 cda. de jengibre fresco rallado
- 1 chile serrano o jalapeño pequeño despepitado y picado
- 1 diente de ajo picado fino
- 75 g de menta picada
- 2 cdas. de vinagre de arroz o vinagre de sidra de manzana

Para los burritos:
- 3 dientes de ajo grandes picados finos
- 1 cda. de jengibre fresco rallado fino
- 1 chile jalapeño limpio, despepitado y picado
- 1 cebolla grande picada
- 1 cda. de aceite de oliva
- 1½ cdas. de curry en polvo
- 1 cda. de comino molido
- 500 g de patatas en dados
- 80 g de pasas de Corinto o sultanas
- sal
- 280 g de garbanzos en conserva escurridos
- 240 g de guisantes descongelados
- 60 g de cilantro picado
- 8 tortillas de harina

Para preparar la salsa de menta picante, ponga el azúcar y la sal en el vaso de una batidora o un mini robot de cocina. Con el motor en marcha, eche el jengibre, el chile y el ajo, y tritúrelos hasta que estén picados finos. Agregue la menta y el vinagre, y triture todo hasta que quede picado fino, raspando las paredes del vaso si es necesario. Pase la salsa a un bol y refrigérela hasta el momento de servir.

Para preparar los burritos, triture el ajo con el jengibre y el jalapeño en un robot de cocina o una batidora hasta obtener una pasta. Añada la cebolla y tritúrela hasta que quede picada gruesa.

Caliente el aceite en una sartén grande antiadherente a fuego medio. Agregue la mezcla de cebolla y sofríala, sin dejar de removerla, unos 5 o 6 minutos hasta que se dore ligeramente. Añada el curry en polvo y el comino, y sofríalos, sin dejar de remover, unos 2 minutos hasta que desprendan su aroma. Agregue las patatas, 350 ml de agua y las pasas, y sale al gusto. Llévelo a ebullición. Baje el fuego, tape la sartén y cuézalo todo unos 30 minutos hasta que las patatas estén tiernas. Añada los garbanzos, los guisantes y el cilantro. Cuézalos a fuego medio unos 3 o 4 minutos y rectifique la sazón si fuera necesario.

Mientras, caliente las tortillas en una sartén. Envuélvalas con papel de aluminio para mantenerlas calientes.

Coloque las tortillas en un plato y sírvalas con el curry de garbanzos y la salsa de menta picante en boles separados.

BURRITOS DE GARBANZOS CON SALSA DE MENTA PICANTE

DUMPLINGS DEL DALÁI LAMA

Preparación: 35 minutos
Cocción: 1 hora y 10 minutos

Para 4 personas

Para los dumplings:
- 500 g de patatas russet o similares
- 3 cdas. de aceite de oliva
- 6 cebollas picadas
- 250 g de sombrerillos de setas shiitake picados
- 250 g de queso vegano rallado
- 1 manojo de cilantro picado
- 2 cdas. de levadura nutricional
- sal y pimienta negra recién molida
- 40 láminas de wonton veganas cuadradas o redondas

Para la sopa:
- 2 cdas. de aceite de oliva
- 1 cebolla picada
- 2 tomates picados
- 1 cda. de cilantro picado
- 480 ml de caldo de verduras

- cebolletas picadas, para servir
- salsa de soja, para servir

Para preparar los dumplings, ponga las patatas en una cazuela y cúbralas con agua. Llévelas a ebullición y cuézalas de 35 a 40 minutos hasta que estén tiernas. Escúrralas y tritúrelas en un robot de cocina o una batidora hasta obtener un puré fino. Déjelo enfriar.

Caliente el aceite de oliva en una cazuela a fuego medio. Eche la cebolla y sofríala 5 o 6 minutos hasta que esté tierna. Añada las setas, tape la cazuela y sofríalas unos 5 minutos hasta que estén blandas. Pase la mezcla a un bol y déjela enfriar. Cuando se haya enfriado, añada el puré de patata, el queso, el cilantro y la levadura nutricional. Mezcle bien y salpimiente al gusto.

Disponga una lámina de wonton sobre una superficie de trabajo. Coloque 1 cucharada del relleno en el centro, doble la lámina sobre el relleno y presione los bordes con los dientes de un tenedor para sellarlos. Resérvelo en una bandeja y repita la operación con las láminas y el relleno restantes. Manténgalos separados y no los apile.

Llene una vaporera con agua y llévela a ebullición. Cueza los dumplings al vapor, por tandas, asegurándose de colocarlos espaciados entre sí ya que se expandirán durante la cocción y podrían pegarse. Cuézalos unos 15 minutos hasta que estén firmes.

Para preparar la sopa, caliente el aceite de oliva en una cazuela a fuego medio. Eche la cebolla y sofríala 5 o 6 minutos hasta que esté tierna. Agregue el tomate y el cilantro, y sofríalo 5 minutos. Añada el caldo, llévelo a ebullición a fuego medio y cuézalo todo unos 4 o 5 minutos.

Reparta la sopa y los dumplings entre 4 boles y sírvalos con las cebolletas picadas y la salsa de soja.

DUMPLINGS DEL DALÁI LAMA

DUMPLINGS DE KARACHI

Preparación: 30 minutos
Cocción: 30 minutos

Para 4 personas

Para los dumplings:
- 200 g de harina de lentejas amarillas
- 1½ cdtas. de bicarbonato de sodio
- aceite vegetal, para freír
- sal

Para la salsa de yogur:
- 750 g de yogur vegano sin azúcar
- 2 cdtas. de azúcar extrafino
- 1 cdta. de sal
- 2 cdas. de garam masala

Para preparar los dumplings, mezcle en un bol la harina de lentejas con el bicarbonato de sodio y 120 ml de agua, y remueva bien hasta obtener una mezcla homogénea. Déjela reposar 20 minutos.

Caliente el aceite en un wok, una cazuela honda o una freidora a fuego medio. Forre una bandeja con papel de cocina. Con cuidado, eche 1 cucharada de la masa en el aceite caliente y repita la operación hasta freír la primera tanda. Baje el fuego para evitar que se quemen y fríalos 8 o 9 minutos hasta que se doren. Retire los dumplings con una espumadera y déjelos escurrir sobre la bandeja forrada con papel de cocina. Repita la operación con la masa restante. Déjelos enfriar.

Para preparar la salsa de yogur, triture el yogur con el azúcar, la sal y el garam masala en un robot de cocina o una batidora.

Sirva los dumplings a temperatura ambiente acompañados de la salsa de yogur.

DUMPLINGS DE KARACHI

NUEVA ZELANDA

HAMBURGUESAS DE ALUBIAS

Preparación: 40 minutos
Cocción: 35 minutos

Para 4 personas

- 120 g de avellanas o almendras machacadas
- 200 g de tomate entero pelado en conserva
- 360 g de alubias rojas o judías pintas cocidas
- 240 g de pan rallado, y un poco más
- 1 cda. de tahini
- 1 cdta. de comino molido
- 2 cdas. de levadura nutricional
- sal y pimienta negra recién molida

Para servir:

- 4 panes de hamburguesa
- hojas de lechuga
- rodajas de tomate
- rodajas de cebolla
- rodajas de pepinillo en vinagre al eneldo
- sus salsas favoritas para hamburguesas

Precaliente el horno a 190 °C.

Triture todos los ingredientes en un robot de cocina o una batidora hasta obtener un puré homogéneo.

Divida la mezcla en 4 porciones iguales y deles forma de hamburguesa. Si la mezcla quedara demasiado húmeda, añada un poco más de pan rallado. Ponga las hamburguesas en una fuente refractaria y hornéelas unos 35 minutos hasta que estén bien hechas.

Abra los panes por la mitad. Ponga una capa de hojas de lechuga y rodajas de tomate, cebolla y pepinillo sobre la parte inferior de cada uno de ellos. Coloque la hamburguesa encima y añada salsa al gusto. Cubra los panes con la parte superior y sirva las hamburguesas.

HAMBURGUESAS DE ALUBIAS

PASTEL DE MAÍZ

Preparación: 45 minutos,
más 1 hora para refrigerar
Cocción: 1 hora y 50 minutos

Para 4 personas

Para el pastel:
- 960 g de harina de maíz amarilla
- 600 ml de zumo de naranja recién exprimido
- sal
- 120 ml de aceite coco
- 240 ml de aceite de oliva, y un poco más para untar
- 1-3 hojas de plátano

Para el relleno:
- 2 cdas. de aceite de oliva
- 2 cebollas picadas
- 2 dientes de ajo picados finos
- 1 pimiento rojo picado
- 4 tomates en dados
- 2 patatas o boniatos pelados, cocidos y en dados
- 120 g de granos de maíz frescos o congelados
- 1 cdta. de comino molido
- 1 cdta. de pimentón dulce
- 1 cdta. de pimienta de Cayena
- 1 cda. de levadura nutricional
- 1 manojo de menta picada fina
- 2 cdtas. de pasas
- 140 g de aceitunas Kalamata deshuesadas y en rodajas
- 3 cdas. de zumo de limón recién exprimido
- sal y pimienta negra recién molida

- ensalada verde, para servir
- aliño francés, para servir
- sriracha, para servir

Para preparar la masa, ponga la harina de maíz y el zumo de naranja en el vaso de un robot de cocina y sale al gusto. Tritúrelos para que se mezclen y añada poco a poco los dos tipos de aceite con el motor en marcha. Triture hasta obtener una masa homogénea pero firme.

Unte una fuente refractaria con aceite de oliva. Forre la base y los laterales con 1 hoja de plátano. Si es necesario, utilice 2 hojas y solápelas un poco. No corte las partes que sobresalgan ya que las necesitará para cubrir la masa.

Para preparar el relleno, caliente el aceite de oliva en una cazuela a fuego medio. Eche las cebollas, el ajo y el pimiento, y sofríalos unos 5 o 6 minutos hasta que la cebolla y el ajo se doren. Páselos a un bol y añada los ingredientes restantes. Remueva bien y salpimiente al gusto.

Divida la masa del pastel en 4 porciones. Extienda una porción en la base de la fuente preparada y cúbrala con un tercio del relleno. Agregue otra capa de masa y cúbrala con otro tercio del relleno. Disponga una tercera capa de masa y el relleno restante. Coloque una última capa de masa y cúbrala con los extremos que sobresalen de la hoja de plátano. Añada 1 hoja más si fuera necesario para cubrir el pastel por completo. Refrigérelo durante 1 hora.

Precaliente el horno a 190 °C.

Ponga el pastel en el horno y áselo durante 1 hora. Baje la temperatura a 140 °C y hornéelo 30 minutos más hasta que esté hecho y la superficie se haya tostado. Déjelo enfriar 15 minutos.

Sírvalo con una ensalada ligeramente aliñada y sriracha.

PASTEL DE MAÍZ

BÉLGICA

PIZZA CON RODAJAS DE LIMÓN Y COLES DE BRUSELAS

Preparación: 1 hora
Cocción: 20 minutos

Para 4 personas

Para la masa:
- 15 g de levadura seca activa
- 2 cdas. de sirope de agave
- 3 cdas. de aceite de oliva, y un poco más para untar y rociar
- 1 cdta. de sal
- 125 g de harina de fuerza, y un poco más para espolvorear
- 125 g de harina sin blanquear

Para la cobertura:
- 250 g de coles de Bruselas cortadas por la mitad
- 1 chalota picada fina
- 1 limón Meyer
- 250 g de mozzarella vegana
- 4 cdtas. de aceite de oliva
- sal y pimienta negra recién molida

Para preparar la masa, mezcle 175 ml de agua tibia con la levadura y el sirope de agave en una batidora de varillas eléctrica equipada con un gancho de amasar hasta que la levadura se disuelva. Deje reposar la masa 20 minutos para que la levadura se active. Agregue el aceite, la sal y la harina de fuerza, y mézclelos a velocidad baja unos 7 u 8 minutos, raspando las paredes si es necesario, hasta obtener una masa fina. Con el motor en marcha, añada 2 cucharadas de harina sin blanquear, por tandas, cada 2 o 3 minutos para que se integre por completo en cada adición. Tras la última tanda, cuando la masa empiece a ligar, bátala 2 o 3 minutos y pásela a un bol. Úntela con un poco de aceite y cúbrala con un paño de cocina. Déjela leudar en un lugar cálido durante 1 hora.

Para preparar la cobertura, triture las coles de Bruselas y la chalota en el vaso de un robot de cocina con una cuchilla S para picar. Resérvelas.

Corte el limón en rodajas finas y estas por la mitad. Retire las pepitas si fuera necesario. Resérvelas.

Precaliente el gratinador y disponga una rejilla en la parte superior del horno. Unte una fuente refractaria con aceite de oliva.

Divida la masa en 4 porciones iguales y deles forma de bola con las manos. Extienda una porción hasta obtener un círculo de 25 cm de diámetro. Póngalo en la fuente y distribuya un cuarto de la mezcla de coles de Bruselas y chalota por encima. Añada un cuarto de las rodajas de limón y cúbralas con una capa de un cuarto de mozzarella. Hornee la pizza 3 o 4 minutos, con cuidado de que la cobertura no se queme. Repita la operación con la masa y los ingredientes restantes. Rocíe cada pizza con 1 cucharadita de aceite, salpimiente al gusto y sírvalas.

PIZZA CON RODAJAS DE LIMÓN Y COLES DE BRUSELAS

BRUSCHETTA DE CHAMPIÑONES

Preparación: 40 minutos
Cocción: 10 minutos,
más 1 hora y 30 minutos para refrigerar

Para 4 personas

Para los champiñones marinados:
- 120 ml de aceite de oliva
- 4 cdas. de vinagre balsámico
- 2 dientes de ajo picados finos
- 1 cda. de albahaca seca
- 1 cda. de salsa tamari o de soja
- 4 champiñones portobello grandes limpios

Para las *bruschettas*:
- 2 cdas. de aceite de oliva
- 2 cdas. de vinagre balsámico
- 1 cda. de mostaza de Dijon
- 1 cda. de veganesa casera (véase pág. 52) o comprada
- sal y pimienta negra recién molida
- 125 g de tomates cherry en dados
- ¼ de pimiento rojo en dados
- 2 dientes de ajo picados finos
- 1 cebolla pequeña en dados
- 1 cda. de albahaca picada
- 1 baguette cortada por la mitad a lo ancho
- aceite de oliva, para untar

Para preparar los champiñones, coloque todos los ingredientes, excepto los champiñones, en un bol y remueva hasta que se mezclen. Añada los champiñones y remueva para que se impregnen bien. Refrigérelos durante 1 hora.

Precaliente el gratinador. Forre una bandeja de horno con papel de aluminio y disponga los champiñones encima. Gratínelos 2 o 3 minutos por cada lado hasta que se doren. Déjelos enfriar.

Para preparar las *bruschettas*, ponga en un bol el aceite de oliva, el vinagre, la mostaza y la veganesa, y salpimiente al gusto. Bátalo todo hasta obtener una mezcla homogénea. Agregue el tomate, el pimiento, el ajo, la cebolla y la albahaca, y remueva para que las verduras se impregnen del aliño. Refrigérelas 30 minutos.

Corte la baguette por la mitad a lo largo y unte cada rebanada con un poco de aceite de oliva.

Corte los champiñones en dados y repártalos entre las rebanadas de pan. Añada las verduras aliñadas por encima y sirva las *bruschettas*.

BRUSCHETTA DE CHAMPIÑONES

INDIA

HAMBURGUESAS DE PATATA

Preparación: 35 minutos,
más 2 horas para refrigerar
Cocción: 20 minutos

Para 4 personas

- 250 g de puré de patata
- 250 g de tofu sedoso
- 70 g de cebolla picada
- 70 g de cebolletas picadas
- 2 cdas. de cilantro picado
- 1 cdta. de pimienta de Cayena
- 4 guindillas verdes despepitadas y picadas finas
- 1 cdta. de garam masala
- 4 rebanadas de pan blanco remojadas 10 minutos en leche de soja o de almendras y escurridas
- 2 cdas. de sustituto de huevo diluidas en 4 cdas. de agua templada
- sal y pimienta negra recién molida
- pan rallado, para rebozar
- 60 ml de aceite vegetal
- ensalada verde, para servir
- aliño de ensalada, para servir

Mezcle en un bol el puré de patata con el tofu, la cebolla, las cebolletas, el cilantro, la pimienta de Cayena, las guindillas, el garam masala, el pan y el sustituto de huevo, y remueva bien con una cuchara de madera. Salpimiente al gusto.

Esparza el pan rallado en un plato. Divida la mezcla en 4 porciones iguales y deles forma de hamburguesa. Con cuidado, reboce las hamburguesas con el pan rallado y refrigérelas 2 horas.

Caliente el aceite en una sartén grande a fuego medio-bajo. Fría las hamburguesas de 6 a 8 minutos hasta que se doren por los dos lados.

Sírvalas con una ensalada ligeramente aliñada.

ISRAEL

PASTEL DE ESPINACAS, BONIATO Y TOFU

Preparación: 25 minutos,
más 15 minutos para enfriar
Cocción: 50 minutos,
más 10 minutos para enfriar

Para 4 personas

- 1 cda. de aceite de oliva, y un poco más para untar
- sal
- 750 g de espinacas frescas limpias
- 1 puerro, solo la parte blanca y verde claro, en rodajas
- 2 dientes de ajo picados finos
- 225 g de boniatos pelados y rallados
- 120 g de tofu sedoso
- 2 cdas. de zumo de limón recién exprimido
- 1 cdta. de orégano seco
- sal y pimienta negra recién molida
- ensalada verde, para servir
- aliño italiano, para servir

Precaliente el horno a 180 °C. Unte un molde refractario de 20 × 20 cm con aceite.

Ponga a hervir agua con sal en una olla. Añada las espinacas, tape la olla y cuézalas a fuego medio 5 minutos hasta que reduzcan su volumen. Escúrralas y déjelas enfriar 15 minutos. Estrújelas, píquelas y páselas a un bol.

Caliente el aceite en una cazuela a fuego medio. Eche el puerro y el ajo, y sofríalos 5 o 6 minutos hasta que se doren. Añada el boniato y sofríalo 3 o 4 minutos. Pase la mezcla al bol con las espinacas.

En un bol, mezcle el tofu sedoso con el zumo de limón y remueva hasta obtener una mezcla homogénea. Añada el orégano y vuelva a remover. Pase la mezcla al bol con las espinacas y el boniato, y remueva de nuevo. Salpimiente al gusto.

Eche la mezcla en el molde refractario y hornéela unos 35 minutos hasta que esté firme y se dore. Déjela enfriar 10 minutos y córtela en 4 porciones cuadradas. Sírvalas con una ensalada ligeramente aliñada.

HAMBURGUESAS DE ALUBIAS, REMOLACHA Y HUITLACOCHE

MÉXICO

Preparación: 45 minutos
Cocción: 10 minutos,
más 20 minutos para refrigerar

Para 4 personas

- 4 cdas. de aceite de oliva
- 1 cebolla en rodajas finas
- 250 g de huitlacoche, picado si es grande (o champiñones portobello)
- 1 diente de ajo picado
- ½ remolacha cocida, pelada y rallada
- 1 zanahoria rallada
- 2 cdas. de granos de maíz
- 1 cda. de chile jalapeño despepitado y picado
- 1 cdta. de pimentón ahumado
- 1 cdta. de tomillo picado
- 2 cdas. de alubias rojas en conserva picadas
- sal y pimienta negra recién molida
- 4 cdas. de pan rallado
- 4 panes de hamburguesa
- 6 cdas. de veganesa casera (véase pág. 52) o comprada
- 4 hojas de lechuga romana grandes
- 2 tomates en rodajas
- 2 pepinillos en rodajas
- salsa para hamburguesas, para servir
- patatas fritas alargadas o en cuñas, para servir

Caliente 2 cucharadas de aceite de oliva en una cazuela a fuego medio. Eche la cebolla y sofríala 5 o 6 minutos hasta que se dore. Añada el huitlacoche y el ajo, suba el fuego y saltéelos 3 o 4 minutos hasta que se doren. Páselos a un plato forrado con papel de cocina para eliminar todo el aceite.

Mezcle en un bol la remolacha con la zanahoria, el maíz, el jalapeño, el pimentón, el tomillo y las alubias rojas, y salpimiente al gusto. Añada la mezcla de huitlacoche junto con el pan rallado y remueva bien.

Divida la mezcla en 4 porciones iguales y deles forma de hamburguesa. Refrigérelas 20 minutos.

Caliente el aceite de oliva restante en una sartén grande a fuego medio-bajo. Eche las hamburguesas y fríalas 3 o 4 minutos por cada lado hasta que se doren.

Para servir, abra los panes de hamburguesa por la mitad y unte el interior con salsa veganesa. Disponga 1 hoja de lechuga sobre la mitad inferior de cada pan. Coloque la hamburguesa encima y añada las rodajas de tomate y de pepinillo. Eche un poco de salsa al gusto y cubra los panes con la mitad superior.

Sirva las hamburguesas con patatas fritas.

DADOS DE TEMPEH CRUJIENTES

Preparación: 30 minutos
Cocción: 30 minutos

Para 4 personas

- 60 g de anacardos crudos
- 1 diente de ajo picado fino
- 1 cdta. de semillas de cilantro
- 1 cda. de galanga rallada
- 1 cda. de zumo de lima recién exprimido
- 125 g de harina de arroz
- 2 cdas. de maicena
- 570 g de tempeh común o ahumado en dados
- aceite vegetal, para freír
- sriracha, para servir

Primero, prepare el rebozado de especias. Triture los anacardos con el ajo, las semillas de cilantro y la galanga en un robot de cocina o una batidora hasta obtener una pasta. Vierta el zumo de lima y 240 ml de agua, y remueva bien para que se mezclen. Añada la harina de arroz y la maicena, y bata hasta obtener una masa homogénea.

Caliente aceite suficiente como para freír el tempeh en un wok, una cazuela honda o una freidora a fuego medio-alto. Forre un plato con papel de cocina. Pase uno a uno los dados de tempeh por el rebozado de especias e introdúzcalos con cuidado en el aceite caliente. Fríalos 3 o 4 minutos a fuego medio hasta que se doren y estén crujientes. Sáquelos con una espumadera y déjelos escurrir en el plato forrado con papel de cocina.

Sírvalos con sriracha.

PASTEL CON SALSA DE QUESO

BOTSUANA

Para preparar el pastel, ponga a hervir una cazuela con agua y eche las patatas. Baje el fuego y cuézalas de 35 a 40 minutos hasta que estén lo suficientemente tiernas como para chafarlas. Escúrralas y tritúrelas en una batidora o un robot de cocina hasta obtener un puré fino. Páselo a un bol, añada la margarina, y remueva. Salpimiente al gusto y resérvelo.

Precaliente el horno a 200 °C. Unte una fuente refractaria con aceite.

Caliente el aceite en una cazuela a fuego medio. Eche la cebolla y sofríala 5 o 6 minutos hasta que se dore ligeramente. Añada el tomate, las verduras variadas y el caldo. Salpimiente al gusto y llévelo a ebullición. Cuézalo a fuego medio-bajo de 12 a 14 minutos, removiéndolo con frecuencia, hasta que el caldo se reduzca a la mitad. Resérvelo.

Para preparar la salsa, caliente el aceite en una cazuela a fuego medio. Eche la cebolla y sofríala 5 o 6 minutos hasta que se dore. Agregue la nata y llévela a ebullición. Incorpore la maicena poco a poco, sin dejar de remover, hasta que se integre bien. Salpimiente al gusto y añada el queso cheddar. Remueva bien para obtener una mezcla homogénea.

Extienda la mitad del puré de patata en la fuente refractaria formando una capa uniforme. Añada la mezcla de verduras y cúbralas con el puré de patata restante. Eche la salsa de queso por encima y hornee el pastel unos 10 minutos hasta que la superficie se dore.

Decórelo con perejil y sírvalo de inmediato.

Preparación: 45 minutos
Cocción: 1 hora y 10 minutos

Para 4 personas

Para el pastel:
- 1,5 kg de patatas en cuartos
- 125 g de margarina vegetal
- sal y pimienta negra recién molida
- 4 cdas. de aceite vegetal, y un poco más para untar
- 1 cebolla picada fina
- 400 g de tomate triturado en conserva con su jugo
- 1 kg de verduras congeladas variadas, descongeladas
- 240 ml de caldo de verduras
- 2 cdas. de perejil picado fino

Para la salsa:
- 1 cda. de aceite vegetal
- 1 cebolla en rodajas
- 480 ml de nata de soja
- 3 cdas. de maicena
- sal y pimienta negra recién molida
- 200 g de queso cheddar vegano rallado

PASTEL DE ESPINACAS

Preparación: 30 minutos,
más 1 hora para refrigerar
Cocción: 45 minutos,
más 15 minutos para enfriar

Para 4 personas

Para la masa:

- 250 g de harina común, y un poco más para enharinar
- 2 cdas. de aceite vegetal, y un poco más para untar
- 1 cdta. de orégano seco
- 1 pizca de sal

Para el relleno:

- 2 cdas. de aceite vegetal
- 2 dientes de ajo picados finos
- 3 cebolletas en rodajas
- 2 chalotas picadas finas
- sal y pimienta negra recién molida
- 250 g de tofu sedoso
- 4 cdas. de nata de soja
- 1 cda. de levadura nutricional
- 750 g de espinacas tiernas
- ensalada verde, para servir
- aliño italiano o francés, para servir

Para preparar la masa, mezcle en un bol la mitad de la harina con 240 ml de agua templada y los ingredientes restantes. Trabájela durante 4 minutos, agregando poco a poco la harina restante, hasta que la masa no se pegue a las manos. Refrigérela unos 30 minutos hasta que se enfríe bien.

Unte un molde para tartas de 24 o 28 cm de diámetro. Enharine una superficie de trabajo. Extienda la masa hasta obtener un círculo que mida 5 cm más que el diámetro del molde y dispóngala en el molde, presionándola sobre el fondo y hacia los lados. Refrigere la base durante 30 minutos.

Precaliente el horno a 190 °C.

Para preparar el relleno, caliente el aceite en una cazuela a fuego medio, agregue el ajo y sofríalo 2 o 3 minutos hasta que se dore. Añada las cebolletas y la chalota, y sofríalas otros 2 o 3 minutos. Salpimiente al gusto y resérvelo.

En un bol, bata el tofu sedoso con la nata de soja y la levadura nutricional hasta obtener una mezcla homogénea. Agregue las espinacas y el sofrito de ajo y cebolletas, y remueva bien. Extienda el relleno de manera uniforme sobre la base y hornee el pastel unos 40 minutos hasta que la superficie se dore.

Déjelo enfriar durante 15 minutos y sírvalo con una ensalada verde ligeramente aliñada.

PASTEL SALADO DE CALABAZA

CANADÁ

Preparación: 35 minutos,
más toda la noche en remojo
y 3 horas para refrigerar
Cocción: 50 minutos

Para 4 personas

Para la base del pastel:
- 190 g de calabaza Hokkaido (potimarron) en dados
- 225 g de semillas de calabaza remojadas en agua toda la noche y escurridas
- 250 g de harina de arroz integral, y un poco más para enharinar
- 1 cdta. de xantana
- aceite o margarina vegetal, para untar

Para el relleno:
- 2 cdas. de aceite de oliva
- 1 cebolla picada
- 200 g de tomates en dados
- 240 g de tofu sedoso
- 190 g de calabaza en conserva o asada
- 65 g de anacardos crudos remojados toda la noche y escurridos
- sal y pimienta negra recién molida
- 1 cdta. de salvia seca
- 1 cdta. de cebolla en polvo
- 1 cdta. de ajo en polvo
- 1 cda. de semillas de calabaza, para adornar
- 2 cdas. de levadura nutricional
- ensalada verde, para servir
- tomates cherry, para servir
- aliño italiano o francés, para servir

Para preparar la base del pastel, ponga la calabaza en el vaso de un robot de cocina y tritúrela un par de veces para que se deshaga un poco. Vierta 100 ml de agua y tritúrela de nuevo hasta obtener una pasta. Resérvela en un bol.

Vierta 100 ml de agua en el vaso del robot de cocina, añada las semillas de calabaza y tritúrelas hasta obtener una pasta firme. Mézclelas con el puré de calabaza hasta que se integren por completo. Coloque la harina de arroz y la xantana en otro bol, y remueva bien. Agréguelas al bol con la calabaza y trabaje la mezcla con las manos hasta obtener una masa húmeda y pegajosa. Si la masa quedara demasiado seca, vierta un poco más de agua. Cuando obtenga la consistencia deseada, coloque la masa en un bol, cúbrala con un paño de cocina ligeramente humedecido y refrigérela durante 1 hora.

Unte un molde para tartas de 22 o 24 cm de diámetro con aceite o margarina vegetal. Coloque una lámina de papel vegetal en una superficie de trabajo y espolvoréela con harina. Ponga la masa sobre el papel y enharínela. Extiéndala hasta obtener un círculo que mida 5 cm más que el diámetro del molde. Forre el molde con la masa y recorte las partes que sobresalgan con una espátula o un cuchillo grande. Refrigere la base 2 horas.

Precaliente el horno a 190 °C.

Para preparar el relleno, caliente el aceite en una sartén grande o un wok a fuego medio. Eche la cebolla y saltéela 5 o 6 minutos hasta que se dore ligeramente y esté translúcida. Pásela al vaso del robot de cocina. Añada el tomate, el tofu, la calabaza y los anacardos, y tritúrelos para que se mezclen. Aumente la velocidad, tritúrelos de nuevo hasta obtener una pasta homogénea y salpimiente al gusto. Añada la salvia y la cebolla y el ajo en polvo.

Distribuya el relleno de manera uniforme sobre la base y adórnelo con las semillas de calabaza. Hornee el pastel 45 minutos hasta que esté firme y se dore. Si la superficie se empieza a dorar antes de que esté hecho, cúbralo con papel de aluminio y continúe con la cocción hasta que esté en su punto.

Sirva el pastel con ensalada verde y tomates cherry ligeramente aliñados.

HAMBURGUESAS VEGANAS

Preparación: 25 minutos
Cocción: 15 minutos,
más 1 hora para refrigerar

Para 4 personas

Para las hamburguesas:

- 240 g de arroz blanco de grano corto
- 200 g de lentejas verdes de Puy
- 120 g de pacanas
- 1 cebolla roja picada fina
- 1 champiñón portobello picado fino
- 200 g de maicena
- 2 rebanadas de pan de molde
- 75 g de semillas de girasol crudas trituradas hasta obtener una pasta
- 1 puñado de perejil picado
- 1 cdta. de levadura en polvo
- 1 cdta. de guindilla molida
- 1 cdta. de curry en polvo
- 120 g de tofu sedoso
- sal y pimienta negra recién molida
- 2 cdas. de aceite vegetal

Para emplatar:

- 2 cdas. de aceite vegetal
- 1 champiñón portobello picado fino
- ½ cebolla en aros
- 4 panes de hamburguesa abiertos por la mitad
- hojas de lechuga iceberg picadas gruesas
- ¼ de pepino en rodajas
- 2 pepinillos encurtidos en rodajas
- 2 cdas. de veganesa casera (véase pág. 52) o comprada
- 2 cdas. de kétchup
- 2 cdas. de mostaza de Dijon
- 4 rodajas de queso vegano

Para preparar las hamburguesas, cueza el arroz y las lentejas, por separado, según las indicaciones del envase. Escúrralos y resérvelos.

Unte una fuente refractaria con aceite.

Triture las pacanas en un robot de cocina o una batidora hasta que queden picadas gruesas. Colóquelas en un bol grande con la cebolla roja y el champiñón picado, y remueva. Agregue el arroz, las lentejas y los ingredientes restantes, excepto el tofu sedoso, y remueva bien. Chafe el tofu sedoso con un tenedor hasta obtener un puré y añádalo a la mezcla. Salpimiente al gusto y remueva de nuevo hasta que se mezclen. Con las manos húmedas, divida la mezcla en 4 porciones iguales y deles forma de hamburguesa. Colóquelas en la fuente y refrigérelas en el congelador durante 1 hora.

Caliente 2 cucharadas de aceite vegetal en una sartén grande a fuego medio. Añada las hamburguesas y fríalas ligeramente 6 o 7 minutos por cada lado hasta que se doren.

Mientras, caliente 2 cucharadas de aceite vegetal en otra sartén grande a fuego medio. Añada el champiñón picado y los aros de cebolla, y sofríalos unos 7 u 8 minutos hasta que se doren. Páselos a un bol y resérvelos.

Ponga los panes de hamburguesa boca abajo en la misma sartén y tuéstelos a fuego medio-bajo 2 minutos.

Disponga la lechuga, el pepino y los pepinillos en la mitad inferior de cada pan de hamburguesa, y úntelos con la mitad de la veganesa, kétchup y mostaza. Coloque las hamburguesas encima y distribuya el queso y la veganesa, el kétchup y la mostaza restantes por encima. Añada los champiñones y los aros de cebolla, y cúbralos con la mitad superior de cada pan. Sirva las hamburguesas de inmediato.

HAMBURGUESAS VEGANAS

HAMBURGUESAS DE CALABACÍN

Preparación: 35 minutos, más 1 hora para escurrir y 1 hora para refrigerar
Cocción: 10 minutos

Para 4 personas

- 390 g de calabacín rallado
- sal y pimienta negra recién molida
- 240 g de pan rallado
- 3 hojas de laurel
- 1 cdta. de semillas de apio
- 1 cdta. de pimienta blanca recién molida
- 1 cdta. de nuez moscada molida
- ½ cdta. de clavo molido
- 1 cdta. de pimienta de Jamaica molida
- 1 cdta. de pimentón dulce
- ½ cdta. de copos de guindilla roja machacados
- 60 g de tofu sedoso
- 2 cdas. de veganesa casera (véase pág. 52) o comprada
- 1½ cdas. de zumo de limón recién exprimido
- 1 cda. de mostaza de Dijon
- 1 cdta. de jengibre fresco rallado
- 1 cdta. de almidón de patata
- 30 g de perejil picado
- 2 cdas. de aceite vegetal, para freír
- rodajas de limón, para servir
- sriracha, para servir
- salsa para hamburguesas, para servir

Coloque el calabacín rallado en un escurridor sobre un bol y esparza una cantidad generosa de sal por encima. Déjelo escurrir durante 1 hora.

Mezcle en un bol el pan rallado con las hojas de laurel, las semillas de apio, la pimienta blanca, la nuez moscada, el clavo, la pimienta de Jamaica, el pimentón y los copos de guindilla roja machacados, y remueva bien. Resérvelos.

En otro bol, mezcle el tofu con la veganesa, el zumo de limón, la mostaza, el jengibre, el almidón de patata y el perejil, y remueva bien hasta obtener una mezcla homogénea. Resérvela.

Estruje bien el calabacín con las manos para eliminar todo el líquido y póngalo en el bol con la mezcla de tofu. Añada la mezcla de pan rallado y remueva bien hasta que se integre todo. Salpimiente al gusto y refrigérelo durante 1 hora.

Divida la mezcla en 8 porciones iguales y deles forma de hamburguesa.

Caliente el aceite en una sartén a fuego medio-alto. Eche 4 hamburguesas y fríalas 3 minutos por cada lado hasta que se doren. Repita la operación con las hamburguesas restantes.

Sírvalas calientes con las rodajas de limón, la sriracha y su salsa favorita para hamburguesas.

SALTEADO DE PIÑA Y ANACARDOS

CHINA

Cueza el arroz integral según las indicaciones del envase. Resérvelo.

Mientras, caliente el aceite en un wok a fuego medio. Añada el ajo y las verduras, y sofríalas, removiendo con frecuencia, 15 minutos, hasta que estén tiernas.

Mezcle en un bol la pulpa de piña con la salsa tamari o de soja, el vinagre de arroz y el sirope de agave, y remueva bien.

Cuando las verduras estén hechas, añada los dados de piña, los anacardos, las alubias negras (si utiliza) y la salsa de piña. Sofríalos 2 minutos hasta que estén calientes. Agregue el arroz integral, remueva para que se mezcle todo y adórnelo con el cilantro.

Preparación: 20 minutos
Cocción: 40 minutos

Para 4 personas

- 200 g de arroz integral
- 2 cdas. de aceite vegetal
- 2 dientes de ajo picados finos
- 480 g de verduras variadas picadas (zanahoria, brócoli, pak choi o brotes de soja)
- 120 ml de pulpa de piña triturada
- 2 cdas. de salsa tamari o de soja
- 1 cda. de vinagre de arroz
- 2 cdas. de sirope de agave
- 270 g de piña en dados
- 75 g de anacardos crudos
- 30 g de alubias negras cocidas (opcional)
- 2 cdas. de cilantro picado, para adornar

TORTILLAS DE MAÍZ CON VERDURAS Y ALUBIAS

MÉXICO

Ponga en una olla la cebolla, el pimiento, la zanahoria, el ajo y el caldo, y llévelos a ebullición. Baje el fuego y cuézalos, removiendo de vez en cuando, unos 8 minutos. Añada la cebolleta, la col china, la salsa tamari o de soja, la guindilla molida y el orégano, y cuézalos, removiendo de vez en cuando, 10 minutos. Agregue el tomate, las espinacas y las alubias negras. Salpimiente al gusto y cuézalo todo 5 minutos más. Retire el cazo del fuego y añada el cilantro y la salsa picante al gusto.

Pase las verduras a un bol y sírvalas con las tortillas calientes.

Preparación: 25 minutos
Cocción: 25 minutos

Para 4 personas

- 1 cebolla picada
- 1 pimiento verde picado
- 1 zanahoria cortada por la mitad a lo largo y en rodajas
- 1 cdta. de ajo picado fino
- 120 ml de caldo de verduras
- 125 g de cebolletas en trozos de 2,5 cm
- 360 g de col china en juliana
- 1 cda. de salsa tamari o de soja
- 1 cdta. de guindilla molida
- 1 cdta. de orégano seco
- 400 g de tomates pera picados
- 300 g de espinacas tiernas
- 125 g de alubias negras en conserva escurridas
- sal y pimienta negra recién molida
- 2 cdas. de cilantro picado
- su salsa picante favorita
- tortillas de maíz calientes, para servir

CHINA

TOFU CRUJIENTE CON BRÓCOLI Y SALSA DE NARANJA

Preparación: 35 minutos,
más 1-2 horas para escurrir
Cocción: 45 minutos

Para 4 personas

- 750 g de tofu extrafirme
- 240 ml de zumo de naranja recién exprimido
- 80 g de maicena, más 1½ cdas.
- 2 cdas. de azúcar moreno
- 1 cda. de salsa tamari o de soja
- 1 cda. de jengibre fresco rallado
- 2 dientes de ajo picados finos
- 1 cda. de ralladura fina de naranja
- 2 cdas. de aceite vegetal
- 1 brócoli grande en ramitos
- arroz basmati u otro arroz de grano largo cocido, para servir
- 2 cebolletas picadas finas, para adornar
- 1 cda. de semillas de sésamo, para adornar
- 1 cda. de copos de guindilla roja machacados, para adornar

Coloque el tofu en un colador sobre un fregadero limpio y ponga un peso encima, como una cazuela de hierro fundido. Déjelo escurrir 1 o 2 horas para que se prense y se elimine toda el agua.

En un bol, diluya 1½ cucharadas de maicena en la mitad del zumo de naranja. Resérvela.

Ponga el zumo de naranja restante en un cazo, junto con el azúcar moreno, la salsa tamari o de soja, el jengibre, el ajo y la ralladura de naranja. Llévelo a ebullición y cuézalo a fuego medio-bajo unos 15 minutos hasta que la salsa se reduzca a la mitad.

Añada la mezcla de maicena y remueva hasta que se integre por completo en la salsa. Retire el cazo del fuego y resérvela.

Corte el tofu en dados y rebócelos con la maicena.

Cubra la base de una sartén grande con aceite y caliéntelo a fuego medio-alto. Eche los dados de tofu y fríalos a fuego medio unos 5 o 6 minutos por cada lado hasta que se tuesten y estén crujientes. Sáquelos y déjelos escurrir en un plato forrado con papel de cocina.

Ponga a hervir agua en una vaporera. Coloque el brócoli en la cesta de la vaporera y cuézalo, tapado, 20 minutos o hasta que esté a su gusto.

Ponga de nuevo el tofu en la sartén junto con el brócoli y la salsa de naranja, y remueva todo bien.

Sírvalo sobre arroz y adórnelo con las cebolletas, las semillas de sésamo y los copos de guindilla roja machacados.

TOFU CRUJIENTE CON BRÓCOLI Y SALSA DE NARANJA

CHINA

SEITÁN SOFRITO CON SETAS DE OSTRA

Preparación: 30 minutos
Cocción: 20 minutos

Para 4 personas

- el zumo de 1 limón recién exprimido
- 1 cda. de salsa tamari o de soja
- 1 cda. de maicena
- 2 cdas. de aceite vegetal
- 1 cda. de aceite de sésamo
- 480 g de seitán en dados
- 1 cdta. de jengibre fresco rallado
- 2 dientes de ajo picados finos
- 240 g de setas de ostra en rodajas
- 1 pimiento verde en juliana
- arroz basmati u otro arroz de grano largo cocido, para servir
- 1 cda. de semillas de sésamo, para adornar
- 2 cebolletas picadas, para adornar

Ponga en un bol el zumo de limón, la salsa tamari o de soja y la maicena, y bata para que se mezclen. Resérvelos.

Caliente a fuego medio-alto 1 cucharada de aceite vegetal y el aceite de sésamo en una sartén grande. Añada el seitán y sofríalo a fuego medio unos 6 o 7 minutos hasta que se dore. Páselo a un plato forrado con papel de cocina.

Eche el aceite vegetal restante en la sartén junto con el jengibre, el ajo, las setas de ostra y el pimiento, y sofríalos a fuego medio 3 o 4 minutos. Ponga de nuevo el seitán en la sartén, añada la mezcla de limón y soja, y remueva para que se impregne. Sofríalo todo otros 2 o 3 minutos hasta que el seitán y las verduras se mezclen bien y la salsa se reduzca a la mitad.

Adórnelo con las semillas de sésamo y las cebolletas picadas, y sírvalo sobre arroz basmati u otro arroz de grano largo.

ALEMANIA

NABOS Y CEBOLLAS CON PATATAS FRITAS

Preparación: 30 minutos
Cocción: 35 minutos

Para 4 personas

Para las patatas fritas:
- 4 cdas. de margarina vegetal
- 2 cdas. de aceite de oliva virgen extra, y un poco más
- 4 patatas russet grandes peladas y en rodajas de 3 mm de grosor
- 1 cebolla grande en rodajas finas
- ½ cdta. de ajo en polvo
- ½ cdta. de eneldo seco
- sal y pimienta negra recién molida

Para los nabos y las cebollas:
- 2 cdas. de margarina vegetal
- 4 cdas. de aceite de oliva
- 2 cebollas picadas finas
- 8 nabos en daditos
- 4 cdas. de romero seco
- sal y pimienta negra recién molida

Para preparar las patatas fritas, funda a fuego medio-alto la margarina vegetal en una sartén grande, añada el aceite de oliva y caliéntelo hasta que empiece a burbujear.

Eche las rodajas de patata y de cebolla, tape la sartén y fríalas unos 10 minutos hasta que la parte inferior se dore. Con una espátula, deles la vuelta con cuidado de no romperlas. Si las patatas estuvieran demasiado secas, añada un poco más de aceite de oliva.

Esparza el ajo en polvo y el eneldo sobre la mezcla de patatas, y salpimiente al gusto. Fríalas, sin tapar, 5 minutos más hasta que se empiecen a dorar. Retire la sartén del fuego y resérvelas, tapadas, para mantenerlas calientes.

Para preparar los nabos y las cebollas, funda la margarina vegetal en una sartén grande a fuego medio y añada el aceite de oliva. Eche las cebollas y sofríalas a fuego medio 5 o 6 minutos hasta que se doren. Agregue los nabos y el romero, y salpimiente al gusto. Suba el fuego y sofríalo todo 6 o 7 minutos hasta que los nabos estén tiernos y se doren.

Sirva los nabos y las cebollas calientes acompañados de las patatas fritas.

TOFU CRUJIENTE CON DASHI

JAPÓN

Ponga los dados de tofu en un colador sobre un bol y esparza la sal por encima. Déjelos escurrir 1 o 2 horas.

Eche en un cazo el dashi, la salsa tamari o de soja y el azúcar, y sale al gusto. Caliéntelo hasta que el azúcar y la sal se disuelvan, y remueva bien. Tápelo para evitar que se evapore y manténgalo caliente a fuego muy lento.

Ralle el daikon y déjelo reposar sobre papel de cocina para eliminar el máximo de agua posible.

Caliente el aceite en una sartén grande de fondo grueso a fuego medio hasta que empiece a burbujear.

Mientras, ponga los dados de tofu con el almidón de patata en un bol y rebócelos bien de manera uniforme. Elimine el exceso de almidón. Introdúzcalos con cuidado en el aceite caliente y fríalos 6 o 7 minutos, dándoles la vuelta con unos palillos chinos o unas pinzas hasta que se tuesten ligeramente por todos los lados y estén crujientes y esponjosos. Páselos a un plato forrado con papel de cocina para eliminar el aceite. Coloque los dados de tofu en 4 boles, añada la mezcla de dashi y adórnelos con el daikon rallado y la cebolleta picada. Sírvalos con arroz de grano largo y salsa tamari o de soja al gusto.

Preparación: 35 minutos, más 1-2 horas para escurrir
Cocción: 10 minutos

Para 4 personas

- 500 g de tofu sedoso en 4 dados
- 1 cdta. de sal, y un poco más para sazonar
- 240 ml de dashi
- 2 cdtas. de salsa tamari o de soja, y un poco más para servir
- 1 cdta. de azúcar extrafino
- 100 g de daikon pelado, para adornar
- 5 cdas. de aceite vegetal
- 125 g de almidón de patata
- 1 cebolleta picada fina, para adornar
- arroz de grano largo cocido, para servir

BERENJENAS FRITAS CON ZUMO DE NARANJA

TURQUÍA

Llene una olla con agua y llévela a ebullición. Agregue las berenjenas y cuézalas a fuego medio-bajo 7 minutos. Escúrralas y páselas a un plato forrado con papel de cocina para que se sequen. Resérvelas.

Esparza la harina sobre un plato y forre otro plato con papel de cocina.

Caliente el aceite en una sartén a fuego medio. Reboce las berenjenas con la harina y fríalas, por tandas, 3 o 4 minutos por cada lado hasta que se doren bien. Sáquelas con una espumadera y déjelas escurrir en el plato forrado con papel de cocina.

Vierta el zumo de naranja en un tarro. Salpimiente al gusto y agítelo hasta que se mezclen bien. Ponga las berenjenas en una fuente, vierta el zumo de naranja por encima y sírvalas de inmediato con las rodajas de limón.

Preparación: 30 minutos
Cocción: 40 minutos

Para 4 personas

- 4 berenjenas en rodajas grandes
- 125 g de harina común
- 240 ml de aceite de oliva
- 240 ml de zumo de naranja recién exprimido
- sal y pimienta negra recién molida
- rodajas de limón, para servir

MAURICIO

GYROS DE YACA

Preparación: 20 minutos
Cocción: 30 minutos

Para 4 personas

- 1 cda. de margarina vegetal
- 1 cebolla grande cortada por la mitad y en rodajas finas
- 500 g de yaca en salmuera lavada, escurrida y en juliana
- 175 ml de caldo de verduras
- 4 cdas. de zumo de limón recién exprimido
- 2 cdtas. de orégano seco
- 2 cdtas. de salsa tamari o de soja
- 1 cdta. de cilantro molido
- sal y pimienta negra recién molida
- pan naan o arroz basmati o salvaje cocido, para servir

Funda la margarina vegetal en una sartén grande a fuego medio. Eche la cebolla y sofríala 5 o 6 minutos hasta que se dore ligeramente. Añada la yaca y sofríala 10 minutos hasta que se dore y se caramelice. Agregue el caldo, 2 cucharadas de zumo de limón, el orégano, la salsa tamari o de soja y el cilantro. Salpimiente al gusto y llévelo a ebullición. Cuézalo todo a fuego medio-bajo de 10 a 15 minutos hasta que el líquido se evapore casi por completo. Vierta el zumo de limón restante.

Sirva la yaca de inmediato con pan naan o arroz basmati o salvaje.

PAKISTÁN

PATATAS CON ANACARDOS TOSTADOS

Preparación: 30 minutos
Cocción: 35 minutos

Para 4 personas

- 4 patatas peladas y en dados
- 1 cda. de aceite vegetal
- 3 cdas. de margarina vegetal
- 2 dientes de ajo picados finos
- 1 guindilla verde despepitada y picada
- 225 g de anacardos tostados
- 1 cda. de salsa tamari o de soja
- 2 cdas. de granos de granada
- sal y pimienta negra recién molida
- 1 cda. de aceite de sésamo tostado, para adornar
- ensalada verde, para servir
- su aliño de ensalada favorito, para servir

Lave las patatas bajo un chorro de agua fría. Escúrralas y resérvelas sobre papel de cocina para que se sequen por completo.

Caliente a fuego medio el aceite y la margarina vegetal en una olla. Eche el ajo y la guindilla, y sofríalos 3 o 4 minutos hasta que se doren ligeramente. Añada las patatas y sofríalas unos 10 minutos hasta que se empiecen a dorar. Agregue 120 ml de agua, los anacardos y la salsa tamari o de soja, remueva y llévelo a ebullición. Cuézalo todo a fuego medio 20 minutos hasta que las patatas estén tiernas.

Añada los granos de granada y remueva bien. Salpimiente al gusto y pase las patatas guisadas a una fuente. Rocíelas con el aceite de sésamo y sírvalas con una ensalada ligeramente aliñada.

TOFU HOISIN CON SETAS Y ARROZ DE COLIFLOR

CHINA

Preparación: 25 minutos, más 30 minutos para escurrir
Cocción: 20 minutos

Para 4 personas

Para el arroz de coliflor:
- 1 coliflor mediana en trozos grandes
- 2 cdas. de aceite vegetal

Para la salsa:
- 120 ml de salsa hoisin
- 2 cdas. de vinagre de arroz
- 2 cdas. de salsa tamari o de soja
- 1 cdta. de aceite de sésamo tostado
- 2 dientes de ajo picados finos

Para el tofu y las setas:
- 2 cdas. de aceite vegetal
- 1 kg de setas shiitake limpias y en cuartos
- 500 g de tofu firme escurrido, prensado ½ hora y en dados
- 2 cdtas. de semillas de sésamo, para adornar
- 2 cebolletas picadas, para adornar

Para preparar el arroz de coliflor, coloque los trozos de coliflor en el vaso de un robot de cocina y tritúrelos hasta que tengan el tamaño de granos de arroz.

Caliente el aceite vegetal en una sartén grande a fuego medio. Eche la coliflor y sofríala 2 o 3 minutos. Distribúyala entre 4 fuentes y resérvela.

Para preparar la salsa, coloque todos los ingredientes en un bol junto con 4 cucharadas de agua y remueva para que se mezclen. Resérvela.

Para preparar el tofu y las setas, caliente 1 cucharada de aceite en una olla a fuego medio. Coloque las setas en la olla, en una única capa, y sofríalas unos 5 minutos. Deles la vuelta y sofríalas 5 minutos más hasta que se doren por ambos lados. Repártalas entre las 4 fuentes sobre la coliflor.

Caliente el aceite restante en la misma olla a fuego medio y agregue los dados de tofu. Sofríalos 6 o 7 minutos hasta que se doren por todos los lados. Añada la mitad de la salsa y cuézalo todo a fuego medio 2 minutos, removiendo ligeramente para que los dados de tofu se impregnen bien.

Disponga el tofu sobre el arroz de coliflor y las setas, y nápelo con la salsa restante. Adórnelo con las semillas de sésamo y las cebolletas picadas, y sírvalo.

FILIPINAS

SALTEADO DE VERDURAS CON TOFU

Preparación: 20 minutos
Cocción: 20 minutos

Para 4 personas

- 3 cdas. de aceite vegetal
- 1 cebolla picada
- 3 dientes de ajo picados finos
- 240 g de tofu en dados
- 270 g de pak choi tierno picado
- 240 g de calabaza de verano en dados
- 260 g de calabacín en dados
- 180 g de tomates cherry cortados por la mitad
- 2 cdas. de jengibre fresco rallado
- 1 cda. de salsa tamari o de soja
- 120 ml de caldo de verduras
- 1 cda. de zumo de lima recién exprimido
- sal y pimienta negra recién molida
- cilantro picado, para adornar
- arroz blanco cocido, para servir

Caliente 2 cucharadas de aceite en un wok a fuego medio. Eche la cebolla y el ajo, y saltéelos 5 o 6 minutos hasta que se doren. Agregue los dados de tofu, y saltéelos ligeramente 3 o 4 minutos hasta que se tuesten ligeramente. Añada el pak choi, la calabaza, el calabacín y el tomate, y saltéelos ligeramente 4 o 5 minutos. Retírelo todo del wok y resérvelo.

Caliente el aceite restante en el mismo wok a fuego medio. Agregue el jengibre y la salsa tamari o de soja, y saltéelos durante 1 o 2 minutos hasta que la salsa empiece a burbujear. Añada el caldo de verduras y llévelo a ebullición. Baje el fuego y cuézalo unos 10 minutos hasta que la salsa se reduzca a la mitad. Añada el zumo de lima y salpimiente al gusto. Ponga de nuevo las verduras y el tofu en el wok, y cuézalos 2 minutos hasta que estén tiernos.

Adorne el salteado con el cilantro y sírvalo de inmediato con arroz blanco.

SALTEADO DE VERDURAS CON TOFU

CAMBOYA

TOFU CON ENSALADA DE MANGO VERDE

Preparación: 25 minutos
Cocción: 5 minutos

Para 4 personas

Para el aliño:
- 2 cdas. de veganesa casera (véase pág. 52) o comprada
- 1 cda. de mostaza de Dijon
- 2 cdas. de mirin o vinagre de arroz
- 1 cda. de aceite de sésamo tostado
- 2 cdas. de zumo de limón recién exprimido
- 3 cdas. de zumo de naranja recién exprimido
- sal y pimienta negra recién molida

Para el sofrito:
- 2 cdas. de salsa tamari o de soja
- 600 g de tofu ahumado en rodajas de 1 cm de grosor
- pimienta negra recién molida
- 2 cdas. de aceite vegetal
- 2 mangos verdes grandes en juliana
- 1 pepino pelado, despepitado y en dados
- arroz basmati u otro arroz de grano largo cocido, para servir

Para preparar el aliño, coloque todos los ingredientes en un bol, salpimiente al gusto y bata hasta obtener una mezcla homogénea y cremosa. Cúbralo y refrigérelo hasta que lo vaya a utilizar.

Para preparar el sofrito, eche la salsa tamari o de soja en un plato llano. Agregue las rodajas de tofu, de una en una, y empápelas por ambos lados. Sazone con pimienta también por ambos lados.

Caliente el aceite en una sartén grande a fuego medio. Eche las rodajas de tofu y sofríalas 5 o 6 minutos por cada lado hasta que se doren.

Agregue el mango y el pepino al bol con el aliño, y remueva bien para que se impregnen.

Disponga un lecho de ensalada de mango verde en una fuente, coloque el tofu por encima y sírvalo con arroz basmati u otro arroz de grano largo.

JAMAICA

TEMPEH MARINADO AL HORNO

Preparación: 35 minutos
Cocción: 40 minutos

Para 4 personas

- 3 dientes de ajo picados finos
- 30 g de jengibre fresco rallado
- 6 cebolletas, solo la parte blanca y verde claro, picadas finas
- 1 guindilla verde despepitada y picada fina
- 1 cdta. de pimienta de Jamaica
- 1 cdta. de tomillo seco
- 1 cdta. de canela molida
- 1 cdta. de nuez moscada molida
- 2 cdas. de aceite de oliva
- 1 cda. de zumo de limón recién exprimido
- 240 ml de zumo de albaricoque
- 2 cdas. de sirope de arce
- sal y pimienta negra recién molida
- 240 g de tempeh en dados
- arroz de grano largo cocido o verduras fritas, para servir

Para preparar la marinada, bata todos los ingredientes, excepto el tempeh y el arroz, en un bol y salpimiente al gusto.

Añada el tempeh y marínelo bien. Dele la vuelta y marínelo de nuevo. Repita la operación hasta que se impregne por completo.

Precaliente el horno a 180 °C.

Coloque el tempeh en una fuente refractaria. Cúbralo con papel de aluminio y hornéelo 35 minutos hasta que esté hecho. Déjelo enfriar 5 minutos y sírvalo con arroz o verduras.

CAZUELA DE VERDURAS CON COCO FRESCO

INDONESIA

Preparación: 30 minutos
Cocción: 35 minutos

Para 4 personas

- 250 g de brotes de soja
- 250 g de judías verdes sin hebras y cortadas por la mitad
- 4 zanahorias en rodajas
- sal y pimienta negra recién molida
- ½ repollo blanco pequeño limpio y en juliana
- 220 g de coco fresco rallado
- 1 cebolla picada fina
- 1 cdta. de sriracha, y un poco más para servir
- 2 cdas. de zumo de lima recién exprimido
- 2 cdas. de salsa tamari o de soja
- 250 g de brotes de bambú en conserva escurridos
- 2 cdas. de aceite vegetal
- arroz blanco cocido, para servir

Lave los brotes de soja y retire la parte marrón de los extremos. Escúrralos.

Ponga a hervir una cazuela con agua. Coloque los brotes de soja en un colador sobre un fregadero limpio. Vierta el agua hirviendo por encima y lávelos de inmediato bajo un chorro de agua fría. Escúrralos y resérvelos.

Lleve a ebullición una cazuela con agua. Añada las judías verdes y las zanahorias, y cuézalas unos 4 minutos hasta que estén al dente. Escúrralas y resérvelas.

Ponga a hervir una olla de agua con sal. Agregue el repollo y escáldelo 3 minutos hasta que esté tierno. Escúrralo y resérvelo.

En un bol, mezcle el coco con la cebolla, la sriracha, el zumo de lima y la salsa tamari o de soja, y sale al gusto. Remueva bien.

Corte los brotes de bambú en tiras del mismo tamaño que las judías.

Caliente el aceite en una olla a fuego medio. Eche todas las verduras, remueva para que se mezclen y cuézalas unos 8 o 9 minutos. Añada la mezcla de coco, remueva bien y cuézalo todo otros 2 o 3 minutos hasta que se mezclen los sabores. Salpimiente al gusto y sírvalo de inmediato con arroz blanco y sriracha.

CEREALES Y LEGUMBRES

INDIA

ARROZ CON FRUTOS SECOS

Preparación: 20 minutos
Cocción: 30 minutos

Para 4 personas

- 500 g de arroz basmati u otro arroz de grano largo
- 120 ml de aceite de oliva
- 25 g de almendras crudas machacadas
- 25 g de pistachos crudos machacados
- 90 g de dátiles deshuesados y picados
- 85 g de orejones de albaricoque picados
- 120 g de coco rallado
- 240 ml de leche de coco
- sal

Ponga a hervir una cazuela con agua. Eche el arroz, baje el fuego y cuézalo, tapado, de 16 a 18 minutos hasta que absorba toda el agua y esté al dente. Retire la cazuela del fuego. Escurra el arroz y resérvelo.

Caliente el aceite en una sartén grande a fuego medio. Agregue las almendras, los pistachos, los dátiles y los orejones y sofríalos, sin dejar de remover, unos 2 minutos. Añada el arroz, remueva bien y sofríalo, removiendo constantemente, unos 2 minutos. Eche el coco rallado, remueva de nuevo y añada la leche de coco. Sofríalo todo a fuego medio, probando con frecuencia, unos 5 o 6 minutos.

Sale al gusto, reparta el arroz entre 4 boles y sírvalo.

BARBADOS

ALUBIAS CON ARROZ Y MAÍZ

Preparación: 25 minutos
Cocción: 1 hora

Para 4 personas

- 2 cdas. de aceite de oliva
- 1 cebolla picada
- 2 guindillas verdes despepitadas y picadas
- 1 cda. de curry amarillo en polvo
- 200 g de arroz integral
- 360 g de tomate triturado en conserva
- 3 calabacines picados
- 1 pimiento rojo picado
- 1 pimiento verde picado
- 250 g de alubias cannellini en conserva u otras alubias blancas escurridas
- 280 g de maíz en conserva
- 30 g de cilantro picado, para adornar

Caliente el aceite de oliva en una cazuela a fuego medio hasta que empiece a burbujear. Eche la cebolla, las guindillas y el curry y sofríalos, sin dejar de remover, 5 o 6 minutos hasta que la cebolla esté tierna. Añada el arroz, el tomate triturado y 475 ml de agua, remueva bien y llévelo a ebullición. Baje el fuego, tape la cazuela y cuézalo todo, removiendo de vez en cuando, unos 20 minutos hasta que el arroz esté al dente.

Agregue los calabacines y los pimientos y cuézalo unos 30 minutos más, removiendo 2 o 3 veces, hasta que las verduras estén hechas. Añada las alubias y el maíz y cuézalo ligeramente otros 5 minutos.

Pase el guiso a un bol, adórnelo con el cilantro y sírvalo.

ALUBIAS NEGRAS CON ARROZ

EL SALVADOR

En un robot de cocina o una batidora, triture la cebolla con el tomate, el ajo, el aceite de coco y el comino hasta que se mezclen. Salpimiente al gusto. Pase la mezcla a una cazuela y sofríala a fuego medio durante 5 minutos, removiendo de vez en cuando. Añada las alubias negras y llévelas a ebullición. Baje el fuego, tape la cazuela y cuézalas 5 minutos. Agregue el arroz integral y remueva. Cuézalo todo a fuego lento unos 10 minutos, removiendo con frecuencia, hasta que se mezcle bien.

Salpimiente al gusto, déjelo enfriar 4 o 5 minutos y sírvalo.

Preparación: 20 minutos
Cocción: 25 minutos

Para 4 personas

- 1 cebolla picada
- 2 tomates grandes picados
- 2 dientes de ajo picados finos
- 2 cdas. de aceite de coco
- 1 cdta. de comino molido
- sal y pimienta blanca o negra recién molida
- 375 g de alubias negras en conserva escurridas
- 380 g de arroz integral cocido

PIMIENTOS ROJOS RELLENOS DE QUINOA Y CALABACÍN

ESPAÑA

Precaliente el gratinador.

Disponga los pimientos en una bandeja para gratinar y áselos 20 minutos hasta que estén tiernos y la piel se empiece a tostar. Deles la vuelta y áselos hasta que se tuesten por el otro lado. Déjelos enfriar 15 minutos y córtelos por la mitad a lo largo. Retire las semillas y colóquelos boca arriba en una fuente refractaria.

Precaliente el horno a 200 °C.

Mezcle en un bol la quinoa con el calabacín o la calabaza, la albahaca, la salsa de tomate, el ajo y la mitad del queso y salpimiente al gusto. Rellene las mitades de los pimientos con la mezcla y esparza el queso restante por encima. Áselos 15 minutos hasta que el queso se funda y se dore. Sírvalos de inmediato.

Preparación: 20 minutos
Cocción: 50 minutos, más 15 minutos para enfriar

Para 4 personas

- 2 pimientos rojos
- 340 g de quinoa cocida según las indicaciones del envase
- 340 g de calabacín o calabaza de verano en juliana
- 1 cda. de albahaca picada
- 120 g de salsa de tomate o tomates triturados
- 1 diente de ajo picado fino
- 120 g de mozzarella vegana rallada
- sal y pimienta blanca o negra recién molida

RISOTTO DE CALABAZA CON NARANJA Y SALVIA

Preparación: 30 minutos
Cocción: 1 hora y 15 minutos, más 20 minutos para enfriar

Para 4 personas

- 3 cdas. de aceite de oliva, y un poco más para untar
- 2 calabazas de invierno cortadas por la mitad a lo largo sin semillas ni fibras
- 1 chalota picada fina
- 360 g de arroz arborio o carnaroli
- 475 ml de caldo de verduras
- 1 naranja
- sal y pimienta blanca o negra recién molida
- 2 cdas. de harina común
- 1 puñado de hojas de salvia
- 1 cda. de margarina vegetal
- parmesano vegano rallado, para adornar
- 30 g de piñones, para adornar

Precaliente el horno a 200 °C. Unte una fuente refractaria con aceite de oliva.

Disponga las mitades de calabaza en la fuente boca abajo. Cubra la fuente con papel de aluminio y ase la calabaza unos 45 minutos hasta que esté tierna. Déjela enfriar 20 minutos.

Caliente el aceite en una sartén grande a fuego medio. Añada las chalotas y sofríalas 2 minutos hasta que se doren. Agregue el arroz y remueva para que se impregne. Añada 1 cucharón de caldo y cuézalo a fuego muy lento hasta que el arroz lo absorba. Vierta de inmediato otro cucharón y repita la operación hasta que el arroz esté al dente.

Mientras, corte la naranja por la mitad y exprímala. Retire bien la parte blanca de la piel antes de cortar una mitad en tiras finas. Resérvelas.

Pele la calabaza asada, córtela en daditos y añádala al risotto junto con el zumo de naranja. Remueva con cuidado hasta que se mezcle bien. Rehóguelo a fuego lento 3 o 4 minutos. Salpimiente al gusto.

Esparza la harina en un plato y llene un bol con agua templada. Introduzca las hojas de salvia, de una en una, en el agua y páselas después por la harina.

Funda la margarina en una cazuela a fuego medio. Eche las hojas de salvia rebozadas y fríalas unos segundos hasta que desprendan su aroma. Resérvelas.

Reparta el risotto entre 4 boles y adórnelo con el queso rallado, las tiras de naranja, los piñones y las hojas de salvia fritas.

RISOTTO DE CALABAZA CON NARANJA Y SALVIA

ISRAEL

CUSCÚS CON SETAS Y GUISANTES

Preparación: 20 minutos
Cocción: 20 minutos

Para 4 personas

- 475 ml de caldo de verduras
- 2 cdas. de aceite de oliva
- 500 g de setas shiitake o champiñones portobello en rodajas
- 1 guindilla verde despepitada y picada fina
- 2 chalotas picadas finas
- 2 zanahorias en dados
- 500 g de cuscús de grano medio
- 250 g de guisantes
- sal y pimienta blanca o negra recién molida
- 3 cdas. de cebollino picado
- 2 cdas. de perejil picado
- sriracha o harissa, para servir

Eche el caldo de verduras en una olla y llévelo a ebullición. Baje el fuego y manténgalo hirviendo.

Caliente 1 cucharada de aceite de oliva en una olla a fuego medio. Agregue las setas y la guindilla y sofríalas 5 minutos hasta que suelten su jugo. Sáquelas con una espumadera y páselas a un bol. Resérvelas.

Caliente el aceite de oliva restante en la misma olla a fuego medio. Eche las chalotas y sofríalas 2 minutos hasta que estén blandas. Agregue la zanahoria y sofríala 4 o 5 minutos. Añada el cuscús y sofríalo 3 minutos, sin dejar de remover, hasta que se tueste ligeramente. Vierta 60 ml de caldo y remueva bien. Baje el fuego y agregue otros 60 ml. Repita la operación hasta que el cuscús absorba todo el caldo.

Añada los guisantes y las setas y cuézalo todo a fuego medio 2 minutos hasta que los guisantes estén calientes. Salpimiente al gusto.

Pase el cuscús a una fuente y esparza el cebollino y el perejil por encima. Sírvalo de inmediato con sriracha o harissa.

CUSCÚS CON SETAS Y GUISANTES

CONGO

CUSCÚS CON LENTEJAS VERDINAS

Preparación: 10 minutos
Cocción: 15 minutos

Para 4 personas

- 2 cdas. de aceite vegetal
- 1 cebolla picada
- 3 dientes de ajo picados finos
- 80 g de pasta de tomate
- 1 cdta. de azúcar extrafino
- 475 ml de caldo de verduras
- 2 cdas. de hierbas provenzales secas
- 400 g de lentejas verdinas o rubias cocidas
- 320 g de cuscús de grano medio
- sal y pimienta negra recién molida
- sriracha o harissa, para servir

Caliente el aceite vegetal en una cazuela a fuego medio. Eche la cebolla y el ajo y sofríalos 5 o 6 minutos hasta que se doren. Añada la pasta de tomate, el azúcar, el caldo y las hierbas provenzales y remueva bien. Cuézalos a fuego lento 5 minutos. Agregue las lentejas escurridas y el cuscús y cuézalo todo a fuego medio unos 5 minutos hasta que el cuscús esté tierno.

Salpimiente al gusto y sírvalo con sriracha o harissa.

ISRAEL

CUSCÚS CON PISTACHOS Y OREJONES

Preparación: 20 minutos
Cocción: 25 minutos

Para 4 personas

- 1 cda. de aceite vegetal
- 3 dientes de ajo picados finos
- 400 g de cuscús de grano medio
- 600 ml de caldo de verduras
- 1 ramita de canela
- 1 cdta. de comino molido
- 1 cdta. de cardamomo molido
- la ralladura fina y el zumo de 1 lima
- sal y pimienta blanca o negra recién molida
- 7 g de menta picada
- 100 g de orejones de albaricoque en dados
- 60 g de pistachos pelados

Caliente el aceite vegetal en una cazuela a fuego medio. Eche el ajo y sofríalo 3 o 4 minutos hasta que se dore. Agregue el cuscús y sofríalo 4 o 5 minutos, sin dejar de remover, hasta que se tueste ligeramente. Añada el caldo, la ramita de canela, el comino, el cardamomo y la ralladura de lima y salpimiente al gusto. Llévelo a ebullición y baje el fuego de inmediato. Tape la cazuela y cuézalo todo a fuego medio-bajo 10 minutos hasta que el cuscús absorba todo el caldo.

Eche la mitad de la menta junto con los orejones, los pistachos y el zumo de lima y remueva bien. Tape la cazuela de nuevo y cuézalo a fuego muy lento 5 minutos más. Retire la ramita de canela, separe los granos de cuscús con un tenedor para que se suelten y salpimiente al gusto.

Pase el cuscús a una fuente, adórnelo con la menta restante y sírvalo.

ESTOFADO DE ARROZ CON PIMIENTO ROJO

SERBIA

Caliente el aceite en una olla a fuego medio. Eche la cebolla y sofríala durante 3 minutos. Agregue la zanahoria, el pimiento, el arroz y el caldo, y remueva para que se mezclen. Añada el pimentón y cuézalo a fuego lento de 18 a 20 minutos. Retire la olla del fuego, tápela y deje reposar el arroz unos 10 minutos hasta que haya absorbido todo el caldo.

Salpimiente al gusto, adórnelo con el cilantro picado y sírvalo.

Preparación: 20 minutos
Cocción: 25 minutos,
más 10 minutos para reposar

Para 4 personas

- 2 cdas. de aceite vegetal
- 1 cebolla grande en dados
- 2 zanahorias ralladas
- 1 pimiento rojo en dados
- 200 g de arroz basmati o jazmín
- 710 ml de caldo de verduras
- 1 cdta. de pimentón dulce
- sal y pimienta blanca o negra recién molida
- cilantro picado, para adornar

PILAF DE ARROZ ROJO

BUTÁN

Funda la margarina vegetal en una sartén a fuego medio. Eche la cebolla y la chalota y sofríalas 5 o 6 minutos hasta que se doren y estén tiernas. Añada las guindillas, el jengibre, el ajo, el zumo y la ralladura de naranja o mandarina, la pimienta de Sichuan, las hojas de perilla y la salsa tamari o de soja. Sale al gusto, remueva bien y sofríalo todo 2 minutos hasta que desprenda su aroma. Agregue el caldo y el arroz. Llévelo a ebullición, baje el fuego y cuézalo 30 minutos hasta que el arroz esté tierno pero al dente y haya absorbido todo el caldo. Si la mezcla quedara demasiado seca durante la cocción, añada un poco más de agua y remueva de vez en cuando (cada 10 minutos). Cuando el arroz esté hecho, tape la sartén y déjelo reposar 10 minutos.

Para servir, pase el arroz a un bol y adórnelo con las semillas de sésamo. Sírvalo con una guindilla roja picada fina.

Preparación: 20 minutos
Cocción: 40 minutos

Para 4 personas

- 2 cdas. de margarina vegetal
- 1 cebolla roja picada fina
- 1 chalota picada fina
- 2 guindillas rojas pequeñas despepitadas y picadas finas, y un poco más para servir
- 1 cda. de jengibre fresco rallado
- 2 cdtas. de ajo picado
- la ralladura fina y el zumo de 1 naranja o mandarina
- 1 cdta. de pimienta de Sichuan molida
- 7 g de hojas de perilla
- 2 cdas. de salsa tamari o de soja
- sal
- 710 ml de caldo de verduras
- 200 g de arroz rojo butanés o arroz venere
- 1 cdta. de semillas de sésamo blanco, para adornar
- 1 cdta. de semillas de sésamo negro, para adornar

MATHROOBA DE QUINOA

Preparación: 20 minutos
Cocción: 45 minutos

Para 4 personas

- 600 ml de caldo de verduras
- 340 g de quinoa lavada
- 1 cda. de aceite de coco
- 3 cebollas grandes picadas gruesas
- 3 dientes de ajo picados finos
- 1 guindilla verde despepitada y picada fina, y un poco más al gusto
- 4 tomates grandes picados gruesos
- 2 cdas. de pasta de tomate
- 1 cda. de curry en polvo
- 1 cdta. de cúrcuma molida
- 1 cdta. de canela molida
- 1 cdta. de cardamomo molido
- 1 cdta. de comino molido
- 120 g de lentejas rojas en conserva escurridas
- sal y pimienta blanca o negra recién molida
- arroz blanco de grano largo cocido, para servir
- 1 ramita de cilantro, para servir

Lleve a ebullición 475 ml de caldo de verduras en una olla. Añada la quinoa y cuézala a fuego lento 14 o 15 minutos hasta que esté hecha. Separe los granos con un tenedor. Resérvela.

Caliente el aceite de coco en una sartén grande o un wok a fuego medio. Eche las cebollas, el ajo y la guindilla y sofríalos 5 o 6 minutos hasta que se doren ligeramente. Agregue el tomate, la pasta de tomate, el curry en polvo, la cúrcuma, la canela, el cardamomo y el comino y sofríalos a fuego medio, removiendo con frecuencia, 7 u 8 minutos hasta que los tomates estén bien hechos. Si la mezcla quedara demasiado seca, añada un poco de agua.

Agregue la quinoa y las lentejas, cúbralo todo con el caldo restante y cuézalo a fuego lento 20 minutos hasta que todos los ingredientes estén hechos.

Salpimiente al gusto y sírvalo con arroz.

MATHROOBA DE QUINOA

ANGOLA

ARROZ CON COCO Y PAPAYA

Preparación: 20 minutos
Cocción: 20 minutos

Para 4 personas

- 400 g de arroz blanco de grano corto, como arborio o carnaroli
- 475 ml de leche de coco
- 1 cdta. de canela molida
- sal
- 1 papaya pequeña en daditos
- 340 g de piña en dados, para servir

Mezcle en una olla el arroz con la leche de coco, la canela y 80 ml de agua, sale al gusto y llévelo a ebullición. Baje el fuego, tape la olla y cuézalo a fuego lento 20 minutos hasta que el arroz esté al dente. Si quedara demasiado seco durante la cocción, añada un poco más de agua. Cuando esté hecho, separe los granos con un tenedor, tape la olla y resérvelo.

Ponga la mitad de la papaya en un bol y cháfela con un tenedor. Añádala al arroz y remueva hasta que se integre. Agregue la papaya restante y mézclela con cuidado para evitar que los dados se deshagan. Sirva el arroz caliente con los dados de piña por encima.

ARROZ CON COCO Y PAPAYA

MÉXICO

PAELLA DE VERDURAS

Preparación: 20 minutos
Cocción: 35 minutos

Para 4 personas

- 2 cdas. de aceite de oliva
- 1 cebolla picada
- 1 pimiento verde en dados
- 2 dientes de ajo picados finos
- 480 g de arroz para paella
- 950 ml de caldo de verduras
- 200 g de tomates pera en dados
- 2 guindillas verdes despepitadas y picadas
- 1 cdta. de cúrcuma molida
- 1 cdta. de pimentón dulce
- 190 g de alubias rojas en conserva escurridas
- 140 g de granos de maíz en conserva o congelados
- sal y pimienta blanca o negra recién molida
- rodajas de limón, para servir
- copos de guindilla roja machacados, para servir

Caliente el aceite en una sartén grande a fuego medio. Eche la cebolla y sofríala 5 o 6 minutos hasta que se dore. Añada el pimiento verde y el ajo y sofríalos 4 o 5 minutos hasta que se doren. Agregue el arroz, el caldo, el tomate, las guindillas verdes, la cúrcuma y el pimentón dulce y llévelo a ebullición. Baje el fuego, tape la sartén y cuézalo todo a fuego lento 20 minutos.

Añada las alubias y el maíz, tape de nuevo la sartén y cueza la paella 5 minutos más. Salpimiente al gusto y sírvala con las rodajas de limón y los copos de guindilla roja machacados.

PERÚ

CUSCÚS CON ALUBIAS Y MAÍZ

Preparación: 25 minutos
Cocción: 20 minutos

Para 4 personas

- 360 g de cuscús
- 1 cdta. de comino molido
- 475 ml de caldo de verduras
- 500 g de alubias negras o rojas en conserva escurridas
- 140 g de maíz en conserva
- 140 g de cebolla roja picada
- 15 g de cilantro picado
- 1 chile jalapeño despepitado y picado fino
- sal y pimienta blanca o negra recién molida
- 2 cdas. de aceite de oliva aromatizado con ajos asados
- 2 cdas. de zumo de lima recién exprimido
- sriracha, para servir

Mezcle el cuscús con el comino molido en un bol refractario. Lleve a ebullición el caldo en una olla y viértalo sobre el cuscús. Cubra el bol con un paño de cocina limpio o una tapa y déjelo reposar 10 minutos hasta que el cuscús absorba todo el líquido. Separe los granos con un tenedor. Si no están lo suficientemente tiernos, vierta 120 ml de agua hirviendo, tape el bol y déjelo reposar otros 10 minutos.

Añada las alubias, el maíz, la cebolla, el cilantro y el jalapeño al cuscús. Salpimiente al gusto. Vierta el aceite aromatizado y el zumo de lima por encima y sírvalo, caliente o a temperatura ambiente, con sriracha.

PAELLA DE VERDURAS

ESPAÑA

PAELLA DE VERDURAS AL HORNO

Preparación: 25 minutos
Cocción: 25 minutos,
más 10 minutos para reposar

Para 4 personas

- 1,5 litros de caldo de verduras
- 1 cdta. de azafrán molido
- 60 ml de aceite de oliva
- 140 g de cebolla amarilla picada
- 3 dientes de ajo picados finos
- 1 pimiento italiano rojo dulce picado fino
- 1 pimiento amarillo en juliana
- 8 espárragos trigueros limpios y en trozos pequeños
- 1 tomate en dados
- 140 g de guisantes frescos o congelados
- 8 champiñones en rodajas
- 2 corazones de alcachofa en salmuera en dados
- 720 g de arroz para paella
- sal y pimienta blanca o negra recién molida

Lleve a ebullición el caldo en una olla. Retire la olla del fuego y agregue el azafrán. Déjelo reposar 2 minutos removiendo un par de veces.

Precaliente el horno a 200 °C.

Seleccione una paella de 36 cm de diámetro o una cazuela de hierro fundido de 5 o 6 cm de profundidad. Eche el aceite y caliéntelo a fuego medio. Añada la cebolla, el ajo, los pimientos, los espárragos, el tomate, los guisantes, los champiñones y los corazones de alcachofa y sofríalos 2 minutos, removiendo con frecuencia. Agregue el arroz, mézclelo con las verduras y vierta el caldo infusionado con azafrán. Salpimiente al gusto. Coloque la paella en la parte más baja del horno. Hornéela 20 minutos hasta que el arroz absorba todo el caldo. Deje reposar la paella 10 minutos antes de servirla.

IRLANDA

RAGÚ DE SETAS SILVESTRES

Preparación: 15 minutos
Cocción: 20 minutos

Para 4 personas

- 2 cdas. de aceite de oliva
- 360 g de setas silvestres variadas limpias y en rodajas
- 100 g de cebolletas, solo la parte blanca y verde claro, en rodajas
- 200 g de tomates pelados, despepitados y picados
- 4 hojas de laurel
- 1 chalota picada fina
- 3 dientes de ajo picados finos
- 475 ml de caldo de verduras
- 2 cdas. de margarina vegetal
- sal y pimienta blanca o negra recién molida
- 500 g de noodles planos o ñoquis cocidos, para servir

Caliente el aceite de oliva en una olla a fuego medio. Añada las setas y sofríalas unos 4 o 5 minutos hasta que se doren y empiecen a estar tiernas. Agregue la cebolleta, el tomate, las hojas de laurel, la chalota y el ajo y sofríalos 2 o 3 minutos hasta que estén tiernos. Eche el caldo y llévelo a ebullición. Baje el fuego y cuézalo todo 4 o 5 minutos hasta que las setas estén hechas. Añada la margarina y prosiga con la cocción a fuego lento 2 o 3 minutos hasta que se funda. Salpimiente al gusto.

Agregue los noodles o los ñoquis al ragú, tape la olla y cuézalos a fuego lento hasta que estén calientes. Sírvalo de inmediato.

CALABACINES CON UVAS

ITALIA

Caliente el aceite en una sartén grande a fuego medio. Eche la cebolla y sofríala 4 minutos hasta que se dore ligeramente. Agregue el calabacín y sofríalo 3 o 4 minutos removiendo con frecuencia. Vierta el caldo y llévelo a ebullición. Baje el fuego de inmediato y añada la canela y el azafrán. Cuézalo unos 5 minutos a fuego medio-bajo hasta que el calabacín esté muy tierno.

Agregue las uvas y cuézalo todo unos 10 minutos más hasta que el caldo se reduzca a la mitad. Salpimiente al gusto. Pase la mezcla a una fuente, adórnela con la salvia picada y sírvala con arroz.

Preparación: 20 minutos
Cocción: 25 minutos

Para 4 personas

- 4 cdas. de aceite de oliva
- 2 cebollas en dados
- 6 calabacines en dados
- 475 ml de caldo de verduras
- 1 cda. de canela molida
- 1 cdta. de azafrán molido
- 100 g de uvas verdes despepitadas cortadas por la mitad
- 1 manojo de salvia picado, para adornar
- sal y pimienta blanca o negra recién molida
- arroz blanco cocido, para servir

ARROZ SALVAJE CON ARÁNDANOS Y PERAS

INGLATERRA

Ponga el caldo y el arroz en una olla a fuego medio y llévelo a ebullición. Baje el fuego, tape la olla y cuézalo a fuego medio-bajo 10 minutos hasta que el arroz esté tierno pero al dente y haya absorbido todo el caldo. Si el arroz quedara demasiado seco durante la cocción, añada un poco más de agua.

Caliente el aceite en una cazuela o un wok a fuego medio. Eche la cebolla y sofríala 5 o 6 minutos hasta que se dore. Añada el azúcar y caramelícelo a fuego lento 20 minutos hasta que se disuelva por completo. Agregue los arándanos, tape la cazuela y rehóguelos a fuego lento 10 minutos, removiendo de vez en cuando. Añada las peras y la canela, remueva bien y rehóguelas 4 o 5 minutos hasta que estén tiernas. Salpimiente al gusto y resérvelas hasta que el arroz esté hecho.

Pase el arroz a una fuente junto con la mezcla de arándanos y peras. Adórnelo con la ralladura de naranja y las nueces y sírvalo.

Preparación: 25 minutos
Cocción: 50 minutos

Para 4 personas

- 475 ml de caldo de verduras
- 400 g de arroz salvaje
- 2 cdas. de aceite vegetal
- 3 cebollas picadas
- 1 cdta. de azúcar moreno
- 180 g de arándanos deshidratados, remojados toda la noche y escurridos
- 200 g de peras de textura firme en daditos
- 1 cdta. de canela molida
- pimienta negra o blanca recién molida
- la ralladura fina de 1 naranja, para adornar
- 1 cda. de nueces machacadas, para adornar

PASTA Y NOODLES

ESTADOS UNIDOS

ESPAGUETIS CON AGUACATE

Preparación: 30 minutos
Cocción: 10 minutos

Para 4 personas

- sal, y un poco más para sazonar
- 500 g de espaguetis
- 2 aguacates maduros cortados por la mitad, deshuesados y pelados
- 30 g de albahaca
- 2 dientes de ajo picados finos
- 2 cdas. de zumo de limón recién exprimido
- pimienta negra o blanca recién molida
- 5 cdas. de aceite de oliva
- 200 g de tomates cherry
- 120 g de granos de maíz frescos o en conserva
- queso parmesano vegano rallado, para servir
- 15 g de hojas de cilantro picadas, para adornar

Ponga a hervir una olla con agua y sal suficiente como para que sepa a agua de mar. Cueza los espaguetis según las indicaciones del envase hasta que estén al dente. Escúrralos y páselos a un bol.

Mientras se cuece la pasta, triture los aguacates con la albahaca, el ajo y el zumo de limón en el vaso de un robot de cocina hasta obtener una mezcla homogénea. Salpimiente al gusto. Con el motor en marcha, vierta el aceite de oliva, en un hilo fino y constante y continúe triturando hasta que la salsa emulsione.

Pase la salsa al bol con los espaguetis, agregue los tomates y el maíz y remueva bien para que se mezclen. Esparza el queso por encima, adórnelos con cilantro picado y sírvalos de inmediato.

FRANCIA

FETTUCCINE CON ESPÁRRAGOS, COLMENILLAS Y ESTRAGÓN

Preparación: 20 minutos
Cocción: 30 minutos

Para 4 personas

- 2 cdas. de margarina vegetal
- 240 g de chalotas en rodajas
- 240 g de colmenillas frescas, las más grandes cortadas por la mitad
- 500 g de espárragos limpios y en trozos de 4 cm
- 300 ml de caldo de verduras
- 150 ml de nata de soja
- 2½ cdas. de estragón picado
- sal y pimienta blanca o negra recién molida
- 500 g de fettuccine
- 1 cda. de aceite de oliva
- 250 g de queso parmesano vegano rallado

Funda a fuego medio la margarina vegetal en una sartén de fondo grueso. Eche las chalotas y las colmenillas y sofríalas unos 6 minutos hasta que las chalotas estén tiernas. Agregue los espárragos y el caldo y llévelo a ebullición. Baje el fuego, tape la sartén y cuézalo todo a fuego medio 3 o 4 minutos hasta que el caldo se reduzca. Añada la nata de soja y 2 cucharadas de estragón picado. Cuézalo, sin tapar, unos 4 minutos hasta que la salsa espese ligeramente. Salpimiente al gusto. Tape la sartén y reserve la mezcla.

Cueza los fettuccine en una olla según las indicaciones del envase hasta que estén al dente. Escúrralos bien y páselos a una fuente. Rocíelos con el aceite de oliva y remueva para que se impregnen. Añada la mezcla de colmenillas y espárragos y la mitad del queso, y remueva para que se mezclen. Esparza el estragón y el queso restantes por encima y sírvalos de inmediato.

NOODLES FRÍOS CON TAHINI Y BROTES DE SOJA

TAIWÁN

Cueza los noodles en una olla según las indicaciones del envase hasta que estén al dente. Escúrralos y lávelos bajo un chorro de agua fría. Escúrralos de nuevo y páselos a un bol. Añada el tahini integral o la crema de cacahuetes, la zanahoria, el pepino y los brotes de soja, y remueva para que se mezclen.

Ponga en un bol la salsa de soja, el azúcar moreno, el vinagre y la sriracha con 3 cucharadas de agua, la pimienta de Sichuan y el ajo. Bata bien para que se mezclen. Vierta la salsa sobre la mezcla de noodles y remueva para que se impregnen.

Reparta los noodles entre 4 boles, adórnelos con la cebolleta y sírvalos.

Preparación: 30 minutos
Cocción: 15 minutos

Para 4 personas

- 500 g de noodles de arroz o fettuccine
- 1 cda. de tahini integral o crema de cacahuetes
- 260 g de zanahoria rallada
- 280 g de pepino despepitado en dados
- 200 g de brotes de soja verde
- 1 cda. de salsa tamari o de soja
- 2 cdtas. de azúcar moreno
- 2 cdtas. de vinagre de arroz o vinagre de sidra de manzana
- 1 cdta. de sriracha
- 1 cdta. de pimienta de Sichuan molida
- 1 diente de ajo picado fino
- 2 cebolletas limpias y en rodajas finas, para adornar

PENNE DE MAÍZ CON CREMA DE SETAS

NICARAGUA

Cueza los penne en una olla según las indicaciones del envase hasta que estén al dente. Escúrralos bien y resérvelos.

Triture la coliflor con la nata de soja, la albahaca, el ajo y los anacardos en un robot de cocina o una batidora hasta obtener una pasta homogénea y cremosa.

Caliente el aceite vegetal en una cazuela a fuego medio. Eche las setas, el romero, el orégano y el pimentón y sofríalos 6 o 7 minutos hasta que las setas estén tiernas. Agregue la crema de coliflor y cuézalo todo a fuego medio-bajo 3 o 4 minutos. Retire la cazuela del fuego y añada los penne y la levadura nutricional.

Salpimiente al gusto y remueva bien. Sírvalos de inmediato.

Preparación: 20 minutos
Cocción: 15 minutos

Para 4 personas

- 500 g de penne de maíz
- 560 g de ramitos de coliflor cocidos al vapor
- 240 ml de nata de soja
- 1 puñado grande de albahaca picada
- 3 dientes de ajo picados
- 125 g de anacardos crudos remojados toda la noche y escurridos
- 2 cdas. de aceite vegetal
- 360 g de setas en rodajas, como setas shiitake o champiñones portobello
- 1 cdta. de romero seco
- 1 cdta. de orégano seco
- 1 cdta. de pimentón dulce
- 1 cda. de levadura nutricional
- sal y pimienta blanca o negra recién molida

ITALIA

FETTUCCINE CON AZAFRÁN, TOMATE Y COCO

Preparación: 20 minutos
Cocción: 25 minutos

Para 4 personas

Para la salsa:
- 2 cdas. de aceite vegetal
- 250 g de tomate entero pelado en conserva con su jugo
- 1 diente de ajo picado fino
- 1 cdta. de azafrán molido
- 240 ml de leche de coco
- 1 cda. de ralladura fina de limón
- sal y pimienta blanca o negra recién molida

Para la pasta:
- 500 g de fettuccine o penne
- sal y pimienta blanca o negra recién molida
- queso parmesano vegano rallado, para servir
- albahaca picada, para adornar

Para preparar la salsa, caliente el aceite vegetal en una sartén grande de fondo grueso a fuego medio. Agregue el tomate, el ajo y el azafrán y cuézalos a fuego medio-bajo 15 minutos hasta que se evapore la mayor parte del líquido y la salsa se reduzca a la mitad. Añada la leche de coco y la ralladura de limón y salpimiente al gusto. Cuézalo todo un par de minutos, removiendo con frecuencia, hasta que se caliente y se mezcle bien. Reserve la salsa.

Cueza los fettuccine en una olla según las indicaciones del envase hasta que estén al dente. Escúrralos y páselos a un bol. Añada la salsa y remueva bien para que se mezclen. Salpimiente al gusto. Esparza el queso y la albahaca picada por encima y sírvalos de inmediato.

ITALIA

FETTUCCINE CON PIÑONES Y ANACARDOS

Preparación: 25 minutos
Cocción: 20 minutos

Para 4 personas

- 2 cdas. de aceite de oliva
- 3 guindillas secas machacadas y picadas finas
- 4 dientes de ajo picados
- 120 g de piñones
- 120 g de anacardos crudos
- 500 g de fettuccine
- 2 cdas. de margarina vegetal
- 250 g de espinacas tiernas
- 2 cdas. de levadura nutricional
- 3 cdas. de albahaca picada, para adornar

Caliente el aceite de oliva en una cazuela a fuego medio, agregue las guindillas secas y déjelas infusionar ligeramente 5 minutos. Retire la cazuela del fuego y deje enfriar el aceite. Cuélelo sobre un bol y deseche las guindillas. Resérvelo.

Ponga el ajo en la misma cazuela y sofríalo 3 o 4 minutos a fuego medio hasta que se dore. Resérvelo.

Tueste a fuego medio-bajo los piñones en una sartén antiadherente unos 2 o 3 minutos y resérvelos. Haga lo mismo con los anacardos. Déjelos enfriar.

Cueza los fettuccine en una olla según las indicaciones del envase hasta que estén al dente. Escúrralos y páselos a un bol. Añada la margarina y remueva bien para que se impregnen. Agregue las espinacas y los piñones tostados y mézclelos bien.

Triture los anacardos en un robot de cocina o una batidora. Páselos a un bol y mézclelos con la levadura nutricional y el ajo. Esparza la mezcla sobre los fettuccine, rocíelos con el aceite de guindilla y remueva para que se mezclen. Adórnelos con la albahaca picada y sírvalos de inmediato.

FETTUCCINE AL LIMÓN

ITALIA

Cueza los fettuccine en una olla según las indicaciones del envase hasta que estén al dente. Escúrralos, reservando 3 o 4 cucharadas del agua de cocción en un bol.

Mientras, para preparar la salsa de limón, bata en un bol el tofu sedoso con la ralladura y el zumo de limón, la nata de soja y el queso. Pase la salsa a una cazuela y caliéntela ligeramente a fuego medio-bajo.

Ponga de nuevo los fettuccine en la olla, añada la margarina vegetal y remuévalos con cuidado a fuego medio-alto. Salpimiente al gusto y agregue el agua de cocción reservada para humedecer los fettuccine. Cuando estén calientes, vierta la salsa de limón y remueva para que se mezclen. Repártalos entre 4 boles, adórnelos con las rodajas de limón y sírvalos.

Preparación: 20 minutos
Cocción: 20 minutos

Para 4 personas

Para la pasta:
- 500 g de fettuccine
- 2 cdas. de margarina vegetal
- sal y pimienta blanca o negra recién molida
- 4 rodajas de limón, para servir

Para la salsa de limón:
- 240 g de tofu sedoso
- la ralladura fina de 1 limón
- el zumo de 2 limones
- 240 ml de nata de soja
- 120 g de queso parmesano vegano rallado

LINGUINE CON TRUFA

ITALIA

Cueza los linguine en una olla según las indicaciones del envase hasta que estén al dente. Escúrralos y póngalos de nuevo en la olla. Vierta 1 cucharada de aceite de trufa, agregue la mitad del queso y remueva bien para que se mezclen. Resérvelos.

En una sartén, mezcle la nata de soja con el aceite de trufa restante y llévela a ebullición a fuego medio-bajo. Añada la levadura nutricional y remueva bien. Vierta la salsa sobre los linguine y remueva para que se mezclen.

Páselos a una fuente y salpimiente al gusto. Adórnelos con la cebolleta y esparza las virutas de trufa por encima. Sírvalos con el queso restante.

Preparación: 20 minutos
Cocción: 15 minutos

Para 4 personas

- 500 g de linguine
- 2 cdas. de aceite de trufa
- 125 g de queso parmesano vegano rallado
- 4 cdas. de nata de soja
- 2 cdas. de levadura nutricional
- sal y pimienta blanca o negra recién molida
- 50 g de cebolletas picadas
- trufa negra o blanca en virutas, para adornar

MALASIA

FIDEOS SOBA CON SOFRITO DE CINCO ESPECIAS

Preparación: 20 minutos
Cocción: 15 minutos

Para 4 personas

Para los fideos soba:
- 500 g de fideos soba
- 1 cda. de aceite vegetal

Para la salsa:
- 120 ml de zumo de naranja recién exprimido
- 1 cda. de maicena
- 1 cdta. de polvo de cinco especias
- 1 cdta. de copos de guindilla roja machacados
- 2 cdas. de salsa de soja
- 2 cdtas. de sirope de agave

Para el sofrito:
- 2 cdas. de aceite de oliva
- 500 g de setas limpias y en rodajas
- 280 g de zanahorias baby en rodajas
- 1 cebolla en rodajas
- 2 dientes de ajo picados finos
- 520 g de ramitos de brócoli

Cueza los fideos soba en una olla según las indicaciones del envase. Escúrralos y póngalos de nuevo en la olla. Rocíelos con el aceite vegetal y remueva para que se impregnen. Tape la olla y resérvelos.

Para preparar la salsa, ponga todos los ingredientes en un bol y bátalos hasta que se mezclen bien. Resérvela.

Para preparar el sofrito, caliente el aceite de oliva en una cazuela a fuego medio. Eche las setas, las zanahorias, la cebolla y el ajo y sofríalos 5 minutos hasta que la cebolla y el ajo se doren. Agregue los ramitos de brócoli, tape la cazuela y sofríalo todo 5 o 6 minutos, removiendo de vez en cuando, hasta que las verduras estén tiernas pero al dente. Añada la salsa reservada y remueva 3 minutos hasta que espese.

Pase los fideos soba a una fuente, añada el sofrito de verduras y setas, y remueva bien para que se mezclen. Sírvalos de inmediato.

FIDEOS SOBA CON SOFRITO DE CINCO ESPECIAS

LASAÑA CON SALSA DE CHAMPIÑONES

Preparación: 30 minutos
Cocción: 1 hora y 10 minutos

Para 4 personas

Para la salsa de champiñones:
- 1 cda. de aceite de oliva virgen extra
- 140 g de cebolla amarilla picada
- 500 g de champiñones limpios y en rodajas
- 30 g de perejil picado
- 2 cdtas. de romero molido
- 200 g de tomate pera entero pelado en conserva

Para el relleno:
- 30 g de perejil picado
- 15 g de albahaca
- 60 g de espinacas tiernas
- 480 g de tofu firme
- 250 g de queso cheddar vegano rallado
- 4 cdas. de leche de arroz o de almendras
- 1 cdta. de nuez moscada molida
- sal y pimienta blanca o negra recién molida
- 1 kg de verduras variadas, como brócoli, corazones de alcachofa, calabacines, judías verdes, espárragos o pimientos rojos y amarillos

Para la lasaña:
- 10 láminas de lasaña integrales
- aceite de oliva, para untar
- sal y pimienta blanca o negra recién molida
- 250 g de queso cheddar vegano rallado

Para preparar la salsa de champiñones, caliente el aceite en una sartén grande a fuego medio. Eche la cebolla y sofríala 4 o 5 minutos hasta que se dore y esté translúcida. Añada los champiñones, el perejil, el romero y el tomate y sofríalos 20 minutos a fuego medio-bajo hasta que estén hechos y blandos. Resérvela.

Para preparar el relleno, triture el perejil, la albahaca y las espinacas en un robot de cocina hasta obtener una pasta homogénea. Agregue el tofu, el queso, la leche de arroz o de almendras y la nuez moscada, y salpimiente al gusto. Remueva bien y páselo a un bol grande.

Pique las verduras, añádalas al bol y remueva todo bien. Resérvelo.

Cueza las láminas de lasaña en una olla según las indicaciones del envase, escúrralas y séquelas. Con ayuda de un pincel de cocina o con los dedos, úntelas con un poco de aceite de oliva.

Para preparar la lasaña, precaliente el horno a 190 °C. Unte una fuente refractaria de 28 × 14 cm con aceite de oliva. Ponga una fina base de salsa de champiñones y coloque una capa de láminas de lasaña encima. Añada un tercio del relleno de verduras, cúbralo con un tercio de la salsa de champiñones y esparza un tercio del queso rallado. Coloque otra capa de láminas de lasaña sobre el queso y repita la operación hasta que la lasaña esté completa. Termine con una capa de queso. Cubra la fuente con papel de aluminio y hornee la lasaña durante 30 minutos. Retire el papel de aluminio y hornéela 5 minutos más hasta que la salsa empiece a burbujear. Déjela enfriar 10 minutos antes de servir.

LASAÑA CON SALSA DE CHAMPIÑONES

ITALIA

LASAÑA CON SALSA CREMOSA

Preparación: 30 minutos
Cocción: 50 minutos

Para 4 personas

- 2 cdas. de aceite vegetal, y un poco más para untar
- 2 cdas. de margarina vegetal
- 3 dientes de ajo picados finos
- 200 g de zanahorias en rodajas
- 100 g de pimiento rojo en daditos
- 280 g de maíz en conserva
- 200 g de tomates pera picados
- 1 cdta. de orégano seco
- 1 cdta. de copos de guindilla roja machacados
- 240 ml de caldo de verduras
- 120 ml de salsa de tomate
- 2 cdas. de zumo de limón recién exprimido
- sal y pimienta blanca o negra recién molida
- 8 láminas de lasaña
- 120 ml de nata de soja
- 125 g de queso cheddar vegano rallado
- 125 g de mozzarella vegana rallada
- 6 hojas de albahaca, para adornar
- ensalada verde, para servir

Precaliente el horno a 200 °C. Unte con aceite vegetal una fuente refractaria o un molde para lasaña.

Caliente el aceite y la margarina en una cazuela a fuego medio. Eche el ajo y sofríalo 3 o 4 minutos hasta que se dore. Agregue las zanahorias, el pimiento, el maíz, el tomate, el orégano, los copos de guindilla y el caldo. Tape la cazuela y cuézalo todo a fuego lento unos 14 minutos hasta que las verduras estén tiernas. Vierta la salsa de tomate y el zumo de limón y remueva bien. Retire la cazuela del fuego y salpimiente al gusto.

Para montar la lasaña, coloque 2 láminas de lasaña en la fuente o molde. Distribuya un tercio de las verduras por encima, añada un tercio de la nata de soja y esparza un tercio de los dos tipos de queso. Repita la operación dos veces más y termine con las 2 láminas de lasaña restantes. Hornee la lasaña 25 minutos hasta que la superficie se dore. Déjela enfriar de 8 a 10 minutos, adórnela con las hojas de albahaca y sírvala con ensalada.

ITALIA

LINGUINE CON REBOZUELOS Y PUERROS

Preparación: 20 minutos
Cocción: 30 minutos

Para 4 personas

- 500 g de rebozuelos
- 500 g de linguine frescos
- 2 cdas. de margarina vegetal
- 1 puerro grande cortado por la mitad a lo largo y en rodajas finas
- sal y pimienta blanca o negra recién molida
- 3 dientes de ajo picados finos
- 5 cdas. de vino blanco seco
- 2 cdtas. de tomillo picado
- 1 manojo de perejil picado, para adornar
- 40 g de queso parmesano vegano rallado, para servir

Limpie los rebozuelos y retire los tallos duros de los más grandes. Córtelos en rodajas gruesas.

Cueza los linguine en una olla según las indicaciones del envase hasta que estén al dente.

Mientras, funda la margarina vegetal en una sartén a fuego medio. Añada el puerro, salpimiente al gusto y sofríalo 3 minutos. Eche el ajo, tape la sartén y sofríalo 6 o 7 minutos hasta que el puerro esté tierno. Agregue los rebozuelos y el vino y sofríalos a fuego medio-bajo unos 10 minutos.

Escurra los linguine, añádalos a la sartén junto con el tomillo y remueva bien para que se impregnen de la mezcla de rebozuelos y puerros. Adórnelos con el perejil y sírvalos con el queso rallado.

LINGUINE CON COLIFLOR, LIMÓN Y ALCAPARRAS

ITALIA

Cueza los linguine en una olla según las indicaciones del envase hasta que estén al dente. Escúrralos, reservando 240 ml del agua de cocción en un bol.

Mientras, caliente 1 cucharada de aceite en una olla a fuego medio. Eche el ajo, el pan rallado y las nueces y sofríalos, removiendo con frecuencia, de 2 a 4 minutos hasta que el pan rallado se dore y se tueste. Pase la mezcla a un bol.

Caliente el aceite restante en la misma olla a fuego medio. Eche la cebolla y sofríala 5 o 6 minutos, removiendo de vez en cuando, hasta que se dore. Añada la coliflor y los copos de guindilla machacados, y sale al gusto. Sofríalos, removiendo de vez en cuando, 5 o 6 minutos.

Vierta tres cuartos del agua de cocción reservada y cuézalo todo unos 10 minutos hasta que la coliflor esté tierna. Añada más agua de cocción si fuera necesario. Agregue los linguine, las alcaparras, el perejil, el queso, la mezcla de pan tostado y el zumo de limón y remueva bien.

Salpimiente al gusto. Reparta los linguine entre 4 boles, esparza el queso parmesano, el perejil y las aceitunas por encima y sírvalos de inmediato.

Preparación: 20 minutos
Cocción: 25 minutos

Para 4 personas

- 500 g de linguine
- 2 cdas. de aceite de oliva
- 3 dientes de ajo picados finos
- 120 g de pan rallado
- 90 g de nueces picadas
- 1 cebolla amarilla en dados
- 750 g de ramitos de coliflor
- 1 cdta. de copos de guindilla roja machacados
- sal y pimienta blanca o negra recién molida
- 3 cdas. de alcaparras escurridas
- 2 cdas. de perejil picado, y un poco más para adornar
- 125 g de queso parmesano vegano rallado, y un poco más para adornar
- 4 cdas. de zumo de limón recién exprimido
- 2 cdas. de aceitunas Kalamata picadas, para adornar

PASTA CON CREMA DE CACAHUETES

ITALIA

Cueza la pasta en una olla según las indicaciones del envase hasta que esté al dente. Lávela bajo un chorro de agua fría para detener el proceso de cocción, escúrrala bien y resérvela en un bol.

Ponga el caldo en una olla a fuego medio y llévelo a ebullición. Añada la crema de cacahuetes y remueva hasta obtener una mezcla homogénea. Agregue la salsa tamari o de soja, el vinagre, el sirope de agave o de arce, el jengibre, la guindilla molida y los guisantes y llévelos a ebullición. Cuézalo todo 2 o 3 minutos a fuego lento hasta que se integre. Añada la pasta, salpimiente al gusto y remueva para que se mezcle bien. Reparta la pasta entre 4 boles y sírvala.

Preparación: 15 minutos
Cocción: 15 minutos

Para 4 personas

- 500 g de fusilli o rotini
- 240 ml de caldo de verduras
- 130 g de crema de cacahuetes crujiente
- 3 cdas. de salsa tamari o de soja
- 2 cdas. de vinagre de vino blanco o de arroz
- 1 cda. de sirope de agave o de arce
- 1 cdta. de jengibre fresco rallado
- 1 cdta. de guindilla molida
- 280 g de guisantes descongelados
- sal y pimienta blanca o negra recién molida

MARRUECOS

MACARRONES CON COLIFLOR ASADA Y ALIÑO DE LIMÓN

Preparación: 25 minutos
Cocción: 40 minutos

Para 4 personas

Para el aliño de limón:

- 5 cdas. de zumo de limón recién exprimido
- 4 cdas. de aceite de oliva
- 2 cdas. de sirope de agave
- 1 cda. de jengibre fresco rallado o picado fino
- 2 dientes de ajo picados finos
- 1 cda. de comino molido
- 1 cdta. de canela molida
- ½ cdta. de sal
- ½ cdta. de pimienta negra o blanca recién molida

Para los macarrones con coliflor:

- 1 kg de ramitos de coliflor
- 500 g de macarrones
- 220 g de orejones de albaricoque fileteados
- 75 g de aceitunas verdes en rodajas
- 240 g de queso feta vegano desmenuzado
- 30 g de menta picada

Precaliente el horno a 200 °C. Forre el interior de una bandeja de horno grande con papel vegetal o papel de aluminio.

Para preparar el aliño de limón, ponga todos los ingredientes en un bol y bátalos hasta que se mezclen bien.

Para preparar la coliflor, colóquela en un bol, agregue 3 cucharadas del aliño y remueva bien. Reserve el aliño restante.

Disponga los ramitos de coliflor en una única capa sobre la bandeja de horno. Áselos 30 minutos o hasta que se doren, removiéndolos a mitad de la cocción.

Mientras, cueza los macarrones en una olla según las indicaciones del envase. Escúrralos, reservando 120 ml del agua de cocción en un bol. Póngalos de nuevo en la olla, agregue la coliflor asada, los orejones, las aceitunas, el queso feta, la menta, el agua de cocción reservada y el aliño restante. Remueva bien para que se mezclen y sírvalos.

MACARRONES CON COLIFLOR ASADA Y ALIÑO DE LIMÓN

FRANCIA

PENNE A LA PROVENZAL

Preparación: 20 minutos
Cocción: 15 minutos

Para 4 personas

- 500 g de penne
- 2 cdas. de aceite de oliva
- 2 dientes de ajo picados finos
- 1 cebolla picada
- 750 g de calabacín en rodajas
- 1 pimiento verde picado
- 240 g de champiñones en rodajas
- 300 g de pasta de tomate
- 1 cda. de albahaca picada
- 1 cda. de hierbas provenzales
- 1 cdta. de orégano seco
- sal y pimienta blanca o negra recién molida
- queso parmesano vegano rallado, para servir

Cueza los penne en una olla según las indicaciones del envase hasta que estén al dente. Lávelos bajo un chorro de agua fría para detener el proceso de cocción, escúrralos bien y resérvelos en un bol.

Caliente el aceite de oliva en una olla de hierro fundido a fuego medio. Eche el ajo, la cebolla, el calabacín, el pimiento y los champiñones y sofríalos a fuego medio 7 u 8 minutos, removiendo con frecuencia, hasta que la cebolla y el ajo se doren. Añada la pasta de tomate, la albahaca, las hierbas provenzales y el orégano y sofríalo 3 o 4 minutos. Retire la cazuela del fuego, añada los penne y salpimiente al gusto. Remueva para que se mezclen bien y sírvalos con queso rallado.

ITALIA

PENNE CON CREMA DE BRÓCOLI

Preparación: 15 minutos
Cocción: 25 minutos

Para 4 personas

- 500 g de penne
- 475 ml de nata de soja
- 120 g de levadura nutricional
- 1 cda. de albahaca fresca picada
- 1 cdta. de cebolla en polvo
- 1 cda. de margarina vegetal
- 2 brócolis limpios y separados en ramitos
- sal y pimienta blanca o negra recién molida
- 125 g de queso cheddar vegano rallado

Cueza los penne en una olla según las indicaciones del envase hasta que estén al dente. Lávelos bajo un chorro de agua fría para detener el proceso de cocción, escúrralos bien y resérvelos en un bol.

Mezcle en una cazuela la nata de soja con la levadura nutricional, la albahaca, la cebolla en polvo y la margarina vegetal. Caliéntelo todo a fuego medio 4 o 5 minutos, removiendo con frecuencia, hasta que empiece a hervir. Agregue el brócoli y sofríalo 5 o 6 minutos hasta que esté tierno pero al dente. Salpimiente al gusto. Añada los penne, rehóguelos unos 2 minutos y sírvalos de inmediato con queso rallado.

ESPAGUETIS CON VERDURAS EN SALSA DE CURRY ROJO

INDONESIA

Preparación: 20 minutos, más 30 minutos para enfriar
Cocción: 45 minutos

Para 4 personas

Para la salsa:
- 240 g de calabaza de verano pelada y en rodajas
- 80 g de crema de almendras
- 4 cdas. de vinagre de vino blanco
- 2 cdas. de pasta de curry rojo
- 4 dientes de ajo rallados
- 1 cda. de sirope de agave o de arce
- sal

Para la pasta:
- sal
- 500 g de espaguetis
- 500 g de brócoli tierno limpio y separado en ramitos
- 250 g de espinacas tiernas, col kale o acelgas
- 2 cdas. de aceite de oliva
- 360 g de tempeh ahumado en dados de tamaño medio
- 55 g de almendras tostadas laminadas, para adornar

Precaliente el horno a 200 °C.

Para preparar la salsa, disponga las rodajas de calabaza en una bandeja de horno, cúbralas con papel de aluminio y áselas unos 30 minutos hasta que estén tiernas. Déjelas enfriar 30 minutos.

Para preparar la pasta, lleve a ebullición una olla de agua con sal. Eche los espaguetis y cuézalos 3 minutos menos que el tiempo de cocción que indica el paquete. Agregue el brócoli y cuézalo unos 3 minutos hasta que la pasta y el brócoli estén al dente.

Coloque las espinacas, la col kale o las acelgas en un colador y escurra los espaguetis junto con el brócoli sobre estas para que se escalden rápidamente. Pase la pasta y las verduras a un bol y resérvelas.

Triture las rodajas de calabaza en un robot de cocina o una batidora y páselas a un bol. Agregue la crema de almendras, el vinagre, la pasta de curry rojo, el ajo y el sirope de agave o de arce. Añada agua caliente hasta diluir la mezcla y remueva bien para obtener una salsa homogénea. Sale al gusto y resérvela.

Caliente el aceite de oliva en una olla antiadherente a fuego medio. Eche los dados de tofu ahumado y sofríalos 6 o 7 minutos hasta que se doren de manera uniforme. Baje el fuego, añada la salsa y cuézalo todo 3 o 4 minutos hasta que la salsa espese. Añada la mezcla de espaguetis y verduras y remueva para que se mezclen. Páselos a una fuente, adórnelos con las almendras y sírvalos de inmediato.

ITALIA

PENNE PRIMAVERA

Preparación: 20 minutos
Cocción: 40 minutos

Para 4 personas

- 3 cdas. de aceite de oliva
- 1 cebolla picada fina
- 3 dientes de ajo picados
- 1 cdta. de semillas de cilantro
- 400 g de lentejas verdes de Puy en conserva escurridas
- 175 ml de vino blanco seco, y un poco más
- 1 cdta. de condimento italiano
- 1 cdta. de curry suave en polvo
- 1 cdta. de nuez moscada rallada
- 140 g de guisantes descongelados
- sal y pimienta blanca o negra recién molida
- 475 ml de nata de soja
- la ralladura fina de 1 limón
- 500 g de penne
- 1 cda. de perejil picado, para adornar
- 1 cdta. de pimienta rosa molida, para adornar

Caliente el aceite en una cazuela a fuego medio. Eche la cebolla y sofríala 5 o 6 minutos hasta que se dore. Añada el ajo y las semillas de cilantro y sofríalos 2 minutos sin dejar de remover. Agregue las lentejas y sofríalas 3 o 4 minutos. Añada el vino, el condimento italiano, el curry en polvo, la nuez moscada y los guisantes. Baje el fuego, tape la cazuela y cuézalo todo unos 10 minutos. Salpimiente al gusto.

Agregue la nata, en tandas de 3 o 4 cucharadas, removiendo bien tras cada adición. Baje el fuego y cuézalo todo 3 o 4 minutos más. Si la salsa quedara demasiado espesa, vierta un poco de vino para aligerarla. Añada la mitad de la ralladura de limón y remueva bien.

Mientras, cueza los penne en una olla según las indicaciones del envase hasta que estén al dente. Lávelos bajo un chorro de agua fría para detener el proceso de cocción, escúrralos bien y resérvelos en un bol.

Cuando la salsa esté hecha, añada los penne a la cazuela y remueva. Páselos a una fuente, adórnelos con el perejil picado, la ralladura de limón restante y la pimienta rosa y sírvalos.

PENNE PRIMAVERA

BENÍN

ÑOQUIS DE BONIATO

Preparación: 30 minutos
Cocción: 35 minutos

Para 4 personas

Para los ñoquis:

- sal
- 4 boniatos pelados y picados
- 2 cdas. de margarina vegetal
- 2 cdas. de sustituto de huevo diluidas en 4 cdas. de agua templada
- 1 pizca de nuez moscada molida
- 1 cda. de levadura nutricional
- 375 g de harina común, y un poco más para enharinar

Para la salsa de cacahuetes y canela:

- 2 cdas. de margarina vegetal
- 1 cebolla en rodajas
- 120 ml de nata de soja
- 2 cdas. de crema de cacahuetes suave
- 1 pizca de canela molida
- sal y pimienta blanca o negra recién molida

Para preparar los ñoqui, ponga a hervir una olla de agua con sal. Eche el boniato y cuézalo 15 minutos hasta que esté lo suficientemente tierno como para chafarlo. Lávelo bajo un chorro de agua fría, escúrralo y páselo a un bol. Añada la margarina vegetal, el sustituto de huevo, la nuez moscada y la levadura nutricional. Cháfelo todo con un tenedor y mézclelo bien. Agregue la harina, en tandas de 1 o 2 cucharadas, y mézclela hasta que se integre. Deje enfriar la masa.

Enharínese las manos y una superficie de trabajo limpia. Divida la masa en 4 porciones iguales y hágalas rodar sobre la superficie hasta obtener 4 cilindros de 2,5 cm de grosor. Córtelos en rodajas de 1 cm.

Ponga a hervir una olla con agua. Cueza los ñoquis, por tandas, hasta que suban y floten en la superficie. Retírelos con una espumadera y resérvelos en una fuente.

Para preparar la salsa de cacahuetes y canela, funda la margarina en una cazuela a fuego medio. Eche la cebolla y sofríala ligeramente 5 o 6 minutos hasta que se dore. Agregue la nata de soja y la crema de cacahuetes y llévelas a ebullición suave. Añada la canela, salpimiente al gusto y remueva bien. Vierta la salsa sobre los ñoquis y sírvalos de inmediato.

ITALIA

PASTA CON TOMATES SECOS, AJO Y GUINDILLA

Preparación: 15 minutos
Cocción: 30 minutos

Para 4 personas

- 1 cda. de margarina vegetal
- 2 cdas. de aceite de oliva
- 3 dientes de ajo picados finos
- 2 chalotas picadas finas
- 90 g de tomates secos rehidratados y picados finos
- 2 guindillas rojas pequeñas despepitadas y picadas finas
- sal
- 500 g de láminas de lasaña en trozos del tamaño de un bocado
- 2 cdas. de piñones
- 3 cdas. de queso parmesano vegano rallado, para servir
- 2 cdas. de perejil picado fino, para adornar

Funda a fuego medio la mantequilla vegetal y el aceite de oliva en una sartén grande. Añada el ajo y la chalota y sofríalos 5 o 6 minutos hasta que se doren. Agregue el tomate seco y la guindilla y sale al gusto. Rehóguelo todo a fuego muy lento 15 minutos. Retire la sartén del fuego y resérvelo.

Lleve a ebullición una olla con agua. Cueza las láminas de lasaña según las indicaciones del envase hasta que estén al dente. Escúrralas y añádalas a la sartén. Agregue los piñones y remueva bien. Pase la pasta a una fuente, esparza el queso por encima y adórnela con el perejil picado.

PENNE CON CREMA DE AZAFRÁN

MALTA

Preparación: 20 minutos
Cocción: 20 minutos

Para 4 personas

- 240 ml de nata de soja
- 1 cdta. de hebras de azafrán
- 500 g de penne
- 2 cdas. de aceite de oliva
- 3 puerros, solo la parte blanca y verde claro, cortados por la mitad a lo largo y en rodajas finas
- sal y pimienta blanca o negra recién molida
- 240 g de setas variadas, como setas shiitake, champiñones y setas de ostra, limpias y en rodajas
- 500 g de espárragos finos limpios y en trozos de 1 cm
- 250 g de tirabeques en trozos de 1 cm
- 2 cdas. de estragón picado

Lleve a ebullición la nata de soja en un cazo a fuego medio. Retire el cazo del fuego, agregue el azafrán y resérvela.

Lleve a ebullición una olla con agua y sal. Cueza los penne según las indicaciones del envase hasta que estén al dente. Lávelos bajo un chorro de agua fría para detener el proceso de cocción, escúrralos bien y resérvelos en un bol.

Caliente 1 cucharada de aceite en una sartén grande a fuego medio-alto. Eche los puerros, salpimiente al gusto y sofríalos, removiendo de vez en cuando, 6 o 7 minutos hasta que se doren. Agregue el aceite restante y las setas y sofríalas 6 o 7 minutos hasta que se doren. Añada los espárragos y los tirabeques, salpimiente al gusto y sofríalos, removiendo de vez en cuando, unos 4 minutos hasta que estén tiernos. Remueva la nata infusionada con azafrán, agréguela a la sartén y cuézalo todo 2 o 3 minutos hasta que los espárragos estén hechos.

Añada los penne a la sartén y remueva bien con unas pinzas para que se impregnen de la salsa. Esparza 1 cucharada de estragón por encima y remueva de nuevo. Pase los penne a una fuente, adórnelos con el estragón restante y sírvalos de inmediato.

ITALIA

RIGATONI CON COLES DE BRUSELAS Y PUERROS

Preparación: 15 minutos
Cocción: 20 minutos

Para 4 personas

- 1 limón, y 4 rodajas para servir
- 500 g de coles de Bruselas
- 1 puerro grande, solo la parte blanca y verde claro
- 4 cdas. de aceite de oliva, y 4 cdtas. más para servir
- sal y pimienta blanca o negra recién molida
- 4 dientes de ajo picados finos
- 120 ml de vino blanco seco
- 500 g de rigatoni
- 50 g de queso parmesano vegano rallado, y un poco más para servir
- 2 cdas. de levadura nutricional

Retire la piel del limón con un pelapatatas y reserve el limón para utilizarlo en otra ocasión. Corte la piel en tiras muy finas y resérvelas en un bol.

Limpie las coles de Bruselas con un cuchillo pequeño y deseche las hojas exteriores más oscuras. Corte las coles por la mitad y resérvelas. Corte la mitad del puerro en aros de 1 cm y el resto en rodajas finas.

Caliente 2 cucharadas de aceite en una sartén grande a fuego medio. Eche las coles de Bruselas y los aros de puerro, salpimiente al gusto y sofríalos 6 o 7 minutos hasta que se doren. Pase la mezcla a un bol, añada la mitad de las tiras de piel de limón y remueva bien. Resérvela.

Eche el aceite restante en la misma sartén a fuego medio. Cuando esté caliente, añada las rodajas de puerro y el ajo y salpimiente al gusto. Sofríalos, removiendo con frecuencia, 7 u 8 minutos hasta que se doren. Agregue el vino blanco y llévelo a ebullición. Baje el fuego y cuézalo todo 3 o 4 minutos hasta que la sartén esté casi seca. Retírela del fuego y resérvela.

Lleve a ebullición una olla de agua con sal. Cueza los rigatoni según las indicaciones del envase hasta que estén al dente. Escúrralos, reservando 240 ml del agua de cocción en un bol. Eche los rigatoni en la sartén con las rodajas de puerro, añada la mezcla de coles de Bruselas y el agua de cocción reservada y remueva bien. Llévelo a ebullición a fuego medio. Baje el fuego, añada el queso y la levadura nutricional y salpimiente al gusto.

Reparta los rigatoni entre 4 boles y adórnelos con las tiras de limón restantes. Esparza el queso por encima y vierta 1 cucharadita de aceite de oliva en cada bol. Sírvalos con las rodajas de limón.

PASTA CON PIÑONES

ITALIA

Mezcle en un bol los dos tipos de calabacín con los tirabeques, el pimiento, el brócoli y los champiñones. Resérvelos.

Lleve a ebullición una olla de agua con sal. Cueza la pasta según las indicaciones del envase hasta que esté al dente. Lávela bajo un chorro de agua fría para detener el proceso de cocción, escúrrala bien y resérvela.

Caliente el aceite en una olla a fuego medio-bajo. Eche los piñones y sofríalos 2 o 3 minutos hasta que se empiecen a dorar. Añada las verduras y sofríalas a fuego medio unos 4 o 5 minutos hasta que estén tiernas. Agregue el tomate y sofríalo todo 3 o 4 minutos más.

Pase la pasta a una fuente y cúbrala con las verduras. Esparza el queso por encima, adórnela con las hojas de albahaca y sírvala.

Preparación: 15 minutos
Cocción: 20 minutos

Para 4 personas

- 2 calabacines verdes en rodajas finas
- 1 calabacín amarillo en rodajas finas
- 140 g de tirabeques
- 1 pimiento verde picado
- 1 pimiento amarillo picado
- 100 g de ramitos de brócoli
- 120 g de champiñones en rodajas
- sal
- 500 g de espaguetis o penne
- 5 cdas. de aceite de oliva
- 70 g de piñones
- 2 tomates en daditos
- queso parmesano vegano rallado, para servir
- hojas de albahaca, para adornar

ESPAGUETIS CON NUECES Y SALSA DE TOMATE

ITALIA

Caliente 2 cucharadas de aceite de oliva en una cazuela a fuego medio. Eche las nueces y sofríalas 3 o 4 minutos hasta que se doren. Resérvelas.

Cueza la pasta en una olla según las indicaciones del envase hasta que esté al dente. Escúrrala, reservando 240 ml del agua de cocción en un bol.

Caliente el aceite restante en una sartén grande de fondo grueso a fuego medio. Eche la chalota y el ajo y sofríalos 3 o 4 minutos hasta que se doren. Añada el tomate y sofríalo 5 minutos. Vierta 120 ml del agua de cocción reservada y la melaza de granada y remueva para que se mezclen. Cuézalo todo a fuego lento unos 10 minutos hasta que la salsa espese y se reduzca a un tercio. Agregue la margarina y remueva bien para que se mezcle. Cueza la salsa 4 minutos más a fuego lento hasta que la chalota y el tomate estén tiernos.

Retire la sartén del fuego, añada los espaguetis y remueva para que se impregnen. Salpimiente al gusto. Páselos a una fuente y adórnelos con las nueces y la albahaca. Sírvalos con el queso rallado al lado.

Preparación: 15 minutos
Cocción: 25 minutos

Para 4 personas

- 4 cdas. de aceite de oliva
- 250 g de nueces
- 500 g de espaguetis
- 4 chalotas picadas finas
- 6 dientes de ajo picados finos
- 1 kg de tomates pera picados
- 2 cdas. de melaza de granada
- 2 cdas. de margarina vegetal
- 1 cdta. de azúcar extrafino
- 30 g de hojas de albahaca picadas finas, para adornar
- queso parmesano vegano rallado, para servir

FIDEOS SOBA CON TOFU Y PAK CHOI

Preparación: 15 minutos,
más 2 horas para escurrir
Cocción: 15 minutos

Para 4 personas

- 500 g de tofu extrafirme
- 4 cdas. de mirin o vino dulce de arroz
- 2 cdas. de sake
- 1 cda. de jengibre fresco rallado
- 2 cdas. de vinagre de arroz
- 2 cdas. de sirope de agave
- 1 cda. de aceite de sésamo tostado
- 1 cdta. de pimentón dulce
- 1 diente de ajo picado fino
- 2 cdas. de aceite de oliva
- 240 ml de caldo de verduras
- 4 pak choi tiernos cortados por la mitad a lo largo
- 450 g de fideos soba cocidos
- 100 g de cebolletas en rodajas, para adornar
- 2 cdas. de semillas de sésamo tostadas, para adornar

Coloque el tofu en un colador sobre un fregadero limpio y ponga un peso encima, como una olla de hierro fundido. Déjelo escurrir 2 horas para que se prense y se elimine toda el agua. Córtelo en 4 trozos y resérvelo.

Mezcle en un bol el mirin o vino de arroz con el sake, el jengibre, el vinagre de arroz, el sirope de agave, el aceite de sésamo, el pimentón dulce y el ajo y remueva bien.

Caliente el aceite en una cazuela a fuego medio-alto. Agregue el tofu, vierta la marinada por encima y sofríalos 4 minutos por cada lado hasta que se doren. Retire la cazuela del fuego, tápela y resérvela.

Eche el caldo en una olla y llévelo a ebullición. Añada el pak choi, tape la olla y cuézalo a fuego medio 2 minutos hasta que reduzca su volumen. Retírelo con una espumadera y resérvelo. Ponga el tofu en la olla y cuézalo en el caldo 3 o 4 minutos.

Reparta los fideos soba entre 4 boles. Coloque los filetes de tofu encima y adórnelos con las cebolletas y las semillas de sésamo. Por último, disponga 2 mitades de pak choi sobre cada bol.

PENNE CON SALSA CARUSO

URUGUAY

Cueza los penne en una olla según las indicaciones del envase hasta que estén al dente. Escúrralos y resérvelos.

Caliente el aceite de oliva en una sartén a fuego medio. Eche la cebolla y sofríala unos 5 minutos hasta que esté tierna y desprenda su aroma. Agregue los champiñones y sofríalos 6 o 7 minutos hasta que estén tiernos. Resérvelos.

Caliente la margarina vegetal en una olla a fuego medio. Añada la harina y cuézala, sin dejar de remover, 3 o 4 minutos hasta que se dore. Vierta poco a poco la nata de soja, removiendo constantemente. Agregue el caldo y cuézalo todo a fuego medio unos 12 minutos hasta que la salsa espese. Salpimiente al gusto.

Retire la olla del fuego y añada los dos tipos de queso. Agregue los penne y los champiñones y ponga la olla de nuevo en el fuego. Cuézalos a fuego medio 2 minutos hasta que estén calientes. Páselos a una fuente, adórnelos con el perejil y las guindillas y sírvalos de inmediato.

Preparación: 20 minutos
Cocción: 30 minutos

Para 4 personas

- 500 g de penne
- 2 cdas. de aceite de oliva
- 1 cebolla picada
- 200 g de champiñones en rodajas
- 2 cdas. de margarina vegetal
- 2 cdas. de harina común
- 475 ml de nata de soja vegana
- 240 ml de caldo de verduras
- sal y pimienta blanca o negra recién molida
- 125 g de queso mozzarella vegano en juliana
- 65 g de queso parmesano vegano rallado
- 1 manojo de perejil picado
- 2 guindillas rojas despepitadas y picadas finas

NOODLES CON VERDURAS

NEPAL

Pele las zanahorias y los boniatos y córtelos en dados. Limpie y corte la coliflor en ramitos. Reserve las verduras en un bol.

Cueza los noodles de arroz en una olla 2 minutos menos de lo que indica el envase. Escúrralos y páselos a un bol. Rocíelos con el aceite vegetal, remueva bien y resérvelos.

Caliente el aceite de mostaza en una olla a fuego medio. Eche la cebolla y sofríala 5 o 6 minutos hasta que se dore. Agregue la cúrcuma, el ajo, el jengibre, el comino y la guindilla y sofríalos 2 minutos. Añada las verduras reservadas y sofríalas 5 minutos.

Agregue el tomate, la salsa tamari o de soja, el caldo, las hojas de laurel y las semillas de levístico y llévelo a ebullición. Tape la olla y cuézalo todo 6 o 7 minutos. Añada el yogur, las espinacas y los noodles de arroz. Baje el fuego y cuézalo otros 2 o 3 minutos hasta que se mezclen los sabores.

Salpimiente al gusto. Pase los noodles a una fuente, adórnelos con el cilantro picado y sírvalos con pan roti o naan.

Preparación: 20 minutos
Cocción: 35 minutos

Para 4 personas

- 720 g de verduras variadas, como zanahorias, boniatos y coliflor
- 500 g de noodles de arroz
- 1 cda. de aceite vegetal
- 2 cdas. de aceite de mostaza
- 280 g de cebolla amarilla picada
- 1 cda. de cúrcuma fresca pelada y picada fina
- 3 dientes de ajo picados finos
- 1 cda. de jengibre fresco rallado
- 1 cdta. de comino molido
- 3 guindillas rojas despepitadas y picadas finas
- 200 g de tomates picados
- 2 cdas. de salsa tamari o de soja
- 475 ml de caldo de verduras
- 2 hojas de laurel
- 1 cdta. de semillas de levístico
- 120 g de yogur vegano sin azúcar
- 250 g de espinacas tiernas
- sal y pimienta blanca o negra recién molida
- 1 cda. de cilantro picado, para adornar
- pan roti o naan, para servir

POSTRES

TARTA DE ALMENDRAS Y CANELA

Preparación: 30 minutos, más toda la noche para refrigerar y 20 minutos en remojo
Cocción: 30 minutos

Para 1 tarta de 25 cm

Para la masa:
- 175 ml de aceite de coco
- 375 g de harina común, y un poco más para enharinar
- 2 cdtas. de canela molida
- 1 cdta. de nuez moscada molida
- 1 cdta. de clavo molido
- 1 cdta. de jengibre molido
- 1 cdta. de pimienta blanca molida
- 1 cdta. de cardamomo molido
- ½ cdta. de sal
- ½ cdta. de levadura en polvo
- 1 cdta. de vainilla en polvo
- 225 g de azúcar moreno claro
- 175 ml de leche de almendras
- margarina vegetal, para untar

Para el relleno:
- 240 g de almendras escaldadas y peladas
- 60 g de azúcar glas
- 1 pizca de canela molida

Para preparar la masa, refrigere el aceite de coco unos 45 minutos hasta que se enfríe.

Mezcle en un bol la harina con la canela, la nuez moscada, el clavo, el jengibre, la pimienta blanca, el cardamomo, la sal, la levadura y la vainilla en polvo y remueva bien. Reserve la mezcla.

En un robot de cocina con cuchilla, triture el azúcar con el aceite de coco frío unos 3 minutos hasta obtener una crema homogénea. Con el robot de cocina a velocidad baja, añada la mitad de la mezcla de harina y la mitad de la leche de almendras. Repita la operación hasta que haya incorporado la harina y la leche de almendras restante y obtenga una masa. Envuélvala en film transparente y refrigérela toda la noche.

Precaliente el horno a 190 °C.

Para preparar el relleno, ponga las almendras peladas en un bol, cúbralas con agua caliente y déjelas en remojo 20 minutos. Escúrralas, páselas a un robot de cocina o una batidora y píquelas gruesas. Colóquelas en un bol y añada el azúcar, la canela y 4 o 5 cucharadas de agua. Remueva para que se mezclen.

Enharine una superficie de trabajo. Divida la masa en dos porciones y coloque una de ellas sobre la superficie de trabajo. Unte un molde para tartas de 25 cm con margarina vegetal. Enharine un rodillo de cocina y extienda la masa hasta obtener un círculo de 30 cm de diámetro. Forre el molde con la masa, presionándola sobre el fondo y hacia los lados. Corte las partes de masa que sobresalgan pasando el rodillo por el borde del molde. Disponga el relleno de almendras sobre la masa (la masa no ocupará todo el molde, pero subirá ligeramente y envolverá el relleno). Extienda la masa restante con el rodillo y colóquela sobre el relleno. Presiónela para sellar la tarta y evitar que el relleno se escape por los bordes. Haga pequeñas incisiones en la superficie para que el vapor pueda salir y recorte el exceso de masa pasando el rodillo por el borde del molde. Hornee la tarta 30 minutos hasta que se dore. Déjela enfriar 20 minutos y desmóldela. Pásela a una fuente, córtela en porciones y sírvala.

BIZCOCHO DE CIRUELAS

SUIZA

Precaliente el horno a 180 °C. Unte un molde para tartas cuadrado de 23 cm con margarina vegetal.

En un robot de cocina o una batidora, triture las ciruelas varias veces. Con el motor en marcha, vierta 120 ml de agua y tritúrelas 3 o 4 minutos más hasta obtener una mezcla homogénea. Resérvela en el robot de cocina o la batidora.

Diluya el sustituto de huevo en 2 cucharadas de agua templada en un bol y pase la mezcla al robot de cocina o la batidora. Tritúrelo todo hasta obtener una crema fina. Agregue el azúcar y bátalo hasta obtener una textura homogénea.

Mezcle en un bol la harina con el cacao, el bicarbonato de sodio, la levadura y la sal. Agregue la leche de almendras y el vinagre, remueva bien y deje reposar la mezcla 10 minutos. Añada la crema de ciruelas, removiendo constantemente hasta obtener una masa homogénea y esponjosa.

Eche la masa en el molde y hornee el bizcocho de 35 a 40 minutos hasta que esté bien hecho. Déjelo enfriar 30 minutos y desmóldelo.

Preparación: 20 minutos
Cocción: 1 hora y 40 minutos, más 30 minutos para enfriar

Para 1 bizcocho de 23 cm

- margarina vegetal, para untar
- 240 g de ciruelas de Agen sin hueso
- 2 cdas. de sustituto de huevo
- 400 g de azúcar extrafino
- 250 g de harina común
- 100 g de cacao puro en polvo
- 2 cdtas. de bicarbonato de sodio
- 1 cdta. de levadura en polvo
- 1 pizca de sal
- 240 ml de leche de almendras
- 2 cdtas. de vinagre blanco

TARTA DE QUESO CON LIMÓN Y CREMA DE ALBARICOQUE

JAPÓN

Precaliente el horno a 180 °C. Unte un molde para tartas redondo de entre 20 y 23 cm con margarina vegetal.

Para preparar la tarta de queso, bata el queso crema con la leche de almendras en un bol. Añada la mitad del azúcar, el sustituto de huevo, la maicena y el zumo de limón.

Triture la mezcla en un robot de cocina o una batidora a velocidad alta 3 o 4 minutos mientras agrega, poco a poco, el azúcar restante.

Pase la mezcla al molde y colóquelo en una fuente refractaria honda. Llénela de agua hirviendo hasta cubrir la mitad de la altura del molde. Hornéela 40 minutos. Retire el molde del baño maría y deje enfriar la tarta 20 minutos.

Para preparar la crema de albaricoque, mezcle la nata montada con la mermelada de albaricoque en un bol.

Corte la tarta en porciones, sírvala en platos de postre y reparta la crema de albaricoque por encima.

Preparación: 25 minutos
Cocción: 40 minutos, más 20 minutos para enfriar

Para 1 tarta de entre 20 y 23 cm

Para la tarta de queso:
- margarina vegetal, para untar
- 240 g de queso crema vegano casero (véase pág. 30) a temperatura ambiente
- 4 cdas. de leche de almendras
- 100 g de azúcar extrafino
- 3 cdas. de sustituto de huevo diluidas en 6 cdas. de agua templada
- 60 g de maicena
- 2 cdas. de zumo de limón recién exprimido

Para la crema de albaricoque:
- 4 cdas. de nata de soja montada
- 2 cdas. de mermelada o puré de albaricoque

AUSTRIA

MOUSSE DE LIMÓN

Preparación: 15 minutos
Cocción: 15 minutos,
más 2 horas y 30 minutos para refrigerar

Para 4 personas

- 480 ml de agua
- 480 ml de crema de coco
- 3 cdas. de agar-agar
- 2 cdas. de sirope de arce
- 4 cdas. de zumo de limón recién exprimido
- 3 cdas. de compota de manzana, y un poco más
- 2 cdas. de ralladura fina de limón
- 1 cdta. de extracto de vainilla
- 2 cdas. de tahini
- 1 pizca de sal

Lleve una cazuela con agua a ebullición. Añada todos los ingredientes, baje el fuego y remueva bien. Cuézalos a fuego lento unos 12 minutos hasta que se mezclen. Retire la cazuela del fuego, deje enfriar la mezcla y refrigérela 2 horas.

Tritúrela en un robot de cocina o una batidora hasta obtener una consistencia cremosa y esponjosa. Si la mousse quedara demasiado espesa, agregue un poco más de compota de manzana. Refrigérela 30 minutos y sírvala.

MOUSSE DE LIMÓN

STRUDEL DE MANZANA

Preparación: 30 minutos
Cocción: 35 minutos

Para 8 personas

- 500 g de manzanas Honey Crisp o Pink Lady descorazonadas y en rodajas
- 1 cda. de vinagre balsámico
- 1 vaina de vainilla con las semillas aparte
- 120 ml de melaza de arroz
- 2 cdas. de azúcar extrafino, más 50 g
- 1 cdta. de jengibre fresco rallado
- 120 g de tofu sedoso
- 200 g de pacanas molidas, más 50 g picadas finas
- 6 láminas de pasta filo
- 4 cdas. de aceite vegetal
- 80 g de pasas
- natillas o helado de vainilla veganos, para servir

Precaliente el horno a 180 °C.

Mezcle en una sartén las rodajas de manzana con el vinagre, la vainilla, la mitad de la melaza de arroz, 2 cucharadas de azúcar extrafino, el jengibre, 240 ml de agua y el tofu sedoso. Remueva bien y llévelo a ebullición a fuego medio. Cuézalo todo unos 10 minutos. Retire la sartén del fuego y déjelo enfriar.

En una cazuela, mezcle las pacanas molidas con la melaza de arroz restante y 2 cucharadas de agua. Cuézalas a fuego medio 10 minutos hasta que se oscurezcan. Retire la cazuela del fuego y déjelas enfriar.

Enharine una superficie de trabajo, disponga una lámina de pasta filo con los bordes más largos paralelos al borde de la superficie de trabajo y úntela con un poco de aceite vegetal. Esparza 10 gramos de pacanas picadas y 10 gramos de azúcar extrafino. Coloque otra lámina de pasta filo por encima y repita la operación hasta terminar todas las láminas.

Agregue las pasas a la mezcla de rodajas de manzana y distribúyalas por encima de la última lámina de pasta filo, dejando libre 2,5 cm por los lados. Comenzando por el borde más cercano, enrolle la pasta filo formando un cilindro. Páselo a una fuente refractaria, cúbralo con la mezcla de pacanas y melaza y hornéelo 15 minutos hasta que se dore. Deje enfriar el strudel 15 minutos y retírelo de la fuente. Sírvalo templado con natillas o helado de vainilla veganos.

BIZCOCHO DE PLÁTANO CON CREMA DE CACAHUETES

MARTINICA

Precaliente el horno a 160 °C. Unte un molde para tartas redondo de 25 cm con aceite vegetal. En un robot de cocina o una batidora, triture los plátanos con el zumo de limón, la canela, las semillas de vainilla y la crema de cacahuetes hasta que se mezclen. Reserve la mezcla.

Mezcle en un bol el tofu con el azúcar, la levadura y la harina hasta que se mezclen. Añádalos a la mezcla de plátano y tritúrelos hasta obtener una masa homogénea y sin grumos. Vierta el ron y tritúrela un par de veces más. Eche la masa en el molde y hornee el bizcocho durante 1 hora hasta que la superficie se dore ligeramente. Déjelo enfriar por completo, desmóldelo y páselo a una fuente. Córtelo en porciones triangulares y sírvalo.

Preparación: 30 minutos
Cocción: 1 hora

Para 1 bizcocho de 25 cm

- aceite vegetal, para untar
- 2 plátanos maduros
- 1 cda. de zumo de limón recién exprimido
- 1 cdta. de canela molida
- 1 vaina de vainilla con las semillas aparte
- 65 g de crema de cacahuetes crujiente
- 120 g de tofu sedoso
- 50 g de azúcar extrafino
- 1 cdta. de levadura en polvo
- 125 g de harina común
- 2 cdas. de ron negro

BIZCOCHO DE NUECES

ESTADOS UNIDOS

Precaliente el horno a 180 °C. Unte un molde para tartas cuadrado de 18 cm con margarina vegetal.

Para preparar la masa del bizcocho, funda la margarina vegetal al baño maría hasta que esté líquida.

Triture las nueces con las almendras en un robot de cocina o una batidora hasta obtener un polvo espeso. Páselo a un bol y mézclelo con la harina, el azúcar, el cacao, la canela, el clavo, la sal y la levadura. Añada la margarina fundida y el extracto de vainilla, remueva bien y vierta despacio 240 ml de agua fría. Remueva hasta obtener una masa homogénea. Agregue el vinagre, remueva de nuevo todo bien para que se mezcle y eche la masa en el molde. Hornee el bizcocho durante 1 hora o hasta que al insertar un palillo en la parte central salga limpio. Déjelo enfriar 30 minutos y desmóldelo.

Para preparar la cobertura, mezcle en una cazuela el azúcar con el cacao en polvo, la maicena, la margarina vegetal y 4 cucharadas de agua. Llévelo a ebullición y cuézalo todo a fuego medio-bajo 2 minutos. Déjelo enfriar.

Cuando el bizcocho y la cobertura hayan enfriado, extienda la cobertura de manera uniforme sobre la superficie del bizcocho con una espátula. Sírvalo a temperatura ambiente.

Preparación: 30 minutos
Cocción: 1 hora,
más 30 minutos para enfriar

Para 1 bizcocho cuadrado de 18 cm

Para el bizcocho:
- 80 g de margarina vegetal, y un poco más para untar
- 500 g de nueces
- 135 g de almendras
- 155 g de harina integral
- 135 g de azúcar extrafino
- 75 g de cacao puro en polvo
- 1 cdta. de canela molida
- 1 cdta. de clavo molido
- 1 pizca de sal
- 1 cdta. de levadura en polvo
- 1 cda. de extracto de vainilla
- 1 cda. de vinagre de vino blanco

Para la cobertura:
- 65 g de azúcar extrafino
- 25 g de cacao puro en polvo
- 2 cdas. de maicena
- 1 cda. de margarina vegetal

CHOCOPLÁTANOS HELADOS

Preparación: 20 minutos
Cocción: 10 minutos,
más 2 horas para congelar

Para 4 personas

- 6 plátanos maduros
- 360 g de gotas de chocolate negro
- 2 cdas. de frutos secos variados machacados (cacahuetes, pistachos y almendras)
- 2 cdas. de coco rallado

Forre un táper con papel vegetal.

Pele los plátanos y córtelos por la mitad a lo ancho. Introduzca un palito de helado o una brocheta de madera grande hasta la mitad de cada medio plátano por la parte plana. Ponga los plátanos en el táper, ciérrelo y congélelos 2 horas.

Funda las gotas de chocolate al baño maría en un bol refractario y retire el bol del fuego.

Coloque un táper de plástico en el congelador sin taparlo.

Ponga los frutos secos en un plato y el coco rallado en otro. Sumerja 1 plátano congelado en el chocolate fundido y bañe con una cuchara las partes que hayan quedado sin recubrir. Con otra cuchara, esparza por encima del plátano los frutos secos de inmediato y sumérjalo de nuevo en el chocolate. Recúbralo con el coco rallado y resérvelo en el congelador dentro del táper. Repita la operación con los plátanos, los frutos secos y el coco rallado restantes. Actúe rápidamente para que el chocolate fundido no se endurezca. Cuando termine, cierre el táper y reserve los chocoplátanos en el congelador hasta el momento de servir.

CHOCOPLÁTANOS HELADOS

CAMBOYA

PLÁTANOS CARAMELIZADOS EN SALSA DE NARANJA

Preparación: 20 minutos
Cocción: 5 minutos

Para 4 personas

- 60 g de margarina vegetal
- 3 cdas. de pulpa de coco rallada
- 50 g de azúcar extrafino
- 1 cda. de jengibre fresco rallado fino
- 4 cdas. de zumo de lima recién exprimido
- 1 cda. de ralladura fina de naranja
- 4 plátanos
- 4 cdas. de licor de naranja como Cointreau o triple sec
- 2 cdas. de semillas de sésamo negro, para adornar
- 1 naranja en rodajas, para adornar

Funda a fuego medio 1 cucharada de margarina vegetal en una sartén pequeña antiadherente. Agregue la pulpa de coco rallada y dórela ligeramente alrededor de 1 minuto, sin dejar de remover. Pásela a un bol y déjela enfriar.

Caliente la margarina restante en una sartén grande a fuego medio. Añada el azúcar, el jengibre, el zumo de lima y la ralladura de naranja y remueva bien. Pele los plátanos y córtelos por la mitad a lo largo. Colóquelos en la sartén boca abajo y sofríalos a fuego medio unos 3 o 4 minutos hasta que la salsa empiece a adquirir una consistencia pegajosa. Deles la vuelta para que se empapen bien de la salsa y páselos a 4 platos de postre. Cúbralos con la pulpa de coco tostada.

Vuelva a poner la sartén al fuego y vierta el licor de naranja. Flamee hasta que se haya consumido todo el alcohol y viértalo sobre los plátanos. Esparza las semillas de sésamo negro por encima, decórelos con las rodajas de naranja y sírvalos.

NEPAL

CREMA DE GOJI

Preparación: 20 minutos
Sin cocción, 1 hora para refrigerar

Para 4 personas

- 120 g de bayas de goji deshidratadas
- 240 ml de zumo de piña, mango y coco
- 250 g de melón amarillo (Honeydew)
- 250 g de melón cantalupo
- 2 cdas. de hojas de menta picadas
- 120 g de piña picada congelada descongelada

Ponga las bayas de goji con el zumo de frutas en un bol y déjelas en remojo durante 1 hora.

Triture las bayas con el zumo y los dos tipos de melón en un robot de cocina o una batidora hasta obtener una mezcla homogénea y cremosa. Refrigérela durante 1 hora.

Adórnela con la menta y la piña picadas y sírvala en boles.

PUDIN DE PAN

MÉXICO

Precaliente el horno a 180 °C.

Caliente el azúcar en una sartén a fuego medio. Cuando se empiece a caramelizar, baje el fuego y remueva constantemente con una cuchara de madera hasta que esté líquido y dorado. Vierta la leche de almendras y remueva hasta que el azúcar se disuelva por completo en la leche. Agregue el sirope de arce, baje el fuego y cuézalo 3 minutos. Añada la margarina vegetal y cuézalo todo 2 minutos más, sin dejar de remover, hasta que se mezcle bien.

Ponga los trozos de pan en una fuente refractaria y distribuya las pasas por encima. Nápelos con la mezcla caliente de sirope de arce y leche de almendras y esparza el queso por encima. Cubra la fuente con papel de aluminio y hornee el pudin 25 minutos. Déjelo enfriar 20 minutos y sírvalo.

Preparación: 15 minutos
Cocción: 30 minutos,
más 20 minutos para enfriar

Para 4 personas

- 150 g de azúcar extrafino
- 480 ml de leche de almendras
- 120 ml de sirope de arce
- 2 cdas. de margarina vegetal fundida
- 6 rebanadas de pan blanco tostadas y en trozos de 2,5 cm
- 160 g de pasas
- 240 g de queso cheddar vegano rallado

NATILLAS DE COCO Y AGUA DE AZAHAR

CAMBOYA

Precaliente el horno a 130 °C.

En una cazuela, mezcle la crema de coco con el azúcar, el agua de azahar y la sal y remueva constantemente a fuego lento hasta que el azúcar se disuelva. Agregue el sustituto de huevo y remueva bien.

Reparta las natillas entre 4 ramequines de 120 ml y hornéelos unos 20 minutos hasta que las natillas cuajen. Retírelas del horno, déjelas enfriar 20 minutos y sírvalas.

Preparación: 10 minutos
Cocción: 20 minutos,
más 20 minutos para enfriar

Para 4 personas

- 240 ml de crema de coco
- 200 g de azúcar extrafino
- 1 cdta. de agua de azahar
- 1 pizca de sal
- 3 cdas. de sustituto de huevo diluidas en 6 cdas. de agua templada

ESPAÑA

BOCADITOS DE ALMENDRAS CON ZUMO DE GRANADA

Preparación: 20 minutos
Cocción: 20 minutos,
más 35 minutos para enfriar

Para 4 personas

- 240 ml de zumo de granada
- 200 g de azúcar extrafino
- 280 g de harina de sémola
- 2 cdas. de agua de rosas
- 135 g de almendras molidas
- 2 cdas. de azúcar glas

Mezcle el zumo de granada con el azúcar en una cazuela a fuego medio-bajo. Remueva hasta que el azúcar se disuelva y llévelo a ebullición. Retírelo del fuego de inmediato y déjelo enfriar 15 minutos.

Ponga de nuevo la cazuela al fuego con el zumo y llévelo a ebullición suave. Añada la harina de sémola y el agua de rosas y cuézalo todo a fuego medio-bajo 10 minutos. Retire la cazuela del fuego y agregue las almendras molidas. Remueva bien y deje enfriar la mezcla 20 minutos.

Cuando se haya enfriado lo suficiente como para poder manipularla, forme bolitas del tamaño de una nuez con las manos y resérvelas.

Esparza el azúcar glas en un bol, reboce las bolitas y sírvalas.

BOCADITOS DE ALMENDRAS CON ZUMO DE GRANADA

BÉLGICA

MUFFINS DE CHOCOLATE

Preparación: 20 minutos
Cocción: 25 minutos,
más 20 minutos para enfriar

Para 24 muffins

- 300 g de harina común
- 100 g de cacao puro en polvo
- 2 cdtas. de bicarbonato de sodio
- 300 g de azúcar extrafino
- 200 g de coco rallado
- 175 ml de aceite vegetal
- 120 ml de café frío
- 3 cdas. de vinagre blanco

Precaliente el horno a 200 °C. Forre 2 moldes para muffins de 12 unidades con cápsulas de papel.

En un bol, tamice la harina, el cacao en polvo, el bicarbonato de sodio y el azúcar y añada el coco rallado.

Ponga los ingredientes restantes en otro bol y bátalos para que se mezclen. Vierta despacio esta mezcla sobre los ingredientes secos, sin dejar de remover, hasta obtener una masa homogénea y sin grumos. Reparta la masa de manera uniforme entre las cápsulas de papel y hornee los muffins 25 minutos. Déjelos enfriar 20 minutos sobre una rejilla de metal y sírvalos.

KAZAJISTÁN

BIZCOCHO DE REMOLACHA

Preparación: 35 minutos
Cocción: 1 hora y 30 minutos

Para 1 bizcocho de 23 cm

Para el bizcocho:
- 1 cda. de margarina o aceite vegetal, para untar
- 3 remolachas medianas
- 240 g de gotas de chocolate belga negro
- 5 cdas. de aceite de oliva
- 100 g de azúcar extrafino
- 1 cdta. de extracto de vainilla
- 360 ml de leche de almendras
- 250 g de harina común
- 50 g de cacao puro en polvo
- 70 g de linaza molida
- 160 g de almendras molidas
- 2 cdtas. de levadura en polvo
- 1 cdta. de bicarbonato de sodio

Para la cobertura:
- 240 g de gotas de chocolate belga negro
- 250 g de queso crema vegano casero (véase pág. 30) o comprado
- 120 g de azúcar glas
- virutas de chocolate negro, para adornar

Precaliente el horno a 200 °C. Unte un molde para tartas redondo de 23 cm con margarina o aceite vegetal.

Ponga a hervir una olla con agua. Agregue las remolachas y cuézalas a fuego medio 35 minutos hasta que estén blandas. Sáquelas, páselas a un escurridor y lávelas bajo un chorro de agua fría. Pélelas y deseche las pieles. Tritúrelas en un robot de cocina o una batidora hasta obtener un puré fino y resérvelo.

Funda el chocolate al baño maría en un bol refractario. Baje el fuego, añada el puré de remolacha y remueva bien. Agregue el aceite, el azúcar, el extracto de vainilla y la leche de almendras y remueva bien hasta que se mezclen por completo.

En otro bol, mezcle la harina con el cacao, la linaza, las almendras, la levadura y el bicarbonato de sodio. Añada, poco a poco, la mezcla de remolacha y chocolate y remueva hasta que se integren. Eche la masa en el molde y hornee el bizcocho de 1 hora a 1 hora y 10 minutos, o hasta que al insertar un palillo en la parte central salga limpio. Déjelo enfriar 30 minutos y desmóldelo.

Para preparar la cobertura, funda el chocolate al baño maría en un bol refractario. Retire el bol del fuego, añada el queso crema y el azúcar, y remueva hasta que se mezclen. Extienda la cobertura sobre el bizcocho y esparza las virutas de chocolate por encima.

BROWNIES DE FRUTOS SECOS

COLOMBIA

Preparación: 25 minutos
Cocción: 30 minutos

Para 50 porciones cuadradas de 2,5 cm

- 120 g de margarina vegetal, y un poco más para untar
- 4 cdtas. de linaza molida
- 240 g de pacanas
- 80 g de almendras molidas
- 100 g de cacao puro en polvo
- 2 cdas. de harina de arruruz
- 1 cda. de bicarbonato de sodio
- 1 pizca de sal
- 120 g de gotas de chocolate negro, y un poco más
- 200 g de azúcar extrafino
- 95 g de harina común
- 4 cdas. de leche de almendras
- 1 cdta. de extracto de vainilla
- 90 g de nueces picadas finas

Precaliente el horno a 180 °C. Unte ligeramente un molde refractario de 13 × 25 cm con margarina vegetal.

Mezcle la linaza con 3 cucharadas de agua en un bol y resérvela.

Triture las pacanas en un robot de cocina o una batidora. Mézclelas con las almendras, el cacao en polvo, la harina de arruruz, el bicarbonato de sodio y la sal en un bol. Remueva bien y reserve la mezcla.

Caliente a fuego muy lento 120 g de chocolate y la margarina vegetal en una cazuela hasta que dos tercios del chocolate se fundan. Retire la cazuela del fuego y remueva hasta que el chocolate se funda por completo y obtenga una mezcla homogénea. Añada la linaza, el azúcar, la harina común, la leche de almendras y la vainilla y remueva hasta que se mezclen. Pase la mezcla de chocolate al bol con la mezcla de pacanas y almendras y remueva bien para que se mezclen. Añada las nueces y un poco más de chocolate al gusto.

Eche la masa en el molde y ponga encima una lámina de papel vegetal del mismo tamaño que el molde. Presione la lámina con las manos para extender la masa de manera uniforme. Retire el papel vegetal y deséchelo. Hornee el brownie 30 minutos. Déjelo enfriar, desmóldelo y córtelo en porciones cuadradas.

INGLATERRA

TARTA DE FRAMBUESAS

Preparación: 35 minutos,
más 1 hora para refrigerar
Sin cocción

Para 4 personas

Para la base:
- 1 cda. de aceite de coco
- 8 dátiles Medjool sin hueso
- 135 g de nueces
- 1 cda. de sirope de agave o de arce
- 1 pizca de sal

Para el relleno:
- 120 g de anacardos crudos remojados toda la noche y escurridos
- 1 cda. de sirope de agave
- 1 cdta. de extracto de vainilla
- 1 cda. de zumo de limón recién exprimido
- 125 g de frambuesas cortadas por la mitad
- 1 cda. de azúcar glas, para espolvorear

Para preparar la base, triture todos los ingredientes en un robot de cocina hasta obtener una mezcla arenosa y pegajosa. Échela en un molde para tartas redondo de 23 cm y presiónela sobre el fondo y hacia los lados. Resérvela en el congelador.

Para preparar el relleno, triture los anacardos con el sirope de agave, el extracto de vainilla, el zumo de limón y 60 g de frambuesas en un robot de cocina o una batidora hasta obtener una mezcla homogénea y cremosa. Saque la base de la nevera y cúbrala con el relleno de manera uniforme. Disponga las frambuesas restantes por encima y presiónelas suavemente sobre la crema de anacardos. Refrigere la tarta durante 1 hora, espolvoréela con azúcar glas y sírvala.

TARTA DE FRAMBUESAS

TARTA DE CACAO Y FRAMBUESAS

Preparación: 35 minutos
Cocción: 1 hora,
más 30 minutos para enfriar

Para 1 tarta de 20 cm

Para el relleno:
- 240 g de frambuesas congeladas
- 3 cdas. de azúcar extrafino
- 3 cdas. de brandy o coñac
- 1 cdta. de harina común

Para la cobertura:
- 4 cdas. de margarina vegetal
- 1 cda. de cacao puro en polvo
- 60 g de harina común
- 1 cda. de azúcar glas, para adornar

Para la base:
- margarina vegetal, para untar
- 2 cdas. de sustituto de huevo diluidas en 4 cdas. de agua templada
- 200 g de azúcar extrafino
- 1 cdta. de extracto de vainilla
- 190 g de harina común
- 1 cdta. de levadura en polvo
- 1 cda. de cacao puro en polvo
- 4 cdas. de leche de almendras
- 2 cdtas. de bicarbonato de sodio
- 175 ml de crema agria de soja

Para preparar el relleno, ponga las frambuesas congeladas en una cazuela con el azúcar y el brandy o el coñac y caliéntelas a fuego lento hasta que se descongelen. Cuézalas 10 minutos hasta que adquieran la consistencia de un puré y cuélelas sobre un bol. Reserve las partes sólidas y ponga de nuevo el líquido de frambuesas en la cazuela. Cuézalo a fuego lento hasta que espese, mézclelo con las partes sólidas reservadas y remueva bien. Añada la harina y bátalo todo hasta que se integre. Reserve el relleno.

Para preparar la cobertura, corte la margarina vegetal en trozos pequeños y póngala en un bol. Agregue el cacao en polvo y la harina y mézclelos con las manos hasta obtener una masa de textura arenosa. Resérvela.

Precaliente el horno a 180 °C. Unte un molde para tartas redondo de 20 cm y 7½ cm de profundidad con margarina vegetal.

Para preparar la base, mezcle en un bol el sustituto de huevo con el azúcar y el extracto de vainilla y resérvelos.

En un bol, tamice la harina, la levadura y el cacao. Agregue la mezcla de sustituto de huevo y vierta, poco a poco, la leche de almendras. Remueva bien para que se mezclen y la masa quede espesa.

Mezcle el bicarbonato de sodio con la crema agria en un bol, añada esta mezcla a la masa con una cuchara de madera y remueva hasta que esté completamente incorporada.

Forre el molde con la mitad de la masa. Distribuya el relleno de frambuesas por encima y cúbralo con la masa restante. Extienda la cobertura de manera uniforme y hornee la tarta 45 minutos hasta que esté hecha. Espolvoree el azúcar glas por encima y déjela enfriar 30 minutos antes de desmoldarla.

TARTA DE PACANAS

ESTADOS UNIDOS

Precaliente el horno a 190 °C.

Para preparar la base, triture la harina con la sal, la canela, el clavo y el aceite en un robot de cocina un par de veces hasta obtener una mezcla arenosa. Vierta 4 cucharadas de agua y tritúrelo todo unos 10 segundos más hasta obtener una masa homogénea pero pegajosa.

Échela en un molde refractario para tartas redondo de 20 cm y presiónela con firmeza sobre el fondo y hacia los lados. Resérvela en el congelador.

Para preparar el relleno, mezcle en un bol los dátiles con el sirope de arce o de agave, 3 cucharadas de agua, la canela molida y las pacanas y remueva bien. Saque la base del congelador, extienda el relleno uniformemente por encima y alise la superficie con el dorso de una cuchara. Hornee la tarta 25 minutos o hasta que la superficie se dore. Déjela enfriar 20 minutos sobre una rejilla de metal y sírvala.

Preparación: 20 minutos
Cocción: 25 minutos, más 20 minutos para enfriar

Para 1 tarta de 20 cm

Para la base:
- 190 g de harina común
- 1 pizca de sal
- 1 cdta. de canela molida
- ½ cdta. de clavo molido
- 5 cdas. de aceite vegetal

Para el relleno:
- 175 g de dátiles Medjool sin hueso y picados finos
- 3 cdas. de sirope de arce o de agave
- 1 cdta. de canela molida
- 125 g de pacanas machacadas

GALLETAS DE JENGIBRE

CHINA

Precaliente el horno a 180 °C. Unte una fuente refractaria grande con margarina vegetal.

Mezcle todos los ingredientes en un bol con una cuchara de madera y trabájelos con las manos hasta obtener una masa fina. Amásela hasta que adquiera una textura elástica. Añada 1 cucharada de leche de almendras si la masa quedara demasiado firme.

Forme con las manos un cilindro de masa de 4 cm de ancho y córtelo en rodajas de 6 mm. Colóquelas en la fuente preparada y hornéelas de 12 a 14 minutos hasta que se doren. Deje enfriar las galletas por completo antes de servirlas.

Preparación: 20 minutos
Cocción: 15 minutos

Para 4 personas

- 120 g de margarina vegetal, y un poco más para untar
- 100 g de azúcar extrafino
- 2 cdas. de sirope de arce o de agave
- 250 g de harina común
- 1 cdta. de bicarbonato de sodio
- 1 cda. de jengibre rallado
- 1 cdta. de levadura en polvo
- 2 cdas. de leche de almendras, y un poco más
- 1 pizca de sal

FRANCIA

TARTA DE CHOCOLATE CON NARANJA

Preparación: 40 minutos,
más 1 hora para congelar
y 3 horas para refrigerar
Sin cocción

Para 1 tarta de 13 cm

Para la base:
- 1 cda. de aceite de coco, y un poco más para untar
- 135 g de almendras
- 80 g de pacanas
- 80 g de dátiles Medjool sin hueso
- 1 cda. de semillas de chía
- 1 cda. de cacao puro en polvo

Para el relleno:
- 360 g de anacardos crudos remojados toda la noche y escurridos
- 1 cda. de aceite de coco
- el zumo de 1 naranja
- 1 cda. de ralladura fina de naranja
- 1 cda. de azúcar de coco
- ⅛ de cdta. de cúrcuma molida

Para la cobertura:
- 2 cdas. de aceite de coco
- 1 cda. de cacao puro en polvo
- 1 cda. de azúcar de coco

Para preparar la base, forre un molde para tartas desmontable de 13 cm con film transparente. Unte el fondo y los lados con aceite de coco.

Triture todos los ingredientes de la base en un robot de cocina hasta obtener una mezcla arenosa de consistencia pegajosa. Eche la mezcla en el molde y presiónela con firmeza sobre el fondo y hacia los lados. Resérvela en el congelador.

Para preparar el relleno, triture todos los ingredientes en un robot de cocina o una batidora hasta obtener una mezcla homogénea y cremosa. Saque la base del congelador y cúbrala con el relleno de manera uniforme. Resérvela.

Para preparar la cobertura, triture todos los ingredientes en un robot de cocina hasta que se mezclen bien. Vierta la cobertura en el centro de la tarta y, con el dorso de una cuchara, extiéndala de manera uniforme formando círculos concéntricos. Congele la tarta 1 hora y refrigérela 3 horas antes de servirla.

TARTA DE CHOCOLATE CON NARANJA

ESPAÑA

TARTA DE HIGOS Y ALMENDRAS

Preparación: 30 minutos, más 30 minutos para reposar
Cocción: 40 minutos, más 30 minutos para enfriar

Para 1 tarta de 25 cm

Para la base:

- 240 g de margarina vegetal fría y en rodajas, y un poco más para untar
- 375 g de harina común, y un poco más para enharinar
- 80 ml de crema agria o nata de soja

Para el relleno:

- 120 g de margarina vegetal a temperatura ambiente
- 100 g de azúcar extrafino
- 4 cdas. de sustituto de huevo diluidas en 8 cdas. de agua templada
- 410 g de almendras molidas
- 3 cdas. de leche de almendras, y un poco más
- 500 g de higos frescos en cuartos

Precaliente el horno a 220 °C. Unte un molde refractario para tartas redondo de 25 cm con aceite vegetal.

Para preparar la base, mezcle la margarina vegetal con la harina en un bol y trabájela con las manos hasta obtener una masa fina de textura arenosa. Añada la crema agria o la nata de soja y remueva bien para que se mezclen. Dele forma de bola y resérvela.

Enharine una superficie de trabajo. Extienda la masa hasta obtener un círculo de unos 28 cm de diámetro. Forre el molde con la masa, presionándola ligeramente sobre el fondo y hacia los lados y corte las partes que sobresalgan con un rodillo. Reserve la base.

Para preparar el relleno, triture la margarina vegetal con el azúcar y el sustituto de huevo en un robot de cocina hasta obtener una mezcla ligera y esponjosa. Agregue las almendras molidas y la leche de almendras y remueva bien hasta obtener una mezcla homogénea. Añada más leche de almendras si fuera necesario.

Extienda el relleno uniformemente sobre la base y distribuya los higos por encima. Hornee la tarta unos 40 minutos hasta que se dore. Déjela enfriar 30 minutos, desmóldela y sírvala.

SEYCHELLES

BIZCOCHO DE NARANJA

Preparación: 25 minutos
Cocción: 40 minutos, más 30 minutos para enfriar y 30 minutos para reposar

Para 1 bizcocho de 25 cm

Para el bizcocho:

- margarina vegetal, para untar
- 310 g de harina común
- 300 g de azúcar extrafino
- 90 g de láminas de coco ralladas finas
- 1 pizca de sal
- 2 cdtas. de levadura en polvo
- 2 cdtas. de bicarbonato de sodio
- 2 cdas. de sustituto de huevo diluidas en 4 cdas. de agua templada
- 1 cdta. de extracto de vainilla
- 240 ml de leche de coco
- 120 ml de aceite vegetal
- 240 ml de zumo de naranja recién exprimido
- 2 cdas. de ralladura fina de naranja

Para el glaseado:

- 360 g de azúcar glas
- 4 cdas. de zumo de naranja recién exprimido
- 2 cdas. de chips de coco tostados

Precaliente el horno a 180 °C. Unte un molde refractario para tartas redondo de 25 cm con margarina vegetal.

Para preparar el bizcocho, mezcle en un bol la harina con el azúcar, las láminas de coco ralladas, la sal, la levadura, el bicarbonato de sodio, el sustituto de huevo y el extracto de vainilla. Añada la leche de coco, el aceite vegetal y el zumo de naranja y remueva con una cuchara de madera hasta obtener una masa homogénea. Añada la ralladura de naranja y remueva de nuevo. Eche la masa en el molde y hornee el bizcocho 40 minutos. Déjelo enfriar 30 minutos y desmóldelo.

Para preparar el glaseado, mezcle todos los ingredientes en un bol y remueva bien. Pinte el bizcocho con el glaseado y déjelo reposar a temperatura ambiente unos 30 minutos antes de servirlo.

TARTA DE CREMA DE COCO Y PLÁTANO

SEYCHELLES

Preparación: 30 minutos,
más 30 minutos para reposar
Cocción: 40 minutos,
más 1 hora para refrigerar

Para 1 tarta de 25 cm

Para la base:

- 120 g de margarina vegetal, y un poco más para untar
- 180 g de harina común, y un poco más para enharinar
- 1 cdta. de azúcar extrafino

Para el relleno:

- 1 cda. de sustituto de huevo diluida en 2 cdas. de agua templada
- 100 g de azúcar extrafino
- 1 cdta. de extracto de vainilla
- 3 cdas. de harina común
- 475 ml de leche de almendras
- 200 g de coco rallado

Para la cobertura:

- 2 plátanos maduros
- 240 ml de nata de soja para montar
- 1 cda. de coco rallado o láminas de coco tostadas

Precaliente el horno a 200 °C. Unte un molde refractario para tartas redondo de 25 cm con margarina vegetal.

Para preparar la base, corte la margarina vegetal en trozos y póngala en un bol. Añada la harina y el azúcar y mézclelo todo con un tenedor. Vierta poco a poco, sin dejar de remover, el agua necesaria para obtener una masa elástica. Tenga cuidado de no remover en exceso para evitar que la masa se seque demasiado. Déjela reposar, sin tapar, 30 minutos.

Enharine una superficie de trabajo. Extienda la masa hasta obtener un círculo de 28 cm. Forre el molde con la masa presionándola con cuidado sobre el fondo y hacia los lados. Cubra el molde con papel de aluminio y hornee la base 20 minutos. Retire el papel y pinche la masa con un tenedor. Hornéela 5 o 6 minutos más hasta que se dore. Resérvela.

Para preparar el relleno, bata el sustituto de huevo con el azúcar extrafino, el extracto de vainilla y la harina en un bol.

Ponga la leche de almendras y el coco rallado en una olla y llévelos a ebullición. Retire la olla del fuego, añada la mezcla de harina y remueva hasta obtener una mezcla homogénea. Ponga de nuevo la olla en el fuego y cueza la mezcla a fuego medio unos 15 minutos hasta obtener una crema espesa. Extiéndala sobre la base reservada.

Para preparar la cobertura, corte los plátanos en rodajas y colóquelas de inmediato sobre la crema de coco, presionándolas ligeramente para que se fijen. Deje enfriar la tarta 15 minutos y refrigérela hasta que el relleno se enfríe por completo.

Monte la nata de soja a punto de nieve y extiéndala sobre la tarta. Esparza el coco rallado o las láminas de coco por encima y refrigérela 20 minutos más antes de servirla.

PUDIN DE ARROZ Y MANZANAS

Preparación: 15 minutos
Cocción: 15 minutos,
más 20 minutos para enfriar

Para 4 personas

- 2 cdas. de margarina vegetal
- 5 cdas. de sirope de arce o de agave
- 1 cdta. de canela molida
- 1 cdta. de nuez moscada molida
- 2 manzanas descorazonadas y picadas finas
- 370 g de arroz basmati u otro arroz de grano largo cocido
- 80 g de pasas
- 480 ml de leche de almendras
- 80 g de láminas de coco tostadas

Caliente a fuego medio la margarina vegetal, el sirope de arce o de agave, la canela, la nuez moscada y las manzanas en una cazuela hasta que empiecen a hervir. Agregue el arroz, las pasas y la leche de almendras. Cuézalo todo a fuego lento unos 15 minutos, removiendo con frecuencia, hasta que las manzanas estén muy tiernas.

Reparta el pudin entre 4 ramequines y déjelo enfriar 20 minutos. Adórnelo con las láminas de coco y sírvalo.

PUDIN DE ARROZ Y MANZANAS

CANADÁ

TARTA DE LIMÓN Y TOFU

Preparación: 20 minutos
Cocción: 35 minutos, más 30 minutos para enfriar y 1 hora y 30 minutos para refrigerar

Para 1 tarta de 23 cm

Para la base:
- 375 g de galletitas saladas veganas desmenuzadas
- 4 cdas. de sirope de arce
- 1 cdta. de extracto de almendras

Para la cobertura:
- 500 g de tofu sedoso
- 65 g de azúcar extrafino
- 1 cda. de crema de almendras o de cacahuetes
- 1 pizca de sal
- 2 cdas. de zumo de limón recién exprimido
- 1 cda. de ralladura fina de limón
- 1 cdta. de extracto de almendras
- 2 cdas. de maicena
- 2 cdas. de leche de almendras, y un poco más al gusto

Precaliente el horno a 180 °C.

Para preparar la base, triture las galletas en un robot de cocina un par de veces hasta obtener una mezcla arenosa.

Páselas a un bol, añada el sirope de arce y el extracto de almendras y remueva hasta que se mezclen bien. Eche la masa en un molde refractario para tartas redondo de 23 cm y presiónela sobre el fondo. Hornéela 5 minutos hasta que esté firme y resérvela.

Para preparar la cobertura, triture el tofu con el azúcar, la crema de almendras o de cacahuetes, la sal, el zumo y la ralladura de limón, el extracto de almendras, la maicena y la leche de almendras en un robot de cocina alrededor de 1 minuto hasta obtener una mezcla homogénea. Si quedara demasiado seca, vierta un poco más de leche de almendras para obtener una textura más esponjosa.

Extienda la cobertura sobre la base y hornee la tarta 30 minutos hasta que esté bien hecha. Déjela enfriar a temperatura ambiente 30 minutos y refrigérela 1½ horas antes de servirla.

DINAMARCA

TARTALETAS DE CREMA DE CHOCOLATE Y COCO

Preparación: 45 minutos, más 2 horas para refrigerar
Sin cocción

Para 4 personas

Para la base:
- 500 g de nueces, anacardos y almendras o pacanas
- 1 pizca de sal
- 240 g de dátiles sin hueso

Para el relleno:
- 3 plátanos maduros
- 60 g de cacao puro en polvo
- 135 g de coco rallado
- 80 g de almendras molidas
- 5 cdas. de sirope de arce
- 1 cdta. de extracto de vainilla

Para preparar la base, triture los frutos secos con la sal en un robot de cocina con cuchilla hasta que obtener una mezcla arenosa. Agregue los dátiles y tritúrelos hasta que se integren y la masa adquiera una textura pegajosa.

Reparta la mezcla entre 4 ramequines de 240 ml y presiónela sobre el fondo y hacia los lados para formar las bases de las tartaletas. Resérvelas en el congelador.

Para preparar el relleno, triture los plátanos con el cacao en polvo, el coco rallado, las almendras molidas, el sirope de arce y el extracto de vainilla en un robot de cocina hasta que se mezclen bien.

Saque los ramequines del congelador, reparta el relleno y refrigérelos 2 horas como mínimo antes de servir.

TARTA DE MELOCOTÓN

FRANCIA

Precaliente el horno a 180 °C.

Para preparar la base, mezcle en un bol la harina con el azúcar, la sal y la levadura. Vierta el aceite poco a poco, removiendo constantemente con un tenedor, hasta obtener una mezcla de textura arenosa. Con la ayuda de una cuchara, extienda la mezcla en un molde refractario cuadrado de 20 cm y presiónela con los dedos sobre el fondo y hasta que cubra la mitad de los lados. Coloque el molde sobre una rejilla en la parte central del horno y hornee la base 15 minutos. Resérvela.

Para preparar la cobertura, mezcle en un bol el tofu con el sirope de agave o de arce, el agar-agar y la cúrcuma y remueva bien hasta que se integren. Resérvela.

Para preparar el relleno, disponga los melocotones sobre la base y esparza el azúcar y la canela por encima. Cubra el relleno con la cobertura y hornee la tarta 30 minutos hasta que esté bien hecha. Sírvala templada o fría.

Preparación: 20 minutos
Cocción: 45 minutos

Para 1 tarta de 20 cm

Para la base:
- 320 g de harina común
- 50 g de azúcar extrafino
- 1 pizca de sal
- 1 cdta. de levadura en polvo
- 120 ml de aceite vegetal

Para la cobertura:
- 240 g de tofu sedoso
- 2 cdas. de sirope de agave o de arce
- 2 cdtas. de agar-agar
- 1 cdta. de cúrcuma molida

Para el relleno:
- 9 melocotones pelados, deshuesados y cortados por la mitad
- 2 cdas. de azúcar extrafino
- 1 cdta. de canela molida

TAILANDIA

HELADO DE PLÁTANO Y MARACUYÁ

Preparación: 20 minutos, más toda la noche para congelar
Sin cocción

Para 4 personas

- 4 plátanos
- 5 cdas. de agua de coco fresca
- 2 maracuyás
- 1 cda. de zumo de limón recién exprimido
- 1-2 cdas. de sirope de agave, al gusto
- 2 cdas. de láminas de coco, para adornar

Corte los plátanos en rodajas, póngalos en un táper y congélelos toda la noche (o más tiempo). Congele también el bol o los ramequines en los que servirá el helado.

Triture los plátanos congelados con el agua de coco en un robot de cocina hasta obtener una mezcla homogénea. Corte los maracuyás por la mitad, retire la pulpa y agréguelos a la mezcla de plátanos junto con el zumo de limón y el sirope de agave. Tritúrelo todo unos segundos hasta que se integre.

Pase el helado al bol o a los ramequines congelados, adórnelo con las láminas de coco y sírvalo de inmediato.

HELADO DE PLÁTANO Y MARACUYÁ

CROACIA

TARTA DE CIRUELAS

Preparación: 1 hora y 5 minutos
Cocción: 50 minutos,
más 15 minutos para reposar
y 20 minutos para enfriar

Para 1 tarta de 23 cm

Para la base:

- 1 cdta. de levadura seca activa
- 2 cdas. de azúcar integral
- 435 g de harina integral, y un poco más para enharinar
- 1 pizca de sal
- 2 cdas. de aceite de oliva

Para el relleno:

- 8 ciruelas maduras grandes
- 4 cdas. de ron negro
- 2 cdtas. de canela molida
- el zumo de 1 limón
- 3 cdas. de almendras molidas
- 3 cdas. de azúcar extrafino

Precaliente el horno a 180 °C.

Para preparar la base, mezcle en un bol la levadura con el azúcar y 120 ml de agua templada. Déjelos reposar 10 minutos. Añada la harina, la sal y el aceite y mézclelo todo con las manos hasta obtener una masa homogénea y elástica. Amásela 3 o 4 minutos más hasta que quede fina y forme una bola. Póngala en un bol limpio, cúbrala con un paño de cocina húmedo y déjela reposar 20 minutos en un lugar cálido.

Para preparar el relleno, corte las ciruelas por la mitad, deshuéselas y corte cada mitad en 3 gajos. Mézclelos en un bol con el ron, la canela y el zumo de limón y remueva para que se impregnen. Déjelos reposar 15 minutos.

Enharine una superficie de trabajo y extienda la masa hasta obtener un círculo de 25 cm. Colóquelo en un molde refractario para tartas redondo de 23 cm y presiónelo ligeramente sobre el fondo y hacia los lados.

Con una cuchara, esparza las almendras molidas y el azúcar extrafino sobre la base y disponga los gajos de ciruela encima. Hornee la tarta 45 minutos hasta que la superficie se dore. Déjela enfriar 20 minutos sobre una rejilla metálica y sírvala templada.

AUSTRIA

PUDIN DE CHOCOLATE

Preparación: 30 minutos
Cocción: 45 minutos

Para 1 pudin de 20 cm

- margarina vegetal, para untar
- 125 g de harina común
- 135 g de azúcar extrafino, más 6 cdas. para espolvorear
- 25 g de cacao puro en polvo, más 2 cdas. para espolvorear
- 2 cdtas. de levadura en polvo
- 2 cdas. de compota de manzana
- 1 cdta. de extracto de vainilla
- 1 pizca de sal

Precaliente el horno a 180 °C. Unte un molde refractario para tartas cuadrado de 20 cm con margarina vegetal.

En un bol, mezcle la harina con 135 g de azúcar, 25 g de cacao en polvo, la levadura, 120 ml de agua, la compota de manzana, el extracto de vainilla y la sal hasta que se integren por completo. Eche la masa en el molde preparado.

Mezcle el azúcar y el cacao en polvo restantes en un bol y espolvoréelos sobre la masa. Vierta 420 ml de agua caliente en una fuente refractaria honda, introduzca el molde con el pudin y hornéelo al baño maría 45 minutos. Déjelo enfriar sobre una rejilla metálica y sírvalo templado.

BOCADITOS DE COCO Y ARROZ EN HOJAS DE PLÁTANO

BIRMANIA

Preparación: 30 minutos
Cocción: 1 hora y 10 minutos

Para 4 personas

Para la masa:
- 500 g de harina de arroz glutinoso
- 1 pizca de sal

Para el relleno:
- 200 g de azúcar extrafino
- 300 ml de agua de coco
- 500 g de coco rallado
- 2 hojas de plátano
- aceite vegetal, para untar

Para preparar la masa, eche la harina de arroz glutinoso en un bol, sale y vierta, poco a poco, 120 ml de agua. Remueva bien y vierta otros 120 ml de agua, en un hilo fino, hasta obtener una masa homogénea. Cubra el bol con un paño de cocina limpio y húmedo y resérvelo.

Para preparar el relleno, ponga el azúcar en una cazuela con 2 cucharadas de agua y caliéntelo a fuego lento hasta que se disuelva. Agregue el agua de coco y el coco rallado, suba el fuego y remueva 10 minutos hasta que el coco absorba todo el líquido.

Ponga a hervir una cazuela con agua. Corte las hojas de plátano en cuadrados de 13 cm. Páselas a una vaporera y colóquela sobre la cazuela de agua hirviendo. Tápela y cueza las hojas al vapor 2 o 3 minutos para que pueda doblarlas con facilidad. Sáquelas y resérvelas.

Úntese las manos con aceite. Tome una porción de masa de arroz equivalente a 2 cucharaditas y aplástela hasta que tenga 5 mm de grosor. Ponga 1 cucharadita de la mezcla de coco en el centro y envuélvalo con la masa de arroz. Colóquela en el medio de un cuadrado de hoja de plátano y doble los 4 extremos hacia el centro. Pase el bocadito a un plato y repita la operación con la masa, el relleno y las hojas restantes.

Ponga a hervir una olla con agua. Disponga una tanda de bocaditos en una vaporera y cuézalos al vapor 20 minutos. Retírelos y repita la operación con los bocaditos restantes. Déjelos enfriar hasta que estén templados y sírvalos.

AUSTRIA

BIZCOCHO DE CARAMELO

Preparación: 20 minutos
Cocción: 30 minutos,
más 10 minutos para reposar
y 15 minutos para enfriar

Para 1 bizcocho de 23 cm

- margarina vegetal, para untar
- 65 g de harina integral, más 1 cda.
- 6 cdas. de cacao puro en polvo
- 2 cdtas. de levadura en polvo
- 3 cdas. de aceite vegetal
- 3 cdas. de sirope de arce
- 1 cda. de azúcar avainillado
- 6 cdas. de crema de almendras
- ¼ de cdta. de sal
- 240 ml de leche de almendras
- 3 cdas. de gotas de chocolate negro

Precaliente el horno a 180 °C. Unte un molde refractario para tartas redondo de 23 cm con margarina vegetal.

Mezcle la harina integral con el cacao en polvo y la levadura en un bol. Resérvelos. Para preparar el caramelo, mezcle en una cazuela el aceite con el sirope de arce, el azúcar avainillado, la crema de almendras y la sal. Caliéntelo a fuego medio, sin dejar de remover, 6 o 7 minutos hasta que quede homogéneo y empiece a burbujear. Déjelo reposar 10 minutos.

Eche la mitad del caramelo en el bol con la mezcla de harina. Añada la leche de almendras y las gotas de chocolate y remueva bien para que se mezclen. Eche la masa en el molde preparado y cúbrala con el caramelo restante. Hornee el bizcocho unos 25 minutos o hasta que al insertar un palillo en la parte central salga limpio. Déjelo enfriar sobre una rejilla de metal 15 minutos y sírvalo.

BIZCOCHO DE CARAMELO

TARTA DE CREMA DE COCO Y CHOCOLATE

Preparación: 20 minutos
Cocción: 10 minutos,
más 30 minutos para enfriar
y 30 minutos para refrigerar

Para 1 tarta de 23 cm

Para la base:
- 450 g de galletas wafer de chocolate sin leche
- 120 g de margarina vegetal

Para el relleno:
- 120 g de chocolate negro picado fino
- 475 ml de leche de coco
- 135 g de azúcar extrafino
- 1 cdta. de extracto de vainilla
- 1 pizca de sal
- 80 g de maicena

Para la cobertura:
- 240 ml de nata de soja para montar
- 2 cdas. de azúcar de caña sin refinar
- 1 cda. de coñac o brandy
- 1 cdta. de extracto de vainilla
- 200 g de láminas de coco tostadas

Triture las galletas en un robot de cocina, por tandas, hasta obtener una mezcla arenosa. Resérvelas en un bol.

Para preparar la base, funda la margarina vegetal en una cazuela a fuego lento. Añádala al bol con las galletas trituradas y remueva para que se mezclen bien. Pase esta mezcla a un molde para tartas redondo de 23 cm y presiónela sobre el fondo y hacia los lados. Reserve la base en el congelador 30 minutos.

Para preparar el relleno, funda a fuego muy lento el chocolate en un cazo, sin dejar de remover, hasta obtener una mezcla homogénea. Saque la base del congelador y cúbrala con el chocolate, extendiéndolo con el dorso de una cuchara en una capa fina. Vuelva a poner la base en el congelador 20 minutos.

En una cazuela, mezcle la leche de coco con el azúcar extrafino, el extracto de vainilla y la sal. Llévela a ebullición y baje el fuego de inmediato. En un bol, diluya la maicena en 2 cucharadas de agua caliente e incorpore esta mezcla a la cazuela. Cuézalo todo a fuego lento 9 o 10 minutos hasta que empiece a espesar y adquiera la consistencia de un pudin. Extiéndalo sobre la base congelada. Deje enfriar la tarta 30 minutos y refrigérela otros 30 minutos.

Para preparar la cobertura, monte la nata de soja a punto de nieve. Añada el azúcar, el coñac o brandy y el extracto de vainilla y remueva bien. Cubra la tarta con la nata montada y esparza las láminas de coco tostadas por encima.

TARTA DE FRUTOS SECOS

TONGA

Para preparar la base, mezcle en un bol el coco rallado con los copos de avena, el azúcar extrafino, el cacao en polvo y el sirope de agave o de arce y trabájelos con las manos hasta obtener una mezcla espesa y pegajosa. Extiéndala sobre el fondo de un molde para tartas cuadrado de 20 cm.

Para preparar el relleno, escurra los anacardos y las pacanas, póngalos en un robot de cocina o una batidora y tritúrelos hasta obtener una mezcla homogénea. Añada las rodajas de mango y tritúrelos de nuevo hasta obtener una mezcla muy fina. Agregue la pulpa de maracuyá y el zumo de naranja y remueva bien hasta obtener una mezcla cremosa.

Caliente el aceite de coco en una cazuela a fuego muy lento hasta que se licue por completo. Viértalo sobre el relleno y remueva bien para que se incorpore. Extiéndalo sobre la base de manera uniforme. Coloque encima las rodajas de piña y presiónelas ligeramente pero sin que se hundan. Congele la tarta durante 1 hora y refrigérela 2 horas más antes de servirla.

Preparación: 35 minutos, más 1 hora para congelar y 2 horas para refrigerar
Sin cocción

Para 1 tarta de 20 cm

Para la base:

- 90 g de coco rallado
- 150 g de copos de avena
- 100 g de azúcar extrafino
- 40 g de cacao en polvo
- 60 g de sirope de arce o de agave

Para el relleno:

- 240 g de anacardos crudos remojados toda la noche
- 120 g de pacanas remojadas toda la noche
- 2 mangos en rodajas
- la pulpa de 2 maracuyás
- 4 cdas. de zumo de naranja recién exprimido
- 480 g de aceite de coco
- ½ piña dulce en láminas muy finas

PLÁTANOS CON CREMA DE TOFU, CACAHUETES Y CHOCOLATE

AUSTRALIA

Triture el tofu con el chocolate y la crema de cacahuetes en un robot de cocina hasta obtener una mezcla muy fina. Añada el sirope de agave o de arce y tritúrelo para que se integre bien.

Corte los plátanos en rodajas y dispóngalos en un bol. Cúbralos con la crema de tofu y alise la superficie con una espátula o el dorso de una cuchara. Refrigérelos 2 horas antes de servirlos.

Preparación: 30 minutos, más 2 horas para refrigerar
Sin cocción

Para 4 personas

- 500 g de tofu sedoso
- 240 g de gotas de chocolate negro fundidas
- 170 g de crema de cacahuetes suave fundida
- 2 cdas. de sirope de agave o de arce
- 2 plátanos maduros

SUDÁFRICA

PANACOTA DE COCO CON PIÑA

Preparación: 20 minutos
Cocción: 30 minutos

Para 4 personas

Para las panacotas de coco:

- 480 ml de nata de soja
- 160 ml de leche de coco
- 1 vaina de vainilla fresca con las semillas aparte
- 100 g de azúcar extrafino
- 3 cdtas. de agar-agar

Para la piña:

- 120 ml de vino blanco
- 100 g de azúcar extrafino
- 1 cdta. de extracto de vainilla
- la piel rallada fina y el zumo de 1 limón
- 1 piña dulce descorazonada y en rodajas finas como el papel
- 2 cdas. de coco rallado, para adornar

Para preparar las panacotas, mezcle en una cazuela la leche de coco con la nata de soja, las semillas de vainilla y el azúcar. Llévelo a ebullición y baje el fuego de inmediato. Cueza la mezcla, sin dejar de remover, de 6 a 8 minutos hasta que el azúcar se haya disuelto por completo. Añada el agar-agar y remueva hasta que se funda. Reparta la crema entre 4 ramequines y resérvelos.

Para preparar la piña, mezcle en una olla el vino con 360 ml de agua, el azúcar extrafino, el extracto de vainilla y el zumo y la ralladura de limón y llévelo a ebullición. Baje el fuego, agregue las rodajas de piña y cuézalas 3 o 4 minutos. Escúrralas sobre un bol, reservando el jugo de cocción y déjelas enfriar. Ponga de nuevo el jugo de cocción en la olla y cuézalo a fuego medio-bajo unos 15 minutos hasta que la salsa se reduzca a la mitad y empiece a espesar. Déjela enfriar.

Reparta las rodajas de piña entre 4 platos de postre. Desmolde las panacotas sobre ellas y vierta 1 o 2 cucharadas de salsa por encima de cada una de ellas. Adórnelas con ½ cucharada de coco rallado y sírvalas de inmediato.

PANACOTA DE COCO CON PIÑA

SUECIA

TARTA DE LIMA SIN HORNO

Preparación: 30 minutos, más 1 hora para congelar
Sin cocción

Para 1 tarta de 23 cm

Para la base:
- 480 g de anacardos crudos machacados
- 120 g de coco rallado
- 240 g de dátiles Medjool sin hueso
- 1 cdta. de extracto de vainilla
- 2 cdas. de zumo de lima recién exprimido
- 1 pizca de sal

Para el relleno:
- 2 aguacates maduros
- 2 cdas. de ralladura fina de lima
- 4 cdas. de zumo de lima recién exprimido
- 4 cdas. de sirope de arce, y un poco más
- ½ cdta. de extracto de vainilla
- 1 pizca de sal

Para la cobertura:
- ralladura fina de lima
- 2 cdas. de sirope de arce

Para preparar la base, triture los anacardos crudos con el coco rallado en un robot de cocina hasta obtener una mezcla arenosa. Añada los dátiles, el extracto de vainilla, el zumo de lima y la sal y tritúrelos hasta obtener una masa pegajosa. Échela en un molde para tartas redondo de 23 cm, presionándola ligeramente sobre el fondo y hacia los lados. Resérvela en el congelador.

Para preparar el relleno, triture todos los ingredientes en un robot de cocina o una batidora hasta obtener una mezcla homogénea y cremosa. Rectifique el dulzor al gusto agregando más sirope de arce. Saque la base del congelador y cúbrala de manera uniforme con el relleno. Iguale la superficie con una espátula de silicona. Congele la tarta durante 1 hora y resérvela en el frigorífico hasta el momento de servir.

Para preparar la cobertura, mezcle el sirope de arce y la ralladura de lima en un bol. Unte la superficie de la tarta con la mezcla y sírvala.

CANADÁ

BARRITAS DE TARTA DE LIMÓN

Preparación: 20 minutos
Cocción: 20 minutos

Para unas 16 barritas

Para la base:
- 125 g de harina común
- 60 g de harina integral
- 2 cdas. de azúcar extrafino
- 80 g de margarina vegetal en trozos pequeños

Para la cobertura:
- 3 cdas. de tofu sedoso
- 150 g de azúcar extrafino
- 5 cdas. de zumo de naranja recién exprimido
- 3 cdas. de zumo de limón recién exprimido
- 2 cdas. de harina común
- 2 cdas. de ralladura fina de limón
- 1 cdta. de levadura en polvo

Precaliente el horno a 160 °C.

Para preparar la base, mezcle en un bol los dos tipos de harina con el azúcar extrafino y la margarina vegetal y remueva hasta obtener una mezcla de textura arenosa. Échela en un molde refractario para tartas cuadrado de 23 cm y hornéela 15 minutos hasta que se dore ligeramente. Resérvela.

Mientras, prepare la cobertura. Triture el tofu con el azúcar extrafino, el zumo de naranja y el de limón en un robot de cocina o una batidora hasta que se integren. Añada la harina, la ralladura de limón y la levadura y tritúrelo todo un par de veces. Extienda la mezcla sobre la base y hornee la tarta 2 minutos hasta que la superficie se dore. Déjela enfriar, córtela en barritas y sírvalas.

ROLLITOS DE FRUTOS SECOS Y CREMA DE NARANJA

Preparación: 30 minutos
Cocción: 30 minutos

Para 4 personas

Para la crema de naranja:

- 240 ml de nata de soja para montar
- 2 cdas. de zumo de naranja recién exprimido
- 1 cda. de ralladura fina de naranja
- 2 cdas. de sirope de agave

Para la mezcla de frutos secos y sirope:

- 30 g de nueces machacadas
- 35 g de almendras machacadas
- 25 g de pistachos machacados
- 100 g de azúcar extrafino
- 1 ramita de canela
- 2½ cdas. de agua de azahar

Para los rollitos de pasta filo:

- 240 g de margarina vegetal fundida
- 16 láminas de pasta filo
- 1 cda. de pistachos machacados, para adornar

Para preparar la crema de naranja, monte la nata de soja a punto de nieve y resérvela.

Eche en una cazuela el zumo de naranja, la ralladura de naranja y el sirope de agave y remueva bien. Cuézalos a fuego medio 3 o 4 minutos. Retire la cazuela del fuego y deje enfriar la salsa 15 minutos. Incorpórela poco a poco a la nata montada, removiendo constantemente hasta que se mezclen por completo. Refrigere la crema hasta el momento de utilizarla.

Precaliente el horno a 190 °C.

Para la mezcla de frutos secos y sirope, ponga en una cazuela las nueces, las almendras, los pistachos, el azúcar extrafino, la ramita de canela y el agua de azahar. Llévelo a ebullición suave para que el azúcar se disuelva despacio y cuézalo todo 6 o 7 minutos a fuego medio-bajo, removiendo con frecuencia. Si fuera necesario, añada un poco de agua para que la salsa continúe líquida. Deseche la ramita de canela.

Para preparar los rollitos de pasta filo, coloque una lámina de pasta en una superficie de trabajo seca. Úntela con la margarina fundida y esparza 1 cucharada de la mezcla de frutos secos. Enrolle la lámina alrededor de un palillo chino, comenzando por el lado corto del rectángulo, hasta obtener un rollito. Retire el palillo chino y pase el rollito a una fuente refractaria. Repita la operación con las láminas de pasta filo, la margarina vegetal y la mezcla de frutos secos restantes, reservando 2 cucharadas de la mezcla para untar.

Hornee los rollitos 20 minutos hasta que se doren. Déjelos enfriar. Úntelos con la mitad de la mezcla de frutos secos reservada y refrigérelos hasta el momento de servir.

Corte los rollitos por la mitad. Reparta la crema de naranja entre 4 platos de postre rectangulares y disponga los rollitos encima. Úntelos con la mezcla de frutos secos restante, adórnelos con los pistachos y sírvalos.

ESTADOS UNIDOS

TARTA DE TÉ MATCHA, CHOCOLATE Y DÁTILES

Preparación: 40 minutos,
más 3-4 horas para refrigerar
Sin cocción

Para 1 tarta de 20 cm

- 135 g de nueces
- 90 g de dátiles Medjool sin hueso
- 2 cdas. de almendras molidas
- 3 cdas. de cacao puro en polvo
- 2½ cdtas. de té matcha en polvo
- 2 cdas. de sirope de arce
- 1 cdta. de extracto de vainilla
- 90 g de gotas de chocolate negro fundidas
- 1 cda. de jengibre molido

Forre un molde para tartas de 20 × 10 cm con papel vegetal.

En un robot de cocina, triture las nueces un par de veces, agregue los dátiles y tritúrelos hasta obtener una mezcla pegajosa. Añada las almendras molidas, 2 cucharadas de cacao en polvo, 1½ cucharaditas de té matcha, el sirope de arce, el extracto de vainilla y el chocolate fundido y tritúrelo todo hasta obtener una mezcla homogénea. Pásela a un bol, agregue el jengibre y remueva bien para que se integre.

Eche la mezcla en el molde y presiónela sobre el fondo hasta formar una capa gruesa. Alise la superficie con una espátula de silicona. Cúbrala con film transparente y refrigérela 3 o 4 horas.

Desmolde la tarta y córtela en cuadraditos de 2,5 cm. Espolvoréelos con el cacao y el té matcha restantes justo antes de servirlos.

TARTA DE TÉ MATCHA, CHOCOLATE Y DÁTILES

DULCE DE ZANAHORIA

Preparación: 30 minutos
Cocción: 1 hora y 20 minutos, más toda la noche para refrigerar

Para 4 personas

- 120 g de margarina vegetal, y un poco más para untar
- 390 g de zanahorias ralladas finas
- 240 ml de leche de almendras
- 240 ml de nata de soja
- 200 g de azúcar
- 1 cdta. de cardamomo molido
- 110 g de almendras laminadas, más 2 cdas. de almendras laminadas tostadas para adornar
- 80 g de pasas sultanas
- 120 g de anacardos crudos machacados

Unte un molde para tartas cuadrado de 20 cm con margarina vegetal.

En una cazuela, mezcle las zanahorias ralladas con la leche de almendras y la nata de soja. Llévelo a ebullición y cuézalo a fuego lento durante 1 hora hasta que las zanahorias estén tiernas. Añada la margarina vegetal, el azúcar, el cardamomo, las almendras, las pasas y los anacardos y mézclelo todo bien. Llévelo a ebullición de nuevo y cuézalo unos 20 minutos, removiendo con frecuencia, hasta que la mezcla espese.

Retire la cazuela del fuego y eche la mezcla en el molde. Extiéndala hasta obtener una capa de unos 5 cm de grosor y refrigérela durante toda la noche.

Corte el dulce en dados de 5 cm y sírvalos fríos con las almendras laminadas tostadas por encima.

GALLETAS DE NAVIDAD

ALEMANIA

Mezcle en un bol la mermelada de naranja con las almendras, las avellanas y las pieles de naranja y limón confitadas. Agregue la harina de soja, el azúcar extrafino y 120 ml de agua y remueva bien. Añada la canela, el cardamomo, el clavo, la pimienta, la nuez moscada, el cacao en polvo y la sal y remueva de nuevo hasta que los ingredientes se integren por completo. Si la masa quedara demasiado seca, agregue un poco de agua. Refrigérela 2 horas.

Precaliente el horno a 180 °C. Forre una bandeja de horno con papel vegetal y resérvela.

Forme un cilindro de 5 cm de grosor con la masa y córtelo en rodajas de 5 mm. Colóquelas en la bandeja de horno, dejando suficiente espacio libre entre ellas para que se expandan durante la cocción. Hornéelas unos 15 minutos. Déjelas enfriar.

Funda el chocolate al baño maría en un bol refractario. Con ayuda de una cucharilla, recubra las galletas con el chocolate y déjelas enfriar 15 minutos antes de servirlas.

Preparación: 30 minutos
Cocción: 15 minutos,
más 2 horas para refrigerar
y 15 minutos para enfriar

Para unas 16 galletas de 5 cm

- 3 cdas. de mermelada de naranja
- 135 g de almendras molidas
- 135 g de avellanas molidas
- 2 cdas. de piel de naranja confitada picada
- 2 cdas. de piel de limón confitada picada
- 3 cdas. de harina de soja
- 135 g de azúcar extrafino
- 1 cdta. de canela molida
- 1 cdta. de cardamomo molido
- ½ cdta. de clavo molido
- 1 pizca de pimienta negra o blanca recién molida
- 1 pizca de nuez moscada molida
- 2 cdas. de cacao puro en polvo
- 1 pizca de sal
- 60 g de gotas de chocolate negro, para glasear

WRAPS DE PLÁTANO Y PAPAYA FRITOS

FILIPINAS

Esparza el azúcar en un plato. Corte los plátanos por la mitad a lo largo y rebócelos de inmediato con el azúcar. Resérvelos.

Triture el mango en un robot de cocina. Resérvelo en el frigorífico.

Vierta un poco de agua en un bol y remoje 1 oblea de papel de arroz 10 segundos. Pásela a una superficie de trabajo, coloque medio plátano en el centro y un cuarto de papaya por encima. Doble los dos lados de la oblea sobre el plátano y los extremos hacia dentro para sellar el wrap con firmeza. Repita la operación con los plátanos, la papaya y las obleas restantes.

Caliente el aceite en una sartén a fuego medio. Fría ligeramente los wraps a fuego medio-bajo hasta que se doren por ambos lados. Sírvalos con el puré de mango frío por encima.

Preparación: 20 minutos
Cocción: 45 minutos

Para 4 personas

- 2 cdas. de azúcar moreno claro
- 2 plátanos
- ½ mango pelado, deshuesado y en rodajas
- 4 obleas redondas de papel de arroz
- 1 papaya pequeña en dados
- 3 cdas. de aceite vegetal

TARTA DE QUESO CON JENGIBRE

Preparación: 30 minutos
Cocción: 1 hora y 30 minutos, más 50 minutos para enfriar y 3 horas para refrigerar

Para 1 tarta de 20 cm

Para la base:
- 375 g de galletas de jengibre veganas desmenuzadas
- 80 ml de margarina vegetal fundida

Para el relleno:
- 720 g de queso crema vegano casero (véase pág. 30) o comprado a temperatura ambiente
- 240 g de crema agria vegana a temperatura ambiente
- 100 g de azúcar extrafino
- 4 cdas. de sustituto de huevo diluidas en 8 cdas. de agua templada
- la ralladura y el zumo de 1 naranja
- 200 g de azúcar extrafino

Para la cobertura:
- 200 g de azúcar extrafino
- 2 cdas. de jengibre fresco rallado
- 4 naranjas peladas, sin membrana y con los gajos separados

Precaliente el horno a 130 °C.

Para preparar la base, triture las galletas de jengibre en un robot de cocina con cuchilla hasta obtener una mezcla arenosa fina. Páselas a un bol y mézclelas con la margarina fundida hasta que se integren. Eche la mezcla en un molde refractario para tartas desmontable de 20 cm y presiónela sobre el fondo. Congélela durante 1 hora.

Para preparar el relleno, bata todos los ingredientes en un bol hasta obtener una mezcla homogénea. Pruébelo y rectifique el dulzor si fuera necesario. Saque la base del congelador y cúbrala con el relleno. Hornee la tarta 1½ horas hasta que cuaje y déjela enfriar 30 minutos sobre una rejilla metálica.

Para preparar la cobertura, ponga el azúcar y 120 ml de agua en una cazuela y caliéntelo a fuego medio-bajo hasta que se disuelva. Llévelo a ebullición, baje el fuego de inmediato y cuézalo 3 minutos. Retire la cazuela del fuego, añada el jengibre y los gajos de naranja y remueva bien. Déjelos enfriar 20 minutos.

Disponga los gajos de naranja sobre la tarta, úntela con la salsa de jengibre y refrigérela 2 horas. Desmóldela y sírvala.

TARTA DE QUESO CON JENGIBRE

PAKISTÁN

CREMA DE MANGO

Preparación: 20 minutos
Cocción: 15 minutos,
más 20 minutos para enfriar

Para 4 personas

- 2 cdas. de margarina vegetal
- 125 g de fideos
- 960 ml de leche de almendras
- 100 g de azúcar extrafino
- 80 g de pistachos machacados
- 2 cdas. de pasas
- 3 mangos Ataulfo en dados

Funda a fuego lento la margarina en una sartén. Agregue los fideos y sofríalos a fuego medio 3 o 4 minutos. Resérvelos.

Eche la leche de almendras en una cazuela y llévela a ebullición a fuego medio. Añada el azúcar y baje el fuego de inmediato. Agregue los fideos y cuézalos 6 minutos a fuego medio. Añada los pistachos y las pasas y cuézalo todo otros 3 o 4 minutos a fuego lento. Retire la cazuela del fuego y deje enfriar la crema 20 minutos. Repártala entre 4 ramequines, cúbrala con los dados de mango y sírvala.

JAPÓN

PANACOTA CON SALSA DE CARAMELO

Preparación: 20 minutos
Cocción: 30 minutos,
más 2 horas y 50 minutos para refrigerar

Para 4 personas

- 480 ml de leche de almendras
- 2 cdtas. de agar-agar
- 2 cdas. de azúcar extrafino
- 1 vaina de vainilla con las semillas aparte
- 2 cdas. de sirope de agave o de arce, y un poco más
- 50 g de azúcar de coco

Ponga en una cazuela la leche de almendras, el agar-agar y el azúcar extrafino y caliéntelos a fuego medio. Agregue las semillas de vainilla y llévelo a ebullición. Añada el sirope de agave o de arce y remueva bien. Pruébelo y rectifique el dulzor al gusto.

Reparta la mezcla entre 4 ramequines de 10 cm y déjela enfriar unos 20 minutos. Refrigérela 2 horas.

En un cazo, mezcle el azúcar de coco con 2 cucharadas de agua y cuézalo a fuego medio, sin dejar de remover, hasta que se disuelva. Retire el cazo del fuego y déjelo enfriar 20 minutos. Cubra las panacotas con el caramelo y refrigérelas otros 30 minutos antes de servirlas.

MOUSSE DE MANGO Y CHOCOLATE

FILIPINAS

Triture los mangos en un robot de cocina hasta obtener una mezcla homogénea y déjela en el vaso del robot de cocina.

Caliente al baño maría la crema de coco hasta que se funda y agréguela al puré de mango. Triture la mezcla 2 minutos hasta obtener una textura homogénea y cremosa. Agregue el cacao en polvo y tritúrelo hasta que se integre por completo. Deje la mezcla en el vaso.

Con el robot de cocina a velocidad baja, vierta el chocolate fundido en la mezcla de mango y coco y tritúrelos hasta que se integren por completo. Añada el sirope de agave o de arce, aumente la velocidad y tritúrelos hasta que la mezcla quede muy cremosa.

Reparta la mousse entre 4 ramequines y refrigérela 2 horas. Decórela con hojas menta y sírvala.

Preparación: 30 minutos
Cocción: 15 minutos,
más 2 horas para refrigerar

Para 4 personas

- 4 mangos Ataulfo en rodajas
- 120 g de crema de coco
- 50 g de cacao puro en polvo
- 360 g de chocolate negro fundido
- 2 cdas. de sirope de arce o de agave
- hojas de menta, para adornar

PUDIN DE PAPAYA Y COCO

NUEVA CALEDONIA

Retire la pulpa de la papaya con ayuda de una cucharilla. Pásela a un bol y cháfela con un tenedor hasta obtener un puré homogéneo.

Pase el puré a una cazuela, añada la crema de coco y llévelos a ebullición a fuego medio-bajo, removiendo con frecuencia. Agregue el azúcar, remueva hasta que se disuelva por completo y añada la maicena poco a poco, removiendo hasta que se integre. Cuézalo todo a fuego lento 10 minutos. Distribuya el pudin entre 4 ramequines y refrigérelo durante 1 hora antes de servirlo.

Preparación: 20 minutos
Cocción: 15 minutos,
más 1 hora para refrigerar

Para 4 personas

- 360 g de papaya cortada por la mitad y despepitada
- 360 ml de crema de coco
- 90 g de azúcar de coco
- 120 g de maicena

TARTA DE AGUACATE Y LIMA

Preparación: 25 minutos,
más 1 hora para congelar
y 2 horas para refrigerar
Sin cocción

Para 1 tarta de 23 cm

Para la base:

- aceite vegetal, para untar
- 240 g de anacardos crudos remojados toda la noche y escurridos
- 90 g de láminas de coco
- 120 g de dátiles sin hueso
- 50 g de nibs de cacao crudo
- 1 pizca de sal

Para el relleno:

- 1 aguacate grande Hass pelado y deshuesado
- 360 g de anacardos remojados 2 horas como mínimo y escurridos
- 120 ml de aceite de coco fundido
- 60 ml de zumo de lima recién exprimido
- 120 ml de sirope de agave o de arce
- 1 cdta. de extracto de vainilla
- 1 pizca de sal marina
- 1 cda. de ralladura fina de lima (opcional)

Unte un molde para tartas desmontable de 23 cm con aceite vegetal. Para preparar la base, triture los anacardos con el coco rallado, los dátiles, los nibs de cacao y la sal en un robot de cocina un par de veces hasta que estén troceados y mezclados por completo. Coloque una capa uniforme de esta mezcla en el molde, presiónela con los dedos hasta obtener una base firme y resérvela en el frigorífico.

Para preparar el relleno, triture todos los ingredientes en un robot de cocina o una batidora hasta obtener una mezcla homogénea y cremosa. Saque la base del frigorífico y cúbrala con el relleno. Alise la superficie con una espátula de silicona.

Congele la tarta durante 1 hora y déjela reposar después en el frigorífico 2 horas antes de servirla.

TARTA DE AGUACATE Y LIMA

INGLATERRA

PURÉ DE MANZANA ROJO

Preparación: 20 minutos
Cocción: 35 minutos,
más 20 minutos para refrigerar

Para 4 personas

- 400 g de azúcar moreno oscuro
- 2 cdtas. de canela molida
- 1 cdta. de nuez moscada molida
- 1 cdta. de clavo molido
- 240 ml de zumo de naranja recién exprimido
- 360 g de arándanos rojos frescos o congelados
- 10 manzanas Granny Smith peladas, descorazonadas y en rodajas

Ponga en una cazuela el azúcar, la canela, la nuez moscada, el clavo y el zumo de naranja y llévelos a ebullición. Agregue los arándanos y cuézalos 20 minutos a fuego medio hasta que se empiecen a abrir. Añada las manzanas y cuézalas a fuego lento, removiendo con frecuencia, de 12 a 14 minutos hasta que estén tiernas y se deshagan. Triture la mezcla en un robot de cocina o una batidora hasta obtener un puré fino (utilice un pasapurés si desea que el puré tenga más consistencia).

Refrigere el puré 20 minutos o sírvalo templado, si lo prefiere.

PAKISTÁN

CUADRADITOS DE COCO

Preparación: 20 minutos
Cocción: 15 minutos

Para 4 personas

- 2 cdas. de margarina vegetal, y un poco más para untar
- 500 g de pulpa de coco picada fina
- 125 g de crema de coco
- 180 g de tofu sedoso
- 250 g de azúcar extrafino
- 1 cdta. de cardamomo molido
- 2 cdtas. de agua de rosas
- 110 g de almendras laminadas

Precaliente el gratinador. Unte un molde refractario cuadrado de 23 o 25 cm con margarina vegetal.

Caliente la margarina vegetal en una sartén a fuego medio. Eche la pulpa de coco y sofríala 3 o 4 minutos hasta que se dore. Baje el fuego, añada la crema de coco, el tofu sedoso, el azúcar extrafino y el cardamomo molido y remueva bien hasta que se mezclen. Cuézalos 7 u 8 minutos hasta que la crema de coco y el azúcar se fundan por completo. Añada el agua de rosas y retire la sartén del fuego. Eche la mezcla en el molde y esparza las almendras laminadas por encima.

Coloque el molde en el horno a altura media y gratine la mezcla unos 3 o 4 minutos hasta que las almendras se doren. Retírela y déjela enfriar. Córtela en cuadraditos y sírvalos.

PASTEL DE MANZANA Y MANGO

PAKISTÁN

Precaliente el horno a 200 °C. Unte un molde refractario cuadrado de 23 cm con margarina vegetal.

Funda la margarina vegetal en una cazuela a fuego lento y agregue el pan rallado. Remueva bien y suba el fuego. Sofríalo 5 minutos, removiendo con frecuencia, hasta que se dore. Retire la cazuela del fuego.

Mezcle en un bol las rodajas de manzana con el azúcar extrafino, el zumo de limón, la canela y la nuez moscada y remueva bien para que se impregnen.

Distribuya la mitad del pan rallado en el molde y cúbralo con las manzanas especiadas. Disponga encima las rodajas de mango y cubra el pastel con el pan rallado restante. Vierta por encima el jugo que haya quedado en el bol de las manzanas y cubra el molde con papel de aluminio. Hornee el pastel 20 minutos hasta que las manzanas estén tiernas y sírvalo templado.

Preparación: 15 minutos
Cocción: 25 minutos

Para 4 personas

- 60 g de margarina vegetal, y un poco más para untar
- 70 g de pan rallado
- 500 g de manzanas descorazonadas y en rodajas
- 100 g de azúcar extrafino
- el zumo de 1 limón
- 2 cdtas. de canela molida
- 1 cdta. de nuez moscada molida
- 500 g de mango Ataulfo en rodajas

CREMA DE AGUACATE Y PIÑA CON RON

PUERTO RICO

Con ayuda de una cucharilla, retire la pulpa de los aguacates y tritúrela junto con el azúcar extrafino, la piña en dados y la nata de soja en un robot de cocina o una batidora hasta que se mezclen. Añada el ron y tritúrelo todo 2 o 3 veces más para que se integre. Pruebe la mezcla y, si fuera necesario, añada más azúcar para rectificar el dulzor.

Pase la crema a un bol y refrigérela durante 1 hora. Repártala entre 4 ramequines, adórnela con las rodajas de piña y sírvala.

Preparación: 20 minutos, más 1 hora para refrigerar
Sin cocción

Para 4 personas

- 3 aguacates grandes cortados por la mitad y deshuesados
- 100 g de azúcar extrafino, y un poco más
- 120 g de piña en dados, más 4 rodajas finas para adornar
- 240 ml de nata de soja
- 2 cdas. de ron

MACARONS DE CHOCOLATE

Preparación: 35 minutos,
más 30 minutos para reposar
Cocción: 20 minutos,
más 45 minutos para refrigerar

Para 4 personas

Para los *macarons*:

- 260 g de almendras molidas
- 240 g de azúcar glas
- 5 cdas. de líquido de gobierno de garbanzos en conserva
- 1 cdta. de xantana
- 65 g de azúcar extrafino
- 1 cdta. de extracto de menta

Para la crema de chocolate:

- 300 g de gotas de chocolate negro
- 4 cdas. de crema de coco

Para preparar los *macarons*, tamice las almendras y el azúcar glas en un bol y resérvelos. Forre una bandeja de horno con papel vegetal.

Bata el líquido de gobierno de los garbanzos en un robot de cocina o una batidora de varillas hasta que empiece a espesar y agregue, poco a poco, la xantana. Cuando se haya incorporado, eche despacio el azúcar extrafino, de cucharadita en cucharadita. Agregue el extracto de menta y continúe batiendo 1 minuto. Añada la mezcla de almendras y azúcar glas, poco a poco, batiendo hasta que se integren y el merengue esté firme. Páselo a una manga pastelera.

Haga círculos de merengue de 2,5 cm de diámetro sobre el papel vegetal. Aplaste los pequeños picos que queden en la superficie para que los *macarons* queden lisos y déjelos reposar 30 minutos. Precaliente el horno a 140 °C.

Hornee los *macarons* 15 minutos y abra la puerta del horno 2 minutos para dejar salir el calor. Cierre la puerta y hornéelos 5 minutos más hasta que estén firmes. Déjelos enfriar por completo en la misma bandeja.

Para preparar la crema de chocolate, funda a fuego medio el chocolate y la crema de coco en una cazuela. Pase la mezcla a un recipiente y refrigérela 45 minutos.

Para montar los *macarons*, disponga 1½ cucharaditas de la crema de chocolate en la parte plana de la mitad de un macaron. Cúbralo con otra mitad y presione ambas ligeramente para que la crema se extienda entre ellas. Repita la operación con los *macarons* y la crema de chocolate restantes. Sírvalos de inmediato.

MACARONS DE CHOCOLATE

ITALIA

CANELONES DULCES

Preparación: 20 minutos,
más 1 hora para escurrir
Cocción: 15 minutos

Para 4 personas

- 200 g de azúcar extrafino
- 500 g de placas de canelones
- 500 g de tofu firme
- 60 g de crema de anacardos
- 1 cda. de zumo de limón recién exprimido
- 1 cda. de ralladura fina de naranja
- 60 g de gotas de chocolate negro
- 1 cda. de coñac o brandy
- 2 cdas. de cerezas al marrasquino cortadas por la mitad, para adornar
- 1 cda. de azúcar glas, para espolvorear

Ponga la mitad del azúcar extrafino en una cazuela con agua, llévela a ebullición y agregue las placas de canelones. Cuézalas según las indicaciones del envase hasta que estén al dente. Lávelas bajo un chorro de agua fría para detener el proceso de cocción, con cuidado de no romperlas, y extiéndalas sobre un paño de cocina limpio.

Escurra el tofu y envuélvalo en un paño de cocina limpio. Déjelo reposar 1 hora para eliminar el máximo de agua posible.

Triture el tofu en un robot de cocina hasta obtener una crema espesa. En un bol, mézclelo con el azúcar restante, la crema de anacardos, el zumo de limón, la ralladura de naranja, las gotas de chocolate y el coñac o el brandy y remueva bien para que se integren. Pruebe la mezcla y, si fuera necesario, rectifique el dulzor añadiendo más azúcar. Resérvela en el frigorífico.

Llene una manga pastelera con la mezcla de tofu y rellene los canelones. Ciérrelos y colóquelos en una bandeja. Adórnelos con media cereza en cada extremo, espolvoréelos con azúcar glas y sírvalos.

INGLATERRA

COMPOTA DE MANZANAS Y PLÁTANOS

Preparación: 20 minutos
Cocción: 35 minutos,
más 20 minutos para enfriar

Para 4 personas

- 6 manzanas descorazonadas y en rodajas
- 2 plátanos maduros chafados
- 2 cdas. de maicena
- 80 g de pasas
- 1 cdta. de canela molida
- 1 cda. de nueces machacadas, para adornar

Precaliente el horno a 180 °C. Mezcle en una fuente refractaria las manzanas con los plátanos, la maicena, las pasas y la canela. Hornéelo todo 35 minutos hasta que las manzanas estén tiernas. Déjelo enfriar 20 minutos.

Reparta la compota entre 4 ramequines o copas de postre y esparza las nueces machacadas por encima. Sírvala templada.

TARTA DE MANZANAS Y PASAS

FRANCIA

Preparación: 30 minutos
Cocción: 1 hora y 25 minutos

Para 1 tarta de 25 cm

Para la base:

- 125 g de harina integral
- 65 g de harina común, y un poco más para enharinar
- 1 pizca de sal
- 4 cdas. de aceite de oliva
- 1 cda. de margarina vegetal, para untar

Para el relleno:

- 350 ml de zumo de manzana
- 240 g de pasas
- 1 cda. de maicena
- 100 g de azúcar extrafino
- 1 cda. de harina común
- 1 cdta. de canela molida
- 1 pizca de sal
- 1 cda. de zumo de limón recién exprimido
- 1 kg de manzanas ácidas, como Granny Smith, descorazonadas y en rodajas

Para preparar la base, mezcle los dos tipos de harina y la sal en un bol. Añada el aceite de oliva y trabaje la masa con las manos hasta que adquiera una textura arenosa fina. Vierta 120 ml de agua y amase de nuevo hasta obtener una masa homogénea. Forme una bola y pásela a un bol limpio. Cúbrala con film transparente y resérvela durante 1 hora a temperatura ambiente hasta el momento de hornear.

Para preparar el relleno, ponga la mitad del zumo de manzana en una cazuela y llévelo a ebullición. Agregue las pasas y cuézalas a fuego medio unos 15 minutos hasta que absorban todo el zumo.

Diluya la maicena en el zumo de manzana restante en una sartén y llévelo a ebullición. Baje el fuego y cuézalo a fuego medio-bajo unos 10 minutos hasta que espese. Incorpórelo a la cazuela con las pasas, remueva bien y deje enfriar la mezcla.

En un bol pequeño, mezcle el azúcar extrafino con la harina, la canela y la sal y resérvelos.

Precaliente el horno a 220 °C. Unte un molde refractario para tartas redondo de 25 cm con margarina vegetal.

Mezcle el zumo de limón con 1 litro de agua en un bol. Agregue las manzanas y déjelas en remojo 10 minutos. Escúrralas, páselas a la cazuela con las pasas y el zumo de manzana y remueva bien. Espolvoréelo todo con la mezcla de azúcar, harina y canela y remueva de nuevo para que se integren.

Enharine una superficie de trabajo. Extienda la masa hasta obtener un círculo de 28 cm. Forre el molde con la masa, presionándola sobre el fondo y hacia los lados. Corte las partes que sobresalgan y pinche la masa con un tenedor. Extienda la mezcla de manzanas y pasas de manera uniforme por encima y hornee la tarta 10 minutos. Baje la temperatura del horno a 180 °C y hornéela unos 40 minutos más hasta que la superficie se dore. Déjela enfriar 15 minutos y sírvala templada.

HAITÍ

PAPAYA ASADA CON CREMA DE COCO

Preparación: 20 minutos
Cocción: 1 hora y 30 minutos

Para 4 personas

- 2 papayas pequeñas (no muy maduras) cortadas por la mitad a lo largo y despepitadas
- 100 g de azúcar
- 240 ml de crema de coco
- 45 g de azúcar glas
- 1 cdta. de extracto de vainilla
- 120 ml de leche de coco

Precaliente el horno a 190 °C.

Disponga las mitades de papaya en un plato llano refractario boca arriba. Esparza el azúcar por encima de manera uniforme y vierta 4 cucharadas de agua. Colóquelas en el horno a media altura y áselas 1½ horas hasta que estén tiernas.

Mientras, triture la crema de coco con el azúcar glas y el extracto de vainilla en un robot de cocina o una batidora 2 minutos hasta que se mezclen bien. Pase la crema a un bol y refrigérela hasta el momento de servir.

Con una cuchara, recoja el jugo de cocción que vayan soltando las papayas cada media hora y resérvelo.

Unos 5 minutos antes de que las papayas terminen de hacerse, suba la temperatura del horno a 200 °C. Sáquelas y páselas a 4 platos de postre. Rellénelas con la leche de coco y vierta el jugo de papaya reservado por encima. Sírvalas acompañadas de la crema de coco fría.

PAPAYA ASADA CON CREMA DE COCO

FILIPINAS

TARTA DE CREMA DE MANGO

Preparación: 30 minutos,
más 3-4 horas para refrigerar
Sin cocción

Para 1 tarta de 23 cm

- 4 mangos Ataulfo pelados y deshuesados
- 180 g de aceite de coco fundido
- 100 g de azúcar extrafino
- 120 ml de leche de almendras
- 240 ml de nata de soja para montar
- 24 bizcochos de soletilla veganos

Pique 3 mangos en trozos grandes y tritúrelos junto con el aceite de coco, el azúcar extrafino y la leche de almendras en un robot de cocina 3 o 4 minutos hasta obtener una mezcla homogénea. Resérvela.

Monte la nata de soja a punto de nieve y resérvela.

Disponga 12 bizcochos de soletilla en la base de un molde para tartas cuadrado de 23 cm.

Mezcle la crema de mango con la nata montada y esparza la mitad de esta mezcla sobre los bizcochos. Coloque una segunda capa de bizcochos encima y cúbrala con la otra mitad de la crema. Corte el mango restante en rodajas finas como el papel y adorne la tarta con ellas. Refrigérela 3 o 4 horas y sírvala.

SAN VICENTE
Y LAS GRANADINAS

TARTA DE MARACUYÁ Y LIMÓN

Preparación: 30 minutos,
más 1 noche para refrigerar
y 2 horas para congelar
Sin cocción

Para 1 tarta de 25 cm

Para el relleno:
- 240 ml de crema de coco
- 120 g de queso crema vegano casero (véase pág. 30) o comprado a temperatura ambiente
- 120 g de azúcar glas
- 180 ml de pulpa de maracuyá
- 3 cdas. de zumo de limón recién exprimido
- 1 cdta. de extracto de vainilla

Para la base:
- 180 g de galletas Graham o Digestive desmenuzadas
- 80 g de margarina vegetal, y un poco más para untar
- 50 g de azúcar extrafino

Para comenzar a preparar el relleno, ponga la crema de coco en un bol y refrigérela toda la noche.

Para preparar la base, triture las galletas en un robot de cocina o una batidora hasta obtener una mezcla arenosa. Añada la margarina vegetal y el azúcar y tritúrelo todo hasta que se mezcle bien.

Unte un molde para tartas redondo de 25 cm con margarina vegetal y fórrelo con la masa de galletas, presionándola sobre el fondo y hacia los lados. Reserve la base en el congelador.

Para terminar de preparar el relleno, triture la crema de coco con el queso crema, el azúcar glas, 120 ml de pulpa de maracuyá, el zumo de limón y el extracto de vainilla en un robot de cocina hasta obtener una mezcla cremosa y homogénea. Saque la base del congelador y cúbrala con la crema de maracuyá y limón. Congele la tarta 2 horas.

Sáquela del congelador y refrigérela durante 1 hora. Esparza la pulpa de maracuyá restante por encima y sírvala.

MOCHI DE FRESAS

JAPÓN

Preparación: 30 minutos
Cocción: 15 minutos

Para 4 personas

- 180 g de anko (pasta de judías azuki)
- 8 fresas sin pedúnculo
- 80 g de harina de arroz
- 2 cdas. de azúcar extrafino
- 2 cdas. de arruruz en polvo
- 2 cdas. de azúcar glas, para espolvorear

Precaliente el horno a 180 °C.

Forme 8 bolitas de anko y aplánelas hasta que tengan el diámetro suficiente para envolver una fresa. Envuelva las fresas con la pasta y séllelas bien.

Ponga la harina de arroz en un bol y añada, poco a poco, 120 ml de agua. Eche el azúcar y remueva bien. Pase la mezcla a una fuente refractaria y hornéela de 10 a 12 minutos hasta que esté firme.

Esparza el arruruz en polvo en un plato y reboce las bolitas de fresa.

Con las manos húmedas, forme una bola con la mezcla de harina de arroz. Divídala en 8 porciones iguales y deles forma de bolitas. Aplástelas bien hasta obtener 8 círculos finos. Envuelva las bolitas de fresa con los círculos de harina de arroz. Pase los mochi a una fuente y espolvoréelos con el azúcar glas. Refrigérelos 30 minutos y sírvalos.

FRANCIA

SORBETE DE MELÓN CANTALUPO Y PLÁTANO

Preparación: 20 minutos,
más 1 noche y 2 horas para congelar
Sin cocción

Para 4 personas

- 1 kg de melón cantalupo en rodajas
- 2 plátanos en rodajas
- 1 cda. de zumo de limón recién exprimido
- azúcar extrafino (opcional)
- 1 cda. de hojas de menta picadas, para adornar

Ponga las rodajas de melón y plátano en un recipiente hermético y congélelas toda la noche.

Sáquelas y tritúrelas con el zumo de limón en un robot de cocina o una batidora hasta obtener un puré homogéneo. Pruébelo y rectifique el dulzor añadiendo azúcar extrafino si fuera necesario. Échelo en un recipiente hermético y congélelo 2 horas.

Reparta el sorbete entre 4 boles, adórnelo con las hojas de menta picadas y sírvalo.

SORBETE DE MELÓN CANTALUPO Y PLÁTANO

SIERRA LEONA

PANQUEQUES DE PLÁTANO

Preparación: 20 minutos,
más 30 minutos para refrigerar
Cocción: 30 minutos

Para 4 personas

- 4 plátanos maduros
- 1 vaina de vainilla fresca con las semillas aparte o 1 cdta. de extracto de vainilla
- 100 g de azúcar extrafino
- 160 g de harina de arroz, y un poco más
- aceite vegetal, para freír
- 2 cdas. de azúcar glas, para espolvorear

Triture los plátanos con la vainilla y el azúcar en un robot de cocina o una batidora hasta obtener una mezcla homogénea. Con el motor en marcha, añada poco a poco la harina de arroz y vierta 120 ml de agua caliente hasta obtener una masa espesa. Si la mezcla quedara demasiado líquida, agregue más harina de arroz. Pase la masa a un bol y refrigérela 30 minutos.

Caliente 2 cucharadas de aceite vegetal en una sartén antiadherente a fuego medio. Vierta 3 o 4 cucharadas de la masa, dejando suficiente espacio libre entre ellas para evitar que los panqueques se peguen. Fríalos por ambos lados hasta que se doren. Páselos a un plato, espolvoréelos con el azúcar glas y resérvelos. Repita la operación con el aceite y la masa restantes. Sirva los panqueques templados.

MARRUECOS

DÁTILES RELLENOS DE ALMENDRAS

Preparación: 30 minutos,
más 1 hora y 30 minutos para refrigerar
Sin cocción

Para 4 personas

- 135 g de almendras escaldadas y peladas
- 180 g de azúcar glas
- 2 cdtas. de extracto de almendras
- 1 cda. de agua de rosas
- 1 cda. de sustituto de huevo diluida en 2 cdas. de agua templada
- 500 g de dátiles Medjool
- 100 g de láminas de coco
- 30 nueces partidas por la mitad, para adornar

Triture las almendras peladas con el azúcar glas en un robot de cocina hasta que se mezclen bien. Agregue el extracto de almendras y el agua de rosas y tritúrelos para que se integren. Añada el sustituto de huevo y tritúrelo todo hasta obtener una pasta espesa. Pásela a una superficie de trabajo seca, amásela un par de veces y dele forma de bola. Envuélvala en film transparente y refrigérela 30 minutos.

Haga un corte a lo largo de cada dátil lo suficientemente profundo como para retirar los huesos pero sin partirlos por la mitad. Deseche los huesos y rellene los dátiles con la masa de almendras, dejando una porción expuesta.

Esparza las láminas de coco en un plato y reboce los dátiles. Páselos a una fuente y decórelos colocando media nuez sobre la masa de almendras. Refrigérelos durante 1 hora y sírvalos.

PLÁTANOS EN LECHE DE COCO Y TAPIOCA

CAMBOYA

Preparación: 20 minutos
Cocción: 25 minutos

Para 4 personas

- 65 g de tapioca
- 8 plátanos en su punto o plátanos macho muy maduros
- 475 ml de leche de coco espesa
- 6 dátiles Medjool grandes sin hueso y picados finos

Lave la tapioca en un colador bajo un chorro de agua fría.

Ponga a hervir una cazuela con agua. Añada la tapioca y cuézala a fuego medio de 10 a 12 minutos, removiendo con frecuencia, hasta que esté translúcida. Escurra todo el líquido y resérvela.

Pele los plátanos y córtelos en 3 o 4 trozos.

Lleve a ebullición la leche de coco en una cazuela. Agregue los trozos de plátano y los dátiles y cuézalos a fuego medio-bajo de 10 a 12 minutos o hasta que los plátanos estén tiernos pero no pastosos. Retire la cazuela del fuego. Añada la tapioca y remueva bien. Sírvalos templados o con cubitos de hielo.

VASITOS DE HIGOS Y QUESO CREMA

PORTUGAL

Preparación: 20 minutos
Cocción: 35 minutos, más 20 minutos para enfriar

Para 4 personas

- 16 higos frescos cortados por la mitad a lo ancho
- 2 cdtas. de canela molida
- 4 cdas. de sirope de agave
- 240 ml de nata de soja para montar
- 80 g de queso crema vegano casero (véase pág. 30) o comprado
- 60 g de azúcar glas
- 1 cdta. de extracto de vainilla
- 100 g de palomitas dulces veganas
- 4 ramitas de canela, para adornar

Precaliente el horno a 200 °C.

Disponga los higos en una fuente refractaria, esparza la canela por encima y rocíelos con el sirope de agave. Hornéelos unos 35 minutos hasta que se doren. Déjelos enfriar 20 minutos.

Monte la nata de soja a punto de nieve. Añada, poco a poco, el queso crema vegano, el azúcar glas y el extracto de vainilla y bátalo todo hasta obtener una mezcla homogénea.

Prepare 4 vasitos de cristal y coloque 2 mitades de higo en el fondo de cada uno. Cúbralos con 1 cucharada de crema y 1 cucharada de palomitas y disponga otra capa de crema encima. Continúe alternando capas de higo, crema y palomitas hasta agotar todos los ingredientes, excepto 25 g de palomitas. Adorne los vasitos con las palomitas y una ramita de canela y sírvalos.

SUDÁFRICA

BIZCOCHO DE PLÁTANO Y PIÑA

Preparación: 35 minutos
Cocción: 40 minutos,
más 40 minutos para enfriar
y 50 minutos para refrigerar

Para 1 bizcocho de 25 cm

Para el bizcocho:

- margarina vegetal o aceite, para untar
- 250 g de harina leudante
- 2 cdtas. de canela molida
- 300 g de azúcar extrafino
- 4 plátanos maduros
- 500 g de piña dulce troceada
- 240 ml de aceite de oliva
- 2 cdas. de sustituto de huevo diluidas en 4 cdas. de agua templada

Para la cobertura:

- 120 g de margarina vegetal
- 180 g de azúcar glas
- 120 g de queso crema sin sal vegano casero (véase pág. 30) o comprado
- 3 cdas. de zumo de limón recién exprimido
- 1 cda. de ralladura fina de limón

Para las nueces confitadas:

- 1 cda. de aceite de coco
- 120 g de nueces o pacanas picadas
- 2 cdas. de azúcar extrafino

Precaliente el horno a 200 °C. Unte un molde refractario para tartas redondo de 25 cm con margarina vegetal o aceite.

Para preparar el bizcocho, tamice la harina y la canela en un bol y añada el azúcar.

Triture los plátanos con la piña en un robot de cocina. Agregue el aceite y el sustituto de huevo y tritúrelo todo hasta obtener una mezcla fina.

Pásela a un bol y añada, poco a poco, los ingredientes secos hasta obtener una masa homogénea y sin grumos. Échela en el molde y hornee el bizcocho 40 minutos hasta que se dore. Déjelo enfriar 30 minutos y desmóldelo.

Para preparar la cobertura, mezcle la margarina vegetal con el azúcar glas en un bol y añada, poco a poco, el queso crema, el zumo de limón y la mitad de la ralladura de limón hasta obtener una mezcla homogénea y cremosa. Con una espátula de silicona, extienda la mitad de la cobertura sobre el bizcocho y refrigérelo 20 minutos.

Para preparar las nueces confitadas, funda a fuego medio el aceite de coco en una cazuela, añada las nueces o pacanas y el azúcar extrafino y sofríalas 6 o 7 minutos hasta que el azúcar se funda y las nueces se caramelicen. Déjelas enfriar 10 minutos.

Saque el bizcocho del frigorífico, disponga las nueces confitadas por encima y cúbralas con la cobertura restante. Esparza la mitad de la ralladura de limón reservada por encima y refrigere el bizcocho otros 30 minutos antes de servirlo.

CAMBOYA

PLÁTANOS GRATINADOS CON CREMA DE COCO

Preparación: 20 minutos
Cocción: 25 minutos

Para 4 personas

- 120 g de compota de manzana
- 100 g de azúcar extrafino
- 120 ml de crema de coco
- 125 g de harina común
- 60 g de margarina vegetal
- 1 cdta. de extracto de vainilla
- ¼ de cdta. de bicarbonato de sodio
- 2 cdas. de aceite de coco
- 1 pizca de sal
- 4 plátanos maduros
- 4 hojas de plátano

Precaliente el gratinador.

Para preparar la crema de coco, caliente a fuego medio la compota de manzana con el azúcar, la crema de coco, la harina, la margarina vegetal, el extracto de vainilla y el bicarbonato de sodio en una cazuela 5 minutos, removiendo constantemente, hasta que se integren por completo. Añada el aceite de coco y la sal, baje el fuego y cuézalo todo otros 5 minutos. Reserve la crema.

Pele los plátanos, envuelva cada uno de ellos en 1 hoja de plátano y colóquelos en una fuente refractaria. Gratínelos en la parte baja del horno 5 o 6 minutos hasta que se doren por los dos lados.

Desenvuelva los plátanos, deseche las hojas y póngalos en 4 platos de postre. Nápelos con la salsa y sírvalos templados.

PLÁTANOS CON ZUMO DE NARANJA Y COCO

GUINEA ECUATORIAL

Precaliente el horno a 200 °C.

Disponga los plátanos en una fuente refractaria cuadrada de 23 cm. Cúbralos con la margarina fundida y rocíelos con el zumo de naranja y de limón. Esparza la canela, el azúcar moreno y el coco por encima, y hornéelos unos 12 minutos hasta que se doren ligeramente.

Rocíelos con el sirope de agave y vuelva a poner la fuente en el horno. Gratine los plátanos 2 minutos hasta que se doren y sírvalos de inmediato con helado de vainilla, si utiliza.

Preparación: 15 minutos
Cocción: 15 minutos

Para 4 personas

- 4 plátanos grandes en rodajas gruesas
- 3 cdas. de margarina vegetal fundida
- 120 ml de zumo de naranja recién exprimido
- el zumo de 2 limones
- 1 cdta. de canela molida
- 50 g de azúcar moreno claro
- 200 g de coco rallado
- 1 cda. de sirope de agave
- helado de vainilla vegano, para servir (opcional)

BIZCOCHO DE MANZANA

IRLANDA

Precaliente el horno a 160 °C. Unte un molde refractario para tartas cuadrado de 25 cm con margarina vegetal.

Ponga los ingredientes secos en un bol, agregue la compota de manzana y remueva hasta que se mezclen bien. Añada las manzanas y vuelva a remover. Eche la masa en el molde preparado y hornee el bizcocho durante 1 hora o hasta que al pincharlo con un palillo salga limpio. Deje enfriar el bizcocho 20 minutos y desmóldelo.

Preparación: 5 minutos
Cocción: 1 hora,
más 20 minutos para enfriar

Para 1 bizcocho de 25 cm

- margarina vegetal, para untar
- 250 g de harina común
- 200 g de azúcar extrafino
- 1 cda. de maicena
- 2 cdtas. de bicarbonato de sodio
- 1 pizca de sal
- 1 cdta. de canela molida
- 50 g de cacao puro en polvo
- 500 g de compota de manzana sin azúcar
- 2 manzanas dulces maduras en dados

REPÚBLICA CENTROAFRICANA

ARROZ CON LECHE

Preparación: 30 minutos
Cocción: 20 minutos

Para 4 personas

- 260 g de arroz blanco de grano largo
- 1 ramita de canela
- la ralladura fina de 1 limón
- 1 pizca de sal
- 960 ml de leche de coco
- 200 g de azúcar
- 1 cdta. de canela molida, para adornar

Ponga el arroz en una cazuela con la ramita de canela, la mitad de la ralladura de limón y la sal. Cuézalo según las indicaciones del envase hasta que esté hecho. Agregue la leche de coco, el azúcar y la ralladura de limón restante y llévelo a ebullición. Baje el fuego de inmediato y cuézalo todo a fuego medio-bajo unos 15 minutos hasta obtener una mezcla cremosa. Retire la cazuela del fuego y reparta el arroz con leche entre 4 boles. Espolvoréelos con la canela y sírvalos templados.

ARROZ CON LECHE

INGLATERRA

KUMQUATS CONFITADOS

Preparación: 20 minutos
Cocción: 35 minutos,
más 4 horas para enfriar

Para 4 personas

- 300 g de azúcar extrafino
- 500 g de kumquats cortados por la mitad
- 1 cdta. de canela molida
- 1 vaina de vainilla con las semillas aparte
- helado de vainilla vegano o sorbete, para servir

En una cazuela, mezcle el azúcar con 240 ml de agua y llévelo a ebullición a fuego medio. Añada los kumquats, la canela y las vainas y semillas de vainilla, baje el fuego y cuézalo todo 20 minutos hasta que la piel de los kumquats esté muy tierna. Retire la cazuela del fuego y déjelos enfriar 4 horas.

Escurra el sirope de los kumquats sobre un bol y páselos a un táper. Eche el sirope en una cazuela y cuézalo a fuego medio unos 12 minutos hasta que espese.

Vierta el sirope sobre los kumquats, cierre el táper y refrigérelos hasta el momento de servir.

Sírvalos con 1 bola de helado de vainilla o un sorbete.

FRANCIA

CLAFOUTIS DE CEREZA

Preparación: 15 minutos
Cocción: 40 minutos,
más 20 minutos para enfriar

Para 1 tarta de 25 cm

- margarina vegetal, para untar
- 65 g de harina común
- 1 cda. de maicena
- 160 g de tofu sedoso
- 1 cdta. de extracto de vainilla
- 1 cdta. de extracto de almendras
- 4 cdas. de leche de almendras
- 50 g de azúcar extrafino
- 240 g de cerezas negras congeladas descongeladas y escurridas
- 2 cdas. de azúcar glas, para espolvorear

Precaliente el horno a 190 °C. Unte un molde refractario para tartas redondo de 25 cm con margarina.

Mezcle la harina con la maicena en un bol y resérvelas.

En un robot de cocina o una batidora, triture el tofu sedoso con los extractos de vainilla y de almendras y 1 cucharada de leche de almendras hasta obtener una mezcla homogénea. Pásela al bol con la mezcla de harina y remueva bien para que se incorporen. Agregue el azúcar y las cerezas y remueva para que se mezclen. Vierta la leche de almendras restante y remueva un par de veces más hasta obtener una mezcla homogénea.

Eche la mezcla en el molde preparado y hornee la tarta unos 40 minutos hasta que la superficie se dore. Déjela enfriar 20 minutos y espolvoréela con el azúcar glas. Sírvala a temperatura ambiente.

TARTA DE CREMA GRIEGA

Preparación: 15 minutos
Cocción: 55 minutos,
más 30 minutos para enfriar
y 1 hora para refrigerar

Para 4 personas

Para la masa:

- 80 g de margarina vegetal fundida
- 750 ml de leche de almendras
- 1 vaina de vainilla fresca con las semillas aparte
- 80 g de sémola fina
- 100 g de azúcar extrafino
- 1 cda. de ralladura fina de limón
- 1 ramita de canela
- 6 láminas de pasta filo

Para la salsa:

- 50 g de azúcar extrafino
- 2 ramitas de canela
- 1 cdta. de ralladura fina de limón
- 2 cdas. de zumo de limón recién exprimido

Para preparar la salsa, ponga todos los ingredientes en una cazuela a fuego medio y vierta 360 ml de agua fría. Llévelo a ebullición y baje el fuego. Cueza la salsa 10 minutos a fuego lento y déjela enfriar.

Precaliente el horno a 200 °C.

Unte una fuente refractaria de 25 × 18 × 9 cm con un poco de margarina.

En una cazuela, mezcle la leche de almendras con la vainilla, la sémola, el azúcar, la ralladura de limón y la ramita de canela, y remueva bien. Llévelo a ebullición a fuego medio y cuézalo todo de 8 a 10 minutos, removiendo con frecuencia, hasta que espese. Retire la cazuela del fuego, deseche la ramita de canela y deje enfriar las natillas.

Coloque 1 lámina de pasta filo en la fuente refractaria de modo que los extremos sobresalgan un poco. Úntela con la margarina fundida. Ponga una segunda lámina de pasta filo, úntela con margarina y repita la operación hasta utilizar todas las láminas. Vierta la crema fría sobre la última lámina de pasta, doble los extremos de la lámina hacia el centro y úntelos con la margarina vegetal restante. Hornee la tarta 45 minutos.

Cúbrala con la salsa, déjela enfriar 30 minutos y refrigérela 1 hora antes de servirla.

CREMA QUEMADA DE NARANJA

Preparación: 15 minutos
Cocción: 40 minutos,
más 1 hora para refrigerar

Para 4 personas

- 1 vaina de vainilla con las semillas aparte
- 240 ml de nata de soja
- 60 ml de leche de almendras
- 2 cdas. de sustituto de huevo diluidas en 4 cdas. de agua templada
- 50 g de azúcar extrafino, más 2 cdas.
- 4 cdas. de zumo de naranja recién exprimido
- 1 cda. de ralladura fina de naranja

Precaliente el horno a 150 °C.

En una cazuela, mezcle la vainilla con la nata de soja y la leche de almendras y remueva bien. Llévelo a ebullición a fuego medio. Baje el fuego de inmediato y cueza la mezcla 6 minutos, removiendo de vez en cuando, hasta que espese.

Bata el sustituto de huevo con 50 g de azúcar extrafino en un bol y añada, poco a poco, la mezcla de nata de soja, sin dejar de batir. Agregue el zumo y la ralladura de naranja y remueva bien.

Reparta la mezcla entre 4 ramequines y colóquelos en una fuente refractaria. Para hacer el baño maría, agregue agua en la fuente hasta la mitad de la altura de los recipientes. Hornéelos 35 minutos. Retírelos del horno, déjelos enfriar y refrigérelos durante 1 hora.

Justo antes de servir la crema, espolvoree ½ cucharada de azúcar por encima de cada ramequin y caramelícelo hasta que se dore con un soplete de cocina.

CREMA QUEMADA DE NARANJA

ESTADOS UNIDOS

CREMA FRÍA DE FRUTAS CON MENTA

Preparación: 30 minutos
Sin cocción

Para 4 personas

- 160 ml de zumo de pomelo recién exprimido
- 160 ml de zumo de naranja recién exprimido
- 120 g de tofu sedoso
- 2 melocotones pelados, deshuesados y en rodajas
- 2 plátanos en rodajas
- 250 g de fresas en rodajas
- 240 g de helado de vainilla vegano
- hojas de menta, para adornar

En un robot de cocina o una batidora, triture el zumo de pomelo y el de naranja con el tofu, los melocotones, los plátanos, las fresas y el helado de vainilla hasta obtener una mezcla homogénea y cremosa. Repártala entre 4 vasos altos de postre, adórnela con las hojas menta y sírvala.

BOSNIA

MANZANAS RELLENAS DE NUECES

Preparación: 15 minutos
Cocción: 40 minutos

Para 4 personas

- 200 g de azúcar extrafino
- el zumo de 1 limón
- 4 manzanas verdes peladas
- 135 g de nueces picadas
- 2 cdas. de pasas picadas
- 360 ml de crema de coco refrigerada toda la noche
- 2 cdas. de azúcar glas

En una cazuela, mezcle 720 ml de agua con el azúcar y el zumo de limón y caliéntelo a fuego medio, removiendo con frecuencia, hasta que el azúcar se disuelva. Resérvelo.

Descorazone las manzanas y añádalas a la cazuela. Cuézalas a fuego medio-bajo unos 8 minutos hasta que estén tiernas. Retírelas de la cazuela con una espumadera, colóquelas en un molde para muffins y déjelas enfriar.

Mezcle las nueces con las pasas en un bol y rellene las manzanas con esta mezcla. (Realice esta operación mientras las manzanas están en el molde para que no se deshagan.)

Mezcle la crema de coco con el azúcar glas en un bol. Ponga las manzanas rellenas en platos de postre, vierta la crema de coco por encima y sírvalas.

PERAS EN ZUMO DE ARÁNDANOS

ESCOCIA

En una cazuela, mezcle el zumo de arándanos con el azúcar, la ralladura de naranja, la canela y el clavo y llévelo a ebullición. Baje el fuego de inmediato y agregue las peras. Tape la cazuela y cuézalas 15 minutos a fuego lento hasta que estén tiernas Déjelas enfriar 20 minutos. Sirva las peras templadas con su zumo en ramequines.

Preparación: 15 minutos
Cocción: 15 minutos,
más 20 minutos para enfriar

Para 4 personas

- 475 ml de zumo de arándanos rojos
- 2 cdas. de azúcar extrafino
- 1 cda. de ralladura fina de naranja
- 2 cdtas. de canela molida
- 2 cdtas. de clavo molido
- 4 peras maduras peladas, cortadas por la mitad a lo largo y descorazonadas

CIRUELAS CON PASAS Y ALMENDRAS

ETIOPÍA

Ponga en una cazuela las ciruelas, las pasas, los clavos, el vino tinto, la canela y el azúcar a fuego medio y llévelo a ebullición removiendo con frecuencia. Baje el fuego de inmediato y cuézala a fuego lento. Añada las almendras picadas y cuézalas a fuego medio-bajo 3 o 4 minutos. Deseche los clavos y vierta la mezcla en un bol. Sírvala templada.

Preparación: 15 minutos
Cocción: 10 minutos

Para 4 personas

- 500 g de ciruelas pasas de Agen sin hueso
- 80 g de pasas
- 3 clavos
- 475 ml de vino tinto
- 2 cdtas. de canela molida
- 100 g de azúcar extrafino
- 65 g de almendras picadas

LITUANIA

PUDIN DE ARÁNDANOS ROJOS

Preparación: 20 minutos
Cocción: 30 minutos,
más 1 hora para refrigerar

Para 4 personas

- 480 g de arándanos rojos frescos
- 2 ramitas de canela
- 4 clavos
- 200 g de azúcar extrafino
- 125 g de maicena

Ponga los arándanos en una cazuela, cúbralos con agua y agregue la canela y los clavos. Llévelos a ebullición, baje el fuego y cuézalos a fuego lento de 10 a 12 minutos hasta que empiecen a abrirse. Retire la cazuela del fuego y déjelos enfriar 20 minutos.

Tritúrelos en un robot de cocina o una batidora 2 o 3 minutos hasta obtener una mezcla muy fina. Añada el azúcar y tritúrelo 2 o 3 minutos hasta que se incorpore por completo.

En una cazuela, diluya la maicena en la mitad de la mezcla de arándanos, removiendo constantemente hasta que se integre por completo. Añada la mezcla de arándanos restante y cuézalo todo a fuego muy lento, removiendo con frecuencia. Suba el fuego a medio-bajo y cuézalo unos 10 minutos más hasta que espese.

Reparta el pudin de arándanos entre 4 boles y déjelo enfriar 20 minutos. Refrigérelo 30 minutos antes de servirlo.

PUDIN DE ARÁNDANOS ROJOS

INGLATERRA

PUDIN DE ALBARICOQUE Y CHOCOLATE

Preparación: 20 minutos
Cocción: 30 minutos

Para 4 personas

Para el pudin:
- 200 g de azúcar extrafino
- 2 cdas. de sustituto de huevo diluidas en 4 cdas. de agua templada
- 3 cdas. de mermelada de albaricoque
- 125 g de harina común
- 30 g de cacao puro en polvo
- 1 cdta. de levadura en polvo
- 1 pizca de sal
- 240 ml de leche de almendras
- 1 cdta. de bicarbonato de sodio
- 1 cdta. de vinagre blanco

Para la salsa:
- 60 g de margarina vegetal
- 200 g de azúcar extrafino
- 240 ml de nata de soja
- 1 cdta. de extracto de vainilla
- natillas o helado de vainilla veganos, para servir

Precaliente el horno a 200 °C.

Para preparar el pudin, mezcle en un bol el azúcar extrafino con el sustituto de huevo y la mermelada de albaricoque y remueva bien.

En otro bol grande, mezcle la harina con el cacao en polvo, la levadura y la sal y remueva bien.

Añada la mezcla de azúcar al bol con la mezcla de harina, vierta poco a poco la leche de almendras, sin parar de remover hasta obtener una masa fina.

Mezcle el bicarbonato de sodio con el vinagre en un bol, añada esta mezcla a la masa y remueva de nuevo.

Eche la masa en un molde refractario redondo de 25 cm y hornee el pudin 30 minutos hasta que se dore. Déjelo enfriar.

Mientras se hornea el pudin, prepare la salsa. Mezcle todos los ingredientes en una cazuela con 120 ml de agua hirviendo. Llévelos a ebullición y baje el fuego de inmediato. Cuézalos a fuego lento de 8 a 10 minutos hasta que la salsa espese y adquiera la consistencia de unas natillas.

Cuando el pudin esté listo, cúbralo con la salsa. Déjelo enfriar un poco y sírvalo con natillas o helado de vainilla.

NUEVA CALEDONIA

PUDIN DE CALABAZA

Preparación: 20 minutos
Cocción: 1 hora, más 30 minutos para enfriar

Para 4 personas

- ½ calabaza Hokkaido (potimarron) pequeña pelada y picada
- 480 ml de agua de coco
- 200 g de azúcar extrafino
- 240 g de pulpa de coco picada fina

Precaliente el horno a 180 °C. Ponga la calabaza picada en una fuente refractaria.

Mezcle el agua de coco con el azúcar extrafino. Esparza la pulpa de coco sobre la calabaza y cúbrala con el agua de coco dulce. Hornee el pudin unos 60 minutos hasta que la calabaza esté muy tierna. Déjelo enfriar 30 minutos, repártalo entre 4 copas de postre y sírvalo.

PUDIN DE ARROZ Y COCO CON MANGO

CAMBOYA

Precaliente el horno a 180 °C. Unte ligeramente un molde refractario redondo de 23 cm con margarina vegetal.

Mezcle en un bol el arroz con los dos tipos de leche, la ralladura de lima y el azúcar y remueva bien. Eche la mezcla en el molde y hornéela unos 15 minutos hasta que espese. Vuelva a remover, agregue el anís estrellado y ponga de nuevo el molde en el horno. Hornee el pudin de 10 a 12 minutos más hasta que el arroz absorba casi toda la leche de almendras y la superficie se dore. Cúbralo con papel de aluminio si se tuesta demasiado. Déjelo enfriar de 15 a 20 minutos y mézclelo con los dados de mango antes de servirlo.

Preparación: 10 minutos
Cocción: 25 minutos,
más 15-20 minutos para enfriar

Para 4 personas

- 2 cdas. de margarina vegetal, y un poco más para untar
- 80 g de arroz de grano corto, como arborio o carnaroli
- 600 ml de leche de coco
- 600 ml de leche de almendras
- 1 cda. de ralladura fina de lima
- 50 g de azúcar extrafino
- 1 pizca de anís estrellado molido
- 1 mango Ataulfo en dados

BIZCOCHO CHOCOLATEADO

ESTADOS UNIDOS

Precaliente el horno a 180 °C.

Para preparar el bizcocho, tamice la harina, el azúcar, el cacao en polvo y la levadura en un bol. Añada la leche de almendras y la margarina vegetal fundida y remueva bien para que se mezclen. Eche la mezcla en un molde refractario redondo de 20 cm. Hornee el bizcocho unos 45 minutos y déjelo enfriar 15 minutos.

Mientras el bizcocho se enfría, prepare la salsa de chocolate. En una cazuela, mezcle el azúcar con el cacao, añada 5 cucharadas de agua y cuézalos a fuego medio, removiendo constantemente, hasta que se disuelvan y obtenga una mezcla homogénea. Vierta un poco más de agua si la mezcla quedara demasiado espesa (esto varía en función de la calidad y propiedades del cacao que utilice).

Corte el bizcocho en porciones y distribúyalo en 4 platos de postre. Cúbralo con la salsa de chocolate y sírvalo acompañado del helado.

Preparación: 20 minutos
Cocción: 45 minutos,
más 15 minutos para enfriar

Para 4 personas

Para el bizcocho:
- 125 g de harina común
- 50 g de azúcar extrafino
- 2 cdas. de cacao puro en polvo
- 2 cdtas. de levadura en polvo
- 120 ml de leche de almendras
- 2 cdas. de margarina vegetal fundida
- helado de vainilla vegano, para servir

Para la salsa de chocolate:
- 200 g de azúcar extrafino
- 30 g de cacao puro en polvo
- 5 cdas. de agua caliente

SUECIA

TRUFAS DE CHOCOLATE

Preparación: 25 minutos
Cocción: 10 minutos,
más 1 hora para refrigerar

Para 24-30 trufas

- 120 g de margarina vegetal
- 1 cdta. de extracto de vainilla
- 100 g de azúcar extrafino
- 270 g de copos de avena instantáneos
- 180 g de gotas de chocolate negro
- 3 cdas. de coñac o brandy
- cacao puro en polvo, para rebozar

Mezcle en un bol la margarina vegetal con el extracto de vainilla, el azúcar y los copos de avena y remueva bien hasta que se integren.

Funda el chocolate al baño maría en un bol refractario. Añádalo a la mezcla de margarina y avena y remueva bien. Agregue el coñac o el brandy y remueva de nuevo hasta obtener una mezcla homogénea.

Esparza el cacao en polvo en un plato. Tome porciones de la mezcla del tamaño de una nuez con las manos, deles forma de bola y páselas por el cacao en polvo. Debería obtener de 24 a 30 trufas. Refrigérelas durante 1 hora y sírvalas.

TRUFAS DE CHOCOLATE

ESTADOS UNIDOS

TARTA DE CREMA DE CACAHUETES

Preparación: 15 minutos,
más 3 horas para congelar
y 30 minutos para reposar
Sin cocción

Para 1 tarta de 20 cm

Para la base:

- 25 galletas de vainilla (unos 250 g)
- 5 cdtas. de margarina vegetal fundida

Para el relleno:

- 240 g de queso crema vegano casero (véase pág. 30) o comprado a temperatura ambiente
- 240 g de crema de cacahuetes
- 200 g de azúcar extrafino
- 750 g de nata de soja montada

Para preparar la base, triture las galletas en un robot de cocina hasta obtener una mezcla arenosa. Páselas a un bol, añada la margarina vegetal y remueva bien. Eche la mezcla en un molde para tartas redondo de 20 cm y presiónela con firmeza sobre el fondo. Congélela durante 1 hora.

Para preparar el relleno, bata en un bol el queso crema con la crema de cacahuetes y el azúcar. Añada, poco a poco, la nata de soja montada y remueva bien. Saque la base del congelador, distribuya el relleno por encima y congele la tarta otras 2 horas. Descongélela a temperatura ambiente 30 minutos antes de servirla.

INGLATERRA

TARTA DE CHOCOLATE

Preparación: 35 minutos,
más 2 noches para refrigerar
Sin cocción

Para 1 tarta de 23 cm

Para la base:

- margarina vegetal, para untar
- 220 g de galletas Graham o Digestive
- 50 g de cacao puro en polvo
- 2 cdas. de azúcar extrafino
- 160 ml de margarina vegetal fundida

Para el relleno:

- 475 ml de crema de coco
- 60 g de azúcar glas, y un poco más para espolvorear
- 1 cdta. de extracto de vainilla
- 120 g de queso crema vegano casero (véase pág. 30) o comprado
- 250 g de chocolate negro fundido
- 125 g de frambuesas

Ponga la crema de coco en un bol y refrigérela toda la noche.

Unte un molde para tartas redondo de 23 cm con margarina.

Para preparar la base, triture las galletas con el cacao en polvo y el azúcar extrafino en un robot de cocina o una batidora. Añada, poco a poco, la margarina vegetal fundida y tritúrelo todo hasta obtener una mezcla arenosa. Échela en el molde y presiónela con firmeza sobre el fondo y hacia los lados. Resérvela en el congelador.

Para preparar el relleno, triture la crema de coco con el azúcar glas, el extracto de vainilla y el queso crema en un robot de cocina o una batidora hasta obtener una mezcla homogénea y cremosa. Resérvela en el robot de cocina.

Funda el chocolate al baño maría en un bol refractario. Viértalo, poco a poco, en el robot de cocina con el motor a baja velocidad hasta que se mezcle bien.

Saque la base del congelador y cúbrala con el relleno de manera uniforme. Disponga las frambuesas por encima y presiónelas ligeramente para que se fijen. Refrigere la tarta toda la noche.

Desmóldela y espolvoréela con azúcar glas antes de servirla.

TARTA DE ANACARDOS CON FRESAS Y ARÁNDANOS

ESTADOS UNIDOS

Preparación: 45 minutos, más 1 hora para congelar y 2 horas para refrigerar
Sin cocción

Para 1 tarta de 20 cm

Para la base:
- 240 g de pacanas
- 180 g de pasas

Para el relleno
- 480 g de anacardos crudos remojados toda la noche y escurridos
- 120 ml de aceite de coco fundido
- 120 ml de sirope de arce
- 340 g de fresas picadas
- 200 g de arándanos azules
- 2 cdas. de zumo de limón recién exprimido

Forre un molde para tartas cuadrado de 20 cm con una lámina de papel vegetal más grande que el molde para que pueda retirar la tarta con más facilidad.

Para preparar la base, triture las pacanas con las pasas en un robot de cocina hasta que obtenga una mezcla arenosa. Pásela a un bol, añada 3 cucharadas de agua y remueva bien. Échela en el molde y presiónela sobre el fondo.

Para preparar el relleno, triture los anacardos en un robot de cocina hasta que estén picados gruesos. Agregue el aceite de coco fundido y el sirope de arce y tritúrelos hasta obtener una mezcla fina. Añada las fresas, los arándanos y el zumo de limón y tritúrelo todo hasta obtener una mezcla homogénea.

Extienda el relleno sobre la base de manera uniforme y congele la tarta durante 1 hora. Refrigérela 2 horas antes de servirla.

SUDÁFRICA

BISCOTTI DE CHOCOLATE, CEREZAS Y PISTACHOS

Preparación: 30 minutos
Cocción: 1 hora y 15 minutos, más 15 minutos para enfriar

Para 4 personas

- 250 g de harina común, y un poco más para enharinar
- 2 cdas. de aceite de oliva
- 50 g de cacao puro en polvo
- 60 g de azúcar glas
- 1 cdta. de levadura en polvo
- 1 pizca de sal
- 2 cdas. de sustituto de huevo diluidas en 4 cdas. de agua templada
- 1 vaina de vainilla con las semillas aparte
- 1 cda. de ralladura fina de naranja
- 140 g de pistachos tostados machacados
- 120 g de cerezas cortadas por la mitad y deshuesadas
- 60 ml de leche de almendras, y un poco más

Precaliente el horno a 180 °C. Enharine una bandeja de horno.

Mezcle en un bol la harina con el aceite, el cacao en polvo, el azúcar glas, la levadura, la sal y el sustituto de huevo. Eche las semillas de vainilla y la ralladura de naranja y remueva bien hasta que se mezclen. Agregue los pistachos, las cerezas y la leche de almendras. Mézclelos con las manos hasta obtener una masa fina. Si quedara demasiado seca, añada un poco más de leche de almendras.

Enharine sus manos y una superficie de trabajo y forme un cilindro de masa. Páselo a la bandeja de horno y hornéelo 30 minutos hasta que esté firme. Déjelo enfriar sobre una rejilla metálica.

Baje la temperatura del horno a 140 °C.

Corte la masa en rodajas. Colóquelas en la misma bandeja y hornéelas unos 45 minutos hasta que las galletas estén secas y crujientes. Déjelas enfriar sobre una rejilla metálica 15 minutos antes de servirlas.

BISCOTTI DE CHOCOLATE, CEREZAS Y PISTACHOS

ESCOCIA

CRANACHAN (POSTRE ESCOCÉS DE FRAMBUESAS Y AVENA)

Preparación: 30 minutos
Cocción: 5 minutos

Para 4 personas

- 180 g de copos de avena
- 125 g de frambuesas
- 2 cdas. de sirope de arce
- 360 ml de nata vegana para montar
- 2 cdtas. de extracto de vainilla
- 2 cdas. de whisky de malta
- 1 cda. de hojas de menta picadas

Precaliente el gratinador. Eche los copos de avena en una fuente refractaria y colóquela en la parte inferior del horno. Gratínelos 5 o 6 minutos hasta que se doren. Tenga cuidado para evitar que los copos se quemen. Resérvelos.

Ponga las frambuesas en un bol y cháfelas con un tenedor. Añada 1 cucharada de sirope de arce y resérvelas.

Monte la nata en un bol, agregue el sirope de arce restante y el extracto de vainilla y vierta el whisky poco a poco. Bátala hasta que esté firme.

Reserve 2 cucharadas de copos de avena para adornar y mezcle el resto con la nata montada.

Ponga 1 cucharada de nata en el fondo de 4 vasos de cristal y reparta la mezcla de frambuesas por encima. Añada una última capa de nata y esparza los copos de avena reservados por encima. Adorne los vasitos con la menta picada y sírvalos de inmediato.

SUIZA

CREMA DE CHOCOLATE CON SEMILLAS DE CHÍA

Preparación: 15 minutos
Cocción: 20 minutos,
más 3-4 horas para refrigerar

Para 4 personas

- 6 cdas. de semillas de chía
- 2 cdas. de azúcar extrafino
- 2 cdas. de cacao en polvo
- 1 cdta. de extracto de vainilla
- 2 cdas. de tahini
- 10 dátiles Medjool sin hueso
- 480 ml de leche de almendras
- 170 g de nibs de cacao o gotas de chocolate

En un bol, mezcle las semillas de chía con 120 ml de agua y déjelas en remojo 20 minutos.

Triture el azúcar con el cacao en polvo, el extracto de vainilla, el tahini, los dátiles y la leche de almendras en un robot de cocina o una batidora 3 o 4 minutos hasta obtener una mezcla cremosa. Añada las semillas de chía y el agua de remojo y tritúrelo todo 2 minutos más hasta obtener una textura homogénea. Pase la mezcla a un bol y resérvela.

Caliente al baño maría los nibs de cacao en una cazuela hasta que se fundan. Añada el chocolate al bol con la mezcla de chía, sin dejar de remover, hasta que se integre por completo. Reparta la crema entre 4 ramequines y refrigérela 3 o 4 horas antes de servirla.

CREMA DE COCO Y PACANAS

ESTADOS UNIDOS

Eche en una cazuela la leche de almendras, el azúcar y el extracto de vainilla. Cuézalos a fuego medio, sin dejar de remover, hasta que el azúcar se disuelva y la mezcla esté caliente.

Diluya la maicena en 2 o 3 cucharadas de agua caliente en un bol y agregue esta mezcla a la cazuela. Cuézalo todo a fuego lento de 10 a 12 minutos hasta que espese.

Retire la cazuela del fuego, añada las láminas de coco y las pacanas, y remueva bien. Deje enfriar la crema 30 minutos y sírvala templada.

Preparación: 10 minutos
Cocción: 15 minutos,
más 20 minutos para enfriar

Para 4 personas

- 360 ml de leche de almendras
- 300 g de azúcar extrafino
- 2 cdtas. de extracto de vainilla
- 5 cdas. de maicena
- 500 g de láminas de coco
- 120 g de pacanas picadas

PUDIN DE KUMQUATS

SUDÁFRICA

Triture las galletas en un robot de cocina hasta obtener una mezcla arenosa. Agregue el azúcar y la margarina vegetal y tritúrelo todo hasta obtener una masa firme. Reparta la masa entre 4 vasos de cristal y resérvela.

Monte la nata de soja a punto de nieve y refrigérela hasta el momento de servir.

En una cazuela, mezcle el azúcar con 4 cucharadas de agua y caliéntelo a fuego lento hasta que se disuelva por completo. Añada la mitad de los kumquats y cuézalos a fuego lento unos 15 minutos. Vierta la leche de almendras, remueva bien y llévelo a ebullición. Agregue el agar-agar, remueva de nuevo para que se mezcle y cuézalo todo 5 minutos más a fuego lento. Reparta los kumquats restantes entre los 4 vasos y vierta la mezcla por encima. Deje enfriar los vasitos unos 20 minutos.

Añada 1 capa de nata montada, espolvoree el azúcar glas por encima y refrigérelos durante 1 hora antes de servirlos.

Preparación: 20 minutos
Cocción: 20 minutos,
más 20 minutos para enfriar
y 1 hora para refrigerar

Para 4 personas

- 120 g de galletas de tofe veganas (Nuttikrust)
- 65 g de azúcar extrafino
- 60 g de margarina vegetal fundida
- 240 ml de nata de soja para montar
- 160 g de kumquats cortados por la mitad
- 120 ml de leche de almendras
- 3 cdtas. de agar-agar
- 3 cdtas. de azúcar
- 2 cdas. de azúcar glas

ESTADOS UNIDOS

BIZCOCHO DE ZANAHORIA CON QUESO CREMA

Preparación: 25 minutos
Cocción: 1 hora,
más 30 minutos para refrigerar

Para 1 bizcocho de 23 cm

Para el bizcocho:
- margarina vegetal, para untar
- 125 g de harina común
- 200 g de azúcar extrafino
- 1 cdta. de canela molida
- 1 cdta. de bicarbonato de sodio
- 1 pizca de sal
- 2 cdas. de láminas de coco
- 260 g de zanahorias ralladas
- 135 g de nueces picadas
- 120 ml de aceite vegetal
- 2 cdas. de sustituto de huevo diluidas en 4 cdas. de agua templada
- 1 cdta. de extracto de vainilla
- 170 g de piña dulce fresca picada

Para la cobertura:
- 120 g de queso crema vegano casero (véase pág. 30) o comprado
- 60 g de margarina vegetal
- 60 g de azúcar glas

Precaliente el horno a 180 °C. Unte un molde refractario para tartas redondo de 23 cm con margarina vegetal.

Para preparar el bizcocho, mezcle en un bol la harina con el azúcar, la canela, el bicarbonato de sodio y la sal. Añada las láminas de coco, las zanahorias, las nueces, el aceite, el sustituto de huevo, el extracto de vainilla y la piña y remueva bien hasta obtener una masa homogénea y sin grumos. Échela en el molde y hornee el bizcocho durante 45 minutos hasta que esté hecho pero esponjoso. Déjelo enfriar y desmóldelo.

Para preparar la cobertura, bata el queso crema con la margarina vegetal y el azúcar glas hasta obtener una mezcla esponjosa. Extiéndala sobre el bizcocho con una espátula de silicona. Refrigérelo 30 minutos antes de servirlo.

BIZCOCHO DE ZANAHORIA CON QUESO CREMA

PAKISTÁN

CREMA DULCE DE ZANAHORIAS

Preparación: 15 minutos
Cocción: 20 minutos,
más 20 minutos para enfriar
y 30 minutos para refrigerar

Para 4 personas

- 500 g de zanahorias ralladas
- 475 ml de nata de soja
- 50 g de azúcar extrafino
- 1 cda. de harina de arroz
- 2 cdtas. de cardamomo molido
- 120 g de tofu sedoso
- 2 cdas. de almendras picadas
- 2 cdas. de pistachos picados
- 1 cda. de ralladura fina de naranja
- 2 cdas. de agua de rosas o de azahar
- 1 naranja en rodajas, para adornar

Ponga las zanahorias ralladas en remojo en un bol con agua fría durante 1 hora. Escúrralas y resérvelas.

Eche la nata de soja en una cazuela y llévela a ebullición. Baje el fuego y añada el azúcar, las zanahorias escurridas y la harina de arroz y cuézalo todo 5 minutos, removiendo con frecuencia. Agregue el cardamomo y cuézalo 15 minutos más hasta que las zanahorias estén tiernas. Añada el tofu, las almendras, los pistachos, la ralladura de naranja y el agua de rosas o de azahar y remueva bien hasta que se mezclen.

Deje enfriar la crema 20 minutos y refrigérela 30 minutos. Sírvala en 4 ramequines adornada con las rodajas de naranjas.

MARTINICA

BIZCOCHO DE PLÁTANO

Preparación: 30 minutos
Cocción: 1 hora

Para 1 bizcocho de 25 cm

- aceite vegetal, para untar
- 2 plátanos maduros
- 1 cda. de zumo de limón recién exprimido
- 1 cdta. de canela molida
- 1 vaina de vainilla cortada por la mitad a lo largo y con las semillas aparte
- 65 g de crema de cacahuetes crujiente
- 120 g de tofu sedoso
- 50 g de azúcar extrafino
- 1 cdta. de levadura en polvo
- 125 g de harina común
- 2 cdas. de ron negro

Precaliente el horno a 160 °C. Unte un molde refractario para tartas redondo de 25 cm con aceite vegetal.

Triture los plátanos con el zumo de limón, la canela, el extracto de vainilla y la crema de cacahuetes en un robot de cocina o una batidora hasta que se integren. Resérvelos.

Mezcle en un bol el tofu con el azúcar, la levadura y la harina y remueva bien. Añádalos a la mezcla de plátano y tritúrelo todo hasta obtener una masa homogénea y sin grumos. Vierta el ron y tritúrela un par de veces más. Eche la masa en el molde y hornee el bizcocho durante 1 hora hasta que se dore ligeramente. Déjelo enfriar por completo en una rejilla metálica, desmóldelo y páselo a una fuente. Córtelo en porciones triangulares y sírvalo.

CREMA DE COCO

PUERTO RICO

Ponga el coco rallado en un bol y vierta 1,2 litros de agua caliente.

Cubra el bol con un paño de cocina limpio y deje el coco en remojo 3 o 4 horas. Forre un colador con muselina. Cuele la mezcla de coco en un bol, presionándola para extraer tanto jugo como sea posible (debería obtener unos 960 ml de leche de coco).

En una cazuela, mezcle la maicena con el azúcar y la sal. Añada la leche de coco y cuézalo todo a fuego lento, sin dejar de remover, unos 10 minutos hasta que la maicena esté hecha y la mezcla empiece a espesar. Agregue el extracto de vainilla y remueva bien. Retire la cazuela del fuego, reparta la crema entre 4 ramequines y espolvoree la canela por encima. Deje enfriar la crema 20 minutos y sírvala.

Preparación: 20 minutos, más 3-4 horas en remojo
Cocción: 15 minutos, más 20 minutos para enfriar

Para 4 personas

- 1 kg de coco rallado
- 120 g de maicena
- 100 g de azúcar
- 1 pizca de sal
- 1 cdta. de extracto de vainilla
- 1 cdta. de canela molida

BANANAS FOSTER CON NATILLAS DE VAINILLA

GABÓN

Pele los plátanos y córtelos en rodajas. Póngalos en un bol, añada el zumo de limón y remueva bien para que se impregnen.

Funda la margarina vegetal en una cazuela a fuego medio, añada los plátanos y saltéelos 3 o 4 minutos. Esparza el azúcar por encima y saltéelos otros 3 o 4 minutos, sin dejar de remover. Añada la canela y las nueces y saltéelos 2 minutos más. Baje el fuego, vierta el ron sobre la mezcla y flamee hasta que se haya consumido todo el alcohol. Adorne los plátanos con las rodajas de naranja y sírvalos de inmediato con helado o natillas de vainilla veganos.

Preparación: 15 minutos
Cocción: 10 minutos

Para 4 personas

- 4 plátanos
- 4 cdas. de zumo de limón recién exprimido
- 60 g de margarina vegetal
- 100 g de azúcar extrafino
- 1 cdta. de canela molida
- 50 g de nueces machacadas
- 4 cdas. de ron negro
- 1 naranja en rodajas, para adornar
- natillas o helado de vainilla veganos, para servir

CHEFS INVITADOS

DAN BARBER

•

BLUE HILL

•

BLUE HILL EN STONE BARNS . 630 BEDFORD ROAD . POCANTICO HILLS, NY 10591 . ESTADOS UNIDOS
BLUE HILL . 75 WASHINGTON PLACE . NUEVA YORK, NY 10014 . ESTADOS UNIDOS

Dan Barber es el chef de dos restaurantes Blue Hill, uno situado en el West Village de Manhattan y el otro en Stone Barns, un restaurante-granja ecológica y centro de educación alimentaria y agrícola sin ánimo de lucro, a unos 50 kilómetros al norte de Nueva York, que abrió sus puertas en 2004. Autor de *The Third Plate: Field Notes on the Future of Food*, sus opiniones sobre alimentación y las políticas agrarias han aparecido en publicaciones como *The New York Times*. Barber y su mujer han contribuido a crear el marco práctico y filosófico del Stone Barns Center, desde donde buscan que el comensal tome conciencia sobre el acto de elegir qué consumimos cada día. El restaurante, que se abastece de su propia producción y de los productos de las granjas circundantes, pone de manifiesto la riqueza de recursos del valle del Hudson. El Blue Hills de Stone Barns no dispone de menú. Estamos ante la mejor cocina de temporada: cocina de granja, en la granja.

ZUMO V9

Preparación: 20 minutos,
más 24 horas para refrigerar
Cocción: 10 minutos

Para 4 personas

Para el agua de tomate:

- 6,75 kg de tomates
- 60 ml de vodka (opcional)

Para el zumo:

- 2,75 kg de tomates, preferiblemente cherokee purple
- 2 pepinos pelados y despepitados
- 2 chirivías
- 2 zanahorias
- 2 ramas de apio
- 4 chalotas
- 1 chile jalapeño
- 1 cabeza de hinojo picado
- 5-6 cdas. de azúcar
- 120 ml de vinagre de jerez
- 1½ cdas. de salsa Worcestershire
- 10 hojas de albahaca
- ½ manojo de estragón
- 1 manojo de perejil
- almíbar sencillo (puede preparar el suyo con 1 parte de azúcar y 1 de agua)
- salsa picante, como tabasco

Para preparar el agua de tomate, triture los tomates, por tandas, en una batidora con el vodka, si utiliza, hasta obtener una mezcla homogénea.

Forre un colador grande con varias capas de muselina y colóquelo sobre un bol. Eche los tomates triturados y refrigérelos toda la noche. Deberá obtener unos 2 litros de agua de tomate.

Para preparar el zumo, triture los tomates con los pepinos, las chirivías, las zanahorias, el apio, las chalotas, el jalapeño, el hinojo, el azúcar, el vinagre de jerez y la salsa Worcestershire en un robot de cocina hasta que estén picados. Páselos a un bol, tápelos y refrigérelos 12 horas.

Triture las verduras marinadas con el agua de tomate y las especias en una batidora hasta obtener una mezcla homogénea. Sazone al gusto con el almíbar y la salsa picante y páselo por un chino. Pruebe el zumo y rectifique la sazón si fuera necesario.

FRUTAS Y VERDURAS OTOÑALES

ESTADOS UNIDOS

Disponga una capa de rodajas de frutas y verduras superpuestas en una fuente hasta cubrirla por completo. Reserve el carpaccio.

Caliente el aceite de semillas de uva en una sartén a fuego medio-alto. Añada las hojas de lechuga china y saltéelas de 10 a 15 segundos hasta que estén calientes y ligeramente tiernas.

Coloque las hojas de lechuga sobre el carpaccio y rocíelo con el zumo de limón y el vinagre balsámico blanco. Esparza la sal marina y la pimienta blanca recién molida por encima para darle una textura crujiente.

Preparación: 15 minutos
Cocción: 5 minutos

Para 4 personas

- 1 pera asiática pequeña en rodajas finas
- 1 nabo blanco grande en rodajas finas
- 1 calabacín redondo o alargado pequeño en rodajas finas
- 1 manzana Braeburn pequeña en rodajas finas
- 1 cda. de aceite de semillas de uva
- hojas de lechuga china
- zumo de limón recién exprimido
- vinagre balsámico blanco
- sal marina gruesa
- pimienta blanca recién molida

ERIC RIPERT

•

LE BERNARDIN

•

155 WEST 51ST STREET . NUEVA YORK, NY 10019 . ESTADOS UNIDOS

Chef y copropietario del restaurante Le Bernardin —un tres estrellas Michelin que figura en la lista de los «50 mejores restaurantes del mundo» y ha recibido cuatro estrellas de *The New York Times*—, Eric Ripert nació en Antibes, Francia, y se formó en la escuela de hostelería de Perpiñán. A los 17 años se trasladó a París, donde trabajó en el mítico restaurante La Tour d'Argent. Más tarde fue chef *poissonnier* del restaurante Jamin bajo las órdenes de Joël Robuchon. En 1989 ocupó el puesto de *sous-chef* en el restaurante del hotel Watergate, en Washington D. C., de Jean-Louis Palladin, y en 1991 se mudó a Nueva York para trabajar con David Bouley hasta que se convirtió en chef de Le Bernardin. Ripert es vicepresidente de City Harvest, una organización que reúne a los mejores chefs y restauradores de Nueva York para aumentar la calidad y cantidad de las donaciones de alimentos a los más necesitados. La Fundación James Beard lo nombró mejor chef de Nueva York y mejor chef de Estados Unidos. Ripert es también autor de varios libros, entre los que destacan *Le Bernardin Cookbook*, *On the Line*, *Avec Eric* y *32 Yolks*.

«CUSCÚS» DE COLIFLOR CON VERDURAS Y VINAGRETA DE ACEITE DE ARGÁN

Preparación: 1 hora
Cocción: 30 minutos

Para 4 personas

Para las verduras de mercado:

- sal
- verduras de temporada variadas, como zanahorias tiernas cortadas por la mitad, nabos tiernos cortados por la mitad, puntas de espárragos, judías verdes cortadas por la mitad y pak choi tiernos

Para el «cuscús»:

- 1 coliflor en ramitos
- el zumo de 1 limón
- 3 cdas. de aceite de oliva virgen extra
- 4 cdas. de menta picada
- 1 cda. de perejil picado

Para la vinagreta:

- 1 cda. de mostaza de Dijon
- 4 cdas. de vinagre de champán
- sal marina fina y pimienta negra recién molida
- 6 cdas. de aceite de argán
- 4-6 cdas. de aceite de oliva

Para servir:

- 20 g de rúcula tierna
- 20 g de zarcillos de guisante
- rábanos en cuartos
- tomates cherry cortados por la mitad

Para preparar las verduras de mercado, lleve a ebullición varios cazos de agua ligeramente salada y prepare varios boles de agua con hielo. Escalde las verduras en cazos separados, escúrralas y colóquelas de inmediato en los boles de agua con hielo. Páselas a una bandeja o un plato forrado con papel de cocina y resérvelas.

Para preparar el «cuscús», coloque la coliflor en un robot de cocina y tritúrela hasta que adquiera una consistencia similar a la del cuscús. Cubra el fondo de una sartén con agua, agregue la coliflor y cuézala 5 minutos a fuego lento, removiendo de vez en cuando, hasta que esté hecha y se evapore toda el agua. Cuélela y pásela a un bol para que se enfríe.

Cuando la coliflor se haya enfriado, añada el zumo de limón, el aceite de oliva, la menta y el perejil y resérvela.

Para preparar la vinagreta, mezcle en un bol la mostaza con el vinagre y salpimiente al gusto. Vierta el aceite de argán y un poco de aceite de oliva, batiendo constantemente, para equilibrar la acidez. Resérvela.

Para servir, coloque un molde redondo de 10 cm en el centro de 4 platos y disponga el «cuscús» dentro. Presiónelo un poco para compactarlo y retire los moldes. Mezcle en un bol las verduras escaldadas con la rúcula y los zarcillos de guisante, rocíelos con vinagreta hasta cubrirlos y remueva para que se impregnen. Salpimiente al gusto. Disponga las verduras sobre el «cuscús» y adórnelas con los rábanos y los tomates cherry. Vierta un poco más de vinagreta sobre los platos y sírvalos de inmediato.

CONSOMÉ DE TOMATE PICANTE

ESTADOS UNIDOS

Preparación: 30 minutos, más 3-12 horas para colar
Cocción: 40 minutos

Para 4 personas

- 3,5 kg de tomates maduros descorazonados y picados gruesos
- sal marina fina y pimienta blanca recién molida
- 4 dientes de ajo laminados
- 2 tallos de citronela en rodajas
- 3 guindillas ojo de pájaro sin tallos y en rodajas finas
- 300 g de fideos celofán secos
- 8 cebolletas en rodajas finas, para adornar
- 8 tomates uva en rodajas, para adornar
- aceite de oliva virgen extra, para adornar

Forre un colador grande con al menos 4 capas de muselina y colóquelo sobre un bol.

Ponga los tomates en una batidora, añada 1 cucharadita de sal marina y tritúrelos casi por completo, dejando solo algunos trozos grandes. Páselos al colador y refrigérelos 3 horas, o, si lo prefiere, toda la noche. En este tiempo, caerán gotas de agua de tomate al bol.

Vierta el agua de tomate en una cazuela a fuego medio. Reserve el puré de tomate para utilizarlo en otra ocasión. Lleve a ebullición el agua de tomate, de 8 a 12 minutos, espumando la superficie las veces que sea necesario. Eche el ajo, la citronela y las guindillas y salpimiente al gusto. Retire el consomé del fuego de inmediato y deje que las hierbas infusionen de 8 a 10 minutos.

Con unas tijeras de cocina, corte los fideos celofán en trozos del tamaño de un bocado y póngalos en una cazuela. Cuele el consomé hirviendo sobre los fideos, llévelos a ebullición a fuego medio y cuézalos de 4 a 6 minutos.

Saque los fideos con una espumadera y repártalos entre 4 boles. Vierta el consomé de tomate por encima y adórnelo con las cebolletas, los tomates uva y una gotas de aceite de oliva virgen extra. Sírvalo de inmediato.

KWANG UH

•

BAROO

•

5706 SANTA MONICA BOULEVARD . LOS ÁNGELES, CA 90038 . ESTADOS UNIDOS

Kwang Uh es chef y copropietario de Baroo, un restaurante cuyo nombre hace referencia al bol que utilizan los monjes budistas para pedir comida. Su objetivo es servir alimentos con respeto y amor por la naturaleza y las personas, empleando ingredientes locales, orgánicos y sostenibles. El menú, con platos de cocina experimental y estilo libre, cambia a menudo según la temporada y la fuente de inspiración del chef.

PASTA DE ALGARROBA

Preparación: 20 minutos,
más 1-2 semanas para fermentar
Cocción: 1 hora

Para 1,75 kg

- 800 g de algarroba
- 300 g de raíz de loto pelada y picada gruesa
- 300 g de raíz de bardana pelada y picada gruesa
- 200 g de setas shiitake secas, rehidratadas, sin tallos y picadas gruesas
- 100 g de algas kombu secas, rehidratadas y picadas gruesas
- 100 g de sal kosher o marina
- 7 guindillas ojo de pájaro (opcional)

Coloque la algarroba en una cazuela, cúbrala con agua fría y llévela a ebullición. Cuézala 40 minutos hasta que esté tierna. Retírela del fuego, escúrrala y déjela enfriar por completo. Córtela por la mitad a lo largo, retire las semillas y píquela en trozos grandes.

Triture la algarroba con la raíz de loto, la raíz de bardana, las setas shiitake y las algas kombu en un robot de cocina o una batidora hasta obtener una pasta. Agregue la sal y las guindillas, si utiliza y remueva para que se mezclen. Pase la mezcla a un tarro de cristal de 2 litros esterilizado, séllelo y deje que la mezcla fermente a temperatura ambiente de 1 a 2 semanas.

Use la pasta como condimento o mezcle una parte con tres partes de dashi. También puede incorporar algas horneadas en juliana y dejarla fermentar de nuevo. Si lo prefiere, tritúrela con otros condimentos como sake, mirin o salsa tamari y utilícela para acompañar arroz.

SETAS SHIMEJI ENCURTIDAS CON HIERBALUISA

Para preparar las setas, mézclelas con la sal kosher en un bol y déjelas reposar durante 1 hora hasta que suelten su líquido.

Para preparar la infusión de hierbaluisa, lleve a ebullición el agua filtrada en una cazuela, retírela del fuego y déjela enfriar a 80 °C. Mientras, coloque las hojas de hierbaluisa en una lámina de muselina y ate los lados para obtener una bolsita. Colóquela en un bol refractario, vierta el agua caliente por encima y déjela infusionar durante 1 hora. Cuele la infusión y deseche la bolsita.

Para preparar el escabeche, mezcle en una cazuela los dos tipos de vinagre con el zumo de yuzu y el sirope de arce y llévelo a ebullición. Retírelo del fuego y vierta el agua de azahar. Sale al gusto y resérvelo.

Cuele las setas, lávelas y póngalas en un tarro de cristal esterilizado de 2 litros. Cúbralas con el escabeche y selle el tarro. Déjelas encurtir a temperatura ambiente 2 días como mínimo.

Sirva las setas como condimento o acompañamiento de otros platos. El escabeche se puede utilizar como vinagre para preparar salsas.

Preparación: 1 hora y 30 minutos, más 2-4 días para encurtir
Cocción: 20 minutos

Para unos 700 g

Para las setas:
- 1 kg de setas shimeji marrones, solo los sombrerillos
- 1 kg de setas shimeji blancas, solo los sombrerillos
- 50 g de sal kosher

Para la infusión de hierbaluisa:
- 2 litros de agua filtrada
- 8 cdas. de hierbaluisa

Para el escabeche:
- 600 ml de vinagre de arroz
- 200 ml de vinagre de champán con cítricos
- 100 ml de zumo de yuzu
- 450 ml de sirope de arce
- 2 cdtas. de agua de azahar, y un poco más
- sal, preferiblemente sal rosa del Himalaya

TOFU FERMENTADO

Preparación: 2 días,
más 6 semanas para fermentar
Sin cocción

Para unos 800 g

- 150 g de hojas de shiso
- 50 g de hojas de perilla o de cualquier planta silvestre de temporada
- 1 kg de tofu firme
- sal kosher
- 5 kg de pasta de soja fermentada

Lave las hojas de shiso y las hojas de perilla y séquelas en una centrifugadora de verduras. Colóquelas en un deshidratador a 60 °C 2 horas hasta que estén completamente secas. A continuación, tritúrelas hasta obtener un polvo.

Envuelva el tofu en muselina y estrújelo para eliminar el agua (utilice guantes de látex esterilizados para realizar este proceso). Péselo y calcule el 4 por ciento; esta será la cantidad de sal kosher que deberá utilizar. Cúbralo con la sal, colóquelo en una muselina limpia y envuélvalo firmemente. Dispóngalo en una rejilla metálica sobre un bol, ponga un peso encima y resérvelo toda la noche para eliminar el máximo de agua posible.

Deseche el agua del tofu y abra la muselina. Pase el tofu a un bol y añada el polvo de hojas de shiso y de perilla. Póngase unos guantes de látex y mézclelo todo bien con las manos. Envuélvalo de nuevo en la misma muselina.

Esterilice bien la superficie de trabajo y un recipiente rectangular lo suficientemente grande como para que quepa el tofu y la pasta de soja. Disponga una capa de 2,5 cm de pasta de soja en la base del recipiente y coloque el tofu encima. Distribuya la pasta de soja restante sobre el tofu. Tape el recipiente y envuélvalo en papel de cocina para que no pase la luz. Déjelo reposar en un lugar oscuro y ventilado a temperatura ambiente (entre 20 y 26 °C) 6 semanas como mínimo. Compruebe cada semana que no se formen hongos filamentosos o que el tofu no adquiera olor a podrido. (Esto no debería ocurrir, puesto que la pasta de soja y el tofu contienen sal suficiente como para actuar de conservante.) Deseche toda el agua que se forme.

Cuando esté listo, el tofu debería tener una textura cremosa y un sabor ligeramente fermentado, pero con matices ricos y duraderos a umami.

Utilícelo a temperatura ambiente para elaborar la base de una sopa o una salsa, o precaliente el horno a 150 °C, caliéntelo unos 10 minutos y úselo como salsa. Si lo prefiere, hornéelo 45 minutos y séquelo en un deshidratador. Tritúrelo hasta obtener un polvo fino que sirva como sustituto de la sal.

SOPA DE CALABAZA KABOCHA

ESTADOS UNIDOS

Preparación: 1 día
Cocción: 2 horas

Para 10 personas

- 4 calabazas kabocha pequeñas o medianas
- 1,4 litros de leche de coco
- 2 cdtas. de curry suave en polvo, y un poco más
- 2 manos de Buda pequeñas o medianas, yuzu o cidra
- 480 ml de dashi
- 15 ml de aceite de limón
- crema de pacana (opcional)
- sal, preferiblemente sal rosa del Himalaya
- salsa picante, como tabasco (opcional)
- 30 mochi (véase pág. 417), para servir

Pele 2 calabazas y retíreles las semillas (guárdelas para utilizarlas en otra ocasión). Corte la pulpa en trozos de 3 cm y póngala en un bol refractario con la leche de coco y el curry en polvo. Tape el bol, colóquelo en una cazuela con agua hirviendo, asegurándose de que el fondo no toca el agua y cueza la calabaza al vapor unos 40 minutos hasta que esté tierna. (También puede cocerla al vapor en el microondas en un bol con un poco de agua.)

Mientras, eche agua con sal en una cazuela, llévela a ebullición y prepare un bol de agua con hielo. Corte 2 rodajas finas de la mano de Buda, yuzu o cidra y escáldelas en el agua hirviendo unos segundos. Sáquelas con una espumadera y páselas al bol de agua con hielo. Cuélelas y resérvelas.

Pase la calabaza cocida por un chino y reserve la pulpa y la leche de cocción por separado. Dependiendo de lo madura que esté la calabaza, deberá utilizar más o menos leche para preparar la sopa.

Triture la sopa en dos tandas en una batidora con la pulpa de calabaza cocida, la leche de cocción colada, el dashi y las manos de Buda reservadas. Sazone con el aceite de limón, la crema de pacana (si utiliza) y la sal. Si lo desea, puede agregar salsa picante.

Cuele la sopa y vierta 240 ml en cada bol. Añada 3 mochi y 3 trozos de la calabaza kabocha restante en cada bol y sirva la sopa de inmediato.

ESTADOS UNIDOS

MANO DE BUDA EN CONSERVA CON SIROPE DE MARACUYÁ

Preparación: 1 día
Cocción: 10 minutos

Para unos 700 g

- sal kosher
- 1 mano de Buda en tiras finas
- 500 g de azúcar
- 3 cdas. de sirope de maracuyá

Eche agua con sal en una cazuela, llévela a ebullición y prepare un bol de agua con hielo. Escalde la mano de Buda unos segundos y pásela de inmediato al bol de agua con hielo. Cuélela y póngala en un tarro de cristal de 2 litros con tapa de rosca o de clip.

Caliente el azúcar en una cazuela a fuego vivo con 480 ml de agua y remueva hasta que se disuelva por completo. Agregue el sirope de maracuyá y remueva bien. Vierta el sirope en el tarro y ciérrelo. Déjelo reposar a temperatura ambiente 1 día como mínimo. Resérvelo en el frigorífico hasta 1 semana. Para utilizar la mano de Buda, píquela y sírvala como guarnición en el plato que desee.

ESTADOS UNIDOS

KIMCHI DE CALABAZA KABOCHA ASADA

Preparación: 25 minutos, más 3-4 horas para infusionar
Cocción: 40-50 minutos

Para 4 personas

- ½ calabaza kabocha despepitada y en trozos de 1,5 cm de grosor
- 200 ml de dashi
- 50 ml de zumo de yuzu
- 100 g de mano de Buda en conserva (véase receta anterior)
- sal kosher
- 3 cdas. de aceite de limón

Coloque un bol en una balanza a cero, añada la calabaza kabocha, el dashi, el zumo de yuzu y la mano de Buda. Calcule el 7 por ciento del peso total: esta será la cantidad de sal que deberá agregar. Añada la sal al bol y remueva todo bien. Séllelo al vacío y resérvelo 3 o 4 horas a temperatura ambiente para que infusione.

Precaliente el horno a 180 °C. Escurra la mezcla de calabaza, reservando el líquido para utilizarlo en otra ocasión y pásela a una bandeja de horno. Rocíela con el aceite de limón y sale al gusto. Hornéela de 40 a 50 minutos hasta que esté tierna y caramelizada de manera uniforme.

MOCHI DE CALABAZA KABOCHA RELLENOS DE CHOCOLATE PICANTE

ESTADOS UNIDOS

Preparación: 1 día
Cocción: 1 hora

Para unos 700 g

Para los mochi de calabaza:
- 350 g de calabaza kabocha
- 2 cdas. de dashi
- 2 cdtas. de aceite de limón, más 1 cda.
- 1 cdta. de sal kosher
- 4 cdtas. de miel
- sal, al gusto
- 2 cdas. de mano de Buda en conserva picada (véase pág. 416)
- 350 g de harina de arroz glutinoso, y un poco más
- 50 g de harina de tapioca
- 50 g de azúcar
- 2 cdtas. de levadura en polvo
- 20 g de kinako (harina de soja tostada)

Para el relleno:
- 30 g de chocolate negro picante, como Valrhona
- 50 g de pipas de calabaza
- 25 g de pistachos
- 25 g de pipas de girasol
- 1 cda. de crema de pacana (opcional)
- 1 cda. de miel

- aceite de oliva, para freír
- azúcar glas, para adornar
- cacao puro en polvo, para adornar

Para preparar los mochi de calabaza, pele la calabaza y retire las semillas. Corte la pulpa en trozos de 2 cm y colóquela en un bol refractario junto con el dashi, 2 cucharaditas de aceite de limón y la sal kosher. Disponga el bol en una vaporera sobre una olla de agua hirviendo y cueza la calabaza al vapor 40 minutos hasta que esté tierna.

Cuele la calabaza, reservando el agua de cocción para utilizarla en otra ocasión. Mézclela en una cazuela con la miel y la mano de Buda, y cháfelas hasta obtener un puré grueso.

Mezcle en un bol la harina de arroz glutinoso con la harina de tapioca, el azúcar, la levadura y la harina de soja. Remueva bien y añada la mezcla al puré de calabaza. Vierta, poco a poco, 100 ml de agua filtrada caliente y el aceite de limón restante. Remueva y trabaje la masa con las manos, agregando más agua caliente o harina de arroz para ajustar la consistencia, hasta obtener una masa medianamente firme que no esté pegajosa ni seca. Resérvela.

Para preparar el relleno, pique el chocolate, las pipas y los pistachos. Mézclelos en un bol con la crema de pacana (si utiliza), la miel y la sal y remueva bien.

Caliente el aceite en una freidora o una sartén de hierro fundido a 160 °C.

Mientras, divida la masa en porciones de 20 g y deles forma de bolitas del tamaño de pelotas de golf. Presione con el pulgar el centro de cada bolita, añada un poco del relleno y deles forma de bola de nuevo.

Fría los mochi por tandas 4 o 5 minutos, suba el fuego para que la temperatura del aceite aumente a 170 °C. Estarán listos cuando floten en la superficie. Déjelos escurrir sobre papel de cocina. Adórnelos con el azúcar glas o el cacao en polvo y sírvalos de inmediato.

TONY LU

•

FU HE HUI

•

CALLE YUYUAN 1037 . CHANGNING . SHANGHÁI . CHINA . 200050

Lu Yi Ming (Tony Lu) nació y creció en Shanghái, China. A los 18 años ya tenía claro que su futuro estaba entre los fogones. A partir de ese momento solo tardó tres años en convertirse en chef de un restaurante. Famoso por sus profundos conocimientos culinarios, enseguida saltó a la fama internacional por su trabajo en los mejores restaurantes independientes chinos: Fu1039, Fu1088 y Fu1015. En 2013 comenzó a trabajar en un restaurante de concepto vegano, Fu He Hui, desde donde ofrece una cocina tradicional marcada con toques de modernidad y presidida por productos frescos de temporada que obtiene de las granjas locales. Fu He Hui supuso el inicio de una nueva era para la cocina vegana en China y ha sido ampliamente aclamado por promover un estilo de vida saludable y una nueva actitud ante la vida.

CHINA

REBOZUELOS CON PURÉ DE ESPÁRRAGOS Y MAÍZ

Preparación: 10 minutos,
más 10 horas para refrigerar
Cocción: 15 minutos

Para 4 personas

- 100 g de harina de fuerza
- sal
- aceite de girasol, para untar y freír
- 120 g de espárragos verdes
- aceite de oliva, para freír
- 15 g de granos de maíz
- 120 ml de caldo de verduras
- 30 g de rebozuelos

En un bol, mezcle la harina con una pizca de sal y 3 cucharadas más 1 cucharadita de agua y remueva hasta obtener una masa. Trabájela bien, dele forma de rectángulo y úntela con el aceite de girasol. Cúbrala y refrigérela 10 horas.

Sáquela y déjela a temperatura ambiente. Cubra 5 cm de una cazuela con aceite de girasol y caliéntelo a fuego medio-alto hasta que alcance los 130 °C. Divida la masa en 4 porciones, deles forma de rizo y fríalos unos 3 minutos hasta que se doren. Resérvelos.

Lleve a ebullición un cazo de agua con sal. Baje el fuego, eche los espárragos y cuézalos unos 2 minutos hasta que estén tiernos. Páselos a una batidora y píquelos finos.

Caliente un poco de aceite de oliva en una sartén a fuego medio y agregue los espárragos picados y el maíz. Sofríalos, sin dejar de remover, unos 4 minutos hasta que estén calientes. Vierta el caldo de verduras, caliéntelo y sale al gusto. Retire el puré del fuego y resérvelo.

En otra sartén, caliente un poco de aceite oliva a fuego medio y sofría los rebozuelos, sin dejar de remover, de 5 a 7 minutos hasta que se doren.

Para servir, coloque una capa del puré de espárragos picados y maíz en 4 platos, cúbrala con los rebozuelos y decórela con los rizos fritos.

SALTEADO DE SETAS

CHINA

Cueza la calabaza en una cazuela con agua hirviendo unos 20 minutos hasta que esté tierna. Pásela a una batidora y tritúrela hasta obtener un puré fino.

Precaliente el horno a 60 °C. Mezcle el sustituto de huevo con una pizca de sal en un ramequin y hornéelo 30 minutos hasta que se seque por completo. Macháquelo bien en un mortero.

Caliente la mitad del aceite de oliva en una sartén a fuego medio y fría el sustituto de huevo machacado unos 4 minutos hasta que esté crujiente. Añada el puré de calabaza y baje el fuego. Agregue el azúcar y el extracto de setas y remueva todo bien. Resérvelo caliente.

Caliente el aceite de oliva restante en otra sartén a fuego medio y sofría las setas y la coliflor, sin dejar de remover, unos 10 minutos hasta que estén tiernas y tostadas. Sale al gusto, vierta los dos tipos de salsa por encima y retírelas del fuego.

Disponga el puré de calabaza en 4 platos y coloque las setas y la coliflor por encima. Adórnelos con los brotes de guisantes y sírvalos.

Preparación: 10 minutos
Cocción: 15 minutos

Para 4 personas

- 85 g de calabaza pelada
- 2 cdas. de sustituto de huevo diluidas en 2 cdas. de agua
- 4 cdas. de aceite de oliva
- 2 cdtas. de azúcar
- 4 cdtas. de extracto de setas
- 350 g de setas *Collybia albuminosa*
- 140 g de coliflor
- 2 cdtas. de salsa de soja ligera
- 4 gotas de salsa de ostras vegana
- sal
- 15 g de brotes de guisantes, para adornar

CHINA

HONGOS GANBAJUN PICANTES CON ORZO Y GUISANTES

Preparación: 10 minutos
Cocción: 25 minutos

Para 4 personas

- 85 g de hongos ganbajun (*Thelephora ganbajun*)
- sal
- 60 g de orzo
- 30 g de guisantes pelados
- 4 cdtas. de aceite de oliva
- ½ cdta. de jengibre fresco rallado
- 1 cebolleta limpia y picada fina
- 1 guindilla roja seca machacada
- 4 gotas de salsa de soja ligera
- 2 cdtas. de salsa de ostras vegana

Lave los hongos con agua para eliminar cualquier residuo y pártalos en trozos.

Lleve a ebullición una cazuela de agua con sal. Eche el orzo y cuézalo unos 8 minutos hasta que esté al dente. Escúrralo y resérvelo.

Lleve a ebullición otra cazuela de agua con sal. Eche los guisantes y cuézalos unos 5 minutos hasta que estén tiernos. Escúrralos y resérvelos.

Caliente el aceite de oliva en una sartén a fuego medio y sofría el jengibre, la cebolleta y la guindilla molida alrededor de 1 minuto hasta que desprendan su aroma. Agregue los hongos y sofríalos de 10 a 15 minutos hasta que se tuesten y estén tiernos.

Mezcle los hongos con el orzo, sazone con los dos tipos de salsa y esparza los guisantes por encima. Sírvalos de inmediato.

MICHEL BRAS

•

LE SUQUET

•

ROUTE DE L'AUBRAC . 12210 LAGUIOLE . FRANCIA

Michel Bras nació en Gabriac, en el sur de Francia, en 1946. Sus padres dirigían el hotel restaurante Lou Mazuc, cerca de Laguiole, donde se inició en la cocina local. Chef autodidacta, estudió con pasión la literatura gastronómica y exploró diversos caminos antes de crear su propio estilo culinario. Con su mujer, Ginette, se labró una excelente reputación en Lou Mazuc. En 1992 abrió Le Suquet, en las tierras altas de Aubrac, cumpliendo así su sueño de tener un restaurante en medio de la naturaleza. La cocina de Bras, célebre por los ingredientes que utiliza, en especial las plantas silvestres y las flores comestibles, exalta lo mejor que la naturaleza ofrece y ha creado escuela. En la actualidad, su hijo Sébastien y su mujer, Véronique, continúan manteniendo el alto nivel del restaurante, distinguido con tres estrellas Michelin.

FRANCIA

GARGOUILLOU DE VERDURAS TIERNAS

Preparación: 8 horas,
más 3-4 horas para infusionar,
10-24 horas en remojo y 3-4 días para brotar
Cocción: 8 horas

Para varias personas en función
de la cantidad de verduras

Para las verduras perennes:
- espárragos verdes, helechos, brotes de lúpulo, nueza negra, alcachofas, cardos
- sal
- mantequilla vegana o aceite de oliva, para saltear
- caldo de verduras aromatizado con semillas de cilantro, ralladura de naranja, chalotas y un poco de aceite aromático

Para las verduras de hoja y flores:
- amaranto, amaranto naranja gigante, armuelle verde y rojo, espinacas de Malabar, cenizo y consuelda, espinacas, perejil, espinacas de Nueva Zelanda, col, col china pe-tsai, pak choi, col picuda, coles de Bruselas, hojas de mostaza
- sal
- acelgas, flores de borraja blanca, apio
- buchu, grelos, brotes de col
- brócoli, coliflor
- berros, clavo, geslu, anémona de tierra, pamplina, hojas de lechuga de colores
- salsa vegana (opcional)

Para los bulbos:
- ajo común, ajos silvestres, ajos pardos, chalotas, cebollas grelot
- sal
- cebollas de verdeo, cebolletas, cebollas tiernas, puerros, cebollas blancas
- hinojo
- cebollas de Cévennes, cebollas Lézignan

Para las verduras de raíz:
- apios americana, zanahorias, raíz de perifollo, escaravías, nabos, chirivías, raíz de perejil, rábanos, colirrábanos, tupinambo
- sal
- remolachas, remolachas Crapaudine
- rábanos negros, daikon
- apionabos, salsifíes, salsifíes negros
- crosne, castañuelas
- bardanas, ruiponces
- mantequilla vegana o aceite, para saltear (opcional)

Con el paso de las estaciones, los huertos, los mercados y la naturaleza en general ofrecen una gran variedad de hortalizas, hierbas, hojas y semillas. El *gargouillou*, un plato clásico reinventado por Bras, combina los colores y los sabores de estos productos con total libertad. Puede utilizar todo tipo de verduras, raíces, brotes, legumbres y flores. La lista es interminable. Deje que la inspiración le guíe mientras juega con los matices y elabore un plato que se acomode a sus preferencias.

Para preparar las verduras perennes, limpie los espárragos, los helechos, los brotes de lúpulo y la nueza negra, desechando la parte dura de los tallos o raspándola, según sea necesario. Cuézalos o blanquéelos en agua con sal. Enfríelos en un bol de agua con hielo, escúrralos y resérvelos.

Para preparar las alcachofas, retire las hojas exteriores más duras y tornéelas, dejando solo los corazones. Retire las hojas de los cardos y corte los tallos en trozos pequeños. Lleve a ebullición el caldo aromatizado, añada las alcachofas y los cardos y cuézalos a fuego lento hasta que estén tiernos. Resérvelos.

Para preparar las verduras de hojas y flores, retire los tallos o los nervios duros centrales. Saltee ligeramente las hojas tiernas en aceite varios minutos. Cueza las hojas más duras en agua con sal hasta que estén tiernas, escúrralas y enfríelas en un bol de agua con hielo. Resérvelas.

Separe las hojas de los diferentes tipos de col y cuézalas como se indica en el paso anterior. Resérvelas.

Separe las hojas de acelgas, borrajas y apio y retire las hebras de los tallos. Cuézalas por separado durante 1 minuto hasta que estén tiernas. Escúrralas, enfríelas en un bol de agua con hielo y resérvelas. Si lo prefiere, cueza las hojas en la salsa vegana hasta que estén tiernas.

Ate el buchu, los grelos y los brotes de col en atadillos. Cuézalos en abundante agua salada hasta que estén tiernos. Escúrralos, enfríelos en un bol de agua con hielo y resérvelos.

Separe los ramitos de brócoli y coliflor de los tallos. Seleccione los tallos más tiernos, retire la capa más dura y córtelos en rodajas finas. Cueza los ramitos y los tallos por separado en agua con sal 3 minutos. Escúrralos, enfríelos en un bol de agua con hielo y resérvelos.

Seleccione las mejores hojas del grupo de los berros y retíreles los tallos. Aunque se suelen consumir crudas, si lo desea, puede cocer ligeramente algunas hojas como se indica en el paso anterior.

Para preparar los bulbos, pele los ajos (comunes, silvestres y pardos), las chalotas y las cebollas grelot. Cuézalos en agua salada hasta que estén tiernos o, mejor, en el caldo aromatizado de las verduras perennes. Si lo prefiere, hornéelos con piel. Resérvelos.

Lave las cebollas de verdeo, las cebolletas, las cebollas tiernas, los puerros y las cebollas blancas. Separe las partes blancas de las verdes. Cuézalas en agua con sal o caldo hasta que estén tiernas, primero las partes blancas y, a continuación, las verdes. Escúrralas, enfríelas en un bol de agua con hielo y resérvelas.

Retire las hojas del hinojo. Puede utilizar el bulbo crudo, cocido o estofado, como se indica en el paso anterior de los ajos. Resérvelo.

Pele las cebollas de Cévennes y las Lézignan. Envuélvalas en papel de aluminio y áselas a 200 °C hasta que estén tiernas. Resérvelas.

Para preparar las verduras de raíz, pele las raíces del grupo de los apios americana con un cuchillo, dejando un ramillete de hojas en las raíces más pequeñas. Córtelas a lo largo con una mandolina hasta que tengan 3 mm de grosor y cuézalas en agua con sal hasta que estén tiernas. Escúrralas y resérvelas. Si lo desea, puede triturar los apios americana y las raíces de perifollo y perejil.

Cueza los dos tipos de remolacha en agua hasta que estén tiernas. También puede utilizarlas crudas, ralladas o en juliana. Resérvelas.

Frote los rábanos negros y el daikon con papel de lija, lávelos y córtelos hasta que tengan 3 mm de grosor. Si lo desea, saltéelos ligeramente en aceite hasta que estén tiernos. Resérvelos.

Retire la piel dura exterior del apionabo y los dos tipos de salsifíes, y píquelos. Cuézalos por separado en agua con sal y un poco de aceite para evitar que se oxiden. Escúrralos y resérvelos.

Limpie el crosne y las castañuelas frotándolos con sal gruesa y entre ellos. Lávelos. Saltee ligeramente el crosne hasta que esté tierno. Resérvelo. Las castañuelas se pueden consumir crudas.

Limpie las raíces de bardana y ruiponce. Puede utilizarlas crudas o cocidas. Resérvelas.

Para preparar las verduras y legumbres, quite las hebras de las judías verdes, las judías verdes Saint Fiacre y los tirabeques. Cuézalos por separado en abundante agua con sal hasta que estén tiernos y resérvelos.

Pele las habas y cuézalas en agua con sal hasta que estén tiernas. Enfríelas en un bol de agua con hielo, escúrralas y retire la piel de cada una de ellas. Resérvelas.

Prepare las judías pintas, las flageolet, las lentejas, los garbanzos, las almortas, las ocras y la soja según sea necesario. Estas legumbres requieren cocción a fuego lento con acompañamientos. Resérvelas.

Para preparar las verduras de fruto, corte los chayotes, la calabaza bonetera, los calabacines y la calabaza espagueti en rodajas de 3 mm de grosor. Cuézalos en agua con sal o saltéelos en mantequilla vegana o aceite aromático hasta que estén tiernos. Resérvelos.

Limpie y corte los pepinos frescos. Resérvelos cubiertos con sal unas pocas horas para que suelten el agua. Lávelos, séquelos con papel de cocina y saltéelos en aceite aromático hasta que estén tiernos. Resérvelos. Los pepinillos encurtidos se pueden servir tal cual.

Pele los tomates rojos y amarillos, retire las semillas y resérvelos.

Pele los tomates verdes, retire las semillas y haga mermelada.

Vierta un poco de aceite sobre los pimientos y hornéelos a temperatura muy alta. Deseche la piel chamuscada y sumerja la carne en el aceite.

Para las verduras y legumbres:

- judías verdes, judías verdes Saint Fiacre, tirabeques, habas
- sal
- judías pintas, judías flageolet, lentejas, garbanzos, almortas, ocra, soja

Para las verduras de fruto:

- chayotes, calabaza bonetera, calabacines, calabaza espagueti
- sal
- pepino fresco, pepinillos encurtidos
- tomates rojos y amarillos
- tomates verdes
- pimientos rojos, verdes o amarillos
- calabaza kuri o calabaza de invierno
- mantequilla vegana o aceite aromático, para saltear

Para los boletos:

- 200 g de boletos pequeños
- 100 ml de aceite
- 2 dientes de ajo
- 10 semillas de cilantro
- 4 ramitas de tomillo silvestre
- 1 hoja de laurel
- perejil
- 5 granos de pimienta
- sal
- el zumo de 1 limón

Para el aceite de perejil:

- 30 g de perejil
- 50 ml de aceite de semillas de uva
- sal

Para las hierbas silvestres:

- pimpinela menor, milenrama, nueza negra

Para los brotes:

- alfalfa, fenogreco, trigo, garbanzos, lentejas, soja

Puede germinar las semillas de muchas variedades de plantas: cereales, brassicas, hortalizas, legumbres, hierbas mucilaginosas, plantas oleaginosas y plantas de la familia de las apiáceas.

Para las verduras de hojas vidriosas:

- hierbas de la huerta
- verduras de hoja
- aceite aromático
- sal de Guérande

Para servir:

- mantequilla vegana
- finas hierbas (estragón, perejil, cebollino, cilantro, perifollo), para adornar

Pele los dos tipos de calabaza, pique la pulpa y cuézala en agua con sal hasta que esté tierna. Escúrrala, tritúrela y resérvela.

Para preparar los boletos, raspe los tallos con un cuchillo. Limpie los sombrerillos y los tallos con un paño húmedo. Escáldelos durante 30 segundos. Escúrralos, enfríelos en un bol de agua con hielo y séquelos con papel de cocina. Eche en una cazuela el aceite, 50 ml de agua, el ajo, las semillas de cilantro, las hierbas y los granos de pimienta y sale al gusto. Llévelo a ebullición y cuézalo 5 minutos. Agregue los boletos y cuézalos durante 5 minutos. Sazone con el zumo de limón, rectifique la sazón si fuera necesario y resérvelos. (Puede adaptar este método a cualquier otra variedad de setas pequeñas y firmes.)

Para preparar el aceite de perejil, recoja y lave el perejil. Sumérjalo en el aceite de semillas de uva con una pizca de sal. Déjelo infusionar 3 o 4 horas y páselo por un colador de malla fina. El aceite se puede guardar varios días en el frigorífico. (Puede hacer más y utilizarlo en otra ocasión. También puede preparar un aceite similar con cebollino, cebolla de verdeo y apio silvestre.)

Para preparar las hierbas silvestres, recoja y lave la pimpinela menor, la milenrama y la nueza negra, junto con otras plantas, flores y raíces silvestres que pueda recolectar.

Para preparar los brotes, ponga en remojo las semillas en un semillero o un tarro. El tiempo de germinación dependerá de la variedad de la semilla: la alfalfa, el fenogreco y el trigo requieren de 10 a 12 horas; y los garbanzos, las lentejas y la soja, de 12 a 24.

Coloque las semillas en el semillero o el tarro y cúbralas con agua. Ponga una muselina por encima y asegúrela con una goma elástica. Resérvelas el tiempo que sea necesario.

Cuando las semillas hayan germinado, deseche el agua y lávelas bien. Cubra de nuevo el semillero o el tarro con la muselina y colóquelo en un ángulo de 45 grados con la abertura hacia abajo. Cubra todo el semillero o el tarro con un paño oscuro, resérvelo y lave las semillas dos veces al día. Para que el germinado sea el adecuado, mantenga las semillas húmedas, calientes, en un lugar oscuro y ventilado. Los brotes estarán listos en un par de días. Puede mantenerlos frescos lavándolos regularmente. Algunas semillas no necesitan oscuridad para germinar.

Para preparar las verduras de hojas vidriosas, precaliente el horno a 95 °C. Recoja las hojas y lávelas bien, evitando que se arruguen. Escáldelas y séquelas con un paño. Úntelas con una gota de aceite aromático para que tengan más brillo. Sálelas al gusto. Colóquelas en una bandeja de horno forrada con papel vegetal y hornéelas hasta que estén brillantes y quebradizas como el cristal, con el color intacto. Resérvelas. (Puede emplear este método con muchas otras hierbas y verduras de hoja, como por ejemplo perejil, estragón, col y puerro.)

Cuando vaya a servir, caliente la mantequilla en una sartén a fuego medio y añada el caldo de verduras. Agregue otra nuez de mantequilla para obtener una emulsión y eche las verduras preparadas para que se calienten. Dispóngalas en los platos de forma armoniosa.

Adórnelas con los extremos de las finas hierbas, las hierbas silvestres, los brotes y las hojas vidriosas. Para terminar, agregue los boletos y el aceite de perejil.

ALEXIS GAUTHIER

•

GAUTHIER SOHO

•

21 ROMILLY STREET . LONDRES W1D 5AF . REINO UNIDO

Alexis Gauthier nació en Aviñón, Francia, y se formó bajo las órdenes de Alain Ducasse en sus grandes hoteles de Niza y Mónaco. Ahí forjó los cimientos de su estilo culinario: una celebración sencilla y sin complicaciones de los mejores productos de temporada, en la que los ingredientes estrella suelen ser las frutas y las hortalizas. Tras una breve estancia en California, se trasladó a Londres para ser jefe de cocina de Roussillon, donde ofreció el primer «menú de la huerta» de Londres y obtuvo su primera estrella Michelin. En 2010 abrió Gauthier Soho.

REINO UNIDO

BOLETOS ASADOS CON AJO NEGRO, ESPELTA Y ZUMO DE PEREJIL

Preparación: 1 hora
Cocción: 35 minutos

Para 4 personas

Para la espelta:
- 200 g de espelta
- 6 dientes de ajo picados gruesos
- 1 zanahoria grande en rodajas finas
- 1 hoja de laurel
- 4 ramitas de tomillo
- sal

Para la crema de ajo:
- aceite de oliva
- 3 cabezas de ajo negro cortadas por la mitad a lo ancho
- 2 boletos grandes limpios y picados gruesos
- 250 g de champiñones limpios y picados gruesos
- ½ chalota en rodajas
- 100 ml de brandy

Para los boletos:
- 8 boletos grandes limpios
- aceite de oliva
- 2 dientes de ajo en láminas finas

Para el zumo de perejil:
- aceite de oliva
- 100 g de guisantes frescos pelados
- sal
- ½ manojo de berros
- 1 manojo de perejil con las hojas separadas

Para preparar la espelta, precaliente el horno a 175 °C. En una cazuela de fondo grueso, mezcle la espelta con los dientes de ajo, la zanahoria, la hoja de laurel, el tomillo, 1,5 litros de agua y una pizca de sal y llévelos a ebullición a fuego lento. Tape la cazuela y colóquela en el horno 30 minutos hasta que la espelta esté hecha. Retírela del horno y déjela enfriar a temperatura ambiente.

Para preparar la crema de ajo, vierta un poco de aceite de oliva en una sartén a fuego lento y fría las cabezas de ajo boca abajo 5 minutos hasta que estén blandas. Pele los dientes de ajo, colóquelos en un bol y resérvelos.

Caliente un poco de aceite de oliva en la misma sartén a fuego lento. Agregue los boletos picados, los champiñones y la chalota y sofríalos 2 minutos. Añada el brandy y sofríalos otros 2 minutos hasta que se evapore el alcohol. Retírelos del fuego y páselos al bol con los dientes de ajo. Chafe bien la mezcla con un tenedor hasta que adquiera la consistencia de una crema espesa.

Para preparar los boletos, córtelos por la mitad a lo largo, asegurándose de que los sombrerillos continúen unidos al tallo. Caliente un poco de aceite de oliva en una olla a fuego lento y añada los boletos y el ajo laminado. Sofríalos unos 4 minutos hasta que los boletos se doren y estén tiernos. No se exceda en la cocción para que no adquieran un sabor amargo. Retírelos del fuego y resérvelos.

Para preparar el zumo de perejil, caliente 2 cucharadas de aceite de oliva en una sartén a fuego lento hasta que empiece a burbujear. Agregue los guisantes y sofríalos ligeramente hasta que adquieran un color verde brillante sin que se tuesten. Sale al gusto. Agregue los berros y 200 ml de agua, tape la sartén y saltéelos 3 minutos a fuego vivo. Retire la sartén del fuego y añada las hojas de perejil. Pase la mezcla a una batidora y tritúrela hasta obtener un zumo muy diluido.

Cuando vaya a servir, mezcle la espelta con la crema de ajo y caliéntelos ligeramente. Disponga la mezcla en 4 platos hondos. Coloque algunos boletos asados por encima en cada plato y vierta el zumo de perejil. Sírvalos de inmediato.

REMOLACHA ASADA CON PURÉ DE APIONABO PICANTE Y ALMENDRAS TOSTADAS

REINO UNIDO

Preparación: 3 horas
Cocción: 45 minutos

Para 4 personas

Para las remolachas:
- 1 kg de sal marina en escamas
- 100 g de harina común
- 3 remolachas amarillas limpias
- 3 remolachas rojas limpias
- 3 remolachas cilíndricas limpias

Para el puré de apionabo:
- aceite de oliva virgen extra
- 1 apionabo pequeño en trozos grandes
- ¼ de cebolla blanca en rodajas gruesas
- 1 diente de ajo laminado
- sal
- 2 cdtas. de mostaza inglesa o de Dijon
- 40 g de rábano picante fresco rallado

Para las remolachas encurtidas:
- 100 g de azúcar extrafino
- 240 ml de vinagre de vino blanco
- 2 remolachas rojas en rodajas finas
- aceite de oliva virgen extra

Para servir:
- aceite de oliva virgen extra
- 2 cdtas. de semillas de mostaza
- 2 cdtas. de semillas de hinojo
- 40 g de almendras laminadas tostadas
- 1 pizca de pimienta negra recién molida

Para preparar las remolachas, precaliente el horno a 160 °C. Mezcle en un bol la sal marina en escamas con la harina y 175 ml de agua, y amase con las manos hasta obtener una mezcla de textura similar a la arena húmeda. Ponga las remolachas en una cazuela de hierro fundido y cúbralas con la mezcla de sal. Áselas en el horno 3 horas hasta que estén tiernas. Deseche la mezcla de sal. Cuando se hayan enfriado lo suficiente como para poder manipularlas, pélelas y córtelas en cuartos.

Para preparar el puré de apionabo, caliente 2 cucharadas de aceite de oliva en una cazuela de fondo grueso a fuego lento. Agregue el apionabo, la cebolla y el ajo y remueva hasta que estén calientes. Añada una pizca de sal y 175 ml de agua. Tape la cazuela y cueza las verduras a fuego vivo unos 4 minutos. Páselas a una batidora y tritúrelas hasta obtener un puré. Añada la mostaza y el rábano picante, remueva bien y resérvelo.

Para preparar las remolachas encurtidas, lleve a ebullición el azúcar y el vinagre en una cazuela. Retire la cazuela del fuego y añada las rodajas de remolacha. Déjelas encurtir hasta que el líquido se enfríe. Retírelas, séquelas bien y páselas a un bol. Rocíelas con aceite de oliva y resérvelas.

Cuando vaya a servir, precaliente el horno a 180 °C. Ponga los cuartos de remolacha en una bandeja de horno con un poco de aceite de oliva y sal y caliéntelos unos 10 minutos.

Coloque una cucharada abundante de puré de apionabo en el centro de 4 platos, reparta los cuartos de remolacha de manera uniforme sobre el puré y coloque las rodajas de remolacha encurtida entre ellos. Esparza las semillas de mostaza y de hinojo y las almendras tostadas por encima. Vierta unas gotas de aceite de oliva y espolvoree un poco de pimienta negra recién molida. Sírvalos de inmediato.

REINO UNIDO

ZANAHORIAS ASADAS CON CÍTRICOS CONFITADOS Y ENSALADA DE HIERBAS

Preparación: 1 hora y 30 minutos, más 6-12 horas para refrigerar
Cocción: 1 hora

Para 4 personas

Para la masa:
- 500 g de harina común
- 90 g de sal marina gruesa
- 2 ramitas de romero con las hojas separadas y picadas finas
- la ralladura fina de 2 naranjas
- el zumo de 2 naranjas

Para las zanahorias:
- 4 zanahorias grandes de colores
- aceite de oliva virgen extra
- sal marina en escamas

Para la guarnición:
- 250 g de azúcar
- 1 zanahoria grande en rodajas finas
- 8 kumquats
- ½ naranja en gajos pelados a lo vivo
- ½ naranja sanguina en gajos pelados a lo vivo
- ½ manojo de melisa con las hojas separadas
- ½ manojo de perifollo con las hojas separadas
- 6 cdtas. de aceite de oliva
- 2 cdtas. de vinagre balsámico añejo
- sal y pimienta negra recién molida

Para preparar la masa, mezcle la harina con la sal marina gruesa, el romero, la ralladura y el zumo de 2 naranjas y 175 ml de agua. Trabaje bien los ingredientes hasta obtener una masa fina y elástica. Envuélvala en film transparente y resérvela en el frigorífico 6 horas como mínimo o preferiblemente toda la noche.

Para preparar las zanahorias, precaliente el horno a 160 °C. Mezcle las zanahorias con aceite de oliva y sal en un bol. Resérvelas. Extienda la masa hasta obtener un rectángulo de 1 metro de largo y 15 cm de ancho. Disponga las zanahorias en la masa dejando el mismo espacio entre ellas por ambos lados. Corte la masa y envuelva las zanahorias, asegurándose de sellarlas bien. Espolvoréelas con un poco de harina, colóquelas en una bandeja de horno y áselas 40 minutos hasta que la masa esté crujiente y las zanahorias tiernas.

Mientras, prepare la guarnición. Mezcle el azúcar con 500 ml de agua en una cazuela a fuego medio-alto y llévelo a ebullición. Retírelo del fuego y agregue las rodajas de zanahoria y los kumquats. Déjelos enfriar, retírelos del almíbar y séquelos. Corte los kumquats en cuartos.

Ponga en un bol los kumquats junto con la zanahoria y añada las supremas de naranja, la melisa y el perifollo. Aliñe la mezcla con el aceite y el vinagre y salpimiente al gusto.

Para servir, corte los paquetitos de zanahoria por la mitad a lo largo y colóquelos en una fuente. Cúbralos con la guarnición y sírvalos.

JONATHAN KARPATHIOS

•

VORK & MES

•

PAVILJOENLAAN 1 . 2131 LZ HOOFDDORP . PAÍSES BAJOS

El chef Jonathan Karpathios se formó en Londres de la mano de Pierre Koffmann. Desde entonces ha trabajado en las mejores cocinas holandesas hasta convertirse, con apenas 26 años, en uno de los chefs más importantes del país. Cuando nació su hijo, en 2007, su punto de vista sobre la vida y el trabajo cambió de manera radical. Con el objetivo de promover la preparación y el consumo responsable de alimentos, Karpathios abrió su restaurante Vork & Mes. Su menú ofrece productos que él mismo cultiva en su invernadero y sus huertos.

APIONABO TOSTADO CON PERAS Y QUESO AZUL VEGANO

Preparación: 50 minutos
Cocción: 2 horas

Para 4 personas

- 1 apionabo
- 6 cdas. de aceite de oliva, y un poco más para aderezar
- sal y pimienta negra recién molida
- 2 peras maduras
- 25 g de rúcula
- 200 g de queso azul vegano desmenuzado

Lave el apionabo pero no lo pele. Córtelo en trozos grandes, póngalo en una cazuela con el aceite de oliva y sazone con sal y pimienta ligeramente. Saltéelo a fuego vivo hasta que se tueste de manera uniforme. Retírelo del fuego y déjelo enfriar. Mientras, pele las peras, descorazónelas y córtelas en cuñas.

Disponga la rúcula en 4 platos y cúbrala con el apionabo, las peras y el queso azul desmenuzado. Rocíelos con un poco de aceite de oliva virgen extra y espolvoree un poco de pimienta negra recién molida por encima.

TARTAS TATÍN CON CEBOLLAS ENCURTIDAS, COL KALE Y AJO

Para preparar el escabeche, mezcle en un cazo el azúcar con el vinagre y 240 ml de agua y llévelo a ebullición. Retírelo del fuego y déjelo enfriar a temperatura ambiente.

Para preparar las tartas, precaliente el horno a 180 °C.

Envuelva los dientes de ajo en papel de aluminio y hornéelos unos 30 minutos hasta que estén tiernos. Resérvelos. Baje la temperatura del horno a 160 °C.

Lleve a ebullición una olla de agua con sal, añada las cebollas y cuézalas de 15 a 20 minutos hasta que estén tiernas. Resérvelas.

Corte una cebolla en aros finos y póngala en el escabeche.

Mezcle el azúcar con 3 cucharadas de agua en una cazuela, llévelo a ebullición y caliéntelo unos 3 minutos, sin remover, hasta que se caramelice y adquiera un color cobre. Corte las 2 cebollas restantes por la mitad. Reparta el caramelo de forma uniforme entre 4 ramequines, coloque las cebollas encima y cúbralas con una lámina de hojaldre, presionando con firmeza para sellarlas.

Lleve a ebullición una olla de agua con sal y escalde la col kale unos 2 minutos. Escúrrala, déjela enfriar por completo en agua fría y séquela con papel de cocina.

Chafe los dientes de ajo asados y mézclelos con la nata de soja. Bata la mezcla hasta que adquiera la consistencia del yogur. Resérvela.

Coloque los ramequines en una bandeja de horno con borde y hornee las tartas 20 minutos o hasta que la masa esté crujiente.

Mezcle la col kale con el aceite de oliva y el vinagre, salpimiente al gusto y repártala entre las tartas. Distribuya por encima los aros de cebolla encurtidos y adórnelas con la mezcla de nata.

Preparación: 1 hora y 30 minutos
Cocción: 1 hora

Para 4 personas

Para el escabeche:
- 100 g de azúcar
- 100 ml de vinagre blanco

Para las tartas:
- 3 dientes de ajo
- sal y pimienta negra recién molida
- 3 cebollas
- 100 g de azúcar
- 4 láminas cuadradas de 15 cm de hojaldre vegano descongeladas
- 500 g de col kale sin tallos y picada
- 100 ml de nata de soja para montar
- 100 ml de aceite de oliva
- 3½ cdas. de vinagre de vino tinto

XAVIER PELLICER

•

CÉLERI

•

PASSATGE MARIMÓN 5 . 08021 BARCELONA . ESPAÑA

Xavier Pellicer es el chef del aclamado restaurante Céleri, en Barcelona. Su carta propone platillos gastronómicos a base de productos sanos y de calidad diseñados alrededor de ocho verduras de temporada.

ESPAÑA

COL ASADA, SERVIDA FRÍA, ACEITE DE MOSTAZA, RABANITOS Y CEBOLLA MORADA ENCURTIDA

Preparación: 35 minutos
Cocción: 2 horas y 45 minutos, más 3-4 días para macerar

Para 4 personas

- 1 col con todas las hojas
- aceite de oliva virgen extra
- aceite de girasol
- 75 ml de salsa Sempio jang (soja fermentada)
- 100 ml de mirin
- 75 g de azúcar moreno
- 100 ml de vinagre de sidra de manzana
- 16 rabanitos
- 4 cebollitas moradas pequeñas o medianas
- aceite de mostaza puro de la India
- flores y brotes frescos, para adornar (opcional)
- sal marina y pimienta negra recién molida

Precaliente el horno a 180 °C. Lave la col, inserte una sonda pinchada a corazón y hornéela hasta que alcance una temperatura de 75 °C.

Retire las hojas exteriores que estén bien tostadas y tritúrelas hasta obtener un polvo de hoja tostada.

Retire las capas siguientes hasta que solo queden las hojas más blancas y tiernas del centro de la col. Coloque las hojas separadas en una bolsa de vacío con aceite de oliva y de girasol a partes iguales. Cuézalas en un Roner o un horno de vapor durante 2 horas a 70 °C. Reserve el aceite de col.

Envuelva la parte central de la col con film transparente para que se termine de cocer con el calor residual. Una vez fría, envásela al vacío con la salsa Sempio un máximo de 24 horas para que se impregne y se compacte.

Caliente a fuego medio-alto el mirin con el azúcar moreno en una cazuela, sin dejar de remover, hasta que el azúcar se disuelva. Añada el vinagre, llévelo a ebullición y apague el fuego de inmediato. Reparta la preparación entre 2 boles de manera uniforme y déjela enfriar hasta que alcance una temperatura de 70 °C.

Mientras, corte los rabanitos en láminas. Pele las cebollas, córtelas por la mitad y escáldelas en agua. Coloque los rabanitos y las cebollas por separado en los boles. Cúbralos y déjelos macerar varios días.

Corte la parte central de la col en rodajas de 1 a 1,5 cm de grosor y divídala en triángulos del mismo grosor.

Para servir, coloque los triángulos de col en un plato, alíñelos con el aceite de col y añada una gota de aceite de mostaza en cada trozo. Disponga los rabanitos y las cebollitas encurtidas alrededor. Decórelo con flores y brotes frescos, si utiliza y espolvoree con polvo de hoja de col tostada. Salpimiente al gusto y rocíelo con un poco más de aceite de col por encima.

GAZPACHO DE REMOLACHA, TOMATE, UVA Y FLORES

ESPAÑA

Precaliente el horno a 160 °C. Retire y deseche las hojas de las remolachas. Salpimiente al gusto. Envuelva las remolachas en papel vegetal y hornéelas de 40 a 45 minutos, en función del tamaño. Pélelas y resérvelas.

Cuando se hayan enfriado lo suficiente como para poder manipularlas, píquelas y póngalas en un bol. Agregue los ingredientes restantes, cubra el bol y refrigérelo 2 o 3 horas.

Triture la mezcla de remolacha, por tandas, en una batidora y pásela por un colador de malla fina sobre un bol. Rectifique de sal y pimienta y refrigérela hasta que se enfríe bien.

Sirva el gazpacho en boles con las uvas, las flores y las láminas de remolacha cruda.

Preparación: 30 minutos, más 2-3 horas para refrigerar
Cocción: 40-45 minutos

Para 4 personas

- 1 kg de remolacha ecológica cocida (1,4 kg con hojas aprox.)
- sal y pimienta negra recién molida
- 750 g de tomates maduros ecológicos picados
- ½ cebolla de Figueres pelada y picada
- 50 ml de vinagre de jerez
- 125 ml de aceite de oliva virgen extra
- 75 g de copos de avena
- 16 uvas (4 por persona) peladas y cortadas en cuartos, para adornar
- flores, para adornar
- 1 remolacha mini ecológica cruda en láminas, para adornar

PATATA MACARIA Y JUDÍAS TIERNAS CON REBOZUELOS

Preparación: 40 minutos, más 2 horas para refrigerar
Cocción: 1 hora y 30 minutos

Para 4 personas

- sal gruesa, para hornear
- 500 g de patatas agrias
- 2 cdas. de sustituto de huevo diluidas en 2 cdas. de agua (opcional)
- la ralladura de ½ lima
- la ralladura de ½ limón
- 4 tallos de cebollino enteros, y un poco más picado fino
- perejil picado fino
- aceite de oliva virgen extra
- sal y pimienta negra recién molida
- 300 g de judías verdes perona
- 200 g de rebozuelos frescos

Precaliente el horno a 160 °C.

Cubra la base de una bandeja de horno con sal gruesa y disponga las patatas con piel encima. Áselas durante 1 hora aproximadamente, hasta que estén tiernas. Para asegurarse de que están hechas, pínchelas con un cuchillo de vez en cuando hasta que salga seco y con facilidad. Déjelas enfriar ligeramente.

Cuando aún estén tibias, córtelas por la mitad y retire la pulpa con una cuchara. Pásela por un pasapurés y colóquela en un bol. Añada el sustituto de huevo, si utiliza, la ralladura de limón y de lima y el cebollino y el perejil picados. Vierta un poco de aceite de oliva y remueva bien. Salpimiente al gusto.

Forre una bandeja de horno con papel vegetal y extienda la mezcla de patata hasta que tenga un grosor de 1 cm. Cúbrala con otra lámina de papel vegetal y déjela reposar un par de horas en el frigorífico.

Retire las hebras de las judías verdes con un pelador de verduras y cuézalas en agua con sal hasta que estén al dente.

Limpie los rebozuelos y saltéelos en una sartén con muy poco aceite. Salpimiente al gusto y resérvelos.

Corte el pastel de patata en 4 rectángulos del mismo tamaño, vierta un poco de aceite en una sartén antiadherente y dórelos por ambos lados.

Forme 4 atadillos de judías verdes con los tallos de cebollino, colóquelos en la sartén con el pastel de patata y caliéntelos.

Disponga una porción de pastel de patata en cada plato y coloque encima un atadillo de judías verdes y varios rebozuelos. Rocíelo con aceite de oliva y sírvalo.

ÍNDICES

ÍNDICE – GENERAL

Los números de página en *cursiva* remiten a ilustraciones.

ÍNDICE – RECETAS POR PAÍS

Los números de página en *cursiva* remiten a ilustraciones.

ÍNDICE – RECETAS POR PREPARACIÓN

Los números de página en *cursiva* remiten a ilustraciones.

ÍNDICE – RECETAS POR PLATO

Los números de página en *cursiva* remiten a ilustraciones.

Phaidon Press Limited
Regent's Wharf
All Saints Street
Londres N1 9PA

Phaidon Press Inc.
65 Bleecker Street
Nueva York, NY 10012

phaidon.com

Primera edición en español 2017

ISBN 978 0 7148 7494 4

Directora editorial: Emily Takoudes
Editora de proyecto: Olga Massov
Producción: Nerissa Vales
Fotografías: Sidney Bensimon
Diseño: Julia Hasting
Tipografía: Sean Yendrys
Responsable de la edición española:
Capucine Coninx

Traducción del inglés: Karen Fernández,
Rosa Plana, Ángeles Llamazares
y Elena Aranaz para Cillero & de Motta

Impreso en China

El editor desea expresar su agradecimiento a Olivia Mac Anderson, Vanessa Bird, Trish Burgess, Astrid Chastka, Jane Ellis, Salima Hirani, Dorothy Irwin, Lesley Malkin, João Mota, Tracey Smith y Ana Teodoro por su colaboración en esta obra.

Ilustraciones de Julia Hasting con iconos de thenounproject.com: raíz de Botho Willer (lomo, pág. 1, pág. 3, pág. 100 y pág. 446); frambuesas de Fiona Cardwell (contraportada); arándanos de walle_chan (contraportada); tarro 1 de Sbet (pág. 8); tarro 2 de Blaise Sewell (pág. 8); botella de Nikita Kozin (pág. 8); bolsa de Irene Hoffman (pág. 8); judías verdes de Clockwise (pág. 268); hoja 1 de Alessandro Sucaci (pág. 76); hoja 2 de John Fenton (pág. 8, pág. 76); zanahoria de Robert Bjurshagen (pág. 100); pasta de Andrew Fortnum (pág. 286).

Notas sobre las recetas

- La mantequilla siempre es sin sal, a no ser que se indique otra cosa.
- Las hierbas siempre son frescas, a no ser que se indique otra cosa.
- Salvo que se indique otra cosa, las frutas y verduras, como las cebollas y las manzanas, serán de tamaño mediano.
- La sal siempre es fina, a no ser que se indique otra cosa.
- Las migas de pan siempre son secas, a no ser que se indique otra cosa.
- Los tiempos de preparación y cocción son orientativos, pudiendo variar en función del horno. Si utiliza un horno de convección, siga las indicaciones del fabricante.
- Tenga cuidado al preparar recetas que conlleven un cierto riesgo, incluido el uso de altas temperaturas, llamas directas y procesos de fritura. Al freír, añada los alimentos poco a poco para que el aceite no salte, vista ropa de manga larga y no deje la sartén sola.
- Tenga cuidado al preparar productos fermentados. Utilice siempre utensilios perfectamente limpios y consulte con un experto en caso de duda.
- Cuando no se especifiquen cantidades, es el caso del aceite, la sal y las hierbas aromáticas utilizadas para terminar un plato, las cantidades serán siempre discrecionales y flexibles.
- Las hierbas, flores, hojas y brotes deben ser frescos, de procedencia limpia y segura. Tenga cuidado al recolectar ingredientes, solo se deben ingerir si un experto determina que son comestibles.
- Utilizaremos el sistema métrico decimal en todas las recetas.
- Las cucharadas serán rasas. 1 cdta. = 5 ml; 1 cda. = 15 ml.

Biografía del autor

Nacido en Toulouse, Francia, Jean-Christian Jury es un destacado chef vegano. En 2008 abrió La Mano Verde en Berlín, Alemania, donde recibió numerosos elogios en diferentes medios de comunicación internacionales. Actualmente reside en Los Ángeles, California, pero a menudo viaja por todo el mundo impartiendo clases de cocina vegana.

Agradecimientos del autor

Este libro ha sido posible gracias al trabajo y a la dedicación que mi equipo de La Mano Verde, en Berlín, ha realizado durante siete años: os estaré eternamente agradecido. Pusimos el listón muy alto y demostramos al mundo entero que la cocina vegana puede ser sana y sabrosa. Gracias de todo corazón a mis queridos clientes y amigos por el apoyo que siempre me brindasteis durante los maravillosos años que pasé en Berlín.

Un agradecimiento muy especial para mi hija Naomi. Gracias también a mi querida profesora Rosario Olivas Weston, autora de libros de cocina y presidenta de la Academia Peruana de Historia de la Gastronomía; a Santiago Santolalla, talentoso chef vegano de Seitan Urban Bistro, en Lima; a Henry y Marielle, propietarios de La Verde Bio Factoría de Lima y fundadores de Bioferia en Lima; a R Augusto R Mogollon y Ronald Romero, de Kukuli Lodge, en Cuzco; a Sabina García Hernández y Paulina Moreno Sánchez, de la Humane Society International de México, por ponerme en contacto con la sociedad vegana latinoamericana, vuestro trabajo es impresionante; a Xavier Pellicer, chef del restaurante Céleri, en Barcelona, tu trabajo es una fuente de inspiración para el mundo vegano; y, finalmente, gracias a mi querido amigo Edson Castro y a su familia por vuestra hospitalidad en Fortaleza, Brasil, donde escribí la mayor parte de mis recetas.

Mi más profundo agradecimiento a mi agente, Deborah Ritchken.

Y al gran equipo de Phaidon que ha hecho posible este libro: Emily Takoudes y Olga Massov, en Nueva York, y Capucine Coninx y Pauleena Chbib en Londres. Gracias por vuestra paciencia y vuestro entusiasmo.

Wanderlust
HIMALAYA

Hiking on Top of the World

gestalten

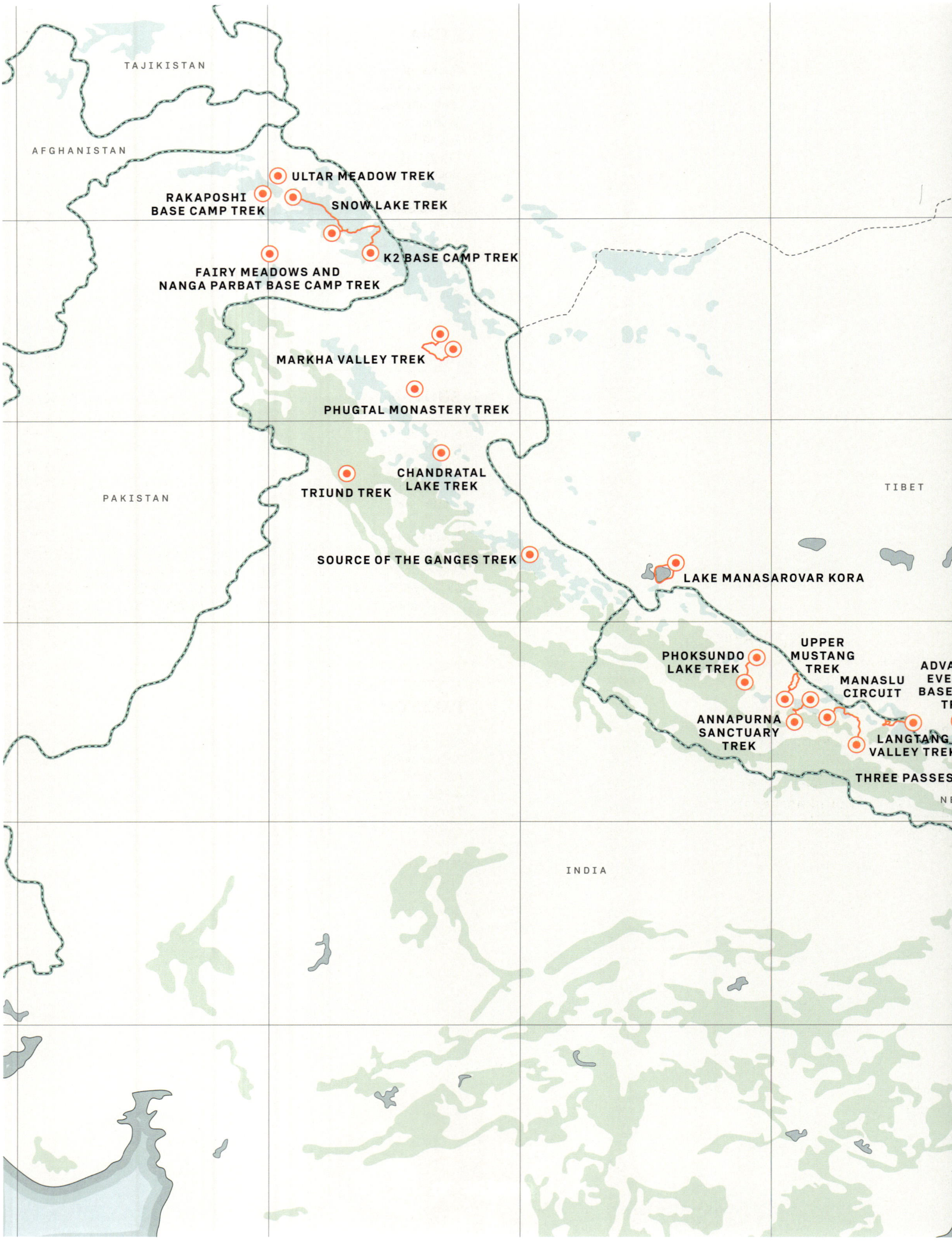
TAJIKISTAN
AFGHANISTAN
ULTAR MEADOW TREK
RAKAPOSHI BASE CAMP TREK
SNOW LAKE TREK
K2 BASE CAMP TREK
FAIRY MEADOWS AND NANGA PARBAT BASE CAMP TREK
MARKHA VALLEY TREK
PHUGTAL MONASTERY TREK
CHANDRATAL LAKE TREK
TRIUND TREK
PAKISTAN
TIBET
SOURCE OF THE GANGES TREK
LAKE MANASAROVAR KORA
PHOKSUNDO LAKE TREK
UPPER MUSTANG TREK
MANASLU CIRCUIT
ANNAPURNA SANCTUARY TREK
LANGTANG VALLEY TREK
THREE PASSES
INDIA

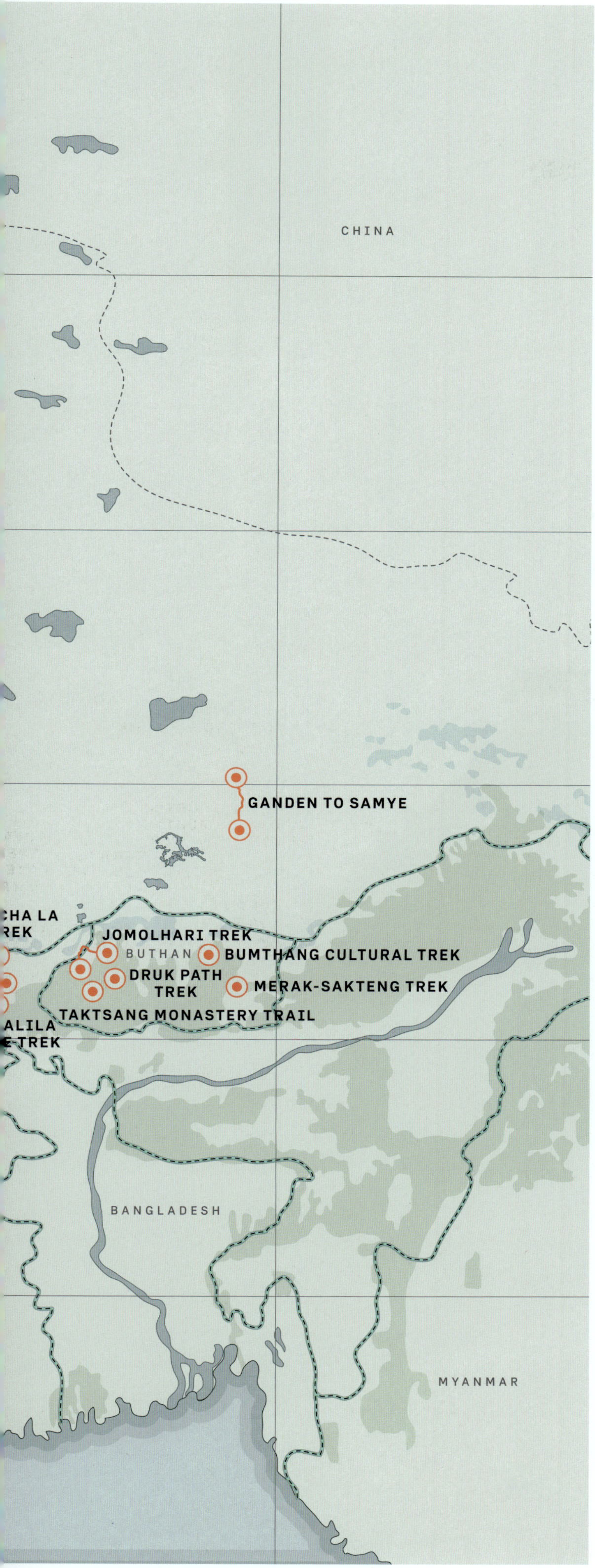

INDIA

BHUTAN

PAKISTAN

TIBET

NEPAL

INDIA

The Indian Himalaya offers a singular combination of diverse mountain scenery and abiding spirituality. From the remote moonscapes of Ladakh and the lush subtropical forests of Sikkim to Uttarakhand's alpine pastures and pilgrimage treks, there is something to suit all hiking tastes and levels.

SOURCE OF THE GANGES TREK

THE MOTHER RIVER AND THE INDIAN MATTERHORN

Uttarakhand
INDIA

YOGA TRAINING CENTRE
SATTVA
YOGA VINI

ABOUT THE TRAIL

→ DISTANCE 41 km (25.5 mi)
→ DURATION 3 to 4 days
→ TOTAL ELEVATION GAIN 2,525 m (8,284 ft)
→ LEVEL Easy to Moderate

The Ganges River is the lifeline of India. During its 2,525-km (1,560-mi) course, it passes through five states and provides drinking water for more than 400 million people. It is considered the Hindu religion's most sacred river, and the pilgrimage to its most famous source—known as Gomukh ("the mouth of the cow")—attracts thousands of devotees every year.

The Source of the Ganges Trek begins and ends in the village of Gangotri (3,050 m/10,007 ft), on the banks of the Bhagirathi River (one of the two main headstreams of the Ganges). According to legend, it was here that the goddess Ganga descended to Earth after Lord Shiva discharged the watercourse from the locks of his matted hair. The distance from Gangotri to the mouth of its eponymous glacier is 18 km (11.2 mi), and most pilgrims do the out-and-back trek in two days. For those interested in extending the journey, it is possible to continue on for another two or three hours to the alpine meadow of Tapovan, which affords unparalleled views of the magnificent Shivling mountain (6,543 m/21,467 ft).

Setting off from Gangotri, the trail parallels the true right side of the Bhagirathi River, reaching the Forest Department Checkpoint after 2 km (1.2 mi). In addition to reviewing your permit, officials will take inventory of your plastic items, against which hikers will leave a deposit to be returned upon exiting the park with the same number of said items. From the checkpoint, continue to ascend gradually through stands of silver birch and blue pine, passing numerous waterfalls and streams. After 9 km (5.6 mi) and roughly four hours, you will reach Chirbasa (3,575 m/11,729 ft), which consists of a handful of *dhabas* (food stalls) and a riverside campsite. If you have made a late start from Gangotri or did not have sufficient time to acclimatize before commencing the trek (see Helpful Hints), Chirbasa is a good option for spending your first night on the trail.

Soon after departing Chirbasa, the trail climbs above the treeline, at which point the valley widens, and hikers are treated to a superb Himalayan panorama. Foremost among the mountains on display are the Bhagirathi Sisters (Bhagirathi I, II, and III), a trio of distinctive snowcapped peaks to the southeast. Around 5 km (3.1 mi) beyond Chirbasa is the outpost of Bhojbasa (3,790 m/12,434 ft), the largest and most popular accommodation option of the trek. While kicking back at day's end, keep an eye out for sure-footed bharal (blue sheep) on the steep slopes above the campsite.

From Bhojbasa, the path continues gradually upwards, passing through a stark landscape of boulders and debris. If you are hiking during the spring pilgrimage season, you may see some colorfully attired *sadhus* meditating under trailside overhangs or on flat rocks and sand flats along the riverside. Approximately 4.5 km (2.8 mi) from Bhojbasa, you will arrive at Gomukh, where the fledgling Bhagirathi River emerges from underneath the snout of Gangotri Glacier. Interestingly, although Gomukh is considered the source of the Mother Ganga in Hindu culture and mythology, hydrologically speaking, this is not exactly accurate. The Ganges' other main headstream, the Alaknanda River, is longer than the Bhagirathi River, and thus by definition the holy river's actual source. Both rivers emanate from high in the Uttarakhand Himalaya and eventually join together at the town of Devprayag (830 m/2,723 ft), at which point the Ganges is officially formed. >

↑ The mountain-ringed meadow of Tapovan (4,320 m/14,173 ft).
↘ The Pilot Baba Ashram, situated on the Bhagirathi River at the eastern end of Gangotri.

Tapovan meadow is located around 2.4 km (1.5 mi) southwest of Gomukh. The trail to this idyllic high-altitude pastureland lies on the true left bank of the Bhagirathi River. Depending on conditions, the watercourse may either be forded downstream of the glacier's mouth or negotiated via a manually operated trolly, which takes hikers and their packs safely over to the other side. (Tip: Ask in Gangotri or at the Forest Department Checkpoint as to the current status of the river crossing.) Once on the true left bank, follow the cairn-marked route across the terminal moraine to a steep, rocky slope on the glacier's western side. From this point, switchback upwards for 30 to 45 minutes to reach the edge of Tapovan meadow (4,320 m/14,173 ft).

Stretching out for over 2 km (1.2 mi), Tapovan's meandering streams and wildflower-laden pastures make for a striking contrast to the end moraine of Gangotri Glacier. The word Tapovan translates as "forest of austerities"—although there are no trees in the vicinity—or "spiritual practice." The area has been used as a meditation retreat by Hindu holy men for centuries. Standing sentinel to the immediate south of Tapovan is the towering Shivling, a pyramid-shaped peak that has been called the Matterhorn of India due to its resemblance to the iconic ›

← Another excellent hiking option close to the Source of the Ganges is the Panwali Kantha Trek, located along the ancient pilgrimage route between Kedarnath and Gangotri.
↓ The fields of Ghuttu village, which along with Gangotri is one of Uttarakhand's premier trekking base camps.

"The Source of the Ganges Trek begins and ends in the village of Gangotri. According to legend, it was here that the goddess Ganga descended to Earth after Lord Shiva discharged the watercourse from the locks of his matted hair."

↑ Hiking above Kedarnath, whose temple is one of four sacred shrines on the Chota Char Dham Pilgrimage (see Info Box).
← Rush-hour traffic in the Garhwal Himalaya.

↑ Together with the Alaknanda River, the Bhagirathi (pictured) is one of the two main headstreams of the Ganges.
→ Gazing at Shivling, India's Matterhorn, from Tapovan meadow.

Swiss peak. When taken all together, it is hard to imagine that ascetics could have found a more idyllic environment in which to contemplate the indivisible connection between the natural and spiritual worlds.

The return journey from Tapovan to Gangotri measures 20.6 km (12.8 mi) and can be done in either one long day or more comfortably over two days. Once you have had a chance to recharge your batteries back in Gangotri, if you are keen to experience more of Uttarakhand's natural wonders, look no further than the valley immediately south of the village. There lies the Kedartal Trek, a 36-km (22.4-mi) out-and-back hike to one of the Indian Himalaya's most magnificent glacial lakes (see Bonus Track). ▲

"Standing sentinel to the immediate south of Tapovan is the towering Shivling, a pyramid-shaped peak that has been called the Matterhorn of India due to its resemblance to the iconic Swiss peak."

Four *sadhus* (holy men) on the trail to Gomukh, the most famous source of the Ganges River.

GOOD TO KNOW

START/FINISH
Gangotri, Uttarakhand

SEASON
May to June and September to October. The trek takes place in Gangotri National Park, which is usually closed between November and April.

During the spring and fall, temperatures are typically around 15 to 20°C (59 to 68°F) during the day, dropping down to freezing or below at night. During the summer monsoon season, the trail is vulnerable to landslides, and visibility may be limited.

ACCOMMODATIONS
Camping is possible at Chirbasa, Bhojbasa, and Tapovan. Dormitory-style accommodations are available at Bhojbasa at either the Tourist Rest House or one of the multiple ashrams on site. During the spring pilgrimage season, you will need to book well in advance.

HIGHLIGHTS
1. Views of Shivling (the "Indian Matterhorn") and the Bhagirathi Sisters
2. Gomukh
3. Overnighting at Tapovan meadows

HELPFUL HINTS

GETTING THERE & AWAY
Gangotri is accessed from Uttarkashi by either taxi, shared jeep, or bus. The journey measures approximately 100 km (62 mi), and typically takes around two hours (longer by bus).

WILL I REQUIRE A PERMIT?
A permit is required for the Source of the Ganges Trek. It can be obtained at either the District Magistrate Office in the town of Uttarkashi (1.5 hours drive from Gangotri) or the Permit Office in Gangotri. A maximum of 150 permits are available per day, and they are issued on a first-come-first-served basis.

If you are hiking to Gomukh and back, the permits are valid for two days. For those who want to continue to Tapovan, it is possible to extend the permits for additional days. (Note: At the time of writing, you can organize a permit online; however, you will still need to collect it in person at one of the offices mentioned above.)

DO I NEED A GUIDE, PORTERS, OR PACK ANIMALS?
Neither is required. If you would prefer to go with the assisted option, a guide or porter can be arranged in Gangotri.

WHAT TO BRING
Backpack, sleeping bag rated to -5°C (23°F), sleeping mat, trail-running shoes or lightweight hiking boots, water bottles, water filter or purifying drops, small first aid kit, sun protection (hat, glasses, sunscreen), map and compass or a GPS navigation app on your phone, headlamp, toiletries, small power bank for electronics, and tent.

Recommended clothing includes a puffy jacket (down or synthetic), rain jacket, beanie or neck gaiter, hiking pants, long-sleeve hiking shirt, medium-weight gloves or mittens, and merino wool long underwear (for sleeping).

ACCLIMATIZATION
The trail begins at an elevation of 3,050 m (10,007 ft) and climbs to over 4,300 m (14,108 ft) on the second day. If you have come to Gangotri from the lowlands, it is worth spending a day (or two) puttering around town to become more accustomed to the high elevations.

BONUS TRACK

KEDARTAL TREK
A more challenging and less popular alternative to the Source of the Ganges Trek, the journey to Kedartal also begins in the town of Gangotri. The out-and-back trail measures 36 km (22.4 mi), climbs to an elevation of just over 4,700 m (15,420 ft), and takes most parties three days to complete. The highlight of the trek is Kedartal itself, a magnificent glacial lake surrounded by a collection of snowcapped Himalayan peaks, including Bhrigupanth, Meru, and, most strikingly, the pyramid-shaped Thalay Sagar.

BACKGROUND

GANGOTRI TEMPLE & THE CHOTA CHAR DHAM
During your acclimatization day in Gangotri, do not miss visiting the town's namesake temple. Built by the Nepalese general Amar Singh Thapa in the early eighteenth century, this small shrine contains idols and images representing the goddess Ganga (illustrated) and Bhagirathi. The Gangotri Temple is one of the stops on the Chota Char Dham, a pilgrimage of Uttarakhand's four sacred Hindu temples, the others being Yamunotri, Kedarnath, and Badrinath.

FLORA & FAUNA

REFORESTATION INITIATIVE
As with many popular areas in the Himalaya, the Bhagirathi River Valley has suffered heavily from deforestation over the years. Thanks to a joint effort by the Himalayan Environment Trust and the Forest Department, since the 1990s, thousands of indigenous tree seedlings have been planted in the area surrounding Chirbasa camp. The selection of this site was particularly appropriate considering its name translates to "abode of pines."

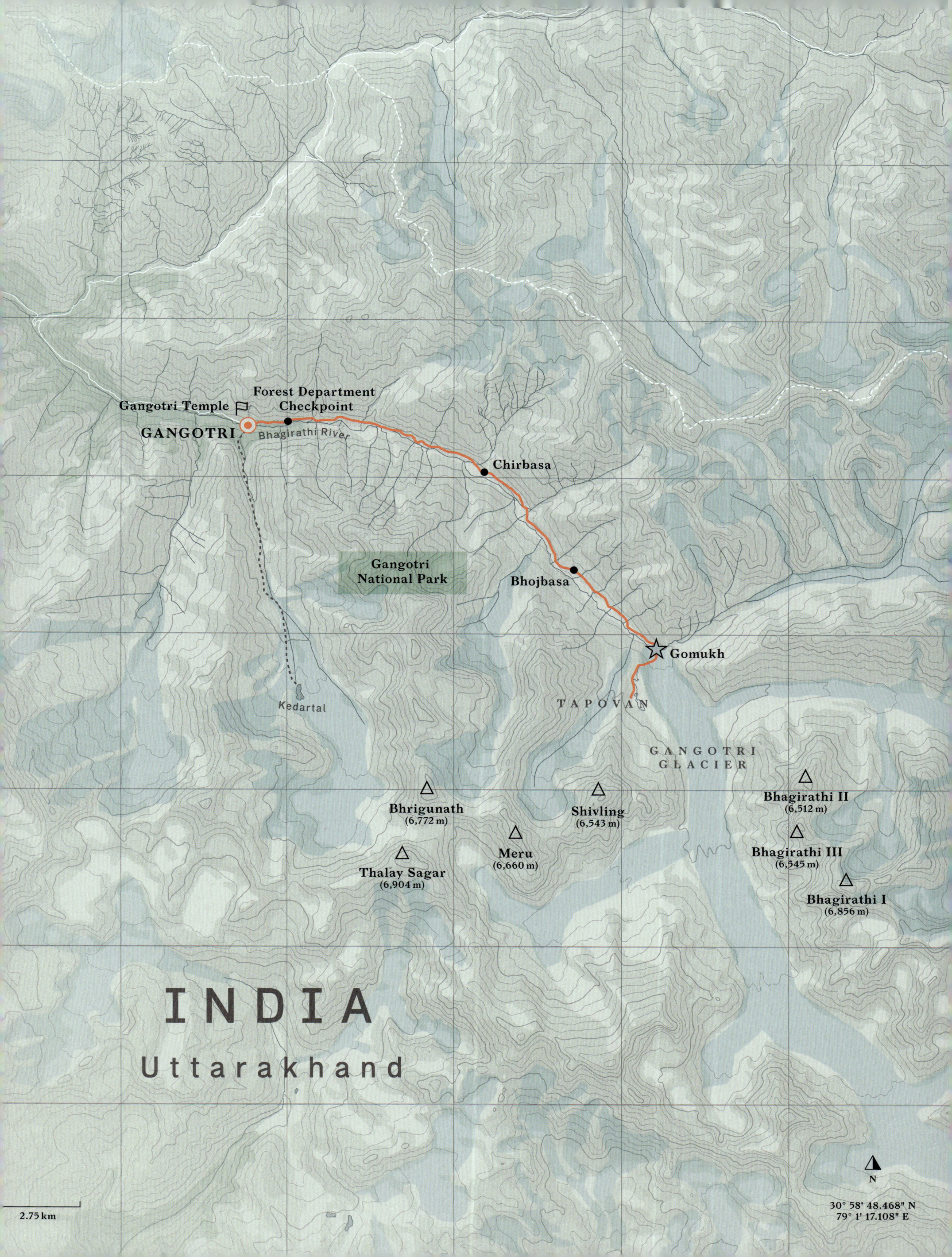

Forest Department
Checkpoint
Gangotri Temple
GANGOTRI
Bhagirathi River
Chirbasa
Gangotri
National Park
Bhojbasa
Gomukh
Kedartal
TAPOVAN
GANGOTRI
GLACIER
Bhagirathi II
(6,512 m)
Bhrigunath
(6,772 m)
Shivling
(6,543 m)
Bhagirathi III
(6,545 m)
Meru
(6,660 m)
Thalay Sagar
(6,904 m)
Bhagirathi I
(6,856 m)
INDIA
Uttarakhand
N
2.75 km
30° 58' 48.468" N
79° 1' 17.108" E

MARKHA VALLEY TREK

A JOURNEY THROUGH THE HEARTLAND OF LITTLE TIBET

Ladakh
INDIA

ABOUT THE TRAIL

- → DISTANCE 101 km (62.8 mi)
- → DURATION 6 to 7 days
- → TOTAL ELEVATION GAIN 6,084 m (19,961 ft)
- → LEVEL Medium to Challenging

Located in a far-flung corner of northwestern India, Ladakh is a mysterious land of high-altitude deserts, ancient monasteries, and lonely mountain passes. Closed to foreigners until the 1970s, it is widely known as Little Tibet because of the historical and cultural ties it shares with its northern neighbor. When visiting Ladakh, the optimal way to experience the region's deeply rooted Buddhist traditions along with its starkly beautiful landscapes is on foot. And there are few better ambulatory options than the magnificent Markha Valley Trek.

The three main options to start your Markha Valley adventure are Chilling, Spitok, and Stok. Assuming you are in reasonably good shape and well acclimatized after a few days in and around the regional capital of Leh (3,500 m/11,483 ft), the best choice is unquestionably Stok. From there until the finishing point at Shang Sumdo, the trail measures 101 km (62.8 mi), goes up and over three of Ladakh's most spectacular passes.

The first day of the Markha Valley Trek is more culturally stimulating than physically demanding. After making the short drive from Leh to Stok, begin your journey with educational visits to the village's eponymous palace and monastery (see Background). After exploring these venerable establishments, grab something to eat from one of the local restaurants (try the Ka Ya Dreams Cafe) and head to the Stok trailhead. From here, it is only 7.8 km (4.9 mi) to the first campsite at Changma (4,037 m/13,245 ft). Be sure to get a good night's rest, as the trail's mellow beginning will immediately give way to a 20 km (12.4 mi) double-pass rollercoaster—the most brutal stretch of the trek.

Leaving Changma the following morning, the path initially ascends southwards on the Stok River's true left side. After 2 km (1.2 mi), you will arrive at a junction with the Stok Kangri route (see Bonus Tracks), at which time head east and then northeast through a surreal landscape of jagged rock spires to reach Stok La (4,900 m/16,076 ft). After admiring the wide-ranging views, descend steeply via some switchbacks before leveling out and enjoying a comparatively easy stroll down to the village of Rumbak (3,973 m/13,035 ft), where most hikers spend the second night of the trek.

From Rumbak, the trail descends briefly to the Jingchan River before heading south and then west towards the second pass >

"When visiting Ladakh, the optimal way to experience the region's deeply rooted Buddhist traditions along with its starkly beautiful landscapes is on foot."

←← The green fields and barren cliffs of the Markha Valley.
↑ The riverside trail between the villages of Skiu and Markha.
← Curious Himalayan pikas (*Ochotona himalayana*) are a common sight on the Markha Valley trek.

of the trek, Ganda La (4,965 m/16,289 ft). Located just over 8 km (5 mi) from Rumbak, this high point affords incredible views of Stok Kangri peak (6,153 m/20,187 ft) and Pakistan's Karakoram Range to the distant northwest. Dropping down the other side of the pass, the trail follows the meandering course of the Shingri Nala ("stream"), past the outpost of Shingo (4,118 m/13,510 ft), to eventually arrive at the village of Skiu (3,349 m/10,988 ft), located in the trek's namesake valley. (Note: This is also where this route joins the alternative from Chilling.)

The next two days are spent walking through the idyllic heartland of Little Tibet. Tracing the course of the Markha River, the trail ascends gently past a series of whitewashed villages, characterful temples, and ancient *mani* (prayer) walls and *chortens* (shrines). Buddhist culture and traditions permeate the entire valley. Among the highlights of this section is overnighting with local families at one or two of the homestays in Sara, Markha, or Hankar. While enjoying the warm Ladakhi hospitality, be sure to sample culinary staples such as dried apricots (which provide excellent energy for the trail), *momos* (vegetable or meat-filled dumplings), and *thukpa* (a soupy noodle dish with vegetables or meat). Meals are generally washed down with yak butter tea or the antioxidant-rich sea buckthorn juice.

The relatively easy stretch from Skiu to Hankar (4,035 m/13,238 ft) measures 33 km (20.5 mi) and takes most hikers two days to complete. Soon after departing the latter village, the path begins ascending in earnest towards Tachungtse and Nimaling campsites. During this scenic section, you will pass by a gorgeous lake (4,680 m/15,354 ft) affording a double-take reflection of nearby Kang Yatze peak (6,496 m/21,312 ft).

From Nimaling, the concluding stretch of the Markha Valley Trek commences with a 2.8 km (1.7 mi) climb, taking roughly two hours, to the windswept Kongmaru La (5,265 m/17,274 ft). The highest point on the trek, Kongmaru affords a superb outlook over the mighty Zanskar Range to the southwest. And as you gaze over the raw and unforgiving terrain, a well-known Ladakhi saying may come to mind: "The land is so barren and the passes so high that only our fiercest enemies or our best friends would want to visit us." And with those smile-inducing words of wisdom in mind, there is nothing for it but to descend the final 14 km (8.7 mi) to the terminus at Shang Sumdo. ▲

"Tracing the course of the Markha River, the trail ascends gently past a series of whitewashed villages, characterful temples, and ancient *mani* (prayer) walls and *chortens* (shrines)."

← Golden roofs amid a stark mountain landscape.
→ A colorfully decorated door at Thikse Gompa, located 19 km (11.8 mi) east of the regional capital of Leh.
↓ The well-worn trail to Stok Kangri Base Camp.

↑↑ The contrasting hues of the Markha Valley.
↑ A lone tree stands sentinel along the trail to Skiu village.

GOOD TO KNOW

START/FINISH
Stok to Shang Sumdo, Ladakh

SEASON
June to October.

ACCOMMODATIONS
Most trekkers combine camping, parachute tents (large seasonal tents offering bunk bed accommodations and meals), and homestays with local families. From the starting point in Stok, the principal overnight options are Changma, Rumbak, Ganda La Base Camp, Shingo, Skiu, Markha, Hankar, Tachungtse, Nimaling, and Shang Sumdo.

HIGHLIGHTS
1. A pre-hike visit to Stok Palace and a post-hike stop at Hemis Monastery
2. Experiencing the hospitality and Tibetan culture of the Ladakhi people
3. The wide-ranging views from the trail's three high passes, all of which are over 4,900 m (16,076 ft)

HELPFUL HINTS

GETTING THERE & AWAY
If you're doing the hike independently, there are daily buses to and from Leh to Stok (30 min) and Shang Sumdo (2 hrs). It's also possible to arrange private taxis. If you're hiking with an agency, they will take care of all travel arrangements.

WILL I REQUIRE A PERMIT?
No permits are required for the Markha Valley Trek.

WHAT TO BRING
Backpack, sleeping bag (rated to at least -5 °C/23 °F), sleeping mat, water bottles, water filter or purifying drops, small first aid kit, map and compass or a GPS navigation app on your phone, sun protection (hat, glasses, sunscreen), headlamp, toiletries, power bank for electronics, trekking poles (optional), and tent (if not provided by agency).

Recommended clothing includes a puffy jacket (down or synthetic), trail runners or hiking shoes, beanie or neck gaiter, rain jacket, long-sleeve hiking shirt, hiking pants, and merino wool long underwear (for sleeping).

BONUS TRACKS

CHILLING (ALTERNATIVE)
Some hikers choose to begin the Markha Valley Trek at the village of Chilling, located one hour west of Leh by taxi. This alternative starting point cuts at least a couple of days off the overall time required and eliminates two of the three passes in the featured "Stok" route (namely Stok La and Ganda La). Apart from being significantly easier, perhaps the biggest reason to consider starting your adventure in Chilling is acclimatization. Chilling is situated at 3,230 m (10,597 ft), and most trekkers take three full hiking days before going up and over Kongmaru La (5,265 m/17,274 ft). This extra trail time at lower elevations may benefit those with smaller vacation windows who only have a limited amount of time to acclimatize before beginning their trek.

THE HIDDEN VALLEYS TREK
Apart from the Markha Valley and Chadar Treks (featured in *Wanderlust: Hiking on Legendary Trails*), Ladakh's most renowned multiday hike is the Hidden Valleys Trek. Stretching 63 km (39.1 mi) between Lamayuru Monastery and Chilling, this well-trodden trail winds its way through emerald-green barley fields and traditional Buddhist villages while also traversing the lofty heights of Konze La Pass (4,887 m/16,033 ft). Among the highlights are majestic views of the Zanskar Range and a pre-trek sojourn at Lamayuru Gompa, a 1,000-year-old monastery that houses more than 150 monks and is one of the largest and most picturesque monastic centers in all of northern India.

STOK KANGRI
At 6,153 m (20,187 ft), Stok Kangri is one of the world's highest trekking peaks. The trail to its snowy summit diverges from the Markha Valley Trek at a junction located 2 km (1.2 mi) south of Changma campsite. The ascent is usually made as a separate excursion of 20 km (12.4 mi) beginning and ending in the village of Stok, and takes most parties between

four and six days to complete. The trip can either be done independently or with an agency. Stok Kangri's summit boasts spectacular far-reaching views over the Zanskar and Karakoram Ranges—including the mighty K2 (8,611 m/28,251 ft), the second-highest peak in the world.

BACKGROUND

LEH: TREKKING BASE CAMP

The regional capital of Leh (3,500 m/ 11,483 ft) is where you will base yourself while trekking in Ladakh. Unless you have traveled there overland and had time to acclimatize gradually, you should factor in at least two or three days to become accustomed to the higher elevations before setting off on the Markha Valley Trek. During this period, walk as much as possible around town, and consider making a couple of day trips to nearby scenic spots (see the Advanced Everest Base Camp Trek chapter [p. 204] for more detailed acclimatization tips).

TWO MONASTERIES AND A PALACE

The Markha Valley Trek is bookended by two of Ladakh's most significant monasteries: Stok and Hemis. The former was founded in the fourteenth century and belongs to the Gelug or Yellow Hat sect of Buddhism. It is particularly notable for its impressive library, which contains all 108 volumes of the Kangyur (a collection of sacred Buddhist texts). Just a 2-km (1.2-mi) walk away from the monastery is Stok Palace. Built in the early 1800s as a home for Ladakh's royal family, the palace continues to be a summer residence for the Namgyal dynasty's heirs while also serving as a regional museum and a highly regarded heritage hotel.

After finishing the Markha Valley Trek in Shang Sumdo, you can walk (10 km/ 6.2 mi) or take private transportation to Hemis Monastery (established seventeenth century), the principal monastery of the Drukpa order of Buddhism in Ladakh. Every June, Hemis plays host to one of Ladakh's most popular festivals in honor of Padmasambhava (or Guru Rinpoche). The colorful celebration includes the unfurling of giant *thangkas* (large Buddhist tapestries) and a wide range of traditional Tibetan dance and musical performances.

FLORA & FAUNA

THE LAND OF THE SNOW LEOPARD

Snow leopards (*Panthera uncia*) are large and reclusive cats endemic to Central Asia's mountain ranges. They are generally found at altitudes between 3,000 m (9,843 ft) and 5,400 m (17,717 ft), and according to the World Wildlife Fund, there are estimated to be between 4,080 and 6,590 still left in the wild. Ladakh reportedly has the highest concentration of snow leopards in the world, though very few hikers are lucky enough to catch a glimpse of this iconic creature. They are known as the ghosts of the mountains because of their elusive nature as well as the fact that their gray, sometimes creamy yellow coat (with black spots) often makes them difficult to spot in snowy environments. Such is their penchant for solitude that there is no term for a group of snow leopards.

NH1
Lamayuru Monastery
Konze La
(4,887 m)
NH1
Leh
Spitok
Stok Palace
Stok Monastery
Ganda La Base Camp
Rumbak
STOK
Chilling
Shingo
Ganda La
(4,965 m)
Stok La
(4,900 m)
Changma
Skiu
Stok Kangri
(6,153 m)
NH3
MARKHA
VALLEY
Sara
Markha River
Hemis Monastery
Markha
Hankar
SHANG
SUMDO
Hemis National Park
Tachungtse
Nimaling
Kongmaru La
(5,265 m)
Kang Yatze
(6,496 m)
INDIA
Ladakh
NH301
NH3
ZANSKAR
RANGE
N
9.5 km
34° 3' 51.876" N
77° 33' 12.038" E

SINGALILA RIDGE TREK

SLEEPING BUDDHAS AND PANORAMIC RIDGES

West Bengal
INDIA

ABOUT THE TRAIL

→ DISTANCE 61 km (37.9 mi)
→ DURATION 4 to 5 days
→ TOTAL ELEVATION GAIN 4,309 m (14,137 ft)
→ LEVEL Easy to Moderate

Forming a natural border between Nepal and India, the Singalila Ridge is the setting for one of the eastern Himalaya's most visually stunning treks. The ridge, located less than two hours' drive west of Darjeeling, offers unobstructed views of four of the five highest mountains on Earth—namely Everest, Lhotse, Makalu, and Kangchenjunga. Beyond the breathtaking panoramas, it also sports a series of locally run lodges set up specifically for hikers, making the Singalila Ridge Trek the only walk in India where you can enjoy the teahouse culture for which Nepal is famous.

The frontier town of Manebhanjyang (1,928 m/6,325 ft) is the trail's traditional starting point. However, in recent years, the appeal of the hike's initial section has been diminished due to the construction of a paved road, meaning that groups are increasingly choosing to begin their journey higher up towards the trail's eponymous ridgeline. Located at 2,900 m (9,514 ft), the outpost of Tumling makes for an excellent alternative. It offers comfortable accommodations (try the Siddhartha Lodge), tasty cuisine, and spectacular Himalayan vistas. It is also located just 1 km (0.6 mi) shy of the entrance to Singalila National Park, a 78.6-km^2 (30.3-mi^2) protected area through which most of the trek passes.

Leaving Tumling, the trail heads west and then north over rolling terrain. Much of the walking is on jeep roads, and hikers will occasionally have to share their space with passing vehicles. The way is marked by stands of rhododendrons, which during the spring bloom—typically March to mid-April—speckle the surrounding hillsides in a captivating array of pinks, whites, and reds. The national park has 18 recorded species of rhododendrons, and seeing these iconic flowering trees against the backdrop of majestic snowcapped peaks ranks among the highlights of any springtime hike of the Singalila Ridge. After 19 km (11.8 mi) and much crisscrossing of the India-Nepal border, you will arrive at Sandakphu (3,636 m/11,929 ft), the highest point in all of West Bengal.

On a clear day, the 360-degree panorama from the prayer-flag-laden summit is nothing short of breathtaking. To the distant northwest lie Everest, Lhotse, and Makalu, and straight ahead to the north is their much closer sibling Kangchenjunga. At 8,586 m (28,169 ft), Kangchenjunga is India's tallest peak and the third-highest mountain in the world. It is known to locals >

"The Singalila Ridge offers unobstructed views of four of the five highest mountains on Earth—namely Everest, Lhotse, Makalu, and Kangchenjunga."

←← A group of trekkers and a four-legged companion hike the ridge towards Phalut.
↑ Looking towards Kangchenjunga (the "Sleeping Buddha") from Singalila Ridge. Can you spot the head and belly?
← Giving way to luggage-laden yaks.

as the "Sleeping Buddha" because when seen from Singalila Ridge, it resembles a man in deep slumber with his head, knees, and, of course, prominent belly pointing towards the heavens.

From the lodges just below Sandakphu's summit, the path continues 21 km (13 mi) north to the lonely trekking huts of Phalut. Make an effort to begin this section soon after sunrise, and chances are you will be able to enjoy the jaw-dropping views in relative solitude. With each passing step, the massive bulk of Kangchenjunga grows ever larger, and by the time you reach the day's final destination, the mountain feels so close you could almost touch it. (Tip: This exposed stretch of trail is notorious for unexpected changes in weather. Be sure to have both your insulation and wet-weather layers close at hand in case conditions take a turn for the worse.)

From the chilly ridgetop perch of Phalut, the trail drops more than 1,000 m (3,281 ft) in altitude as it heads eastwards towards the Raman Valley, passing through enchanting forests of rhododendron, fir, and bamboo, interspersed with crystal-clear streams. The juxtaposition of intimate forested environs and the windswept alpine ridge of the previous days is striking. Among the highlights of this section are the fairy-tale villages of Gorkhey and Samanden. The former, a picturesque riverside hamlet set among a thick pine forest, feels like something out of the Swiss Alps circa 1880—a perfect place to enjoy a long picnic lunch. A couple of kilometers

"With each passing step, the massive bulk of Kangchenjunga grows ever larger, and by the time you reach the day's final destination, the mountain feels so close you could almost touch it."

← Drinking in the incredible Himalayan panorama, as the trail along Singalila Ridge stretches out to the north.
↓ The beautiful *Pleione praecox,* a species of orchid commonly seen in the west-central Himalaya.

further along the trail is the larger but no less idyllic Samanden. With its charming wooden huts, small terraces, and bountiful gardens, the entire area feels like a land in which time has stood still.

Leaving Samanden, the trail winds its way through more welcoming villages before arriving at Rimbik, the Singalila Ridge Trek's terminus. From here, it is a three-hour journey back to the regional capital of Darjeeling and the creature comforts of civilized life. After settling into your hotel and enjoying a well-earned celebratory meal and drinks, do not be surprised if your final thoughts before going to sleep are of multihued alpine meadows and a reclining Buddha, resting serenely as the sun sets effortlessly around his motionless frame. ▲

GOOD TO KNOW

START/FINISH
Tumling to Rimbik, West Bengal

SEASON
September to May. The trek is closed between mid-June and August due to the monsoon season. October to November offers the best chance of clear skies. March to April sees the rhododendrons and magnolias blooming, but the weather can be hit and miss. The winter months are perfect for those who don't mind enduring colder temperatures (-5°C/23°F at night) in exchange for increased solitude.

ACCOMMODATIONS
The Singalila Ridge Trek is India's one and only teahouse trek. Synonymous with long-distance hiking in neighboring Nepal, teahouses are locally run lodges where trekkers can procure food and accommodations along the trail.

HIGHLIGHTS
1. Viewing four of the five highest mountains in the world from Singalila Ridge
2. The rhododendrons and magnolias in bloom during spring
3. Visiting the picturesque villages of Gorkhey and Samanden

HELPFUL HINTS

WILL I REQUIRE A PERMIT?
A specific trekking permit is not required, but all hikers will need to obtain a permit for Singalila National Park. These can be procured at the ticket office located 15 minutes' walk from the village of Tumling.

DO I NEED A GUIDE OR PORTERS?
A guide is obligatory but porters are not. If you are hiking with a trekking agency, they will take care of all the logistics, including transportation and accommodations along the route. If you are doing the trek independently, you can organize a guide in the village of Manebhanjyang, 25km (15.5mi) west of Darjeeling.

WHAT TO BRING
As there are both food and indoor accommodations readily available throughout the trek, it is possible to leave the tent and stove at home. Recommended items include a medium-sized backpack, sleeping bag, trail-running shoes or lightweight hiking shoes, water bottle, small first aid kit, sun protection (hat, glasses, sunscreen), headlamp, toiletries, small power bank for electronics, and trekking poles (optional).

Recommended clothing for spring and autumn includes a puffy jacket or medium-weight fleece, rain jacket and pants, beanie or neck gaiter, three pairs of socks (one kept clean for sleeping), hiking shorts or pants, long-sleeve hiking shirt, medium-weight gloves or mittens, and merino wool long johns and top (for sleeping). If you are hiking during the winter, bring along an extra couple of layers and a sleeping bag rated to at least -5°C (23°F).

BONUS TRACK

SUNRISE FROM TIGER HILL
For those who wish to see the sun rise over Kangchenjunga but do not want to hike the entire Singalila Ridge Trek, look no further than Tiger Hill (2,590m/8,497ft). Situated 11km (6.8mi) south of Darjeeling, the famous viewpoint is one of West Bengal's most popular attractions, drawing hundreds of visitors per day. While the crowds may not be everyone's cup of tea, there is no denying that when the weather gods are smiling, witnessing the dawn's rays illuminate the world's third-highest mountain is an incredible sight to behold. (Tip: Bring along a pair of binoculars to obtain a better view of Everest, Makalu, and Lhotse, which are located 172km (107mi) northwest as the crow flies from Tiger Hill.)

BACKGROUND

DARJEELING'S HIMALAYAN MOUNTAINEERING INSTITUTE
This is a must-visit for anyone interested in the history of trekking and climbing in the Himalaya. The institute was established in 1954 in honor of Sherpa Tenzing Norgay, who, together with Edmund Hillary, was the first to summit Mount Everest in 1953. Norgay served as the institute's first director, and, since that time, the school has become world-renowned for training thousands of mountaineering students. The property also has a mountaineering museum, which boasts a fascinating collection of artifacts from many Himalayan expeditions over the past century.

FLORA & FAUNA

Terrestrial wildlife you may encounter on the Singalila Ridge Trek includes Himalayan black bears, barking deer, serow (illustrated), wild boars, red pandas, and clouded leopards. On the avifauna front, there are rock pigeons, redstarts, forktails, owls, golden eagles, snow pigeons, and the Himalayan snowcock.

INDIA
Sikkim
Phalut
(3,595 m)
Gorkhey
Samanden
RAMAN VALLEY
Singalila National Park
SINGALILA RIDGE
Raman River
RIMBIK
Sandakphu
(3,636 m)
West Bengal
Himalayan Mountaineering Institute
Darjeeling
TUMLING
SH12
Tiger Hill
(2,590 m)
Manebhanjyang
NEPAL
N
3.5 km
H07
27° 1' 53.303" N
88° 4' 7.867" E

CHANDRATAL LAKE TREK

THE LAKE OF THE MOON

Himachal Pradesh
INDIA

ABOUT THE TRAIL
→ DISTANCE 15 km (9.3 mi)
→ DURATION 1 or 2 days
→ TOTAL ELEVATION GAIN 538 m (1,765 ft)
→ LEVEL Easy to Moderate

Shrouded in myth and legend, Chandratal is a crescent-shaped lake located in the upper reaches of Himachal Pradesh. For centuries, the green pastures around its shores have been frequented by Gaddi shepherds and their flocks, and in more recent times, the lake has become a magnet for tourists and trekkers alike. The name Chandratal is a Hindi word that translates to "lake of the moon," and to gaze upon its crystalline waters under the celestial glow of the Milky Way is to witness one of the Himalaya's most incredible natural wonders.

There are multiple ways to access Chandratal. The easiest and most popular choice is to hire a private jeep taxi and visit the lake as a day trip via Batal. The longest and most challenging option is to trek in from Baralacha La, a high-altitude pass located some four days north of the lake (see Bonus Track). The third alternative, and the one we feature below, is in the middle between the two extremes.

Our hike begins at Kunzum La, a 4,551-m (14,931-ft) pass that connects Lahaul and Spiti valleys. This scenic high point is a popular stop for travelers between Manali and Kaza, boasting numerous food stalls, spectacular vistas (note the massive Bara Shigri Glacier to the south), and the colorful Kunzum Devi Temple. At the shrine, visitors traditionally stop to pay their respects and seek the blessing of the goddess Durga for the rest of their journey. Just a few meters away from the temple is the beginning of the path to Chandratal.

The distance from the trailhead to the lakeshore is approximately 10 km (6.2 mi). For the first hour or so, the trail ascends gradually through a starkly beautiful landscape, topping out at just under 4,700 m (15,420 ft). Continuing northwards, hikers then begin a long, gradual descent, with endless views over the Chandra River and the expansive glacial valley through which it winds. After approximately four hours of hiking, you will reach the Chandratal Parking Area at the end of the access road from Batal. From here, it is another kilometer (0.6 mi) to the lake.

Situated at 4,250 m (13,944 ft) on the treeless Samudra Tapu Plateau, Chandratal's clear waters are an incredible sight to behold. Bordered by serene meadows and sweeping scree slopes, the lake is one of 42 Ramsar sites in India—a UNESCO designation granted to internationally important wetland areas. Its southern tip is popular with day-tripping tourists who have

traveled in by car. To escape the crowds, simply take a walk around the lake's circumference. The loop measures a little over 4 km (2.5 mi), and the solitude and mesmerizing mountain reflections on the water's surface make it a linger-worthy excursion. (Note: In the past, it was possible to camp in the rolling hills bordering the lake. However, due to overuse and mismanagement, in 2019 a regulation was passed prohibiting visitors to camp within 3 km/1.9 mi of the lake.)

As is the case with all of the Himalaya's most revered lakes, Chandratal has a story (or, in this case, stories) behind it. According to legend, the god Indra landed his chariot at the lake and took Yudhisthira, the eldest of the five Pandava brothers (the main characters of the Sanskrit epic, Mahābhārata), back to heaven with him. Another popular tale is that a local shepherd from a nearby village called Hansa became infatuated with one of the fairies that visited the lake at night. They soon married, but unbeknownst to the fairy, the shepherd already had a spouse.>

←← The Spiti Valley of Himachal Pradesh. "Spiti" translates to "the middle land"—the land separating India from Tibet.
↑ The starkly beautiful Sarchu Valley is a popular overnight stop for those continuing north from Chandratal Lake to Ladakh.
← Traffic jams are common on the winding road to Kunzum La.

"Bordered by serene meadows and sweeping scree slopes, the lake is one of 42 Ramsar sites in India—a UNESCO designation granted to internationally important wetland areas."

After years of bliss, during a drunken night, he revealed the truth about his polygamy, and the fairy was so angry that she never revisited the lake. Devastated by the loss, the shepherd eventually died by the lake, waiting for his lost love to return. It is said that you can still hear his spirit's mournful cries when you visit the lake at night.

Speaking of nocturnal visits, for those with the time and energy, an appropriate capstone to your Chandratal experience is to spend some time by the lake once the sun has gone down. The 3-km (1.9-mi) walk from the campground takes about an hour by flashlight—but do not forget to bring some extra layers. Overnight temperatures at Chandratal can drop well below freezing, and while thoughts of fairies and crescent moons may warm the cockles of your heart, the rest of you could be in trouble if you are not appropriately dressed. ▲

← Dhankar is spectacularly located on a cliffside perch high above the confluence of the Pin and Spiti Rivers.
↙ Colorful entrance gate to Key Gompa in the Spiti Valley.
→ Sure-footed Himalayan blue sheep.
↓ The Tsarap River near Sarchu, the starting point of the trek between Baralacha La and Kunzum La (see Info Box).

The road to Kunzum La, a 4,551-m (14,931-ft) mountain pass which connects the Lahaul and Spiti valleys. It's also the starting and finishing point of the Chandratal Lake Trek.

GOOD TO KNOW

START / FINISH

Kunzum La to Chandratal Day Parking Area, Himachal Pradesh

SEASON

June to October.

ACCOMMODATIONS

Campsites are located approximately 3 km (1.9 mi) south of the lake on the access road. Most hikers stay in seasonal tents at the camping area. For those with their own shelter, campsite managers allow hikers to set up their tents in the designated areas for a small fee.

HIGHLIGHTS

1. Viewing Chandratal Lake, particularly at sunrise, sunset, or by the light of the moon
2. Visiting the Buddhist monasteries of nearby Spiti Valley

HELPFUL HINTS

GETTING THERE & AWAY

Chandratal Lake is accessed via National Highway 505, which spans the state of Himachal Pradesh. Buses stop at the Kunzum La trailhead and the tiny outpost of Batal. For the return journey from Chandratal Day Parking Area, hikers can either walk back the same way to Kunzum La or head down the access road to Batal (approximately 14-km (8.7-mi) hike from the campground). For those that have come via private jeep, you can either have your driver wait at Kunzum La or meet you at the Chandratal parking area or campground.

WILL I REQUIRE A PERMIT?

No permits are required.

WHAT TO BRING

As there is no need for a tent or cooking equipment, hikers can travel relatively lightly on the Chandratal Lake Trek. Recommended items include a puffy jacket (down or synthetic), trail runners or hiking shoes, beanie or neck gaiter, rain jacket, first aid kit, sun protection (hat, glasses, sunscreen), headlamp, toiletries, power bank for electronics, long-sleeve hiking shirt, hiking pants, thermal underwear (for sleeping), and a sleeping bag rated to at least -5°C (23°F).

BONUS TRACK

BARALACHA LA TO KUNZUM LA

A longer and more challenging option than the featured trail, the trek from Baralacha La (4,850 m/15,912 ft) to Kunzum La (via Chandratal Lake) measures almost 50 km (31 mi) and takes most groups four days to complete. The route traverses high-altitude pastures and glacial valleys, and for much of its length traces the course of the Chandra River. The trek is rated moderate in difficulty and is only for self-sufficient hikers, as there are no accommodations or culinary options between Chandratal Lake and Baralacha La.

BACKGROUND

THE MONASTERIES OF SPITI VALLEY

Just over an hour's drive from Kunzum La lies Spiti Valley, home to some of the Himalaya's most impressive Buddhist monasteries. Among the most notable are Dhankar, Tabo, and Key (illustrated). Situated in its namesake village, Tabo was founded in AD 996 and is one of the oldest continuously operating monasteries in the Himalaya. Key is the largest and most striking of the region's monastic centers. It overlooks the Spiti River on a conical hilltop and is located 14 km (8.7 mi) drive northwest from the town of Kaza.

FUNNY ROAD SIGNS

On the journey to and from the Chandratal Lake Trek, be on the lookout for entertaining signs from the Border Roads Organization (BRO). Established in 1960, this hard-working group is responsible for building and maintaining road networks in India's border states. Despite challenging environmental conditions, the folks at BRO have obviously maintained their sense of humor, indicated by some of the memorable (though not always grammatically correct) road signs, including: "Road is Hilly Don't Drive Silly," "Be Gentle on my Curve!," "After Whiskey Driving Risky," and "It is Not Rally Enjoy the Valley."

FLORA & FAUNA

HIGH FLYING DUCK

Measuring between 60 and 70 cm (23.6–27.6 in) in length, the ruddy shelduck (*Tadorna ferruginea*) is a distinctive waterfowl with a rusty orange plumage and a creamy-colored head and neck. Migratory birds commonly known in India as the Brahminy duck, ruddy shelducks can be found at Chandratal Lake during their summer breeding season. They are renowned for their high-flying abilities and have reached altitudes up to 6,800 m (22,310 ft) when crossing the Himalaya. The only waterfowl known to reach loftier heights are bar-headed geese, which have been tracked at more than 7,200 m (23,622 ft).

Baralacha La
(4,850 m)
Chandra River
SAMUDRA TAPU
PLATEAU
Chandratal Lake
Spiti
CHANDRATAL DAY
PARKING AREA
Chandratal Seasonal
Camping Area
INDIA
Himachal Pradesh
Road to Spiti Valley
Kunzum Devi Temple
KUNZUM LA
(4,551 m)
Chandra River
LAHAUL
VALLEY
Batal
Road to Manali
NH505
BARA SHIGRI
GLACIER
4 km
N
32° 45' 30.607" N
77° 25' 11.827" E

TRIUND TREK

A BIRD'S EYE VIEW OVER LITTLE LHASA

Himachal Pradesh
INDIA

ABOUT THE TRAIL

→ DISTANCE 10 km (6.2 mi)
→ DURATION 1 to 2 days
→ TOTAL ELEVATION GAIN 1,234 m (4,049 ft)
→ LEVEL Easy

Situated on the lower slopes of the Indian Himalaya, McLeod Ganj is famous for being the adopted home of the Dalai Lama. Ever since His Holiness arrived in 1960 in the wake of the Chinese occupation, it has been the base of the Tibetan Government in Exile and a sanctuary for thousands of its refugees. So strong is the Tibetan connection that this suburb of Dharamsala is popularly known as "Little Lhasa."

An important center for Buddhist studies, yoga, and meditation, McLeod Ganj's spiritual ambiance, combined with plenty of accommodations and culinary options, has made it a popular destination with visitors from around the world. However, to gain an appreciation for the town's incredible natural setting, you will need to leave the creature comforts behind and go for a walk in the surrounding mountains. Which brings us to the Triund Trek.

Beginning and ending just a few minutes from downtown McLeod Ganj, the Triund Trek has multiple different route options. The version featured here is a 10 km (6.2 mi) circuit beginning at the Gallu Devi Temple above Dharamkot and finishing at Bhagsu. It takes in both the Triund Ridge and Bhagsu Waterfall and can comfortably be done in six to eight hours (including breaks). If you have the time, it is recommended to split the hike over two days in order to catch both the sunrise and sunset from the trek's

"Upon reaching the ridge, you will be treated to gorgeous views of the Dhauladhar Range to the east and Kangra Valley to the south and west."

← **Kangra Valley in the spring.**
↓ **The point at which the trail from Dharamkot reaches the Triund Ridge.**

eponymous ridgeline. (Tip: The Triund Trek is understandably one of the most popular excursions in the Dharamsala area. However, the vast majority of foot traffic occurs on the weekends and public holidays. To avoid the crowds, do the hike between Monday and Friday.)

The trail begins at the forest checkpoint near the Gallu Devi Temple (2,095 m/6,873 ft) in Dharamkot. After leaving your details with the attendees, head east, ascending gradually through oak and deodar forests. Passing by numerous *dhabas* (food stalls), after 2.6 km (1.6 mi) you will arrive at the aptly named Magic View Cafe (2,400 m/7,874 ft), located approximately halfway through the climb. After soaking in the magnificent vistas over a steaming cup of chai, continue on past stands of rhododendrons, negotiating increasingly steep switchbacks (of which there are 22 in total) to reach Triund Ridge (2,800 m/9,186 ft). (Tip: Water is scarce up on ›

“On Triund Ridge, hikers have their choice of multiple campsite locations, all of which offer a front-row seat from which to soak in sunset and sunrise.”

↑ The grassy ridge and forested flanks of Triund meet the mass of granite, slate, limestone, and sandstone of the Dhauladhar Range.

→ Gazing towards the imposing Dhauladhar Range, which lies to the east of Triund Ridge.

↗ Soaking in the sun as wispy clouds float lazily by.

→→ Sunrise over Triund's Forest Department Rest House.

the ridge. Fill up your bottles before reaching the high point. Due to the amount of foot traffic in the area, be sure to purify all water.)

Upon reaching the ridge, you will be treated to gorgeous views of the Dhauladhar Range to the east and Kangra Valley to the south and west. For fit and well-acclimatized hikers that have arrived before midday with energy to spare, consider making an out-and-back side trip to Snow Line (4 km/2.5 mi), Triund Hill (6 km/3.7 mi), or Lahesh Cave (9.3 km/5.8 mi). Note that camping is possible at Snow Line and Lahesh Cave, the latter of which has long been a popular sanctuary for Gaddi shepherds on their way over Indrahar Pass (see Bonus Track).

Back on Triund Ridge, hikers have their choice of multiple campsite locations, all of which offer a front-row seat from which to soak in sunset and sunrise. Above all else, this is what draws visitors to Triund. And during the hiking seasons of spring and autumn, Mother Nature's twice-daily light shows rarely disappoint. The surrounding snowcapped peaks typically take on an ethereal glow, and gazing over the now-tiny town of McLeod Ganj, it is hard not to smile as you realize you were there only a handful of hours and 9,000 steps ago.

Beyond the main camping area, our route continues south along the ridge, reaching the Mana Cafe junction in approximately 1.5 km (0.9 mi). From here, descend northwest on the Karthani-Leta Trail, past the Leta Campsite, and zigzag your way >

down to the famous Shiva Cafe. With slow service and average food, do not expect a fine-dining experience at the Shiva—but what you can count on is an incredible location at the top of one of McLeod Ganj's most beloved destinations, the 20-m (66-ft) high Bhagsu Waterfall.

Bhagsu's crystal-clear water and lush green setting have long made it a popular picnic spot for locals and visitors alike. If you would like to enjoy the cascade without too many people around, aim to reach Bagsu by midmorning at the latest. After soaking in the jungle-like environs, descend gradually on the true right side of the river valley for another 0.7 km (0.4 mi) to reach the trail's terminus at the waterfall's namesake village.

The Triund Trek is Himachal Pradesh's most inclusive Himalayan trek. You do not need to be super fit or experienced, the trail is simple to follow, and there are plenty of places to rest along the way where you can procure food and refreshments. All that being said, this trek is not popular because it is easy. It is popular because it offers inspiring Himalayan views that can be obtained without having to walk for days on end. And if you are looking for a physical complement to your soul-searching sojourn in McLeod Ganj, it is hard to go past the forested flanks and scenic ridge of Triund. ▲

"The Triund Trek is popular because it offers inspiring Himalayan views that can be obtained without having to walk for days on end."

← The picturesque Snow Line, a 4-km (2.5-mi) round trip from Triund.
↑ Indrahar Pass.

GOOD TO KNOW

START/FINISH
Gallu Devi Temple, Dharamkot to Bhagsu, Himachal Pradesh

SEASON
March to June and September to December.

ACCOMMODATIONS
For those that do the trek over two days, camping is possible on Triund Ridge. You can either bring your own tent or rent one at the campsites. Limited indoor accommodations are available at the Forest Rest House on the ridge, but you will need to make an advance booking on the Himachal Tourism website, himachaltourism.gov.in.

HIGHLIGHTS
1. Views of the Dhauladhar Range and McLeod Ganj
2. Sunrise and sunset from the ridge
3. Bhagsu Waterfall

HELPFUL HINTS

GETTING THERE & AWAY
The starting point at Gallu Devi Temple is about 10 minutes in a taxi or an hour's walk away from McLeod Ganj. The terminus at Bhagsu is even closer to "Little Lhasa," taking roughly five minutes by taxi or 30 minutes on foot.

WILL I REQUIRE A PERMIT?
No permits are required.

DO I NEED A GUIDE, PORTERS, OR PACK ANIMALS?
No.

WHAT TO BRING
Backpack, sleeping bag, sleeping mat, trail-running shoes or lightweight hiking boots, water bottles, water filter or purifying tablets, sun protection (hat, glasses, sunscreen), map and compass or a GPS navigation app on your phone, headlamp, toiletries, and tent (if not renting or staying indoors). Recommended clothing includes a puffy

jacket or fleece, rain jacket, beanie or neck gaiter, hiking pants, long-sleeve hiking shirt, medium-weight gloves or mittens, and merino wool long underwear (for sleeping).

BONUS TRACK

INDRAHAR PASS TREK
For those looking for a longer and more challenging hike in the Dharamsala area, consider the Indrahar Pass Trek. Stretching approximately 44 km (27.3 mi) between Dharamkot and the village of Lamu, the route coincides with the Triund Trek until it reaches the Triund Ridge, where it continues north and then northeast toward Indrahar Pass (4,342 m/14,245 ft). Beyond the high point, the trail drops down into the Kuvarasi Valley, winding through a series of high-altitude meadows used in the summer by Gaddi shepherds to graze their stock. The Gaddi are an ancient herding people whose annual migration over Himachal Pradesh's mountain passes have formed many of the region's premier hiking trails.

BACKGROUND

THE TIBET MUSEUM
Located by the Main Temple (Tsuglagkhang) of the Dalai Lama, the informative and sobering Tibet Museum is a must-visit while in McLeod Ganj. Through photographs, artifacts and documentary films, the museum chronicles Tibet's struggle to preserve its culture and heritage since the Chinese occupation began in 1950. It is open from Tuesday to Sunday, and entrance is free.

FLORA & FAUNA

HIMALAYAN GRIFFON VULTURE
Tipping the scales at up to 12 kg (26.5 lb) and with a wingspan that measures between 2.5 m (8 ft) and 3 m (10 ft), the Himalayan griffon (*Gyps himalayensis*) is one of the largest birds in the Himalaya. Adults are sandy brown with pale, featherless heads. With an elevation range of between 1,200 m and 5,500 m (3,937 ft and 18,045 ft), they can be spotted throughout the range (including from Triund Ridge), gliding on thermal air currents in search of carrion upon which to feed.

KUVARASI VALLEY
Lamu ↗
Indrahar Pass
(4,342 m)
Lahesh Cave
Himachal Pradesh
Triund Hill
(3,240 m)
Snow Line
Forest Rest House
Magic View Cafe
Triund Camp
GALLU DEVI TEMPLE
Bhagsu Waterfall
Shiva Cafe
Dharamkot
Mana Cafe
Leta Campsite
BHAGSU
McLeod Ganj
INDIA
DHARAMSALA
N
2 km
32° 13' 8.551" N
76° 19' 24.254" E

PHUGTAL MONASTERY TREK

THE HONEYCOMB MONASTERY OF ZANSKAR

Ladakh
INDIA

ABOUT THE TRAIL

→ DISTANCE 17 km (10.6 mi)
→ DURATION 5 to 7 hours
→ TOTAL ELEVATION GAIN 1,241 m (4,072 ft)
→ LEVEL Easy

Zanskar is the hidden kingdom of the Indian Himalaya. Surrounded by impassable mountains and snowed in for more than six months a year, for centuries it was bypassed by all of the major trade routes across Asia. This geographic isolation, combined with its Tibetan roots, led Zanskar to become a haven of Buddhist culture, a heritage encapsulated in the form of the region's many well-preserved *gompas* (monasteries).

Of all the ancient monasteries that dot Zanskar's high-altitude landscape, Phugtal (3,902 m/12,803 ft) is the most picturesque. Perched precariously on a rugged cliffside in the secluded Lungnak Valley, it was founded in the fifteenth century and remains one of the few monasteries in Ladakh only accessible on foot. All supplies are brought in by horses, donkeys, or local residents with strong backs and sturdy legs.

The trail to Phugtal begins in the tiny village of Cha (3,909 m/12,825 ft), a three-hour drive southeast from the regional capital of Padum. From here, it is just under a 7-km (4.3-mi) walk to the monastery. Throughout this section, the views are superb, though it should be noted that the path is occasionally narrow, and care needs to be taken on the more exposed stretches. Along the route, hikers will pass *mani* walls (stone plates or rocks carved with Tibetan mantra) and *stupas* (shrines) as they marvel at the surreal rock formations sculpted over millennia by the elements. After approximately two hours, the honeycomb-like monastery of Phugtal comes into view.

The name Phugtal means "Cave of Liberation" and derives from the fact that the monastery is built around a large natural cave. Long before construction began, the yawning grotto had been frequented by holy men, ascetics, and scholars for more than 2,000 years. Today's monastic center consists of the main assembly hall, a library, multiple chapels, and living quarters to house more than 70 monks. It is also home to a >

↖ Trekking in the high-altitude desert of Ladakh often means chilly mornings, clear blue skies, and a mesmerizing treeless landscape.
↑ The Lungnak Valley is a gateway to one of Ladakh's finest but least-trodden trails, over Nialo Kontse La and Gotunta La.

"The Tsarap River route is well worthwhile as it provides a different perspective from which to observe the moonscape terrain of Lungnak Valley."

↑ The wide expanse of the Zanskar Valley.
→ Leh, which at 3,520 m (11,548 ft) is one of the highest permanently inhabited towns in the world.
↗ Hiking along the Lungnak Valley, just north of Phugtal Monastery.
→→ Descending to the deep blue waters of the Tsarap River.

school for local children and a traditional Tibetan medical clinic that serves Lungnak Valley residents.

While it is possible to complete the Phugtal Monastery Trek as a day hike, overnighting at either the monastery or the nearby guesthouse (just 10 minutes' walk away) will enable you to gain a greater insight into what monastic life in Zanskar is all about. Hikers are welcome to attend the morning and evening prayer sessions, and it is hard not to smile as you observe the monks devotedly reciting scripture while their young apprentices hover between, paying close attention to their elders while periodically nudging their neighbors, making faces, and drifting off to the imaginary lands of childhood dreams. It is also possible for visitors to dine with the monks. The food is simple and healthy and usually consists of staples such as *tsampa* (roasted barley flour), *momos* (steamed dumplings), boiled vegetables, flatbread, and bottomless cups of yak butter tea. When it is time to leave, in addition to paying for your meal costs, consider leaving a gift of school supplies or a financial donation with the monks. The monastery bears all educational and medical expenses for the local populace, and contributions are much appreciated.

While observing the monastery's inner workings is a big part of any visit to Phugtal, almost as memorable are the impressions left by the *gompa's* jaw-dropping architecture and setting. Overlooking the winding Tsarap River and nestled under its namesake cave,>

the monastery's whitewashed buildings seem to grow out of the limestone cliffs' cracks and crevices. For a bird's eye perspective on this marvel of the Middle Ages, consider taking a sunrise or sunset walk up the pilgrim path that ascends behind the monastery. The views from the ledges overlooking the *gompa* are sublime—a seamless fusion of the terrestrial, aquatic, and spiritual. (Tip: If you do not mind the bone-chilling night-time temperatures, seeing the monastery by moonlight is unforgettable, thanks to Phugtal's remoteness and the absence of light pollution.)

Leaving Phugtal, you can either return the same way to Cha or take the easier (though slightly longer) Tsarap River route. The latter option is well worthwhile as it provides a different perspective from which to observe the moonscape terrain of Lungnak Valley. After crossing a rickety wooden bridge 1 km (0.6 mi) south of the monastery, the trail hugs the true left bank of the watercourse all the way to the village of Purne (3,812 m/12,506 ft) where homestay accommodations are available. From there it is a further 4.5 km (2.8 mi) and two more bridge crossings back to the starting point of Cha.

Some hikers are drawn to Phugtal Monastery because it is only accessible on foot. Others are attracted by its unique honeycomb structure and cliffside location. But for those that make the journey and spend time at this legendary Buddhist sanctuary, perhaps the feeling that lingers most is that of togetherness. Phugtal is more than just a place of seclusion and meditation; it is also a communal hub. It is a school, a clinic, and the place that hosts all of the most important local festivals—a center that brings together monks, farmers, pilgrims, and hikers alike. ▲

↑ Phugtal Gompa, the legendary honeycomb monastery of Zanskar.
↓ The striking granite peak of Gumburanjon, located to the south of Phugtal on the trail to Shingo La.

"Phugtal Gompa is more than just a place of seclusion and meditation; it is also a communal hub. It is a school, a clinic, and the place that hosts all of the most important local festivals."

↑ The sapphire-blue lake of Tso Tok Phu, located less than a day's walk northeast of Phugtal.
← Crossing the Tsarap River in the shadows of Phugtal Monastery.

GOOD TO KNOW

START/FINISH
Cha village to Phugtal Monastery and back via Purne, Ladakh

SEASON
June to October. The Zanskar Valley is snowed in for the other seven months of the year.

ACCOMMODATIONS
There are various options:

- A basic guesthouse just below Phugtal Monastery
- A small dormitory in the monastery
- Homestays with local families in the villages of Cha and Purne
- Hikers with their own shelter can camp along the route

HIGHLIGHTS
1. Gorgeous views over the Lungnak Valley on the high stretch of trail between Cha and Phugtal
2. The honeycomb-like Phugtal Monastery
3. Interacting with Phugtal's resident monk population
4. Pre- or post-trek visit to nearby Karsha Monastery

HELPFUL HINTS

GETTING THERE & AWAY
The trailhead village of Cha is three hours' drive southeast from Padum, the capital of Zanskar. If you do not have your own transportation, reasonably priced jeeps can be hired in Padum to transport you to and from the trail.

WILL I REQUIRE A PERMIT?
No permits are required.

WHAT TO BRING
As there is no need for a tent or cooking equipment, hikers can travel relatively lightly on the Phugtal Monastery Trek.

Recommended items include a puffy jacket (down or synthetic), trail runners or hiking shoes, beanie or neck gaiter, rain jacket, first aid kit, sun protection (hat, glasses, sunscreen), headlamp, toiletries, power bank for electronics, long-sleeve hiking shirt, hiking pants, merino wool long johns and top (for sleeping), and a sleeping bag rated to at least -5°C (23°F).

BONUS TRACK

CHADAR TREK
During the coldest months of the year, the Zanskar region is almost entirely cut off from the rest of Ladakh. The sole means by which locals can travel to and from the Union Territory capital of Leh is via the frozen Zanskar River. In recent decades, an abbreviated version of this singular journey—known as the Chadar Trek—has become popular with adventure tourists from around the world. Measuring 105 km (65 mi) and taking between six and eight days to complete, this legendary out-and-back hike from the village of Chilling passes by rock walls 600 m (1,969 ft) high and a series of frozen waterfalls as it makes its way through the vertiginous Zanskar Gorge. Along the route, trekkers will overnight in huge riverside caves and experience temperatures that regularly drop below -20°C (-4°F). The Chadar Trek was one of the featured hikes in the first book of the Wanderlust series, *Wanderlust: Hiking on Legendary Trails.*

BACKGROUND

KARSHA MONASTERY
Fourteen kilometers (8.7 mi) north of Padum is the monastery of Karsha, the largest and most important Buddhist monastery in the region. Majestically set among rock cliffs overlooking the Zanskar Valley, the monastery dates back to the eleventh century and is currently under the charge of the Dalai Lama's younger brother. The permanent residence of more than 100 monks, Karsha boasts eight temples, two assembly halls, and a fascinating array of ancient murals and rock carvings. For those interested in experiencing the wonders of Karsha, it can either be visited on a day trip from nearby Padum, or, even better, you can stay at one of several homestays located in picturesque Karsha village immediately below the monastic complex.

FLORA & FAUNA

Vegetation is relatively sparse in Zanskar's high-altitude semi-desert environment. The most notable flora is the profusion of edelweiss that carpets the region's meadows during the late spring and summer. On the fauna front, hikers may spot marmots, ibex, bharal (illustrated), Himalayan brown bear, and the snow leopard. Regarding avifauna, while hiking to and from Phugtal keep a sharp eye out for the bearded vulture, also known as lammergeier, perched on high rock ledges.

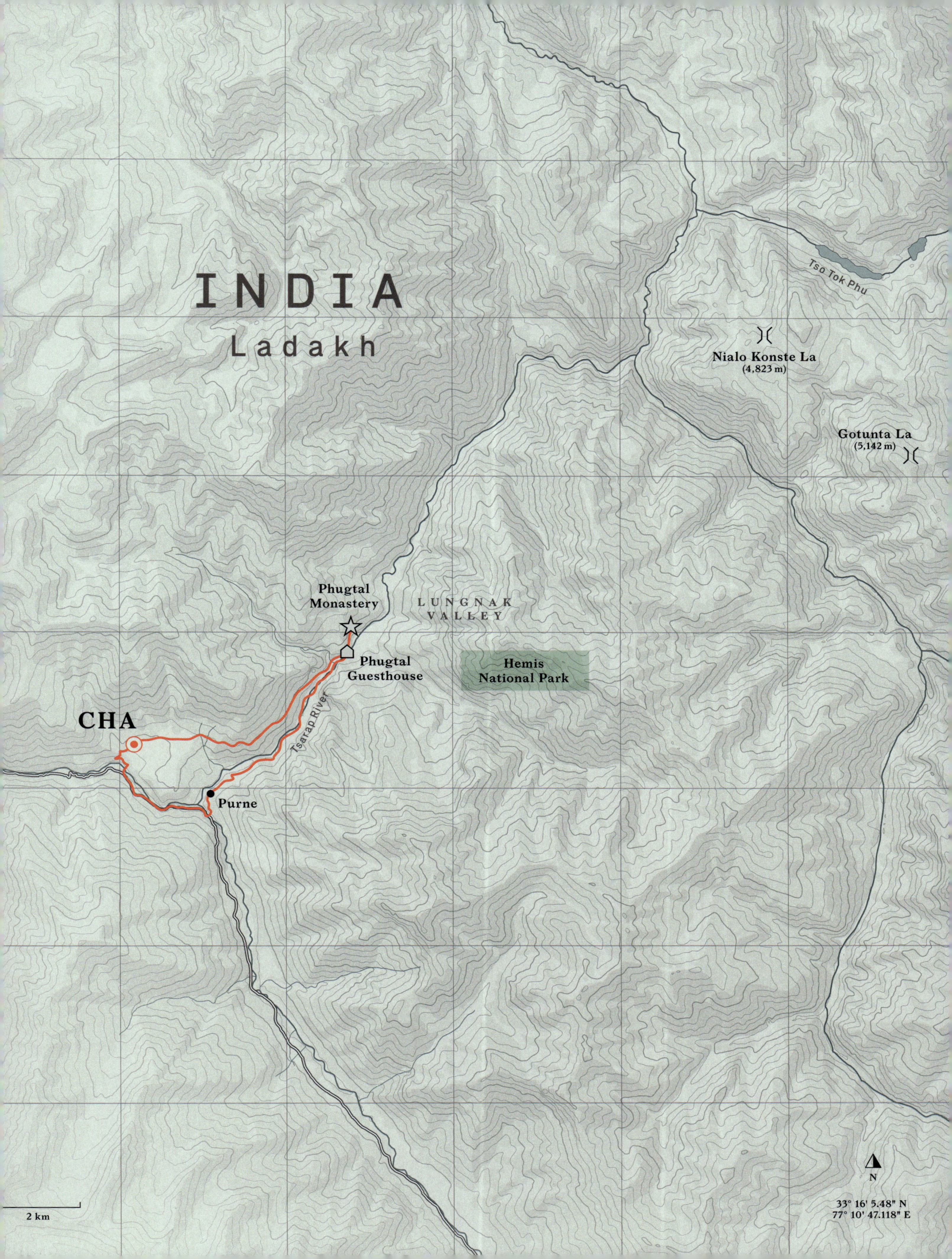
INDIA
Ladakh
Tso Tok Phu
Nialo Konste La
(4,823 m)
Gotunta La
(5,142 m)
Phugtal Monastery
LUNGNAK VALLEY
Phugtal Guesthouse
Hemis National Park
CHA
Tsarap River
Purne
2 km
N
33° 16' 5.48" N
77° 10' 47.118" E

GOECHA LA TREK

IN THE SHADOWS OF KANCHENJUNGA

Sikkim

INDIA

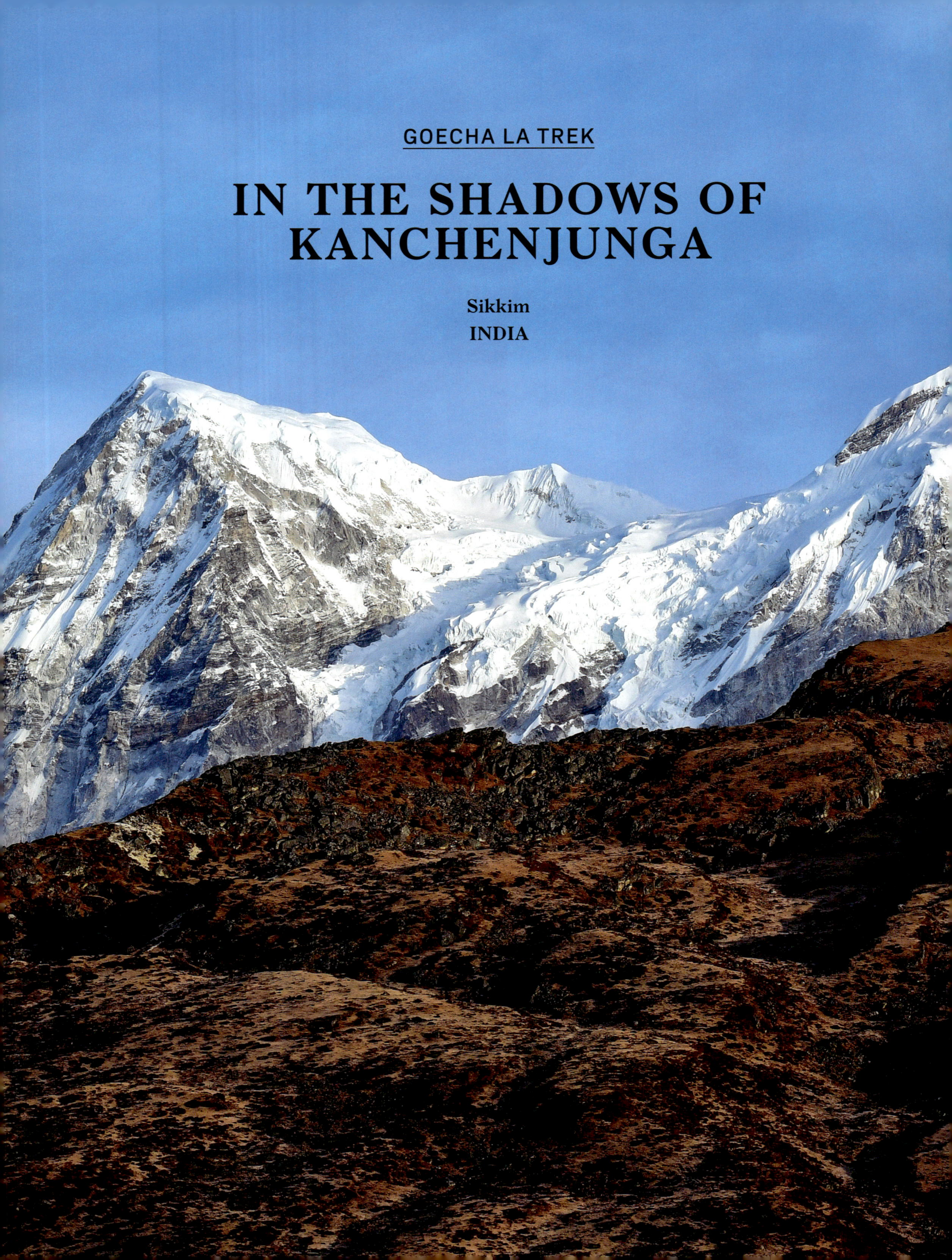

ABOUT THE TRAIL
→ DISTANCE 62 km (38.5 mi)
→ DURATION 6 to 7 days
→ TOTAL ELEVATION GAIN 6,683 m (21,926 ft)
→ LEVEL Moderate to Challenging

Everyone knows that Mount Everest is the highest mountain in the world. Most are also aware that K2 is the second-tallest peak on Earth. But if you ask your average Jill or Joe which mountain comes next in regard to elevation, chances are you will receive nothing but silence and a blank stare in response. The answer is Kanchenjunga (8,586 m/28,169 ft), an icy behemoth that straddles the border between Nepal and the northeastern Indian state of Sikkim, and which represents the focal point of the Goecha La Trek.

Beginning in the village of Yuksom, the Goecha La Trek is an out-and-back classic that measures 62 km (38.5 mi) in length. The path is well defined, easy to follow, and takes most groups six or seven days to complete. During its course, it ascends through subtropical jungle and alpine meadows before reaching its turnaround point in a starkly beautiful landscape of rocks and glaciers. The trek takes place entirely within Khangchendzonga National Park (1,782 km^2/688 mi^2), which in 2016 was declared India's first UNESCO Mixed Heritage World Heritage Site because of its combination of natural and cultural significance.

In keeping with its UNESCO status, the Goecha La Trek is primarily defined by its diversity. The initial stage from Yuksom passes through luxuriant fern-laden environs, teeming with birdlife and marked by dense oak, conifer, and bamboo forests. Interspersed among the natural wonders are a trio of dramatic suspension bridges—Pha Khola, Tshushay Khola, and Mentogang Khola—that span fast-flowing tributaries of the Rathong River. The finishing point of the first day, Tshoka village (2,950 m/9,678 ft), is a Tibetan refugee settlement that sports a handful of simple lodges and a picturesque Buddhist monastery on its outskirts.

Leaving Tshoka, the lush environment soon gives way to forests of gnarled, twisted, and lichen-laden rhododendrons. During the spring, this stage is particularly memorable. The trees bloom with pink flowers, and the forest is often shrouded in mist, giving it a mystical feel in which you half expect to spot elves and goblins around every twist and turn. After 6 km (3.7 mi) and more than 1,000 m (3,281 ft) of altitude gain, the trail arrives at the windswept alpine meadows of Dzongri (3,964 m/13,005 ft).

In addition to its ramshackle trekking huts, the pastureland of Dzongri plays host to local yak herders, who graze their livestock here between March and October. Many trekking groups take an extra day to acclimatize at Dzongri, enjoying the laid-back atmosphere and the unobstructed sunrise views of Kanchenjunga from nearby Dzongri Top (4,145 m/13,599 ft). For those already well acclimatized, a worthy side trip from Dzongri is to the little-visited Rathong Valley. The out-and-back journey takes around five hours and affords breathtaking views of Rathong Glacier and the snowcapped sentinels that surround its frozen mass. >

"During its course, the Goecha La Trek ascends through subtropical jungle and alpine meadows before reaching its turnaround point in a starkly beautiful landscape of rocks and glaciers."

← The Rathong River between Yuksom and the village of Tshoka.
↑ Trekking between Dzongri and the alpine meadow of Lamuney.

Beyond Dzongri, the main trail continues northeast for ten undulating kilometers (6.2 mi) to reach the exposed meadow of Lamuney (4,124 m/13,530 ft). The final campsite before the turnaround point, Lamuney has a well-deserved reputation for being bone-chillingly cold at any time of year. While overnighting here, it is not uncommon for hikers to seek the toasty sanctuary of their sleeping bags earlier than usual—partly because of the sub-freezing temperatures but also in anticipation of a 3:00 a.m. start the following morning. The reason for this uncommonly early start? The chance to see the sunrise over Kanchenjunga from Viewpoint 1.

Departing Lamuney with headlamps shining and teeth chattering, sleepy-eyed hikers will make their way past Samiti Lake (a great place to linger on the return journey) on an increasingly steep and rocky trail. After three hours of shuffling through the darkness, the lookout point is reached. Located a mere 14 km (8.7 mi) as the crow flies from Kanchenjunga's summit, it is the perfect spot for watching the dawn rays softly illuminate the Himalayan horizon. And as you witness the world's third-highest mountain make its much-anticipated appearance, any pre-dawn reservations you may have had will gradually melt away. In their stead will be left a beaming smile, a deep sense of appreciation, and the faint (but ever-increasing) murmurs of a rumbling stomach—an unmistakable sign that it is time to begin the return journey to Lamuney campsite, where a well-earned breakfast awaits. ▲

"Located a mere 14 km (8.7 mi) as the crow flies from Kanchenjunga's summit, it is the perfect spot for watching the dawn rays softly illuminate the Himalayan horizon."

← Rhododendrons and snowcapped peaks on the trail to Goecha La.
→ A red panda (*Ailurus fulgens*) rooting around the undergrowth.
↓ Patches of red vegetation along the Prek River, on the trail between Thansing and Lamuney.

Pandim Peak (6,691 m/21,952 ft), as seen from near Dzongri.

GOOD TO KNOW

START / FINISH
Yuksom to Viewpoint 1 and back, Sikkim

SEASON
Mid-March to May and late September to November. Trekking in winter is also possible, though by November night-time temperatures regularly drop below -10 °C (14 °F) at higher elevations, and sections of the trek above Dzongri may be inaccessible due to heavy snowfall.

ACCOMMODATIONS
A combination of camping and trekking huts.

HIGHLIGHTS
1. Rhododendrons in the full bloom of spring
2. Samiti Lake
3. Sunrise views over Kanchenjunga and its surrounding peaks from Dzongri Top and Viewpoint 1

HELPFUL HINTS

WILL I REQUIRE A PERMIT?
All foreigners need a Restricted Area Permit (RAP), formerly known as Inner Line Permit (ILP), to travel in Sikkim. To do the Goecha La Trek, you must also obtain a Protected Area Permit (PAP), which is arranged through registered travel and trekking agencies in Gangtok, the state capital of Sikkim.

WHY IS THE TURNAROUND POINT AT VIEWPOINT 1 RATHER THAN GOECHA LA, THE PASS AFTER WHICH THE TREK IS NAMED?
Since October 2017, the state government of Sikkim has banned hiking further than Viewpoint 1, due to conservation reasons relating to the endangered snow leopard.

DO I NEED A GUIDE, PORTERS, OR PACK ANIMALS?
It is not possible to do the Goecha La Trek independently. All guided trips are organized with trekking agencies based in Gangtok (or Yuksom). Though not obligatory, most hikers choose to use porters or pack animals to carry the bulk of their gear.

WHAT TO BRING
Backpack, sleeping bag (rated to at least -5 °C/23 °F), sleeping mat, trail-running shoes or lightweight hiking boots, water bottles, water filter or purifying drops, small first aid kit, sun protection (hat, glasses, sunscreen), headlamp, toiletries, power bank for electronics, trekking poles (optional), and tent (if not provided by agency).

Recommended clothing includes puffy jacket (down or synthetic), rain jacket and pants, beanie or neck gaiter, three pairs of socks (one kept clean for sleeping), hiking shorts or pants, long-sleeve hiking shirt, medium-weight gloves or mittens, and merino wool long johns and top (for sleeping).

BONUS TRACK

GREEN LAKE TREK
Though not as well known in Sikkim hiking circles, the Green Lake Trek rivals Goecha La in difficulty, beauty, and biodiversity. An out-and-back affair from the town of Lachen, the trail measures approximately 92 km (57.1 mi) and takes most hikers eight to ten days to complete. The trek's namesake and turnaround point, Green Lake, is located at an altitude of 5,050 m (16,568 ft) and surrounded by an amphitheater of majestic snow-covered peaks.

BACKGROUND

FIVE FACTS ABOUT KANCHENJUNGA
1. Until the height of Everest was established in 1852, Kanchenjunga was considered to be the world's highest mountain.
2. Kanchenjunga was subsequently taken down another notch on the list after the discovery of K2 in 1856.
3. British mountaineers Joe Brown and George Band were the first people to (almost) climb Kanchenjunga on May 25, 1955. In deference to the religious beliefs of the Sikkimese, Brown and Band stopped a handful of meters from the summit—a tradition that has continued to be followed to this day.
4. Kanchenjunga is a Tibetan word that translates to "five treasures of the great snow." It is so named because of its quintet of high peaks.
5. Three of Kanchenjunga's five peaks lie directly on the Indian-Nepalese border, while the other two are located entirely within Nepal.

FLORA & FAUNA

BIRDLIFE
During the Goecha La Trek, hikers will encounter a constantly changing array of avifauna. At lower altitudes, you can spot woodpeckers (illustrated), barbets, and treecreepers. At medium elevations, you may see flycatchers, white-crested laughingthrushes, wren-babblers, and blood pheasants (the state bird of Sikkim). And in the higher reaches of the trek, watch out for finches, snow pigeons, and accentors.

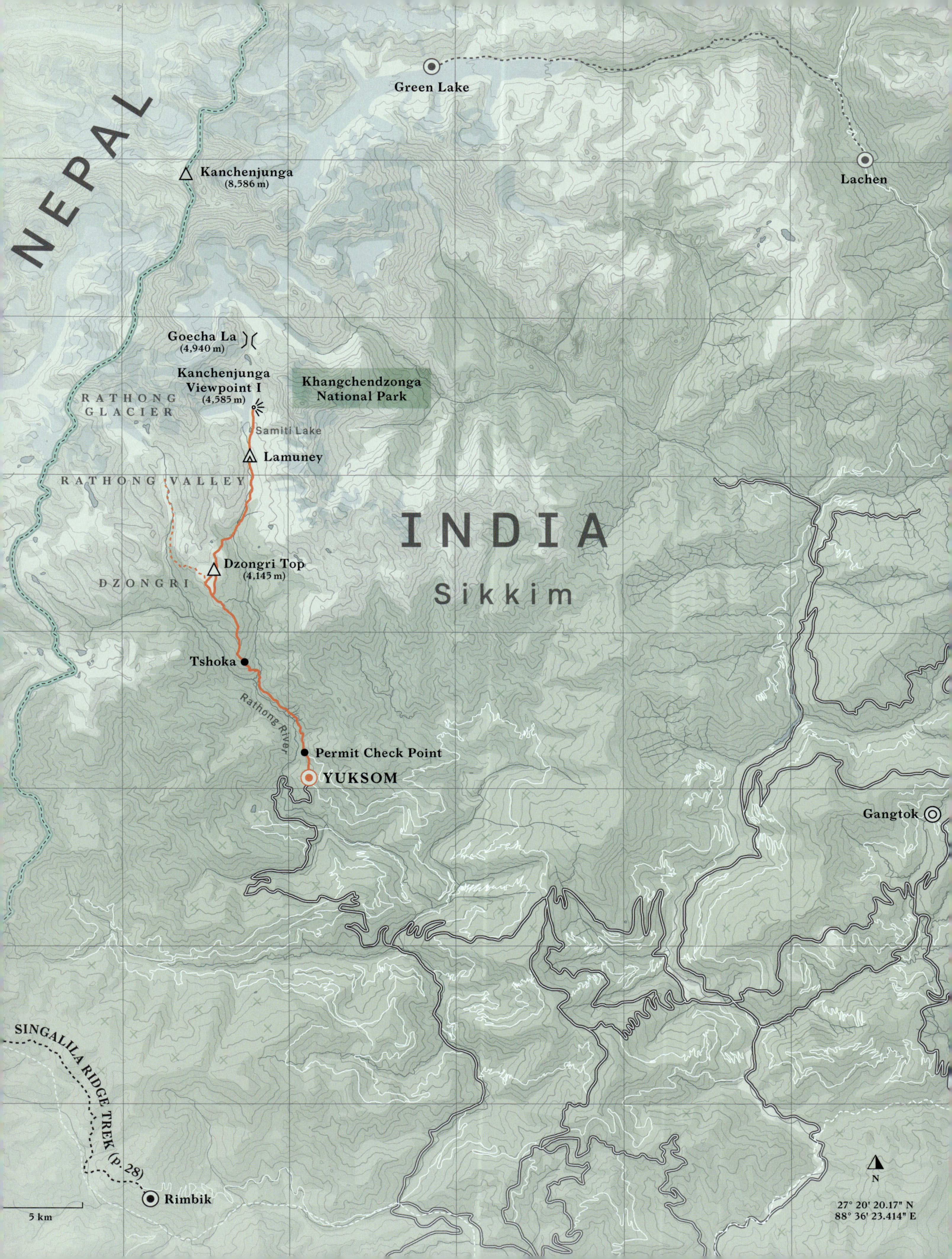

NEPAL
Green Lake
Lachen
Kanchenjunga
(8,586 m)
Goecha La
(4,940 m)
Kanchenjunga
Viewpoint I
(4,585 m)
Khangchendzonga
National Park
RATHONG
GLACIER
Samiti Lake
Lamuney
RATHONG VALLEY
INDIA
Sikkim
Dzongri Top
(4,145 m)
DZONGRI
Tshoka
Rathong River
Permit Check Point
YUKSOM
Gangtok
SINGALILA RIDGE TREK (p. 28)
Rimbik
5 km
N
27° 20' 20.17" N
88° 36' 23.414" E

BHUTAN

Bhutan is the conservation capital of the Himalaya. Its pristine countryside is sprinkled with glimmering lakes, snow-dusted peaks, and cliff-hanging monasteries. The Land of the Thunder Dragon is a rare example of a nation that has embraced modernity without compromising its environment or cultural heritage.

MERAK-SAKTENG TREK

COLORFUL NOMADS AND A SANCTUARY FOR YETIS

Eastern Bhutan
BHUTAN

ABOUT THE TRAIL

→ DISTANCE 25 km (15.5 mi)
→ DURATION 3 days
→ TOTAL ELEVATION GAIN 1,396 m (4,580 ft)
→ LEVEL Moderate

Stories of the yeti abound in Himalayan folklore. For centuries, people throughout the range have spoken of giant ape-like creatures with oversized feet and saber-like teeth roaming the region's snowy wastes. In Bhutan, the yeti has featured in ancient texts and on postage stamps, and the country's royal house has even sponsored expeditions to search for the gargantuan biped. Yet perhaps the ultimate example of the yeti's revered status in the land of Gross National Happiness can be found in the form of Sakteng Wildlife Sanctuary (established 2003). Located in the far eastern corner of the country, it is the only reserve in the world specifically created to protect the habitat of the yeti, or *migoi* ("strong man") as it is known in Bhutan.

During the first seven years of its existence, Sakteng Wildlife Sanctuary (740 km^2/286 mi^2) was closed to all foreign visitors. The ban was not for the protection of the *migoi* but rather for preserving the traditional culture of the area's other famous inhabitants, the Brokpa people: a semi-nomadic yak-herding tribe originally hailing from southern Tibet. Although they have lived in Bhutan for centuries, their language, dress, and transhumant traditions continue to reflect those of their ancestral homeland rather than their adopted place of residence.

The Brokpa population is approximately 6,000 and spread out between the Merak and Sakteng valleys. The Merak-Sakteng Trek links these two valleys by way of a well-worn path over a high-altitude pass. The hike can easily be completed in two days, but it is highly recommended to factor in some extra time, either pre- or post-trek, to experience more of the unique Brokpa culture.

Starting from Merak village (3,520 m/11,549 ft), the trail climbs steadily for just under 7 km (4.3 mi) to reach Nyuksang La (4,140 m/13,583 ft), the trek's high point, which affords sweeping alpine views. You may encounter Brokpa herders with their livestock during the ascent, and perhaps even receive an invitation to share a cup or two of yak butter tea. The Brokpa are instantly recognizable because of their distinctive dress. The women—who are renowned for their embroidery skills—typically wear red-and-white-striped dresses called shingkhas and capes made of red wool. The men usually wear red or black wool jackets, but the most distinctive aspect of their attire is the shamo, a beret-like felt hat with a quintet of yak-wool dreadlocks dropping down from the rim to drain rainwater. >

"Located in the far eastern corner of the country, the Sakteng Wildlife Sanctuary is the only reserve in the world specifically created to protect the habitat of the yeti, or *migoi* ('strong man') as it is known in Bhutan."

←← "Hmm, are you sure there's not another way to cross?"
↑ Trekking near the northern terminus of Thakthri.
← Load-bearing yaks ply the trail between the villages of Sakteng and Thakthri.

"The Brokpa population is approximately 6,000 and spread out between the Merak and Sakteng valleys. The Merak-Sakteng Trek links these two valleys by way of a well-worn path over a high-altitude pass."

From the high point of Nyuksang, it is approximately two hours' descent to the campsite of Miksa Teng (3,077 m/10,095 ft). Surrounded by rhododendrons and overlooking the winding Jyonkhar River, this makes for an idyllic spot to spend the night. Be on the lookout for some of the (non-yeti) creatures for which the sanctuary is known, such as the Himalayan red fox, red panda, and black bear. From Miksa Teng, the trail climbs briefly before descending again through verdant forests to reach the village of Sakteng (2,957 m/9,701 ft) after three or four hours.

Located in the upper reaches of its eponymous valley, picturesque Sakteng consists of around 300 households, including various homestays where you can board with local families. During your sojourn, be sure to visit a couple of the village's Buddhist temples, as well as sample some of the delicious *chora* (fermented cheese) for which Sakteng is famous. If you have timed your trekking dates just right, you may even witness one of the horse races that happen every autumn in honor of the Brokpa's protective deity, the mountain goddess Jomo >

← A crystal-clear mountain stream.
↙ Brokpa women are famous throughout Bhutan for their embroidery skills.
→ Grazing sheep near the Brokpa village of Sakteng.
↓ Approaching Nyuksang La (4,140 m/13,583 ft), the highest point of the trek.

Kuengkhar. These competitions are invariably part of larger celebrations, including dancing (notably the yak cham or "dance of the yaks"), singing, and generous amounts of home-brewed wine. Assuming you have not overindulged in the local firewater, set off early the following morning to complete the trail's final leg: an easy 7-km (4.3-mi) stroll downriver to the village of Thakthri (2,200 m/7,218 ft).

The secluded valleys of Sakteng Wildlife Sanctuary are not as isolated as they once were. Ongoing road construction has made access easier, which in turn has led to an upswing in ecotourism. Some have questioned the impact that these changes will have on the local populace. It is an understandable concern; however, given Bhutan's excellent record in embracing change without sacrificing its environment and cultural heritage, it is hoped that the Brokpa (and yeti!) population of Bhutan's far east will continue to practice their traditional way of life for generations to come. ▲

← Sacred mask dances are synonymous with Tshechus (Buddhist religious festivals) in Bhutan.
↓ International Day of Happiness ceremony in Mongar Dzong, located a short drive west of Trashigang.
→ The seventeenth century fortress-monastery of Trashigang Dzong (see Info Box).

GOOD TO KNOW

START/FINISH
Merak to Thakthri, Eastern Bhutan

SEASON
Autumn and spring. The former offers the best chance of clear weather and is the most popular season among trekking tourists. The latter sees warmer temperatures, blooming flora, and fewer people on the trail, but the chances of precipitation and snowy conditions are higher.

ACCOMMODATIONS
Camping. Local homestays are available in the villages of Merak and Sakteng.

HIGHLIGHTS
1. Witnessing the traditional culture of the Brokpas
2. A post-trek visit to Trashigang Dzong
3. Wildlife-spotting opportunities

HELPFUL HINTS

TREKKING LOGISTICS
- Permits, transportation, and accommodations are organized by your tour operator.
- While trekking in Bhutan, it is obligatory for hikers to be accompanied by a licensed guide registered with the National Tourism Council.
- While most hikers choose to have the bulk of their gear carried for them by horses or yaks, it is possible to carry all of your own equipment if you prefer.

WHAT TO BRING
Backpack, sleeping bag, sleeping mat, trail-running shoes or lightweight hiking boots, water bottles, water filter or purifying drops, small first aid kit, sun protection (hat, glasses, sunscreen), headlamp, toiletries, small power bank for electronics, trekking poles (optional), and tent (if not provided by agency).

Recommended clothing includes puffy jacket (down or synthetic), rain jacket, beanie or neck gaiter, hiking pants, long-sleeve hiking shirt, medium-weight gloves or mittens, and merino wool long johns and top (for sleeping).

READING MATERIAL
Bhutanese Tales of the Yeti by local author Kunzang Choden (available in e-book or paperback): an engaging compilation of 22 short stories that provide an insider's view of the relationship between Bhutanese people and the legendary abominable snowman.

BONUS TRACK

BOMDELING WILDLIFE SANCTUARY
In addition to Sakteng, the other premier place for outdoor enthusiasts in eastern Bhutan is Bomdeling Sanctuary. Located 66 km (41 mi) north of Trashigang Dzong (see below), it offers a beckoning combination of sweeping alpine landscapes, picturesque monasteries, and rare wildlife viewing opportunities. Basing yourself in the central village of Dongzom, you can take day hikes up to Rigsum Gompa and the marvelously located monastic learning center of Dechen Phodrang. On the same excursions, it is possible to observe the globally endangered black-necked crane (between November and March) and other notable avifauna including gray-crowned prinias, wood snipes, and Bhutan's only endemic butterfly, Ludlow's Bhutan swallowtail.

BACKGROUND

TRASHIGANG DZONG
Trashigang, one of the largest and most impressive *dzongs* ("fortress-monastery") in Bhutan, is situated approximately 40 km (25 mi) west of Sakteng Wildlife Sanctuary. Built in 1659 to keep out Tibetan invaders, until the early twentieth century it functioned as both a religious institution and the administrative center for the eastern part of the country. Every year, in November or December, Trashigang plays host to the region's most important celebration, the Trashigang Tshechu. This popular four-day festival features sacred mask dances, traditional folk songs, and the ceremonial unfurling of the *thongdrels* ("large tapestries") of Guru Tshengyed (eight manifestations of Guru Rinpoche) and Neten Chudrug (sixteen Arhats).

FLORA & FAUNA

Thanks to its long-term isolation and protected status, the Sakteng Wildlife Sanctuary is one of the premier places in Bhutan in which to observe fauna. The preserve is home to a wide array of mammal species such as the snow leopard, red panda, musk deer, Himalayan black bear, and Himalayan red fox.

INDIA
Arunachal Pradesh
NH13
PNH12
THAKTHRI
Sakteng River
Sakteng Village
Miksa Teng Campsite
Jyonkhar River
Nyuksang La (4,140 m)
Trashigang Dzong
MERAK VILLAGE
BHUTAN
Eastern Bhutan
Sakteng Wildlife Sanctuary
PNH 3
N
4 km
27° 16' 58.75" N
91° 31' 15.794" E

BUMTHANG CULTURAL TREK

THE CRADLE OF BHUTANESE BUDDHISM

Central Bhutan
BHUTAN

ABOUT THE TRAIL

→ DISTANCE 28 km (17.4 mi)
→ DURATION 2 to 3 days
→ TOTAL ELEVATION GAIN 1,660 m (5,446 ft)
→ LEVEL Easy to Moderate

Bumthang is the geographical and cultural heart of Bhutan. Located in the country's central highlands, it consists of four principal valleys: Ura, Chumey, Tang, and Choekhor. Notable for containing more temples and monasteries than any district in the country, Bumthang's idyllic rural landscape is interwoven with an abundance of uncrowded pathways. One of the best of these trails is known as the Cultural Trek.

Connecting the Choekhor and Tang Valleys by way of Phephe La, the Bumthang Cultural Trek measures 28 km (17.4 mi) and can comfortably be done in two or three days. As you might expect from its name, it combines gorgeous mountain landscapes with visits to traditional villages and ancient Buddhist temples. The trail is rated easy to moderate and is within the capabilities of most reasonably fit hikers.

The Cultural Trek begins at Thangbi Goemba, located around 7 km (4.4 mi) or 20 minutes' drive north of the district capital of Jakar. A small yellow-roofed temple dating back to the late 1400s, Thangbi is attended by around two dozen *gomchen*—the Bhutanese term for Buddhist lay ministers that teach tantra and Dzogchen. Leaving the temple, hikers will follow the valley road northwards for around 2 km (1.2 mi) before crossing the Chamkhar River on a small suspension bridge. Beyond this point, the forested path continues on the watercourse's true left side to arrive at Ngang Lhakhang ("Swan Temple") after approximately 7.8 km (4.9 mi).

Built in the sixteenth century by the Tibetan lama Namkha Samdrup, according to local legend, the Ngang Lhakhang was so named because the valley was once occupied only by swans. The small private temple is adorned with ancient murals, statues, and decorative masks, the latter of which are used during the colorful three-day festival that takes place here every November or December. After visiting the Lhakhang, hikers can either stay at the adjoining homestay—run for generations by the temple's caretaker family—or walk 1.8 km (1.1 mi) south to the Sangling camping area.

From Sangling, the path heads eastwards, ascending gradually through delightful meadows and moss-laden forests of birch, bamboo, and rhododendron. Keep your eyes and ears open for local avifauna such as the resplendent Himalayan monal and red-breasted satyr tragopan. The gentle gradient ›

"Bumthang is the geographical and cultural heart of Bhutan. Located in the country's central highlands, it consists of four principal valleys: Ura, Chumey, Tang, and Choekhor."

←← Established in the seventeenth century, the massive Trongsa Dzong is one of the highlights of any visit to central Bhutan (see Info Box).
↑ The colorful fields of Bumthang's Choekhor Valley.
← Buddhist monks in their traditional red robes walk the passageways of Trongsa Dzong.

"Phephe La is forest-covered and viewless. Beyond the high point, the trail initially continues under its green canopy before emerging into broad pastures dotted with sleepy homesteads."

↑ Traditional Bumthang farmhouse.
→ Pine needle stacks. In Bhutan, pine needles are used as animal bedding by farmers.
↗ Every year Thangbi Goemba plays host to one of the region's most popular festivals, which includes traditional dances and purification rituals.
→→ Buddhist mask dance at Jampa Lhakhang in Jakar, the capital of the Bumthang district.

gives way to steeper terrain just before reaching Phephe La (3,560 m/11,680 ft)—which, unlike most of the trekking passes in Bhutan, is forest-covered and viewless.

Beyond the high point, the trail initially continues under its green canopy before emerging into broad pastures dotted with sleepy homesteads. Continuing to descend, you will encounter *mani* walls and *chortens* and pass by agricultural fields of buckwheat and barley. Approximately 16 km (9.9 mi) after leaving the Sangling campsite, you will reach the floor of the Tang Valley and the hamlet of Gamling.

Alongside more than a dozen other villages in the Bumthang district, Gamling is renowned for its *yathra* textiles. Unique to this part of Bhutan, these exquisite handwoven garments are made of yak or sheep wool and are famous for their distinctive colors, intricate geometric designs, and the warmth they provide their users during the freezing Himalayan winters. Apart from its importance to the local economy, the making of *yathra* products is also an integral part of the social fabric of Bumthang. The weaving is typically done in groups of four to six women, who congregate in a single hut—often face to face—where they share design ideas and chat about the day-to-day happenings of village life.

Leaving Gamling, the trail ascends for another kilometer to the final destination of the trek, Ogyen Choling Palace. The origins >

of this venerable site date back to the fourteenth century, when Longchen Rabjam (1308–1363), the revered philosopher and teacher of Nyingmapa Buddhism, paid a visit to the Tang Valley. According to legend, the great master chose Ogyen Choling's location as a hermitage because the view towards nearby Kanyai Mountain reminded him of an elephant's head. In Buddhist iconography, elephants represent both longevity and prosperity.

Today, the Ogyen Choling Palace's peaceful location consists of the main temple, watchtower, museum, and a highly regarded guesthouse. The latter includes 14 traditionally decorated rooms and serves excellent local cuisine. The entire complex encapsulates the region's rich heritage, making it the aptest of places to finish the Bumthang Cultural Trek. ▲

← Located in the Choekhor Valley, Jakar Dzong (Castle of the White Bird) was established in 1549 and has long been the preeminent monastery fortress in the Bumthang district.
↓ A cluster of prayer flag poles in the Tang Valley.

"Connecting the Choekhor and Tang Valleys, the Bumthang Cultural Trek combines gorgeous mountain landscapes with visits to traditional villages and ancient Buddhist temples."

↑ The Tang River Valley marks the finish of the Bumthang Cultural Trek.
← Flag-decorated suspension footbridges are a common sight in the river valleys of Bumthang.

GOOD TO KNOW

START / FINISH
Thangbi Goemba to Ogyen Choling Palace, Central Bhutan

SEASON
Fall and spring. The former offers the best chance of clear weather and is the most popular season among trekking tourists. The latter sees warmer temperatures and blooming flora, but the chances of precipitation and cloudy conditions are higher.

ACCOMMODATIONS
Camping is possible at Sangling and nearby Ogyen Choling Palace. There is a simple homestay beside Ngang Lhakhang and more luxurious lodgings at the Ogyen Choling Heritage House for those who prefer to stay indoors.

HIGHLIGHTS
1. Ngang Lhakhang
2. *Yathra* weaving in the village of Gamling
3. Ogyen Choling Palace and Heritage House

WILL I REQUIRE A PERMIT?
Yes, but your tour operator will organize all permits, transportation, and accommodations.

DO I NEED A GUIDE, PORTERS, OR PACK ANIMALS?
While trekking in Bhutan, hikers must be accompanied by a licensed guide registered with the Tourism Council of Bhutan. While most hikers choose to have the bulk of their gear carried for them by horses or yaks, it is possible to tote all of your own equipment if you prefer.

WHAT TO BRING
Backpack, sleeping bag, sleeping mat, trail-running shoes or lightweight hiking boots, water bottles, water filter or purifying tablets, small first aid kit, sun protection (hat, glasses, sunscreen), map and compass or a GPS navigation app on your phone, headlamp, toiletries, small power bank for electronics, and tent (if not provided by agency).

Recommended clothing includes a puffy jacket (down or synthetic), rain jacket, beanie or neck gaiter, hiking pants, long-sleeve hiking shirt, medium-weight gloves or mittens, and merino wool long underwear (for sleeping).

HELPFUL HINTS

GETTING THERE & AWAY
The town of Jakar is the capital of the Bumthang district and the gateway to both trailheads. The starting point of Thangbi Goemba is around 20 minutes' drive northeast of Jakar, whereas the Ogyen Choling Palace is just under one hour away to the west.

BONUS TRACK

BUMTHANG OWL TREK
Alongside the Cultural Trek, the most popular multiday hike in the Bumthang region is the Owl Trek. Measuring 24 km (14.9 mi) and typically taking two or three days to complete, the Owl Trek stretches between Chutigang and Tharpaling Goemba and is similar to the Cultural Trek in terms of difficulty. The trail features gorgeous mountain scenery, the charming village of Dhur, centuries-old temples, and a diverse array of flora and fauna. Other highlights of the Owl Trek include stupendous views of Gangkar Punsum (the highest unclimbed peak in the world) and being sung to sleep every evening by the softly hooting owls after which the trek is named.

BACKGROUND

TRONGSA DZONG
Either before or after your trek, do not miss spending some time at Trongsa Dzong, located 67 km (41.6 mi) drive to the west of Jakar. One of the largest and most impressive fortress-monasteries in the country, Trongsa dates back to the mid-1600s, and it was from here that the first two kings of Bhutan presided over their realms. The *dzong* is dramatically situated on a steep ridge overlooking the Mangde River Valley, a strategic location that helped it control trade between the east and west of Bhutan for centuries. Within the *dzong's* towering walls are a watchtower-turned-museum, 25 temples, and a maze of courtyards and narrow passageways.

FLORA & FAUNA

ROYAL MANAS NATIONAL PARK
Established in 1966, Royal Manas is Bhutan's oldest protected area and the most biologically diverse part of the country. Located 60 km (37.3 mi) south of Jakar as the crow flies, its 1,057-km² (408.1-mi²) boundaries contain more than 900 types of plants and 365 bird species. The park adjoins Manas National Park in India. Together, the two sanctuaries form a vital refuge for the highly endangered Bengal tiger and a wide variety of other mammals such as elephants, water buffalos, clouded leopards, and Himalayan black bears.

Bumthang District
Central Bhutan
Ngang Lhakhang
Sangling
Chamkhar River
Suspension Bridge
THANGBI GOEMBA
Phephe La
(3,560 m)
Gamling
OGYEN CHOLING
PALACE
CHOEKHOR
VALLEY
BHUTAN
TANG
VALLEY
Jakar
PNH 1
1.75 km
N
27° 33' 54.86" N
90° 44' 20.49" E

JOMOLHARI TREK

THE BRIDE OF KANGCHENJUNGA

Western Bhutan
BHUTAN

ABOUT THE TRAIL

→ DISTANCE 88 km (54.7 mi)
→ DURATION 6 to 7 days
→ TOTAL ELEVATION GAIN 5,855 m (19,209 ft)
→ LEVEL Moderate to Challenging

Each of the Himalayan nations has at least one signature mountain. In Nepal, there is Everest. In Pakistan, K2. India has the mighty Nanda Devi, and Tibet the cone-shaped Kailash (along with a share of Everest). In the Kingdom of Bhutan, Gangkar Punsum and Jomolhari are the most notable peaks. The former is the highest, but the latter is arguably the most significant from a cultural and spiritual perspective. It is also the geographical focal point of Bhutan's most famous long-distance hike, the Jomolhari Trek.

Measuring approximately 88 km (54.7 mi) and taking most groups a week to complete, the Jomolhari Trek is almost entirely in Jigme Dorji National Park. Jigme Dorji, Bhutan's second-largest national park and one of the most biologically rich regions in the Himalaya, is named after the country's Third Druk Gyalpo (Bhutanese head of state). With an altitudinal range of approximately 6,000 m (19,685 ft) and encapsulating all three of the country's climatic zones, it is the only protected area in Bhutan where you can observe the national tree (cypress), flower (blue poppy), bird (raven), and animal (takin), all in one place.

The Jomolhari Trek begins at Sharna Zampa (2,815 m/9,236 ft), a few minutes' drive north of the Gunitsawa Army Post in the Upper Paro Valley. During the first stage of the trip, hikers will wind their way through a luxuriant forest of oak, bamboo, and rhododendrons as they trace the course of the Paro River. The first night is spent at Thangthangka (3,610 m/11,844 ft), located 16 km (9.9 mi) from the trailhead. The well-trodden path continues to follow the Paro River during the second day, periodically crossing the watercourse on picturesque wooden bridges as it passes by *mani* walls, *chortens,* and a series of blink-and-you-miss-them hamlets (including Takethang and Dangochang). During this stretch, you will be treated to appetite-whetting vistas of the trek's namesake mountain, and after 12 km (7.5 mi), the meadows of Jangothang are reached (4,089 m/13,415 ft).>

↖ Yaks engaging in some friendly headbutting at the end of a long day on trail.
↑ The steep walls of the Paro River Valley near Jangothang.

(Note: The name Jangothang means "land of the deserters." According to legend, yak herders once fled their lowland abodes and took refuge here to avoid the heavy taxes imposed on them by greedy local overlords.)

One of Bhutan's most dramatically set campsites, Jangothang affords unmatched views of Jomolhari, and most parties spend a rest day here for acclimatization purposes. Jomolhari, 7,315 m (23,999 ft), is referred to as the Bride of Kangchenjunga (Kangchenjunga is the third-highest mountain in the world) and is considered sacred by both Tibetans and Bhutanese. They believe it is home to one of the five Tsheringma sisters—protector goddesses who watch over both the land and its people. During your sojourn at Jangothang, be sure to make the out-and-back side trip (4.8 km/3 mi) up the prominent steep grassy ridge directly northwest of camp. The short but taxing excursion takes most hikers around four hours for a round trip and provides a jaw-dropping perspective of the pyramid-shaped Jichu Drake (6,989 m/22,930 ft).

Departing Jangothang, our route continues on the true right side of the Paro River for another 1.5 km (0.9 mi) before crossing the watercourse and ascending northeast. After roughly 5 km (3.1 mi), you will arrive at the windswept pass of Nyile La (4,890 m/16,043 ft). Leaving the scenic high point, the trail drops steeply down a rocky slope before leveling out at the valley floor. During this section, be on the lookout for blue sheep, musk deer, and opportunistic marmots (Tip: Keep a watchful eye on your food while taking breaks). Approximately six to eight hours after leaving Jangothang you will arrive at the picturesque village of Lingzhi. >

↑ A small trailside shrine.
↓ Who needs a footbridge? Crossing the icy cold Paro River.

"During the first stage of the trip, hikers will wind their way through a luxuriant forest of oak, bamboo, and rhododendrons as they trace the course of the Paro River."

↑ Approaching Takhung La (4,520 m/14,829 ft) on the Jomolhari Loop, a shorter and easier alternative to the featured trek (see Info Box).
← Prayer flags spanning a windswept pass.

Lingzhi is primarily known for its namesake *dzong,* Lingzhi Yügyal Dzong, a majestically located seventeenth-century fortress-monastery whose initial purpose was as a lookout point on one of the region's most important trade routes. After paying a visit to the venerable edifice—which is inhabited by around 30 Buddhist monks—turn south to begin the longest and most challenging stage of the trek. Setting out from Lingzhi, you will immediately recross the Jaje River before heading up the yawning Mo Chhu Valley. Ascending gradually beside the river, after approximately 10 km (6.2 mi), the route veers southeast up a prominent side valley. Switchbacking up the increasingly vertiginous slope, after five to six hours, you will reach Yeli La (4,930 m/16,175 ft), the highest point on the Jomolhari Trek.

Once you have soaked in the views from Yeli's cliff-top perch, descend through a high-altitude moonscape to the serene lake of Khedo Tsho (4,720 m/15,486 ft). This makes for an idyllic spot at which to enjoy a well-earned lunch break. Fed and watered, trace the lake's outlet stream southeast to its confluence with the Jaradinthang River, which you will then parallel down the valley for a further couple of hours to Shodu (4,083 m/13,396 ft), located 19.4 km (12.1 mi) from Lingzhi.

The final stretch of the Jomolhari Trek heads east along the Wang River. Passing underneath meditation caves in the canyon cliffs, hikers will crisscross the waterway as they weave through charming forests of cypress and rhododendron. Fifteen kilometers (9.3 mi) beyond Shodu is the campsite of Barshong, where many parties spend the final night of the journey. Alternatively, for those with finish-line fever (combined with a longing for a hot shower), continue on for another 5.3 km (3.3 mi) to the terminus at Dolam Kencho, where transportation back to civilization awaits. ▲

"Jomolhari, 7,315 m (23,999 ft), is referred to as the Bride of Kangchenjunga (Kangchenjunga is the third-highest mountain in the world) and is considered sacred by both Tibetans and Bhutanese."

← Beautiful Tsophu Lakes (4,380 m/14,370 ft) are 3.7 km (2.3 mi) southeast from Jangothang Camp, and make for a scenic out-and-back acclimatization hike.

→ The national flower of Bhutan is the *Meconopsis gaykidana,* a blue poppy that blooms from late spring to early summer between 3,500–4,500 m (11,483–14,764 ft).

↓ The ruins of a fortress at Jangothang, with the mighty Jomolhari (7,315 m/23,999 ft) in the background.

↑↑ Tsophu Lakes with the pyramid-shaped Jichu Drake (6,989 m/22,930 ft) in the background.
↑ Free of their burdensome loads, horses and yaks frolic in the meadows near Jangothang.

GOOD TO KNOW

START/FINISH
Sharna Zampa to Dolam Kencho, Western Bhutan

SEASON
Fall and spring. The former offers the best chance of clear weather and is the most popular season among trekking tourists. The latter sees warmer temperatures, blooming flora, and fewer people on the trail, but the chances of precipitation and snowy conditions are higher.

ACCOMMODATIONS
Camping. Hiking in a clockwise direction from Sharna Zampa, the main campsites along the route are Thangthangka, Jangothang, Lingzhi, Shodu, and Barshong.

HIGHLIGHTS
1. Views of Jomolhari from Jangothang
2. Side trip up the prominent ridge immediately northwest of Jangothang camp
3. Lingzhi Yügyal Dzong
4. The breathtaking climb and the subsequent descent of Yeli La (4,930 m/16,175 ft), the highest point on the trail

HELPFUL HINTS

GETTING THERE & AWAY
The Sharna Zampa trailhead is located just under a 20-km (12.4-mi) drive north of Paro. The terminus at Dolam Kencho lies roughly 30 km (18.6 mi) north of the national capital of Thimphu.

WILL I REQUIRE A PERMIT?
Yes, but your tour operator will organize all permits, transportation, and accommodations.

DO I NEED A GUIDE, PORTERS, OR PACK ANIMALS?
While trekking in Bhutan, hikers must be accompanied by a licensed guide registered with the Tourism Council of Bhutan. While most hikers choose to have the bulk of their gear carried for them by horses or yaks, it is possible to tote all of your own equipment if you prefer.

WHAT TO BRING
Backpack, sleeping bag (rated to at least -5 °C/23 °F), sleeping mat, trail-running shoes or lightweight hiking boots, water bottles, water filter or purifying tablets, small first aid kit, sun protection (hat, glasses, sunscreen), map and compass or a GPS navigation app on your phone, headlamp, toiletries, small power bank for electronics, and tent (if not provided by agency).

Recommended clothing includes a puffy jacket (down or synthetic), rain jacket, beanie or neck gaiter, hiking pants, long-sleeve hiking shirt, medium-weight gloves or mittens, and merino wool long underwear (for sleeping).

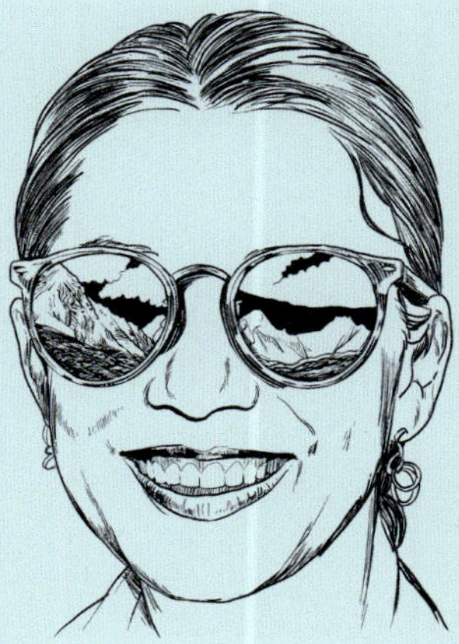

BONUS TRACKS

JOMOLHARI LOOP
A shorter and easier alternative to the featured trek, the Jomolhari Loop (or Soi Yaksa Trek) measures 64 km (39.8 mi), boasts mesmerizing views of the Bride of Kangchenjunga and Jichu Drake, and takes most parties five or six days to complete. It follows the same path as the Jomolhari Trek until just after Jangothang, at which time it crosses the Paro River and ascends southeast towards the gorgeous Tsophu Lakes. Beyond the lakes, the route goes up and over three high passes (Bhonte La, Takhung La, and Thombu La) and traverses the delightful Soi Yaksa Valley, renowned for its wildflowers and rich array of fauna, including blue sheep, musk deer, and takins (see Flora & Fauna). Approximately 32 km (19.9 mi) beyond the Jangothang junction, hikers complete the loop back at the Sharna Zampa trailhead.

SNOWMAN TREK
The first four days of the Jomolhari Trek—from Sharna Zampa to Lingzhi—coincide with Bhutan's longest and most challenging hike, the Snowman Trek. Measuring over 300 km (186 mi) and taking most parties three weeks to complete, the Snowman Trek traverses 11 passes, most of which are over 4,877 m (16,000 ft), and has a total elevation gain of 14,630 m (48,000 ft). It is regularly described as the world's toughest trek. Much of the hike takes place in the Lunana District, the country's most remote and pristine region. Situated in the far north of Bhutan on the border with Tibet, Lunana is a magical area of snow leopards, blue sheep, lonely monasteries, and secluded villages, many of which remain cut off from the rest of the country for much of the year.

BACKGROUND

THE FATHER OF MODERN BHUTAN
The national park through which almost all of the Jomolhari Trek takes place is named after Jigme Dorji Wangchuk, the Third Druk Gyalpo (head of state) of Bhutan. Born in 1929, he ascended to power in 1952, following the death of his father, Jigme Wangchuck. During his two-decade reign, Jigme Dorji opened

Bhutan up to the outside world, revolutionized the education system, and set the country on a path to modernization while simultaneously preserving its culture and traditions. Regarding the natural world, he laid the groundwork for Bhutan's long-standing commitment to environmental conservation, which later became one of the four pillars of the country's famed Gross National Happiness policy.

NO PLACE FOR MOUNTAINEERING

On the Jomolhari Trek, along with almost every other trek in Bhutan, hikers will gaze in wonder at towering snowcapped mountains, many of which measure over 6,000 m (19,685 ft). One of the things that sets Bhutan apart from the other Himalayan nations is that since 1994, it has been prohibited to climb these mighty peaks. The law was passed due to the spiritual value the Bhutanese people place on these mountains, which they believe are the abodes of protective deities. In 2003, the prohibition was further expanded to include mountaineering of any kind within the kingdom of Bhutan. To this day, Bhutan's highest mountain—Gangkar Punsum (7,570 m/24,836 ft)—remains the highest unclimbed peak in the world.

FLORA & FAUNA

THE TALE OF THE TAKIN

The national animal of Bhutan, the takin (*Budorcas taxicolor*) is a rare mammal that looks like a cross between a moose, bison, and wildebeest. With curved horns, a stocky body, short legs, and a thick golden coat, takins are herbivores that can weigh up to 350 kg (772 lb) and are endemic to Bhutan, Tibet, and the mountain regions of northern India and Myanmar. In Bhutan, they hold great cultural importance. According to legend, their origin is attributed to the famed sixteenth-century poet and tantric master, Drukpa Kunley (also known as the Divine Madman). Upon being asked by his admirers to perform a miracle, he fashioned the takin from the bones of a cow and goat he had just eaten. Another more recent story relating to the takin is that it was the inspiration for the Beast's character in the classic Disney movie *Beauty and the Beast*.

Jichu Drake
(6,989 m)
Jomolhari
(7,315 m)
Lingzhi Yügyal Dzong
Lingzhi
MO CHHU VALLEY
Nyile La
(4,890 m)
Viewpoint
Jangothang
Tsophu Lakes
Yeli La
(4,930 m)
Khedo Tsho
Dangochang
Takethang
Bhonte La
(4,887 m)
Shodu
angthangka
SOI YAKSA VALLEY
Wang River
Barshong
Jigme Dorji National Park
DOLAM KENCHO
Takhung La
(4,520 m)
BHUTAN
Thombu La
(4,380 m)
Paro River
Western Bhutan
SHARNA ZAMPA
Gunitsawa Army Post
UPPER PARO VALLEY
DRUK PATH TREK (p. 110)
Thimphu
N
3.5 km
Motithang
27° 28' 32.326" N
89° 36' 31.259" E

DRUK PATH TREK

MYTHS AND MONASTERIES ON THE PUNISHMENT TRAIL

Western Bhutan

BHUTAN

ABOUT THE TRAIL

→ DISTANCE 42 km (26.1 mi)
→ DURATION 4 to 6 days
→ TOTAL ELEVATION GAIN 3,414 m (11,201 ft)
→ LEVEL Easy to Moderate

The Druk Path is Bhutan's most popular multiday trek. Stretching 42 km (26.1 mi) between Paro and Thimphu, it winds its way through a bucolic landscape of blue pine forests and serene lakes while also offering a cultural element in the form of ancient monasteries and ridgetop fortresses. In times past, the Druk Path was known as the Punishment Trail because heavily laden soldiers in the national army were forced to do the route as a single-day march. Modern-day adventurers generally adopt a more leisurely approach, with four to six days now being the standard duration.

The trail begins at the National Museum (2,424 m/7,953 ft) in Paro. Ascending eastwards, hikers will initially follow a dirt road past agricultural fields, farmhouses, and apple orchards, arriving at the hamlet of Damchena (2,900 m/9,514 ft) after 5 km (3.1 mi). From this point, the road gives way to a more agreeable footpath as it climbs steadily through blue pine and fir forests. Approximately 8 km (5 mi) after leaving the museum, you will reach Jili La (3,540 m/11,614 ft), a small pass marked by a *stupa* (Buddhist shrine) and a nearby *dzong* (ridgetop fortress). Established in the sixteenth century, Jili Dzong was once used as a travelers' way station between Thimphu and Paro. It contains numerous impressive statues, most notably a 4-m (13-ft) high representation of Sakyamuni. After soaking in the history and the alpine scenery, most hikers spend the first night of the journey at the sheltered campsite just below the pass.

From Jili La, the Druk Path continues its course northward along a ridgeline. Forests give way to yak pastures, which in turn lead to prayer-flag-laden minor passes. In fine weather, you will be treated to periodic views of snowcapped peaks on the northern horizon, including the mighty Jomolhari (7,315 m/23,999 ft). Most parties finish the second day of the trek at the rhododendron-ringed Rabana Camp. However, if you began the journey well acclimatized and in reasonably good shape, it is worth continuing to the next overnight option at the sacred lake of Jimilang Tsho.

Located at 3,870 m (12,697 ft), Jimilang ("sand ox") is set in a serene valley, and its crystal-clear waters are home to an abundant trout population. (Tip: If interested in doing some fishing, you will need to arrange a permit in advance with your travel agency.) According to legend, the lake was named when a fertile bull emerged from its chilly depths to help expand a >

"The Druk Path Trek winds its way through a bucolic landscape of blue pine forests and serene lakes while also offering a cultural element in the form of ancient monasteries and ridge-top fortresses."

←← Climbing through the blue pines towards Jili La (3,540 m/11,614 ft).
↑ Heading towards the sacred lake of Jimilang ("sand ox").
← Blooming gentian near Labana La (4,235 m/13,894 ft).

"From here, you can see Gangkar Punsum (7,570 m/ 24,836 ft) to the northeast—Bhutan's highest mountain and the tallest unclimbed peak in the world."

↑ Classic Himalayan panorama on the Druk Path.
→ Pack mules.
↗ On the ascent to Jili La, the moss-laden floor of the blue pine forest is sprinkled with seasonal mushrooms.
→→ Trekking above treeline on the Druk Path.

local nomad's herd. Good camping options can be found at the eastern end of the lake, where trekkers will occasionally be joined by Bhutanese anglers or monks who make the pilgrimage to Jimilang in order to meditate in the peaceful surroundings.

Beyond the Sand Ox's generative waters, the path continues its undulating trajectory south and then southeast for 6 km (3.7 mi) to Simkotra Tsho, a small lake with stone ruins that date back more than six centuries. Winding through rhododendron forests and traversing a series of false summits, after another 3.2 km (2 mi) you will reach Labana La (4,235 m/13,894 ft), the highest point on the Druk Path. From here, you can see Gangkar Punsum (7,570 m/24,836 ft) to the northeast—Bhutan's highest mountain and the tallest unclimbed peak in the world. For an even wider-ranging perspective, scramble up to a prayer-flag-laden viewpoint just a couple of hundred meters east of the pass. Aside from the sweeping vistas, this spot holds historical significance. It was formerly used as a sky burial site—a funeral practice in which a human corpse is left on an elevated location to decompose or be eaten by carrion birds (particularly vultures).

From Labana La, it is around 3 km (1.9 mi) to the ancient meditation retreat of Thujidrak Goemba. Dramatically perched on a rock cliff face at 3,950 m (12,959 ft), Thujidrak is reached via a short side trip from the main trail. Another 1.5 km (0.9 mi) further on lies its larger and easier-to-access monastic sibling,>

↑ Rhododendrons and rocky peaks.
↗ Scenic high point overlooking Thimphu Valley, near the trail's eastern terminus.
→ Yak standing guard beside the trail.

Phajoding Goemba (3,638 m/11,936 ft). Founded in the thirteenth century by the Tibetan yogi Togden Pajo, Phajoding is a sprawling complex consisting of 10 *lhakhangs* (temples) and multiple monastic residences, which house more than 80 monks. The views over Thimphu Valley from here are gorgeous, and most hikers spend their final night of the trek at the monastery guesthouse or campsite. From Phajoding, it is just 5 km (3.1 mi) downhill to the finishing point at Motithang.

Perhaps only in Tibet are the natural, cultural, and spiritual landscapes of a country so intertwined as in Bhutan. And no other trek in the Land of the Thunder Dragon encapsulates this seamless fusion more than the Druk Path. With easy trailhead access, relatively short hiking days, and beautiful scenery throughout its course, it is not difficult to understand why what was once a punishment for wayward soldiers has now become a joy for trekking tourists from around the world. ▲

"The views over Thimphu Valley from Phajoding Goemba are gorgeous, and most hikers spend their final night of the trek at the monastery guesthouse or campsite."

GOOD TO KNOW

START/FINISH
National Museum (Paro) to Motithang (Thimphu), Western Bhutan

SEASON
Fall and spring. The former offers the best chance of clear weather and is the most popular season among trekking tourists. The latter sees warmer temperatures, blooming flora, and fewer people on the trail, but the chances of precipitation and snowy conditions are higher.

ACCOMMODATIONS
Camping. The main sites along the route (from west to east) are Jili Dzong, Rabana, Jimilang Tsho, Simkotra Tsho Camp, and Phajoding Goemba.

HIGHLIGHTS
1. A pre or post-trek visit to Rinpung Dzong
2. The ridgetop fortress of Jili Dzong
3. Overnighting at Jimilang Tsho
4. Visiting the monastic centers of Thujidrak Goemba and Phajoding Goemba

HELPFUL HINTS

GETTING THERE & AWAY
The Druk Path is Bhutan's most easily accessible multiday hike. The journey's starting point at the National Museum lies on the outskirts of Paro, just a 7 km (4.3 mi) drive from the international airport. The finishing point of Motithang, is a western suburb of Thimphu, and is situated less than 15 minutes by car from the city center.

WILL I REQUIRE A PERMIT?
Yes, but your tour operator will arrange them.

DO I NEED A GUIDE, PORTERS, OR PACK ANIMALS?
Your tour operator organizes all transportation and accommodations. While trekking in Bhutan, hikers must be accompanied by a licensed guide registered with the National Tourism Council. While most hikers choose to have the bulk of their gear carried for them by horses or yaks, if you prefer it is possible to tote all of your own equipment.

WHAT TO BRING
Backpack, sleeping bag, sleeping mat, trail-running shoes or lightweight hiking boots, water bottles, water filter or purifying drops, small first aid kit, sun protection (hat, glasses, sunscreen), map and compass or a GPS navigation app on your phone, headlamp, toiletries, small power bank for electronics, and tent (if not provided by agency).

Recommended clothing includes a puffy jacket (down or synthetic), rain jacket, beanie or neck gaiter, hiking pants, long-sleeve hiking shirt, medium-weight gloves or mittens, and merino wool long underwear (for sleeping).

BONUS TRACK

DAGALA THOUSAND LAKES TREK
Located a short drive south of Motithang—the Druk Path's terminus—is the starting point of another excellent multiday hiking excursion. Stretching almost 40 km (24.9 mi) between Geynikha and Chamgang, the Dagala Thousand Lakes Trek is similar in length and duration to the Druk Path but receives only a fraction of the foot traffic while ceding little in terms of natural beauty and wide-ranging views. As the name suggests, the trail passes by many picturesque high-altitude lakes—though, in reality, the total number is closer to 100 than 1000.

BACKGROUND

NATIONAL MUSEUM
The fascinating National Museum in Paro (illustrated) is well worth a couple of hours of your time before setting out on the Druk Path. Built in 1649, its original purpose was to serve as a watchtower for the nearby Rinpung Dzong (also known as Paro Dzong). After extensive renovations, it was repurposed as Bhutan's premier museum in 1968. With a distinctive round shape, the four-story building houses over 3,000 Bhutanese artworks, some of which date back more than 1,500 years.

RINPUNG DZONG (PARO DZONG)
Just a couple of hundred meters downhill from the National Museum in Paro is Rinpung Dzong. This much-photographed fortress-monastery was established in 1646 as the religious and administrative center of Western Bhutan. One of the largest *dzongs* in the country, Ringpung houses some 200 monks and contains 14 shrines and chapels within its towering walls. Every March or April it plays host to one of Bhutan's most important festivals, the Paro Tshechu, which features traditional mask dances performed by trained monks, along with the unfurling of a gigantic silk *thongdrel* (an elaborate religious banner) that depicts the eight manifestations of Padmasambhava (also known as Guru Rinpoche).

FLORA & FAUNA

BLUE POPPIES
The national flower of Bhutan, *Meconopsis gakyidiana*, is a species of blue poppy that blooms from late spring to early summer. A short-lived perennial commonly seen at altitudes between 3,500 m (11,483 ft) and 4,500 m (14,764 ft), this non-opium-producing poppy is notoriously tricky to spot. If you are lucky, you may be able to see them on the slopes around the beautiful Jimilang Tsho.

Jomolhari
(7,315 m)
BHUTAN
Western Bhutan
Jimilang Tsho Camp
Simkotra Tsho Camp
Rabana
Camp
THIMPHU
VALLEY
Labana La
(4,235 m)
Thujidrak Goemba
Phajoding Goemba
Taktsang Monastery
TAKTSANG
MONASTERY TRAIL
(p. 120)
MOTITHANG
Thimphu
NATIONAL
MUSEUM
Jili Dzong
Paro
Damchena
Jili La
(3,540 m)
Rinpung Dzong
N
3.5 km
27° 28' 32.326" N
89° 36' 31.259" E

TAKTSANG MONASTERY TRAIL

HIKING TO THE TIGER'S NEST

Western Bhutan

BHUTAN

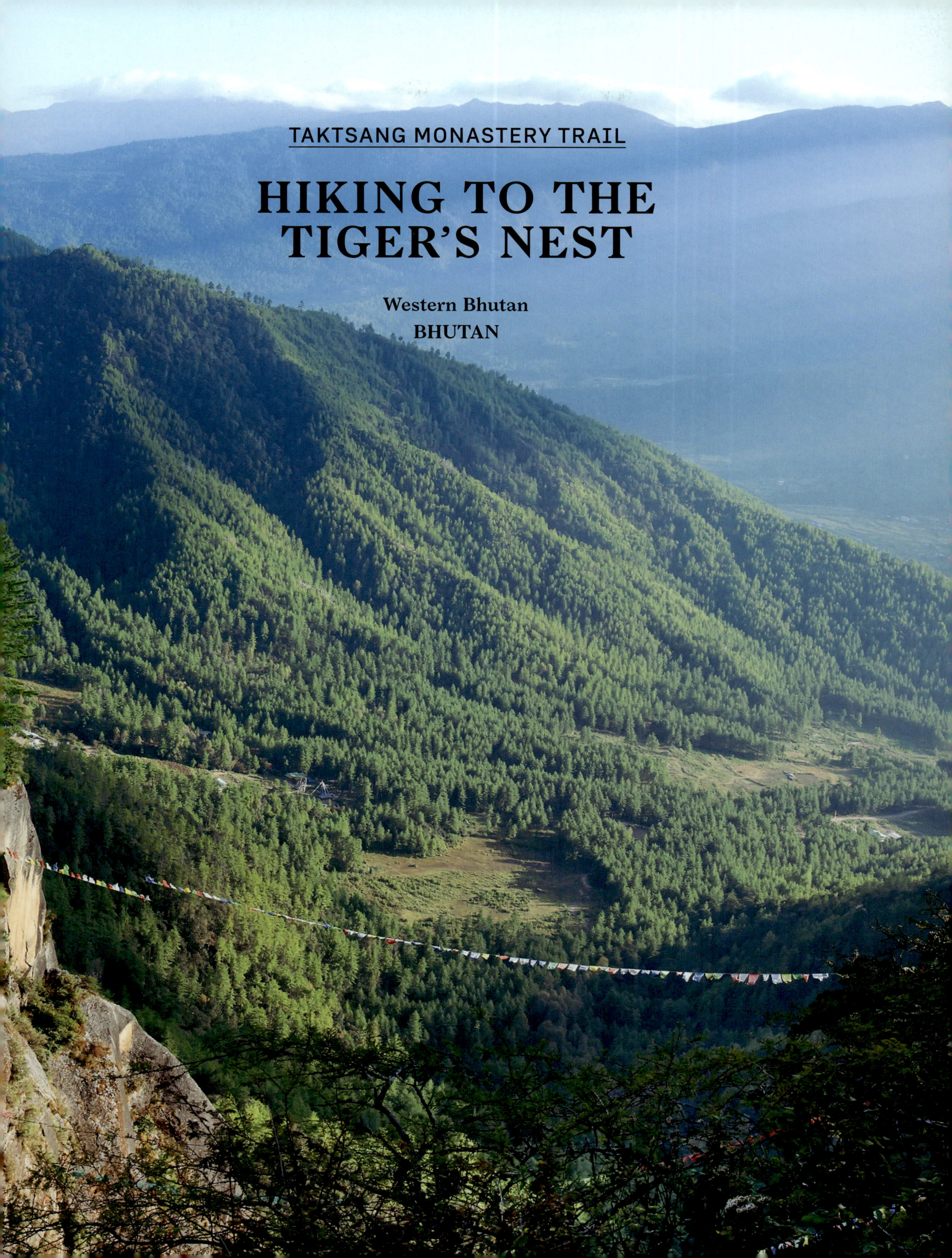

ABOUT THE TRAIL

→ DISTANCE 5.7 km (3.5 mi)
→ DURATION 5 to 7 hours
→ TOTAL ELEVATION GAIN 804 m (2,638 ft)
→ LEVEL Easy to Moderate

Taktsang Goemba, or the Tiger's Nest Monastery, is Bhutan's most iconic landmark. Perched on a cliffside 900 m (2,953 ft) above the Paro Valley, this sacred Buddhist temple complex dates back to 1692 and rates as a not-to-be-missed experience for any visitor to the Land of the Thunder Dragon. Such is the monastery's revered status, it is said that every Bhutanese citizen should make at least one pilgrimage to the Tiger's Nest during their lifetime.

According to legend, the monastery is so named because Guru Rinpoche—credited with introducing Buddhism to Bhutan in the eighth century—flew to the site on the back of a tigress to subdue its resident demons. Upon purging the forces of evil, he spent the next three years, three months, three days, and three hours meditating in the cave around which the modern-day monastery was built. He is said to have gone without food and water during this period, and eventually emerged in eight incarnated forms.

For pilgrims without access to flying tigers, the journey to the Taktsang must be made on foot. The out-and-back trail measures 5.7 km (3.5 mi) and takes most hikers between five and seven hours, including breaks and time to explore the monastery. (Tip: The trek to the Tiger's Nest is understandably one of Bhutan's most popular excursions. To avoid some of the crowds, aim to reach the monastery by the opening time of 8:00 a.m., which may require a 6:00–6:30 a.m. start from the trailhead.)

The hike begins at the entrance parking lot, located 20 minutes' drive from the town of Paro. Ascending through forests of blue pine, the well-trodden path is wide, not overly steep, and marked by thousands of prayer flags strung between the trees. These colorful rectangular cloths are synonymous with trekking in the Himalaya, and Buddhists believe they bless the surrounding landscape with goodwill and compassion. After 1.5 km (0.9 mi), you will arrive at the halfway mark of the climb: a flattish area marked by impossible-not-to-spin prayer wheels, and the Taktsang Cafeteria, which affords impressive views of the Tiger's Nest.

Beyond the restaurant, the trail continues upwards through forested environs, offering the occasional glimpse of the white walls and golden rooftops of Taktsang. After approximately 0.7 km (0.4 mi) from the cafeteria, you will reach a small viewpoint by a *stupa* that offers an incredible perspective directly across to the monastery. Despite being almost there, you still have a little bit of work to do. From the lookout, drop steeply down a stone staircase to a short bridge at the base of a 60-m (197-ft) high waterfall. The cascade is framed by a sea of prayer flags, and dotted among the glistening rock walls are scores of *tsa-tsas*—tiny conical *stupas* formed by cremated ashes mixed >

"Such is Taktsang Goemba's revered status, it is said that every Bhutanese citizen should make at least one pilgrimage to the Tiger's Nest during their lifetime."

← Just before reaching the Tiger's Nest, you will cross a small footbridge at the base of a 60-m (197-ft) waterfall.
↑ Buddhist rock painting flanked by scores of *tsa-tsas*—tiny conical *stupas* made with cremated ashes and clay.

↑ Looking up towards the Tiger's Nest from the bottom of the trail.
↗ Prayer wheels at the hike's midway point.
→ Blue skies meet blue pines.

with clay. Beyond the bridge, ascend one final flight of stairs to reach your destination.

Upon arrival, you will be asked to leave your daypack, shoes, phone, camera, and any other electronics with the security staff at the entrance. The monastery consists of four main temples and residential housing for the monks. The complex's interior is a colorful collection of murals, tapestries, and statues. The traditional butter lamps that adorn the walls cast a warm light that perfectly complements the sanctuary's peaceful ambiance. All of the buildings are interconnected by short and narrow staircases carved into the sheer rocky cliffside. Behind the characterful structures is a series of eight caves, the most famous of which is Drubkhang, where Guru Rinpoche meditated after subduing the evil spirits.

Once you have visited Taktsang Monastery, retrace your steps to a signed junction just past the above-mentioned viewpoint. From here you can either continue the descent back to the trailhead, or, for those with the time and energy, do a side trip to Taktsang's Upper Temples. Depending on route choices, this worthwhile excursion will add on an extra two or three hours to your overall hiking time (see Bonus Track for details).

Trekking to the Tiger's Nest is a revelatory experience for many foreigners. They begin the trail with the goal of witnessing one of the world's architectural marvels. However, after observing the conviction and enthusiasm of Bhutanese devotees and soaking in the rich lore that exudes from every wall and crevice of the Taktsang complex, they end up feeling more like a pilgrim and less like a sightseer. Irrespective of one's personal beliefs or faith, the Tiger's Nest is much more than a cliffside monastery. It is an unforgettable window into the origins of Buddhism in Bhutan. ▲

GOOD TO KNOW

START / FINISH
Entrance parking lot above Paro Valley, Western Bhutan

SEASON
Possible all year round, though the monsoon months of June to September are best avoided. Fall is the pick of the seasons; the temperatures are cool, and the skies are usually clear.

ACCOMMODATIONS
Paro has a multitude of accommodation options. It is usually the first stop for foreign visitors to Bhutan due to it being home to its only international airport.

HIGHLIGHTS
1. Taktsang Monastery, the Tiger's Nest
2. Visiting Drubkhang, the cave where Guru Rinpoche is said to have meditated for more than three years
3. Heading off the beaten track to the upper temples above the Tiger's Nest

HELPFUL HINTS

GETTING THERE & AWAY
The hike is typically done as a day trip from Paro. The town center is approximately a 12-km (7.5-mi) drive from the trailhead.

WILL I REQUIRE A PERMIT?
Yes, but your tour operator organizes all permits, transportation, and accommodations during your time in Bhutan.

DO I NEED A GUIDE, PORTERS, OR PACK ANIMALS?
While hiking in Bhutan, travelers must be accompanied by a licensed guide registered with the National Tourism Council.

WHAT TO BRING
Recommended items include an insulation layer, rain jacket, sun protection (hat, glasses, sunscreen), two liters of water, and trail runners or hiking shoes.

PHOTOGRAPHY
The best time to photograph Tiger's Nest Monastery is not sunrise or sunset, but instead around midday when the monastic center is shadow free. Note that photography is not permitted inside the monastery itself.

MID-HIKE MEAL
Located at the halfway mark of the trail, the Taktsang Cafeteria makes for a scenic lunch spot.

BONUS TRACK

TAKTSHANG'S UPPER TEMPLES
For those looking for something extra, it is possible to tack on an additional 3 to 4 km (1.9 to 2.5 mi) to the Taktsang Monastery Trail by visiting its upper temples. In order to access them, head back along the path from Tiger's Nest to the signposted junction just west of the lookout. From this point, take the steep side trail to the northeast. The first temple you'll see is Machig-phu Lhakhang, a dramatically situated shrine where locals come to pray for their offspring. From here you have the option of heading west to visit Zangto Pelri Lhakhang (which affords a bird's-eye view over Tiger's Nest) or continuing east along a forested pathway towards Ugyen Tshemo Lhakhang and Yosel Choekorling. Once you've completed your spiritual detour, retrace your steps back to the main trail.

BACKGROUND

THE MANY INCARNATIONS OF THE TIGER'S NEST
Since it was established in 1692, Taktsang Goemba has undergone a long series of rebuilds and renovations. One of the most extensive efforts occurred in the wake of the devastating fire of April 1998. It is said that the blaze was started by either an electrical short circuit or one of the flickering butter lamps igniting a hanging tapestry. Whatever the case, the fire resulted in the death of one monk and the destruction of many valuable paintings and artifacts. The reconstruction effort began in 2000, and by 2005, the monastery had been restored to its former glory. The Bhutanese took a typically philosophical view of the monastery's near destruction, noting that buildings are temporal and meant to be periodically renewed. In contrast, the beliefs they stand for are everlasting and can never be demolished or dismantled.

FLORA & FAUNA

EDUCATIONAL SIGNAGE
In 2018, the Bhutan Ecological Society, with the support of the World Wildlife Fund, installed a series of signs along the Tiger's Nest Trail highlighting the area's flora and fauna. In total, there are 14 signs documenting five species of plants and 33 species of birds. The featured flora consists of rhododendron (illustrated), blue pine, hemlock, populus, and brown oak. Of the 33 species of avifauna, 10 are permanent residents.

COMMITMENT TO CONSERVATION
While many people have heard of Bhutan's Gross National Happiness Index, not so well known is the fact that it is one of the earth's greenest countries. The Bhutanese constitution mandates that, at all times, at least 60 percent of its total area must remain forest covered. A direct byproduct of its natural forests and comparative lack of development is that Bhutan is the world's only carbon-negative country.

Machig-phu Lhakhang
Zangto Pelri Lhakhang
Ugyen Tshemo Lhakhang
Drubkhang
Yosel Choekorling
Taktsang Monastery
Taktsang Cafeteria
Prayer Wheels
ENTRANCE PARKING LOT
Paro River
BHUTAN
Western Bhutan
PARO VALLEY
300 m
Paro
N
30° 37' 6.776" N
79° 33' 42.138" E

PAKISTAN

Stretching out from the northwestern terminus of the Himalaya proper, the Karakoram Range is home to four of the world's 14 8,000 m mountains (including K2), the longest non-polar glacial system on Earth, and the enchanting Hunza Valley—part of the ancient Silk Road and the inspiration for the fictional Shangri-La.

ULTAR MEADOW TREK

DAY HIKING IN SHANGRI-LA

Gilgit-Baltistan

PAKISTAN

ABOUT THE TRAIL

→ DISTANCE 7 km (4.3 mi)
→ DURATION 4 to 5 hours
→ TOTAL ELEVATION GAIN 1,059 m (3,474 ft)
→ LEVEL Easy

For centuries the Hunza Valley was an important artery of the Silk Road trade network. Connecting Central Asia with the subcontinent, it gained fame among travelers and merchants for its excellent handicrafts, dazzling gemstones, and unparalleled natural beauty. Such is its reputation that it was said to have been the inspiration for Shangri-La, the idyllic fictional land described by James Hilton in his classic 1933 novel, *Lost Horizon*.

In more recent times, the Silk Road has given way to the Karakoram Highway, but the Hunza Valley's alpine splendor and rich cultural heritage continue to draw people from around the world. The capital of this fabled region is Karimabad, an ancient mountainside town known for its agricultural terraces, iconic citadel, and impossibly picturesque backdrop. While often used as a base by hikers to explore Hunza's many options, one beautiful trail starts and ends in Karimabad itself. It is called the Ultar Meadow Trek, and it is arguably the best day hike in the Karakoram Range.

Measuring just 7 km (4.3 mi) in length and suitable for hikers of all experience levels, the Ultar Meadow Trek begins at a marked trailhead located just west of Baltit Fort. The region's most famous landmark, Baltit is a fourteenth-century bastion that boasts outstanding views over the Hunza Valley and rates as a must-visit while in Karimabad (2,500 m/8,202 ft). Thanks to its conspicuous location, it also acts as a useful reference point for obtaining your bearings while making your way to and from the trail.

From the signposted junction, the Ultar Meadow Trek heads north along irrigation canals towards the narrow mouth of the Ultar Nala (ravine). These precision-built aqueducts are the lifeblood of Karimabad. Transporting glacial meltwater from the surrounding peaks to the town's many agricultural fields, they play a fundamental role in sustaining its bountiful orchards of apricots, apples, plums, walnuts, and peaches. >

↖ Cow grazing at Ultar Meadow, with the granite spires of the Karakoram Range in the background.
↑ The view over Hunza Valley from the top of Hon Pass (4,257 m/13,967 ft).

"In more recent times, the Silk Road has given way to the Karakoram Highway, but the Hunza Valley's alpine splendor and rich cultural heritage continue to draw people from around the world."

↑ A cliff-hugging section of trail near the entrance of the Ultar Nala.
→ Springtime at Ultar Meadow.
↗ The narrow entrance of the Ultar Nala, as seen from the Hunza Valley.
→→ The ridges around Karimabad ablaze with autumnal colors.

Eventually, the trail leaves the cliff-hugging canals and continues to ascend via glacial rubble on the ravine's true right side. After two to three hours of hiking, you will arrive at the turnaround point of Ultar Meadow (3,270 m/10,728 ft). With its namesake glacier spilling down the valley to the northeast, and Hunza, Ultar, and Ladyfinger Peaks rising majestically to the north, it is hard to imagine a more idyllic spot to linger over a picnic lunch. Note that a hut located in the meadow center serves food and beverages during the summer months.

For those with time and energy to spare, a highly recommended side trip from the meadow is to Hon Pass (4,257 m/13,967 ft). Gaining an additional kilometer in altitude and usually taking four to five hours to complete, the out-and-back route is unrelentingly steep and significantly more challenging than the featured trek from Karimabad. The pass is located west of the Ultar Meadow hut, and although there is no well-worn path for most of the journey, the way is marked with occasional cairns, and route finding is relatively simple. The panorama from the high point makes all your efforts worthwhile. Gazing southwest over the Hunza Valley, the view toward Minapin Glacier and Rakaposhi is one of the finest in the Karakoram Range. Once you have soaked in your visual fill, retrace your steps to Ultar Meadow, and then Karimabad, where a big meal and hot shower await. (Note: Strong and fit hikers can make it from Karimabad to Hon Pass >

and back in around eight hours. For those not as well conditioned or acclimatized, it is advisable to split the hike over two days by camping at the meadow and making the side trip to Hon Pass on the second morning.)

If you are looking for a taste of what trekking in the Karakoram is all about but are not interested in hauling lots of gear and camping, the Ultar Meadow Trek is an ideal option. Like a powerful short story that makes more of an impression than a rambling novel, it packs a great deal into a short amount of time and distance. And when quadrupled with the excellent cuisine, fascinating history, and genuine hospitality on offer in Karimabad, it is no wonder that the hike to Ultar Meadow is regularly rated by travelers as one of the highlights of their time in Shangri-La. ▲

← **On the trail to Ultar Meadow.**
↓ **Ladyfinger Peak (6,000 m/19,685 ft).**

"The region's most famous landmark, Baltit is a fourteenth-century bastion that boasts outstanding views over the Hunza Valley and rates as a must-visit while in Karimabad."

↑ Established in the fourteenth century, Karimabad's Baltit Fort is the region's most famous landmark.
← Cannon outside Baltit Fort.

Looking towards the partially cloud-covered Ladyfinger and Hunza Peaks from Ultar Meadow.

GOOD TO KNOW

START / FINISH
Karimabad to Ultar Meadow and back, Gilgit-Baltistan

SEASON
April to October.

ACCOMMODATIONS
Camping is possible at Ultar Meadow. For those without the requisite equipment, you may be allowed to sleep inside the meadow hut, which serves food and drinks during the summer months. If interested, check on current details at your hotel before setting out.

For those who prefer to do the hike as a day trip, there are many accommodation options in Karimabad. It is recommended to book ahead during the peak summer season.

HIGHLIGHTS
1. Baltit Fort
2. The towering peaks that surround peaceful Ultar Meadow
3. Spectacular views over Hunza Valley from Hon Pass

HELPFUL HINTS

WILL I REQUIRE A PERMIT?
No permits are required.

DO I NEED A GUIDE, PORTERS, OR PACK ANIMALS?
It is possible to hire a local guide in Karimabad, but is not necessary. The trail is easy to follow and within the capability of most hikers.

WHAT TO BRING
If doing the Ultar Meadow Trek as a day hike, bring an insulation layer, rain jacket, sun protection (hat, glasses, sunscreen), water bottle, and hiking shoes with good grip. If you plan on camping at the meadow (highly recommended), you will need to bring a tent, sleeping bag, and sufficient layers to keep you warm for at least an hour or two of stargazing at night.

KARIMABAD: BASE CAMP FOR TREKKING IN THE KARAKORAM
With its walkability, scenic setting, central location, and many restaurants and accommodation options, Karimabad makes for the ideal place to base yourself while visiting the Hunza Valley. For those interested in doing multiple treks in the area, most hotels will be happy to store your extra luggage between trips.

CAFE DE HUNZA AND HIDDEN PARADISE
In addition to its natural and cultural offerings, Karimabad is known for its libational and culinary institutions. Since 1999, Cafe De Hunza has gained a well-earned reputation for serving the best coffee (and cakes) in northern Pakistan. On the restaurant front, it is hard to look past the affordably priced Hidden Paradise Hunza. Established in 1983, it specializes in regional Hunza cuisine, such as *haneetze doudo* (apricot soup with garlic and onions) and *chapshuro* (flatbread with meat, tomatoes, onions, coriander leaves, and fresh peppers; illustrated).

BONUS TRACK

RUSH PHARI TREK
For those looking for something longer than Ultar Meadow but shorter than multi-week classics such as K2 Base Camp and Snow Lake, look no further than the Rush Phari Trek. Measuring 36 km (22.4 mi) in length and taking three to five days to complete, the trek begins in the picturesque village of Hoper, situated just over an hour's drive from Karimabad. The trip highlights include the sapphire-blue Rush lake (4,694 m/15,400 ft) and the magnificent views over Barpu Glacier, which is visible for much of this remarkable trek. A not-to-be-missed side trip is to the snow-clad summit of Rush Peak (5,098 m/ 16,725 ft), which affords a dazzling 360-degree panorama including the distant behemoths of K2 (8,611 m/28,251 ft) and Broad Peak (8,047 m/26,401 ft).

BACKGROUND

BALTIT FORT
Baltit Fort is Karimabad's most iconic site and one of the most photogenic buildings in Central Asia. Located at the foot of the Ultar Glacier and strategically positioned to offer a commanding view of Hunza Valley, the fort dates back to the 1300s. Through many changes and facelifts, it remained home to the *Mir* ('king') of Hunza until 1945. At that time, the monarch relocated to more modern lodgings in Karimabad, after which the fortress fell into ruin. By the late twentieth century, it was a veritable shell of its former self. That all changed in 1990 after Aga Khan IV transferred ownership of the fort to the Baltit Heritage Trust. A massive restoration effort was undertaken over the next six years, during which the ancient citadel was returned to its former architectural glory. Since 1996, Baltit Fort has remained open to the public as a museum.

THE KARAKORAM HIGHWAY
While traveling through the Karakoram Range, hikers will be making regular use of the engineering marvel that is the Karakoram Highway (KKH). Built between 1959 and 1978, the world-famous highway—which in centuries past was a branch of the Silk Road—measures approximately 1,300 km (808 mi) and stretches between Kashgar in westernmost China and Pakistan's

capital of Islamabad. During its course, it winds its way through some of Central Asia's most formidable and spectacular terrain, including the Pamirs, Kunlun Mountains, Hindu Kush, and its namesake, the Karakoram Range. Besides being the highest paved international road on the planet, the KKH also passes over the world's highest border crossing, the Khunjerab Pass, which is 4,693 m (15,397 ft) above sea level.

FLORA & FAUNA

Wildlife species in the Hunza district include black and brown bear, snow leopard, ibex, Marco Polo sheep, yak, musk deer, snow partridge (illustrated), snowcock, and markhor (a type of goat). Regarding native flora, there are poplar, fir, and willow trees, along with flowers such as pansies, lilies, roses, zinnias, and cosmos.

MARCO POLO SHEEP

Endemic to the mountain regions of Central Asia, *Ovis ammon polii* (Marco Polo sheep) is a subspecies of argali sheep notable for its bulk and large spiraling horns. In 1273, the legendary Venetian traveler for whom they are named wrote about them in *The Travels of Marco Polo:* "There are great quantities of wild sheep of huge size. Their horns grow to as much as six palms in length and are never less than three or four. From these horns the shepherds make bowls from which they feed and also fences to keep in their flocks."

WANDERLUST HIMALAYA: WHY INCLUDE TREKS FROM THE KARAKORAM?

The Himalaya and Karakoram are two distinct mountain ranges. The Indus River separates them at the northwest terminus of the former. The adjoining chains share much in common environmentally, culturally, and historically.
In selecting hikes to feature for the Pakistan section of *Wanderlust Himalaya,* we thought it would be good to expand the work's geographical scope just a little bit—by the Indus's breadth, to be specific. We did so because the Himalayan area of Pakistan forms a relatively small portion of the great range, and most of the country's classic treks happen to be located in the neighboring Karakoram mountains.

Ultar
(7,388 m)
Hunza
(6,270 m)
Ladyfinger
(6,000 m)
KARAKORAM
RANGE
ULTAR
GLACIER
Hon Pass
(4,257 m)
Ultar Meadow Hut
Ultar Nala
Baltit Fort
KARIMABAD
Karakoram Highway
Hunza River
HUNZA
VALLEY
NH-35
NH-35
Minapin
RAKAPOSHI BASE CAMP TREK (p. 150)
PAKISTAN
Gilgit-Baltistan
Rakaposhi Base Camp
Rakaposhi Peak
(7,788 m)
MINAPIN
GLACIER
2 km
N
36° 19' 35.065" N
74° 39' 51.538" E

SNOW LAKE TREK

THE LAST BLANK ON THE MAP

Gilgit-Baltistan
PAKISTAN

ABOUT THE TRAIL

→ DISTANCE 117 km (72.7 mi)
→ DURATION 12 days
→ TOTAL ELEVATION GAIN 3,531 m (11,585 ft)
→ LEVEL Challenging

Sir Martin Conway was a famed nineteenth-century explorer whose expeditions took him from the Alps to the Andes and Himalaya. His most notable achievement was mapping approximately 5,180 km^2 (2,000 mi^2) of the Karakoram Range in 1892. During this cartographical sojourn, he became the first Westerner to lay eyes upon the vast snow basin located at the head of Biafo and Hispar glaciers. In his book *Climbing and Exploration in the Karakoram Himalayas* (1894), he described it as "beyond all comparison the finest view of mountains it has ever been my lot to behold." Conway dubbed this rarefied jewel Snow Lake (Lukpe Lawo), and, ever since, it has been a place that has both amazed and inspired explorers, climbers, and intrepid trekkers alike.

The Snow Lake Trek measures 117 km (72.7 mi) and takes most hikers around 12 days to complete. During its course, it traverses the adjoining Biafo (67 km/41.6 mi) and Hispar (49 km/30.4 mi) glaciers, which together form the world's longest glacial system outside of the polar regions. Long before it became known as a trekking destination, this protracted icy highway was an important trade route between the ancient mountain kingdoms of Nagar in the west and Baltistan in the east. During festivals, it is said that men from both sides would make the arduous crossing just to play polo against their cross-glacier rivals before returning home again!

For modern-day adventurers, the Snow Lake Trek is a journey in three parts. The first stage involves negotiating the Biafo glacier, with its maze of huge boulders, loose rocks, lateral moraines, and crevasses. The landscape is unforgiving yet beautiful; an undulating frozen river, lined on each side by a procession of sentinel-like summits. Notable among these sky-piercing pinnacles are the world-famous Latok group (which includes Baintha Brakk, or the Ogre)—a cluster of peaks that offers some of the most technically challenging high-altitude climbing on the planet.

After five days traversing Biafo Glacier—including an acclimatization day at the lush meadow campsite of Baintha 1 (4,054 m/13,300 ft)—hikers will arrive at the edge of the legendary Snow Lake. Situated at 4,877 m (16,001 ft) above sea level and surrounded by a jaw-dropping amphitheater of soaring rock towers, it is a place so isolated that renowned mountaineer >

“During its course, the Snow Lake Trek traverses the adjoining Biafo and Hispar glaciers, which together form the world’s longest glacial system outside of the polar regions.”

←← Trekking on the Biafo Glacier between Namla and Mango I camps.
↑ Creeping clouds and poplar trees in the Hispar Valley.
← Footbridge over the Hispar River near its namesake village.

↑ A turquoise-colored melt pond on Hispar Glacier.
↗ Trekking along Biafo Glacier.
→ Descending Hispar Glacier among the majestic Karakoram mountains.

Eric Shipton described it in 1937 as "the last blank on the map." While there is no doubting either its beauty or off-the-beaten-track qualities, there is a question regarding its name's accuracy. Snow Lake is not a lake at all; in fact, it is a glacial basin 16 km (10 mi) in width.

When crossing Snow Lake's vast expanse, trekking parties must rope up due to the ever-present danger of the basin's many hidden crevasses. The same safety measure holds for the trek's fissure-laden second stage, the hike up and over Hispar La. A pass 2.5 km (1.6 mi) in width situated at 5,128 m (16,824 ft), Hispar La is both the high point of the trek and the place at which Biafo and Hispar glaciers meet. Due to its far-ranging views the length of both glaciers, given fine weather, overnighting here is an absolute must. Under a pollution-free night sky, the surrounding peaks and glaciers are illuminated with a soft, ethereal glow; the entire world as you know it is enveloped in a profound silence that one only experiences in remote natural areas.

From Hispar La, the third and final stage of the trek descends gradually for around 50 km (31 mi) to the road-accessible village of Hispar. This part of the route differs from the Biafo segment in that less time is spent walking on ice, and more time is spent traversing the wildflower-laden meadows and ablation valleys that parallel much of the northern side of Hispar Glacier. These comparatively easy stretches make for a striking juxtaposition with the complex glacial terrain that predominates for much of the trek. Nonetheless, it is by no means all clear sailing; hikers must cross a series of slippery, muddy ridges and steep-sided glaciers before their final destination—and the promise of a long-awaited hot shower—is reached.

While Snow Lake is no longer the unknown quantity it was in the time of Conway and Shipton, it remains one of the world's least-visited natural wonders. Fewer than 200 trekkers a year make the strenuous journey along Biafo and Hispar glaciers, far fewer than those who walk its more famous neighbor, the K2 Base Camp Trek. Yet, in the Karakoram and Himalaya, the Snow Lake Trek remains second to none when it comes to pure wilderness. No signs. No manicured trails. No teahouses. Just a raw and captivating mountain landscape in which the challenges are more than compensated for by the unparalleled rewards. ▲

GOOD TO KNOW

START/FINISH
Askole to Hispar village, Gilgit-Baltistan

SEASON
Mid-June to September.

ACCOMMODATIONS
Indoor accommodations are only available at the trailhead villages of Askole and Hispar.

Along the route, there are regularly spaced established campsites. These include (from east to west): Namla, Mango 1, Shafung, Baintha 1, Marpogoro, Hispar La Base Camp, Baktur Baig Gut Delum, Shiqam Baris, and Dachigan.

HIGHLIGHTS
1. Crossing the legendary Snow Lake
2. Sunrise and sunset from Hispar La, the high point of the trek
3. The early to midsummer wildflowers in the meadows adjoining Biafo and Hispar glaciers

HELPFUL HINTS

WILL I REQUIRE A PERMIT?
No permits are required.

DO I NEED A GUIDE AND PORTERS?
More than half of the Snow Lake Trek is on crevasse-laden frozen ice, so unless you have prior glacier travel experience, it is essential to go with a local guide. Due to the length of the hike and the challenging nature of the terrain, all but the strongest hikers should consider employing porters to carry the lion's share of their gear.

WHAT TO BRING
Backpack, sleeping bag (rated to -10°C/ 14°F), sleeping mat, hiking boots, first aid kit, sun protection (hat, glasses, sunscreen), headlamp, toiletries, power bank for electronics, trekking poles, rope, glacier travel equipment, and tent (if you are going on a guided trip, the last three items will likely be provided by the agency).

Recommended clothing includes puffy jacket (down offers the best warmth-to-weight ratio), rain jacket, hiking pants, beanie or balaclava, three pairs of socks (one kept clean for sleeping), long-sleeve hiking shirt, mittens, and merino wool long johns and top.

BONUS TRACK

SNOW LAKE VERSUS K2 BASE CAMP
The two most dramatic long-distance hikes in the Karakoram Range are the Snow Lake Trek and the K2 Base Camp Trek (also known as the Baltoro Glacier Trek). For outdoor enthusiasts visiting the region for the first time, deciding which one to do is a difficult choice.

Here are five factors to consider:
1. The trek to K2 is longer but slightly easier than the Snow Lake journey. The former is mostly on an established trail that does not have the same dangers of hidden crevasses that exist on the latter.
2. The K2 Base Camp Trek requires a permit and a licensed guide. The Snow Lake Trek requires neither, though a guide is highly recommended due to the aforementioned dangers.
3. The K2 Base Camp Trek is much more popular, so if you are looking for solitude, Snow Lake is definitely the way to go.
4. The K2 Base Camp Trek is popular for a reason: It brings you up close and personal with the mountain that is not only the world's second highest but also that which many consider the toughest and most dangerous to climb on the planet.
5. Both are excellent choices. Whichever trek you choose you will not be disappointed.

BACKGROUND

WHY ARE KARAKORAM'S GLACIERS GROWING IN SIZE?
For more than a century, scientists have referenced glacier shrinkage as being one of the most conspicuous signs of global warming. However, in recent decades, one of the few mountain regions to buck the trend is the Karakoram Range. In spite of the fact that glaciers in the adjoining Himalaya are retreating rapidly, in the Karakoram, glaciers have actually expanded. This phenomenon has been termed the Karakoram Anomaly, and according to a study by scientists from Newcastle University, UK, it is the result of a summer "vortex" (or large-scale circulation system) of cold air. In the winter, this same vortex affects the temperature over the whole 2,300 km (1,429 mi) of the Himalaya, but in the summer it contracts to produce an anomalous cooling only over the Karakoram and western Pamir (another mountain range of Central Asia).

FLORA & FAUNA

From early to midsummer the meadows and ablation valleys adjoining Biafo and Hispar glaciers come alive with wildflowers. You may spot ibex, Himalayan bear, markhor mountain goats (illustrated), eagles, and if you're extremely fortunate, the elusive snow leopard.

AH4
CHINA
N-35
PAKISTAN
Hispar River
HISPAR VILLAGE
Dachigan Campsite
Shiqam Baris Campsite
Baktur Baig Gut Delum Campsite
HISPAR GLACIER
SNOW LAKE
Hispar La (5,128 m)
Hispar La Base Camp
Baintha Brakk (aka Ogre) (7,285 m)
Marpogoro Campsite
BIAFO GLACIER
Baintha I Campsite
Shafung Campsite
Mango I Campsite
Namla Campsite
K2 (8,611 m)
K2 Base Camp
Gilgit-Baltistan
K2 BASE CAMP TREK (p. 160)
BALTORO GLACIER
ASKOLE
Hushe
N-35
N
15 km
35° 40' 56.467" N
75° 49' 2.791" E

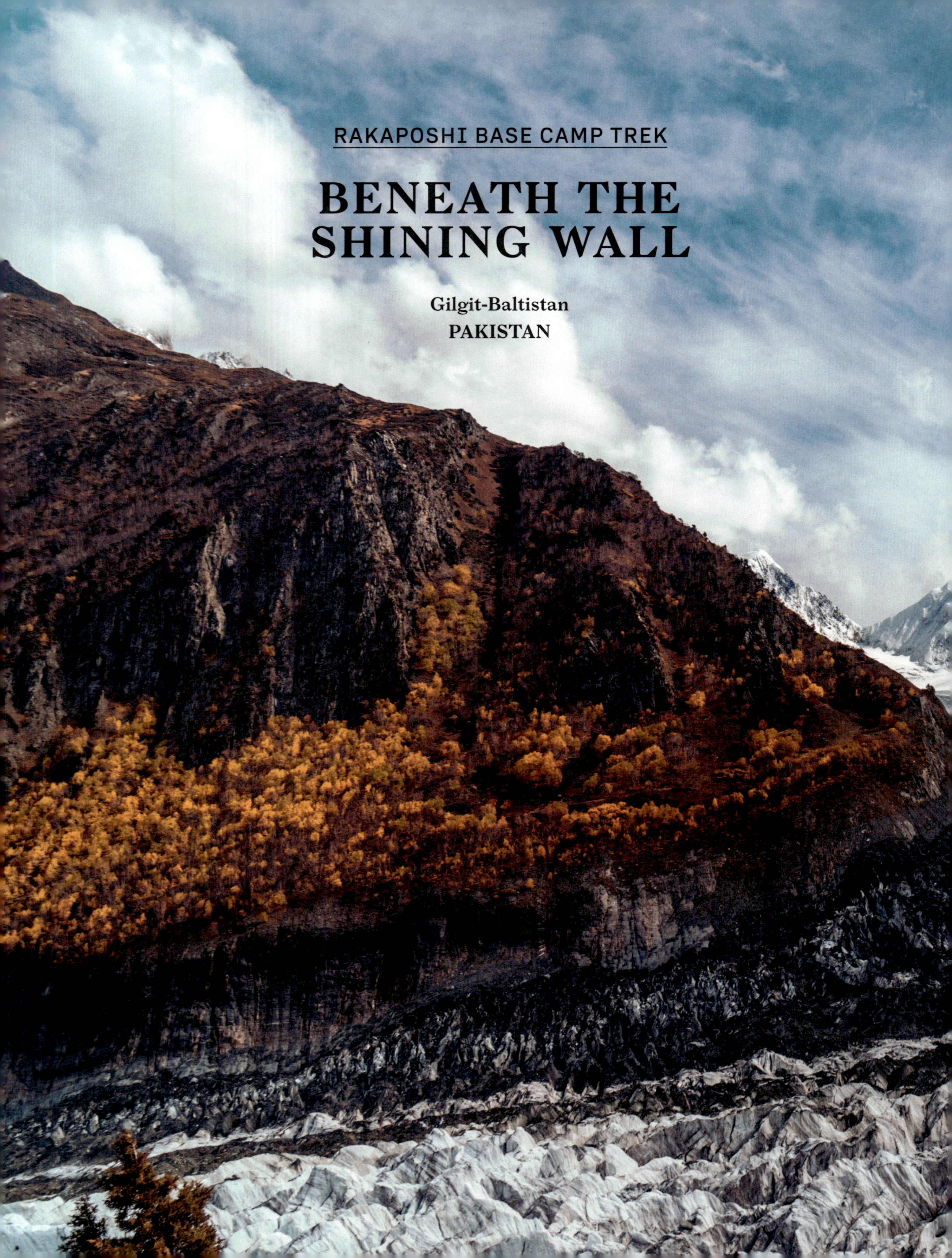

RAKAPOSHI BASE CAMP TREK

BENEATH THE SHINING WALL

Gilgit-Baltistan

PAKISTAN

ABOUT THE TRAIL

→ DISTANCE 35 km (21.7 mi)
→ DURATION 3 days
→ TOTAL ELEVATION GAIN 2,660 m (8,727 ft)
→ LEVEL Easy or moderate

Standing 7,788 m (25,551 ft) above sea level, Rakaposhi is the 27th-highest mountain in the world. The most prominent peak of the Hunza Valley, its name translates to "shining wall" in the local Burushaski language. This evocative moniker is particularly appropriate at sunrise and sunset when the Rakaposhi massif is illuminated with a celestial alpine glow. Although this natural phenomenon can be seen from various places along the Hunza Valley, the best vantage point from which to soak in the shining wall in all its glory is on the Rakaposhi Base Camp Trek (RBCT).

Beginning and ending in the picturesque village of Minapin (2,030 m/6,660 ft), the standard version of RBCT measures 19 km (11.8 mi) and can be done as either a day hike or an overnight camping trip. With a maximum altitude of 3,450 m (11,319 ft) and an easy-to-follow trail, the trek is within most reasonably fit hikers' capabilities. For those looking for something longer and more challenging, it is possible to extend the tour for a further 16 km (9.9 mi) by continuing from the standard turnaround point to Diran Base Camp and the picturesque Kacheli Lake.

Leaving Minapin, the initial stage follows a dirt road as it makes its way south towards the Minapin River. Crossing a footbridge to the watercourse's true left bank, the path switchbacks up the canyon through juniper and pine forests to eventually reach the peaceful meadow of Hapakun (2,905 m/9,531 ft) after 7 km (4.4 mi). Offering wonderful views back towards the Hunza Valley, there is good camping available at Hapakun, representing a practical overnight option for those who have made a late start from Minapin.

Approximately 30 minutes beyond Hapakun, you will arrive at the apex of an exposed ridge (3,209 m/10,528 ft). Up until that moment, Minapin Glacier and Rakaposhi have remained teasingly out of sight. All of that changes in a big way once this windswept viewpoint is reached. Looking southwards, the sheer size of the 16-km (10-mi) snowy ridge that connects Rakaposhi and Diran peaks comes into full perspective. This is the fabled wall for which the Rakaposhi Massif is named. And tumbling down the valley from its lofty heights is the immense river of ice called Minapin Glacier, an overwhelming sight to behold. This is an idyllic—albeit somewhat chilly—spot to enjoy a well-earned lunch break before continuing another 1.5 km (0.9 mi) to the Rakaposhi Base Camp.

Known locally as Tagaphari, which translates to "muddy lake," the lush pasture of Rakaposhi Base Camp is where most people spend the first night of the trek (Note: Do not worry, it is not that muddy). Located in a picturesque ablation valley, the meadow is sandwiched between towering snowcapped peaks to the west and Minapin Glacier to the east. Once settled in,>

"The most prominent peak of the Hunza Valley, its name Rakaposhi translates to 'shining wall' in the local Burushaski language."

← The hamlet of Bangdas on the trail to Rakaposhi Base Camp.
↑ Goats grazing in the high pastures of Minapin Valley.

be sure to climb one of the nearby hills or the adjoining lateral moraine in time to catch the sunset. And when the last rays of the day have said their farewells, wander back to your tent, slide inside your sleeping bag, and listen. What you will hear is not the sound of wildlife but instead, the snapping, rumbling, and thunderous crashing of ice coming from the nearby frozen abyss.

After spending a memorable night at RBC, most hikers return to Minapin the following morning. For those that have chosen to continue the journey to the other side of the glacier, the adventure is just beginning. Leaving Rakaposhi Base Camp, the route to Diran Base Camp follows the lateral moraine south for around 1.2 km (0.8 mi) to a rock cairn that denotes the start of the glacier crossing. From this point to Diran is just under 6 km (3.7 mi), and the unmarked route traverses alternating bands of light and dark ice known as ogives as it passes by streams of melting water and skirts potentially dangerous crevasses. Most parties take between three and four hours to complete the crossing, and if all goes well, you should arrive at Base Camp (3,630 m/11,909 ft) by midday.

Once you have eaten your fill and set up your tent, it will be time to embark on the afternoon portion of the day's hike—an out-and-back excursion to Kacheli Lake. Located at an altitude of 4,000 m (13,123 ft), the seldom-visited Kacheli is about a 1.5- to 2-hours hike northeast from Diran Base Camp. The arrowhead-shaped lake is one of the Karakoram's prettiest, and seeing the Shining Wall's reflection from its western end is worth the entire journey all by itself. After you have soaked in the incredible spectacle—and perhaps gone for an invigorating swim in the bone-chillingly cold waters—it should take no more than an hour to return to your campsite.

From Diran Base Camp, it is approximately 16 km (9.9 mi) back to Minapin. During the finale's opening stanza, chances are you will still be absorbing all of the breathtaking alpine scenery. However, as the terminus draws closer, the pangs of hiker hunger will grow stronger, and your focus will inevitably shift towards a post-trek feast. That being the case, make a beeline to the Osho Thang Restaurant. Located in the heart of Minapin, the Osho Thang is famous for its traditional Hunza cuisine, and there is no better way to finish a Karakoram trek than with a glacier-sized meal of chicken karahi, one of Pakistan's most popular curry dishes (lamb and vegetarian options also available). ▲

↑ A small farm en route to Base Camp.
↘ Ascending from Minapin village.

"Crossing a footbridge to the watercourse's true left bank, the path switchbacks up the canyon through juniper and pine forests to eventually reach the peaceful meadow of Hapakun."

"Slide inside your sleeping bag, and listen. What you will hear is not the sound of wildlife but instead, the snapping, rumbling, and thunderous crashing of ice coming from the nearby frozen abyss."

↑ Minapin Glacier bathed in sunshine, with the Shining Wall looming large in the background.
→ Autumn in the Karakoram.
↗ The alpine meadow of Tagaphari (Rakaposhi Base Camp).
→→ Overlooking Minapin Glacier.

GOOD TO KNOW

START / FINISH
Minapin village, Gilgit-Baltistan

SEASON
May to October.

ACCOMMODATIONS
Camping is possible at Hapakun and Rakaposhi Base Camp. During the peak season of July and August, you may be able to purchase snacks and drinks from enterprising locals at Hapakun.

If you make the side trip across Minapin Glacier, you can stay at Diran Base Camp.

For those looking to make an early start from Minapin, a practical option is to overnight at the Osho Thang Hotel. Widely known for its superb organic traditional cuisine, it is also the perfect place to enjoy a post-trek celebratory feast.

HIGHLIGHTS
1. Sweeping views of Minapin Glacier, along with Rakaposhi and Diran peaks
2. Crossing Minapin Glacier during the side trip to Diran Base Camp
3. Visiting gorgeous Kacheli Lake from Diran Base Camp

HELPFUL HINTS

GETTING THERE & AWAY
Most hikers access Minapin from either Gilgit or Karimabad. The former town is 79 km (49 mi) away to the southwest and takes approximately one hour by taxi. Karimabad is 32 km (19.9 mi) to the northeast and takes 45 minutes by taxi.

WILL I REQUIRE A PERMIT?
No permits are required.

DO I NEED A GUIDE OR PORTERS?
If you are just hiking out and back to Rakaposhi Base Camp, a guide or porters will not be necessary. If you are interested in trekking all the way to Diran Base Camp, a local guide who knows the route is generally recommended due to the presence of crevasses during the glacier crossing.

WHAT TO BRING
Medium-sized backpack (40–50 liter), tent, sleeping bag accurately rated to at least -5 °C (23 °F), well-insulated sleeping mat, trail-running shoes or lightweight synthetic hiking boots, water bottles, first aid kit, sun protection (hat, glasses, sunscreen), map and compass or a GPS app on your phone, head-lamp, toiletries, power bank for charging electronics, and trekking poles.

Recommended clothing includes a puffy jacket (down or synthetic), rain jacket and pants, warm beanie or balaclava, hiking pants, long-sleeve hiking shirt, gloves or mittens, and merino wool long underwear for sleeping.

BONUS TRACK

GHULMET VIEWPOINT
For those that do not wish to do the trek to Rakaposhi Base Camp, one of the finest vantage points from which to enjoy Rakaposhi is the picturesque village of Ghulmet, located less than 6 km (3.7 mi) west of Minapin. From the comfort of one of the village's cafes, visitors can take in the magnificent mountain scenery while enjoying a warming cup of tea or a hot meal. Not surprisingly, the vistas of the "shining wall" from Ghulmet are typically best at sunrise or sunset.

BACKGROUND

RAKAPOSHI AND THE SILK ROAD
Until the 1800s, many of the most prominent peaks in the Karakoram and Himalaya were known only to local inhabitants. This was not the case with Rakaposhi. For more than a millennium, its towering bulk has been celebrated by travelers from far and wide due to its prominent location in the Hunza Valley, an important artery of the ancient Silk Road trade network between Central Asia and the subcontinent. The Silk Road has long since given way to the Karakoram Highway, but viewing Rakaposhi continues to be a highlight for any visitor to the region.

FLORA & FAUNA

CHUKAR PARTRIDGE
Around the Bangdas shepherd huts and Hapakun meadow, keep an eye out for coveys of Chukar partridges (*Alectoris chukar*). The national bird of Pakistan, Chukars are endemic to southern Asia and the Middle East. An upland game bird in the pheasant family *Phasianidae,* the Chukar is up to 35 cm (13.8 in) long, with a round shape, short legs, a light brown back, and distinctive black and white streaks on its flanks. In northern Indian and Pakistani cultures, they are said to symbolize fierce, sometimes unrequited love and have a penchant for gazing longingly at the moon.

HUNZA VALLEY
Karakoram Highway
Hunza River
N-35
MINAPIN
Minapin River
Ghulmet
PAKISTAN
Gilgit-Baltistan
Bangdas Huts
HAPAKUN
Hapakun Campsite
MINAPIN GLACIER
Rakaposhi Base Camp
Kacheli Lake
Diran Base Camp
MINAPIN GLACIER
RAKAPOSHI MASSIF
akaposhi
(7,788 m)
Diran
(7,266 m)
N
1.5 km
36° 14' 35.434" N
74° 28' 38.906" E

K2 BASE CAMP TREK

THE THRONE ROOM OF THE MOUNTAIN GODS

Gilgit-Baltistan
PAKISTAN

ABOUT THE TRAIL
→ DISTANCE 147 km (91.3 mi)
→ DURATION 15 to 17 days
→ TOTAL ELEVATION GAIN 4,642 m (15,229 ft)
→ LEVEL Challenging

Deep in the heart of the Karakoram lies a pyramid-shaped mountain by the name of K2. The second-highest peak on Earth (8,611 m/28,251 ft), it has long been regarded as one of the toughest and most dangerous to climb. For backpackers, its base camp is the turnaround point for one of the world's classic treks—an unforgettable journey through a primordial landscape of serrated peaks, towering cliffs, and formidable glaciers.

The trek to K2 begins in the picturesque farming village of Askole. The route measures 147 km (91.3 mi) and, on average, takes between 15 and 17 days to complete. Unlike most trails in the Karakoram Range, it cannot be done independently, and due to the demanding nature of the terrain (particularly the section over Gondogoro La), it is a trip that's best suited to fit and experienced hikers.

Heading east from Askole, for the first couple of hours, the path to K2 overlaps with the Snow Lake Trek. Once the trails diverge, our route crosses the Biafo Glacier, and after 19 km (11.8 mi) reaches Jhula Camp (3,150 m/10,335 ft), where most hikers spend the first night of the trek. From here, the rocky trail proceeds on the true right side of the Braldu River, offering impressive views of Paiju Peak (6,610 m/21,686 ft) and the distinctive Bakhor Das, or Mango Peak (5,810 m/19,061 ft). Seven to nine hours after leaving Jhula, hikers will arrive at Baltoro Glacier's terminus, at which time the fun really begins.

Spanning 63 km (39.1 mi) from beginning to end, Baltoro is the fifth-longest non-polar glacier in the world. Over the course of four or five days, hikers will trace its entire length, accompanied by a continuous procession of soaring spires and tributary glaciers on both sides of the valley. Foremost among the sentinel peaks are the Trango Towers, internationally renowned for having some of the tallest—and most difficult to climb—granite walls on the planet. During this magnificent stretch, the cairn-marked trail stays on the glacier's southern side until it reaches Urdukas Camp (4,060 m/13,320 ft), scenically located on a boulder-strewn slope among lonely patches of grass. At this point, the route shifts to the center of Baltoro's icy mass. From here, it is a further 22 km (13.7 mi) until Concordia Camp, which was famously dubbed by the adventure photographer Galen Rowell as "the throne room of the mountain gods."

At 4,572 m (15,000 ft), Concordia Camp is where the Baltoro and Godwin-Austen glaciers meet. An awe-inspiring alpine amphitheater, Concordia is surrounded by four of the world's 14 8,000-m peaks (K2, Broad Peak, Gasherbrum I, and Gasherbrum II) and 10 of its 30 highest mountains. There is something extraordinary to see in every direction; far too much for the senses to assimilate during a solitary overnight stay. Fortunately, you will be back >

"Over the course of four or five days, hikers will trace the entire length of Baltoro Glacier, accompanied by a continuous procession of soaring spires and tributary glaciers on both sides of the valley."

← The long and gradual ascent of Baltoro Glacier.
↑ Heading north from Concordia Camp towards the mighty K2, the world's second-highest mountain.

"Arriving at the foot of K2 is an experience you will never forget. With uninterrupted views of its towering southern face, it is easy to get lost in the immense ice-clad mosaic of exposed ridges and sheer cliffs spilling down from its lofty summit."

↑ The view from Concordia Camp towards K2.
→ Karakoram sunset.
↗ Rock hopping across a frigid stream on the edge of Baltoro Glacier.
→→ The throne room of the mountain gods.

again the following evening, after making a much-anticipated visit to K2 Base Camp (5,150 m/16,896 ft).

The out-and-back journey from Concordia to K2 Base Camp measures 24 km (14.9 mi) and takes most parties 9 to 11 hours. Some groups do the trek along Godwin-Austen Glacier in one long day, while others split the excursion over two days by staying the first night at Broad Peak Base Camp (4,825 m/15,830 ft). Whichever approach you adopt, arriving at the foot of K2 is an experience you will never forget. With uninterrupted views of its towering southern face, it is easy to get lost in the immense ice-clad mosaic of exposed ridges and sheer cliffs spilling down from its lofty summit. No less an authority than Reinhold Messner, the legendary Tyrolean mountaineer, described K2 as "the mountain of mountains" and "the most beautiful of all the high peaks."

Upon returning to Concordia, our route heads south towards Gondogoro La. After spending a memorable night at the isolated Ali Camp (4,930 m/16,175 ft), hikers will make a pre-dawn departure in anticipation of the final push up and over the high point. This is the most demanding stage of the trek, and depending on snow conditions, an ice axe, harness (in case you need to rope up), and traction devices will all likely be required. Once the frozen saddle of Gondogoro has been reached (15 km/9.3 mi from Concordia), the views will likely make you forget any worries, aches, and sleep deprivation you may be experiencing. To the >

north looms the highest concentration of 8,000-m mountains in the world. To the immediate southwest lies the pristine Gondogoro Valley, lined on either side by a mesmerizing assemblage of jagged peaks, including the needle-shaped Laila (6,096 m/20,000 ft).

From Gondogoro La, it is all downhill to the welcoming village of Hushe. The initial descent is exceptionally steep, but once that has been negotiated, the walk out is a comparatively mellow two- or three-day affair through lonely alpine valleys, with excellent camping options at Khuispang (4,600 m/15,092 ft, where you will stay after the pass) and Saitcho (3,385 m/11,106 ft). After more than two weeks in the wilderness, reaching Hushe is ultimately bittersweet. On the one hand, you are sad to say farewell to K2 and its snow-draped friends; but on the other hand, you feel joy and a deep sense of appreciation. A natural dichotomy of emotions, which brings to mind the sage words of A. A. Milne, from the children's classic, *Winnie-the-Pooh:* "How lucky am I to have something that makes saying goodbye so hard." ▲

← Finger-shaped seracs alongside a turquoise-colored glacial stream.
↓ Ascending towards Ali Camp (4,930 m/16,175 ft), the final overnight stop before Gondogoro La (5,585 m/18,323 ft).

"Once the frozen saddle of Gondogoro has been gained (15 km/9.3 mi from Concordia), the views will likely make you forget any worries, aches, and sleep deprivation you may be experiencing."

↑ Looking up at Mitre Peak (6,010 m/19,718 ft) from the edge of Concordia Camp.
← The Gilkey Memorial to fallen mountaineers at K2 Base Camp.

The needle-shaped Laila Peak (6,096 m/20,000 ft) as seen from the floor of Gondogoro Valley.

GOOD TO KNOW

START / FINISH

Askole to Hushe, Gilgit-Baltistan
An easier alternative to the Gondogoro/Hushe version of the trek is to retrace your route from Concordia Camp back along the Baltoro Glacier to Askole.

SEASON

Mid-June to mid-September.

ACCOMMODATIONS

Along the route, there are established campsites at regular intervals. These include (beginning from Askole): Jhula, Paiju, Khoburtse, Urdukas, Goro II, Concordia, Broad Peak Base Camp, Ali Camp, Khuispang, and Saitcho.

HIGHLIGHTS

1. The unparalleled mountain views from Concordia Camp, which include four of the world's 14 8,000-m (26,247-ft) peaks
2. Being up close and personal with the world's second-highest mountain at K2 Base Camp
3. Going up and over Gondogoro La, at 5,585 m (18,323 ft), one of the Karakoram Range's highest and most scenic passes

HELPFUL HINTS

GETTING THERE & AWAY

The starting point of Askole is 130 km (80.5 mi) by four-wheel drive from Skardu, which can be reached by bus or flights from Islamabad. Skardu is also the closest access town to the terminus at Hushe, and the four-wheel drive journey takes approximately seven hours.

WILL I REQUIRE A PERMIT?

All foreigners require a Mountaineering & Trekking Visa and a No Objection Certificate (NOC).

DO I NEED A GUIDE, PORTERS, OR PACK ANIMALS?

All foreigners must be accompanied by a licensed guide. Porters are not obligatory, but considering that the average time needed to complete the trek is between 15 and 17 days, unless you are a very strong and seasoned hiker (with prior experience on glaciers), you will most likely require a porter to help carry your load.

WHAT TO BRING

Backpack, sleeping bag (rated to -10 °C/14 °F), sleeping mat, lightweight synthetic hiking boots, first aid kit, sun protection (hat, glasses, sunscreen), headlamp, toiletries, power bank for electronics, trekking poles, microspikes or crampons, ice axe, harness, and tent (the latter items will likely be provided by your trekking agency).

Recommended clothing includes a puffy jacket (down offers the best warmth-to-weight ratio), rain jacket, hiking pants, beanie or balaclava, three pairs of socks (one kept clean for sleeping), long-sleeve hiking shirt, mittens, and merino wool underwear (for sleeping).

BACKGROUND

FIVE DIFFERENCES BETWEEN THE K2 BASE CAMP TREK AND NEPAL'S EVEREST BASE CAMP TREK

1. You can hike to Everest Base Camp (EBC) independently. Unless you choose otherwise, there is no need for guides or porters;
2. Accommodations are usually in teahouses instead of tents on the EBC Trek;
3. Hiking the EBC Trek is significantly more straightforward. The trail is well marked and groomed the entire way, and there is no technical terrain (for example, glaciers) to negotiate;
4. The main trekking seasons for the EBC are October–December and February–May. The K2 trekking window is between mid-June and mid-September;
5. There is a significant difference in popularity between the two treks. At the time of writing, the EBC receives upwards of 40,000 hikers per year, compared to only 1,300 for the K2 Base Camp.

K2: THE SAVAGE MOUNTAIN

The second-highest mountain on Earth, K2 was famously dubbed "the savage mountain" by George Bell, who was part of the unsuccessful American expedition of 1953. Over the decades, there has been approximately one death for every four people that have reached the summit of K2; and of the 14 8,000-m peaks, only Annapurna has a higher fatality rate. K2 was first summited in 1954 by Italian climbers Lino Lacedelli and Achille Compagnoni. It remained the only 8,000-m peak unclimbed in winter until January 2021, when a team of 10 Nepalese mountaineers successfully reached the top.

FLORA & FAUNA

HIMALAYAN IBEX

Considered a subspecies of the Siberian ibex, the Himalayan ibex (*Capra sibirica hemalayanus*) is a large goat that weighs up to 90 kg (198 lb), stands 110 cm (3.6 ft) in height, and has long, curved horns that are notched at the front. They are typically found between 3,600 m (11,811 ft) and 5,000 m (16,404 ft) during the summer months, dropping down to lower altitudes when the temperatures become cooler. On the K2 Base Camp Trek, keep an eye out for these sure-footed quadrupeds on the rocky scree slopes above the trail.

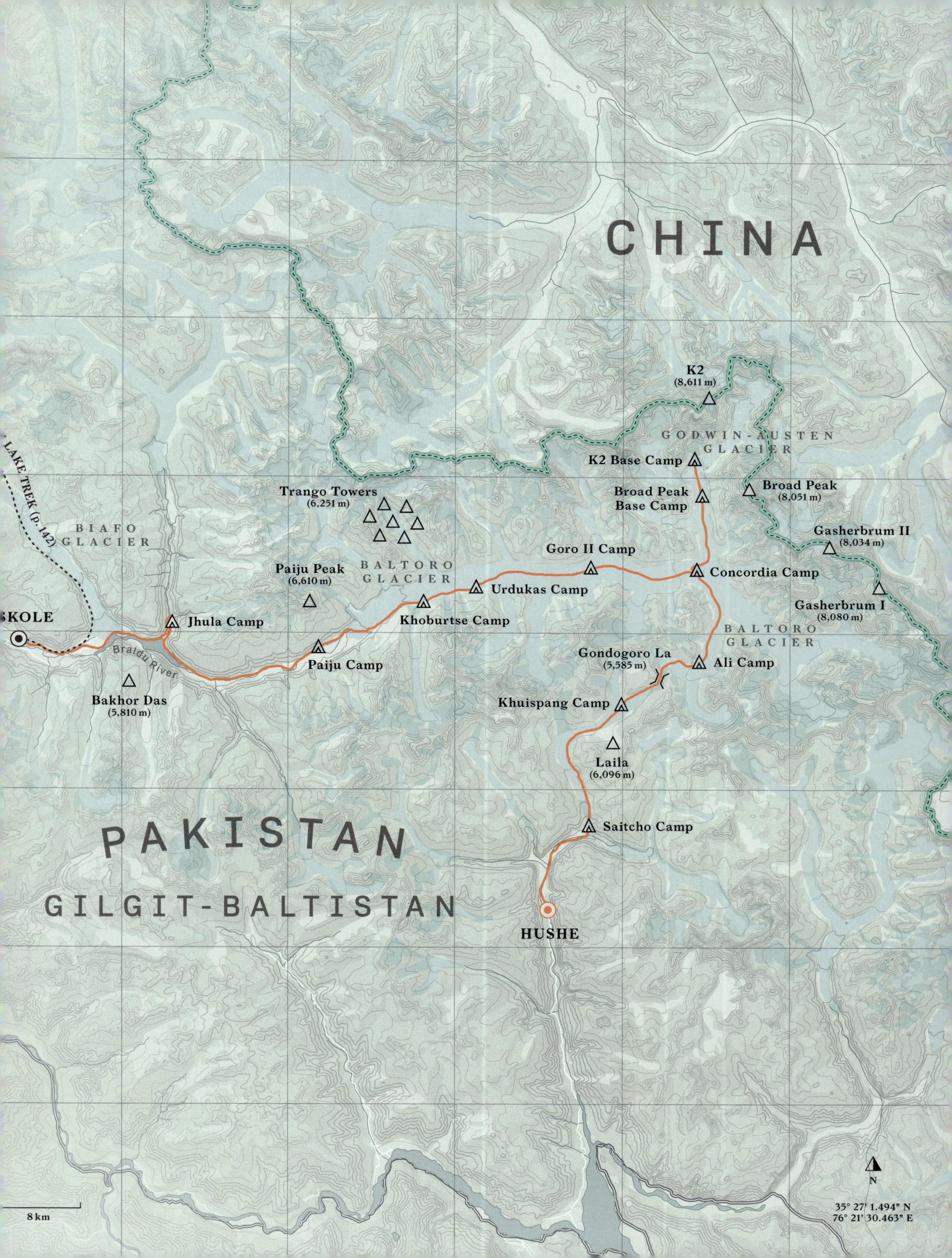
CHINA
K2
(8,611 m)
GODWIN-AUSTEN GLACIER
K2 Base Camp
Broad Peak Base Camp
Broad Peak
(8,051 m)
Trango Towers
(6,251 m)
LAKE TREK (p. 142)
BIAFO GLACIER
Gasherbrum II
(8,034 m)
Goro II Camp
Paiju Peak
(6,610 m)
BALTORO GLACIER
Concordia Camp
Urdukas Camp
Gasherbrum I
(8,080 m)
SKOLE
Jhula Camp
Khoburtse Camp
BALTORO GLACIER
Braldu River
Gondogoro La
(5,585 m)
Ali Camp
Paiju Camp
Bakhor Das
(5,810 m)
Khuispang Camp
Laila
(6,096 m)
Saitcho Camp
PAKISTAN
GILGIT-BALTISTAN
HUSHE
N
8 km
35° 27' 1.494" N
76° 21' 30.463" E

FAIRY MEADOWS AND
NANGA PARBAT BASE CAMP TREK

PEACEFUL MEADOW, DEADLY MOUNTAIN

Gilgit-Baltistan
PAKISTAN

ABOUT THE TRAIL

→ DISTANCE 27 km (16.8 mi)
→ DURATION 2 to 3 days
→ TOTAL ELEVATION GAIN 1,949 m (6,394 ft)
→ LEVEL Easy to Moderate

Nanga Parbat (8,126 m/26,660 ft) is the ninth-highest mountain on Earth and the westernmost point of the Himalaya. One of only 14 8,000-m (26,247-ft) peaks in the world, among its peers it is considered one of the most dangerous to climb and has earned the nickname "killer mountain" for the high number of fatalities that have occurred on its slopes. From a hiking perspective, Nanga Parbat's Base Camp is the easiest to access of all the Himalaya's highest summits. That fact, combined with the approach trail's fantastic combination of forest, glacial, and alpine scenery, has established it as Pakistan's most popular multiday trek.

The hike to Fairy Meadows and Nanga Parbat Base Camp measures 27 km (16.8 mi) and is typically done over two or three days. Although the trailhead is at Fairy Point (2,595 m/8,514 ft), the adventure begins some 14 km (8.7 mi) drive north from there at Raikot Bridge over the Indus River. It is here that aspirants will arrange four-wheel-drive transportation to ascend more than 1,400 m (4,593 ft) on what is universally rated as one of the world's most dangerous roads. Hugging the cliffside high above the Raikot River, this narrow, non-metalled, white-knuckle-inducing route has no guard rail and is prone to landslides.

The four-wheel-drive journey to Fairy Point takes around an hour and a half. Before setting off on the first stage of the trek, enjoy a relaxing cup of green tea at one of the trailhead's seasonal shops. With nerves calmed and feet now itchy, ascend gradually from the starting point, soaking in magnificent views of the mighty Raikot Glacier to the east. After two to three hours and 5 km (3.1 mi) of walking, the trek's eponymous grasslands come into view. Though known locally as Joot, it is immediately apparent why, in 1932, it was dubbed *Märchenwiese* ("Fairy Meadows") by German mountaineer Willy Merkl. Lush green pastures, meandering streams, Raikot Glacier, and the mighty Nanga Parbat combine to create an idyllic alpine landscape. Such is its natural beauty, Fairy Meadows >

↖ The well-worn trail to Fairy Meadows and Nanga Parbat Base Camp.
↑ A clear mountain stream on the edge of Fairy Meadows.

was designated a national park by the Pakistani government in 1995. It makes for a perfect place to stay at the end of day one.

Beyond Fairy Meadows, the trail winds its way through a bucolic corridor of chir pines, junipers, and chilghozas. After 4 km (2.5 mi), you will arrive at the grasslands of Beyal, which rival Fairy Meadows aesthetically, but whose camping and indoor accommodation options are typically less crowded. Beyal is a convenient overnight option for those who start early from Raikot Bridge or plan to make the out-and-back side trip to South Jalipur Peak (see Bonus Track). Around 30 to 40 minutes past Beyal, you will reach an obvious large boulder perched on the lateral moraine's edge (3,680 m/12,073 ft). From this commanding position, you can gaze out upon a wonderland of rock and ice, with glaciers spilling down into the valley from Nanga Parbat's north face, Raikot Peak (7,070 m/23,196 ft), and Chongra Peak (6,830 m/22,408 ft).

The going gets tougher beyond the viewpoint as you leave the clear forest pathway behind and follow a cairned route across the scree and rubble-covered Ganalo Glacier. There are no crevasses to deal with, so technical equipment or prior glacier experience are not necessary. From here, it is around 1.5 km (0.9 mi) to the pastures of Nanga Parbat Base Camp (3,967 m/13,015 ft), and upon arrival, the sheer size and majesty of the world's ninth-highest mountain are on full display. Close by is the Drexel Monument to fallen German climbers. And as you sit among the wildflowers, it is difficult not to be affected by the juxtaposition between the area's overwhelming natural beauty and its somber history (see Background). >

“Nanga Parbat (8,126 m/26,660 ft) is the ninth-highest mountain on Earth. From a hiking perspective, Nanga Parbat's Base Camp is the easiest to access of all the Himalaya's highest summits.”

← Enjoying a warming campfire as the sun sets over Nanga Parbat.
→ Nanga Parbat looms large over the tranquil environs of Fairy Meadows.
↓ A bucolic landscape of snowy ridges, peaceful pine forests, and rolling fields.

Yellow fall foliage frames towering snow-laden peaks.

From Nanga Parbat Base Camp, it is just over 8 km (5 mi) back to Fairy Meadows and 13.5 km (8.4 mi) to the trailhead at Fairy Point. What sets this trek apart from other base camp treks in the Himalayan and Karakoram ranges is its inclusiveness. Thanks to the combination of an easy-to-follow path, short distance, and comfortable indoor accommodation options, it is a trip that can be done by hikers of almost all levels of experience and fitness. As a bonus, it also represents the ideal preparatory trip before you embark on longer, higher, and more challenging hikes in Pakistan such as the Snow Lake and K2 Base Camp treks. ▲

← **Fairy Meadows and Nanga Parbat.**
↓ **On the trail to Fairy Meadows.**

“The trail’s fantastic combination of forest, glacial, and alpine scenery, has established it as Pakistan’s most popular multiday trek.”

↑ Gazing out over Raikot Glacier.
← A lone tree above Raikot Glacier.

GOOD TO KNOW

START/FINISH
Fairy Point, Gilgit-Baltistan

SEASON
April to mid-October. Steer clear of July and August—school holidays in Pakistan—if you want to avoid the crowds at Fairy Meadows.

ACCOMMODATIONS
Camping and indoor accommodation options are available at Fairy Meadows and Beyal.

HIGHLIGHTS
1. Sunrise from Fairy Meadows
2. Raikot Glacier
3. Up close and personal views of Nanga Parbat from its namesake base camp
4. The side trip to South Jalipur Peak

HELPFUL HINTS

GETTING THERE & AWAY
Arriving at the trailhead is a journey in two parts. Firstly, make your way to Raikot Bridge on the Karakoram Highway. Raikot Bridge is located 78 km (48.5 mi) south of Gilgit. You can either hire a taxi (1.5 hours) or be dropped off by a bus heading towards the city of Chilas. Secondly, take a jeep from Raikot Bridge for an edge-of-the-seat 14 km (8.7 mi) ride to Fairy Point.

WILL I REQUIRE A PERMIT?
No permits are required.

DO I NEED A GUIDE, PORTERS, OR PACK ANIMALS?
You do not require a guide or porter, but at the time of writing, you will need to be accompanied by an armed police escort for the duration of your journey from Raikot Bridge.

WHAT TO BRING
Medium-sized backpack (40–50 liter), sleeping bag accurately rated to at least -5 °C (23 °F), trail-running shoes or lightweight synthetic hiking boots, water bottles, small first aid kit, sun protection (hat, glasses, sunscreen), map and compass or a GPS navigation app on your phone, headlamp, toiletries, power bank for charging electronics, and trekking poles (optional). If you plan to make the side trip to South Jalipur Peak, you will need to bring your own tent.

Recommended clothing includes a puffy jacket (down or synthetic), rain jacket, warm beanie or balaclava, hiking pants, long-sleeve hiking shirt, gloves or mittens, and merino wool long underwear for sleeping.

BONUS TRACK

SOUTH JALIPUR PEAK
One of the easiest trekking peaks in the Karakoram Range, South Jalipur Peak (5,206 m/17,080 ft) is a popular side trip for Fairy Meadows and Nanga Parbat Base Camp hikers. The 14-km (8.7-mi) out-and-back route begins at Beyal and heads southwest up the Jalipur Valley for 4 km (2.5 mi) to reach Khusto (Jalipur) Pass (4,837 m/15,869 ft). From the pass, the route follows a connector ridge south and then southwest for another 3 km (1.9 mi) to reach the summit of South Jalipur Peak. Most trekkers take between six to eight hours to reach the top and half that to return to Beyal. For those who prefer to do the trek as an overnight trip rather than a long and challenging day hike, there is good camping just below Khusto Pass.

BACKGROUND

NANGA PARBAT MASSACRE
Nanga Parbat has long been known as the "killer mountain" because of the high number of climbing fatalities that have occurred on its slopes. In 2013, the name took on a new and more gruesome significance when a group of Taliban militants tragically murdered 10 foreign mountaineers and one local guide at Nanga Parbat Base Camp. Since this terrorist attack, all foreign visitors to Fairy Meadows and Nanga Parbat Base Camp have been accompanied by an armed guard. At the time of writing, the 2013 massacre remains the only attack on foreign mountaineers or trekkers in the Gilgit-Baltistan region.

FLORA & FAUNA

MOREL MUSHROOMS
From the beginning of the hike at Fairy Point, hikers will pass shrubs of wild roses and wind their way through forests of chir pines, junipers, firs, and chilghozas. Of all the flora endemic to the valley, the most economically valuable—along with the tastiest—are morel mushrooms, one of the world's rarest fungi. Locals harvest the distinctive fungi every May and June, and they represent an important seasonal supplement to the villagers' income.

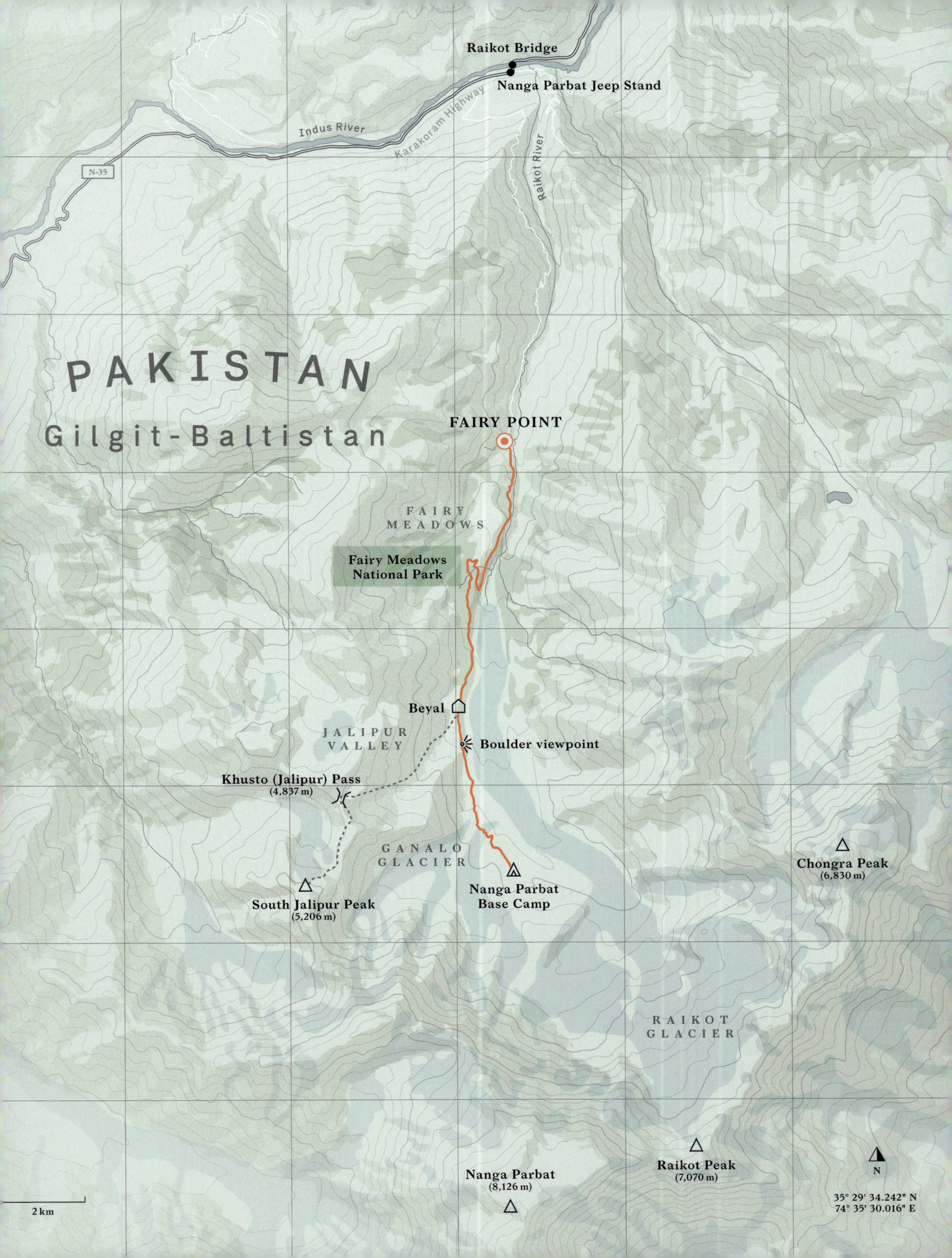

Raikot Bridge
Nanga Parbat Jeep Stand
Indus River
Karakoram Highway
N-35
Raikot River
PAKISTAN
Gilgit-Baltistan
FAIRY POINT
FAIRY MEADOWS
Fairy Meadows National Park
Beyal
JALIPUR VALLEY
Boulder viewpoint
Khusto (Jalipur) Pass
(4,837 m)
GANALO GLACIER
Nanga Parbat Base Camp
South Jalipur Peak
(5,206 m)
Chongra Peak
(6,830 m)
RAIKOT GLACIER
Raikot Peak
(7,070 m)
Nanga Parbat
(8,126 m)
N
2 km
35° 29' 34.242" N
74° 35' 30.016" E

TIBET

From the ancient pilgrimage circuit around Lake Manasarovar to the world's highest trek in the shadows of Everest, hiking on the Tibetan Plateau is as spiritually uplifting as it is respiratorily challenging. Tibet is a place in which faith and landscape are interwoven, and every trail harbors centuries-old memories.

GANDEN TO SAMYE

A TRAIL OF TWO MONASTERIES

Tibet
CHINA

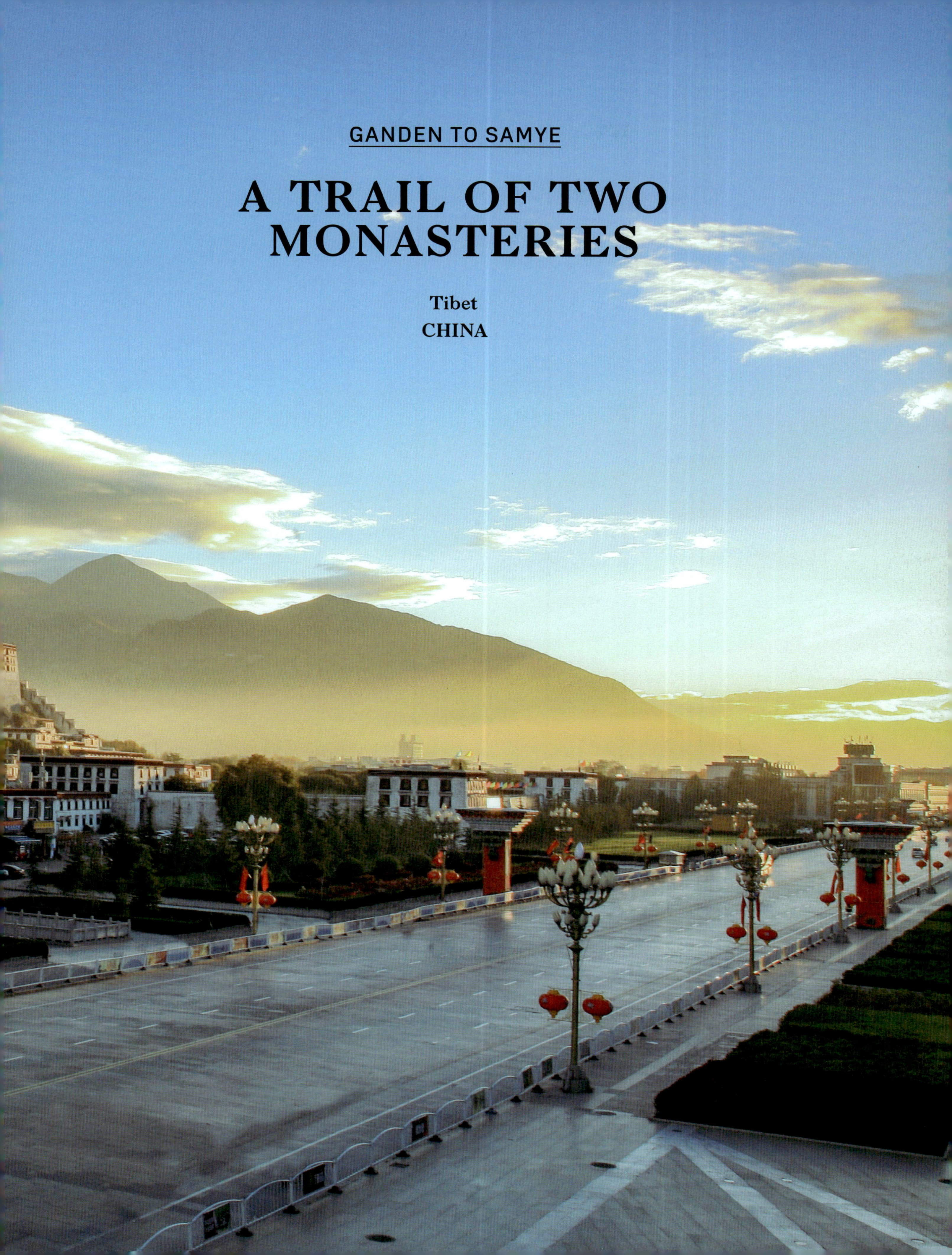

ABOUT THE TRAIL
→ DISTANCE 60 km (37.3 mi)
→ DURATION 4 days
→ TOTAL ELEVATION GAIN 2,285 m (7,497 ft)
→ LEVEL Moderate to Challenging

Bookended by two of Tibet's most storied monasteries, the Ganden to Samye Trek encapsulates much of what hiking in Tibet is all about. It traverses 5,000-m (16,404-ft) passes and sweeping alpine valleys while also encountering nomad encampments, shimmering lakes, and forests of gnarled rhododendrons. This combination of spiritual, cultural, and natural elements, along with its proximity to the capital of Lhasa, has established it as one of Tibet's most popular multiday treks.

The journey's starting point of Ganden Monastery is dramatically situated in a natural amphitheater high above the Kyi Chu Valley. The monastic center dates back to 1409 and is one of the three great monasteries of the Gelug order, the other two being Sera and Drepung. Though undeniably impressive, the complex you see today, unfortunately, contains none of its original structures, which were destroyed by the Chinese army in 1959 and 1966. Rebuilding began in the 1980s and is still ongoing.

Leaving Ganden, the trail to Samye ascends southeast, affording magnificent views over the monastery and the valley below. For the first half an hour, the route coincides with Ganden's High Kora (see Bonus Track) before branching off and continuing upwards towards a conspicuous saddle with a large prayer flag-draped cairn. From the saddle, continue following the ridgeline for another 2 km (1.2 mi) before beginning a long and mostly gradual descent to the village of Hepu, located just over 8 km (5 mi) from the trailhead. If you have made a late start from Ganden, it may be possible to camp or find lodgings at Hepu. Alternatively, continue briefly down to the Tashi Chu (river) before heading south up a tributary valley for 5 km (3.1 mi) to the pastures of Yama Do (4,490 m/14,731 ft), where most parties call an end to the first day.

Beyond Yama Do, it is a straight shot up the valley to the trek's highest point, Shuga La (5,250 m/17,224 ft): a windswept pass marked by a large cairn adorned with yak horns. The best views are found by scrambling 500 m (1,640 ft) up the adjoining hill to the immediate southwest. Once you have taken in the sights, descend through a boulder field before following the elevation contours gradually downwards to the Tsotup-chu Valley floor, approximately 3 km (1.9 mi) from the pass.

The lush meadows around the Tsotup-chu River are a seasonal home to Drokpa herders. The Drokpas are nomads whose >

"The Ganden to Samye Trek traverses 5,000 m (16,404 ft) passes and sweeping alpine valleys while also encountering nomad encampments, shimmering lakes, and forests of gnarled rhododendrons."

← A bird's eye view of Ganden Monastery from the opening section of the trail to Samye.
→ Signpost on the road to Ganden Monastery.
↓ A red-robed monk descends through a courtyard at Ganden Monastery.

Tibetan name means "people of the solitudes." For hundreds of years, they have been the custodians of the Tibetan Plateau's grasslands (see Background). During the trek, you are likely to encounter several of their encampments, along with accompanying herds of yaks, goats, and sheep.

Leaving the riverside locale, after less than 1 km (0.6 mi) you will be afforded an excellent view of Phalang Tshoto Lake (Tip: There are some drier areas for camping in this vicinity). Continuing southwards up the treeless valley, 5 km (3.1 mi) after departing Tsotup-chu Meadows you will arrive at the second of the trek's high passes, Chitu La (5,224 m/17,139 ft). The panorama from here is one of the journey's highlights. Immediately south of the pass are two elongated lakes set in a starkly beautiful basin. Our trail skirts past these icy lagoons and subsequently follows their outlet stream down through a narrow ravine, winding past numerous meadows and thickets of willows and rose bushes. Dotted throughout this stretch are more herders' camps, the largest of which is shortly before Diwaka Zampa Bridge, located at a major confluence, a 9.4-km (5.8-mi) descent from the pass.

Beyond the bridge, it is an easy two to three hours hike through juniper and rhododendron forests to the village of Changtang, the first permanent settlement since Hepu—and now accessible by road. Most trekking parties choose to complete the hiking segment of the journey here, after making an out-and-back side trip to the picturesque hermitage of Yamalung (a steep 1 km/0.6 mi hike to the west of Changtang). Alternatively, you can walk south along the road for a further 16 km (9.9 mi) to reach the terminus at Samye Monastery.

Founded in AD 775, Samye was the original Buddhist monastery established in Tibet and is set in the high desert plains of the Chimpu Valley. Aside from its historical significance, it is principally known for its three-dimensional mandala design. In the middle of the complex lies the main hall, which symbolizes Mount Meru, considered by Buddhists to be the center of the cosmic universe. Symmetrically located around its center are satellite temples representing the ocean, continents, and subcontinents of Buddhist cosmology. Once you are done exploring, enjoy a meal at one of the restaurants adjoining the monastic center before hopping in your vehicle and making the return journey to Lhasa. ▲

“Founded in AD 775, Samye was the original Buddhist monastery established in Tibet and is set in the high desert plains of the Chimpu Valley.”

← On the trail between Changtang and Samye.
→ *Chorten* at Samye Monastery, the finishing point of the trek.
↓ Carefully negotiating tussocks during the long ascent to Chitu La (5,224 m/17,139 ft).

↑↑ First glimpse of Samye Monastery.

↑ Passing through high desert on the final approach to the trek's southern terminus.

GOOD TO KNOW

START/FINISH

Ganden Monastery to Samye Monastery, Tibet

It is possible to cut 16 km (9.9 mi) off the total hiking distance by finishing the trek at Changtang Village. By doing so, hikers can avoid walking on the motorable road that now connects Changtang with Samye Monastery.

SEASON

May to October.

ACCOMMODATIONS

Camping. Beginning in Ganden, the main camping areas along the trek are Yama Do, Tsotup-chu Meadows, and the Drokpa Camp close to Diwaka Zampa Bridge.

It may be possible to procure indoor accommodations at the village of Hepu on the first day of the hike.

HIGHLIGHTS

1. Exploring Ganden Monastery
2. The Lower Kora around Ganden Monastery
3. Views from Chitu La Pass
4. Tibetan nomad encampments along the route
5. Samye Monastery

HELPFUL HINTS

GETTING THERE & AWAY

The starting point of Ganden Monastery is around one hour's drive from Lhasa. The terminus at Samye Monastery is approximately 1.5 hours by car from the Tibetan capital.

WILL I REQUIRE A PERMIT?

Foreign visitors require a valid Chinese visa and a Tibet Tourism Bureau (TTB) Permit. All trekking excursions are organized as part of an obligatory tour with an officially recognized tour agency. It is currently not possible for foreign tourists to trek or travel independently in Tibet.

DO I NEED A GUIDE, PORTERS, OR PACK ANIMALS?

Your travel agency will arrange an obligatory trekking guide. Pack animals—in this case, yaks or horses—are optional.

WHAT TO BRING

Backpack, sleeping bag (rated to -10°C/14°F), sleeping mat, trail-running shoes or lightweight synthetic hiking boots, water bottles, water filter or purifying tablets, first aid kit, sun protection (hat, glasses, sunscreen), headlamp, toiletries, travel towel, power bank for charging electronics, map and compass or a GPS navigation app on your phone, and trekking poles (optional). If you did not bring your own tent, the agency will provide you with one.

Recommended clothing includes a puffy jacket (down or synthetic), rain jacket, warm beanie or balaclava, hiking pants, long-sleeve hiking shirt, mittens, and merino wool long underwear for sleeping.

ACCLIMATIZATION

The trek begins at an elevation of 4,300 m (14,108 ft) and climbs to over 5,000 m (16,404 ft) on the second day. That being the case, it is strongly recommended to spend at least a few days in Lhasa (3,656 m/11,995 ft) acclimatizing before heading to Ganden. While based in the capital, factor in as much walking into your schedule as possible. Additionally, aim to spend your final pre-trek night at the Ganden Monastery guesthouse, which is about 200 m (656 ft) lower in elevation than the first night's camp at Yama Do (4,490 m/14,731 ft).

WATER PURIFICATION

Water sources are relatively frequent throughout the trek. It is recommended to treat all water due to the prevalence of grazing animals along much of the route.

NOMAD CAMP ETIQUETTE

While trekking between Ganden and Samye, hikers will likely encounter various nomad encampments. Being invited in for a yak butter tea and

enjoying some conversation—or at least some friendly communication using hand gestures and body language—will possibly be one of the highlights of your journey. However, before entering any encampment, always be sure to signal your presence to the nomads. Almost all of these seasonal homes are under the watchful eye of Tibetan mastiffs, one of the most fiercely territorial guard dogs in the world. For more information on Tibetan mastiffs, see the p. 202.

BONUS TRACK

GANDEN MONASTERY'S HIGH AND LOW KORAS

Most travelers visit Ganden Monastery as part of a day trip from nearby Lhasa. The excursion usually consists of a tour to the sprawling monastic center and a walk around one of its two overlapping circuits: the High Kora and the Low Kora. The former takes between 1.5 and 2 hours, and the initial stretch coincides with the Ganden to Samye Trek. After around half an hour, it branches off towards the scenic Wangpori Ridgetop before dropping back down to the monastery. The Lower Kora (or the Traditional Ganden Kora) is shorter, easier, and takes approximately 40 minutes to an hour to complete. It transports hikers on a memorable circuit around the monastery's boundaries, affording majestic views over the Kyi Chu Valley and a fascinating insight into the ritualistic element of pilgrimage in Tibet. During the short walk, hikers can observe devotees prostrating themselves before shrines and performing other rituals such as squeezing through rock crevices (be sure not to have a big lunch beforehand!) and rubbing sacred rocks while reciting mantras.

BACKGROUND

THE ORIGINS OF GANDEN MONASTERY

Ganden Monastery was established as a cave hermitage in 1409. Its founder was Je Tsongkhapa, a philosopher, tantric yogi, and lama. Since its creation, Ganden has been the principal seat of power of the Gelug order of Tibetan Buddhism, and to this day, images of Tsongkhapa and his first two disciples—Gyaltsab Je and Khedrup Gelek Pelzang—can be seen throughout the monastery. Collectively the trio is known as the three fathers of the Gelug school, which since the mid-1600s has been the dominant sect of Buddhism in Tibet.

THE STEWARDS OF THE GRASSLANDS

For millennia, the Drokpa people have been the custodians of Tibet's high-altitude grasslands. At one time, these nomadic herders constituted upwards of 40 percent of the country's total population. In more recent years, their ancient way of life has been threatened due to the Chinese Government's relocation policy, which sees the Drokpa's herds being sold off, after which they are moved from their pastoral homes to government housing projects in desolate villages. The repercussions of these forced removals are not only social and cultural but also environmental. In the words of rangeland ecologist Daniel J Miller, in *The World of Tibetan Nomads:* "Settling nomads will erode their unique body of ecological knowledge of the grazing lands and how best to utilize them. Much of this in-depth understanding of the land can never be learned from a textbook or in the classroom. It can only be obtained from years of being out in the grasslands in all kinds of weather throughout all the seasons."

FLORA & FAUNA

THE BOATS OF THE PLATEAU

No animal is more synonymous with Tibet than the hardy yak (*Bos grunniens*), the world's highest-dwelling domesticated mammal. For millennia, they have provided Tibetans with meat, milk, fuel, and wool. Yaks have also acted as beasts of burden for farmers and traders and, in more recent times, trekking and climbing expeditions. Their famously thick and shaggy coats, along with their incredible lung capacity—three times larger than that of your typical cow—have made them uniquely suited to thrive in the thin air and brutally cold conditions of the Tibetan Plateau. Locals have described them as the "boats of the plateau" due to their sure-footed load-carrying ability at high elevations in rugged terrain.

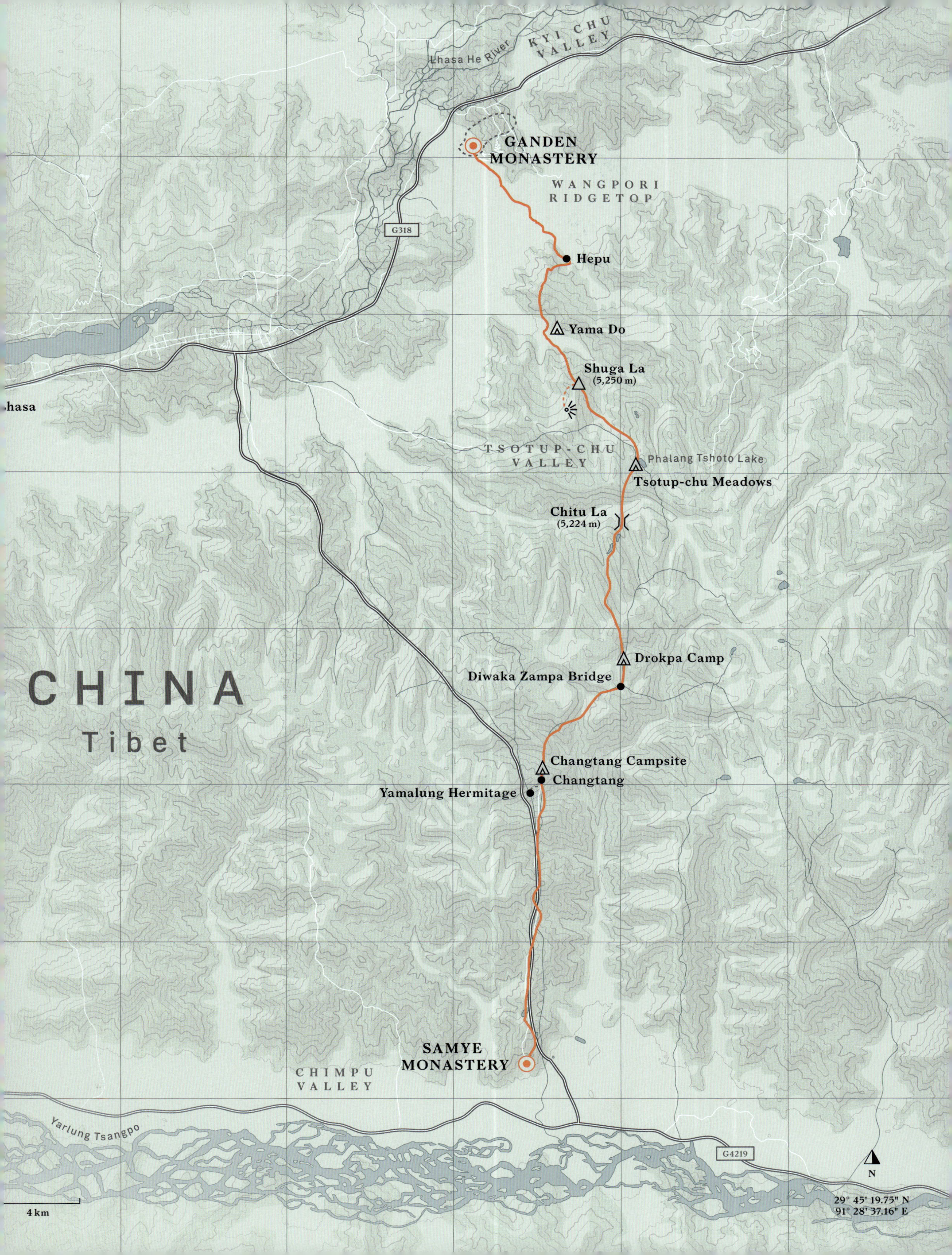

KYI CHU VALLEY
Lhasa He River
GANDEN MONASTERY
WANGPORI RIDGETOP
G318
Hepu
Yama Do
Shuga La (5,250 m)
hasa
TSOTUP-CHU VALLEY
Phalang Tshoto Lake
Tsotup-chu Meadows
Chitu La (5,224 m)
CHINA
Tibet
Drokpa Camp
Diwaka Zampa Bridge
Changtang Campsite
Changtang
Yamalung Hermitage
SAMYE MONASTERY
CHIMPU VALLEY
Yarlung Tsangpo
G4219
N
4 km
29° 45' 19.75" N
91° 28' 37.16" E

LAKE MANASAROVAR KORA

A PILGRIMAGE AROUND TIBET'S HOLIEST LAKE

Tibet

CHINA

ABOUT THE TRAIL

→ DISTANCE 90 km (55.9 mi)
→ DURATION 4 to 5 days
→ TOTAL ELEVATION GAIN 757 m (2,484 ft)
→ LEVEL Moderate

Lake Manasarovar is located in far western Tibet, close to the border with Nepal. Surrounded by snowcapped Himalayan peaks, it is one of the world's highest freshwater lakes at 4,590 m (15,059 ft) above sea level, and venerated by Buddhists, Hindus, Jains, and Bönpos. For centuries, pilgrims have made the arduous journey to Manasarovar, fortified by the goal of completing a soul-cleansing *kora* (pilgrimage circuit) around its sacred waters.

The Manasarovar Kora measures approximately 90 km (55.9 mi) and is a combination of trail, dirt road, and rocky shoreline walking. The route can be done in either direction; Buddhists and Hindus go clockwise, whereas members of the Jain and Bön faiths hike in a counterclockwise direction. The traditional starting and finishing point for the journey is the town of Hor Qu; however, a more scenic trailhead option is the ancient monastery of Chiu ("sparrow"). Located on a pyramid-shaped crag at the lake's northwestern corner, Chiu affords breathtaking views of both Manasarovar as well as Asia's most sacred peak, Mount Kailash (6,638 m/21,778 ft, see Bonus Track). As a bonus, there are hot springs in the adjoining village, at which you can enjoy a therapeutic post-pilgrimage soak.>

← **Tibetan pilgrims hiking the *kora* near Chiu Monastery.**
↑ **A trio of ravens soaring above Lake Manasarovar.**
↓ **Chiu Monastery.**

Heading eastwards from Chiu, the trek's initial section traces the lakeshore, passing by Cherkip Monastery's ruins and numerous *mani* walls draped with colorful prayer flags and yak horns. For easier walking, stick to the high-water line where the sand or gravel is the most firm. After 12 km (7.5 mi), you will arrive at Langbona Monastery, which has a guesthouse and campsites at the nearby creek. Some hikers will choose to spend the night here, while others will continue for another 16 km (9.9 mi, three or four hours) across a grassy desert plain to the town of Hor Qu. This section of the *kora* heads inland to avoid the marshy lagoons that border the lake's northeastern extremity. Boasting a couple of basic hotels and some forgettable Chinese restaurants, Hor Qu is an otherwise nondescript outpost on China National Highway 219.

Leaving Hor Qu, the route heads south and then southwest, closely paralleling the lakeshore. Along this idyllic stretch, you may spot water birds such as ruddy shelducks, redshanks, great crested grebes, and bar-headed geese. After 13 km (8.1 mi), the trail reaches the eighteenth-century hermitage of Seralung Monastery, where good camping is available. From Seralung, it is another 21 km (13 mi, around five hours) to Trugo Monastery, the largest of Manasarovar's monastic sites and a traditional overnighting point for Buddhist and Hindu pilgrims. Trugo means "bathing head," and it received its name because it has long been the principal ablution station where countless pilgrims have taken the plunge in search of purification. According to the Hindu faith, a quick dip in Manasarovar is enough to wash away the sins of a lifetime. From a practical perspective, be sure to have a towel, warm clothes, and a flask of piping-hot tea ready once you emerge from the icy waters!

After a reinvigorating sojourn at Trugo, the next landmark along the *kora* is Gossul Monastery. Situated on a hilltop on the western side of the lake, it was at this serene location that the thirteenth-century lama Gyalwa Götsangpa meditated before heading north to pioneer Tibet's most revered *kora*, the journey around Mount Kailash. Aesthetically speaking, from Gossul's perch you have a bird's-eye perspective of the multiple colors for which Mansarovar is renowned—along the shoreline, the blue waters are crystal clear, whereas towards the center, there is a deeper, darker, almost emerald hue. After soaking in the lake's mesmerizing palette of aquatic shades, it is a pancake-flat 12.5 km (7.8 mi) along the shore to the terminus at Chiu Monastery.

When making the long and taxing journey to western Tibet, many visitors view Manasarovar as an afterthought to Mount Kailash—a place to take a few photos before hopping back in their Land Cruisers. However, for those who love to experience natural places on foot, a walk around Manasarovar is the perfect companion hike to the Kailash Kora. The lower elevations make it ideal for acclimatization purposes, and the lakeside scenery is quite distinct from that encountered around the holy mountain. And, finally, from an exculpatory perspective, if you are not sure that a circumambulation of Kailash will take care of all your past indiscretions, a loop of Manasarovar surely cannot help but provide a little more karmic insurance! ▲

"According to the Hindu faith, a quick dip in Manasarovar is enough to wash away the sins of a lifetime."

←← Horses grazing on the northern side of Tibet's holiest lake.

↑ Flag-laden *stupa* on the shores of Lake Manasarovar.

← A collection of yak horns on a *mani* stone wall above Manasarovar.

GOOD TO KNOW

START / FINISH
Chiu Monastery, Tibet

SEASON
April to October. Spring and fall are ideal. The *kora* can also be done in summer, though hikers should be prepared for hordes of gnats along the shoreline sections.

ACCOMMODATIONS
Most trekking parties use a combination of camping and Buddhist monastery guesthouses. The main places to stay along the route are Langbona, Hor Qu, Seralung, Trugo, and Gossul.

HIGHLIGHTS
1. Sunrise and sunset over Lake Manasarovar
2. The hilltop monasteries of Chiu and Gossul
3. Braving the chilly waters of Manasarovar for a sin-erasing, karma-enhancing swim

HELPFUL HINTS

GETTING THERE & AWAY
Lake Manasarovar is visited by foreigners as part of an organized tour of western Tibet, which typically also includes neighboring Mount Kailash. Most of these four-wheel-drive excursions begin and end in Lhasa, which, depending on the route taken, lies approximately 1,400 km (870 mi) away to the east.

WILL I REQUIRE A PERMIT?
Foreign visitors require a valid Chinese visa and a Tibet Tourism Bureau (TTB) Permit. All trekking excursions are organized as part of an obligatory tour with an officially recognized tour agency. It is currently not possible for foreign tourists to travel independently in Tibet.

WILL I NEED A GUIDE, PORTERS, OR PACK ANIMALS?
Your travel agency will arrange a trekking guide. Pack animals are optional.

WHAT TO BRING
Backpack, sleeping bag (rated to -10°C/14°F), sleeping mat, trail-running shoes or lightweight synthetic hiking boots, flip-flops (to wear in the guesthouses), water bottles, first aid kit, sun protection (hat, glasses, sunscreen), headlamp, toiletries, travel towel, power bank for charging electronics, map and compass or a GPS navigation app on your phone, and trekking poles (optional). If you did not bring your own tent, the agency will provide you with one.

Recommended clothing includes a puffy jacket (down or synthetic), rain jacket, warm beanie, three pairs of socks (one pair kept clean for sleeping), hiking pants, long-sleeve hiking shirt, mittens, and merino wool long underwear for sleeping.

BONUS TRACK

MOUNT KAILASH KORA
Approximately 40 km (24.9 mi) north of Lake Manasarovar is Mount Kailash, Asia's holiest mountain. For centuries it has been an important pilgrimage site for Hindus, Buddhists, and members of the Bön and Jain faiths. Every year aspirants journey to Kailash with the goal of completing a *kora*, or circumambulation, around its massive bulk. According to Buddhists, one complete circuit will absolve the sins of a lifetime. For those looking for a little more in the way of karmic insurance, it is said that 108 circuits will lead to nirvana and freedom from reincarnation. The *kora* around Mount Kailash was one of 32 featured hikes in *Wanderlust: Hiking on Legendary Trails,* the first book in the Wanderlust series (for more details see p. 297).

BACKGROUND

THE ORIGINS OF LAKE MANASAROVAR
The name "Manasarovar" is of Sanskrit origin and is a combination of two words—"*manas,*" which means "mind," and "*sarovara,*" which signifies "lake."

According to Hindu mythology, Manasarovar's origins lie in the mind of Lord Brahma (the creator god) who manifested its sacred waters for the sake of his 12 sons, who were holy men, so that they would have an appropriate place at which to perform rituals and austerities.

WHICH DIRECTION?
Buddhists and Hindus do the Manasarovar Kora (and all other *koras,* for that matter) in a clockwise direction, while members of the Bön and Jain faiths walk in a counterclockwise direction.

FLORA & FAUNA

TIBETAN MASTIFF—A NOMAD'S BEST FRIEND
While trekking on the Tibetan Plateau, the most significant danger to hikers may not be the altitude or the extreme cold, but instead the Tibetan mastiff. For centuries, these fiercely loyal and territorial guard dogs have protected livestock, monasteries, tents and villages. Standing up to 76 cm (30 in) in height and tipping the scales at between 40 kg and 70 kg (89–154 lb), this hardy breed can endure extreme temperatures thanks to its double coat, consisting of a heavy, wooly undercoat and a long and coarse topcoat. Before approaching any nomad encampment, always be sure to make your presence known to the folks in charge.

Mount Kailash
(6,638 m)
S303
G219
CHINA
Tibet
Cherkip
Monastery
Langbona Monastery
Hor Qu
CHIU
MONASTERY
G219
China National Highway 219
Lake Manasarovar
Gossul
Monastery
Seralung Monastery
Lake Rakshastal
Trugo Monastery
S303
N
4.5 km
30° 39' 41.555" N
81° 28' 18.62" E

ADVANCED EVEREST BASE CAMP TREK

THE WORLD'S HIGHEST TREK

Tibet
CHINA

ABOUT THE TRAIL

→ DISTANCE 38 km (23.6 mi)
→ DURATION 6 to 7 days
→ TOTAL ELEVATION GAIN 1,576 m (5,171 ft)
→ LEVEL Challenging

When most backpackers hear the words "Everest Base Camp (EBC)," they automatically think of Nepal. And understandably so, for the trek from Lukla village to EBC South (5,364 m/17,598 ft) has long been recognized as a Himalayan classic. (Note: The trail to Nepal's Everest's Base Camp is pictured on the previous two pages. See Bonus Section at the end of the book for more details.) However, while the popular Nepalese route offers occasional glimpses of the world's highest mountain, the best views of Everest available to hikers are to be found on its Tibetan side. Specifically, on the Advanced Everest Base Camp Trek (AEBC), an incredible journey that tops out at an altitude of 6,415 m (21,047 ft), the highest elevation in the world one can hike to without the aid of specialized equipment or mountaineering skills.

The AEBC trek is approximately 38 km (23.6 mi) long and takes most parties six or seven days to complete. The journey begins and ends at Everest's northern base camp (5,150 m/16,896 ft), reached by motor vehicle in two to three hours from the Friendship Highway. This easy accessibility is not necessarily a good thing for hikers. Why? Because it means that the built-in acclimatization process inherent to most Himalayan treks is missing on the walk to AEBC (also known as Camp III). Therefore, on this journey, more than any other hike featured in *Wanderlust Himalaya,* the onus is on each individual to be well and truly acclimatized before setting out. Your health and safety may well depend upon it (see Helpful Hints for tips).

The opening stage of the AEBC Trek heads south along the Rongphu Valley, tracing the eastern side of its namesake glacier. This is the same path that over the past century has been used by climbers attempting to summit Everest via its North Col. After around 5 km (3.1 mi), the trail forks, and AEBC hikers will make their way southeast for another 40 minutes to Camp I (5,505 m/18,061 ft). Once you are situated, take time to soak in your otherworldly surroundings—the sky-piercing rock towers, the icy >

↖ The view from Pang La (5,206 m/17,080 ft) on the road to Tibet's Everest Base Camp.
↑ Climbers ascend towards the West Ridge headwall from Camp II.

blue glacial undulations, and the picturesque yellow-hued cliffs. Together they form a dazzling Himalayan palette.

After Camp I, the terrain becomes more exacting, the air becomes notably thinner, and your pace inevitably becomes slower. From here until the turnaround point at Camp III, the route follows the East Rongphu Glacier, whose source is Mount Everest itself. One of the second-stage highlights is the beginning of what is known as the serac highway, a procession of 20-m (66-ft) ice pinnacles formed by intersecting glacial crevasses. According to Gary McCue, the author of the definitive guidebook, *Trekking Tibet: A Traveler's Guide,* these frozen wonders "resemble dozens of Sydney Opera Houses sailing on a choppy gray sea."

The elevation difference between Camp I and Camp II is just over 500 m (1,640 ft). To ease the acclimatization burden, many trekking parties break up this stage by overnighting at the Interim Camp (5,830 m/19,127 ft), a flat area located at the base of East Rongphu Glacier's central ridge. From this point, the cairned route continues to ascend through a maze of gravelly hills and moraine rubble for another three to four hours before arriving at Camp II (6,060 m/19,882 ft), nestled dramatically in a shallow valley of rock and ice.

On the final outbound segment between Camp II and Camp III, the trail reaches its alpine crescendo. As you skirt the eastern flank of Changtse Glacier, the legendary northeast ridge of Everest comes into view, and after four hours of huffing, puffing, and shuffling, the much-anticipated turnaround point is reached. The sight is overwhelming. At 6,415 m (21,047 ft), Camp III is the closest non-climbers can come to the world's highest mountain. And as you stand there awestruck, a wave of comprehension may wash over you as to why local inhabitants view Everest as so much more than an altitudinal benchmark. To the Nepali, the mountain is known as Sagarmatha ("peak of heaven"), while the Tibetans call it Chomolungma, which translates to "Mother Goddess of the World." To Buddhists from both sides of the border, Everest's snow-clad apex is the home of Miyolangsangma, the Goddess of Inexhaustible Giving, who hands out the jewels of wishes to those who deserve them.

From Camp III, the journey back to Base Camp is usually done in two days. As is often the case on out-and-back trips, the return leg offers hikers plenty of opportunity for reflection. There is no doubt that, due to its elevational extremes, the AEBC Trek is both physically challenging and mentally exhausting. However, to experience this primordial landscape on foot is also spiritually uplifting. A rarefied confirmation that Mother Nature's—or in this case Miyolangsangma's—jewels are most appreciated by those that have earned them through determination and hard work. ▲

"The ice pinnacles of the serac highway 'resemble dozens of Sydney Opera Houses sailing on a choppy gray sea.'"

← A stone stairway and a jaw-dropping Himalayan panorama on the trail to Mount Everest's southern base camp (see Bonus Section for details).
→ Towering ice pinnacles line much of the route between Camp I and Camp II.
↓ The hardiest of bovine quadrupeds, a team of yaks make the return journey back to Everest Base Camp.

The otherworldly serac highway along East Rongphu Glacier.

↑↑ The whitewashed walls of Rongphu Monastery, with Everest looming large in the background.
↑ Gazing southwards from Base Camp, feathery clouds dance around the summit of the world's highest mountain.

GOOD TO KNOW

START/FINISH

Everest Base Camp (North) to Camp III and back, Tibet

SEASON

April to October, although not recommended during the summer monsoon (June to August).

ACCOMMODATIONS

Camping. Due to the frequently extreme conditions, only four-season tents are used on this trek. These will be provided by your trekking agency.

At the starting point of Everest Base Camp, a group of permanent expedition tents serve food and offer basic accommodations. Since February 2019, these have been closed to all visitors who do not possess special trekking or climbing permits due to increasing trash problems.

HIGHLIGHTS

1. A pre-trek visit to historic Rongphu Monastery
2. The sight of Mount Everest looming ever larger as you make your way south from Base Camp
3. The highway of towering ice seracs between Camp I and Camp III

HELPFUL HINTS

WILL I REQUIRE A PERMIT?

Yes. Apart from the regular Tibetan tourist visas, trekkers and climbers going further than Rongphu Monastery—located 7 km (4.3 mi) north of Everest Base Camp—require special permits that are arranged in advance by your Tibetan travel agency.

DO I NEED A GUIDE, PORTERS, OR PACK ANIMALS?

You need a guide, and unless you are in excellent shape and well acclimatized, porters will also be necessary.

WHAT TO BRING

Backpack, a sleeping bag accurately rated to at least -10 °C (14 °F), well-insulated sleeping mat, lightweight hiking boots, water bottles, first aid kit, sun protection (hat, glasses, sunscreen), compass, headlamp, toiletries, power bank for charging electronics, and trekking poles (optional). Your tent will be provided by the travel agency.

Recommended clothing includes a puffy down jacket (down provides the best warmth-to-weight ratio), rain jacket and pants, warm beanie or balaclava, three pairs of socks (one extra warm pair kept clean for sleeping), hiking pants, long-sleeve merino wool hiking shirt, mittens, and merino wool long johns.

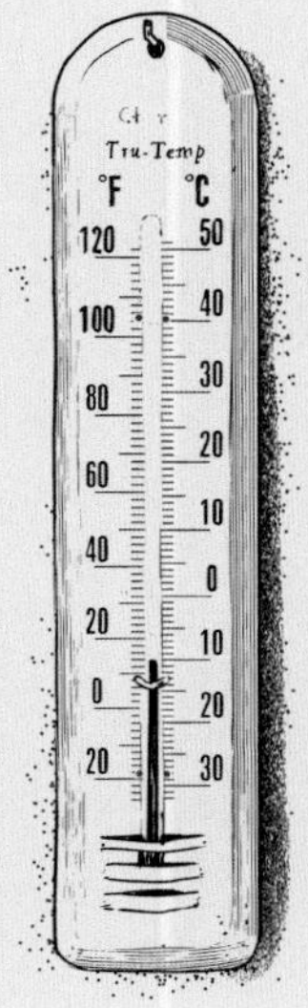

STAYING HEALTHY: ACUTE MOUNTAIN SICKNESS 101

Altitude sickness, also known as Acute Mountain Sickness (AMS), is the name given to the collection of symptoms that can occur when a person attempts to ascend too quickly at altitudes above 2,500 m (8,202 ft). AMS's initial symptoms include headache, dizziness, nausea, shortness of breath, difficulty sleeping, and extreme lethargy. Advanced or severe symptoms include rapid pulse, irrational behavior, loss of balance and coordination, severe headache, vomiting, and persistent coughing.

Although the dangers of AMS occurring on the Advanced Everest Base Camp Trek are very real, it is largely preventable if basic precautions are followed before and during your hike.

PREVENTATIVE STEPS

1. **Upon Arrival** For most AEBC trekkers, the acclimatization process begins upon arrival in the capital city of Lhasa (3,656 m/11,995 ft). Take it easy for the first few days of your trip, gradually factoring in more and more walking into your schedule.

2. **Do Another Trek Before AEBC** Your chances of avoiding altitude sickness will increase significantly if you do another one (or two) of Tibet's multi-day hikes before tackling the world's highest trek. Most of these lower-altitude options have high points of around 5,000 m (16,404 ft), similar to the elevation at which the AEBC Trek begins.

3. **Pace Yourself** Do not overexert in the initial stages of the trek. Aim at becoming progressively stronger as the hike continues. Your cause will be aided by the fact that there is never much more than 500 m (1,640 ft) in elevation gain between camps, which is a good reference point of altitude gain per day for any high-altitude trek that takes place over 3,000 m (9,843 ft).

4. **Hydration** Aim to drink at least three liters of water per day. The air is drier and thinner at high altitudes—and, due to cooler temperatures, many hikers make the mistake of not drinking enough water. Note that both alcohol and caffeine increase dehydration. Limit your intake of each when hiking at high altitudes.

5. **Medications** Although the natural methods described above should always be your first choice, if you have a prior history of AMS or a forced ascent is unavoidable, you may consider using acetazolamide to help accelerate the acclimatization process. Consult your doctor beforehand if you are considering using acetazolamide or any other drug while trekking at altitude.

TREATMENT
If AMS symptoms still occur after preventative measures, consider the following courses of action:

1. Mild Symptoms:
A. Do not ascend any higher
B. Continue to drink plenty of water
C. If necessary, take ibuprofen or paracetamol for headache
D. Rest
E. Once symptoms have subsided—which could take up to two or three days—it should be ok to start ascending again. Do so slowly and with awareness.

2. Severe Symptoms:
A. Descend immediately (at least 500 m/1,640 ft)
B. Seek medical attention as soon as possible

BONUS TRACK

RONGPHU MONASTERY
At 5,009 m (16,434 ft) above sea level, Rongphu (established 1902) is one of the world's highest monasteries. Located at the far end of Rongphu Valley, it is an important Buddhist pilgrimage site and offers incredible, unobstructed views of Mount Everest's north face. In the 1920s and 1930s, Rongphu's cozy confines acted as a final stopover for members of Everest's first climbing expeditions; and, for modern-day visitors interested in soaking in the vistas and history, basic accommodations and meals are available at the monastery's guesthouse.

BACKGROUND

MOUNT EVEREST'S GREATEST MYSTERY
Before Edmund Hillary and Tenzing Norgay's historic climb of Mount Everest in 1953, there had been more than ten unsuccessful attempts to reach the summit. The earliest of these bids between 1921 and 1938 had all been undertaken from the Tibetan or northern side of the mountain. Using the same route along Rongphu and East Rongphu Glaciers that the Advanced Everest Base Camp Trek follows, the most famous of these initial efforts was by George Mallory and Andrew Irvine in 1924. The pair were last spotted climbing strongly above 7,900 m (25,919 ft) before clouds obscured Everest's upper reaches. In the ensuing years, it was debated whether Mallory and Irvine had reached the summit before meeting their demise. A 1933 expedition found Irvine's ice axe at an altitude of 8,461 m (27,759 ft). The debate was reignited once more in 1999 when Mallory's body was found on the mountain at an altitude of 8,157 m (26,762 ft). To this day, Irvine's corpse has never been located, and the mystery of whether he and his partner summited Everest almost three decades before Hillary and Norgay remains unanswered.

FLORA & FAUNA

THE HIMALAYAN JUMPING SPIDER
Unsurprisingly, the rarefied trek to Advanced Everest Base Camp is not known for its flora and fauna. That said, one creature that you may encounter on your hike is *Euophrys omnisuperstes* (or Himalayan jumping spider). The highest living creature in the world, this hardiest of arachnids has been found at elevations of up to 6,706 m (22,000 ft) and survives on insects being blown up from lower altitudes.

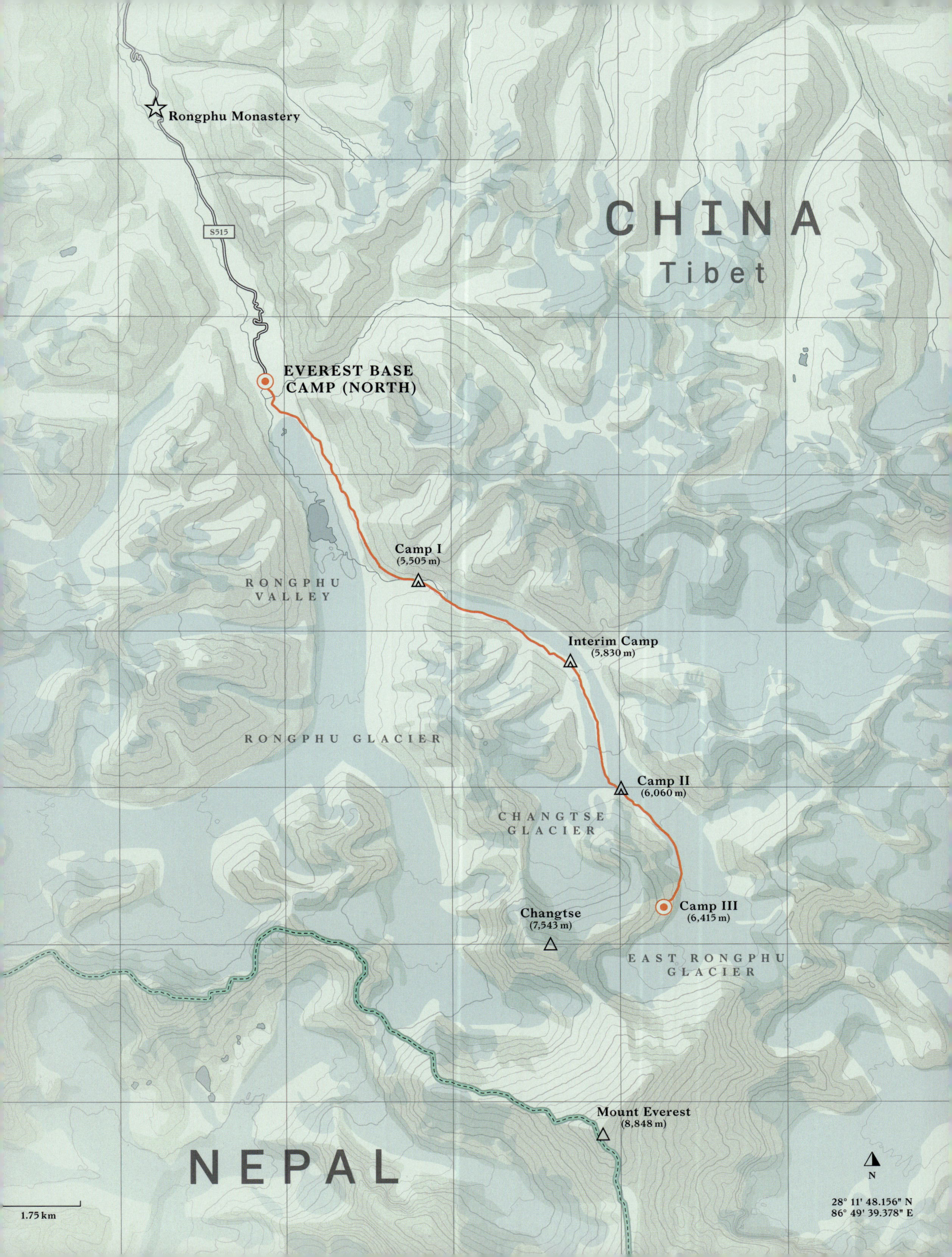
Rongphu Monastery
S515
CHINA
Tibet
EVEREST BASE CAMP (NORTH)
Camp I
(5,505 m)
RONGPHU VALLEY
Interim Camp
(5,830 m)
RONGPHU GLACIER
Camp II
(6,060 m)
CHANGTSE GLACIER
Changtse
(7,543 m)
Camp III
(6,415 m)
EAST RONGPHU GLACIER
Mount Everest
(8,848 m)
NEPAL
1.75 km
N
28° 11' 48.156" N
86° 49' 39.378" E

NEPAL

Nepal's welcoming teahouses, characterful villages, and legendary alpine landscapes have made it the trekking epicenter of the Himalaya. While iconic areas such as Everest and Annapurna garner the yak's share of attention, lesser-known gems such as the mysterious regions of Mustang and Dolpo are equally worth exploring.

ANNAPURNA SANCTUARY TREK

THE FROZEN HEART OF THE ANNAPURNA

Annapurna Region
NEPAL

ABOUT THE TRAIL

→ DISTANCE 88 km (54.7 mi)
→ DURATION 8 to 9 days
→ TOTAL ELEVATION GAIN 10,789 m (35,397 ft)
→ LEVEL Moderate to Challenging

The Annapurna Sanctuary is one of the world's most breathtaking natural amphitheaters. A remote glacial basin surrounded by towering mountains, it is only accessible on foot via a narrow gateway between Hiunchuli and Machapuchare peaks. Over the decades, the sanctuary has been the staging area for some of the Himalaya's most legendary climbing feats. For hiking purposes, it is the turnaround point and scenic highlight of one of Nepal's premier trekking experiences.

The Annapurna Sanctuary Trek (also known as Annapurna Base Camp Trek or ABC Trek) is 88 km (54.7 mi) long and takes most hikers eight or nine days to complete. During its varied course, it passes from subtropical lowlands to rhododendron forests to its eponymous sanctuary of rock and ice. Some trekkers prefer the ABC Trek over its better-known neighbor, the Annapurna Circuit, because it is considerably shorter, includes minimal dirt road walking, and its maximum elevation is only 4,130 m (13,550 ft) as opposed to 5,416 m (17,769 ft). The altitude discrepancy is particularly salient if your vacation window is limited and you do not have a lot of time to acclimatize before starting your trek.

Beginning in the village of Nayapul (1,050 m/3,445 ft), the well-trodden path follows the course of the Bhurungdi Khola River for 18.2 km (11.3 mi) to the trekking hub of Ghorepani (2,874 m/9,429 ft). Climbing past a series of waterfalls and charming hamlets, the route crosses a number of deep gorges on shaky (but safe) suspension bridges. The latter part of the ascent is notable for a seemingly never-ending stone staircase that includes more than 3,000 quad-busting steps. There is no shortage of lodges from which to choose along the trail, though most trekkers aim to arrive at Ghorepani in two days in anticipation of a pre-dawn hike to the lookout of Poon Hill (3,210 m/10,531 ft) on day three.

Situated 1.2 km (0.75 mi) west of Ghorepani, Poon Hill is one of the Himalaya's most famous viewpoints. From here, you can see the sunrise >

↖ Blooming rhododendrons on the trail to Annapurna Base Camp.
↑ Descending the glacial valley between Machapuchare Base Camp and Deurali.

illuminate the Annapurna and Dhaulagiri ranges. Though the panorama is outstanding, Poon Hill can get crowded, and for those looking for a more serene start to the day, there is a similar though much less popular vantage point just 0.8 km (0.5 mi) east of Ghorepani. Through a happy coincidence, it is located directly on the next section of our route: a rollercoaster-like 20 km (12.4 mi) stretch to the mountainside village of Chhomrong (2,200 m/7,218 ft).

Overlooking the Modi Valley, Chhomrong has long been a favorite overnight stop among Annapurna Sanctuary hikers. Boasting some of the trek's most comfortable accommodations, it is hard to imagine a better way to finish a long day on trail than by enjoying a filling meal while soaking in the alpine scenery from one of the lodges' open-air patios. Notable among the peaks on display is Machapuchare (6,993 m/22,943 ft), whose Nepali name translates to "fish's tail" because its double summit resembles the caudal fin of a fish.

Leaving Chhomrong, the trail heads northeast up the Modi Valley. Staying on the river's true right side, hikers will pass through rhododendron, oak, and bamboo forests and traverse a series of avalanche chutes. Just past Doban (2,505 m/8,219 ft), there is a shrine where locals leave offerings to appease the mountain deity Panchhi Baraha in order to maximize their chances of an incident-free journey. From here, it is just under 12 km (7.5 mi) to the turnaround point at Annapurna Base Camp. During this stretch, there are regularly spaced lodging options at the Himalayan Hotel, Deurali, and Machapuchare Base Camp.

Once the Sanctuary is reached, all of the previous days' efforts will be rewarded. Ringed by a white wall of sky-piercing peaks, >

↑ **Long suspension bridges and even longer rock staircases are par for the course on the Annapurna Sanctuary Trek.**
↓ **Buffalo mother and calf cooling off in a roadside puddle near the village of Ghandruk.**

"The Annapurna Sanctuary Trek takes most hikers eight or nine days to complete. During its varied course, it passes from subtropical lowlands to rhododendron forests to its eponymous sanctuary of rock and ice."

↑ Terraced fields and traditional farmhouses on the connector trail between Tatopani on the Annapurna Circuit and Ghorepani on the Annapurna Sanctuary Trek (see Info Box).

← Tasty barberries near the village of Chhomrong.

including Annapurna I (8,091 m/26,545 ft), Annapurna III (7,555 m/24,787 ft), Annapurna South (7,219 m/23,684 ft), and Gangapurna (7,455 m/24,457 ft), the views in all directions are staggering. The namesake Base Camp (4,130 m/13,550 ft) consists of a small cluster of lodges located beside Annapurna Glacier. Irrespective of the time of year, it is a frigid place to stay; even at the height of summer, the sanctuary receives a maximum of only seven hours of sunlight a day due to the surrounding mountains' size. It is not called the frozen heart of the Annapurna for nothing.

From Base Camp, it usually takes two days to make the 30 km (18.6 mi) descent to the Ghandruk terminus. If you are not in a hurry, an excellent way to end your trek is with a visit to the idyllic Jhinu Hot Springs. A long soak in these soothing thermal waters is the perfect antidote for trail-weary legs, and considering they are only 6.6 km (4.1 mi) from the finish, they represent a not-to-be-missed finale to your Annapurna adventure. ▲

← **Snow-laden peaks loom large over a scenic cliffside *stupa*.**
→ **A trailside cascade emerges from the misty heights.**
↓ **A ready-to-be-retired ladder bridge below the village of Chhomrong.**

The Marshyangdi River Valley on the neighboring Annapurna Circuit.

GOOD TO KNOW

START/FINISH
Nayapul to Ghandruk, Annapurna Region

SEASON
October to November and March to April have the best weather. Go for the latter if you want to avoid the crowds.

Hiking to Annapurna Sanctuary is also possible in the winter, though temperatures can be well below freezing, and the trail above Doban will often be closed due to heavy snow. Summer means monsoon season, at which time clouds will often obscure the mountains and heavy rains can result in landslides.

ACCOMMODATIONS
The hike to Annapurna Sanctuary is a teahouse trek. Most of the guesthouses offer reasonably priced meals, electricity, hot showers, and Wi-Fi. Blankets are also available; however, their cleanliness cannot be guaranteed, so it is best to bring your own sleeping bag. The main overnight options along the trail (beginning in Nayapul) are Tikhedhunga, Ghorepani, Tadapani, Chhomrong, Bamboo, Himalayan Hotel, Deurali, Machapuchare Base Camp, Annapurna Base Camp, and Jhinu Danda.

HIGHLIGHTS
1. Sunrise views of Annapurna massif, Gangapurna, Hiunchuli, Dhaulagiri, and Ganesh Himal from Poon Hill
2. Crossing the trail's many suspension bridges
3. Enjoying the sunset over a filling meal and a relaxing beverage from your lodge at Chhomrong
4. Seeing the dawn rays illuminate the surrounding mountains from Annapurna Sanctuary

HELPFUL HINTS

GETTING THERE & AWAY
Most hikers will access the trailhead via the regional hub of Pokhara. From there, it is a one-hour taxi ride to the trailhead in Nayapul. The return journey to Pokhara from Ghandruk takes 1.5 hours. Double those times if you go via minibus.

WILL I REQUIRE A PERMIT?
Two permits are required to hike the Annapurna Sanctuary Trek—the Annapurna Conservation Area Project Permit (ACAP) and the Trekkers Information Management Systems (TIMS) Card. As of 2021, these can be purchased at the tourist offices in either Pokhara or Kathmandu.

DO I NEED A GUIDE, PORTERS, OR PACK ANIMALS?
The trek can either be hiked independently or with an agency, which will arrange guides, porters, and all logistical details. It is worth noting that if you choose to walk to the sanctuary independently, your pack weight will likely be significantly lighter than usual because you will not be laden with a shelter, stove, sleeping mat, and multiple days' worth of supplies.

WHAT TO BRING
Medium-size backpack (40–50 liter), a sleeping bag rated to -5°C (23°F), trail runners or hiking shoes, lightweight flip-flops (to wear in the teahouses), water bottles, first aid kit, sun protection (hat, glasses, sunscreen), map and compass or a GPS navigation app on your phone, headlamp, toiletries, power bank for charging electronics, and trekking poles (optional).

Recommended clothing includes a puffy jacket (down or synthetic), rain jacket and rain pants, warm beanie or neck gaiter, three pairs of socks (one pair kept clean for sleeping), hiking pants, long-sleeve hiking shirt, mittens or medium-weight gloves, and merino wool long underwear (for sleeping).

TREKKING INDEPENDENTLY OR WITH AN AGENCY?
One of the first questions you have to ask yourself when planning a teahouse trek in Nepal is "should I hike independently or with an agency?" There is no correct answer. We all have different preferences and levels of hiking experience and fitness. Here are some points to consider when making your decision:

GUIDED TREKKING
Guided trips provide hikers with a relatively worry-free trekking experience.

Details such as permits, getting there and away, navigation, accommodations, and language barriers are all taken care of by the people in charge. For those that lead hectic lives and have little in the way of spare time, having someone take care of all the logistical matters can be worth its weight in vacation gold. Additionally, when going on a guided trek, you will typically have the bulk of your gear carried by porters or pack animals, which can equate to a more comfortable on-trail experience. Finally, a knowledgeable guide may provide valuable insights into local flora, fauna, and village life's nuances.

INDEPENDENT TREKKING

Hiking independently means the acceptance of all responsibilities. If something goes wrong, the onus is upon you to make it right. Pre-hike preparations can sometimes be lengthy, and dealing with bureaucracy in developing countries can occasionally be frustrating. However, despite the logistical challenges, most independent trekkers attest that the rewards outweigh the inconveniences. Principal amongst these benefits is a sense of freedom—the freedom to choose where you stay, what and when you eat, whom you hike with (if anyone), when you take a break, and how fast or slow you walk. Other advantages of trekking independently include the fact that it is cheaper (often significantly) and can lead to more organic interaction with locals.

BONUS TRACK

CONNECTING THE ANNAPURNA SANCTUARY TREK TO THE ANNAPURNA CIRCUIT

For those interested in combining the Annapurna region's two most famous trails into one long multi-week adventure, the two treks can be joined as follows: 1. Hiking in a counterclockwise direction, follow the Annapurna Circuit from its starting point in Bhulbhule all the way around to the hot springs village of Tatopani (1,244 m/4,081 ft); 2. Approximately 30 minutes' (1.6 km/1 mi) walk south of Tatopani, cross the Kali Gandaki River to begin the extended climb southeast up to Ghorepani, via Ghara, Shikha, and Chitre. The distance between Tatopani and Ghorepani is 14.8 km (9.2 mi). Once at Ghorepani, continue east as described above.

BACKGROUND

FIVE FACTS ABOUT ANNAPURNA

1. Annapurna is named in honor of the Hindu goddess of nourishment (illustrated). The name is of Sanskrit origin and is a combination of two words: "*anna*," meaning food, and "*purna*," which signifies full or complete.
2. Annapurna I is the 10th-highest mountain in the world (8,091 m/ 26,545 ft). It was first summited in 1950 by a French expedition led by Maurice Herzog, making it the earliest of the 14 8,000-m peaks to be climbed.
3. At the time of writing, Annapurna I is the least climbed and considered the most dangerous of the 8,000-m peaks. It has a fatality-to-summit ratio of 32%. K2's fatality rate is 29%, and Everest's is 4%.
4. Annapurna I is the highest point of the Annapurna Massif, which includes 13 peaks over 7,000 m (22,966 ft) and a further 16 over 6,000 m (19,685 ft).
5. The Annapurna Massif is the raison d'être of the 7,629 km² (2,946 mi²) Annapurna Conservation Area, Nepal's first (established 1985) and largest biodiversity protected area.

FLORA & FAUNA

AVIFAUNA OF THE ANNAPURNA

The lower sections of the Annapurna Sanctuary Trek boast an incredible array of birdlife, including all six types of Himalayan pheasant—blood pheasant, koklass pheasant, kalij pheasant, cheer pheasant, satyr tragopan, and Nepal's national bird, the rainbow-colored Himalayan monal. In the hike's upper reaches, keep an eye out for majestic raptors such as the golden eagle, bearded vulture (or lammergeier), and the Himalayan vulture, which may be seen riding the thermals during their annual migration in autumn.

Annapurna Region
Gangapurna
(7,455 m)
ANNAPURNA MASSIF
Annapurna I
(8,091 m)
ANNAPURNA GLACIER
DHAULAGIRI
Annapurna III
(7,555 m)
ANNAPURNA SANCTUARY
Annapurna South
(7,219 m)
Annapurna Base Camp
Machapuchare Base Camp
Annapurna IV
(7,525 m)
Hiunchuli
(6,441 m)
Tatopani
Deurali
Himalayan Hotel
Machapuchare
(6,993 m)
Kali Gandaki River
Doban
Bamboo
Shikha
MODI VALLEY
Chhomrong
Jhinu Hot Springs
Alternative Viewpoint
Ghorepani
Jhinu Danda
Poon Hill
Tadapani
GHANDRUK
Tikhedhunga
Bhurungdi Khola River
NAYAPUL
F42
Pokhara
NEPAL
H10
H04
GANESH HIMAL
N
5.25 km
28° 18' 7.6" N
83° 46' 8.551" E

UPPER MUSTANG TREK

INTO THE LONG-FORBIDDEN KINGDOM OF MUSTANG

Annapurna Region
NEPAL

ABOUT THE TRAIL

→ DISTANCE 127 km (78.9 mi)
→ DURATION 10 days
→ TOTAL ELEVATION GAIN 8,969 m (29,426 ft)
→ LEVEL Moderate to Challenging

Mustang is an enclave of Tibetan culture located in the northwest corner of the Annapurna region. Closed to foreigners until 1992, this former Himalayan kingdom is the most arid district in Nepal, and its Mars-like landscape is marked by surreal red rock formations, deep gorges, and countless cliffside caves. Criss-crossing Mustang's barren expanse is a system of age-old trails connecting oasis villages that were once outposts on the ancient salt trade route between Nepal and Tibet.

Among myriad hiking possibilities, Mustang's premier trek is arguably a circuit around its Upper Region, beginning and ending in the village of Kagbeni. The journey measures approximately 127 km (78.9 mi) and takes most parties an average of 10 days to complete. There are multiple possible variations of the route, but the one featured below avoids dirt roads whenever possible, minimizes backtracking, and includes many of the region's natural and cultural highlights, including Chungsi Cave, Ghar Gompa, Luri Cave Gompa, and the fabled walled city of Lo Manthang.

Setting off from Kagbeni, our route initially follows the Kali Gandaki Valley, passing through the Gurung villages of Tangbe, Chhusang, and Chele. After Chele, the trail veers northwest, exchanging the river valley for high-altitude desert and the Bon-influenced culture of the Gurungs for the Tibetan culture of the Lo people. After reaching Dajori La Pass (3,602 m/11,818 ft), it is a further 30 minutes to the village of Samar (20 km/12.4 mi from Kagbeni), where hikers typically spend the first night of the journey.

Beyond Samar, the principal trekking route follows the jeep road over Bhena La and Yamda La passes to Syangboche village. However, a more interesting option is to head east over Chungsi La (3,809 m/12,497 ft) into a dramatic canyon where you will find the Buddhist pilgrimage site of Chungsi Cave. Surrounded by steep pockmarked cliffs, the Buddhist saint Guru Rinpoche is said to have meditated here in the eighth century. From the cave hermitage, follow the course of the Syangboche Kola to its eponymous village, from where it is a further 1.5 to 2 hours hike to Chhungar (approximately 12 km/7.5 mi hike from Samar).

Leaving Chhungar, our trail immediately goes up and over Nyi La pass (4,020 m/13,189 ft), which affords spectacular views of the snowcapped Annapurna Range to the south. Then, winding >

"Closed to foreigners until 1992, the Mars-like landscape of Mustang is marked by surreal red rock formations, deep gorges, and countless cliffside caves."

←← Looking out over the Kali Gandaki Valley from the village of Kagbeni, the starting and finishing point of the Upper Mustang Trek.
↑ Summer harvest of barley (locally known as *uwa*) in the village of Tetang.
← A juniper perched on a cliff's edge between Samar and Syangboche.

through stands of poplars and barley fields, continue past Ghami junction towards the picturesque hamlet of Dhakmar, notable for its flaming cliffs. According to legend, Dhakmar's rocky surrounds were colored by the blood of an ogress bested by the ever-present Guru Rinpoche in battle.

Beyond Dhakmar, it is just a 5-km (3.1-mi) hike to the wonderful Ghar Gompa. Founded in the eighth century by—you guessed it—Guru Rinpoche, Ghar is one of Nepal's oldest monasteries. Its isolated setting, combined with a fine array of frescos, clay statues, and colorful Buddhism-themed wooden tablets, make it one of the trek highlights. Once you have soaked up Ghar's historic ambiance, head northwards for another 4.3 km (2.7 mi) to Morang La pass (4,286 m/14,062 ft) before making a final descent to the walled city of Lo Manthang.

The former capital of the Lo Kingdom, Lo Manthang, was built in the fifteenth century and was one of the most important stops on the ancient salt trade route between Nepal and Tibet. The city is surrounded by a 6-m (19.8-ft) high earthen wall, and its alleyways are packed with whitewashed mud-brick houses, most of which have a central courtyard and flat roofs used for drying crops and storing wood. The most notable buildings in Lo Manthang are the five-story Raja Palace and the monasteries of Jampa Lhakhang, Thupchen Lhakhang, and Choede Lhakhang. Steeped in history and rich in Tibetan culture, Lo Manthang is the standout highlight of any trek in Upper Mustang, and most parties take at least one (and often two) days to explore this fascinating medieval outpost.

Departing Lo Manthang, the trail heads south over Lo La pass (3,950 m/12,959 ft). Immediately after reaching the high point,>

↑ Galloping around the outskirts of Lo Manthang.
↓ Ancient cave dwellings dot the flaming red cliffs of Dhakmar.

"The trail continues towards the picturesque hamlet of Dhakmar, notable for its flaming cliffs. According to legend, Dhakmar's rocky surrounds were colored by the blood of an ogress bested by the ever-present Guru Rinpoche in battle."

↑ Cliffside monastery in the village of Chhoser, located a short walk north of Lo Manthang.
← Mud bricks drying in the sun.

"Criss-crossing Mustang's barren expanse is a system of age-old trails connecting oasis villages that were once outposts on the ancient salt trade route between Nepal and Tibet."

↑ Green fields, whitewashed houses, and a layer cake of cliffs.
→ A valley-spanning suspension bridge near Lo Manthang.
↗ Blooming mustard fields.
→→ The terraced fields of Tetang overlooking the Kali Gandaki River.

you will come to a fork; here the main route continues to Tsarang village. In contrast, our path veers southeast along a scenic ridge before descending into the lush environs of the Kali Gandaki Valley. Beyond the hamlet of Dhi, head east along the northern bank of the Puyung Khola (a tributary of the Kali Gandaki) to reach the village of Yara. Apart from being a picturesque destination in its own right, Yara is primarily used as a base for the out-and-back side trip to Luri Cave Gompa (see Bonus Track for details).

The final stage of the trek heads south from Yara through a starkly beautiful and almost treeless landscape. This section has a much more isolated feel, with water sources and villages being few and far between. It is usually done over a couple of days, with an overnight stop made in the lonely hamlet of Tange (15 km/9.3 mi from Yara). From there, it is a further eight or nine hours to rejoin our original northbound route at the village of Chhusang, located just 12 km (7.5 mi) from the finishing point at Kagbeni. ▲

The Kali Gandaki River is the life source for much of the Mustang region's population.

GOOD TO KNOW

START / FINISH
Kagbeni, Annapurna Region

SEASON
March to early November. Upper Mustang is located in the rain shadow of the Annapurna and Dhaulagiri massifs, making it an excellent trekking option during the summer monsoon months.

ACCOMMODATIONS
For the most part, trekkers have the choice of either camping or lodge-style accommodations. Hiking in a clockwise direction from Kagbeni, the main overnight options along the route are Chele, Samar, Chhungar, Tsarang, Lo Manthang, Yara, Tange, and Chhusang.

HIGHLIGHTS

1. Chungsi Cave
2. Red rock landscape around Dhakmar
3. Ghar Gompa
4. The walled city of Lo Manthang
5. Luri Cave Gompa
6. The lonely plateaus on the eastern side of the trek

HELPFUL HINTS

GETTING THERE & AWAY
There are regular 20-minute flights between Pokhara and Jomson, from which it is a two-hour (8-km/5-mi) walk or 20 minutes in a vehicle to Kagbeni.

WILL I REQUIRE A PERMIT?
At the time of writing, you will need two permits: Upper Mustang Restricted Area Permit and ACAP (Annapurna Conservation Area Project) Entry Permit.

DO I NEED A GUIDE, PORTERS, OR PACK ANIMALS?
A guide is obligatory. You can choose whether or not to have your gear carried by porters or horses.

WHAT TO BRING
Backpack, sleeping bag (rated to at least -5°C/23°F), trail-running shoes or lightweight synthetic hiking boots, water bottle, water filter or purifier, lightweight flip-flops (to wear in the lodges), small first aid kit, headlamp, sun protection (hat, glasses, sunscreen), map and compass or a GPS navigation app on your phone, toiletries, power bank for electronics, and trekking poles (optional).

Recommended clothing includes a puffy jacket (down or synthetic), rain jacket, beanie or neck gaiter, three pairs of socks (one kept clean for sleeping), hiking pants, long-sleeve hiking shirt, medium-weight gloves or mittens, and merino wool long underwear (for sleeping).

BONUS TRACK

SIDE TRIP TO LURI CAVE GOMPA
One of the highlights of the Upper Mustang Trek, the Luri Cave Gompa, is reached via an 8.5-km (5.3-mi) out-and-back hike from the village of Yara. Perched atop 100-m- (328-ft-) high cliffs, the cave hermitage dates back to the twelfth century, and adorning the rock walls of its inner chamber are a series of remarkable thirteenth- and fourteenth-century Buddhism-themed frescos.

BACKGROUND

TENCHI FESTIVAL
Every spring, the walled city of Lo Manthang hosts the three-day Tenchi (or Tiji) festival. The ancient celebration takes place in honor of the deity Dorjo Jono, who fought successfully against his evil father to drive demons and evil spirits away from the region. During the festival, which is attended by people from all over Upper Mustang (along with some curious foreigners), Lo Manthang's resident monks don elaborate costumes and perform traditional music and dances.

BOOKS
Over the decades, the Mustang region has inspired many great books, including Michel Peissel's *Mustang: A Lost Tibetan Kingdom* and Peter Matthiessen's *East of Lo Manthang.*

FLORA & FAUNA

THE LIFELINE OF MUSTANG
Mustang is Nepal's most arid district. Only 3.2 percent of its total area is covered by forest, and almost all of that is found in the lower part of the district. North of our trailhead village of Kagbeni, the vegetation primarily consists of grasslands scattered with scrub—the principal exception being the Kali Gandaki Valley, through which flows Mustang's hydrological lifeline. Most of the district's agricultural production occurs in and around the valley floor, and the majority of Mustang's 15,000 inhabitants live close to the river.

CHINA
Tibet
Lo Manthang
Morang La
(4,286 m)
Lo La
(3,950 m)
Ghar Gompa
Dhi
Yara
Dhakmar
Tsarang
Luri Cave Gompa
Ghami
Nyi La
(4,020 m)
Chhungar
Geling
Tange
Kali Gandaki River
Syangboche
Chungsi Cave
Samar
Chungsi La
(3,809 m)
Dajori La
(3,602 m)
Chele
KALI
GANDAKI
VALLEY
Chhusang
Tangbe
NEPAL
Annapurna
KAGBENI
AULAGIRI
MASSIF
JOMSON
N
ANNAPURNA
MASSIF
5 km
28° 46' 28.733" N
83° 46' 22.886" E

PHOKSUNDO LAKE TREK

ANCIENT TRADE ROUTES AND SAPPHIRE BLUE LAKES

Dolpo Region
NEPAL

ABOUT THE TRAIL

→ DISTANCE 70 km (43.5 mi)
→ DURATION 6 days
→ TOTAL ELEVATION GAIN 6,201 m (20,344 ft)
→ LEVEL Moderate

Renowned as one of the Himalaya's most beautiful lakes, Phoksundo is located in Nepal's wild and mysterious Dolpo region. Bordered to the north by Tibet, with which it shares cultural and religious ties, Dolpo was closed to foreign visitors until 1989. To this day, the region retains a sense of timelessness; in some areas, there are no roads or electricity, and yaks—along with your own two feet—remain the primary form of terrestrial transportation.

Dolpa is Nepal's largest district and one of its most sparsely populated (around 36,000 inhabitants), occupying approximately 15 percent of the country's total territory. Much of Dolpa's terrain is located within Shey Phoksundo National Park and its surrounding buffer zone (see Flora & Fauna). This expansive protected area is dotted with oasis-like hamlets, ancient monasteries (both Buddhist and Bon), and remote high-altitude passes. Spanning its starkly beautiful landscape is a network of trails that for millennia have been used by traders on the famous salt-and-grain trade route between Nepal and Tibet (see Background).

One of the shortest and most accessible of Dolpo's many pathways is the out-and-back hike from Dunai to Phoksundo Lake. Measuring 70 km (43.5 mi), it does not require the expensive permit necessary for trekking in Upper and Inner Dolpo, nor is it necessary to go with a guide or porters unless you wish to. The trail is well defined and easy to follow, and it is a trek suitable for hikers of average fitness and experience levels.

Setting out from the regional hub of Dunai, head northwest for 3 km (1.9 mi) on the true right side of the Thuli Bheri River. Upon reaching its confluence with the Suli Gad, veer to the northeast for another kilometer (0.6 mi) to the Shey Phoksundo National Park Office, where you will pay your park entrance fee. From this point, the primarily shadeless trail follows the course of the Suli Gad, passing by the tiny settlements of Kageni, Raktang, and Shyanta, before arriving at the small collection of lodges called Chhepka, approximately 11 km (6.8 mi) from the National Park Office. It is here that most trekkers spend the first night of the journey.

From Chhepka, the undulating path heads northwards, reaching the village of Rechi after 9 km (5.6 mi). A further 3 km (1.9 mi) of hiking will bring you to the outpost of Sanduwa and the Tapriza Secondary School, an NGO project established by the Swiss >

"To this day, the region retains a sense of timelessness; in some areas, there are no roads or electricity, and yaks—along with your own two feet—remain the primary form of terrestrial transportation."

←← Yaks graze on the shores of Phoksundo Lake.
↑ Terraced fields in the Dolpo village of Chagaon.
← Continuing northwards from Phoksundo over Ngadra La (5,344 m/17,533 ft).

"Phoksundo Lake is situated at 3,612 m (11,850 ft) above sea level and geophysicists believe that it was formed 30,000 to 40,000 years ago by a landslide dam."

↑ Baskets, backpacks, and big mountains.
→ A male and female yak enjoying an afternoon stroll.
↗ A pyramidal peak pokes over the steep and barren slopes of a river valley in Dolpo.
→→ Fall at Phoksundo Lake.

social anthropologist Dr. Marietta Kind in the late 1990s. In addition to teaching the national curriculum, the Tapriza school instructs local children in the language, culture, history, and Bon religion of their Tibetan ancestors. The school is open to visitors, and donations are always welcome. Just 15 minutes' walk beyond Tapriza is the comfortable Jharana Hotel (14 km/8.7 mi from Chhepka), which offers rooms, supplies, and camping nearby.

Leaving the hotel, the trail continues to ascend through pine and cedar forests to soon reach the winter settlement of Polam. From here the going becomes considerably tougher as you switchback towards a ridgeline, where you will be rewarded with a magnificent view over Phoksundo Waterfall, a 200-m (656-ft) cascade that is one of the highest in Nepal. From this scenic vantage point, the trail descends through birch forest to reach the western bank of the Phoksundo Khola and, soon after, the charming village of Ringmo.

Located on the southern shores of Phoksundo Lake, Ringmo's inhabitants are, traditionally, yak herders and traders who spend the chilly winter months at lower altitudes. Most are adherents of the Bon faith, a religion that predated Buddhism in Tibet, and to this day is prevalent throughout much of the Dolpo region. While in Ringmo, be sure to visit Thasung Chholing Gompa, a 500-year-old Bon monastery located 1.5 km (0.9 mi) to the east >

of the village. Overlooking Phoksundo's glistening waters, the ancient monastic center contains a fascinating collection of murals, masks, and images.

Phoksundo Lake is situated at 3,612 m (11,850 ft) above sea level, measures 4.9 km² (1.9 mi²) in area, and has a maximum depth of 136 m (446 ft). Geophysicists believe that it was formed 30,000 to 40,000 years ago by a landslide dam. A more colorful origin story is that once upon a time, there used to be a peaceful village where the lake now lies. According to local folklore, the idyllic setting was turned on its head when a demoness passed through the settlement while being chased by the Buddhist saint Padmasambhava (Guru Rinpoche). To persuade locals to keep her whereabouts a secret, she gifted them turquoise, which was subsequently transformed into a pile of dung by the pursuing sage. So upset were the villagers by this turn of events that they told the saint of the demoness's location. In retribution, she later flooded the valley, killing all of its inhabitants.

The Phoksundo Lake Trek is the perfect introductory hike to the Dolpo region, combining rich folklore and incredible natural wonders with a chance to learn first-hand about the Bon faith. Many hikers find themselves planning a return visit before they have even completed the journey back to Dunai. Such is the magic of Dolpo, a place in which time moves slowly, and age-old pathways beckon with both memories and promise. ▲

↑ **Ancient Buddhist *chorten* in Dolpo.**
↓ **A mule train crosses from Dolpo into Mustang on what was once the Ancient Salt Trail between Nepal and Tibet (see Info Box).**

"The Phoksundo Lake Trek is the perfect introductory hike to the Dolpo region, combining rich folklore and incredible natural wonders with a chance to learn first-hand about the Bon faith."

↑ Passing through a forest tunnel on the final stretch to Ringmo.
← Carved prayer stone.

Gazing out over the magnificent Phoksundo Lake.

GOOD TO KNOW

START/FINISH
Dunai, Dolpo Region

SEASON
May to mid-October. The trail is usually snowbound between mid-November and the end of April. Dolpo is located in the rain shadow of the Dhaulagiri Massif, making it an excellent option for trekking during the summer monsoon months.

ACCOMMODATIONS
Camping or indoor accommodations in the form of lodges and homestays.

The principal overnight spots between Dunai and the turnaround point at Phoksundo Lake are Chhepka, Rechi, Jharana Hotel, and Ringmo.

HIGHLIGHTS
1. Phoksundo Lake
2. Phoksundo Waterfall
3. Ringmo Village
4. Thasung Chholing Gompa

HELPFUL HINTS

GETTING THERE & AWAY
The Phoksundo Lake area is typically accessed via a flight to Juphal, a tiny village located 10 km (6.2 mi) or three hours' walk west of Dunai.

WILL I REQUIRE A PERMIT?
At the time of writing, the following three permits are required: TIMS (Trekkers' Information Management Systems) Card, Lower Dolpo Restricted Area Entry Permit, and a Shey Phoksundo National Park Entry Permit.

DO I NEED A GUIDE, PORTERS, OR PACK ANIMALS?
Neither a guide nor porters are obligatory for this hike or the Bonus Track mentioned below.

WHAT TO BRING
Backpack, sleeping bag (rated to at least -5 °C/23 °F), trail-running shoes or lightweight synthetic hiking boots, water bottle, water filter or purifier, lightweight flip-flops (to wear in the lodges), small first aid kit, headlamp, sun protection (hat, glasses, sunscreen), map and compass or a GPS navigation app on your phone, toiletries, power bank for electronics, and trekking poles (optional).

Recommended clothing includes a puffy jacket (down or synthetic), rain jacket, beanie or neck gaiter, three pairs of socks (one kept clean for sleeping), hiking pants, long-sleeve hiking shirt, medium-weight gloves or mittens, and merino wool long underwear (for sleeping).

BOOKS
The abiding quality of the Dolpo region is memorably captured in Peter Matthiessen's classic book, *The Snow Leopard* (1978), which recounts his extended search for the elusive Himalayan "ghost cat" throughout the Dolpo region.

BONUS TRACK

DHO TARAP LOOP
Beginning and ending in the town of Dunai, the Dho Tarap Loop is a more challenging and remote alternative to the Phoksundo Lake Trek. Measuring 130 km (80.8 mi) and taking most parties 10 days to complete, the trek features the pristine Tarap Valley, ancient Tibetan monasteries, two high passes (Numa La and Baga La—5,305 m/17,405 ft and 5,166 m/16,949 ft respectively), and the deep blue waters of Phoksundo. Done in a counter-clockwise direction, the Dho Tarap Loop joins the featured trail at the village of Ringmo, and the two coincide for the final 35 km (21.8 mi) back to Dunai.

BACKGROUND

THE ANCIENT SALT TRAIL
For centuries, the Dolpo people were the middlemen of the salt trade route between Nepal and Tibet. Yak caravans used paths such as those around Phoksundo Lake to transport their wares between the salt-laden Tibetan Plateau in the north and the grain-rich temperate valleys of central and southern Nepal. However, the Chinese annexation of Tibet, combined with the arrival of state-subsidized iodized salt from India, has seen the formerly thriving trade route become increasingly redundant since the turn of the millennium.

FLORA & FAUNA

SHEY PHOKSUNDO NATIONAL PARK
The Phoksundo Lake Trek mostly takes place in Shey Phoksundo National Park. Established in 1984, Shey Phoksundo covers an area of 3,555 km^2 (1,373 mi^2) and is the largest national park in Nepal. Altitudes within its boundaries range between 2,130 m (6,988 ft) and 6,885 m (22,589 ft), and most of its terrain lies north of the Himalayan crest. Within the park can be found 286 plant species and more than 200 species of avifauna, including the world's highest-flying butterfly, the *Paralasa nepalaica*. Among its most notable mammals are blue sheep, gray wolf, musk deer, and the snow leopard.

NEPAL
Dolpo Region
Phoksundo Lake
Thasung Chholing Gompa
Ringmo
Phoksundo Waterfall
Phoksundo Khola
Polam
Jharana Hotel
Tapriza Secondary School
Sanduwa
Rechi
Shey Phoksundo National Park
DHAULAGIRI MASSIF
Chhepka
Shyanta
Kageni and Raktang
Suli Gad
Juphal
F47
Thuli Bheri River
Shey Phoksundo National Park Office
DUNAI
2 km
N
28° 58' 12" N
82° 48' 36" E

THREE PASSES TREK

THE ULTIMATE EVEREST TREK

Everest Region
NEPAL

ABOUT THE TRAIL

→ DISTANCE 140 km (87 mi) including side trip to Kala Patthar and Everest Base Camp
→ DURATION 15 to 18 days
→ TOTAL ELEVATION GAIN 10,978 m (36,017 ft)
→ LEVEL Challenging

The Three Passes Trek encompasses a complete circuit of the Everest region. One of Nepal's most demanding long-distance hikes, it combines the best of the Gokyo and Everest Base Camp Treks, together with three of the Himalaya's highest passes: Kongma La (5,535 m/18,159 ft), Cho La (5,420 m/17,782 ft), and Renjo La (5,360 m/17,585 ft). The trail's unparalleled alpine views, characterful sherpa villages, and off-the-beaten-path character have gained it a reputation as the ultimate Everest trek.

Beginning and ending in the Himalayan hub of Lukla, the Three Passes Trek is a lollipop-shaped trail that measures anywhere between 120 km (74.6 mi) and 180 km (111.9 mi) depending on route choices and side trips made. Regarding the latter, the trek features numerous worthy detours along its course, including not-to-be-missed excursions to Kala Patthar (5,643 m/18,514 ft) and Gokyo Ri (5,360 m/17,585 ft) (See Bonus Tracks for details). Although neither porters nor a guide is obligatory, the Three Passes is a journey best suited to fit and experienced hikers due to the trail's challenging and sometimes remote nature.

The initial section of the Three Passes Trek from Lukla (2,860 m/9,383 ft) to the village of Dingboche (4,410 m/14,469 ft) coincides with the Everest Base Camp Trek. This well-trodden 39-km (24.2-mi) stretch takes most hikers six or seven days to complete (including a couple of acclimatization days) and has been used for decades by hikers and climbers on their way to the foot of the world's highest mountain. Highlights of the segment include the striking natural amphitheater of Namche Bazaar (3,440 m/11,286 ft) and Tengboche Gompa (3,867 m/12,687 ft), the largest and most important Buddhist monastery in the Everest region.

Beyond Dingboche, both the air and the crowds become notably thinner. The next stop is the tiny village of Chukhung (4,736 m/15,538 ft), dramatically situated among glaciers and snow-capped mountains. Most hikers spend one final acclimatization day here before tackling the first of the trek's namesake passes, Kongma La (5,535 m/18,159 ft).

The trail from Chukhung to the high point ascends through a rarefied landscape of moraine ridges, frozen lakes, and boulder-strewn slopes. The going is seldom steep, but even a gentle

gradient can be taxing at these altitudes. Upon reaching Kongma La, hikers are greeted by layer-piercing winds and effort-justifying views of Khumbu Glacier and Makalu (8,485 m/27,838 ft). Once you have caught your breath and had something to eat (do not forget to bring a packed lunch), the subsequent descent begins with a precipitous drop down an often-icy scree slope. After a brief stretch on firmer and flatter ground, you will finish the stage with a short, undulating traverse of Khumbu Glacier. On the frozen river's western border lies the welcome sight of Lobuche village (4,930 m/16,175 ft), 9.3 km (5.8 mi) and approximately eight to nine hours' hike from Chukhung.

At Lobuche, the Three Passes Trek briefly rejoins the trail to Everest Base Camp. Hikers can either take the recommended out-and-back detour towards Kala Patthar and Base Camp or continue southwest to Dzonglha village and Cho La (5,420 m/17,782 ft). Situated 10 km (6.2 mi) from Lobuche, the prayer-flag-laden Cho La is the second of the trail's passes and usually the only one that requires the use of traction devices. From Cho La, a rocky >

←← **River crossing near the village of Thame.**
↑ **View from Gokyo Ri (5,360 m/17,585 ft) down the Ngozumpa Glacier.**
← **Tibetan snowcock (*Tetraogallus tibetanus*).**

"Highlights of the segment include the striking natural amphitheater of Namche Bazaar and Tengboche Gompa, the largest and most important Buddhist monastery in the Everest region."

↑ Tengboche (3,867 m/12,687 ft) is home to the largest Buddhist monastery in the Everest region.
→ One of the biggest *stupas* in the world, Boudhanath in Kathmandu is a must-visit.
→→ A trekker descending through a peaceful pine forest south of Namche Bazaar.

↑ The view from Renjo La (5,360 m/17,585 ft), the third and final of the trail's namesake passes.
↗ Everest with a rising moon in the background, as seen from Kala Patthar (5,643 m/18,514 ft).
→ Tengboche Monastery.

trail descends to the outpost of Dragnag, from where it is another 4 km (2.5 mi) to Gokyo (4,753 m/15,594 ft), one of the Himalaya's most enchanting villages.

Located beside the beautiful lake of Dudh Pokhari, Gokyo is an ideal place to linger for a day or two. In addition to its relaxing waterside atmosphere, it is also the gateway to two of the trek's finest side trips: Gokyo Ri and Cho Oyu Base Camp. The latter is a 20-km (12.4-mi), six to eight-hour affair that parallels Ngozumpa Glacier (the Himalaya's longest) and includes the other main lakes that constitute the Gokyo Lake system, the highest freshwater lake system in the world. If you have the time and energy, this out-and-back classic represents one of the highlights of the entire Three Passes experience.

With batteries recharged, hikers head westwards from Gokyo village across the lower flanks of Gokyo Ri, then switchback steeply up to a broad flat area. After an all-too-brief respite, you will continue ascending to reach a steep stone staircase just before Renjo La (5,360 m/17,585 ft). The third and final of the trek's passes, Renjo La is the lowest and easiest to climb of the trio but lacks nothing when it comes to views. To the east lie the now-familiar Everest, Lhotse, and Makalu peaks, and to the west can be seen the stunning Rolwaling Himal on the Nepal-Tibet border.

After crossing Renjo La, most hikers spend the night in the village of Lungdhen (4,360 m/14,304 ft). From here, the path continues southwards via Thame (3,791 m/12,438 ft), and after a further four or five hours of easy walking, you will find yourself back in the mountain mecca of Namche Bazaar, some 12 days after you first passed through. Leaving Namche, it is an 18-km (11.2-mi) descent to the trailhead at Lukla and the promise of a sumo-size meal, some celebratory beverages, and an early morning flight back to the hustle and bustle of Kathmandu. ▲

The icy waters of Dudh Pokhari (aka Gokyo Tsho).

↑↑ Crossing the Khumbu Glacier near Lobuche.
↑ A cliff-hugging section of trail close to Namche Bazaar.

GOOD TO KNOW

START/FINISH
Lukla, Everest Region

SEASON
The primary trekking seasons are March to May and September to November. The spring sees fewer hikers, but dry conditions and rising temperatures mean that visibility can sometimes be hazy. The autumn months offer the best chance of clear weather, but the downside is that the teahouses can occasionally be crowded.

The summer months are monsoon season, which means limited views and an increased chance of landslides. Best avoided.

Although colder (-10°C/14°F at night is not uncommon), winter can be an excellent option; the skies are usually clear and much of the time you will have the trail to yourself. However, if conditions take a turn for the worse, it might not be possible to go over the passes due to heavy snow—you may have no option but to turn back.

ACCOMMODATIONS
Although camping is possible, most hikers stay at regularly spaced teahouses in villages along the route. These locally run lodges offer meals and basic accommodations.

The principal teahouse and village locations on the Three Passes Trek are as follows (counterclockwise from Lukla): Phakding, Namche Bazaar, Tengboche Gompa, Pangboche, Dingboche, Chukhung, Lobuche, Gorak Shep, Dzonglha, Gokyo, Lungdhen, and Thame.

HIGHLIGHTS
1. Going up and over three of the highest passes in the Himalaya
2. Tengboche Gompa, the largest monastery in the Everest region (illustrated)
3. Side trip to Everest Base Camp and Kala Patthar
4. The magical lakeside village of Gokyo and the side trips to Gokyo Ri and Cho Oyu Base Camp

HELPFUL HINTS

GETTING THERE & AWAY
There are regular flights between the capital of Kathmandu and Lukla (35 minutes), which is regarded as one of the world's most dangerous airports. (Tip: Always take the earliest possible flight available in order to minimize the chances of weather-related cancellations.)

WHICH DIRECTION?
The trek can be done in either direction, though most hikers choose to go counterclockwise due to it making acclimatization slightly easier.

WILL I REQUIRE A PERMIT?
As of 2021, two permits are required to hike the Three Passes Trek: the Khumbu Pasang Lhamu Rural Municipality Entrance Permit and the Sagarmatha National Park Entry Permit.

DO I NEED A GUIDE, PORTERS, OR PACK ANIMALS?
The Three Passes Trek can either be done independently or with a trekking agency. Your agency will provide porters if you choose to use them.

WHAT TO BRING
Backpack, sleeping bag (rated to at least -5°C/23°F, lower if trekking in winter), trail-running shoes or lightweight synthetic hiking boots, water bottle, water filter or purifier, lightweight flip-flops (to wear in the teahouses), small first aid kit, headlamp, sun protection (hat, glasses, sunscreen), map and compass or a GPS navigation app on your phone, toiletries, micro-spikes (traction devices), power bank for electronics, and trekking poles (optional).

Recommended clothing includes a puffy jacket (down or synthetic), rain jacket, beanie or neck gaiter, three pairs of socks (one kept clean for sleeping), hiking pants, long-sleeve hiking shirt, medium-weight gloves or mittens, and merino wool underwear (for sleeping).

ACCLIMATIZATION DAYS
In order to minimize the chances of suffering from AMS (Acute Mountain Sickness) it is strongly recommended to factor in acclimatization days during your trek. The mountain hub of Namche Bazaar (3,440 m/11,286 ft) and the villages of Dingboche (4,410 m/14,469 ft) and Chukhung (4,736 m/15,538 ft) are all ideal places at which to spend an extra day helping your body become accustomed to the higher elevations. While at Namche Bazaar, consider making a short loop hike to the nearby Sherpa villages of Khunde and Khumjung. The former is where the region's first hospital was founded in 1966 and the latter is home to the Hillary School, which provides primary and high school education for more than 350 kids from the surrounding area.

BONUS TRACKS

SIDE TRIP TO KALA PATTHAR & EVEREST BASE CAMP (EBC)

Most trekkers do this out-and-back 19 km (11.8 mi) excursion over two days. On the first day, hike 8 km (5 mi) from Lobuche up to EBC, before returning 3.5 km (2.2 mi) to the lodges at Gorak Shep. The next morning ascend northwards from Gorak Shep to the summit of Kala Patthar (5,643 m/ 18,514 ft), which offers one of the best views of Everest in the entire Himalaya. After drinking in the mind-boggling panorama, return to Gorak Shep before retracing your steps back to Lobuche and the Three Passes Trek.

SIDE TRIP TO GOKYO RI

Standing 5,360 m (17,585 ft) high and located on the northern side of the beautiful Dudh Pokhari lake (also known as Gokyo Tsho), the summit of Gokyo Ri provides wide-ranging views of Everest, Makalu, Lhotse, Cho Oyu, and the massive Ngozumpa Glacier. The out-and-back trail begins in the lakeside village of Gokyo, measures 3.6 km (2.2 mi), and takes most trekkers three to four hours to complete.

BACKGROUND

SAGARMATHA NATIONAL PARK

The Three Passes Trek takes place in Sagarmatha National Park. Established in 1976, it was the second national park created in Nepal (Chitwan was the first), and three years later it became the first site in the country to be granted World Heritage status. Covering an area of 1,148 km² (443 mi²), the park has an elevation range of 6,000 m (19,685 ft) and is dominated by Everest, the world's highest mountain (8,848 m/29,029 ft). Sagarmatha is the Nepali name for Everest, a Sanskrit word that translates to "peak of heaven."

FLORA & FAUNA

HIMALAYAN MONAL

The Everest region is home to over 200 bird species, including the Himalayan monal (*Lophophorus impejanus*), the national bird of Nepal and a relatively large-sized pheasant. Himalayan monals (also known as danphe) are typically found in forests and shrublands at elevations between 2,000 m (6,562 ft) and 4,500 m (14,764 ft). The males are notable for their rainbow-colored plumage, while the females have a more subdued, earthy-brown appearance. Their high-pitched whistle can often be heard first thing in the morning, and on the Three Passes Trek, your best chance of spotting one will come on the stretch of trail between Namche Bazaar and Pangboche.

S209
S515
CHINA
Tibet
Everest Base Camp (North)
ADVANCED EVEREST BASE CAMP TREK (P. 204)
Camp III
(6,415 m)
Cho Oyu Base Camp
NGOZUMPA GLACIER
Kala Patthar
(5,643 m)
Everest
(8,849 m)
Gorak Shep
Everest Base Camp
Lhotse
(8,516 m)
Gokyo Ri
(5,360 m)
Cho La
(5,420 m)
Renjo La
(5,360 m)
Gokyo
KHUMBU GLACIER
Lobuche
Dudh Pokhari
Dragnag
Dzonglha
Kongma La
(5,535 m)
ROLWALING RANGE
Sagarmatha National Park
Lungdhen
Chukhung
Dingboche
Makalu
(8,485 m)
Pangboche
Thame
Khunde
Tengboche Gompa
Khumjung
Namche Bazaar
NEPAL
Phakding
Everest Region
LUKLA
N
5.5 km
27° 44' 24.144" N
86° 42' 45.198" E

MANASLU CIRCUIT

LESS IS MORE ON THE MANASLU CIRCUIT

Gorkha District
NEPAL

ABOUT THE TRAIL

→ DISTANCE 144 km (89.5 mi)
→ DURATION 12 to 14 days
→ TOTAL ELEVATION GAIN 13,992 m (45,906 ft)
→ LEVEL Challenging

The Manaslu Circuit is a multi-week hike around Manaslu (8,163 m/26,782 ft), the world's eighth-highest mountain. Physically challenging and culturally fascinating, it has equally impressive scenery as its better-known peers in the Annapurna and Everest regions, but with only a fraction of the crowds and tourist infrastructure. A whopping 40,000 people make the trek to Everest Base Camp every year (the Annapurna Circuit has similar numbers), whereas the Manaslu Circuit sees just over 2,000 hikers per annum.

Despite being somewhat off the backpacking world's radar, the Manaslu Circuit has, nonetheless, felt the effects of modernization in recent times. The encroachment of dirt roads has meant that what was once undertaken as a complete circumnavigation of the mountain is now typically done as a horseshoe-shaped route (see accompanying map) beginning at the outpost of Soti Khola and finishing at the village of Dharapani. This incarnation of the trail takes around 12 days to complete, avoids the roads, and passes through six different climatic zones.

The initial section of the Manaslu Circuit meanders through the subtropical Budhi Gandaki Valley, which was once part of the ancient salt trade route between Nepal and Tibet. With vertiginous rock walls, majestic cascades, and postcard-worthy suspension bridges, the idyllic landscape makes for a visual feast. The soundscape is no less impressive, as the chirps, whistles, and squawks of the abundant birdlife—the Manaslu area has 110 species of avifauna—blend seamlessly with the ever-present roaring of the Budhi Gandaki River to create a hypnotic forest soundtrack.

From its lush and verdant origins, the well-marked trail ascends steadily past a series of terrace farms and regularly spaced trekking lodges. However, not until beyond the hamlet of Deng (1,860 m/6,102 ft) does the circuit truly begin to feel like a mountain trek. The vegetation starts to thin, the valley widens, and by the time you arrive at Samagon (3,520 m/11,548 ft), you are surrounded by towering summits in every direction. It is here that many trekkers factor a rest day (or two) into their itineraries to take in some of the nearby viewpoints. Principal among the side trips are Pung Gyen Gompa (4,070 m/13,353 ft)—a dramatically set Buddhist monastery with wonderful views of >

"The initial section of the Manaslu Circuit meanders through the subtropical Budhi Gandaki Valley. With vertiginous rock walls, majestic cascades, and postcard-worthy suspension bridges, the idyllic landscape makes for a visual feast."

←← The terraced fields of Budhi Gandaki Valley.
↑ Suspension bridge en route from Namrung to Samagon.
← Harvesting barley near the village of Lho.

"The chirps, whistles, and squawks of the abundant birdlife blend seamlessly with the ever-present roaring of the Budhi Gandaki River to create a hypnotic forest soundtrack."

↑ Langur monkeys enjoying the midday sun.
→ Trekking through green fields and characterful villages.
↗ The Budhi Gandaki River snakes between steep canyon walls.
→→ The trail through Budhi Gandaki Valley was once part of the salt trade route between Nepal and Tibet.

Manaslu—and the much more challenging trek up to Manaslu Base Camp (4,800 m/15,748 ft) (See Bonus Track for details).

In addition to being scenically and literally breathtaking, the Manaslu Circuit is also culturally enlightening. The Budhi Gandaki Valley's upper reaches mark the beginning of the Nupri region, whose hardy inhabitants first immigrated here from Tibet in the 1600s. After four centuries, their language, customs, and dress remain relatively unchanged, and, to this day, the Nupri people continue to have close trading ties with Tibet. The agriculture and architecture at these higher altitudes are also notably distinct from those encountered during the initial days of the trek—fields of rice and wheat have given way to barley, buckwheat, and potatoes, and the wooden huts and lodges have been replaced by drystone structures, better suited to withstand the harsh conditions.

After leaving Samagon, the path continues inexorably upwards, passing by the village of Samdo (3,860 m/12,664 ft) and the outpost of Dharamsala (4,480 m/14,698 ft) to eventually attain Larkya La (5,106 m/16,752 ft), the high point of the Manaslu Circuit—both in elevation and scenery. Often closed due to snow between mid-December and mid-March, the views from Larkya La are some of the finest in Nepal, which from a trekking perspective is saying a great deal. Filling the Himalayan horizon to the west is a mesmerizing white wall of soaring >

peaks, including Himlung Himal (7,126 m/23,379 ft), Nimjung (7,140 m/23,425 ft), Gyajin Kang (7,038 m/23,091 ft), Kanguru (6,981 m/22,904 ft), and Annapurna II (7,937 m/26,040 ft). (Tip: The pass is usually tackled as part of a 17 km (10.6 mi) stage from Dharamsala to the village of Bimtang (3,590 m/11,778 ft) on the other side. The weather at Larkya La is notoriously unpredictable. For the best chance of fine conditions and far-ranging views, try to leave Dharamsala no later than 4:30 a.m.)

The final descent from Bimtang passes through alpine meadows and enchanting pine and rhododendron forests as it traces the Dudh Khola River down to the finishing point at Dharapani (1,872 m/6,142 ft). It is here that the Manaslu Circuit intersects with the busy Annapurna Circuit, and Dharapani's shops and more upmarket accommodation options make for a striking contrast to the less-developed infrastructure you have just experienced. And therein lies the attraction of the Manaslu Circuit; it feels more off the beaten path and culturally intact than Nepal's better-known teahouse treks, while ceding nothing in terms of the outstanding mountain scenery for which the Himalaya is renowned. ▲

"The Manaslu Circuit feels more off the beaten path and culturally intact than Nepal's better-known teahouse treks, while ceding nothing in terms of the outstanding mountain scenery for which the Himalaya is renowned."

← A pyramid-shaped cliff looms over the Budhi Gandaki.
→ One of the highlights of hiking around Manaslu in the spring is seeing the rhododendrons in bloom.
↓ The Budhi Gandaki River.

↑ Approaching Bimtang, which was once an important trading post on the Ancient Salt Trail.

→ Beautiful Birendra Lake, approximately 2 km (1.2 mi) northwest of Samagon.

↗ Climbing steadily through an increasingly snowy landscape.

→→ Approaching Larkya La (5,106 m/16,752 ft).

"The views from Larkya La are some of the finest in Nepal, which from a trekking perspective is saying a great deal. Filling the Himalayan horizon to the west is a mesmerizing white wall of soaring peaks."

Descending towards Birendra Lake.

GOOD TO KNOW

START/FINISH
Soti Khola to Dharapani, Gorkha District

SEASON
The best times are March to May and late September to mid-December. The spring sees fewer trekkers and the flora is blooming, but the combination of dry conditions and rising temperatures mean that visibility can sometimes be hazy. The autumn months offer the best chance of clear weather, but the downside is that there will be many more people on the trail. (Note: Roughly 2,000 people hike the Manaslu Circuit per year, and more than half of those are in October alone.)

ACCOMMODATIONS
Although camping is possible, the majority of hikers stay at regularly spaced teahouses along the route. These locally run lodges offer meals and basic accommodations. (Tip: Although bedding is available at the teahouses, hygiene standards are not always the greatest, so it is advisable to bring your own sleeping bag.)

From Soti Khola to Dharapani, the principal teahouse locations are as follows: Khorlabesi, Jagat, Deng, Ghap, Namrung, Lho, Samagon, Samdo, Dharamsala, Bimtang, and Gho.

HIGHLIGHTS
1. Incredible views of Manaslu (8,163 m/26,782 ft)
2. The subtropical Budhi Gandaki Valley
3. The snowbound pass of Larkya La
4. Witnessing the traditional Tibetan culture of the Nupri people

HELPFUL HINTS

WILL I REQUIRE A PERMIT?
Three permits are required to hike the Manaslu Circuit:
- Manaslu Restricted Area Permit
- Manaslu Conservation Area Project Permit (MCAP)
- Annapurna Conservation Area Project Permit (ACAP)

DO I NEED A GUIDE AND PORTERS?
It is not possible to hike the Manaslu Circuit independently, and each group must have a minimum of two hikers. Your guide or trekking agency will help to organize permits, transportation to and from the trail, and accommodations along the circuit. Though a guide is obligatory, porters are not, and hikers can carry all of their own gear if they choose to do so.

WHAT TO BRING
Recommended items include a medium-sized backpack (40–50 liter), sleeping bag (rated to at least -5 °C/23 °F), trail-running shoes or lightweight hiking boots, water bottle, water filter or purifying drops, small first aid kit, headlamp, sun protection (hat, glasses, sunscreen), toiletries, power bank for electronics, and trekking poles (optional).

Recommended clothing includes puffy jacket (down or synthetic), rain jacket, beanie or neck gaiter, three pairs of socks (one kept clean for sleeping), hiking pants, long-sleeve hiking shirt, medium-weight gloves or mittens, and merino wool long johns and top (for sleeping).

At the time of writing, the Manaslu Circuit is a cash-only trek and there are no ATMs along the route. Be sure to bring all the money you need from the start of the trail.

BONUS TRACK

MANASLU BASE CAMP
Arguably, the best side trip on the circuit is the challenging hike up to Manaslu Base Camp (4,800 m/15,748 ft) via beautiful Birendra Lake. The out-and-back journey from the village of Samagon measures 13 km (8.1 mi), takes most hikers six to eight hours to complete, and has an altitude gain of around 1,300 m (4,265 ft).

BACKGROUND

"THE JAPANESE MOUNTAIN"
The initial attempts to summit Manaslu were all undertaken by Japanese expeditions in the early 1950s. The first successful climb was by Toshio Imanishi and Sherpa Gyalzen Norbu, who reached the top on May 9, 1956. The second successful effort was also by the Japanese in 1971. This pioneering history has seen Manaslu continue to hold a special place in the hearts of the Japanese mountaineering community, similar to the attachment that the British—who blazed the earliest routes on the world's highest peak—feel towards Mount Everest.

FLORA & FAUNA

BLUE SHEEP
The Manaslu Conservation Area is home to 33 types of mammals and 110 species of avifauna. One of the quadrupeds you are most likely to spot on the circuit is the blue sheep, also known as bharal (*Pseudois nayaur*). Despite their colorful moniker, blue sheep are not blue and are more closely related to goats than sheep.

Himlung
(7,126 m)
Gyajin Kang
(7,038 m)
Nimjung
(7,140 m)
Kanguru
(6,981 m)
Dharamsala
Samdo
Larkya La
(5,106 m)
Bimtang
Dudh Khola River
Birendra Lake
Manaslu
Base Camp
Samagon
Gho
Lho
napurna IV
(7,525 m)
Manaslu
(8,163 m)
Pung Gyen
Gompa
Namrung
Ghap
Annapurna II
(7,937 m)
DHARAPANI
Deng
BUDHI GANDAKI
VALLEY
Budhi Gandaki River
NEPAL
Gorkha District
Jagat
Khorlabesi
SOTI KHOLA
H04
N
7.5 km
28° 8' 51.133" N
84° 51' 15.073" E

LANGTANG VALLEY TREK

THE RETURN OF LANGTANG VALLEY

Langtang Region
NEPAL

ABOUT THE TRAIL
→ DISTANCE 58 km (36 mi)
→ DURATION 7 to 8 days
→ TOTAL ELEVATION GAIN 4,391 m (14,406 ft)
→ LEVEL Moderate

On April 25, 2015, the Langtang Valley changed forever. Hundreds of Langtang's homes and trekking lodges were destroyed in the 7.8-magnitude earthquake that rocked Nepal. In the earthquake's single most catastrophic event, the valley's eponymous village was wiped out completely when a massive landslide buried it under approximately 40 million tons of snow, ice, and debris. It is estimated that over 200 locals, 80 foreigners, and 10 army personnel were killed in Langtang because of the earthquake. More than 100 of those bodies were never recovered.

In the aftermath of the tragedy, the people of Langtang Valley slowly began to piece their lives back together. Homes were reconstructed, trails rebuilt (or in some cases rerouted), and trekking lodges once again opened for business. Then COVID-19 hit, and like many other places around the world, Langtang ground to a halt. In the face of yet another monumental challenge, the people of Langtang remain resolute. "We survived the earthquake, and we will survive Covid as well," says Supa Tamang, Ward Chair of Kyanjin Gompa village in the Upper Langtang Valley (*Nepali Times*).

The starting and finishing point for the Langtang Valley Trek is the small town of Syabrubesi. The standard route measures approximately 58 km (36 mi) and can comfortably be done in five days. Most hikers factor in at least a couple of extra days to experience some of the excellent side trips available from Kyanjin Gompa, the trek's turnaround point.

Setting out from Syabrubesi, the trail ascends through a narrow gorge, winding its way through subtropical forests as it follows the course of the Langtang Khola. During this initial section, be on the lookout for wildlife such as langur monkeys, yellow-throated martens, and red pandas. Passing through the hamlets of Doman, Bamboo, and Rimche, after 11 km (6.8 mi), you will arrive at Lama Hotel (also known as Changtang), where many trekkers spend the first night of their journey.

Leaving Lama Hotel, continue along the Langtang Khola through hemlock, oak, and rhododendron forests. After passing the village of Ghoratabela, the valley widens, and the forest gives way to open alpine country. Approximately 10 km (6.2 mi) from Lama Hotel, hikers will receive a somber reminder of the earthquake's impact in the form of a giant boulder field. This is >

"During this initial section, be on the lookout for wildlife such as langur monkeys, yellow-throated martens, and red pandas."

←← Many hikers combine the Langtang Valley Trek with a visit to sacred Gosaikunda Lakes.
↑ Kyanjin Gompa (3,870 m/12,697 ft).
← The switchback road from Dhunche to Syabrubesi.

“Setting out from Syabrubesi, the trail ascends through a narrow gorge, winding its way through subtropical forests as it follows the course of the Langtang Khola.”

↑ Preparing to cross the Langtang River after a stop at one of the valley's teahouses.
→ Dense forest in the lower reaches of the Langtang Valley.
↗ The Langtang River below the Pairo Cafe, located between Doman and Bamboo.
→→ Heading east from Kyanjin Gompa towards Langshisha Kharka.

the landslide that entombed the village of Langtang. Amidst the gray wasteland has been built a memorial *mani* wall, which lists all 243 people who lost their lives in the avalanche. Since 2015, most hikers now stay in the hamlet of Mundu, a farther 2-km (1.2-mi) walk east of the memorial.

From Mundu, it is 5 km (3.1 mi) to Kyanjin Gompa (3,870 m/12,697 ft), the turnaround point for the trek. While staying in the village, do not miss visiting its namesake monastery along with the always-delicious cheese factory. However, what makes Kyanjin Gompa a worthwhile destination is not so much its religious and culinary attributes but rather the easy access it provides to some of the Upper Langtang Valley's most notable natural attractions.

The first must-do excursion is to the lookout point of Kyanjin Ri (4,600 m/15,092 ft). Located directly northeast of the village, this steep 4-km (2.5-mi) round trip involves more than 700 m (2,297 ft) of ascent. Still, your efforts will be rewarded with a breathtaking panorama, including the towering Langtang Lirung (7,227 m/23,711 ft) and its namesake glacier. For even more wide-ranging vistas, consider the longer, higher, and more challenging trek to the top of Tserko Ri (4,984 m/16,352 ft), the conspicuous peak to the east of the village (see Bonus Track for details).

After experiencing Kyanjin's nearby scenic viewpoints, it is hard to beat an out-and-back trip to Langshisha Kharka if you >

are looking for something more remote. Begin by heading east along the valley floor from Kyanjin. Following the clear trail on the true right side of the Langtang Khola, beyond the village's boundaries, there is no infrastructure to speak of—just you, some grazing yaks, and an impressive series of sentinel peaks lining both sides of the valley. Soaking in the solitude, after just over 12 km (7.5 mi) you will arrive at the idyllic high-altitude pasture of Langshisha Kharka (4,100 m/13,451 ft), located at the confluence of three glacial valleys. The 360-degree views from here are some of the finest in all of Nepal. The 24.5-km (15.2-mi) round trip from Kyanjin to Langshisha takes about 8 to 10 hours and is a memorable final excursion before beginning the return journey to Syabrubesi.

Langtang has long been known as the third of Nepal's Big Three trekking destinations behind the Everest and Annapurna regions. Its appeal is undeniable: incredible mountain scenery, warm hospitality, accessible elevations, and all within easy reach of Kathmandu. However, in the wake of the devastating 2015 earthquake, many hikers have been reluctant to visit Langtang. And while it cannot be denied that the painful memories of what happened will take a long time to fade, the resilient people of the valley have worked tirelessly to rebuild and reopen. They have never looked for charity or sympathy; they simply hope that visitors will once again return to hike in Langtang, which is back on its feet and open for business. ▲

↑ Trekking to the sacred Gosaikunda Lakes during winter.
↓ A springtime palette of rhododendrons brightens the Langtang Valley.

"Soaking in the solitude, you will arrive at the idyllic high-altitude pasture of Langshisha Kharka, located at the confluence of three glacial valleys. The 360-degree views from here are some of the finest in all of Nepal."

↑ Enjoying a well-earned rest in the mountains above Kyanjin Gompa.
← A partially frozen Gosaikunda Lake.

"However, what makes Kyanjin Gompa a worthwhile destination is not so much its religious and culinary attributes but rather the easy access it provides to some of the Upper Langtang Valley's most notable natural attractions."

↑ Buddhist inscriptions and prayer flags on the trail close to Kyanjin Gompa.
→ The drumstick primula (*Primula denticulata*) is a common sight on the Langtang Valley Trek in spring.
↗ View towards Ganesh Himal from the trek to Gosaikunda Lakes.
→→ A long *mani* wall on the Langtang Valley Trek.

GOOD TO KNOW

START/FINISH
Syabrubesi, Langtang Region

SEASON
September to May.

ACCOMMODATIONS
The Langtang Valley Trek is a teahouse trek. These locally run lodges offer meals and basic accommodations.

Beginning at the Syabrubesi trailhead, the principal teahouse and village locations on the Langtang Valley Trek are Bamboo, Rimche, Lama Hotel, Ghoratabela, Mundu, and Kyanjin Gompa.

Those interested in overnighting at the high-altitude pasture of Langshisha Kharka will need to bring a tent, as there are no indoor accommodations available.

HIGHLIGHTS
1. The spring bloom of the rhododendron forests
2. Watching the sunrise from the summit of Tserko Ri and the sunset from Kyanjin Ri
3. Side trip to the remote pasture of Langshisha Kharka

HELPFUL HINTS

GETTING THERE & AWAY
Daily buses between Kathmandu and Syabrubesi (seven to nine hours) leave in the early morning from the Macha Pokhari bus stop. A quicker (five hours) and more comfortable option is to hire one of the private jeeps that regularly make the 122 km (75.8 mi) journey.

WILL I REQUIRE A PERMIT?
At the time of writing, two permits are needed: the TIMS (Trekkers' Information Management Systems) Card, and a Langtang National Park Entry Permit.

DO I NEED A GUIDE, PORTERS, OR PACK ANIMALS?
It is possible to do the trek independently. If you would prefer to go with a guide or porter, you can organize one in the trailhead town of Syabrubesi or with one of the many Kathmandu-based trekking agencies.

WHAT TO BRING
Medium-size backpack (40–50 liter), a sleeping bag rated to -5°C (23°F), trail runners or hiking shoes, lightweight flip-flops (to wear in the teahouses), water bottles, first aid kit, sun protection (hat, glasses, sunscreen), map and compass or a GPS navigation app on your phone, headlamp, toiletries, power bank for charging electronics, and trekking poles (optional).

Recommended clothing includes a puffy jacket (down or synthetic), rain jacket, warm beanie or neck gaiter, hiking pants, long-sleeve hiking shirt, medium-weight gloves or mittens, and merino wool long underwear (for sleeping).

BONUS TRACK

SIDE TRIP TO TSERKO RI
For arguably the best views in Langtang Valley, consider making the out-and-back side trip from Kyanjin Gompa to the summit of Tserko Ri (4,984 m/16,352 ft). The route measures approximately 9 km (5.6 mi), includes an elevation gain of over 1,100 m (3,609 ft), and takes most parties about six hours to complete. (Tip: If you have a good headlamp and do not mind the cold, consider a pre-dawn hike to catch the sunrise from the summit.)

BACKGROUND

FIVE REASONS TO CHOOSE LANGTANG OVER ANNAPURNA AND EVEREST
While the Langtang Valley has long been considered the third of Nepal's Big Three trekking destinations, there are a handful of reasons why you might choose it over its two more popular Himalayan siblings: **1. Acclimatization.** The Langtang Valley Trek has a considerably lower maximum elevation (3,870 m/12,697 ft) than that encountered on the Annapurna Circuit and Everest Base Camp Treks, making altitude issues less of a concern; **2. Difficulty.** With no high passes and a generally moderate gradient, trekking in Langtang is easier than in Annapurna and Everest; **3. Duration.** The Langtang Valley Trek is shorter than its counterparts mentioned above, making it a more realistic option for those with limited vacation time; **4. Proximity.** Langtang is the closest of the Big Three destinations to the Nepalese capital of Kathmandu; **5. Support.** The people of Langtang were hit hardest by the 2015 earthquake. Going on a trekking holiday in their beautiful valley will help provide support to the community that currently needs it the most.

FLORA & FAUNA

LANGTANG NATIONAL PARK
The closest national park to the Nepalese capital of Kathmandu, Langtang National Park covers an area of 1,710 km² (660 mi²) and has an elevation range of 6,450 m (21,161 ft). Within its boundaries are 70 glaciers, 26 village communities, and 18 types of eco-systems. Regarding wildlife, there are more than 250 species of birds and a wide array of mammals, including the red panda, langur monkey (illustrated), Himalayan black bear, yellow-throated marten, and snow leopard.

G216
Langtang Lirung
(7,227 m)
LIRUNG
GLACIER
Langtang
Landslide
Zone
Mundu
Kyanjin Ri
(4,600 m)
Tserko Ri
(4,984 m)
Langshisha
Kharka
Kyanjin
Gompa
Langtang Khola
Ghoratabela
LANGTANG
VALLEY
Lama Hotel
ABRUBESI
Doman
Bamboo
Rimche
Langtang
National Park
NEPAL
Langtang Region
N
3.25 km
28° 9' 32.094" N
85° 25' 17.792" E

STILL LOOKING FOR SOMETHING MORE?

"I grow into these mountains like a moss. I am bewitched. The blinding snow peaks and the clarion air, the sound of earth and heaven in the silence, the requiem birds, the mythic beasts, the flags, great horns, and old carved stones."

—Peter Matthiessen, *The Snow Leopard*

GREAT HIMALAYA TRAIL

THE MOTHER OF ALL HIMALAYAN TRAILS

Trans-Nepal

NEPAL

ABOUT THE TRAIL

→ DISTANCE 1,700 km (1,056 mi) approx.
→ DURATION 150 days approx.
→ TOTAL ELEVATION GAIN 88,000 m (288,714 ft) approx.
→ LEVEL Challenging

One of the world's finest multi-month treks, the Great Himalaya Trail (GHT), entails a complete traverse of the Nepal Himalaya. Depending on route choices, the trail measures approximately 1,700 km (1,056 mi) and offers spectacular views of all eight of the country's 8,000-m peaks. During its oscillating course, it passes through some of the most dramatic alpine landscapes on the planet and affords aspirants an unparalleled opportunity to experience the diverse array of cultures that Nepal has to offer. The GHT forms part of a longer—approximately 4,500 km (2,796 mi)—proposed route that spans the entire Himalayan Range.

KARERI LAKE TREK

AN AQUATIC GEM OF THE DHAULADHAR RANGE

Himachal Pradesh

INDIA

ABOUT THE TRAIL

→ DISTANCE 15 km (9.3 mi)
→ DURATION 1 or 2 days
→ TOTAL ELEVATION GAIN 1,934 m (6,345 ft)
→ LEVEL Easy to Moderate

Alongside the Triund Trek, the journey to Kareri Lake ranks among the best short walks in the Dharamsala area. It is suitable for hikers of all levels of experience; there are no high passes to negotiate, the maximum altitude is only 2,950 m (9,678 ft), and the path is well defined and easy to follow throughout. The out-and-back trail begins in Kareri village (1.5 hours by taxi from Dharamsala) and winds its way through verdant forests, following the course of the Nyund stream. After 7.5 km (4.7 mi), you will arrive at the beautiful Kareri Lake, nestled in the shadows of the Dhauladhar Range (part of the Lesser Himalaya).

TILICHO LAKE TREK

THE BEST SIDE TRIP ON THE ANNAPURNA CIRCUIT

Annapurna Region

NEPAL

ABOUT THE TRAIL

→ DISTANCE 40 km (24.9 mi)
→ DURATION 2 to 3 days
→ TOTAL ELEVATION GAIN 3,297 m (10,817 ft)
→ LEVEL Moderate to Challenging

The out-and-back hike to Tilicho Lake is usually done as a side trip during the Annapurna Circuit. However, it is also possible to do the trek as a standalone two- or three-day journey from the village of Manang, which can be reached by road from the tourist hub of Pokhara. The highlight of the trek is the lake itself, which is located at a lung-busting altitude of 4,919 m (16,138 ft) above sea level; it is said that no aquatic organism lives in Tilicho's frigid waters, and in the year 2000, the lake played host to one of the highest ever scuba dives by a team of Russian adventurers.

← Descending from Zimgang La on the Darchula-Simikot section of the Great Himalaya Trail.
→ The blue waters of Tilicho Lake (4,919 m/16,138 ft).

GHOREPANI POON HILL TREK

A SUNRISE FOR THE AGES FROM POON HILL

Annapurna Region

NEPAL

ABOUT THE TRAIL

→ DISTANCE 40 km (24.9 mi)
→ DURATION 3 days
→ TOTAL ELEVATION GAIN 3,980 m (13,058 ft)
→ LEVEL Easy to Moderate

This is one of the shortest and most popular treks in Nepal, and perfect for those who want to experience the grandeur of the Himalaya but may only have a limited time in which to do so. The Ghorepani Poon Hill Trek begins in the village of Nayapul and finishes in Ghandruk. During its course, hikers will pass through steamy subtropical forests, experience traditional Nepalese villages, cross deep gorges on suspension bridges, and ultimately be rewarded for their efforts with a spectacular Himalayan sunrise from the Poon Hill lookout. Another benefit of the Ghorepani Poon Hill Trek is that because its maximum elevation is only 3,210 m (10,532 ft), the altitude issues sometimes faced on higher Nepalese treks are generally not a problem.

JUNEYDRAK HERMITAGE TRAIL

SACRED FOOTPRINTS AND TANTRIC RITUALS

Western Bhutan

BHUTAN

ABOUT THE TRAIL

→ DISTANCE 3 km (1.9 mi)
→ DURATION 2 hours
→ TOTAL ELEVATION GAIN 226 m (741 ft)
→ LEVEL Easy

This short out-and-back hike begins approximately 1 km (0.6 mi) northeast of the town of Haa. From the trailhead, ascend gradually for 20 minutes along the true left bank of a meandering stream until you reach a *mani* wall and *chorten.* Soon after this point, cross the creek and begin climbing in earnest through a rhododendron forest to a marked junction. From the intersection, head westwards along a cliff-hugging path for another 200 m (656 ft) to the Juneydrak Hermitage, which affords stunning views over the Haa Valley. The ancient retreat is notable for containing a footprint of the Tibetan yogini, Machig Labdrön (1055–1149 or 1153). She is known for developing the chöd ritual, whereby the practitioner visualizes their dismemberment to free the mind of fear and annihilate the ego.

EVEREST BASE CAMP TREK

IN THE SHADOW OF THE WORLD'S HIGHEST MOUNTAIN

Everest Region

NEPAL

ABOUT THE TRAIL

→ DISTANCE 111 km (69 mi)
→ DURATION 10 to 14 days
→ TOTAL ELEVATION GAIN 9,295 m (30,495 ft)
→ LEVEL Moderate to Challenging

A legendary trek to the foot of the world's highest mountain. Following in the footsteps of famous Tenzing Norgay and Edmund Hillary, the out-and-back journey to Everest Base Camp (EBC, 5,364 m/17,598 ft) passes through centuries-old villages and offers hikers the opportunity to experience Sherpa culture while drinking in magnificent Himalayan panoramas. The base camp itself is a multihued canvas of prayer flags and tents, set against an imposing backdrop of rock and ice. (Tip: For arguably the best views of Everest from the Nepalese side, be sure to make the three to four-hour side trip to the summit of Kala Patthar, 5,643 m/18,514 ft. This scenic vantage point is accessed from the outpost of Gorak Shep, located 3.5 km/2.2 mi southwest of EBC.)

AMARNATH YATRA

A JOURNEY OF FAITH TO KASHMIR'S SACRED CAVE

Kashmir

INDIA

ABOUT THE TRAIL

- → DISTANCE 47 km (29.2 mi)
- → DURATION 3 to 4 days
- → TOTAL ELEVATION GAIN 3,604 m (11,824 ft)
- → LEVEL Moderate

The *yatra* (Sanskrit for "procession" or "pilgrimage") to Amarnath Cave is the most important pilgrimage route in Kashmir and one of India's most revered. The cave is snowbound for much of the year, but during the summer months, up to 600,000 faithful pilgrims make the multiday trek to visit this sacred natural wonder. Located at 3,888 m (12,756 ft) above sea level, the Amarnath Cave is set among a giant limestone cliff face. Within its cavernous interior lies a massive ice stalagmite that represents the power of Lord Shiva. According to Hindu mythology, it was here that Shiva described the secrets of the universe to his consort Parvati.

CHUMPHU NEY TRAIL

THE FLOATING STATUE OF DORJE PHAGMO

Western Bhutan

BHUTAN

ABOUT THE TRAIL

- → DISTANCE 14 km (8.7 mi)
- → DURATION 6 hours
- → TOTAL ELEVATION GAIN 612 m (2,008 ft)
- → LEVEL Easy to Moderate

The temple of Chumphu Ney (3,191 m/10,469 ft) is one of Bhutan's holiest places. It is primarily famous for its floating statue of the tantric goddess Dorje Phagmo, the highest female incarnation in Tibetan Buddhism. According to legend, she flew to Chumphu Ney from Tibet, and upon arrival, transformed into a statue, where she can be seen to this day by curious pilgrims.

The trek to Chumphu Ney is an enjoyable walk through the luxuriant forest of upper Dop Shari Valley. During its course, hikers will pass multiple meditation caves, along with a series of waterfalls and inviting rock pools. Upon arrival at Chumphu Ney, a caretaker will escort visitors into the temple to see the famed statue. No photos are permitted inside the sacred shrine.

KAILASH KORA

CIRCUMNAVIGATING ASIA'S HOLIEST MOUNTAIN

Tibet

CHINA

ABOUT THE TRAIL

- → DISTANCE 52 km (32.3 mi)
- → DURATION 3 days
- → TOTAL ELEVATION GAIN 1,476 m (4,843 ft)
- → LEVEL Moderate to Challenging

Located in the far reaches of western Tibet, Kailash (6,638 m/21,778 ft) is Asia's holiest mountain. For centuries, Hindus, Buddhists, and members of the Bon and Jain faiths have made the pilgrimage to Kailash with the goal of completing a *kora* around its dome-shaped massif. Navigationally and logistically, the trek is not a difficult one. The well-worn path is easy to follow, and camping and accommodation options are plentiful. However, any hike that has an average elevation of around 5,000 m (16,404 ft) and a high point of 5,630 m (18,471 ft)—Drolma La—can never be considered easy. Ultimately, the Kailash Kora is physically demanding, mentally challenging, and spiritually uplifting.

←← The sunrise view from Poon Hill, one of the Himalaya's most famous lookouts.
← Nepal's Everest Base Camp Trek.
→ Chiu Monastery and Mount Kailash.

GOSAIKUNDA TREK

THE PILGRIM'S PATH TO SHIVA'S LAKE

Langtang Region

NEPAL

ABOUT THE TRAIL

- → DISTANCE 33 km (20.5 mi)
- → DURATION 3 days
- → TOTAL ELEVATION GAIN 3,276 m (10,748 ft)
- → LEVEL Moderate to Challenging

The trek to Gosaikunda Lake (4,380 m/14,370 ft) is arguably Nepal's most important pilgrimage route. Beginning and ending in the village of Dhunche (2,030 m/6,660 ft), the well-trodden path ascends steeply through dense forests, crosses fast-flowing rivers, and traverses exposed ridges before reaching its namesake body of water. According to Hindu mythology, Gosaikunda was created after Lord Shiva thrust his trident into the mountainside to extract water. He did so to soothe his burning throat after swallowing poison. The most auspicious time to visit Gosaikunda is during the Ganga Dashahara and Janai Purnima festivals (May or June and August), which every year draw thousands of Hindu and Buddhist pilgrims.

BATURA GLACIER TREK

THE GIANT ICE WALL OF BATURA

Gilgit-Baltistan

PAKISTAN

ABOUT THE TRAIL

- → DISTANCE 75 km (46.6 mi)
- → DURATION 4 to 6 days
- → TOTAL ELEVATION GAIN 2,519 m (8,264 ft)
- → LEVEL Moderate

At 57 km (35.4 mi) in length, Batura Glacier is one of the longest glaciers in the world outside of the polar regions. The out-and-back hike along its course begins and ends in the village of Passu, and for the most part follows the ablation valleys adjoining the glacier's northern edge. During the route, hikers will see 14 peaks over 7,000 m (22,966 ft), and pass through the picturesque seasonal settlement of Yashpirt, which boasts an incredible perspective towards the Batura First Ice Flow. Once you reach the turnaround point at Guchesham, you will have a front-and-center view of the legendary Batura Wall: an imposing wall of ice whose ridgetop measures over 11 km (6.8 mi).

SARANGKOT TRAIL

AN ANNAPURNA PREVIEW WITH A PARAGLIDING TWIST

Annapurna Region

NEPAL

ABOUT THE TRAIL

- → DISTANCE 10.4 km (6.5 mi)
- → DURATION 5 to 6 hours
- → TOTAL ELEVATION GAIN 1,088 m (3,570 ft)
- → LEVEL Easy to Moderate

Idyllically located on the mountain-ringed Phewa Lake, Pokhara is the gateway to the Annapurna region and the tourist capital of Nepal. One of the area's finest day trips is the short hike to the summit of Sarangkot (1,592 m/5,223 ft). Beginning and ending at the Phewa Lake Viewpoint Pier, the route is a combination of road, stairs, and pathway. Although the gradient is often steep, there are plenty of places along the way at which you can rest, grab something to eat, and admire the sights. The walk's highlight is the magnificent panoramic sweep of the Annapurna and Dhaulagiri Himalaya from Sarangkot's apex, which, apart from being an easily accessible lookout point, doubles as one of the world's premier places to go paragliding.

← Overlooking the frozen Gosaikunda Lake.
→ Views of Phobjikha Valley on the Gangtey Nature Trail.
→→ Buddhist murals on the Drepung Monastery Kora.

GANGTEY NATURE TRAIL

BLACK-NECKED CRANES AND SCENIC LODGES

Central Bhutan

BHUTAN

ABOUT THE TRAIL

→ DISTANCE 4 km (2.5 mi)
→ DURATION 2 hours
→ TOTAL ELEVATION GAIN 98 m (322 ft)
→ LEVEL Easy

A mostly downhill walk between Gangtey Monastery and the fifteenth-century Buddhist temple of Khewang Lhakhang. During its course, hikers are afforded sweeping views of Phobjikha Valley and will have a chance to spot the endangered black-necked Cranes (*Grus nigricollis*), for which the area is internationally renowned. Other wildlife that may be seen in the surrounding hills include Himalayan black bears, leopards, red foxes, and muntjacs (barking deer). While visiting the Phobjikha Valley, consider overnighting at the excellent Gangtey Lodge, which boasts a tremendous panorama of the valley and serves some of the finest traditional cuisine in all of Bhutan.

MANIMAHESH TREK

THE HOLY WATERS OF MANIMAHESH

Himachal Pradesh

INDIA

ABOUT THE TRAIL

→ DISTANCE 24 km (14.9 mi)
→ DURATION 2 to 3 days
→ TOTAL ELEVATION GAIN 2,385 m (7,825 ft)
→ LEVEL Easy to Moderate

Manimahesh Lake (4,080 m/13,386 ft) lies in the shadows of the sacred peak of Manimahesh Kailash (5,653 m/18,547 ft), which Hindus believe is one of Lord Shiva's abodes. The principal pilgrimage route to its shores begins and ends in the village of Hadsar. The path is well defined, and along its course there are plenty of food stalls and basic pilgrim shelters. According to the Hindu calendar, the most auspicious time to make the pilgrimage is in August or September, on the eighth day of the lunar cycle. During this time, thousands of devotees journey to Manimahesh, many of whom brave the bone-chilling temperatures for a soul-cleansing dip in its frigid waters.

DREPUNG MONASTERY KORA

A CIRCUIT AROUND TIBET'S LARGEST MONASTERY

Tibet

CHINA

ABOUT THE TRAIL

→ DISTANCE 2.2 km (1.2 mi)
→ DURATION 1.5 hours
→ TOTAL ELEVATION GAIN 160 m (525 ft)
→ LEVEL Easy

Located 7 km (4.4 mi) west of central Lhasa, Drepung is the largest monastery in Tibet. Founded in 1416, it is one of the three major monastic centers of the Gelug school of Tibetan Buddhism; the other two are Sera and Ganden. The scenic *kora* around Drepung's boundaries takes approximately 1.5 hours, climbs to an elevation of 3,900 m (12,795 ft), and affords incredible views over the Lhasa Valley. One of the highlights of an afternoon visit to the monastery is witnessing the monks' debate. These animated discussions include lots of hand-clapping and occasional shouting, and even if you do not understand a word of Tibetan, they make for wonderful theater.

KILA NUNNERY TRAIL

THE MINI TIGER'S NEST

Western Bhutan

BHUTAN

ABOUT THE TRAIL

→ DISTANCE 2.4 km (1.5 mi)
→ DURATION 2 hours
→ TOTAL ELEVATION GAIN 206 m (676 ft)
→ LEVEL Easy

Kila is Bhutan's oldest nunnery; it was established as a meditation site in the ninth century. Perched on a cliffside overlooking the Paro Valley, it is located approximately 1.5 hours' walk north of Chele La (3,988 m/13,084 ft), famous for being the highest paved road in Bhutan. The mostly downhill trail winds its way through a peaceful forest, affording hikers periodic views of Jomolhari and Jichu Drake peaks. The nunnery is currently inhabited by around 60 nuns and consists of seven small temples and numerous retreat huts. Due to its dramatic setting, it is fondly referred to by locals as the mini Tiger's Nest.

TASHI DOR KORA (NAMTSO LAKE)

THE HEAVENLY LAKE OF TIBET

Tibet

CHINA

ABOUT THE TRAIL

→ DISTANCE 4 km (2.5 mi)
→ DURATION 1.5 hours
→ TOTAL ELEVATION GAIN 72 m (236 ft)
→ LEVEL Easy

Located a few hours' drive north of Lhasa, Namtso is the largest lake in Tibet at over 70 km (43.5 mi) long and 30 km (18.6 mi) wide. Its name translates to "heavenly lake," and its shimmering turquoise waters, set against a backdrop of towering snowcapped mountains, have long mesmerized all who are lucky enough to gaze upon it. Most visitors to Namtso make a beeline for the Tashi Dor peninsula, situated near the lake's southeastern corner. There you will find numerous accommodation and restaurant options, along with the Tashi Dor Kora, a 4 km (2.5 mi) pilgrimage route that features hermitage caves, *mani* walls, rock paintings, and the fifteenth-century Tashi Dor Monastery.

PAKORA PASS TREK

THE LAKES OF NALTAR VALLEY

Gilgit-Baltistan

PAKISTAN

ABOUT THE TRAIL

→ DISTANCE 47 km (29.2 mi)
→ DURATION 3 to 4 days
→ TOTAL ELEVATION GAIN 2,927 m (9,603 ft)
→ LEVEL Moderate

This is an excellent multiday hike located a short drive north of Gilgit, the capital city of the Gilgit-Baltistan region. Measuring approximately 47 km (29.2 mi) and taking three or four days to complete, the Pakora Pass Trek is usually begun from the outpost of Upper Naltar. From there, follow a four-wheel-drive road up the Naltar Valley to reach a trio of multihued lakes (green, cobalt, and turquoise). Beyond the lakes, the trail continues up the valley, before veering northwest to traverse the broad and windswept Pakora Pass (4,710 m/15,453 ft). From the scenic high point, cross the glacier, and descend an increasingly narrow valley on the Pakora River's true left side to reach the village of Pakora, approximately 22 km (13.7 mi) from the pass.

SHIMSHAL PAMIR TREK

THE HERDERS OF THE KARAKORAM

Gilgit-Baltistan

PAKISTAN

ABOUT THE TRAIL

→ DISTANCE 84 km (52.2 mi)
→ DURATION 5 to 6 days
→ TOTAL ELEVATION GAIN 6,298 m (20,663 ft)
→ LEVEL Challenging

Situated in a remote corner of the Karakoram Range, the Shimshal Pamir is an infrequently visited sanctuary of alpine lakes, majestic peaks, and high-altitude grasslands. Its inhabitants are a herding people called the Shimshalis, whose hardiness is matched only by the warmth of their hospitality. The trek begins in Shimshal village, follows the course of the Pamir-e-Tang River Gorge to the hamlet of Shuizherav, and finally ascends to the pastoral home of the Shimshalis. The turnaround point of the hike is the seasonally inhabited settlement of Shuwert, where trekkers can sample the local specialty of *chalpindok*. This traditional dish consists of a type of chapati bread, combined with a thick cheesy sauce and runny butter.

TSURPHU MONASTERY TO DORJE LING NUNNERY TREK

MONKS, NUNS, AND NOMADIC HERDERS

Tibet

CHINA

ABOUT THE TRAIL

→ DISTANCE 45 km (28 mi)
→ DURATION 3 days
→ TOTAL ELEVATION GAIN 1,492 m (4,895 ft)
→ LEVEL Moderate to Challenging

This infrequently trodden trail features two monastic communities, lonely herders' camps, and a high-altitude mountain pass. The starting point of Tsurphu Monastery (4,500 m/14,764 ft) was founded in 1159 and is the head monastery of the Kagyu (or Black Hat) school of Tibetan Buddhism. From Tsurphu, the trail climbs gradually to the broad pass of Lasar-La (5,400 m/17,717 ft) before descending into the Yangpachen Valley. It is there that you may encounter Drokpa herders, nomadic people that for centuries have been the stewards of Tibet's high-altitude grasslands. The terminus of Dorje Ling Nunnery (4,460 m/14,633 ft) is a welcoming place inhabited by around 60 nuns, where guesthouse accommodations and camping are available.

MILAM GLACIER AND NANDA DEVI BASE CAMP TREK

THE GODDESS OF UTTARAKHAND

Uttarakhand

INDIA

ABOUT THE TRAIL

→ DISTANCE 114 km (70.8 mi)
→ DURATION 7 days
→ TOTAL ELEVATION GAIN 9,551 m (31,217 ft)
→ LEVEL Moderate to Challenging

Located in one of the most remote corners of the Indian Himalaya, this fantastic trek follows an ancient trade route, providing hikers close-up views of the rarely visited Milam Glacier. A not-to-be-missed side trip is to the east base camp of Nanda Devi (7,816 m/25,643 ft). The highest mountain that is entirely within India, Nanda Devi was thought to be the tallest peak in the world until 1808. Such is its religious importance to the Hindu faith that it is considered the patron goddess of the Uttarakhand Himalaya. Nanda Devi and its surrounding area—collectively known as the Nanda Devi Sanctuary—was declared a UNESCO World Heritage Site in 1988.

←← The spectacularly located Kila Nunnery.
← Namtso is the largest saltwater lake in Tibet and the second-largest in all of China.
→ Snowcapped hills and treeless valleys on the trek between Tsurphu Monastery and Dorje Ling Nunnery.

TIBET

Divider image

Anuj D. Adhikary/anujadhikary.com
pp. 184–185

GANDEN TO SAMYE

Imaginechina Limited/Alamy Stock Photo
pp. 186–187
Jeremy Horner/getty images
p. 188
Chris Lewington/ flickr.com/photos/chrislewington
p. 189
McKay Savage/about.me/McKaySavage
pp. 190–191, 192 (top)
Cam Honan/thehikinglife.com
p. 192 (bottom)

LAKE MANASAROVAR KORA

Michael E. Timpson
pp. 196–199
Cam Honan/thehikinglife.com
pp. 200, 201 (bottom)
Jamie McGuinness/ flickr.com/photos/jamie8848
p. 201 (top)

ADVANCED EVEREST BASE CAMP TREK

Tyler "Mac" Fox/halfwayanywhere.com
pp. 204–205, 208
Jamie McGuinness/ flickr.com/photos/jamie8848
pp. 206 (top), 209–211
Cavan Images/Alamy Stock Photo
p. 207
imageBROKER/Alamy Stock Photo
p. 212 (top)
livetalent/getty images
p. 212 (bottom)

NEPAL

Divider image

Ashley and Kerry Whitworth/ flickr.com/people/whitworthimages
pp. 216–217

ANNAPURNA SANCTUARY TREK

Yannis Pavlis/ flickr.com/photos/56797578@N07
pp. 218–219
Cam Honan/thehikinglife.com
pp. 220 (top), 223 (top), 225 (top)
Ashley and Kerry Whitworth/ flickr.com/people/whitworthimages
pp. 221, 222 (bottom), 223 (bottom), 225 (bottom)
Anuj D. Adhikary/anujadhikary.com
pp. 222 (top), 224, 226

UPPER MUSTANG TREK

Jamie McGuinness/ flickr.com/photos/jamie8848
pp. 230–231, 238–239
Ashley and Kerry Whitworth/ flickr.com/people/whitworthimages
pp. 232–233, 234 (bottom), 235–236, 237 (bottom)
Anuj D. Adhikary/anujadhikary.com
pp. 234 (top), 237 (top)

PHOKSUNDO LAKE TREK

Doug Beecroft/dougbeecroft.com
pp. 242–243
Anuj D. Adhikary/anujadhikary.com
pp. 244, 246 (top), 248 (bottom)
Jamie McGuinness/ flickr.com/photos/jamie8848
pp. 245, 246 (bottom), 247, 248 (top), 249–251

THREE PASSES TREK

Ashley and Kerry Whitworth/ flickr.com/people/whitworthimages
pp. 254–255, 257, 258 (top), 259
Markus Thomenius/@markus_thomenius
pp. 256, 258 (bottom), 261, 264
Tyler "Mac" Fox/halfwayanywhere.com
pp. 260, 262–263

MANASLU CIRCUIT

Jamie McGuinness/ flickr.com/photos/jamie8848
pp. 268–269, 273 (top), 276 (top), 277 (bottom)
Peter Boekamp/peterboekamp.com
pp. 270–271, 273 (bottom), 275 (bottom)
Tyler "Mac" Fox/halfwayanywhere.com
pp. 272 (top), 274, 277 (top)
David Ducoin/tribuducoin.com
pp. 272 (bottom), 275 (top), 276 (bottom)
Anuj D. Adhikary/anujadhikary.com
pp. 278–279

LANGTANG VALLEY TREK

Perreten Ursula/Alamy Stock Photo
pp. 282–283
VANESSAL/Alamy Stock Photo
p. 284 (bottom)
Ashley and Kerry Whitworth/ flickr.com/people/whitworthimages
pp. 285, 286 (bottom), 287 (top), 288 (top), 289 (top), 290–291
Cavan Images/Alamy Stock Photo
p. 286 (top)
Cam Honan/thehikinglife.com
pp. 287 (bottom), 289 (bottom)
Doug Beecroft/dougbeecroft.com
p. 288 (bottom)

BONUS SECTION

Divider image

Jamie McGuinness/ flickr.com/photos/jamie8848
p. 294

TILICHO LAKE TREK

Anuj D. Adhikary/anujadhikary.com
p. 295

GHOREPANI POON HILL TREK

Anuj D. Adhikary/anujadhikary.com
p. 296 (bottom left)

EVEREST BASE CAMP TREK

Ashley and Kerry Whitworth/ flickr.com/people/whitworthimages
p. 296 (bottom right)

KAILASH KORA

David Ducoin/tribuducoin.com
p. 297

GOSAIKUNDA TREK

Ashley and Kerry Whitworth/ flickr.com/people/whitworthimages
p. 298

GANGTEY NATURE TRAIL

Ashley and Kerry Whitworth/ flickr.com/people/whitworthimages
p. 299 (bottom left)

DREPUNG MONASTERY KORA

Sjak Vrieswijk and Natasja van den Eijnde
p. 299 (bottom right)

KILA NUNNERY TRAIL

Ashley and Kerry Whitworth/ flickr.com/people/whitworthimages
p. 300 (bottom left)

TASHI DOR KORA (NAMTSO LAKE)

McKay Savage/about.me/McKaySavage
p. 300 (bottom right)

TSURPHU MONASTERY TO DORJE LING NUNNERY TREK

McKay Savage/about.me/McKaySavage
p. 301

ENDPAPER (END)

Chris Lininger/offtheatlas.com

Wanderlust
HIMALAYA

Hiking on Top of the World

This book was conceived, edited, and designed by **gestalten.**

Edited by **Robert Klanten** and **Anna Diekmann**
Contributing Editor: **Cam Honan**

Text by **Cam Honan**
Map Research by **Cam Honan**

Editorial Management by **Anna Diekmann**
Photo Editor: **Madeline Dudley-Yates**

Design by **Britta Hinz**
Layout by **Melanie Ullrich**
Layout assistance by **Stefan Morgner**
Illustrations by **Florian Bayer**

Map design by **Bureau Rabensteiner**

Typefaces: Larish Neue by **Radim Peško**,
Zimmer by **Julian Hansen**

Cover image by **Pakawat Thongcharoen/pakaprich.com**
Backcover image by **Jamie McGuinness/ flickr.com/photos/jamie8848**

Printed by **Printer Trento s.r.l., Trento, Italy**
Made in Europe

Published by gestalten, Berlin 2022
ISBN 978-3-96704-002-9

For more information, and to order books, please visit www.gestalten.com

Bibliographic information published by the Deutsche Nationalbibliothek. The Deutsche Nationalbibliothek lists this publication in the Deutsche Nationalbibliografie; detailed bibliographic data is available online at www.dnb.de

None of the content in this book was published in exchange for payment by commercial parties or designers; gestalten selected all included work based solely on its artistic merit.

This book was printed on paper certified according to the standards of the FSC®.

FSC www.fsc.org MIX Paper from responsible sources FSC® C015829

Cam Honan has trekked in 61 countries across six continents, logging more than 100,000 km (62,100 mi) over the last three decades. He has authored three bestselling titles for gestalten—*Wanderlust, Wanderlust USA,* and *The Hidden Tracks.* Cam documents his journeys on his blog, *The Hiking Life,* and has been described by *Backpacker Magazine* as "the most traveled hiker on Earth."